नहीं, कहीं कुछ भी नहीं...

नहीं, कहीं कुछ भी नहीं...

तसलीमा नसरीन

अनुवाद

सुशील गुप्ता

वाणी प्रकाशन

वाणी प्रकाशन

4695, 21-ए, दरियागंज, नयी दिल्ली 110 002

शाखा

अशोक राजपथ, पटना 800 004

फ़ोन: +91 11 23273167 फ़ैक्स: +91 11 23275710

www.vaniprakashan.in

vaniprakashan@gmail.com

NAHIN, KAHIN KUCHH BHI NAHIN...

by Taslima Nasrin

Translated by Sushil Gupta

ISBN : 978-93-5000-845-4

Autobiography

प्रथम संस्करण

मूल्य : ₹ 450

आर. टेक ऑफ़सेट, दिल्ली-110095 में मुद्रित

वाणी प्रकाशन का लोगो मक़बूल फ़िदा हुसेन की कूची से

माँ,

जब तुम ज़िन्दा थीं,

मैंने जाने कितनी ही किताबें लिखीं, जाने कितने लोगों को समर्पित किया। कोई किताब तुम्हें उत्सर्ग करने का ख़याल, कभी भूले से भी नहीं आया। आज, यह किताब तुम्हें समर्पित करना चाहती हूँ, शायद इसलिए कि अब तुम नहीं हो।

आज, अगर तुम ज़िन्दा होतीं, तो यह चाह नहीं जागती।

–तुम्हारी अयोग्य, नकारा बेटी

माँ,

कैसी हो तुम?

कितने दिनों से तुमसे बात नहीं हुई। जाने कितने दिनों से! तुमने क्या इन सारे दिनों का हिसाब किया है? तुम तो हमेशा ही दिनों का हिसाब रखती थीं। उँगली की पोरों पर दिन गिनते हुए! इतने सारे गुज़रे हुए दिन तुम क्या गिन सकती हो? अब, यह हिसाब दिन या महीनों में नहीं समायेगा। अब तो तुम्हें वर्षों में हिसाब रखना पड़ता! कितने-कितने सारे वर्ष! सोचो तो अंग-अंग में झुरझुरी फैल जाती है। किन्हीं दिनों, तुम तो घण्टों में हिसाब किया करती थीं। कितने घण्टों, कितने मिनट तक मैं घर नहीं लौटी; वह समय मैं कहाँ गुज़ार रही हूँ; मैंने खाना खाया या नहीं; मैं कहीं, किसी परेशानी में तो नहीं हूँ—तुम यही सब सोचती रहती थीं। जब तक मैं घर नहीं लौट आती थी, तुम बरामदे में ही बैठी रहती थीं। उसके बाद, जब मैं तुम्हें छोड़कर, दूसरे शहर चली गयी, तब क्या घण्टों में हिसाब सम्भव था? तब तुमने दिनों में हिसाब शुरू कर दिया।

जब भी मैं तुम्हारे पास लौटी, मुझे देखते ही तुम कहती थीं कि कितने दिनों बाद, मैं लौटी हूँ। तैंतालीस दिन या सतहत्तर दिनों बाद! तुम हर गुज़रे हुए दिन का हिसाब रखती थीं। तुम कैसे याद रख पाती थीं, माँ? उन दिनों मैं तुम्हें महाबुद्धू समझती थी। मैं तुमसे कहती भी थी, 'खा-पीकर तुम्हें और कोई काम नहीं है? बैठे-बैठे तुम यह हिसाब क्यों लगाती रहती हो?' वैसे हिसाब लगाना कोई आसान काम नहीं है। जो हिसाब रखता है, वह खा-पीकर भी, हज़ारहा कामकाज के बावजूद भी हिसाब लगाता रहता है। जो हिसाब नहीं करता, वह अखण्ड फुर्सत के बावजूद भी नहीं करता। मैंने दिनों का हिसाब कभी नहीं किया। तुमसे भेंट न होने के बारे में भी, कभी, कोई हिसाब नहीं किया। न घण्टों का, न दिनों का, न महीनों का और न वर्षों का! एक-दो-तीन करके, कई साल गुज़र गये, मैं चारों तरफ से सिर्फ अपने में ही घिरी रही। मुझे कभी होश ही नहीं आया कि इतने सारे साल गुज़र गये।

अच्छा, तुम्हारे लिए क्या इन्तज़ार के अलावा और कुछ भी नहीं था? हाँ, कुछ भी तो नहीं था। ऐसा क्या था तुम्हारे पास कि तुम किसी का इन्तजार न भी करतीं, तो तुम्हारा काम चल जाता? हाँ, तुम्हारी घर-गृहस्थी थी, जिसे तुम सर्वाधिक अपना

समझती थीं। उस गृहस्थी में तुम्हारा पति था; चार-चार सन्तानें थीं। असल में, अब्बू, मुझे किसी भी दिन तुम्हारे पति जैसे नहीं लगे। वह इन्सान अब्बू के रूप में ही शोभा देता था। वह बेटा, पोता, पर-पोता, भतीजा, पिता, काका, जेठू, मामा, हर रूप में शोभा देता था, सिर्फ पति के रूप में ही वह फिट नहीं बैठता था। ख़ासकर तुम्हारे पति के रूप में! तुम्हें क्या, किसी दिन भी ऐसा लगा, माँ? ख़ैर, लगा ज़रूर होगा, लेकिन तुमने किसी दिन, किसी को, कुछ बताया नहीं। कभी-कभी मुझे लगता था कि तुम सारी शायद बहुत बातें करती हो, क्योंकि मेरा ख़याल था कि तुम कुछ ज़्यादा ही बोलती रहती हो। बाद में, जब मैं बड़ी हुई, और ज़्यादा सयानी हुई, तब मेरी समझ में आया कि सारी बातें तुमने कभी, किसी दिन भी नहीं कही। हाँ, तुम्हारे पास कहने को ढेर-ढेर बातें थीं, जो कभी, कोई नहीं जान पाया। अकेली तुम ही जानती थीं। तुम्हारे मन के अन्दर तुम्हारी कुछ निजी बातें छिपी पड़ी थीं! तुम्हारे दुःख-तकलीफ की बातें, तुम्हारी नितान्त अपनी बातें! मुझे नहीं लगता कि वह सब जानने में, कभी, किसी दिन भी, किसी को कोई आग्रह था। गृहस्थी में तुम मौजूद थीं, क्योंकि उस गृहस्थी के अलावा तुम्हारा और कुछ भी नहीं था। यह सोच-सोचकर मैं तो अवाक् हूँ कि एक समूचे के समूचे जीवन में और कुछ भी नहीं था, तुम सिर्फ धू-धू करती खोखली-सी एक गृहस्थी में पड़ी रही। न चाहते हुए भी वह खोखली-खाली-खुली-सी गृहस्थी को लेकर, समूचा जीवन झेलना पड़ा। इस ख़याल भर से मारे दहशत के तन-मन सिहर उठता है।

लेकिन, तुम...! तुम किसी दिन भी नहीं काँपी, बल्कि शुरू से लेकर अन्त तक, तुमने यही चाहा कि वह गृहस्थी ही तुम्हारी हो। तुम्हारी अपनी हो वह गृहस्थी। जिस गृहस्थी में, कहीं, किसी का भी प्यार तुम्हें नसीब नहीं था, उसी गृहस्थी को अपना प्यार देते-देते तुम निःस्व हो गयी। निःस्व, रिक्त, सर्वान्त! सारा कुछ खोकर, सारा कुछ रिक्त करके, तुम मेरी राह पर आँखें बिछाये बैठी रहती थीं। जाने क्यों तो तुम्हें लगता था कि मैं निर्वासन से लौट आऊँगी, लौटूँगी ज़रूर! कभी न कभी वापस लौटूँगी। लेकिन, माँ, मैंने क्या कभी तुम्हारे पास लौटने की बात सोची थी? मुझे याद नहीं आता। हाँ, मैंने चाहा था कि मैं अपने देश वापस लौटूँ! अपने घर, अपनी गृहस्थी में फिर लौटूँ। अपने दोस्तों के पास! अपनी कला-साहित्य की दुनिया में! अपने शैशव, कैशोर्य, यौवन के दिनों में! अपने चिर-परिचित घर-द्वार, मैदान-खेत-माटी; पेड़-पौधों, नदी के पास; अपने स्वजनों के पास लौटकर पहुँच जाऊँ। स्वजन कहने को, जाने कितने-कितने चेहरे मेरी आँखों में तैर जाते थे। लेकिन तुम्हारी सूरत क्या कभी मुझे याद आयी? ना, कभी याद आयी हो, ऐसा मुझे कतई ख़याल नहीं पड़ता। तुम बखूबी जानती थी कि मैंने तुम्हें कभी प्यार नहीं किया। ख़ैर, इसके लिए तुमने कभी, कोई शिकायत भी नहीं की। प्यार पाने का कभी दावा भी नहीं किया। दावा क्या कभी तुमने किसी के सामने किया? तुम्हारी तो कभी इतनी भी हिम्मत नहीं

हुई कि तुम अपने पति के प्यार पर दावा कर सको। हाँ, सिर्फ घृणा, अवज्ञा, अवहेलना के विरुद्ध कभी-कभी दुःख ज़रूर जाहिर करती थीं। जिनसे तुम्हें लगाव था, उन लोगों के सामने रो पड़ती थीं। रोते-रोते भी कभी यह नहीं कहती थीं कि पति तुम्हें प्यार नहीं करता, इसलिए तुम्हारा मन दुखी है। तुम्हें तकलीफ यह थी कि तुम्हारा पति रोज़-रोज़ तुम्हारा अपमान करता है। ऐसा बर्ताव तो कोई ज़रखरीद दासी से भी नहीं करता, जैसा तुम्हारा पति, तुम्हारे साथ करता है। पति बस, तुमसे नफ़रत न करता; तुम्हारी तरफ ज़हरबुझी आँखों से न देखता; अगर तुम्हें दुरदुराता नहीं, खदेड़ता नहीं, तो तुम्हारे लिए यही गनीमत था। इससे ज़्यादा की तुम उम्मीद नहीं करती थीं। सच्ची, प्यार पाने की उम्मीद करने का साहस तुम्हें कभी नहीं हुआ। मुझे तो लगता है कि प्यार पाने की उम्मीद तुमने किसी से भी नहीं की। न अपने बाल-बच्चों से, न पति से।

अच्छा, प्यार बिना तुम ज़िन्दा कैसे थीं? अब, यह सोचती हूँ, तो छाती में कैसा तो हाहाकार जाग उठता है। एक इन्सान सिर्फ देता रहा, देता ही गया, आँखें मूँदे, अपनी ज़ुबान बन्द किये, बस, देता ही रहा। उसने किसी से, कुछ नहीं माँगा। कोई अगर कुछ देना चाहता या देता, तो तुम केंचुए की तरह सिमट आतीं! लेने की तुम्हें आदत ही नहीं थी, माँ! इसीलिए तुम अपने को समेट लेती थी। तुम लजा जाती थीं। लेकिन पाकर, तुम्हारे मन के अन्दर कहीं मनभावन वीणा बज उठती थी, चुपके-चुपके तुम्हारे भीतर, गर्व जाग उठता था। भाई तुम्हारे लिए अगर कोई साड़ी ले आते, तो तुम यह बात, बहुतेरे लोगों को बताती थीं। नानी के घर दौड़ जातीं और वहाँ सबको यह ख़बर दे आतीं। साड़ी अगर सस्ती-सी भी होती, तो तुम उसे काफी कीमती बताती थीं। साड़ी अगर झीनी भी होती, तो तुम तरह-तरह से यही समझाने की कोशिश करतीं कि असल में यह काफी लम्बे अर्से तक टिकेगी; साड़ी की ज़मीन काफी मज़बूत है। अगर वह साड़ी तुम्हें पहनने को कहा जाता, तो तुमसे पहनी नहीं जाती थी। वह साड़ी पहनने में तुम्हें लाज आती थी या आँखों में खुशी के आँसू छलक उठते थे। तुम बेची साड़ी या तो मुझे या यास्मिन को थमा देती थी। तुम अपनी पुरानी मैली-फटी साड़ी ही लपेटे रहती थीं। तुम जो गर्व महसूस करती थीं, उस गर्व में भी तुम्हारा संकोच शामिल था। गर्व करने की भी तुम्हें आदत जो नहीं थी। तुम्हें कोई प्यार करता है, प्यार से कुछ देता है, तुम्हारी फ़िक्र करता है, हमारे यहाँ यह असम्भव घटना मानी जाती थी। तुम उस घर में रहती कैसे थीं? तुम्हारी जगह अगर मैं होती, तो जाने कब ही वह घर छोड़कर, निकल पड़ती। शादी के अगले दिन ही या तो पति को घर से निकाल बाहर करती या खुद ही घर से बाहर निकल पड़ती। वैसे भी, तुमने निकल जाने की कम कोशिश नहीं की थी, लेकिन निकल नहीं पायीं। तुम्हें आश्रय कौन देता? तुम्हारे माँ-बाप, भाई-बहन, उस ज़माने में यह सोच भी नहीं सकते थे कि लड़कियाँ अपने पति को त्याग भी सकती हैं। उसके बाद, तुम्हारी उस अशान्त

गृहस्थी में एक-एक करके, तुम्हारे बच्चों ने जन्म लिया। बच्चों का मुँह देखकर भी, तुम घर नहीं छोड़ पायीं। तुमने सोचा था, ये बच्चे ही किसी दिन तुम्हारा सारा दुःख मिटा देंगे। अगर मैंने बच्चों को जन्म दिया होता, तो शायद मैं भी तुम्हारी ही तरह सोचती। ख़ासकर अगर मैं भी तुम्हारी तरह छूँछी होती या अगर कहीं आश्रय पाने की सम्भावना न होती। तुम कहा करती थीं कि तुम्हें कोई बड़ी या मँझोली क़िस्म की नौकरी नहीं मिल सकती, क्योंकि तुम आइ ए, बी ए पास नहीं हो। घर-घर जाकर खाना पकाने, कपड़े-लत्ते धोने, बर्तन माँजने जैसे छोटी-मोटी नौकरी भी तुम नहीं कर सकती, क्योंकि वह सब काम भी तुम्हें कोई नहीं देगा, क्योंकि तुमने अति गरीब घर में जन्म नहीं लिया, न ही तुम्हारे नाते-रिश्तेदार किसी रास्ते पर भीख माँगते हैं। तुम्हारे लिए कोई उपाय नहीं था। तुम निरुपाय थीं, माँ। अगर उपाय होता, तो तुम चल देतीं। एक बार तो तुम दस वर्षीय छोटे भइया को लेकर नौकरी की तलाश में ढाका पहुँच भी गयी थीं। ढाका इसलिए गयी, क्योंकि मयमनसिंह में नौकरी मिलना सम्भव नहीं था। किसी नामी-गिरामी डॉक्टर की बीवी, कोई भी छोटी-मोटी नौकरी चाहती है, यह मानने के लिए कोई भी राज़ी नहीं होता। इसके अलावा घर से भी कोई तुम्हें जाने नहीं देता। वहाँ तुमने नर्स की नौकरी के लिए कई-कई अस्पतालों का चक्कर लगाया। लेकिन, किसी ने भी तुम्हें वह नौकरी नहीं दी, क्योंकि सभी लोग किसी न किसी तरह यह जान गये कि तुम्हारे पति डॉक्टर हैं। डॉक्टर की बीवी को किसी नौकरी की इतनी ज़रूरत नहीं है, इसलिए कोई तुम्हें नौकरी क्यों देता? अपनी घर-गृहस्थी छोड़कर तुम नौकरी करो, हमारी बिरादरी के कर्ता-मुखिया भला क्यों मानने लगे? तुमने यह बिल्कुल बताना नहीं चाहा कि तुम्हारे पति डॉक्टर हैं, लेकिन उन लोगों ने खोद-खोदकर तुमसे सारी जानकारी वसूल कर ली। तुमसे भी झूठ नहीं बोला गया। झूठ तुम बोल ही नहीं सकती थीं। पति डॉक्टर था, मालिक तो वह था, तुम तो नहीं थीं। रुपये-पैसे तो तुम्हारे पति के थे, तुम्हारे तो नहीं थे। तुमने यह बात जितनी बार भी समझाने की कोशिश की, तुम फेल हो गयीं। आखिरकार, निराश होकर, तुम मयमनसिंह लौट आयी थीं। घर में भी तुम छोटे काम ही किया करती थीं, मगर बिना तनख्वाह! सारे कामकाज तुम बिना पैसे के करती थीं। अगर तुम चली गयीं, तो किसी दिन, कोई सौतेली माँ आकर, हमारी ज़िन्दगी ज़हर बना देगी, तुम्हें यह दुश्चिन्ता भी थी। अन्त में तुम्हारा कहीं जाना नहीं हुआ। अपने शैशव और किशोर उम्र तक मैं यही सुनती आयी कि तुम कहीं चली जाओगी। जब मैं बेहद छोटी थी, तो डर लगा रहता था कि अगर तुम चली गयीं, तो पता नहीं हमारा क्या होगा। तुम गयीं, तो तुम्हारा क्या होगा, यह कभी नहीं सोचा। मुझे यह फ़िक्र थी कि हमें खिलायेगा कौन, नहलायेगा कौन, आदर-जतन, लाड़-दुलार कौन करेगा। मैं बेहद डरी हुई भी थी और तुम पर खूब गुस्सा भी आता था। जब मैं थोड़ी बड़ी हुई, थोड़ी और बुद्धि खुलते ही, मैं तुमसे सवाल करने लगी, 'अगर तुम गयी,

तो ठीक कहाँ जाओगी?' तुम्हारी जुबान से तत्काल कोई उत्तर नहीं फूटता था। तुम सोच में डूब जाती थीं--सच ही तो, तुम कहाँ जाओगी। असल में, तुम खुद समझती थीं कि दुनिया में ऐसा कोई घर नहीं है, जहाँ तुम्हें रहने की जगह मिल जायेगी; दुनिया में ऐसा कोई बन्दा नहीं है, जो तुम्हें आश्रय दे सकता है। तुम सोचकर जवाब देती थीं--'और कहाँ? किसी वन-जंगल में!' तुम किसी सुदूर जंगल की ओर इशारा करती थीं, जहाँ कोई आसानी से नहीं पहुँच सकता और जहाँ से कोई, कभी लौटकर भी नहीं आ सकता। तुम मन ही मन किस जंगल के बारे में सोचा करती थीं? तुम्हारी आँखों के सामने जो जंगल तैर जाता था, वह कौन-सा जंगल था? तुमने तो कोई भी जंगल नहीं देखा था। शहर के करीब ही मधुपुर का जंगल था, तुम्हें तो वह जंगल देखना भी नसीब नहीं हुआ। बड़े होकर, हम सब उस जंगल में कितनी ही बार गये, घूमे-फिरे। लेकिन, तुम्हें अपने साथ ले जाने का ख़याल मुझे कभी नहीं आया। मैं अपनी गाड़ी में आत्मीय-स्वजन को ले जाती थी; जंगल की सैर पर जाने के लिए बन्धु-बान्धव की खोज करती थी। तुम्हारा ख़याल मुझे कभी नहीं आया, माँ! अब अक्सर अपने से ही सवाल करती हूँ, मुझे तुम्हारा ख़याल क्यों नहीं आता था? असल में तुम्हारा ख़याल किया जाये, इस ढंग से मैंने बचपन से ही कभी नहीं सोचा। सयानी होने पर जो बोध जागना चाहिए था, वह बोध कभी जागा ही नहीं। हम सब जो हो-हुल्लड़ मचाते हुए, मधुपुर के जंगल की सैर करने जाते, तुम घर में बैठी-बैठी हमारे लौटने का इन्तज़ार किया करती थीं। हमारे लिए तरह-तरह के लज़ीज़ पकवान तैयार करके दरवाज़े या खिड़की पर खड़ी-खड़ी, बेचैनी से हमारी राह देखती रहती थीं। अगर हमारे लौटने में देर हो जाती, तो तुम होठों ही होठों में सूरा बुदबुदाने लगती थीं, ताकि सारी आफ़त-विपदा पार करके, हम सही-सलामत लौट आयें। जंगल के बारे में तुमने शायद कल्पना भर कर ली थी। तुम शायद फ़िल्मों में दिखाये गये किसी जंगल को याद करने लगती थीं। राजा-बादशाहों की कहानियों में किसी इन्सान को वनवास दे दिया जाता था या अपना सब कुछ खोकर, किसी न किसी दुःख-शोक से विह्वल होकर, अकेले-अकेले जंगल में भटकता रहता था। पता नहीं, तुम्हारी कल्पना का जंगल ठीक कितना घना था। मैं तो अपने ढंग से तुम्हारे जंगल की कल्पना कर लेती थी, जिस जंगल में खोये हुए किसी भी शख़्स का अता-पता नहीं मिलता था। एक बार अगर कोई उस जंगल में भटक जाता था, तो जन्म भर के लिए गुम हो जाता था। तुम्हारे लिए क्या मुझे डर लगता था? मुझे याद नहीं पड़ता। मुझे तो सारा कुछ रोमांचक कहानी जैसा लगता था। तुम पर बाघ टूट पड़ा है; साँप ने तुम्हें अपनी कुण्डली में लपेट लिया है, तुम चींख-चींखकर अपनी जान बचाने की कोशिश कर रही हो, हाथ-पैर मार रही हो, मगर नाकाम हो गयी हो। मुझे तो यह भी याद नहीं पड़ता कि मेरे मन में तुम्हारे लिए कभी प्यार-दुलार उमड़ा हो।

मैं तुमसे सवाल करती थी, 'जंगल में तुम खाओगी क्या?'

'अल्लाह की इतनी बड़ी दुनिया में खाने-पीने की कहीं कोई कमी नहीं होगी।' तुम जवाब देती थीं।

और ज़्यादा दबाव डालकर जब मैं तुम्हारे मन की बात निकालने की कोशिश करती, तो तुम छूटते ही कहती, 'फल-फूल खाकर ही मेरे दिन गुज़र जायेंगे।'

मैं कल्पना करने की कोशिश करती—तुम तरह-तरह के फल खा रही हो। सच तो यह था कि फल खाना तुम्हें बेहद प्रिय था। अपने घर में तुमने कितनी-कितनी तरह के पेड़ लगाये थे। लेकिन उन पेड़ों का फल क्या कभी चखा था तुमने? हाँ, कभी-कभी चुपके-चुपके ही, अचानक किसी फल पर दाँत गड़ा देती थीं। चोरी-चोरी! तुम खुलेआम कुछ खा सकती थीं भला? अब्बू तुम्हें शर्मिन्दा करते थे, इसलिए तुम फल नहीं खाती थीं। हम सब जो फल फेंक-फाँक देते थे, तुम वही खा लेती थीं। मैंने कभी नहीं देखा कि तुमने कोई पूरा का पूरा फल खाया हो। जो कुछ भी खाया, बस, चखकर देखने के लिए। यह समझने के लिए कि फल मीठा है या नहीं; रसदार है या नहीं; अच्छी क्वालिटी का है या नहीं। सारा कुछ तुम्हारे बेटे-बेटियों के लिए था; अब्बू के लिए था। नौकर-चाकरों का भी हक़ होता है, इसलिए तुम उन लोगों को भी देती थीं। अपने हक़ का दावा तुमने कभी नहीं किया। तुम तो शायद जानती भी नहीं थीं कि तुम्हारा कोई हक़ है भी या नहीं। अगर जानती भी थीं, तो तुम भूल चुकी थीं और हमने भी कभी तुम्हें याद नहीं दिलाया।

तुम अपनी सन्तानों का मुँह देखती रहती थीं कि शायद ये बच्चे ही किसी दिन उनका दुःख मेट देंगे, लेकिन किसी ने भी तुम्हारा दुःख नहीं मिटाया। नौकरी पाने के बाद, भाईजान ईद के त्योहार पर, साल भर में एक बार तुम्हें सस्ती-सी साड़ी दिया करते थे। वही पाकर तुम बेभाव खुश हो जाती थीं। लेकिन भाई की शादी के बाद, यह भेंट भी एकबारगी, बन्द हो गयी। सिर्फ यह भेंट देना ही बन्द हो जाता, तो कोई बात थी। लेकिन भाई और उनकी बीवी घर में भयंकर कलह मचाने लगे और उन दोनों ने मिलकर तुम्हें किस क़दर परेशान और रोगग्रस्त कर डाला। छोटे भइया ने तो निहायत कम उम्र में घर से भागकर, अपना ब्याह रचा डाला। तुम्हारे दोनों बेटे, तुम्हारी गोद खाली करके चल दिये। इसके बावजूद, किसी हिन्दू लड़की से ब्याह करना भी तुमने मान लिया। बेटे को उसकी बीवी समेत तुम घर लौटा लायीं। गीता को तुम बड़े दुलार से 'अफ़रोजा' बुलाती थीं। नहीं, यह नाम तुमने खुद नहीं दिया, उन लोगों ने दिया था। तुम पसीने से तर-ब-तर होकर, दिन-दिन भर बावर्चीखाने में पड़ी रहती थीं, अपनी दोनों बहुओं को पकवान खिलाने के लिए, उन दोनों के चेहरों पर हँसी खिलाने के लिए, ताकि तुम्हारे दोनों बेटे हँसते-खिलखिलाते रहें, लेकिन, अन्त में नतीजा क्या निकला? उन लोगों ने भी तुम्हें दासी ही समझ लिया। चूँकि तुम दासी की तरह, जी-तोड़ मेहनत करती थीं, इसलिए दासियों को जो बर्ताव मिलता है, तुम्हें भी वैसा ही बर्ताव मिला। हम चारों भाई-बहन तुमसे जैसा बर्ताव

करते थे, दोनों बहुओं से भी तुम्हें वैसा ही बर्ताव मिला। छोटे भइया को बेटा हुआ। उस बेटे के लालन-पालन की जिम्मेदारी तुम पर आ पड़ी। तुम बौरा गयीं। सच पूछो, तो तुम सचमुच पगला गयीं। उस ढंग से तो कोई देवशिशु ही पाल-पोस सकता है, इन्सान नहीं। दिन-रात तुम व्यस्त रहने लगीं। जाने क्या से क्या हो गया, तुम तटस्थ बनी रहीं। तुम्हारी नींद हराम हो गयी। नहाने-खाने तक का ठीक-ठिकाना नहीं रहा। तुम डर से काँपती रहती थीं। इधर, तुम्हारे मन में ममता भी जाग उठी। बच्चे के लिए हद मोह उमड़ आया। उसके प्रति तुम असम्भव प्यार से भर उठीं। तुम्हें प्यार करना आता भी था। चूँकि तुम बच्चे को पाल-पोस रही थीं, इसलिए छोटे-भइया ने भी त्योहार-पर्व पर तुम्हें साड़ी देना शुरू कर दिया। त्योहार तो एक बार ही आता था—ईद! नया पर्व बन गया—उसके बेटे का जन्मदिन! तुम बेभाव मेहनत करती थीं। उसके बेटे के जन्म के बाद से ही, उसे पाल-पोसकर बड़ा कर रही थीं, बदले में तुम्हें एक सूती साड़ी! घर में पहनने जैसी मामूली साड़ी! तुम उस साड़ी की तरफ पलटकर भी नहीं देखती थीं। रात-दिन उस देवशिशु को एकटक निहारा करती थीं। अगर तुम उस पर नज़र नहीं रखतीं, तो कहीं वह चलते-चलते गिर न पड़े; दौड़ते हुए कहीं उसे चोट न लग जाये। असावधानीवश कहीं उसे कुछ हो न जाये। उसे छूने से पहले, तुम गर्म पानी से सात बार हाथ धोती थीं। उसके दूध की बोतल, उसकी थाली-कटोरी सात-सात बार, खौलते पानी में डुबोती थीं। अगर सम्भव होता, तो तुम अपनी समूची देह भी डेटाल में डुबाये रखतीं। कहीं बच्चे का पेट न चल जाये, तुम लगातार ध्यान रखतीं। अचानक-अचानक छोटे भइया और उनकी बीवी, लम्बी ड्राइव करके, ढाका से मयमनसिंह आ धमकते थे। सैर की सैर हो जाती थी, बेटे को भी देख जाते थे। तुम तटस्थ बनी रहती थीं। सेवा-जतन में कहीं, कोई भूल न निकल आये। तुम्हारी ज़िन्दगी में ऐसा सख़्त मानसिक दबाव शायद कभी नहीं आया था। सबसे बड़ी किसी परीक्षा का प्रैक्टिकल देने जैसा! जब छोटे भइया आते थे, तब उनके सामने बेटे के बारे में तुम यह दिखावा करने में जुट जाती थीं कि बच्चा कितना खुश है; कितना हँसता-खेलता है। उसने 'माँ' कहना भी सीख लिया है। बच्चा जब कुछ और बड़ा हुआ, उसने बोलना-चलना सीखा; पढ़ना सीखने लगा; आँकना सीखने लगा। छोटे भइया बीच-बीच में आकर देख जाते थे कि उसने कितना कुछ सीख लिया। बिना किसी मेहनत के उन दोनों का बेटा बड़ा हो रहा है, 'बेस्ट ब्वाय' बन गया है, इस बात से वे भला खुश नहीं होते? जब छुट्टियों में आते थे, तो गीता का मुँह फूला रहता था। बातों में ज़हर घुला रहता था मानो वह, यह जताना चाहती थी कि तुमने उसके बेटे को इन्सान तो बनाया, मगर ठीक ढंग से नहीं बनाया।

'अरे, इसकी कोहनी में यह दाग़ कैसा है? गिर-विर गया था कहीं?' मानो कोई परीक्षक सवाल पूछ रहा हो।

तुम्हारा चेहरा कैसा तो फक्क पड़ जाता था। तुम वहाँ से हटकर, कहीं दूर जाकर

रो लेती थीं। आँचल से अपने आँसू पोंछने लगती थीं। कुछेक पल बाद, तुम आकर, गीता के आरोप का खंडन करती थी, उजाले में आकर तुम दिखाती थीं कि सुहृद की कोहनी पर कहीं, कोई दाग नहीं है। उसके कपड़े-जूते उतारकर तुम उसका सारा बदन दिखाती थीं। उसका अंग-अंग सही-सलामत, बेदाग़ होता था। उन दोनों के चेहरों पर हँसी खिलाने के लिए, तुम किस क़दर आकुल-व्याकुल रहती थीं, माँ! तुम दासी थीं, माँ! लेकिन तुम तो माँ थीं, दासी क्यों होने लगी? दासियों को तो तनख्वाह मिलती है; दासियाँ तो घर बदनले के लिए आजाद होती हैं। लेकिन, तुम...तुम तो सिर्फ ज़रखरीद बांदी थी, माँ!

तुम्हें प्यार करने का कोई रिवाज, हमारे घर में कभी नहीं था। अब्बू से मैं यमदूत की तरह डरती थी। अब्बू हमारे टीचर थे। हमें नीति और आदर्श का पाठ पढ़ाते थे। सुबह-शाम सिर्फ शिक्षा देते रहते थे। बड़े होने की शिक्षा, भले बनने, सच्चे और ईमानदार होने, इन्सान जैसा इन्सान बनने की शिक्षा! अब्बू के रुपयों के दम पर हमारे लिए आहार जुटता था। अब्बू खरीद देते थे, तो हमें कपड़े-लत्ते नसीब होते थे। अब्बू ने ही हमें स्कूल में भर्ती कराया, किताब-कॉपियाँ ख़रीद दीं, घर में मास्टर नियुक्त कर दिया। अब्बू ने ही हमें कॉलेज में पढ़ने की सुविधा दी; कॉलेज जाने-आने का किराया देते थे। अब्बू का घर! अब्बू का रुपया-पैसा! सब कुछ अब्बू का था! लाड़-दुलार देने को करीब खींच लेते थे; गुस्सा होने पर पीटते थे। अपने जन्म के बाद से अब्बू को घर का सबसे बड़ा कर्ता-धर्ता, मालिक के रूप में देखा। वही सबसे बड़े विद्वान थे, जिसके आदेश-उपदेश मुताबिक घर-गृहस्थी चलती थी; सन्तानें चलती थीं। तुम खरीदी हुई बाँदी थी, बावर्ची खाने में पड़ी रहती थी, अब्बू के हुक्म मुताबिक दौड़-दौड़कर काम करती थी। अब्बू की डाँट-फटकार सुना करती थी। अब्बू को खुश करने के लिए तुम्हारी मेहनत का कहीं कोई अन्त नहीं था। इसलिए बचपन से ही अब्बू की तरफ आकर्षित न होकर, तुम्हारी ओर मैं क्यों खिंचती, बताओ? हाँ, उनसे मैं यम की तरह डरती थी, लेकिन उसी इन्सान को प्यार भी करती थी। अब्बू की भूल-चूक पर, जिस हद तक मैंने उन्हें माफ किया है, तुम्हें नहीं किया। तुमसे ज़रा-सी भी भूल-चूक हो जाती थी, तौ मैं दहाड़ उठती थी, जैसे अब्बू दहाड़ते थे। जैसे अब्बू तुम्हें इन्सान नहीं समझते थे, हम भी तुम्हें इन्सान नहीं समझते थे, माँ! अब्बू तो मेरे...हमलोगों के टीचर थे। तुम चाहती थीं हम अब्बू की बात मानें, उनके उपदेश पर चलें, साथ ही तुम्हारी भी एकबारगी उपेक्षा न करें। लेकिन मेरे शिक्षक तुम्हारी अवहेलना करते थे, इसलिए हमने भी तुम्हारी अवहेलना करना सीख लिया था। शिक्षक जो कहता था, सिर्फ वही सुना या सीखा, ऐसा नहीं था, शिक्षक जैसा आचरण करता था, वैसा ही हम भी करते थे। अपने समूचे बचपन, किशोर, जवान उम्र में, मैं यही सीखती रही। तुम्हारी उपेक्षा करना सीखा। असल में मानसिकता तो शैशव और किशोर उम्र में ही बन जाती है। उसी मानसिकता के साथ हम अपना

बाकी जीवन गुज़ार देते हैं। मुझे नहीं लगता कि परवर्ती जीवन में कोई खूब बड़ा परिवर्तन आता है, वर्ना तुम्हारे अकेलेपन की ओर, मेरा ध्यान कभी, क्यों नहीं गया? मैं तो कितने ही लोगों के दुःख में रो पड़ती थी, तुम्हारा दुःख मुझे स्पर्श क्यों नहीं कर पाया। मैंने तुम्हें खरीदी हुई दासी समझ लिया था और यह पाठ मुझे अब्बू ने पढ़ाया था, तुम्हारे पति, तुम्हारे मालिक ने! पता नहीं, यूँ अब्बू के सिर दोष मढ़कर मैं शायद छुटकारा पाना चाहती हूँ। जब मैं बड़ी हुई तो क्या मेरी कोई जिम्मेदारी नहीं बनती थी? तुम्हारे प्रति किसी कर्तव्य का अहसास मुझे क्यों नहीं हुआ? तुम माँ थीं, लेकिन इससे क्या फ़र्क पड़ता है? जब तुम्हें चोट लगती थी, तो बार-बार यही दोहराती थी–'मैं तो माँ हूँ! मैं तो माँ हूँ...।' तुम माँ हो, यह मैं भूल जाती हूँ, तुम यही शिकायत करती थी। शायद शिकायत भी नहीं करती थीं, अकेले-अकेले पीड़ा महसूस करती हुई स्वगत् बुदबुदाती रहती थी। तुम्हारे प्रति मैं इतना जघन्य आचरण क्यों करती थी? तुम तो माँ थी। माँ के तौर पर तुम प्यार की अपेक्षा नहीं करती थी, न पाते-पाते तुम्हें पाने की आदत ही नहीं रही। तुम तो बस, इतना ही चाहती थी कि मैं इतने फूहड़ ढंग से तुम्हारी बेइज्जती न करूँ। कम से कम इस मामले में, मैं अब्बू जैसी न बनूँ। लेकिन मेरा तो जिन्दगी भर, अब्बू जैसी बनने का ही सपना था। अब्बू जैसी आदर्शवान बनना, पर्वत की तरह ऊँची दिखना; कभी, किसी हाल, किसी स्थिति में भी न टूटना न चिटखना परवाह न करना, दृढ़ और मज़बूत बने रहना। अब्बू की तरह ही वस्तुवादी, विज्ञानमनस्क, कुसंस्कार-विरुद्ध, कोई धर्म न मानना, कर्मठ और निष्ठ बने रहना। इन ख़ूबियों से लगाव न होने का, कोई कारण भी नहीं था। हज़ारहा विषयों में अब्बू से मेरा मत-विरोध होने के बावजूद, मैं अब्बू होने की चाह से विरत नहीं हो पायी। तुम चाहती थीं कि हम सब अब्बू की तरह ही सबल, साहसी, सत्यबद्ध और अनुशासनबद्ध हों। लेकिन तुम यह भी चाहती थीं कि हम सब इन्सान की तौर पर अब्बू से भी ज़्यादा बड़े, ज़्यादा सहिष्णु, विनम्र, अहंकार-मुक्त और ज़्यादा उदार हों। तुम क्या अपने लिए अपमानित नहीं होने देना चाहती थी? क्या अपनी खुशी के लिए चाहती थीं? नहीं, यह सब भी, हमारे लिए चाहती थीं। इसलिए कि हम किसी से घृणा न करें, किसी के प्रति असम्मान न दिखायें, सच्चे इन्सान बनें, बड़ा इन्सान! महान् इन्सान! वैसे अब्बू भी यही चाहते थे कि हम इन्सान बनें। तुम दोनों की चाहत में कहीं, कोई कंजूसी नहीं थी। हाँ, तुम दोनों के लिए इन्सान की परिभाषा अलग-अलग थी।

अब्बू, भाईजान, छोटे भाई, यस्मिन–किसी को भी, यह अफसोस जाहिर करते नहीं देखा कि जो श्रद्धा तुम्हारे लिए प्राप्य थी, तुम्हें नहीं मिली। तुम्हारे प्रति किसी भी कर्तव्य या दायित्व-पालन में कहीं, कोई त्रुटि थी, यह बात कोई भूले से भी अपनी जुबान पर नहीं लाता। सभी अविश्वसनीय रूप से सर्द, दबावमुक्त और तृप्त थे। लेकिन मैं जानती हूँ, माँ, मेरी तरह ही उनलोगों ने भी कितनी-कितनी भूलें की हैं।

अफसोस मुझे है; पछतावा मुझे है। मुझे यह बख़ूबी अहसास है कि तुम्हारी ज़ितनी अवज्ञा मैंने की है, उतनी अवज्ञा किसी की नहीं की है। इतना असम्मान मैने दुनिया में किसी का भी नहीं किया है। मैंने तुमसे जितनी नफ़रत की है, सच बात यह है कि उतनी नफ़रत किसी से भी नहीं की है। कभी-कभी मेरे मन में यह सवाल भी जागता है कि अब, मेरे मन में इतना पछतावा क्यों है? इसलिए कि अब तुम नहीं हो? अगर तुम जिन्दा होती, तो मुझे नहीं लगता कि मेरे मन में पछतावा जागता। जैसे तुम्हें भूली हुई थी, वैसे ही भूली रहती। किसी में बोध जागने के लिए, अगर किसी और की मौत ज़रूरी है, तो उस नये बोधोदय का क्या सच ही कोई मोल है? अपने इस बोध के लिए आमलोग विश्वास करें या न करें, मुझे ही शर्मिन्दगी होती है।

तुम्हारे अकेलेपन का मैंने कभी बूँद भर भी ख़याल नहीं किया। चलो, मान लिया कि बचपन में मैने नहीं सोचा। लेकिन सयानी होने के बाद भी, मुझे एक बार भी यह ख़याल क्यों नहीं आया कि तुमने अपनी समूची जिन्दगी कैसे असहनीय दुःख में गुज़ार दिया? मैंने यह क्यों नहीं सोचा कि तुम कितने भयंकर रूप से अकेली हो? होश सम्हालने के बाद, मैंने किसी दिन भी नहीं देखा कि तुम और अब्बू एक ही बिस्तर पर लेटे हो। अब्बू तो तुम्हारी बगल में सोते ही नहीं थे। उनकी बेटियाँ जो थीं। वही उनकी बगल में लेटती थीं। तुमने रो-रोकर आँसुओं की बाढ़ लगा दी, चींख-चिल्लाकर समूचा घर सिर पर उठा लिया, अब्बू को लौटा लाने की कोशिश की, लेकिन तुम हार गयी। तुम व्यर्थता का ही पर्याय बन गयीं। अब्बू तुम्हारे सामने से जूते खटखटाते हुए बाहर निकल जाते थे। अब्बू को औरतों की कमी, भला क्यों होने लगी? शक्ल-सूरत से वे असम्भव सुदर्शन थे, उस पर से डॉक्टर! वह भी नामी-गिरामी डॉक्टर, उनका चेम्बर मरीजों से भरा रहता था। वे या तो बहुत बड़े सिविल सर्जन थे या मेडिकल कॉलेज के प्रोफेसर! ऐसा आकर्षक व्यक्तित्व गुण-मान से भरपूर मर्द, शहर में और कोई नज़र आता था? औरतें अब्बू के इश्क में पड़ जाती थीं। लेकिन अब्बू की तकदीर काफी बुलन्द हो, ऐसा नहीं था। कोई एक गोरी-चिट्टी शादीशुदा औरत, अपनी जवानी में ही अब्बू से टकरा गयी और उस महिला ने अपने पति से तलाक ले लिया और अब्बू पर दबाव डालकर, अपनी शादी तक रचा ली। इन सबकी हमें जानकारी नहीं थी। अचानक-अचानक लोकमुख से हमें सुनायी दे जाता था। लोगों की बातों पर हमें विश्वास नहीं होता था। बाहरी प्रेम-प्यार, दुलार-सम्भोग की ख़बरें अब्बू कभी हमारे घर के अन्दर नहीं लाये। चलो, यह भी मान लिया कि अब्बू की शारीरिक भूख ठंडी होती थी, तुम्हारी क्या हालत थी? तुम्हें अपना परस दे, ऐसा कोई प्राणी, कहीं नहीं था। कुछ दिनों अमानुद्दौला ने शायद गपशप के बहाने तुम्हारी हथेली थामी हो, लेकिन यह सिलसिला ज़्यादा

दूर तक आगे बढ़ा हो, ऐसा याद नहीं पड़ता। मैंने ही, 'बन्धु' सम्बोधन किया गया, तुम्हारा एक ख़त खोज निकाला था और मैंने ही चींख-चींखकर यह ख़बर समूचे घरवालों को बता दी। तुम्हारा चेहरा फक्क पड़ गया था। हम सब डाइनिंग-टेबल के इर्द-गिर्द बैठे हुए थे-अब्बू, भाईजान, छोटे भइया, मैं!

उसी समय तीखी नफरत उगलते-उगलते मैंने वह बम फोड़ा, 'तुमने किसी को प्रेम-पत्र लिखा है?' अगले ही पल मैने उस ख़त का मजमून भी सुना दिया।

कम उम्र में दिमाग के घर-बरामदे काफी पैने और झकझक चमकते रहते हैं। दाढ़ी मूँछ की हजामत भी बिल्कुल कटे हुए होते हैं। तुमने वह ख़त किसे लिखा था, मुझे उसका अन्दाज़ा था और वह अन्दाज़ा मैने दुगनी ताकत से चींख-चींखकर सबको सुना दिया। वह सब मेरी तीखी नफ़रत का नतीजा था। सच बात तो यह है, माँ, कि मैं तुमसे नफ़रत करती थी। तुम्हारा कुछ भी मुझे पसन्द नहीं था। तुम्हारी असहायता, मेरे अन्दर ज़रा भी करुणा नहीं जगाती थी। दुनिया के तमाम निर्यातित, असहाय लोगों के लिए, मेरे दिल में ममता और हमदर्दी थी, लेकिन तुम्हारे लिए नहीं होती थी। वह छोटा-सा ख़त था। कोई तुम्हारा दुःख समझना चाहता है या समझने की कोशिश कर रहा है, ऐसे किसी हमदर्द को तुमने ख़त लिखा था। मैंने क्यों वह ख़त सबके सामने पढ़कर, खुलेआम तुम पर छिःछिः, धिक्कार की बरसात की थी? आज मुझे यह सोच-सोचकर शर्मिन्दगी होती है कि उस दिन सभी घरवालों के सामने, मैंने निर्लज्ज की तरह, तुम्हें शर्मिन्दा किया था। तुम्हारी दुनिया मैंने एक फूँक में धराशायी कर दी थी। हाँ, मुझे यह सोच-सोचकर शर्म आती है कि बाहरवालों को तुमसे सहानुभूति थी, मुझे नहीं थी। मुझे सिर्फ शर्म ही नहीं आती, अपने से नफ़रत भी होती है। मुमकिन है, बहुतेरे लोग मुझे तसल्ली दें कि इस पुरुष-प्रधान समाज में, और-और लड़कियों की तरह, मेरे अन्दर भी पुरुषतंत्र ही रच-बस गया है, इसमें मेरा कोई कसूर नहीं है। नहीं, अपना कसूर, किसी दूसरे के सिर मढ़ना, मेरी आदत नहीं है। कसूर मेरा ही था। यह बात पूरे सौ पैसे सच है कि असल में अन्दर ही अन्दर मैं भी यही विश्वास करती थी कि औरत का अपना कोई निजी जीवन नहीं होता, उनका जन्म ही हुआ है, पति की सेवा-चाकरी करने के लिए। औरत पैदा ही हुई है, मर्दों की गुलामी करने के लिए। पुरुषों को हक़ है कि वे लोग बीवी के अलावा भी परायी औरतों से मानसिक या शारीरिक रिश्ता कायम करें, किसी औरत को इसका हक़ हरगिज नहीं है। भली और शरीफ औरत बनने के लिए एकनिष्ठ और पतिव्रता होना जरूरी है। मेरी पुरुषतांत्रिक मानसिकता तुम्हें अकेली, निरीह और शक्तिहीन पाकर, चरम आघात हनती रही।

बचपन में तुम मेरे बालों में नारियल तेल लगाकर, बाल संवार देती थी। बालों में जूँएं हो जाती थीं, तो तुम निकाल देती थी; सिलाई-मशीन पर मेरे कपड़े सी देती थीं;

कपड़े अगर मैले हो जाते थे, तो तुम धोकर, धूप में सुखा देती थी; तुम मेरा बिस्तर, कपड़ों का स्टैंड, आलमारी, कपड़े-लत्ते, किताब-कापियाँ समेटकर रखती थीं। मैं दिन-रात पढ़ती रहती हूँ, दिमाग ठीक तरह काम करे, पाठ याद रहे, इसके लिए मेरे लिए दूध-अण्डा, मांस-मछली, फल खाना ज़रूरी है—यह बात तरह-तरह से मैं अब्बू को समझाया करती थी। हम सब तो अब्बू पर ही निर्भर करते थे। तुम्हारी इतनी औकात कहाँ थी कि तुम यह सब खरीद दो। अगर तुम्हारी औकात होती, तो तुम कितना कुछ कर डालतीं। तुम्हारे हाथ में जब भी कुछ रुपये आते, तुम किसी न किसी के लिए, कुछ न कुछ खरीद देती थीं। तुमने अपने लिए, कभी, कुछ नहीं खरीदा। जब तुम नानी या अपनी बहन के यहाँ जाती थीं, तो दो-तीन रुपये रिक्शा-किराये के लिए भी, तुम्हें अब्बू के सामने हाथ फैलाना पड़ता था। अब्बू ज़्यादातर पैसे देने से मना कर देते थे तब तुम्हें ये मामूली-से रुपये अपने भाई-बहनों से माँगना पड़ता था। तुम्हें संकोच होता था। लेकिन उपाय क्या था? तुम्हारा मन होता था कि अपने माँ-बाप, भाई-बहनों को मामूली-सा ही सही, छोटे-मोटे उपहार भेंट करो। लेकिन, किसी को कुछ देने की औकात ही नहीं थी तुम्हारी! तुम्हारे जितना निःस्व, दुनिया में दूसरा कोई था भला? अपनी नौकरी के दौरान भी, मुझे याद नहीं पड़ता कि मैंने तुम्हारे हाथ पर थोड़े-से भी पैसे रखे हों। अगर कभी कुछ दिया भी तो वे मामूली-से रुपये पाते ही मुझे देने के लिए मेरी कोई प्रिय चीज़ ख़रीदने तुम बाज़ार चल देती थीं। माँ, आज मुझे लगता है कि तुम मुझे प्यार करते हुए भी, प्यार नहीं करती थी। पति और बाल-बच्चों को प्यार करते हुए, अपने को प्यार नहीं किया जाता, यह तुम्हें किसने सिखाया था?

तुम्हारे अकेलेपन की याद आते ही, मुझे सर्दी की उन रातों का ख़याल आता है। पेड़ों के डाल-पत्ते, फूस इकट्ठा करके, तुम किसी-किसी रात आँगन में अलाव जलाती थी। कभी-कभी मेरी नज़र चली जाती थी, तुम उस अलाव में हाथ-पाँव तापती रहती थी। जलते हुए कोयले की दोनों ओर टाँगे फैलाकर खड़ी हो जाती थीं और जांघों की जोड़-जोड़ में ताप लेती थीं। वह ताप क्या तुम्हें सुख देती थी? तुम्हारे चेहरे पर शर्म, सकुचाहट और खौफ़ के मिले-जुले भाव झलकते रहते थे। ठण्ड के मौसम में क्या सिर्फ ठण्ड ही तुम्हें अपने काबू में ले लेती थी या कभी-कभी यौन-प्यास भी तुम्हें सताती थी? तुम्हारा तन-बदन इतना सर्द पड़ गया था कि तुम्हें थोड़ी-सी आग की ज़रूरत पड़ जाती थी? माँ जैसी इन्सानों के मन में उन सब गंदी-शंदी चीजों का उपद्रव भी सताता है, ऐसा मुझे कभी नहीं लगता था। अपनी समूची जिन्दगी ही तो तुमने मर्द के बिना गुज़ार दिया। अब्बू ने तुम्हें चाहे जितना भी नौकरानी या ज़रख़रीद बाँदी की तरह रखा हो, तुम उन्हें प्यार करती थी। इतना-इतना प्यार करने के बावजूद, तुम उनका बूँद भर भी प्यार नहीं पा सकीं। घर के बाहर अब्बू जिस-तिस से अन्तरंग होते रहते थे। उनके मन में कहीं कोई चुनाव-विचार नहीं था। बस, तुमसे

ही नाक सिकोड़े रहते थे। दस साल की उम्र में तुम्हारा विवाह हुआ था। अगले ही साल भाईजान तुम्हारी कोख में आ गये। पता नहीं तुम ऋतुवती भी हुई थीं या नही, मगर गर्भवती हो गयीं। उम्र में तुम मुझसे हद से हद बीस-इक्कीस साल बड़ी थीं। जहाँ तुमने अपनी समूची जवानी अकेले-अकेले काट दी, अब्बू उस पूरे दौर में अपनी गोरी-गोरी मरीजाओं के इश्क में डुबकियाँ लगाते रहे। अकेलापन क्या होता है, मैं जानती हूँ। मेरे भी तो समूचे तन-बदन में अकेलापन बसा हुआ है। जिन्दगी में मुझे भी कोई सच्चा प्रेमी नसीब नहीं हुआ। 'सच्चा' इसलिए कह रही हूँ, क्योंकि 'तुम्हें प्यार करता हूँ'—वगैरह जुमले बोलने वाले लोगों की तो कोई कमी नहीं है, लेकिन यह सब महज जुबानी जमा-ख़र्च है, दिल से यह जुमला, कभी, किसी ने नहीं कहा। सच्चा प्यार, किसी के भी दिल में नहीं था। तुम्हारी तकलीफ महसूस कर सकूँ, शायद इसीलिए जिन्दगी ने मुझे उम्र भर का अकेलापन, उपहार दिया है।

अब्बू यूरोप आये थे, मेरे पास। मैं उन्हें डेनमार्क, जर्मनी, इंग्लैंड घुमाने ले गयी थी। यहाँ विदेशियों द्वारा मुझे दिए गये ढेरों सम्मान, अभिनन्दन उन्होंने देखा। भाईजान भी आये थे, मगर उन्होंने मेरे सम्मान में आयोजित कोई बड़ा कार्यक्रम नहीं देखा। वैसे मैं उन्हें स्पेन, पूर्तगाल की सैर पर ले गयी थी। छोटे भइया भी आये थे। मैं चाहती थी, मेरे सभी लोग मेरे पास आयें। अब, अगर मैं अपने देश में कदम नहीं रख सकती, तो यहीं मेरे अपने लोगों से मेरी भेंट होती रहे। मैंने सभी को अपने पास बुलाया, लेकिन कभी तुम्हें आने को नहीं कहा। अन्यान्य हर किसी को मैने याद किया, लेकिन तुम मुझे कभी याद नहीं आयी। जब मैं अपने देश में थी, तब भी मैं तुम्हें कभी, कहीं सैर कराने नहीं ले गयी। विदेश आने को क्यों कहती? तुमने खुद ही आना चाहा, अनाहूत की तरह! अचानक तुमने मुझे ख़बर दी कि तुम मेरे पास आ रही हो। मैं अवाक् रह गयी। तुम जिन दिनों स्वीडन के उपलैंड्स विएसबी के चार नम्बर मुनिनवैगन में आनेवाली थी, उन दिनों, दिलो-दिमाग से सौ प्रतिशत स्वीडिश, शरीफ सुचेनसन के उपनगर का घोर निर्जन घर, मेरा ठिकाना था। यूँ तो समूचा स्वीडन देश ही खाली-खाली है, वह उपलैंड्स वियेसबी, इससे भी कहीं ज़्यादा खाली और निर्जन है। किसी पराये घर में रहना या ठहरना, हमेशा से ही मुझे नापसन्द रहा। अपने देश में अपना घर होते हुए, परदेस में पराये लोगों के घर ठहरना, अपने देश में अपनी गाड़ी होते हुए, पराये देश में परायों की गाड़ी में चढ़ना अधिक चैनभरा, अधिक सुखद नहीं होता, यह बात मेरी तरह और कौन जानता है, माँ? सुचेनसन कैसा शख़्स है, इन्सान के तौर पर कैसा है, यह सब मैने कितना-सा जाना था। उससे तो कुल मिलाकर चार बार भेंट हुई थी। जर्मनी से वापस लौटने के बाद, मैं सुचेनसन के घर में ही ठहरी थी। विदेश में कोई नौकरी-चाकरी नहीं थी। यूरोप के विभिन्न देशों से प्रकाशित, अपनी किताबों की रॉयल्टी और थोड़े-बहुत पुरस्कार ही मेरे जीने के आधार थे। बैठे-बैठे खाओ, तो राजा का ख़जाना भी खाली हो जाता है। कभी मेरा

भी संचय ख़त्म हो जायेगा, यह आशंका मेरे दिल में घर कर गयी थी। तुम्हें तो मैंने अपनी ज़िन्दगी का कोई भी वाकया नहीं सुनाया, माँ! अपनी तमाम बातें मैंने बहुतेरे लोगों को बतायी, मगर तुम्हें बताने की मैंने कभी ज़रूरत ही नहीं समझी। जब कभी फोन पर भी तुमसे बात होती थी, छोटी से छोटी बात पर, मैं तुम पर गरजती-तरजती रही, तुम्हें रुलाती रही—शराफ मामा मेरे घर क्यों आये? तुमने उन्हें घुसने क्यों दिया? मेरी दो सलवार-कमीज थी! पुरानी-धुरानी-सी! छोटी पड़ गयी थी, मेरे बदन में कसने लगी थी। तुमने बड़े मामा की दोनों बेटी-शिप्रा और शुभ्रा को दे दिया, इसलिए कि बड़े मामा की आर्थिक स्थिति अच्छी नहीं थी, दोनों बेटियाँ मोहताजी झेल रही थीं।

फोन पर मैंने तुम्हें डाँटते हुए तुमसे जवाब तलब किया, 'मेरी अनुमति बिना, तुमने मेरी चीज़, दूसरों को क्यों दी?'

'तुम तो सालों से वे कपड़े पहनती नहीं थी, बिट्टी!' माँ ने मुलायम लहजे में कहा।

तुम्हारी मुलायम आवाज़ मुझे कहीं से भी मुलायम नहीं कर पायी, माँ!

मैं दुबारा दहाड़ उठी, 'मैं पहनती थी या नहीं पहनती थी, वह मैं समझूँगी। भले मैं न पहनती होऊँ, मेरी चीज़ जस की तस रहेगी। जहाँ, जो चीज़, मैं जैसी छोड़ आयी हूँ, बिल्कुल उसी तरह पड़ी रहे। जब मैं देश लौटूँगी, तब मैं अपने छोटे और पुराने कपड़ों का भी हिसाब लूँगी। जो चीज़ मैं जैसे रख आयी हूँ, वह सब मुझे उसी तरह हिफ़ाजत से रखा हुआ मिले।'

तुमने फिर कहा, 'मैने सोचा, दुःखी-गरीब की मदद करने से तुम्हें शायद अच्छा लगे।'

याद है, मैने कितनी कखाई से तुमसे कहा था, 'मुझे किसी गरीब-दुःखी को कुछ देने की ज़रूरत नहीं है। तुम अपने पैसों से उन लोगों को कपड़े-लत्ते ख़रीद दो। मेरी यादें तुम नष्ट मत करो।'

तुमने जो कपड़े-लत्ते उन्हें दान किये थे, सब वापस ले आयीं, माँ। शायद उनके बदन से उतरवा लायी थीं। अब, जब सोचती हूँ कि यह काम करते हुए, तुम्हें कैसा लगा होगा, तो मेरी छाती फट जाती है। बड़े मामा के सामने तुम्हारा सिर किस हद तक झुक गया होगा! शिप्रा और शुभ्रा के सामने, तुम कितना सकुचा गयी होगी, अब, मेरी समझ में आता है, माँ। तुमने तो मेरा सारा कुछ बड़े जतन से समेटकर रख दिया था। मैं जो-जो छोड़ आयी थी, तुमने सहेजकर रखा था। तुम्हारे पास पहनने को साड़ी नहीं थी, लेकिन तुमने काठ की, मेरी बड़ी-बड़ी आलमारियों में टंगी पाँच सौ साड़ियों में से, एक भी साड़ी को हाथ नहीं लगाया। उन साड़ियों में कीड़ें न लगें, साड़ियाँ कहीं नष्ट न हों, यह सोचकर तुम वरामदे में चटाई बिछाकर, उन साड़ियों को धूप दिखाती थी। धूप में खुद करीब बैठकर, उन साड़ियों को निहारा करती थीं, मानों तुम मुझे देख रही हो। उन साड़ियों को छू-छूकर महसूस करती थीं, मानो मुझे छू रही हो। तुम्हारी आँखों से टप-टप आँसू झरने लगते थे। तुम बार-बार आँसू पोंछ लेती थी। वे आँसू साड़ी पर टपककर कहीं साड़ी का सत्यानाश न कर दें, तुम तो

मेरी सारी चीज़ें यू सहेजे रहती थीं। अपने आँचल से, मेरे पढ़ने की टेबल, मेरी किताबें, मेरे कागज-पत्तर झाड़ती-पोंछती रहती थी। फ्रेम में जड़ी मेरी तस्वीर पोंछती थी और रोती रहती थी। तुम सबसे पूछती रहती थी कि मैं कब वापस लौटूँगी। कोई भी तुम्हारे सवाल का कोई जवाब नहीं देता था।

कोई तुम्हें दिलासा देता था कि सत्ता पर आसीन खालिदा के जाते और हसीना के आते ही, मैं वापस लौट आऊँगी।

कोई-कोई, खासकर छोटे भइया कहते थे कि अब मैं इस जिन्दगी में कभी वापस नहीं आ सकती।

तुम यह सुनकर फूट-फूटकर रो पड़ती थीं। तुम एक बार बैरिस्टर कमाल के यहाँ जाने की ज़िद करती थीं। एक बार सारा हुसेन के पास जाकर अनुरोध करने को कहतीं कि वे मुझे स्वदेश लौटा लाने का इन्तजाम कर दें। कोई किसी के पास नहीं जाता था। तुम भाईजान से कितनी विनती करती थी, छोटे भइया से अरज करती थी! आँसू बहाते हुए, उन लोगों से विनती करती थी। लेकिन तुम्हारी बात कौन सुनता? तुम तो अनपढ़ थी! तुम अनपढ़ हो, निरी मूरख हो, यह बात अब्बू हम बच्चों को बचपन से ही समझाते रहते थे। हमने भी अब्बू का दिया हुआ ज्ञान, दिमाग़ की पोर-पोर में बिठा लिया था। तुम खुद भी यह क़बूल करती थी कि तुमने स्कूल की दहलीज पार नहीं की, कॉलेज की पढ़ाई तो ख़ैर कभी संभव ही नहीं हुई, इसलिए काफी बातों की, न तो तुम्हें जानकारी है, न समझ! मेरे बारे में अब्बू या भाई लोग कभी बातें करते थे, कोई अ़हम बात, तो तुम्हें सुनने नहीं दिया जाता था, इसलिए कि वे बातें तुम्हारी समझ के बाहर हैं। तुम कभी पूछती भी थीं, तो अब्बू आँखों में इशारा करके, भाइयों का मुँह बन्द करा देते थे। इसका मतलब था, तुम यह सब नहीं समझोगी, बेवजह तुम्हें बताने से क्या फ़ायदा। यह भी मुमकिन है कि तुम कट्टरपंथियों तक वह सब ख़बर पहुँचा दो। हाँ, तुम पर यह दोष मढ़ा जाता था कि तुम मेरे बारे में कोई तथ्य, कहीं किसी को बता न दो। वजह? वहज यह है कि तुम निरी बुद्धू हो। तुम मूरख हो! इसीलिए घरवालों ने तुम्हें मेरा कोई ठिकाना, कोई फोन नम्बर नहीं दिया। इसलिए और भी नहीं दिया कि तुम मेरा पता या फोन नम्बर अपने भाई-बहनों को थमा दोगी और वे लोग मुझे फोन करके अपने दुःख-दुर्दशा की कहानी सुनायेंगे और मुझसे रुपये माँगेंगे। वे लोग बस, एक ही बात बखूबी समझते थे, वह था-रुपया! देश में मेरे पास दौलत थी; विदेश में और अथाह दौलत थी, मैं जैसे रुपयों के ढेर पर लोट रही हूँ। ये तमाम सच्चाइयाँ मैंने काफी बाद में जानीं। इसीलिए तुमने भी फोन पर कभी मेरा पता-ठिकाना, मेरा फोन या फैक्स नम्बर जानने की कोशिश नहीं की, क्योंकि मेरा पता या फोन नम्बर माँगने में तुम्हें डर लगता था। तुम्हें डर इसलिए लगता था क्योंकि तुम्हें कोई ग़लतफहमी न हो जाये; मैं तुम पर शक़ न कर बैठूँ। इधर मैं सोचा करती थी कि कोई मुझे एक ख़त तक

तो लिखता नहीं। माँ होने के बावजूद, तुम भी मुझे ख़त नहीं लिखती। अपने आँसुओं में डूबे, जाने कितने-कितने ख़त, तुमने अपने तोशक तले दबाये रखा था, माँ! वे तमाम ख़त मुझे बाद में मिले ज़रूर, लेकिन वे मुझे मिल गये हैं, तुम्हें इसकी ख़बर नहीं हो सकी। तुम भला कैसे जान पातीं? तुम तो थी ही नहीं, जो जान पातीं।

देश छोड़कर चले आने के दिन से लेकर, पूरे चार वर्ष, तुमने मेरी राह में आँखें बिछाये-बिछाये गुज़ार दिये। आसमान में उड़ते हुए हवाईजहाज की घर्र-घर्र की आवाज़ सुनते ही, तुम दौड़कर बरामदे में आकर खड़ी हो जातीं। आकाश में तैरते हुए हवाईजहाज पर नज़रें गड़ाये-गड़ाये, तुम सोचती थीं, शायद मैं लौट आयी हूँ। आसमान की ओर टकटकी बाँधकर देखते-देखते, तुम्हारी पलकें भींग उठती थीं। कितने ही लोग अपने देश में लौट आये, एक मैं ही नहीं लौटी। बाकी सभी लोग तुम्हारा दरवाज़ा खटखटाते हैं, एक मैं ही नहीं खटखटाती। तुम मन ही मन महसूस कर रही थीं कि तुम्हारी तबीयत गिरती जा रही है यानी तबीयत ठीक नहीं है। 'क्यों ठीक नहीं लगती?' यह पूछने पर तुम फोन पर कोई जवाब नहीं देती थीं। असल में, तुम नहीं जानतीं माँ, मैं सोचती थी कि तुम झूठ बोल रही हो। वह जो तुम, अर्से पहले से राग अलापती रहती थीं कि तुम्हें जाने कौन-सा रोग है। खून जाने का रोग! तुम उस रोग को 'पाइल्स' बताती थीं। अब्बू कहते थे, 'अरे, कुछ भी नहीं हुआ है।' हम सब भी यही दुहरा देते थे कि सच ही, वे बकवास करती हैं। खासकर मैं तो कुछ ज़्यादा ही बोलती थी—'फालतू शिकायत मत किया करो। तुम्हारी तबीयत बिल्कुल ठीक है! बिल्कुल भली-चंगी हो तुम!' मुझे जाने क्यों तो विश्वास हो गया था कि तुम सबको परेशान करने के लिए ही, फिजूल शिकायतें किया करती हो कि यहाँ दर्द है, वहाँ पीड़ा है। हालाँकि अब्बू की तबीयत अगर हल्की-सी भी गड़बड़ होती थी, तो मैं परेशान हो उठती थी। मैं जानती थी कि उनका ब्लड प्रेशर बहुत ज़्यादा है। एक बार तो मायोकॉर्डियल इन्फर्केशन भी हो चुका है। मुझे पता था कि उन्हें डायबिटीज़ है। मुझे यह भी पता था कि किसी भी दिन, किसी भी वक़्त, अब्बू के साथ कोई दुर्घटना हो सकती है। इसलिए अब्बू को लेकर ही, मुझे दुनिया-जहान की आशंका और दुश्चिन्ता थी।

ओ माँ, जब भी तुम अपनी बीमारी का ज़िक्र करती थी, मैं तमककर कहती थी, 'सुनो, अगर कोई बीमारी है, तो वह अब्बू को है, तुम्हें नहीं।'

उस वक्त मैं उन्हें जोर-शोर से समझाती थी कि 'हार्ट' माने क्या होता है, हार्ट के रोग का क्या मतलब होता है, 'एनलार्ज्ड हार्ट' किसे कहते हैं, मायोकॉर्डियल इन्फर्केशन का क्या आशय है।

तुम अचरज से मुँह बाये सुनती थी। इसके बाद, तुम्हें चाहे लाख तकलीफ हो, तुम नहीं बताती थी। बाद में भी, झूठमूठ के आरोप जड़कर, मैं तुम्हें डाँटती-डपटती रहती थी।

हाँ, मेरी सारी परेशानी अब्बू को लेकर थी। मुझे लगता था, अब्बू का सेवा-जतन ठीक तरह नहीं हो रहा है। दिन-दिन भर अपने चेम्बर में बैठे-बैठे रोगी देखते रहते थे, घर-घर मरीज़ देखने जाते थे, बाज़ार जाते थे। अब, अब्बू कब खाते होंगे, क्या खाते होंगे, कब आराम करते होंगे, कितनी देर आराम करते होंगे; मयमनसिंह में अब्बू की देखभाल कौन करता होगा—दुश्चिन्ता की मुट्ठी में क़ैद, मैं छटपटाती रहती थी। अब्बू को फोन करके, उनकी तबीयत का हाल पूछती थी। तुम्हें भी फोन करके, अब्बू की सेहत के बारे में वही-वही सवाल करती थी। नहीं, माँ, तुम कैसी हो, यह मैं नहीं पूछती थी। नहीं पूछती थी, क्योंकि मैं जानती थी, जैसे पहले जानती थी, बाद में भी जानती थी, तुम ठीकठाक हो। अब्बू ठीक नहीं हैं, उन्हें लेकर मेरी दुश्चिन्ता, दिनों-दिन इस कदर बढ़ गयी कि मैं मन ही मन मनाया करती थी कि अब्बू हर रोज़ जो 'अवकाश' से नये बाज़ार वाले चेम्बर में जाते हैं, रात गये, चेम्बर से घर लौटते हैं; बीच-बीच में गाँव की ज़मीन की देख-रेख करने नन्दाइल जाते हैं—यह सब आना-जाना, वे पैदल या रिक्शे में या बस में न जाकर, गाड़ी में जाया करें। ढाका में मेरी अपनी गाड़ी पड़ी हुई थी। छोटे भइया को मैंने बहुत बार हिदायत दी कि मेरी गाड़ी अब्बू को इस्तेमाल करने के लिए दे दी जाये।

जितनी बार मैंने छोटे भइया को गाड़ी भेज देने को कहा, छोटे भइया ने जवाब दिया, 'अब्बू गाड़ी नहीं लेंगे।'

'लेंगे क्यों नहीं। तुम गाड़ी चलाकर मयमनसिंह ले जाओ। घर के दरवाज़े पर खड़ी कर दो और ट्रेन से ढाका लौट आओ।'

उस वक्त तो छोटे भइया ने सहमति जतायी, 'ठीक है। ऐसा ही करता हूँ।'

शायद दूर की किसी गधी को शान्त करने के लिए ही उसने 'हाँ' कर दिया।

इसी तरह एक-दो करके, कई-कई महीने गुज़रते रहे। मैंने ख़बर ली, तो जानकारी मिली, छोटे भइया ने गाड़ी अब्बू को दी ही नहीं। मेरी अपनी गाड़ी पर, मेरा कोई हक़ नहीं था, छोटे भइया का हक़ था। वह गाड़ी वह किसी को देने वाला नहीं था, क्योंकि वह गाड़ी वह खुद इस्तेमाल करता था। यही छोटे भइया, मुझे गाड़ी खरीद देने का आश्वासन देकर, मुझसे रुपये झटक ले गया था। दुबारा लौटाया ही नहीं। अर्से तक उन रुपयों का इन्तज़ार करते रहने के बाद, अन्त में मैंने खुद ही अपने लिए एक गाड़ी ख़रीद ली। गाड़ी के अन्दर, मैंने क़ीमती कवर लगवाया, पायदान में मैट बिछाया, परफ्यूम और धूप से सुरक्षा के लिए पर्दे वगैरह ख़रीदे। गाड़ी को पूरी तरह सजा-सँवार लेने के फौरन बाद ही मुझे देश छोड़ना पड़ा। इस तरह छोटे भइया अकेले ही उस गाड़ी का मालिक बन बैठा; वह गाड़ी अकेले अपने लिए ही इस्तेमाल भी करने लगा। ढाका में तुम भी तो कभी-कभी बाहर आती-जाती थीं, मगर उसने वह गाड़ी कभी तुम्हें गाड़ी इस्तेमाल नहीं करने दी। तुम बाज़ार जाती थीं, बड़े मामा, रूनू खाला के घर भी आती-जाती थीं, हर कहीं रिक्शे में ही आती-जाती थीं। मेरी

गाड़ी पर तुम्हारा भी हक़ नहीं था। अपने किसी भी हक़ का दावा करने का ख़याल तक, कभी मेरे मन में नहीं आया। छोटे भइया ही अपनी महिला-मित्रों के साथ गाड़ी में सैर-तफरीह करेगा, मानो यही नियम हो। इस नियम के बाहर भी कहीं कुछ और हो सकता है, कोई स्वाभाविक बात भी हो सकती है, तुम जैसे भूल ही चुकी थीं या छोटे भइया ने ही तुम्हें भूल जाने को विवश किया था। अब्बू जब ढाका आते थे, तब भी यही कुछ होता था। वे बस से ढाका आते थे। शहर में अगर कहीं, उन्हें कोई काम होता, तो वे रिक्शे से जाते थे और अपने देश से कई-कई हज़ार किलोमीटर दूर बैठी, मैं गधी, अब्बू के रिक्शे से आने-जाने के ख़िलाफ़ चींखती रहती। ख़ैर, छोटे भइया की नज़र में मेरे चींखने-चिल्लाने का कोई मोल नहीं था। अन्त में, मैंने यह फैसला किया कि गाड़ी खरीदने के लिए, मैं सीधे अब्बू को ही रुपये भेज दूँ। अब्बू ने साफ मना कर दिया, रुपये भेजने की कोई ज़रूरत नहीं है। लेकिन उनके कहने भर से क्या होता था? मुझे तो दुश्चिन्ता-मुक्त होना ही था। अब्बू भले कंजूस हों, मैं तो कंजूस नहीं थी। लेकिन मैंने ग़लत सोचा था। मैंने सोचा था, अब्बू कंजूस हैं, इसीलिए अपनी गाँठ के रुपये खर्च नहीं करते, यह मुझे समझ लेना चाहिए था। लेकिन, जो अपने रुपये खर्च नहीं करता, वह दूसरों के रुपये भी खर्च नहीं करता, यह मुझे समझना चाहिए था। अब्बू किसी हाल में भी अपने बैंक का एकाउण्ट नम्बर मुझे बताने को राज़ी नहीं हुए। ख़ैर, एकाउण्ट नम्बर की जानकारी, उन्होंने पहले भी कभी नहीं दी थी। तब मैंने तुम्हारे एकाउण्ट में अब्बू के लिए रुपये भेजना चाहा। जब तुम भी अपना एकाउण्ट बताने को राज़ी नहीं हुईं, तो आखिरकार भाईजान का एकाउण्ट नम्बर लेकर, अब्बू को गाड़ी खरीदने के लिए रुपये भेजे। साढ़े चार लाख या पाँच लाख...ऐसी ही कोई रकम होगी। भाईजान ने ख़बर दी कि गाड़ी के रजिस्ट्रेशन के लिए भी रुपये लगेंगे। मैंने वह रकम भी भेज दी। मैंने भाईजान को बार-बार आगाह कर दिया कि गाड़ी का रजिस्ट्रेशन निश्चित रूप से अब्बू के ही नाम करायें। गाड़ी ख़रीदी जा रही है या नहीं; कब ख़रीदी जायेगी, मैं हर रोज़ अब्बू और भाईजान को फोन करती और जानकारी लेती। जल्द से जल्द गाड़ी ख़रीदने के लिए मैं उनसे तकाजे करती रहती थी। इस हड़बड़ी की एक वजह भी थी कि अब्बू यह सोच-सोचकर खुश हों कि वह गाड़ी, उनकी लायक बेटी ने उन्हें भेंट की है। वह गाड़ी अब्बू अपने आने-जाने के लिए इस्तेमाल करेंगे। बहरहाल, गाड़ी ख़रीद ली गयी, गाड़ी का रजिस्ट्रेशन भी हो गया; फोन पर ही मैं इन सब बातों की जानकारी लेती रही। ऐसा नहीं हुआ कि भाईजान या अब्बू ने खुद ही फोन करके मुझे ये सारी जानकारी दी हो।

'गाड़ी का रजिस्ट्रेशन अब्बू के नाम ही हुआ है न?' मैं बार-बार पूछती रही।

भाईजान ने बताया कि गाड़ी का रजिस्ट्रेशन अब्बू के ही नाम हुआ है। गाड़ी ख़रीद लेने के बाद भी, मेरे रोज़-रोज़ के फोन में कोई अन्तराल नहीं आया।

'क्या हुआ? अब्बू, तुम गाड़ी पर चढ़ रहे हो न?'

अब्बू ने आराम से जवाब दिया, 'हाँ, चढ़ रहा हूँ।'

मैंने भाईजान से दरयाफ़्त किया।

भाईजान ने ख़बर दी, 'ड्राइवर अभी तक नहीं रखा गया।'

जब ड्राइवर भी तैनात कर दिया गया, मैंने फिर खोज-ख़बर ली। मैंने तुम्हें फोन करके पता करना चाहा कि अब्बू गाड़ी में आते-जाते हैं या नहीं।

तुमने जानकारी दी, 'गाड़ी तो सिर्फ नोमान और उसके बीवी-बच्चे ही चढ़ते हैं। तेरे अब्बू तो गाड़ी इस्तेमाल नहीं करते।'

मैं मारे गुस्से के आगभभूखा हो उठी। उस आग में अकेली मैं ही जलती-फुँकती रही। मुझे रुपये भेजने का तो हक़ था, मगर उन रुपयों का क्या किया गया, उस पर मेरा कोई नियन्त्रण नहीं था। मुझमें अब वह ताकत भी नहीं रही। मेरे पास ले-देकर बस, रुपयों की ही शेष थी। मेरे पास, बस, देने भर का उत्साह बच रहा था।

तुम जो ढाका-मयमनसिंह दौड़ लगाया करती थी। बस में ही आती-जाती रहीं। तुमने भी किसी दिन उस गाड़ी की सवारी नहीं की। नहीं, माँ, तुम भी किसी दिन गाड़ी नहीं चढ़ीं। तुम तो हाथ-पैर से ठीकठाक थीं, तुम भला गाड़ी क्यों चढ़ने लगीं? तुम तो भली-चंगी थीं। ऐसे में एक दिन मैंने सुना कि तुम मुझे देखने, मुझसे मिलने के लिए स्वीडन आ रही हो। तुमने कहा कि तुम्हारी तबीयत ठीक नहीं चल रही है। ख़ैर, तबीयत ख़राब होने का तुम्हारा रोना, कुछ नया नहीं था। अब, यह ख़बर मुझे ज़रा भी परेशान नहीं करती थी। मैं छोटे भइया को बार-बार फोन करती रही कि वह अब्बू को भेज दे। छोटे भइया ने ख़बर दी कि अब्बू जाना नहीं चाहते। हाँ, माँ जायेगी। मैंने साफ़-साफ़ जता दिया कि माँ अगर आना चाहती हैं, तो आयें। लेकिन, बेहतर हो, अब्बू भी चले आयें, क्योंकि वे बीमार हैं। यहाँ मैं उनका सिर से पाँव तक, चेक-अप कराऊँगी। अगर उनके शरीर में किसी रोग-बीमारी का पता चला, तो विदेश में ही उनका इलाज भी हो जायेगा। लेकिन, ख़बर मिली कि अब्बू नहीं आयेंगे, उन पर कामकाज का काफी दबाव है। अब, वे रिटायर्ड डॉक्टर थे। उनको ऐसा क्या काम है कि बेटी से मिलने नहीं आ सकते? मैं बेतरह उदास हो गयी। मैं अब्बू से मिलने को ज़्यादा आतुर थी। तुम्हारे आने-जाने से, जैसे मुझे कोई फ़र्क़ नहीं पड़ता था।

छोटे भइया ने मुझे जानकारी दी कि वह अब्बू को जाने के लिए राज़ी नहीं करा सका। हाँ, माँ जा रही है। छोटे भइया विमान में नौकरी करता था, इसलिए अपने अब्बू-अम्मी के लिए उसे फ्री टिकट मिलते थे। उस टिकट पर वह माँ को ब्रसेल्स तक पहुँचा सकता है। ब्रसेल्स के बाद, उन्हें घर तक लाने की जिम्मेदारी मेरी। चार वर्ष बाद, तुम्हें देखूँगी, इस बात से मैं कहीं उत्साहित भी थी। घर के किसी सदस्य

से मिलने वाली थी। वह सदस्य चाहे कोई भी होता, मैं शायद इसी तरह उत्साहित होती। इस ढंग से निर्जन निर्वासन में सालोंसाल, अकेले पड़े रहने के दौरान, किसी आत्मीय या दोस्त से मिलना क्या मायने रखता है, यह मैं तुम्हें नहीं समझा सकती। आत्मीय-स्वजन, दोस्त तो ख़ैर, अपने होते ही हैं। अपनी जान-पहचान का कोई; जाना-पहचाना न भी हो, अपने देश का कोई, बंगला भाषा में बात करने वाला कोई हो, तो—वह भी कितना अपना लगता है। सिर्फ यही नहीं, भारत, पाकिस्तान, यहाँ तक कि श्रीलंका के लोग भी मुझे नितान्त अपने लगते हैं। कोई विदेशी शख़्स भी अगर बांग्लादेश या भारत घूमकर आया है, यह सुनकर भी वह मुझे अपने घर का ही बन्दा लगता है। छोटे भइया ब्रसेल्स हवाईअड्डे पर मुझे लेने आया। उसे देखकर मुझे किस कदर खुशी हुई थी। वैसे उन चार सालों में, कई बार उससें भेंट हो चुकी थी। उससे मिलने मैं एकबारगी आर्मेस्टरडम तक पहुँच गयी थी। उसे मैं स्टॉकहोम भी ले गयी थी। वह अब्बू को मुझे सौंपने के लिए ऑक्सफोर्ड भी आया था। इसके बाद, एक बार मैं उसे बर्लिन तक भी ले गयी थी। इसके बावजूद छोटे भइया को देखते ही, मैंने उमगकर उसे गले लगा लिया।

'माँ को हवाईअड्डे क्यों नहीं ले आये?'

'माँ, मारे सर्दी के कँपकँपा रही थी, इसीलिए मैंने उसे बाहर नहीं निकाला।'

विमान के क्रू-कर्मचारी, शहर के पार, एक मँझोले दर्जे के होटल में ठहरा करते थे। 'नमोटेल' नामक उसी होटल की निचली मंजिल के एक कमरे में तुम मौजूद थीं। तुम्हें देखते ही, पहले तो मैं बेतरह चौंक गयी। यह मैं किसे देख रही हूँ? जिस माँ को मैंने आखिरी बार देखा था, यह तो वह माँ नहीं थी। तुम्हें ऐसी शक्ल-सूरत में, मैंने पहले कभी नहीं देखा था।

मैं बार-बार एक ही जुमला दुहराती रही, 'तुम्हारी सेहत का यह क्या हाल हो गया है?'

'डायबिटीज़ भया है।' तुमने जवाब दिया।

डायबिटीज़ में समूचा तन-बदन सूख जाता है, मैं जानती हूँ। लेकिन तुम्हें क्या इस हद तक डायबिटीज़ ने दबोच लिया था?

'छोटे भइया बता रहा था कि तुम इन्सुलिन लेने लगी हो, वह भी खुद ही...!'

उफ! इससे ज़्यादा मर्मान्तक बात और क्या हो सकती थी? बांग्लादेश में शायद आखिरी महीनों में, मैं तुमसे शायद भाव वाच्य में बात करने लगी थी। इतने सारे साल फोन पर भी मैं भाव वाच्य ही चलाती रही। जब विदेश—भुईं पर तुमसे भेंट हुई, तब भी भाव वाच्य में ही बातचीत कर रही थी। अपनी सगी माँ! उससे भाव वाच्य में बातचीत! ख़ैर, जिन्दगी भर अगर अपने अब्बू से भी भाव वाच्य में बातें करती रही, तो माँ से क्यों नहीं? क्या सिर्फ अब्बू के साथ ही? ननिहाल के प्रायः सभी लोगों

से भी! मेरा ख़याल है कि इतने सारे लोगों से भाव वाच्य में बातचीत चलाये जाना, एक मेरे अलावा दुनिया में और किसी के बूते की बात नहीं थी। यह मैं कैसे कर पाती हूँ, मुझे सोच-सोचकर अचरज होता है। किसी एक समय, तुमने कुछ किया होगा, डाँटा होगा या कोई और बात होगी, जिस वजह से, मैंने तुम्हें 'तुम' कहना भी बन्द कर दिया। कितने सालों से तुम्हें देखा नहीं, कितने दूर देश में अकेली पड़ी हुई हूँ, इसके बावजूद मैं तुम्हें माफ नहीं कर पायी। पता नहीं तुमसे कौन-सी भूल हुई थी, जो देश से हज़ार-हज़ार माइल दूर, निर्वासित मैं, आज भी तुम्हें माफ नहीं कर पायी। होटल के उस कमरे में तुम मुझे अपने से लिपटाकर, सिर्फ रोती रहीं...रोती ही गयीं। मैं बार-बार पूछती रही, 'क्या बात है? तुम्हारी सेहत का यह क्या हाल हो गया है?' ना, तुम अपने बारे में नहीं सोच रही थीं, मेरे लिए बिलख रही थीं। उतने अर्से में, मैं मुटियाकर ढोल हो चुकी थी, इसलिए तुम्हारे लिए यह कहने की कोई गुंजाइश नहीं थी मैं ठीक तरह खाना-पीना नहीं करती या मैं अपनी सेहत का ध्यान रखूँ! नहीं, तुमने यह सब कुछ भी नहीं कहा। तुम बस, मेरा चेहरा, पीठ, छाती, हाथ-पाँव सहलाती रहीं। अर्से से मुझे छू न पाने की पीड़ा, तुम्हारी उँगलियों में बसी हुई थी; अर्से से मुझे देख न पाने की रुलाई, तुम्हारी आँखों में झलक रही थी। मेरी आँखों में आँसू नहीं थे। मैं हँसती रही। काफी दिनों बाद 'फैमिली गेट टुगेदर' की खुशी से मैं उमग आयी थी। मेरी बातचीत में अब्बू के बारे में मेरी दुश्चिन्ता और सेहत को लेकर उनकी उदासीनता, इस बारे में भी कभी ख़त्म न होने वाली मेरी उत्कण्ठा व्यक्त होती रही। मैं छोटे भइया से ही ज़्यादा बात कर रही थी। छोटे भइया से मेरा भाव वाच्य नहीं चलता था। मैं उससे देश के बारे में, दसों लोगों के बारे में बातें करती रही। ख़ैर, ये तमाम बातचीत, तुमसे तो की नहीं जा सकती थी। छोटे भइया ने ही बताया कि तुम उमरा भी कर आयी हो। उमरा! छिः-छिः! इसी बात को लेकर मेरा छिः-छिः कार शुरू हो गया। उमरा करने क्यों चल दीं? यह भी भला कोई काम का काम है? छोटे भइया को मुफ़्त की टिकट मिली थी, इसलिए तुम जा पायीं। किसी दिन अरब देश जाना, तुम्हारा सपना था। चलो, वह सपना या शौक पूरा हुआ। मैंने तुम्हें, तुम्हारे अमीरुल्लाह पीर की याद दिलायी, जिसने कहा था कि वह तुम्हें अल्लाह के अलौकिक रथ पर उड़ाकर, अरब देश के दर्शन करायेगा। ख़ैर, अल्लाह के रथ पर सवार होकर जाना तो सम्भव नहीं हुआ, इन्सान निर्मित हवाईजहाज में ही तुम्हें जाना पड़ा—इन्हीं सब तानों से तुम्हें बेधते हुए, मैं हँसती रही! तुम्हारी हँसी उड़ाती रही। तुम एकटक मुझे निहारे जा रही थीं और रोये जा रही थीं। मुझे देख पाने की खुशी में तुम आँसू बहा रही थी और मैं तुम पर आघात पर आघात हनकर, अपनी नास्तिकता का प्रमाण दे रही थीं। अच्छा, नास्तिक लोग क्या अतिशय निष्ठुर होते हैं? या मैं ही निष्ठुर थी? दुनिया में अकेली मैं ही बेदिल और निष्ठुर थी। जो माँ, मेरे जन्म के बाद, जितने दिनों तक स्वदेश में रही, मेरे साथ रही, उससे

अलग होकर पूरे चार वर्ष गुज़र जाने के बाद, जब मैं तुमसे पहली बार मिली, तो तुम्हारी धार्मिक आस्था पर व्यंग्य पर व्यंग्य किये जा रही थी। अपने अन्धविश्वास पर तुम सिर झुकाये रहीं, शर्मिन्दा होती रहीं। मैं भी यही कोशिश करती रही। मैं पल भर को चुप नहीं हुई। तुम्हें चोट पहुँचा रही हूँ, यह जानते हुए भी मैं तुम्हें चोट पहुँचाती रही। तुम्हें आहत देखने की मुझे आदत थी। तुम्हारे अन्ध-विश्वासों पर मैं हमेशा ही व्यंग्य-वाण बरसाती रही हूँ। यह कोई नयी बात नहीं थी। मैंने किसी हद तक शायद यह भी समझा दिया कि मैं, पहले वाली मैं ही हूँ। कट्टरवादियों ने उत्पात मचाकर, मुझे देश से निर्वासित करा दिया, फिर भी मैं अपने आदर्शों से बूँद भर भी नहीं हिली, मैंने शायद यह भी समझा दिया। मैंने अपनी बातों से यह भी जता दिया कि मैं विदेशी संस्कृति में घुल-मिल गयी हूँ। अब मैं काफी कुछ जानने-समझने लगी हूँ। माँ गाँव-गँवई औरत है, विदेश की धरती पर पहली बार क़दम रख रही है। मैं अरब देश को विदेश नहीं कहती। गोरे-अंग्रेजों के यूरोप-अमेरिका को ही सच्चा विदेश मानती हूँ। अब, मैं माँ को काफी कुछ सिखा सकती हूँ। मैने फटाफट उन्हें सिखाना भी शुरू कर दिया। ठण्ड का मौसम! ठण्ड के मौसम में यूरोप में देखने लायक कुछ भी नहीं होता। भयंकर ठण्ड में जम जाते हैं। सबसे भला मौसम होता है—'समर'! मैं गर्मी के दिनों को गर्मी का मौसम नहीं कहती, 'समर' कहती हूँ। अभी तुम्हें गर्म कपड़े पहनने होंगे। ये सैंडल नहीं चलेंगे, जूते पहनने होंगे। बेहद पतले मोज़े भी नहीं चलेंगे, ऊनी मोज़े पहनने होंगे। यहाँ 'इनर' चाहिए, थर्मल चाहिए। सिर की टोपी ज़रूरी है। तुम विस्मित निगाहों से मुझे देखती रहीं। क्या देख रही थीं तुम? यही कि यहाँ, विदेश में मैं कितना कुछ सीख गयी हूँ? मैं काफी कुछ विदेशी हो गयी हूँ, यही देख रही थीं न तुम? मैं तो बदन पर ओवरकोट, सिर पर टोपी, पाँवों में लड़कों के जूतों जैसे बूट जूते पहनकर आयी थी। मैंने उन्हें जता दिया कि तुम्हें ऐसा लग सकता है कि मैंने लड़कों जैसा रूप धर लिया है, क्योंकि देश में तो लड़कियाँ ऐसे जूते नहीं पहनतीं, लेकिन ये वाकई लड़कियों के ही जूते हैं। तुम समझ भी गयीं। लेकिन, तुम्हारी नज़र मेरे जूते, कपड़े, कोट, ओवरकोट, टोपी पर नहीं थी; तुम मुझे देख रही थीं। तुम्हें जूते-कपड़े-टोपी के प्रति कोई कौतूहल नहीं था, कौतूहल तो मेरे प्रति था—मैं इन दिनों क्या कर रही हूँ; क्या खाती-पीती हूँ; मन-मिजाज़ कैसा है; तबीयत कैसी है; अपने देश कब लौटूँगी; स्वदेश लौटने के लिए जो-जो कोशिश-तदबीर ज़रूरी है, वह मैं कर रही हूँ या नहीं; अगर नहीं कर रही हूँ, तो क्यों नहीं कर रही हूँ। तुम्हारा कौतूहल शान्त करने में मेरी कतई दिलचस्पी नहीं थी। मेरा मन भी नहीं था। तुम्हारी राजनीतिक बुद्धिहीनता पर मैंने दुबारा व्यंग्य कसा। कोई कोशिश-तदबीर करने से भी कोई फ़ायदा नहीं होगा; मुझे स्वदेश नहीं लौटने दिया जायेगा, यह राजनीतिक फैसला है—यह बात वह नहीं समझती, सिर्फ मैं और छोटे भइया ही समझते हैं, मैंने यह बात तुम्हें समझा दिया। देश में चाहे जो भी सरकार

हो, मुझे देश की धरती पर आने की अनुमति दी, तो धार्मिक कट्टरपंथियों का वोट नहीं मिलेगा, इस डर से मुझे स्वदेश नहीं लौटने दिया जायेगा। तुमने क्या समझा, कितना-सा समझा, यह तुमने जाहिर नहीं किया। तुमने सिर्फ इतना ही कहा कि देश लौटने की मैं कोशिश तो करूँ। ऐसा कुछ करूँ ताकि देश लौट सकूँ। मैंने तुमसे ही पूछा—एक अकेला इन्सान आखिर क्या कोशिश कर सकता है? कैसे वह राजनीतिक फैसले को डिगा सकता है? कट्टरवाद समूचे देश में फैल चुका है; राजनीति-विशारद उन्हीं लोगों के पक्ष में जायेंगे; मेरा पक्ष लेकर, वे लोग अपने लिए मुसीबत क्यों मोल लेंगे? तुम्हारे लिए मेरे इन सवालों का जवाब देना सम्भव नहीं था। तुम बार-बार यही दोहराती रहीं, 'बस, तुम लौट आओ! अपने देश लौट आओ।' एक बार तुमने यह भी कहा कि मुझे लिये बिना, तुम देश नहीं लौटोगी। तुम्हारे इस बचपने ने फिर मुझे हँस पड़ने का मौका दिया। तुम! दुनिया की दुर्बलतम इन्सान! तुम मुझे स्वदेश लौटा ले जाओगी? मैं हँसती नहीं, तो और क्या करती? लेकिन, तुम्हारे चेहरे पर हँसी नहीं आयी। तुम्हारे चेहरे पर मुझे स्वदेश वापस ले चलने का संकल्प झलक उठा। साथ ही दुःख में डूबी हुई तुम्हारी आँखें! तुम्हारी आँखों में ऐसी दृढ़ता, मैंने पहले भी कभी देखी हो, मुझे याद नहीं पड़ता। तुम्हारा वजन अस्वाभाविक रूप से घट जाना, हमेशा से ही बेहद कमज़ोर इन्सान का यूँ सबल हो आना—ये दोनो ही बातें, मेरे लिए नयी थीं। तुम, अब, पहले वाली 'तुम' नहीं थीं। मामूली-सा ही सही, तुम थोड़ी-बहुत बदल गयी थीं। लेकिन तुममें क्या परिवर्तन आया है, जितना परिवर्तन मुझमें घट चुका था। सर्दी-गर्मी का मौसम मैं पहचान गयी, विदेश की सड़कों पर अकेले-अकेले चलना जान गयी; किस दुकान में क्या मिलता है; कौन-सी चीज़ किस काम आती है, यह भी सीख गयी थी। यहाँ तक कि अब तो, अकेले-अकेले एक देश से, दूसरे देश आना-जाना भी सीख चुकी थी! तुम यह सब कुछ भी नहीं जानती थीं, माँ! तुम तो देश में पड़ी रहने वाली, घरेलू साड़ी पहनने वाली, नासमझ, अनपढ़, अशिक्षित माँ थीं! विदेशों में मुझे लेकर क्या-क्या काण्ड हुए, मैं तुम्हें बताती रही! कितने ही काण्ड हुए थे! अब्बू ने लौटकर, क्या कुछ बताया था? नहीं, कुछ नहीं बताया। मैंने जो छोटे भइया के हाथ, इतनी-इतनी वीडियो भेजी थी, इतनी-इतनी किताबें और अलबम भेजी थी। नहीं, तुमने कुछ भी नहीं देखा। तुम्हें दिखाया ही नहीं गया। पता चला, वह सारा सामान समेटकर रख दिया गया है; कोई इन्हें छू भी न सके, इसका इन्तज़ाम किया गया था। न तुमने देखा, न पढ़ा, न समझा! मुझे लेकर समूची दुनिया में हलचल मची हुई है, इस बात को लेकर अब्बू और भाईजान में अतिशय दिलचस्पी जगी हुई है, तुममें न कोई हलचल है, न दिलचस्पी! तुम तो बस, इतना ही चाहती थी कि घर की बेटी, घर लौट आये। तुम चाहती थीं, वह अपने देश, अपने घर लौट आये। वह अपने नाते-रिश्तेदारों में रहे, अपनी मातृभाषा में बातचीत करे, मछली-भात खाये। तुम चाहती थीं, सब कुछ पहले

जैसा हो जाये। लेकिन, अब, पहले जैसा कुछ भी नहीं रहा, यह बात तुम समझना ही नहीं चाहती थीं। तुम्हारी तो बस, एक ही विनती थी कि मैं यह एलान कर दूँ कि इस्लाम के विरुद्ध मैं कुछ नहीं लिखूँगी, इसलिए मुझे स्वदेश लौटने दिया जाये। मैं तुम्हें जितना भी समझाती थी कि ऐसा एलान मैं नहीं कर सकती। अगर मैंने ऐसा किया, तो मैं, 'मैं' नहीं रह जाऊँगी। लेकिन तुम यह समझने को ही तैयार नहीं थीं। तुमने तो यहाँ तक कहा कि मैं माफी माँग लूँ। मैंने साफ जवाब दे दिया कि मैंने कोई गुनाह, कोई दोष नहीं किया। इसके बावजूद तुम बार-बार मुझसे यही दुहराती रहीं कि मुझे साथ लिये बिना, तुम अकेले घर नहीं लौटोगी।

छोटे भइया के 'नोवोटेल' होटल में सिर्फ वे ही नाश्ता कर सकते थे। ख़ैर, इससे क्या फ़र्क पड़ता है? मेरे पास क्या रुपयों की कमी थी, जो मैं अपने और तुम्हारे लिए, बाहर से नाश्ता नहीं मँगा सकती थी? लेकिन नहीं, छोटे भइया ने होटल वालों को चकमा देने का एक इन्तज़ाम कर डाला। वह मुझे साथ लेकर होटल के ब्रेकफास्ट रूम में चला आया और तुम्हारे लिए एक पैकेट में दो पीस टोस्ट और उबला हुए एक अण्डा ले आया। तुम ठहरीं अतिरिक्त प्राणी! घेलुआ इन्सान! समझीं, माँ! हम तुम्हें हर तरह से यह समझा रहे थे कि तुम अतिरिक्त इन्सान हो, जिसे नाश्ते की मेज़ पर बैठकर, और सभी लोगों की तरह, गोद में नैपकिन बिछाकर, चम्मच से ओटमील या टोस्ट पर मक्खन और चीज़ या जाम लगाकर खाने का कोई हक़ नहीं है।

अगर कोई चोरी-छिपे तुम्हें कुछ खाने को देता, तो तुम्हारे लिए वह खाना सम्भव नहीं होता था। तुम अपराध-बोध से घिर आती थीं। तुम भी मारे ख़ौफ के डबल रोटी के टुकड़े या अण्डे या केले छिपाकर रख देतीं। अवैध चीज़ें तुम हरगिज नहीं खाती थीं। तो अब क्यों खातीं? लेकिन, कोई उपाय नहीं था, मारे भूख के तुम्हें वह सब खाना पड़ा। उस खाने में क्या आराम या तृप्ति थी भला? नहीं, माँ, नहीं थी। विदेश में तुम्हारे लिए वही नाश्ता था। और मैं? तुम्हें जगमगाता-चमकता शहर दिखाने के लिए, मैं तुम्हें ब्रसेल्स शहर की सैर कराने ले गयी। तुम्हें मैंने ग्रैण्ड प्लाजा के सामने ला खड़ा किया, दूर-दूर तक तुम्हें पैदल-पैदल चलाती रही। चलने में तुम्हें तकलीफ हो रही थी। तुम ज़रा पिछड़ जाती थीं, तो मैं तुम्हें डाँटने लगती थी–

'क्यों, तुमसे जल्दी-जल्दी चला नहीं जा रहा है? तुम पंगु तो नहीं हो, ऐसी कुछ बूढ़ी भी नहीं हुई। तुम जैसों के साथ यही मुश्किल है। यहाँ सभी लोग पैदल-पैदल ही चलते हैं। चलना, स्वास्थ्य के लिए बेहद स्वास्थ्यप्रद होता है। मैं तो दस-बीस माइल मज़े से चल लेती हूँ। हर रोज़ चलती हूँ।'

मैंने तुम्हें चलते रहने की हिदायत दी। तुमने बताया, ढाका के रमना में तुम हर रोज़ ही टहलने जाती थीं। वैसे तुम्हारे चलने का नमूना देखकर, मुझे बिल्कुल नहीं लगा कि रमना में तुम किसी दिन भी टहलने जाती होगी। दर्द को तुम अपनी जी-जान से छिपाये रहती थीं। उस दिन मैं समझ नहीं पायी कि तुमने अपना दर्द

छिपा लिया है। ख़ैर, अपना दर्द तुम हमेशा छिपाये रहती थीं। चलने से सेहत बेहतर होगी, मैंने, यानी तुम्हारी डॉक्टर बेटी ने तुम्हें आश्वासन दिया, इसलिए चाहे जैसे भी हो, तुम चलती रहीं। कहीं तुम पिछड़ न जाओ, इसकी तुमने जी-जान से कोशिश की। इसके बावजूद, मेरी झुँझलाहट जाहिर करने में, कहीं कोई विराम नहीं था। नहीं, होटल में तुम्हारी डायबिटीज़ ठीक नहीं, मैंने बार-बार तुम्हें मना किया। मेरी सलाह मुताबिक चलते हुए, डायबिटीज़ दूर करने की, तुमने शायद कोशिश भी की थी। लेकिन अन्त में विफल हो गयीं। कोई टैक्सी ली जा सकती है या नहीं, तुमने पूछा था।

छोटे भइया ने कहा, 'टैक्सी लेने में बहुत सारे रुपये खर्च हो जायेंगे।'

बस, इसके बाद तुमने टैक्सी लेने को नहीं कहा। तुम बिल्कुल नहीं चाहती थीं कि तुम्हारी वजह से किसी के रुपये-पैसे खर्च हों। सड़क पर लोग चल-फिर रहे थे। हर उम्र के लोग। विदेश के लोगों में बुद्धि होती है, इसलिए वे चलते रहते हैं, इसीलिए तो उन लोगों की सेहत ठीक रहती है। इस देश के लोग, हम देशी लोगों की तरह बज्र-मूर्ख नहीं होते—यही सब ज्ञान देते-देते मैं तुम्हें रेस्तरां में ले गयी। उस रेस्तरां में मैं और छोटे भइया ने तो खाया, मगर तुमसे कुछ भी नहीं खाया गया। वह सब कच्ची चीज़ें या कच्ची मछली तुमसे खाया नहीं जाता। मैंने केकड़े मँगाये, जानबूझकर ही लाने को कहा। मैं तुम्हें यह दिखाना चाहती थी कि जो सब खाना तुम असम्भव समझती हो, वह सब खाना कितना सम्भव है। छोटे भइया ने केकड़े थोड़े-से ही लिये। मुझसे भी भला कहाँ खाया गया? असल में, तुम्हें दिखाना चाहती थी मैं। तुमने उन खानों की तरफ उत्साह से देखा हो, यह भी नहीं था। तुमने प्रायः कुछ भी नहीं खाया। उनमें से कुछ व्यंजन लज़ीज़ भी थे। मैंने देखा, तुमने कुछ भी नहीं खाया। रेस्तरां का बिल, बेल्जियम फ्रां में चुकाकर, यह कितने रुपये होते हैं, मैं तुम्हें यह बताना भी नहीं भूली। तुम्हारा चेहरा तत्काल मलिन हो आया। मैंने तुम्हें रुपये का अंक क्यों बताया? यह समझाने के लिए कि मैं बेहद अमीर हूँ या यह बताने के लिए कि विदेश का यही रंग-ढंग होता है? मुझे एक बार भी नहीं लगा कि रुपये का अंक सुनकर, तुम इतनी चौकन्नी हो जाओगी कि तुम खाना ही नहीं चाहोगी। इसके बजाय बिना खाये रह जाना बेहतर समझोगी। ग्रैण्ड प्लाजा में डाँट-डपटकर, टाउन हॉल से गुज़रते हुए, कई मीटर तक तुम्हें पैदल-पैदल घसीटते हुए 'मानेनकेन पिस' नामक, पेशाब करते हुए एक नंगे बच्चे की मूर्ति के सामने मैंने तुम्हें ला खड़ा किया। सन् सोलह सौ अट्ठारह में यह मूर्ति स्थापित की गयी थी। इस मूर्ति के बारे में तरह-तरह की कहानियाँ प्रचलित हैं। मैंने तुम्हें कुछेक कहानियाँ सुनायीं। मानेनकेन पिस देखकर, मैं जो खुश हो रही हूँ, शायद यही देखकर तुम भी खुश हो गयी थीं, हालाँकि तुम्हारे मन में ज़रा भी खुशी नहीं जागी थी। ब्रसेल्स के बड़े-बड़े प्रासाद देखकर तुम मुग्ध थीं! तुमने उच्छ्वास जाहिर किया। यही तो मैं चाहती थी। मैं तुम्हें वह शहर इस अन्दाज़ में दिखा रही थी, मानो वह शहर मेरा हो।

मानो देश तुम्हारा है, विदेश मेरा। देश का अभाव, अशिक्षा, असुन्दर, अज्ञात—सब तुम्हारा! विदेश का वैभव, वित्त, विशालता, विचित्रता, विज्ञता मेरी!

इसी बेल्जियम में मेरे सम्मान में जाने कितने ही समारोह आयोजित किये गये थे। इसी ब्रसेल्स की सड़क पर, मेरी बुलेटप्रूफ गाड़ी के आगे-पीछे पुलिस की गाड़ी थी! बिल्कुल रेड कार्पेट अभिनन्दन! प्रधानमन्त्री का आमन्त्रण था! ब्रसेल्स विश्वविद्यालय में क्रिसमस की छुट्टी हो जाने के बाद भी, मेरा व्याख्यान सुनने के लिए, सभी लोगों का बैठा रहना, गेंट विश्वविद्यालय से मेरा 'डॉक्टर अनोरिम कोजा' या 'डॉक्टरेट' पाना! मेरे अलावा, जो अन्यान्य हस्तियाँ वहाँ पहुँची थीं, सभी को पहले नोबेल पुरस्कार मिल चुका था। बेल्जियम की एयरलाइन्स, 'सबेना' ने मुझे मारे डर के, फतवा-आक्रान्त लेखिका को अपनी उड़ान में लेने से इनकार कर दिया था, इस बात पर प्रेस-कॉन्फ्रेंस में पत्रकारों का गुस्से से फट पड़ना! मुझे विपुल समर्थन देना! दर्शकों का मेरी एक झलक भर पाने के लिए उतावला होना। वही मैं, ब्रसेल्स की सड़क पर जब चल रही थी, मैं गेहुँवा रंग की, मामूली-सी लड़की थी! सम्भावित एमिग्रेंट! अवैध! गैरक़ानूनी नहीं थी मैं! टूरिस्ट नहीं थी मैं। बादामी रंग की लड़कियाँ अक्सर गरीब देशों की होती हैं। उनमें सैलानी होने की क्षमता नहीं होती। मैं जितना बयान करती, तुम शायद उतना ही अवाक् होती रहीं, क्योंकि यहाँ आकर जो तुम देख रही थीं, उससे मेरे पिछले बयान बिल्कुल नहीं मिलते थे। अब मैं यहाँ सड़क के किसी भी आम राहगीर जैसी थी। मुझे किसी ने भी नहीं पहचाना। उस वक्त, तुम मेरी किस्सागोई तो सुन रही थीं, लेकिन यह सब सुनने में या और ज़्यादा जानने में, तुमने कोई दिलचस्पी नहीं दिखायी। अगर तुम मेरे महोत्सव देखतीं, तो क्या बहुत ज़्यादा खुश होतीं? मुझे ऐसा नहीं लगता। तुम तो घर की बेटी को घर लौटा ले जाने के बारे में सोच रही थीं।

छोटे भइया को ब्रसेल्स में ही छोड़कर, मैं तुम्हें लेकर स्वीडन लौट आयी। स्वीडन में, तुम्हें जहाँ मैंने ठहराया, वह घर बड़ा था। घर का आधा हिस्सा धरती के नीचे था और आधा ऊपर! घर के सामने-पीछे लॉन था! लॉन में काफी सारे पेड़-पौधे! लेकिन, यह घर मेरा नहीं था, किसी दूसरे का था। चोरी-छिपे तुमने क्या लम्बी उसाँस भरी थी? हाँ, शायद भरी थी। भरती भी क्यों नहीं? किसी मर्द के घर, आश्रिता के तौर पर रहने वाली इन्सान, मैं कभी भी नहीं थी। जब तक अपने देश में थी, अकेले रहने के लिए संघर्ष करती रही। ढाका शहर में मेरी तरह क्या और कोई लड़की अकेली रह सकती थी? इस गन्दे-शन्दे पुरुषतान्त्रिक समाज से भीषण लड़ाई लड़ते हुए, सिर्फ अपने मनोबल के दम पर मैंने अकेले रहना शुरू किया था। मैं अकेली ही अपने पैरों पर खड़ी हुई; अकेली ही जीती रही। वही मैं, अब सौ साल पीछे चली गयी थी। मैं एक मर्द के साथ रहने लगी थी। उस मर्द का आदर करते हुए, उसके अनुकूल

चलती थी। हाँ, माँ, मैं उसे मानकार चलती थी, वह अपनी मर्जी मुताबिक चलता था। लेकिन तुम्हारी नज़र तो माँ की नज़र थी। माँ की नज़रें शायद ऐसी ही होती हैं, कुछ भी कहने या बताने की ज़रूरत नहीं पड़ती। तुम्हारी आँखों में धूल झोंकने का उपाय नहीं था। उसे यूँ मानकर चलना, भले मेरी नज़र में न पड़ा हो, तुम्हारी नज़रों ने ठीक पकड़ लिया। जब चारों तरफ अँधेरा घिर आता था, हम घर में क़ैद होकर पड़े रहते थे। माँ, मैंने तुम्हारे लिए निचली मंजिल के छोटे-से कमरे में इन्तज़ाम कर दिया था। वह कमरा शायद बारह बाई दस फुट का छोटा-सा कमरा था। मैंने पहले ही उस कमरे को थोड़ा व्यवस्थित कर दिया था। वहाँ एक छोटी-सी मेज़ लगा दी थी, एक बुकशेल्फ भी रख दिया था और बिस्तर पर सुन्दर-सी एक चादर भी बिछा दी थी। समूचा मकान लकड़ी का था। स्वीडन का पारम्परिक मकान! पूरा मकान लाल रंग में रँगा हुआ, खिड़की-दरवाज़ों पर सफेद रंग का बॉर्डर! ऊपरी मंज़िल पर सोने का कमरा; संलग्न बाथरूम! बगल में लॉन्ड्री! सोने के कमरे में दाख़िल होने के लिए, बायीं तरफ की किचेन और खाने के कमरे के सामने से होकर गुज़रना पड़ता था। खाने के कमरे के बीचोंबीच से निचली मंज़िल की तरफ एक सीढ़ी चली गयी थी। ऊपर की सीढ़ी के दोनों किनारों पर दो कमरे! एक छोटा और दूसरा ईषत् बड़ा! छोटे कमरे में सुयेनसन के किताब-पत्तर! बड़े कमरे में मेरी मेज़, किताबों की अलमारी वगैरह। तुमने तो आते ही सब कुछ देख लिया था, माँ! तुमने देखा, मेरे और सुयेनसन के सोने का कमरा एक ही था। हम एक ही बिस्तर पर सोते थे। तुम्हें जो मैं अतिशय दकियानूस होने पर डाँटती-डपटती रहती थी, लेकिन तुमने एक बार भी यह सवाल नहीं किया कि मैं उसके साथ क्यों सोती हूँ। जो रिश्ता होने पर किसी के साथ सोना पड़ता है, तुमने सोच लिया कि मेरा और उसका शायद वही रिश्ता है। तुम पहले भी देख चुकी थीं कि कैंसर के साथ शादी न होने के बावजूद, मेरा और उसका एक रिश्ता था। उस रिश्ते के बारे में भी तुमने माथापच्ची नहीं की। तुम्हारा दिमाग़ सिर्फ मुझमें लगा रहता था—मैं कैसी हूँ! उन दिनों क्या मैं जी-जान से यह साबित करने में नहीं लगी रहती थी कि मैं खूब खुश हूँ? हाँ, मैं यही चाहती थी। विदेश-भूमि में मैं अकेलापन नहीं झेल रही हूँ। मेरे साथ मेरा एक संगी है। वह संगी चाहे जैसा भी हो, देह की भूख-प्यास मिटाने के लिए मेरे पास कोई बन्दा है, यह मैंने तुम्हें दिखा दिया, ताकि तुम चैन पाओ! लेकिन, तुम्हें क्या चैन मिला था, माँ? मेरा मन कहता है, तुम्हें चैन नहीं मिला था और इसीलिए तुम बार-बार लम्बी-लम्बी उसाँसें भरती रहीं। तुम समझ गयी थीं कि जिस मर्द के साथ मैं रात को सोती हूँ, उसमें और मुझमें लाखों योजन की दूरी है। इस दूरी के साथ, भले कुछ भी गढ़ा जाये, कोई रिश्ता नहीं गढ़ा जा सकता। खुद मैं भी क्या यह नहीं जानती थी, माँ? लेकिन मैंने तुम्हारे सामने यह क़बूल नहीं किया कि मेरे लिए और कोई उपाय नहीं है। जैसे मैं देश में रहती थी, जैसा तेज़, जैसी आग के साथ मैं जीती थी।

लेकिन तुम्हारी नज़रें देख रही थीं कि अब न वह तेज़ रहा, न वह आग। देश ने तलवार की वार से मेरे टुकड़े-टुकड़े कर देने की कोशिश की, मगर मैं ऐसी शक्तिमयी थी कि देश मुझे छू भी नहीं सकता था। मेरे करीब आकर, तलवार की धार भी टूट जाती थी। तुमने देखा, मेरा सब कुछ खो चुका है। तन-बदन का वह असाधारण सौन्दर्य भी अब नहीं रहा। पहले की तन्वी, सुन्दरी, अब मुटियाकर पीपा हो गयी थी। अब वही लड़की एक पर एक सिगरेट फूँकती रहती थी। सिगरेट की गन्ध के मारे तुम रह नहीं पाती थीं। लेकिन, यह गन्ध, तुम्हारी जान से भी ज़्यादा प्यारी बेटी के मुँह से निकलती थी, उसके समूचे तन-बदन से निकलती थी; उसके कपड़े-लत्तों से, उसके बिस्तर-तकिये से आती थी, तुम उस गन्ध से भला दूर कैसे हट सकती थीं? तुम्हें उस दुर्गन्ध का अभ्यस्त होना ही पड़ा। इसके अलावा तुम्हारे पास और कोई उपाय भी क्या था? तुम कर भी क्या सकती थीं? नहीं, वह गन्ध तुम्हें भली नहीं लगती थी, इसलिए नहीं, बल्कि मेरे भले के लिए ही, तुम मुझसे सिगरेट छोड़ने के लिए अनुनय-विनय करने लगीं। सिगरेट पीना सेहत के लिए नुकसानदेह है, यह तो मैं भी जानती थी। इसके बावजूद, तुम बार-बार मुझसे मिन्नतें करती थीं। तुम मुझसे मुँह में लौंग या इलायची या चुइंगम रखने को कहतीं। तुम चाहती थीं कि मैं जुबान पर और कुछ भी रख लूँ, ताकि सिगरेट छूट जाये। मैं बेभाव हँसती थी और तुम्हें सिगरेट की अच्छाइयाँ गिनाने लगती थी। जिस घर में बाप, भाई ने ही किसी दिन सिगरेट नहीं पी, मैं उसी घर की बेटी होकर भी सिगरेट पीती थी। मैंने संस्कार-वंस्कार सब धूल में मिला दिया, रीति-नीति का परवाह नहीं करती। किसकी इतनी मजाल कि मेरी तरह हिम्मती और साहसी बने?

निचली मंज़िल पर, तुम्हारे उस कमरे से संलग्न कोई बाथरूम नहीं था। तुम्हारे कमरे के सामने एक और कमरा यूँ ही पड़ा हुआ था। उस कमरे में एक अदद कुर्सी, लड़खड़ाती-सी पीले रंग के काठ का एक पुराना-धुराना लम्बा-सा सोफा! टेलीविजन! काठ का एक बेढब-सा ताखा! उस पर पुराने गानों के रिकॉर्ड! इसे बैठक ही कहना चाहिए। ऐसी बैठक तुमने क्या मेरे किसी भी घर में देखा था? नहीं, तुमने नहीं देखा। मुझमें रुचि थी, सौन्दर्य-बोध था। किसी कोठरी, असामाजिक मर्द के घर में रुचि की उम्मीद करना नितान्त निरर्थक है। उस बैठक कमरे के पीछे एक गोल घेरे में, घर के आलतू-फालतू सामान रखे हुए थे। टूटी हुई मेज़-कुर्सियाँ, सामान लाने-ले जाने के लिए कागज के बड़े-बड़े डिब्बे! काफी कष्ट उठाकर, वह सब लाँघकर आगे बढ़ने पर, कोने में एक छोटी-सी कोठरी थी। वह कोठरी मैं पहले ही दिन तुम्हें दिखा लायी थी। वहाँ लाइन से लकड़ी की दो अदद बेंच पड़ी थी और सामने आग जलाने का पात्र! उस कोठरी में बैठकर लोग आग तापते थे। उसके बाद ठण्डे पानी से नहा लेते थे। कोई-कोई तो बाहर बर्फ में छलाँग लगा देता था। यह तुम्हें ज़रूर अद्भुत लगा था। देश की वीभत्स गर्मी में हर साल तुम्हें घमौरी निकल आती थी, तुमसे किसी

हाल भी सही नहीं जाती थी। लेकिन इस देश में लोग शौकिया गर्मी सेंकते हैं। यह बात समझने में तुम्हें परेशानी हो रही थी। बर्फ प्रदेश में बर्फ के बारे में तो तुमने सुना था। लेकिन बर्फ असल में क्या चीज़ है, एक दिन तुमने अपनी आँखों से देखा। उस दिन क्या तुम खुश हुई थीं? तुम्हारी आँखों में परम विस्मय! परम मुग्धता! यह देखकर मुझे बेहद भला-भला लगा। तुम्हें मैं अपने लिए आयोजित कोई उत्सव या महोत्सव भले नहीं दिखा सकी, कम से कम इस देश का बर्फ तो दिखा सकी। तुमने जीवन में ऐसा कुछ देखा, जो पहले कभी नहीं देखा था। सिर्फ बर्फ ही नहीं, और भी वह सब देखा, जो ज़िन्दगी में पहले कभी नहीं देखा था! तुमने ढेर-ढेर घनघोर अँधेरा देखा। तुम्हें उजाले का मुँह तक नज़र नहीं आता था। दोपहर के वक्त बेहद धुँधला-सा उजाला अगर नज़र आता भी तो, तो अगले ही पल घुप्प से अँधेरा उतर आता था। तुमने देखा, सर्दी के मौसम में, मैं अपनी खिड़की पर रोशनी जलाये रखती थी। जाने कितना कुछ नया देखा तुमने, समझाने पर तुम समझने भी लगी थीं। लेकिन, विदेश के नाड़ी-नक्षत्र की जानकारी में तुम्हें बूँद भर भी दिलचस्पी है, ऐसा मुझे कतई नहीं लगा। तुम जितना कुछ देखती थीं, मुझे खुश करने के लिए देखती थीं। जितना कुछ सुनती थीं, मुझे खुश करने के लिए ही सुनती थीं। तुम्हें सिर्फ मुझमें दिलचस्पी थी। मैं दाहिने जाती थी, तो तुम दाहिने चल पड़ती थी, मैं बायें जाती थी, तो तुम बायीं दिशा में क़दम बढ़ा देती थी। पीछे अगर हीरे की खान भी पड़ी हो, तो तुम मुड़कर नहीं देखती थी।

उस छोटे-से कमरे में तुम किस हाल में रही थीं, माँ? मैं ऊपर रहती थी; ऊपर मेरे सोने का कमरा था, ऊपर ही खाने की मेज़, ऊपर ही सब कुछ था और तुम नीचे ठहरी थीं। तुम अकेली थीं। बताओ न, किस हाल में थीं तुम? तुमने शायद यह सोचा था कि रात को तुम मेरे साथ सोया करोगी; हर रात मेरे साथ लेटोगी। तुम मेरा बदन सहलाओगी; मेरे बालों में उंगलियाँ फेरोगी। पुराने दिनों की तरह मेरी प्रिय परिकथाएँ सुनाओगी, लोरियाँ और गीत सुनाओगी। वह सब सुनते-सुनते मैं गहरी नींद सो जाऊँगी, बिल्कुल छुटपन की तरह! जब तुम वहाँ से चली थीं, तो ज़रूर यही सब सोचा था। लेकिन मैं तो एक रात भी, नीचे के कमरे में नहीं सोयी। तुम्हें क्या बेहद अकेलापन लगता था, माँ? तुम क्या रोया करती थीं? ज़िन्दगी भर ही तो तुम अकेली रहीं, मेरे पास आकर भी, अकेली की अकेली रह गयीं। जिसने तुम्हारा अकेलापन, कभी, किसी दिन भी महसूस नहीं किया, अब, वह अचानक तुम्हारा अकेलापन क्यों महसूस करने लगी? इसलिए कि यह विदेश था? नहीं, देश और विदेश में चाहे हजार फ़र्क़ हो; चौरानबे या सत्तानबे साल की दूरी हो, मैं अब भी वही की वही थी। उम्र ज़रूर बढ़ गयी थी, तन-बदन में परिवर्तन हो चुका था, लेकिन, मन नहीं बदला था। तुम्हें न समझने वाला मन, वही था।

तुम आयीं और इधर मुझे भी किताबें लिखने का शौक जाग उठा। मैं लिखने

में इस क़दर जुट गयी कि मुझे दिन-रात का भी होश नहीं रहा। सन् चौरानबे में निर्वासित होकर चली आयी थी मैं। सन् चौरानबे, पंचानबे, छियानबे आया और गुज़र गया। मैंने मामूली-सी कुछेक कविताओं के अलावा और कुछ नहीं लिखा, सन् सत्तानबे के नवम्बर महीने से मैंने अदरख-पानी पीकर, लिखना शुरू कर दिया। अचानक मैं साहित्यकार हो उठी। जो-सो नहीं, मैं बाकायदा आत्मकथा लिखने लगी। आत्मकथा लिखने का ख़याल कहाँ से आया, क्यों आया, मैं नहीं जानती। शायद इसलिए कि तुम मेरे बचपन के दिन याद कर रही थीं। तुम मेरे सामने वे सब पुराने दिन याद कर रही थीं और मैं मन ही मन उन यादों के सहारे किताब लिखने की परिकल्पना बुन रही थी। जब लिखना शुरू किया, तो बस, लिखती ही रही, और कुछ करने का बिल्कुल वक्त ही नहीं था मेरे पास। अपना बीमार शरीर लिये, तुम मेरे लिए चाय बना देतीं, खाना पकातीं, मुझे खिलातीं, बर्तन वगैरह माँज देतीं और घर-द्वार की साफ-सफाई करके व्यवस्थित रखतीं। अगर मैं किसी को दावत पर बुला लेती, तो उन लोगों के लिए भी खाना पकातीं और सबके जूठे बर्तन भी माँजकर साफ़ कर लेतीं। मेरे बाल सँवार देतीं। बदन पर लोशन लगा देतीं। बैठे-बैठे जब मेरे पाँव फूल जाते, तो पाँवों में मालिश करके, सूजन कम कर देतीं। दिन भर मेरी सेवा-जतन करतीं, जैसे देश में किया करती थीं। मैं तुम्हारी तरफ पलटकर भी नहीं देखती थी, जैसे देश में भी नज़र नहीं डालती थी। तुम अकेले जैसे वक्त गुज़ारती थीं, मेरे साथ रहकर भी वैसे ही वक्त काटती रहीं। वैसे हर समय मैं तुम्हें अपने से दूर भी नहीं रखती थी। तुम्हें अपने पास बुलाती थी, तथ्य बटोरने के लिए, जानकारी लेने के लिए। मैं तुमसे खोद-खोदकर दरयाफ़्त करती थी—नाना-नानी, दादा-दादी, कैसे थे? तुम्हारा स्कूल, तुम्हारी शादी होने के किस्से सुनती थी। तुम्हारी ससुराल के लोग, तुम्हारे पीहर के लोग कैसे थे, तुमने अपनी आँखों से क्या-क्या घटते देखा—यही सब जानकारी इकट्ठे करती थी। तुम सारा कुछ बयान करती थीं, मगर तुम समझ नहीं पाती थीं कि ऐसी गैर-ज़रूरी बातों की जानकारी की मुझे इतनी ज़रूरत क्यों आन पड़ी है। तुम्हें पहले ऐसा कोई तजुर्बा जो नहीं था। तुम्हारी जिन्दगी के बारे में इतना उत्साह मैंने पहले कभी नहीं दिखाया था। मेरा यह उत्साह क्या तुम्हें खुशी देता था? क्या तुम अपने को काफी अनमोल समझने लगी थीं? सच तो यह था कि मेरे लिए तुमसे कहीं ज़्यादा तुम्हारे द्वारा दी गयी जानकारी महत्त्वपूर्ण थी। तुम बेहिचक मुझे सारी जानकारी दान करती रही! अपने परिवार का दुःख-दारिद्र्य, दुर्दशा—कोई भी तथ्य नहीं छोड़ा। सारी बातें बयान कर दीं। तुम तो झूठ बोलना जानती ही नहीं थीं, माँ! तुम्हारे पिता की माली हालत जब अच्छी नहीं थी, जब तुम खूब छोटी थीं, तुम्हारी अम्मी नारियल की बर्फी बना देती थीं। बर्फी के वही सब डिब्बे लेकर तुम्हारे पिता बाज़ार में बेच आते थे, यह सच्चाई तुम्हारे भाई-बहनों ने भले छिपाया हो, तुमने कभी नहीं छिपाया। दरिद्र लोगों के प्रति तुम्हारे मन में किसी दिन नफ़रत नहीं जागी।

किसी भी सच्चाई को, चाहे वह कितना भी अप्रिय क्यों न हो, उसे क़बूल करने में, तुम्हें कभी संकोच नहीं हुआ। तुम अपने भाई-बहनों के गुण-दोष, निश्छल भाव से बयान कर देती थीं। अपना सुख-दुःख भी तुम निष्कपट भाव से बताती रहीं। अच्छा, माँ, तुमने मुझ पर इतना भरोसा क्यों कर लिया? तुम्हें तो पता था कि मैं सारा कुछ लिख रही हूँ। कभी एक बार भी तुम्हारा कुछ छिपाने का मन क्यों नहीं हुआ, माँ?

तुम यह तो जानती थीं कि मैं लिख रही हूँ, मगर तुम यह नहीं जानती थीं कि मैं वह कुछ भी लिख रही हूँ, जो तुमने नहीं कहा। एक दिन, तुम्हें अकेली छोड़कर मैं शायद कहीं गयी थी। जब लौटकर आयी, तो देखा, तुम काफी उदास बैठी हो। मैंने कम्प्यूटर पर जो लिखा था, उसमें से कुछेक पृष्ठों के प्रिंट-आउट निकाले थे। वे पन्ने मेज़ पर ही पड़े थे। मेरे कमरे में जाकर, मेरा कमरा ठीकठाक करते हुए, तुमने शायद दो-एक पन्ने पढ़ लिये थे। फजली खाला के बारे में जो कुछ लिखा गया था, वह पढ़कर तुम्हें बेहद तकलीफ हुई थी। तुम घर में खाना पकाकर, घर से फल-फूल लेकर, सबसे चोरी-चोरी पीर-कोठी ले जाती थीं; अपनी अच्छी-अच्छी साड़ियाँ फजली खाला को थमा आती थीं। फजली खाला और उनकी बेटियाँ, उन साड़ियों को काटकर, दुपट्टे बनाकर ओढ़ती थीं। मुमकिन है, मैं तुम्हें प्यार न करती होऊँ, माँ, मगर मैंने यह नहीं चाहा था कि तुम वह सब पढ़ो। मेरा यह इरादा हरगिज नहीं था, माँ, कि तुम्हें तकलीफ हो। मैं सच कहती हूँ, तुम्हें दुःखी देखकर, मैं भी बेहद दुःखी हुई थी, माँ! बचपन में ही जो विश्वास मेरे मन में घर कर गया था कि तुम शायद सारा कुछ, पीर-कोठी में उड़ेले दे रही हो, उसी विश्वास के बारे में लिखा था मैंने। मेरे मन में ऐसा विश्वास जागने में, अब्बू ने ही शायद मदद की थी और तुम्हारा यूँ बार-बार पीर-कोठी जाने को, घर के हम सभी लोग नेक़ नज़र से नहीं देखते थे। छोटे भाई ने भागकर शादी कर ली और अपनी नयी दुनिया बसा ली। तुमने छिपा-छिपाकर, घर के सामान वगैरह उनकी गृहस्थी में पहुँचा दिया था। तुम दुःखी न होओ, इसलिए मैंने अपने लेखन का कोई और हिस्सा, तुम्हें ज़ोर-ज़ोर से पढ़कर सुनाया था। वैसे इससे यह बात साबित नहीं होती थी कि तुमने फजली खाला को कुछ दिया नहीं। असल में, मैं तुम्हें बुद्धू बनाना चाहती थी। तुमने मुझसे सिर्फ एक ही अनुरोध किया था कि मैं फजली खाला का नाम बदल दूँ। लेकिन, तुम समझ गयी थीं कि मैं यह घटना नहीं बदलूँगी। तुम्हें लगा था कि अगर यह किताब किसी दिन फजली खाला ने पढ़ ली, तो उन्हें तकलीफ होगी। तुम फजली खाला को तकलीफ देना नहीं चाहती थीं। तुम्हें भले कोई तकलीफ हो ले, तुम उन्हें दुःखी नहीं देखना चाहती थीं। मैंने तुम्हारी बात रखी थी, माँ! मैंने फजली खाला का नाम बदल दिया था। लेकिन ऐसा मैंने सिर्फ पहले संस्करण में ही किया था। दूसरे संस्करण में, फजली खाला का नाम, फजली खाला ही रहा। वैसे भी, नाम बदल देने से क्या इन्सान बदल जाता है?

तुम्हारे बारे में भी मैंने ऐसी-ऐसी बातें लिखी थीं, कि तुम अगर पढ़तीं तो जाने

कितनी दुःखी होतीं। मैंने लिखा—शाम के वक्त, अमानुद्दौला के साथ सटकर बैठे-बैठे, तुम बातें किया करती थीं। उस शख़्स के साथ तुम्हें यूँ गपशप करते देखकर, मैं तुम्हारी ढेर-ढेर लानत-मलामत किया करती थी। अब्बू के अलावा तुम अगर किसी भी पराये मर्द से बातें करती थीं, तो मुझे तुमसे हद नफरत होती थी। वह तुम्हारा देवर भी हो, तो क्या फ़र्क़ पड़ता था? देवर के साथ इतने हेल-मेल की भला क्या ज़रूरत थी? मुमकिन है कि अमानुद्दौला से तुम्हारा अन्तरंग रिश्ता नहीं था। तुम दोनों एक-दूसरे से सुख-दुःख की आम बातें ही किया करते थे। वैसे भी तुम दोनों को घनिष्ट होने का मौका कहाँ मिलता था? लेकिन, आज मैं सोचती हूँ कि अमानुद्दौला ने अगर कभी, किसी दिन तुम्हें शारीरिक सुख दिया हो, अगर तुम्हारे मन को सुख दिया हो, तो मेरे सात साल की उम्र में एक दिन उसने जो मुझे नंगी करने का घोरतर गुनाह किया था, उसका वह अमार्जनीय अमानविक अपराध भी, उसका वह दानवी दुष्कर्म भी मैं माफ़ कर दूँगी। आज मुझे जो अहसास होता है, अगर यह अहसास उन दिनों होता, तो मैं तटस्थ भाव से तुम्हारे कमरे का खुला दरवाज़ा बन्द कर देती, ताकि कोई देख न ले, कोई और मतलब न निकाले, ताकि तुम अमानुद्दौला से जो चाहती हो, वह बिना कसी बाधा-विघ्न के पा सको। तुम्हारी अतृप्त देह तृप्त हो। तुम्हारी यौन-प्यास मिट सके। अमानुद्दौला किस स्वार्थवश तुम्हारे पास आता था, मुझे नहीं पता। वह शख़्स बहुत बुरा था। लेकिन बुरा आदमी भी तो किसी को मुग्धता दे सकता है! किसी-किसी को प्यार कर सकता है। यह सोच-सोचकर मैं आश्वस्त होना चाहती हूँ कि काफी कम दिनों के लिए ही सही, उसने तुम्हें सुखी किया था। लेकिन मेरे मन में भी यह आशंका जागती है कि उस शख़्स ने भी तुम्हें आघात के अलावा और कुछ नहीं दिया। मुमकिन है कि तुम दोनों काफी कुछ दोस्त की तरह ही आपस में सुख-दुःख की बातें किया करते थे। आमतौर पर देवर-भाभी का रिश्ता दोस्ताना ही होता है। हम सब दूर से ही तुम दोनों की दोस्ती का नज़ारा किया करते थे, इसलिए हम यह समझ लेते थे कि यह बेहद गन्दा और अश्लील है। जो आत्मीय न हो, ऐसे आनात्मीय औरत-मर्द के आपसी रिश्ते का नाम है—यौनता! सेक्स की प्यास!—हम सब इसी धारणा से लिपटे हुए थे। उन दोनों में, यौन-गन्धहीन कोई रिश्ता भी हो सकता है, मुझे यह शिक्षा देने वाला, कहीं, कोई नहीं था।

तुम मेरी सेवा-जतन किया करती थीं और मैं परम बेफिक्र, परम निश्चिन्त होकर, अपनी आत्मकथा की पहली किताब लिखा करती थी। विदेश में ठीक देश जैसा जीवनयापन शुरू हो गया। ज़िन्दगी में शुरू से ही इसी तरह तुम मेरी सेवा करती आयी थीं, जब मैं स्कूल में थी, जब कॉलेज पहुँची और जब नौकरी करने लगी। तुम ही मुझे खिलाती-पहनाती थीं, मेरा लाड़ करती थी, प्यार करती थीं। मैं अपनी सारी परेशानी, सारे नाज़-नखरे तुम पर लादकर ऐश करती रही। बहरहाल स्कूल-कॉलेज

अच्छे नम्बरों से पास हो गयी, नौकरी करने लगी, साहित्य में लिखना-पढ़ना शुरू हुआ और नाम भी होने लगा। मेरे बड़े होने, फलने-फूलने में जो पीछे से, बिल्कुल ख़ामोश ढंग से, लगातार मेरी मदद करती रही, वह तुम थीं। अब्बू का आदेश-परामर्श तो मेरी नजरों में रहता था, लेकिन तुम्हारी मेहनत मैं कितनी आसानी से भूल गयी। मैं दौलत को ही अहम मानती रही, प्यार को नहीं। चूँकि रुपये अब्बू देते थे, इसलिए मैं उन्हें ही ईश्वर मानती थी। तुम जो निःस्वार्थ प्यार देती थीं, उस पर हममें से किसी की भी नज़र क्यों नहीं पड़ी? वह जो मैं, प्यार को इतना महत्त्व देती हूँ; सड़क के मनचले छोकरों की तिरछी निगाहों से निहारने को भी प्यार मान लेती थी, वहीं मैं, तुम्हें दिल खोलकर बरसाते हुए, तुम्हारे प्यार को प्यार क्यों नहीं मान पायी? या फिर मन ही मन स्वीकार भी किया हो, तो रुपये जैसी सख़्त चीज़ के मुकाबले, प्यार जैसी बाहरी चीज़ में कोई वजन नहीं है—यह बात झूठ मान लेने की कोई वजह नज़र नहीं आयी।

चूँकि मैं लिखने-पढ़ने में डूब गयी थी, इसलिए तुम्हें लेकर ज़्यादा कहीं आयी-गयी भी नहीं। एक दिन मैंने तुम्हें शहर दिखाने का कार्यक्रम बनाया। समूचा शहर बर्फ से ढँका हुआ था। शहर में किसी जगह शीतोत्सव आयोजित हुआ था। उस ठण्ड में मैं तुम्हें वह उत्सव दिखाने ले गयी। इस बीच मैंने तुम्हारे लिए बर्फ पर चलने वाले जूते और गर्म ओवरकोट तथा मोटी ऊन की बनी रूसी टोपी ख़रीद दी थी। यह सब पाकर, पुराने दिनों की तरह ही तुम आग्रह करने लगीं कि ये नये सामान, पहले मैं पहनूँ। पता नहीं क्यों तो तुम्हें नये कपड़े पहनने में हिचक होती थी। तुम कोई नये कपड़े पहनो, अपने आपको इतना क़ीमती तुमने कभी महसूस नहीं किया। शहर में स्कान्सेन नामक जगह पर मेला बैठा था! रपटीले बर्फ पर चलने में तुम्हें परेशानी हो रही थी। मैंने सुयेनसन से ही कहा कि बर्फ पर चलने में वह तुम्हारी मदद कर दे। जैसे ही उसने मदद करनी चाही, तुम फिसल गयीं। इसके बावजूद, मैंने तुम्हें बर्फ पर चलाया। मैंने बर्फ पर चलना सीख लिया है, क्या यह दिखाने के लिए, मैं तुम्हें उतनी देर बर्फ पर चलाती रही? दूर से ही तुमने चिड़ियाखाने के कुछेक जानवर भी देखे! फटी-फटी आँखों से निहारने वाले हिरण, बड़े हिरणों जैसे मूस, साँड़ जैसे प्राणी। तुमने ज़्यादा कुछ नहीं देखा, लेकिन जितना देखा, तुम उसी में खुश थीं। तुम कितने कम में खुश हो जाती थीं, माँ! तुम्हें कितने कम में खुश किया जा सकता था, माँ! 'तुमसे प्यार है मुझे।' तुम्हारे लिए, यह जुमला, कभी, किसी की जुबान पर नहीं आया। अगर कोई यह जुमला, तुम्हारे लिए कहता, तो तुम क्या करतीं, यह अन्दाज़ा, लगाना, मेरे बूते की बात नहीं थी। अपने देश में ही तुमने कभी, कोई चिड़ियाखाना नहीं देखा, विदेश के चिड़ियाखाने के दो मामूली-से जीव देखकर ही, तुम बच्चे की तरह हँसती रही। वैसे मैंने तुम्हारी समूची हँसी पर पानी उँढेल दिया था, जब स्कान्सन से घर लौटते हुए, तुम्हारी उँगलियों पर मैंने गाड़ी के सख़्त इस्पात का दरवाज़ा, खट से बन्द कर दिया था। मुझसे अनजाने

में ही ऐसा हो गया था, माँ! मुझे नहीं पता था कि गाड़ी से उतरते-चढ़ते, तुम गाड़ी का कोई हिस्सा थामकर उतरती-चढ़ती हो। तुम दर्द से कराह उठीं। तुम तो शायद और देर तक कराहती-बिलबिलातीं, लेकिन तुम्हें शायद यह ख़याल आ गया कि मैंने तुम्हें तकलीफ दी है, यह सोचकर, कहीं मैं दुःखी न हो जाऊँ। घर लौटकर, मैंने मक्खन लगाने वाले चम्मच और डोरी से, तुम्हारी कुचली हुई उँगली सीधी करके, उस पर पट्टी बाँध दी। कोई हड्डी टूट जाये, तो उसे हिलाना-डुलाना नहीं चाहिए। अगले दिन मैंने उस उँगली का एक्स-रे कराया। मेरी उतनी-सी सेवा पाकर, तुम्हारा सारा दर्द जैसे हवा हो गया। मुट्ठी भर सुख आया और तुम्हारे दर्द के बोझ को रुई के फाहे से भी ज़्यादा हल्का कर गया था। तुम इतना सब कैसे सह पाती थीं, माँ? अगर तुम्हारी किसी भूल की वजह से, मुझे ऐसा कुछ हुआ होता, तो मुझे जितनी गालियाँ आती हैं, मैं तुम्हारी तरफ उछाल देती, जितनी निन्दा, लानत-मलामत जानती थी, सब तुम पर बरसा देती। तुम्हारे सिर इतना दोष मढ़ती कि तुम्हारी समूची ज़िन्दगी रोते-रोते कटती।

तुम्हें यह विश्वास हो गया था कि तुम्हें कोई रोग हो गया है। तुम्हें लगता था कि तुम्हें कोई बड़ा और गम्भीर रोग ने धर दबोचा है। अपने उस रोग के इलाज के लिए तुम दर-दर भटकती रहीं, लेकिन, किसी ने भी तुम्हारे रोग का समाधान नहीं किया। तुम्हारे रोग के बारे में सोचने या परेशान होने को, किसी को फुर्सत ही नहीं थी। तुमने अब्बू से कहा, भाईजान से कहा, लेकिन अब्बू और भाईजान ने तुम्हारी बीमारी को लेकर, तुम्हारा मज़ाक उड़ाया। तुमने क्या, कभी सोचा था कि मैं ही तुम्हारी सहाय बनूँगी? हाँ, तुमने सोचा था। तुम्हारा आखिरी भरोसा मैं ही थी। लेकिन, मैं भी तो तुम्हारी बीमारी को लेकर, कभी परेशान नहीं हुई। तुम्हारी बीमारी का ज़िक्र मैं सुनने को ही तैयार नहीं थी। यह सुनने या इस बारे में सोचने की मेरे पास फुर्सत ही कहाँ थी? नहीं, मुझे कतई फुर्सत नहीं थी। तुम्हारे लिए अपना वक्त ख़र्च करने की मुझे आदत ही नहीं थी। तुम मुझे नज़र भर देखने के लिए विदेश आयी थीं। जो-जो काम तुम देश में करती थीं, मेरे लिए यहाँ भी वह सब करती रहीं। तुम मेरे लिए खाना पकाती थीं, मुझे अपने हाथों से खिलाती थीं, मेरे बर्तन माँजती-धोती थीं, मेरे लिए चाय बनाती थीं, मेरे कपड़े-लत्ते तहाकर रख देती थीं, मेरा बिस्तर ठीक कर देती थीं। मैं देश से निकलकर विदेश आयी थी, इसलिए मैं कहीं से बदली नहीं थी। असली स्वभाव-चरित्र आखिर कहाँ जाता? तुम्हारी वह सब नौटंकी मैंने हँसकर उड़ा दिया—'यह रोग-बीमारी क्या होती है? डायबिटीज़ है? डायबिटीज़ के लिए इन्सुलिन तो ले ही रही हो, बस! अब खाना-पीना ज़रा कंट्रोल करो।' उस छोटे-से गाँवनुमा जगह के एक छोटे-मोटे डॉक्टरखाने में ले जाकर, मैं तुम्हारे शुगर की भी जाँच करा लायी। मगर इन्सुलिन से भी तुम्हारा शुगर कम नहीं हुआ। तुम्हें मैंने ढरों अखाद्य खिलाने का आयोजन कर डाला। 'लिक नामक यह

अखाद्य चीज़ तुम्हें खाना ही पड़ेगा—' मैंने एलान कर दिया। लेकिन खुद मैंने ही कभी, लिक खाया था क्या? वह खाते हुए, तुम्हें उबकाई आने लगती थी, लेकिन तुम वह अखाद्य निगलने को लाचार हो जाती थीं। तुम्हें लगता था, यह खाने से तुम्हारी बीमारी शायद दूर हो जाये। मैं तुम्हारी डायबिटीज़ को लेकर चिन्तित थी, लेकिन तुम्हें उसकी कोई परवाह नहीं थी। तुम्हें तो यह चिन्ता थी कि तुम मुझे चिन्तामुक्त कर दो। इसीलिए बिना खाये, कम खाकर, अचीन्हा अखाद्य खाकर तुम मुझे दुश्चिन्ता से मुक्त कर देती थीं। मेरा संकल्प था कि तुम्हारी शुगर की मात्रा स्वाभाविक कर दूँगी, तुम्हारे रोग का शायद यही इलाज है। तुम्हारी बेटी डॉक्टर है, तुम्हें इसका भी प्रमाण हाथोंहाथ मिल जायेगा। लेकिन, माँ, डॉक्टर होने के लिए मैंने जो इतने सारे साल ख़र्च किये और इन सुदीर्घ वर्षों में तुम जो दिन-रात सपने देखती रहीं कि तुम्हारी बेटी डॉक्टर बनेगी; तुम्हारी बेटी, तुम्हें कोई भी रोग-बीमारी झेलने नहीं देगी; जो सपना लिये, पूरे पाँच साल तक मेरी पढ़ाई के दौरान मेरी सेवा-जतन करती रहीं! मेरे डॉक्टर होने तक, पूरे आठ वर्ष, तुम मेरी सिर्फ देखभाल ही नहीं करती रहीं, बल्कि भरपूर उम्मीद लिये, आकुल-व्याकुल आँखों से मेरी सूरत निहारती रहीं और इन्तज़ार करती रहीं। क्या नतीजा निकला, माँ? मैंने तो किसी दिन भी पाइल्स, नामक तुम्हारी बीमारी को बीमारी ही नहीं मानी। मैंने तुमसे कभी नहीं कहा कि चलो, तुम्हें अस्पताल ले चलूँ या तुम्हें डॉक्टर दिखा दूँ। मैंने भी अपने अब्बू की तरह साफ़ सुना दिया—इस पाइल्स-टाइल्स का कोई इलाज नहीं होता। तुम क्या हताश हो जाती थीं, माँ? हाँ, ज़रूर होती थीं। या फिर तुम अपने को यह समझाती रहती थीं कि तुम्हारी बेटी कोई झूठ तो बोल नहीं रही है, शायद सच ही, इस रोग का कोई इलाज नहीं होता; शायद इस अविराम रक्तस्राव में ही बहते-उतराते तुम्हें समूची ज़िन्दगी गुज़ारनी होगी या फिर यह समस्या, कोई गम्भीर समस्या ही नहीं है। तुमने सोच ही लिया होगा कि इस रोग का कोई इलाज नहीं है, वर्ना तुम्हारी सगी बेटी ही इलाज कराती। चलो, मान लिया कि तुम्हारा पति, तुम्हें प्यार नहीं करता; पति तुम्हारी तरफ पलटकर भी नहीं देखता। लेकिन तुम्हारी अपनी कोखजायी औलाद, घोर व्यस्तता की वजह से शायद माँ के पास पल-दो पल बैठने की फुर्सत नहीं निकाल पाती, उनकी दो-एक बातें तक सुनने का वक्त नहीं है उसके पास, लेकिन पाइल्स रोग, स्वास्थ्य के लिए, अगर सच ही कोई गम्भीर बात या समस्या होती, तो क्या वह इलाज नहीं कराती? चाहे जितना भी रक्तस्राव हो, यह कोई ख़ास बात नहीं है—मेरी इस वाणी ने तुम्हें आश्वस्त कर दिया था। हाँ, तुम्हें अपनी डॉक्टर बेटी से यह आश्वासन मिला था। किसी माँ की ज़िन्दगी में इससे बड़ी बात और क्या हो सकती थी? इसके अलावा, तुम्हारा और कौन था, जिस पर तुम भरोसा करतीं?

माँ, अगर मैं चाहती, तो क्या तुम्हें किसी बड़े डॉक्टर के पास नहीं ले जा सकती थी? हाँ, मैं ले जा सकती थी। जब तुमने बताया कि तुम्हें कोई बीमारी है, तो क्या

मैं तुम्हारी बीमारी के लक्षण या उससे होने वाली तकलीफों के बारे में, पूरे ध्यान से नहीं सुन सकती थी? तुमने जब-जब अपने रोग की शिकायत की, मैंने हँसकर उड़ा दिया, तुम्हारे रोग के बारे में जानना ही नहीं चाहा। तुमने दिखाया भी था कि तुम्हारे तल-पेट की बायीं तरफ बेहद दर्द रहता है।

मैंने कहा, 'अरे, यह कोई ख़ास बात नहीं है। उस जगह जो दर्द है, शायद कब्ज़ की वजह से है। फाइबर वाली चीज़ें खाओ, रोग ठीक हो जायेगा।' लेकिन तुम्हें कब्ज़ तो था ही नहीं। फिर इस दर्द की क्या वजह थी? चलो, छोड़ो, होगी कोई वजह! जब दर्द होता है, तो कोई न कोई वजह तो होगी ही। मैंने तुम्हें समझा दिया, 'असल में उस जगह मल जम गया है और उस जमे हुए मल ने तुम्हारी अँतड़ी की दीवार चिटखा दी है, इसीलिए दर्द होता है। अब, कहीं कुछ जम जाये, तो बीच-बीच में दर्द तो होगा ही। यह कोई ख़ास बात नहीं है।' मेरे इस बात पर तुम्हें शायद भरोसा नहीं हुआ था, क्योंकि तुम देख रही थीं कि मल निकल जाने के बाद भी, दर्द कम नहीं होता था। मुझे आज तक समझ में नहीं आया, माँ, कि इतने-इतने साल डॉक्टरी विद्या में डूबे रहने के बाद भी, तुम्हारे उस दर्द की वजह बताने में ग़लती करती रही। अगर यही मेरी डॉक्टरी का नमूना था, तो मेरा डॉक्टर होने का परिचय ज़िन्दगी भर के लिए मिटा देना चाहिए था और इस भयंकर मूर्खता के लिए मुझे सज़ा भी मिलनी चाहिए थी, लेकिन, सज़ा मुझे कौन देता? मुझे सज़ा देने वाला कोई नहीं था। मैं ख़ुद ही महामानव बनी बैठी थी। हाँ, माँ, अब मैं डॉक्टर कहलाना नहीं चाहती। मैं डॉक्टर हूँ, यह कहने में मुझे शर्म आती है। मैं अपने डॉक्टरी-ज्ञान को सौ-सौ धिक्कार भेजती हूँ। अपने डॉक्टरी-परिचय को भी सैकड़ों लानतें भेजती हूँ।

तुम्हें बेहद तकलीफ थी, मगर कहीं मुझे झुंझलाहट न हो, इस डर से तुम शिकायत भी नहीं करती थीं। मेरे ऐशो-आराम में बाधा आयेगी, इसीलिए तुम अपनी तकलीफ दबाये रहीं, माँ! तलपेट में तीखा दर्द लिये-लिये, तुम चलती रहती थीं, हर रोज़ बार-बार सीढ़ी उतरती-चढ़ती रहती थीं। तुम्हें तो मैंने रहने के लिए नीचे का कमरा दिया था, सीढ़ियाँ चढ़कर अगर तुम ऊपर न आतीं, तो मुझ तक पहुँचतीं कैसे? तुम्हें ऊपर आना ही पड़ता था, तकलीफ झेलनी ही पड़ती थी। लेकिन तुम्हारा बाथरूम नीचे था, तुम्हारा कमरा भी नीचे था, इसलिए न चाहते हुए भी तुम्हें नीचे उतरना पड़ता था। असल में तुम माँ थीं। तुमने मुझे लगभग चार वर्ष बाद देखा था। मुझे देखने के लिए ही तुम भागकर विदेश-भूमि पर आयी थीं। चाहे जैसे भी हो, मुझे देश वापस लौटा ले जाने के लिए आयी थीं! तुम माँ थीं! पूरे चार वर्ष तक, तुम मेरे लिए आँसू बहाती रहीं, हर रात सिसक-सिसककर, बिलख-बिलखकर रोती रहीं। तुम मेरी माँ थीं, लेकिन, मैंने तुम्हें किसी बड़े डॉक्टर को नहीं दिखाया। तुमने अपनी जुबान से कहा कि तुम्हें कोई बहुत बड़ा रोग हुआ है, इसके बावजूद भी मैं तुम्हें किसी बड़े डॉक्टर के पास नहीं ले गयी, क्योंकि मुझे तुम्हारी बातों पर भरोसा नहीं

हुआ था। तुम्हें मैंने अपनी झूठमूठ की अपनी डॉक्टरी, अपनी भूल, अपनी अज्ञता, अपनी मूर्खता के दम पर शान्त रखा। हाँ, तुम ऊपर से तो शान्त थीं, मुझे परेशान नहीं किया। अन्दर ही अन्दर दर्द पाले हुए, बाहर-बाहर हँसती रहीं। हाँ, अब, मुझे अहसास होता है। उन दिनों मैं एक नाकारा, हीनमन्य, डरपोक, बुज़दिल, अमानुष के साथ रहा करती थी। अगर मैं तुम्हें किसी बड़े डॉक्टर को दिखाना भी चाहती, तो उस अमानुष से किसी क़िस्म की मदद पाने की कोई सम्भावना नहीं थी। मदद तो बस, इतनी-सी चाहिए थी—टेलीफोन बुक से किसी विशेषज्ञ का नाम-पता खोज निकालना। उन लोगों में से किसी को फोन करके, अगर वह अंग्रेजी न जानता हो, तो स्वीडिश भाषा में बातचीत करके, मिलने के लिए, एप्वाइंटमेंट की एक तारीख तय कर देना। बस, इतना ही न? सुयेनसन अगर मदद के लिए तैयार नहीं था, तो मैं इतने ज़रा-से काम के लिए अपने किसी अन्य स्वीडिश मित्र को बुला सकती थी। मुझे स्वीडिश भाषा नहीं आती, मेरे पास अपनी गाड़ी भी नहीं थी। किसी डॉक्टर के पास जाने का नियम वगैरह भी मैंने नहीं सीखा था। मुझे किसी न किसी पर निर्भर रहना ही था। लेकिन, माँ, ये तमाम बाधाएँ क्या मैं पार नहीं कर सकती थी? मैंने माइब्रिट को क्यों नहीं बुलाया? उससे तो मेरी पुरानी दोस्ती थी। स्वीडन की सरकार या स्वीडन की लेखक-गोष्ठी से मैंने सम्पर्क क्यों नहीं किया? उन लोगों से मैंने यह क्यों नहीं कहा कि मुझे बहुत बड़ी ख़बर बनाकर, खूब तो मुझे इस देश में ले आये थे, अब, कहाँ हो तुम लोग? आओ, अब मेरी माँ के लिए किसी डॉक्टर का इन्तज़ाम करो। मेडिसिन सां फ्रंटियर्स के कार्यक्रम में मेरा अभिनन्दन भी किया गया था! वह डॉक्टरों का संगठन था। वहाँ ऐंडर्स नामक एक डॉक्टर से भी तो मेरी जान-पहचान हुई थी। लौटकर एक बार उसे फोन भी किया था, वह नहीं मिला। ख़बर देने के बावजूद उसने पलटकर फोन नहीं किया, इसलिए मेरे अहम को ठेस लगी थी। उस वक्त अपना सारा मान-अभिमान भूलकर, मैं उसे ही दुबारा फोन कर सकती थी। तुम जब दानामिरूद अस्पताल में भर्ती थीं, उसे मैंने वहाँ देखा भी था। मैंने उससे बात भी नहीं की, बल्कि उससे कतराकर निकल गयी। उसने अगर मुझे देखा होता, तो मुझसे ज़रूर बात करता। मुझे पता था कि गाड़ी चलाकर यहाँ-वहाँ ले जाने के अलावा सुयेनसन में और कुछ करने की मानसिक क्षमता बिल्कुल नहीं थी। आज मेरी समझ में आता है, माँ, कि अगर मैं कोशिश करती, तो ज़रूर कुछ कर पाती। लेकिन, मैंने कोशिश ही तो नहीं की। अपनी सगी माँ के लिए, इतनी मामूली-सी कोशिश तो देशी-विदेशी, हर कोई करता, सिर्फ मैंने ही नहीं किया। कोशिश तो दूर की बात थी, मैं तो तुम्हारे धार्मिक विश्वास पर हर पल कटाक्ष किया करती थी। माँ, तुम नमाज़ क्यों पढ़ती हो? अल्लाह में विश्वास क्यों करती हो? जिसे अल्लाह कहें, ऐसा, कोई कहीं नहीं है।

'तुम जो नमाज़ पढ़ती हो, इतने रोज़े रखती हो, फर्ज़ करो, वहाँ जाकर अगर देखो, वहाँ हश्र का मैदान नहीं है, आख़िरत नहीं है, कोई पुलिसेरात नहीं है, तो?'

'नहीं है तो न सही–' तुम जवाब देती थीं, लेकिन मान लें कि अगर हो–?'

'अगर हो–इसी आशा से तुम धर्म-कर्म करती रहती हो! लेकिन मान लो, परलोक कहीं न हो, तब तो सारा कुछ अकारथ हो जायेगा! महज समय की बर्बादी होगी।'

इसके जवाब में तुम खामोश ही रहतीं! मन्द-मन्द मुस्कराती रहतीं। नहीं, माँ, मेरे बड़े होने के बाद, तुम हमेशा यही सीख देती रहीं कि मैं तौबा करूँ और नमाज़ पढ़ना शुरू करूँ। लेकिन, इस बार तुमने मुझे नमाज़ पढ़ने की सीख नहीं दी। तुम तो बार-बार सिर्फ यही रटती रहीं कि चाहे जैसे भी हो, मैं स्वदेश लौट चलूँ। अगर मुझे वादा करना पड़े, क़बूलनामा जमा करना पड़े कि अब मैं इस्लाम के खिलाफ कुछ नहीं लिखूँगी, तो मैं वह क़बूलनामा दे दूँ। बस, देश की बेटी, स्वदेश लौट चले। लेकिन मै ऐसा कुछ नहीं लिखूँगी, ऐसी कोई घोषणा करने को मैं हरगिज राजी नहीं थी। मैंने भूल की है, मैं यह भी नहीं कहूँगी। तब मैं स्वदेश कैसे लौट सकती हूँ? माँ, तुमने कितने ही लोगों को फोन किया! लेकिन, तुम ठहरी बुर्का ओढ़ने वाली औरत; चिरकाल अन्दर महल में ज़िन्दगी गुज़ारी है! तुम गैर-मर्द को अपना चेहरा न दिखाने वाली औरत थीं। तुमने शमसुर रहमान का फोन नम्बर खुद जुगाड़ किया और खुद उन्हें फोन किया था कि वे प्रधानमन्त्री, शेख हसीना को, मुझे स्वदेश लौटा लाने को कहें।

तुमने ही बताया था कि शमसुर रहमान ने तुम्हें रूढ़ लहजे में डपट दिया, 'कौन कहता है कि मेरे कहने भर से वे उसे लौटा लायेंगी?'

'नहीं, आप लोग तो हमेशा ही उनके आस-पास रहते हैं। इसलिए आप लोगों के कहने पर, उन पर ज़रूर असर पड़ेगा।'

तुम्हारी इस बात के जवाब में उन्होंने कहा, 'कौन कहता है कि मैं हमेशा उनके आस-पास रहता हूँ?' और शमसुर रहमान ने फोन रख दिया था।

तुम खूब-खूब रोयी थीं, माँ! जिन लोगों से तुम मिलती थीं या जिससे भी तुम्हारी भेंट होती थी, उन सबके तुम हाथ-पैर जोड़ती रहीं कि मुझे देश लौटा लिया जाये। तुम मुझे इतना प्यार करती थीं, माँ? तुमने मुझे सारी घटनाएँ बतायी थीं। इसके बाद भी मैं तुम्हारा प्यार नहीं समझ पायी।

तुम्हारी धार्मिक आस्था पर मेरा व्यंग्य करना, शायद कभी भी ख़त्म नहीं होता। जिस दिन तुमने रोज़ा रखने का एलान किया, मैंने भरपूर लानत-मलामत करते हुए, कोशिश की कि तुम्हारी वह इच्छा चकनाचूर हो जाये। तुमने न कोई बहस की, न चींख-चिल्लाहट मचायी।

तुमने मीठी-मीठी मुस्कान बिखेरते हुए, मेरे बाल, पीठ पर हौले-हौले हाथ फेरते हुए कहा, 'ज़िन्दगी में शायद यह मेरा आखिरी रोज़ा है, बिटिया, मैंने रोज़ा कभी नहीं तोड़ा, इस बार भी नहीं तोड़ूँगी। मुझे रोज़ा रखने दो, बिट्टी!'

मैंने ज़ोर का ठहाका लगाया। मेरे अट्टहासी ठहाके ने तुम्हें बेहद परेशान कर

दिया। मैं तो तुम्हें परेशान ही करना चाहती थी। मेरा तो इरादा ही था कि तुम तकलीफ पाओ। तुम्हारी धार्मिक आस्था के गुनाह के लिए, मैं कोशिश करती थी कि तुम ज़्यादा से ज़्यादा तकलीफ पाओ। तुम्हारी धार्मिक आस्था, तुम्हारा बुर्का पहनना, तुम्हारा क़ुरान-हदीस पढ़ना, तसबीह जपना—इन सबसे, मैं बचपन से ही नफरत करती थी। तुम्हें अपनी माँ मानने में, मुझे शर्म आती थी। तुम मुझे बुद्धू, बुद्धिहीन, गँवार, गधी के अलावा और कुछ नहीं लगती थीं। वह जो कहावत है न, जो मन को न भाये, उसके टेढ़े पैर न सुहाये? तुम्हारा कुछ भी मुझे पसन्द नहीं था। तुम शक़्ल-सूरत से भी मुझे बेहद कुरूप लगती थीं। वैसे भी, तुम्हें अपने पर नज़र डालने की फुर्सत कहाँ मिलती थी, माँ? अब्बू ने तो तुम्हारे मुँह पर ही सुना दिया था कि तुम बदसूरत हो! कुत्सित हो। बेहद खूबसूरत ढंग से चुन्नटदार साड़ी पहनकर, बाल सँवारकर, चेहरे पर पाउडर मलकर भी, तुम अब्बू के सामने खड़ी हुईं, लेकिन अब्बू ने तुम्हारी ओर पलटकर भी नहीं देखा, बल्कि आज भी वे ज़ोर-शोर से कुत्सित, बदसूरत कहकर तुम पर गालियाँ ही बरसाते थे। इसके बाद, तुमने अपना जतन लेना छोड़ ही दिया। तुम्हारे पास वक्त ही कहाँ था? तुम्हारा पूरा-पूरा दिन तो बावर्चीखाने में ही गुज़र जाता था। सबके लिए खाना पकाना, सबको परोसना! सभी को खुश रखना! गुसल के बाद, अपने भींगे बाल, डोरी या गमछा, जो भी करीब मिल जाता था, तुम बाँध लेती थीं। भींगे बालों को उस ढंग से बाँधे-बाँधे रखते हुए, अचानक तुम्हारे बाल झरने लगे। लेकिन तुमने उस पर बिल्कुल ध्यान नहीं दिया। ऐसा कौन था, जो तुम्हें रूपवती कहता? कुरूपा, कुत्सित! ही तुम्हारे माथे पर खोद दिया गया था, तुम्हारी ज़िन्दगी के साथ गूँथ दिया गया था। होठ हमेशा सूखे-पपड़ाये रहते थे! धूल-मैल, आग, राख और गन्दगी में रहते-रहते, तुम्हें अहसास ही नहीं रहा कि तुम्हारी अपनी देह भी कुछ है। तुम भूल ही गयी थीं कि तुम्हारी अपनी भी कोई ज़िन्दगी है। दूसरों की गुलामी करने के लिए ही तुम्हारा जन्म हुआ था। तुम्हें कुत्सित कहा जाता था, फिर भी तुम्हें कोई तकलीफ नहीं होती थी। तुम ख़ुद भी कहा करती थीं—'मैं तो कुरूप हूँ, मगर तुम लोग खूबसूरत बनी रहो।' तुम यह भी कहा करती थीं कि तुम्हारी दोनों बेटियाँ हर रोज़ गुसल किया करें, भींगे बाल सुखाया करें, बाल सँवारा करें, चेहरे पर क्रीम लगाया करें, बदन पर ऑलिव तेल मला करें, अपनी त्वचा की देखभाल किया करें। अपने बारे में सोचने की तुम्हें कोई ज़रूरत नहीं थी। तुम अपना जतन करतीं, तो लोग कहीं यह न समझ लें कि तुम गृहस्थी के कामकाज में फाँकी दे रही हो, शायद यह डर भी तुम्हारे मन में समाया रहता था। हाँ, स्वीडन में मैंने पहली बार कहा—'माँ, तुम तो बेहद खूबसूरत हो।' हाँ, मैंने स्वीडन में इसलिए क़बूल किया, क्योंकि वाकई तुम बेहद ख़ूबसूरत थीं। तुम मेरा यह वाक्य सुनकर अचकचा गयी थीं। तुम्हें विश्वास नहीं हुआ था। तुम्हें तो यह भरोसा ही नहीं था कि तुम्हारी देह में कहीं बूँद भर भी सौन्दर्य है। अपनी ज़िन्दगी में शायद और किसी

बात पर तुम इतनी खुश नहीं हुई थीं, जितनी उस दिन मेरे यह कहने पर तुम ख़ुश हुई थीं, कि 'तुम सुन्दर लग रही हो।' जो मंतव्य तुमने कभी, किसी की जुबानी नहीं सुनी, वह मंतव्य, अपने पचास-पार उम्र में पहली बार, अपनी बेटी के मुँह से सुना। तुम्हें और क्या चाहिए था! इससे ज़्यादा प्यार का अहसास, तुम्हें कभी, किसी दिन भी नहीं हुआ। तुम बदसूरत हो—यह इल्ज़ाम देकर, तुम्हारा पति तुम्हें ज़िन्दगी भर धिक्कार भेजता रहा, तुम्हें ठोकर मारता रहा, तुमसे गुलाम-बांदी जैसा बर्ताव करता रहा, बाहर परायी औरतों के साथ सैर-सपाटे करता रहा, यहाँ तक कि उन औरतों से ब्याह भी रचा लिया! ऐसे में पहली बार तुमने सुना कि तुम सुन्दर हो। मेरे इस वाक्य पर हालाँकि तुम्हें भरोसा नहीं हुआ, तुम्हारी आँखों में आँसू छलछला आये थे।

तुमने सिर्फ इतना ही कहा, 'तुम मुझे प्यार करती हो न, इसीलिए ऐसा कहती हो।'

किसने कहा कि मैं तुम्हें प्यार करती हूँ, माँ? तुम्हें तो मैंने कभी, किसी दिन भी प्यार नहीं किया। जर्मनी से लाया हुआ एक शैम्पू मैंने तुम्हें पकड़ा दिया था और बार-बार कहा—'बहोत अच्छा शैम्पू है!' ज़िन्दगी भर तुम्हें पल-दो पल भी समय नहीं मिला कि तुम अपने तन-बदन का जतन कर सको, भींगे बाल बाँधे-बाँधे ही रखकर तुम्हारे सिर के बाल झड़ गये, बालों का तुमने सत्यानाश कर लिया, जब वही बाल सुन्दर नज़र आते थे, तो मैं कह उठती थी—'वाह! ख़ासी केशवती लग रही हो तुम!' असल में मैं तुम्हारे बालों की प्रशंसा नहीं करती थी, बल्कि उस विदेशी शैम्पू की प्रशंसा करती थी। जब तुम चली गयीं, उसके काफी दिनों बाद, नीचे के स्नानघर में पड़े हुए उस शैम्पू पर मेरी नज़र पड़ी थी। असल में वह कंडीशनर था, शैम्पू नहीं था। मुझे तो जर्मन भाषा पढ़नी आती नहीं थी, इसलिए तुम्हारी तकदीर में वह कंडीशनर ही जुटा था। मैं खुद तो शैम्पू ही इस्तेमाल करती थी, लेकिन तुम जो इस्तेमाल करती थीं, वह कंडीशनर था। यह ग़लती मुझसे कैसे हुई? सच यही है कि मैंने जानबूझकर यह गलती नहीं की थी। असल में ज़रूर मैं काफी हड़बड़ी में थी। मैंने यह समझने की कोशिश ही नहीं की कि वह सचमुच शैम्पू ही है या नहीं। लेकिन तुम क्या खुश हुई थीं कि मैंने तुम्हें विदेशी क्रीम या शैम्पू इस्तेमाल करने के लिए दिया। उन सब चीज़ों को ही, तुम प्यार समझने की भूल कर बैठी थीं। सच तो यह था कि विदेश में तो विदेशी चीज़ें ही मिलती हैं, माँ! स्वीडन जैसे देश में देशी साबुन या शैम्पू तो मुझे मिलने से रहा। नहीं, माँ, नहीं, प्यार मैंने तुम्हें कभी नहीं किया। अगर मुझे प्यार करना होता, तो मैं स्वदेश में ही तुम्हें प्यार करती। चार साल विदेश में रहने के बाद, अचानक तुम्हें प्यार करने लगूँ, इतनी भली तो मैं नहीं थी, माँ! अगर मुझे तुमसे प्यार होता, तो मैं तुम्हें चाहे जैसे भी हो, किसी अच्छे, बड़े डॉक्टर को दिखाती। 'मुझे कोई गम्भीर रोग है—' तुम्हारी इस बात को अहमियत देती। अगर मुझे तुमसे प्यार होता, तो मैं तुम्हें लेकर, किसी अच्छे होटल में रहती। उस होटल में सिर्फ मैं और तुम रहतीं। किसी दूसरे के घर में, किसी दूसरे की

उँगलियों के इशारे पर, मैं नहीं चलती। अगर मैं तुमसे प्यार करती, तो तुम्हें रुपये भेजती। अब्बू को तो ढेर-ढेर रुपये भेजती रहती थी। जिसके पास दौलत थी, मैंने भी उसे ही रुपये भेजे। जिसने किसी दिन भी रुपये-पैसों का मुँह नहीं देखा, उसे केवल दूसरों ने ही वंचित नहीं किया, खुद मैंने भी किया है। अगर मैं तुम्हें सच ही प्यार करती, तो तुम्हें रसोई की तरफ धकियाकर, खुद किताब लिखने नहीं बैठती। अगर प्यार करती, तो तुम्हारे प्यार की क़द्र करती। ना, माँ, मैंने कुछ भी नहीं किया, बल्कि कमरा-भर अतिथियों के सामने, तुम्हें अनपढ़-अशिक्षित कहा, क्योंकि तुम आसानी से अंग्रेजी नहीं बोल पाती थीं। अगर मैं तुम्हें प्यार करती होती, तो मामूली-सी ही सही, तुम्हारी श्रद्धा करती। वही तुम जब वापस, स्वदेश लौटकर गयीं, तो तुमने सबसे यही कहा—स्वीडन में मैंने तुम्हें ढेर-ढेर प्यार दिया! ज़िन्दगी के सबसे सुखद दिन, तुमने स्वीडन में बिताये। उफ! माँ, तुमने ऐसा क्यों कहा? यहाँ बर्फ के अलावा तुमने कुछ भी तो नहीं देखा। मैंने और कुछ तो तुम्हें दिखाया ही नहीं। तुम्हारे लिए और कुछ भी तो नहीं किया। बर्फ भी क्या तुम्हें मैंने दिखाया था? वह तो आसमान से झरता रहता था, इसलिए तुमने देखा। बर्फ देखकर तुम कितना चकित हुई थीं! नहीं, तुम्हारी उस मुग्धता के पीछे, मेरी कोई भूमिका नहीं थी, माँ! मैंने तो तुम्हें तुषार या बर्फ में छोड़कर, तुम्हारी कुछेक तस्वीरें भर ही खींची थी। उन्हीं दिनों मैंने वीडियो कैमरा ख़रीदा था। तुम्हारा वह बर्फ-विस्मय भी मैंने सँजो रखा है। इसके अलावा तो मैंने तुम्हारे लिए भला कुछ नहीं किया, माँ! माँ, अगर मैं तुम्हारा इलाज करा देती, तो तुम ज़िन्दा रहतीं, माँ! मैंने ऐसा नहीं किया। मैंने तुम्हें बचाया नहीं, बल्कि मार डाला। तुम शायद यह स्वीकार न करो कि मैंने तुम्हें मार डाला, लेकिन मैं तो जानती हूँ, माँ! तुम भले क़बूल न करो, लेकिन मन ही मन तो जानती हो। तुम्हारा पति, तुम्हारे दोनों बेटे, दोनों बेटियाँ—सबने मिलकर मार डाला तुम्हें। इलाज न कराते हुए, तुम्हें मार दिया, माँ! तुम्हें काफी उम्मीद थी कि जब तुम मेरे पास आओगी, तो मैं, तुम्हारी डॉक्टर बेटी, तुम्हारे उस भयंकर रोग का, जिस रोग को किसी ने कभी रोग माना ही नहीं, लेकिन तुम समझती थीं, अकेले तुम ही समझती थीं, मैं इलाज कराऊँगी। लेकिन तुम सिर्फ उम्मीद ही बाँधे रहीं। तुम्हारी डॉक्टर बेटी ने, जिसके बारे में तुमने बहुत से सपने देखे थे, तुम्हारी उस बीमारी की ओर पलटकर भी नहीं देखा। जितने दिन तुम स्वीडन में रहीं, मैं सिर्फ अब्बू के बारे में ही बातें किया करती थी। अब्बू की बीमारी के बारे में ही बोलती रहती थी। तुम जब कहती थीं कि अब्बू ठीक हैं, बिल्कुल मज़े में हैं, तो मुझे लगता था कि तुम निरी जलनखोट्टी हो, उनसे कुढ़ती हो। मैंने ऐसा सिर्फ सोचा ही नहीं, अपने मन की यह बात जाहिर भी कर दी। अब्बू को एक बार हार्ट-अटैक हो चुका था, दुबारा कभी भी हो सकता था; उन्हें ब्लडप्रेशर भी था, कभी भी कोई दुर्घटना घट सकती थी—इन सबको लेकर, मैं कितनी-कितनी दुश्चिन्ता करती थी। तुम्हें सामने

बिठाकर, कभी सरव, कभी नीरव फ़िक्र में डूबी रही। लेकिन, तुम भी पूरी की पूरी दुर्घटना बनने वाली हो उस आशंका की तरफ कभी नहीं देखा। मैंने क्या कभी इस ओर देखना चाहा? अगर चाहती, तो ज़रूर देख भी लेती। कुत्ते-बिल्ली तक की तकलीफ की तरफ मैं कितनी करुणा से देखा करती थी, लेकिन तुम्हारी तकलीफ की तरफ, मामूली-सी नज़र डालने की भी मुझे आदत नहीं थी। तुम मेरे पास खुद आयीं, मैंने तुम्हें कभी बुलाया नहीं था। इसके बावजूद तुम आयीं। मैं अब्बू को बुलाती थी। तुम अकेली क्यों आयीं? अब्बू क्यों नहीं आये, इस बारे में भी तुमसे सवाल पर सवाल करके, तुम्हें जर्जरित किया, मानो तुम जो अकेली आयीं, अब्बू को साथ नहीं लायीं, यह तुम्हारा ही कसूर है। तुम मुझसे डरी-डरी भंगिमा में बातें करती थीं। मानो इतनी दूर तक राह पार करके, मुझे देखने आकर, तुमने दुस्साहस किया हो। तुम मेरी अनचाही मेहमान थीं! तुम तो यह बात जानती थीं, माँ! यह बात तुमने जुबान से नहीं कही, मगर तुम समझती थीं। अब्बू को देखकर जितना मैं खुश होती, तुम्हें देखकर मैं बूँद भर भी खुश नहीं थी। मेरे तो दिन-रात अब्बू की बीमारी को लेकर चिन्ता-फ़िक्र और बेचैनी में गुज़र गये। तुमने मेरी वह बेचैनी देखी थी। अब्बू के प्रति मेरा अतिशय प्यार, असीम श्रद्धा देखी थी। तुमने मुझे इतनी बार बताया कि अब्बू तुम्हारे हाथ पर एक पैसा भी नहीं रखते। तुम कैसे अपना काम चला रही हो, भविष्य में कैसे चलाओगी, अब्बू इसकी भी कोई खोज-ख़बर नहीं रखते। यहाँ तक कि उन्होंने 'अवकाश' कोठी की सारी जिम्मेदारी, तुमसे छीनकर, भाईजान की बीवी के सुपुर्द कर दी थी। जिस घर, जिस गृहस्थी से तुम्हें विदा लेने को लाचार होना पड़ा, ढाका से अगर कभी-कभी तुम वहाँ जाती थीं, तो अब्बू तुम्हें मारने दौड़ते थे। घर की सबसे छोटी कोठरी में, जिस खटिया पर तुम सोती थीं, वह खटिया टूटी पड़ी थी, अब्बू ने उसे आँगन में फेंक रखा था और तुम जो फटा-पुराना बिस्तर बिछाकर सोती थीं, वह भी अब चीथड़े-चीथड़े हो चुका था। तुमने अब्बू से सैकड़ों बार कहा, मगर न तो तुम अपनी खाट की मरम्मत करा पायीं, न कोई नया बिस्तर खरीद सकीं। तुम सामने के बरामदे की ज़मीन पर ही, मच्छरों के डंक सहते-सहते सो जाती थीं। सड़क की लाचार-अचल भिखारिन की तरह! तुम्हारे सामने न अब्बू आते थे, न भाई लोग, न हसीना!

भाईजान के छोटे बेटे शौकीन ने एक दिन तुमसे पूछा था, 'दादी, तुम जो मच्छरदानी बिना, ज़मीन पर सोती हो, तुम्हें तकलीफ नहीं होती?'

उसका सवाल सुनकर तुम रो पड़ी थीं। अँधेरे में भला कोई आँसू बहाता है? सभी लोग तो रात भर बिस्तर पर आराम से सोते थे। तुम बरामदे के अँधेरे में, मच्छर के डंक झेलते-झेलते, अकेले ही सोती थीं—यह सब सुनकर भी, मैं अब्बू की ही रट लगाये रहती थी। मुझे अब्बू पर ज़रा भी गुस्सा नहीं आता था। भाईजान या हसीना से भी मैं नाराज़ नहीं हुई। मुझे किसी पर गुस्सा क्यों नहीं आता था, माँ? तुम्हारी

बातों पर क्या मुझे विश्वास नहीं होता था? या तुम्हारे किस्से मुझे बेहद जाने-पहचाने लगते थे या तुम्हारी कहानियाँ सुनने की मुझे आदत पड़ चुकी थी? मैं तो जन्म से ही देखती आयी थी कि तुम्हें ऐसा ही बर्ताव मिलता रहा था। जन्म से ही जो जाना हुआ हो, ऐसा कोई अन्याय, शायद अन्याय नहीं लगता। हैरत है! ज़िन्दगी में जाने कितनी ही बातों का विरोध किया, सिर्फ तुम पर किये गये अन्याय-अत्याचारों का कभी प्रतिवाद नहीं किया। तुम्हें मैंने कभी प्यार नहीं किया। सिर्फ जन्म देने भर से क्या कोई सन्तान, अपनी माँ से प्यार करने लगती है? तुमने तो भाईजान को जन्म दिया था, उन्हें तुमने कम प्यार तो नहीं किया। वही भाईजान शादी करने के बाद, तुम्हें बेभाव सताया करते थे। जब तुम्हें बुखार होता था और तुम कोई दवा ला देने के लिए मिन्नतें करती थीं, तो वे सड़ा-गला पुराना पैरासिटामॉल लाकर थमा देते थे। मियाद ख़त्म हो गयी, किसी अचीन्हे, देशी कम्पनी की रद्द ऐंटीबायोटिक्स तुम्हारे आगे फेंक देते थे। अब्बू के दवाखाने 'आरोग्य वितान' का दायित्व उन पर ही था। दवाओं का हिसाब-किताब भाईजान ही करते थे। उन दिनों भाईजान ही डॉक्टर बने हुए थे। तुम्हारा कोख-जाया बेटा, माँ! तुम्हें लगता था, छोटे भाई तुम्हें बेहद प्यार करते थे। क्यों, माँ? इसलिए कि वह हवाईजहाज की ड्यूटी निपटाकर, जब घर लौटता था, तो हवाईजहाज में बची हुई कुछेक सैंडविच, सेव या सन्तरे का रस लेकर आता था? जब तक गीता यहाँ थी, वे सब चीज़ें तुम्हें तो मिलती नहीं थीं। जब गीता नहीं थी, तब वे चीज़ें तुम्हारे हाथों में आने लगीं। उन चीज़ों में भाई का एक भी पैसा नहीं लगता था। सब फ्री चीज़ें थीं! मुफ़्त की चीज़ें! बची-खुची! फेंका हुआ माल! हवाईजहाज में बची-खुची, फेंकी हुई चीजें, क्रू के लोग अपने घर ले आते थे। चूँकि वह ये सब चीज़ें घर ले आता था, इसलिए तुम्हें लगता था कि वह तुम्हें बहोत प्यार करता है। कोई तुम्हें बूँद भर देता था, तो तुम उसे समुन्दर भर दे डालती थीं। तुम्हारे पास देने के लिए रुपये-पैसे तो थे नहीं, जब तुम 'अवकाश' में जाती थीं, तब अब्बू और भाइयों की सेवा करती थीं। इसके अलावा, छोटे भइया के लिए अब्बू से माँग-माँगकर चावल, दाल, मांस-मछली ले आती थीं। वे सब चीज़ें, तुम मेरे शान्तिनगर वाले घर में पकाकर, छोटे भइया को खिलाती थीं। अब्बू भाईजान की देख-रेख, जतन के लिए 'अवकाश' में रहते थे। तुम्हारा काम था, ढाका में बैठे-बैठे छोटे भाई की देख-रेख करना। सिर्फ खाना पका-पकाकर खिलाना ही नहीं, छोटे भाई के कपड़े-लत्ते धोने, इस्त्री करने, उसकी सारी चीज़ें व्यवस्थित करने—ये सारी जिम्मेदारियाँ तुम्हारी थीं। लेकिन, तुम्हारा जतन कौन करता था, माँ? छोटा भाई विमान के कामकाज के सिलसिले में अक्सर विदेश चला जाता था। तुम उसके लौटने के इन्तज़ार में पलकें बिछाये, बैठी रहती थीं। वह जब लौटेगा, तो 'माँ' कहकर आवाज़ लगायेगा; घर में क़दम रखते ही माँ से लिपट जायेगा, इसी बात का इन्तज़ार रहता था तुम्हें! ख़ैर, गले लगाने की आदत, उसे गीता को गले लगाते-लगाते पड़ी

थी। उतना-सा स्पर्श ही तुम्हें सुख देता था। वैसे छोटा भइया क्या घर में पल-दो पल भी बैठता था? कपड़े बदलकर, वह अपनी सहेलियों से मिलने दौड़ पड़ता था। कभी वह आधी रात को घर लौटता था, अक्सर लौटता ही नहीं था। इस बीच उसने दारू पीने की भी अच्छी-ख़ासी आदत डाल ली थी। तुम दारू को दारू नहीं कहती थीं। जाने क्या-क्या तो कहती थीं। बियर की केन को 'हरे डिब्बे का कोक' कहती थीं। वैसे तुम समझती थीं कि वह सब पीना ठीक नहीं है। तुम्हें यह अहसास ज़रूर था। छोटे भाई के खिलाफ तुम्हें कोई शिकायत नहीं थी। छोटा भाई मेरे घर में क्यों अड्डा गाड़े हुए है? वह जाता क्यों नहीं? इन सब बातों को लेकर, मैंने क्या कम चींख-चिल्लाहट मचायी? तुम चुपचाप सुनती रहती और अन्दर ही अन्दर खिन्न हो जातीं। तुम कहा करती थीं कि अब्बू भी उठते-बैठते तुम्हारी बेइज़्ज़ती करते हैं; भाईजान भी करते हैं। एकमात्र छोटा भइया ही तुम्हें प्यार करता है। छोटा काफी छोटी उम्र में शादी करके घर से निकल गया। गीता ने उसे किसी दिन भी माँ-बाप के साथ मिलकर रहने नहीं दिया। बहरहाल अपने बच्चों को लेकर गीता अमेरिका चली गयी। इतने अर्से बाद, तुम्हें अपना छोटा बेटा मिला था। अगर वह भी दूर चला गया, तो तुम्हारी देख-रेख करने वाला कोई नहीं था। लेकिन, घर मेरा था, यहाँ कौन रहेगा, कौन नहीं रहेगा, यह फैसला तो मुझे ही लेना था, तुम यह भी समझती थीं। मेरी लानत-मलामत सुनते-झेलते हुए, तुम असहाय-सी बैठी रहती थीं। तुम्हें तकलीफ दे रही हूँ, यह जानते-बूझते हुए भी, मैं तुम्हें तकलीफ देती थी। शान्तिनगर में, अब, जिस घर में तुम लोग रहते-सहते हो, वह घर तो मेरा ही है, यह बात क्या मुझे चींख-चींखकर, गाली-गलौज करके, जो-सो बातें सुनाकर, समझाने की ज़रूरत है भला? वर्ना तुम लोग समझोगे कैसे? तुम्हें तो अपना बल-प्रताप समझाना, मेरे लिए ज़रूरी था। तुम्हारा नरम मन, आखिर कितना नरम है, यह समझने की साध मुझे क्यों थी? इसलिए कि दुर्योग और मुसीबत तो मैंने झेली है। देश तो मुझे छोड़ना पड़ा। तुम सभी लोगों को छोड़ना पड़ा। तुम सभी लोगों का त्याग करना पड़ा। अपना घर-द्वार, अपना सजा-सजाया घर, अपना सब कुछ, सर्वस्व त्याग करना पड़ा।

जब तुमने बताया कि हाशिम मामा की बड़ी बेटी, शबाना, अपने पति के साथ, दो दिन मेरे घर आयी थी, मैं चौंक पड़ी। मैंने सुना था कि उसका वह पति इस्लामी शिविर का आदमी है। वह मेरे घर क्यों आया? तुम्हारा चेहरा एकदम से सियाह पड़ गया। तुमने बताया कि मेरे लिखने वाले कमरे में बैठकर, उसके पति ने मेरी एक किताब भी पढ़ डाली और बाद में मेरे लेखन की तारीफ भी की थी। वह धार्मिक भले हो, लेकिन वह कट्टरपंथी नहीं है। ख़ैर, मैं तो धार्मिक और कट्टरवादियों में कोई फ़र्क़ नहीं देखती, तुम भले देखो। मैंने तुम पर इल्ज़ाम लगाया कि तुम मेरे ही घर में, मेरे दुश्मनों का खातिर-तवाजो करती हो। मुझे एक बार भी यह ख़याल नहीं आया कि जिस घर में तुम अकेले ही दिन पर दिन गुज़ारती हो, वहाँ अगर कोई

नाते-रिश्तेदार आता है, तो तुम्हें अच्छा लगता होगा। अपनी घर-गृहस्थी गँवाकर, बेटी की घर-गृहस्थी को ही तुमने अपनी मान लिया था। लेकिन मैं तुम्हें, उस घर को अपना क्यों मानने देती, जो मेरा था? तुम जो मेरे घर में रहती थीं, वह तो इसलिए मैंने तुम पर तरस खाकर, तुम्हें रहने दिया था। लेकिन, मेरे घर में कौन आयेगा या नहीं आयेगा, इस फैसले का हक़, मेरे अलावा अन्य किसी को भी नहीं था। तुम मेरी माँ थीं, तो भी क्या? इसका हक़ तुम्हें भी नहीं था। तुम्हारा भीषण तिरस्कार करते हुए, मैंने यह बात तुम्हें समझा दी। शराफ मामा मलेशिया गये। वहाँ उन्हें जेल में ठूँस दिया गया। जेल से रिहा होने के बाद, वे ढाका पहुँचे और मेरे शान्तिनगर वाले घर में एक रात गुज़ारने के बाद, अगले दिन, वे मयमनसिंह चले गये। लेकिन शराफ मामा ने मेरे घर में क़दम ही क्यों रखा, इस बात को लेकर मैंने तुम्हें रुई की तरह धुन डाला था। शराफ मामा जैसा कट्टरवादी, जिसने मेरे खिलाफ जूलुस निकाला था, वह मेरे घर में क्यों घुसा? इस सवाल के जवाब में तुमने बस, सिर झुका लिया।

बीच-बीच में तुमने यह कहने की कोशिश ज़रूर की—'वह बड़ा असहाय था और जुलूस, शराफ ने नहीं निकाला था। उसके बारे में मैंने अगर कहीं कुछ सुन रखा हो, तो मैंने ग़लत सुना।' भाई का पक्ष लेकर, तुम उसकी सिफारिश कर रही हो, इस बात पर मैंने तुम्हें स्वार्थी, मोटी-बुद्धि, महा-बुरी, बेवकूफ—तुम्हें क्या-क्या नहीं सुनाया मैंने! हाँ, माँ, मैंने तुम्हें काफी बुरा-भला कहा। तुम्हें चोट पहुँचाने के लिए ही कहा था। इसलिए कहा था, क्योंकि मैं तुमसे प्यार नहीं करती थी। तुम तो मेरा प्यार पाने के योग्य ही नहीं थीं।

तुम जैसी धर्मभीरु इन्सान को श्रद्धा या प्यार देने की, मेरे पास कोई वजह नहीं थी। शराफ जैसे दाढ़ी वाले, टोपीधारी इन्सान को, भले वह मेरा मामा क्यों न हो, मैं उसे माफ क्यों करती? मैं सुन चुकी थी कि उस शख़्स ने मयमनसिंह में मेरे खिलाफ जुलूस निकाला था; जब समूचे देश भर में मुझे फाँसी चढ़ाने का दावा किया जा रहा था, जिस कट्टरवादी ताण्डव के कारण सरकार मेरे खिलाफ हो गयी, मुझे देश छोड़ना पड़ा, जिन लोगों ने मेरे लिए फाँसी की माँग की, वह भले मेरा रिश्तेदार हो, मैं उसे हरगिज माफ़ नहीं कर सकती। उस शख़्स ने किस दुस्साहस से मेरे घर में क़दम रखा? अगर मैं उस घर में होती, तो वहाँ क़दम रखने की हिम्मत उसे कभी नहीं होती। उसकी हिम्मत इसलिए पड़ी, क्योंकि तुमने साथ दिया था। तुम ही सारे सर्वनाश की जड़ थीं। मेरे ही घर में, मेरे दुश्मन को न्योता दिया गया था। यह ख़बर मुझे भला कैसे बर्दाश्त होती? तुमने मुझे समझाना चाहा कि शराफ के पास अब कानी कौड़ी भी नहीं बची। वह बेचारा काफी कोशिश-तदबीर करके, दो पैसा रोज़गार करने के लिए मलेशिया गया, ताकि अपनी घर-गृहस्थी चला सके। वह भी उसकी तकदीर में नहीं बदा था। शराफ मामा ने तो मेरे घर में कुल एक रात गुज़ारा था। 'लम्बे सफ़र के बाद हवाईअड्डे से, दुबारा बस पकड़कर, मयमनसिंह जाना, उसके लिए काफी

थकान भरा था। उसे एक रात आराम चाहिए था। मलेशिया के जेल में उसे मारा-पीटा भी गया था।' माँ ने सफाई गायी। मगर मैं भला क्यों सुनती? शराफ मामा के लिए मेरे मन में कोई रहम क्यों जागता? वैसे आज मुझे अहसास होता है कि अब्बू ने जो कहा था कि शराफ मामा जुलूस में शामिल थे। वे सच ही जुलूस में गये थे, मुझे नहीं लगता। बाद में शराफ मामा ने भी बताया कि वे उस जुलूस में नहीं गये थे, बल्कि उन्होंने तो कोशिश की थी कि वह जुलूस वहाँ से हट जाये। असल में अब्बू मेरे मामा लोगों में से किसी को भी पसन्द नहीं करते थे। शायद इसीलिए उन्होंने मामा का नाम लगा दिया था। देश में जब मेरे खिलाफ ताण्डव चल रहा था, शराफ मामा मिलने के लिए एक बार मेरे शान्तिनगर वाले घर में आना चाहते थे। तुमने इंटरकॉम पर सुना कि वे मेरे घर के नीचे ही खड़े हैं। तुम बेतरह डर गयी थीं, कहीं वह मेरी जानकारी लेने तो नहीं आये कि मैं क्या कर रही हूँ। तुमने शराफ मामा को घर में घुसने नहीं दिया था। तुमने उन्हें मेरी कोई खोज-ख़बर नहीं दी। तुम तो मुझे अपने भाइयों से भी ज़्यादा प्यार करती थीं, माँ! मैं सब भूल गयी थी। सब कुछ! मैं तुम्हें रुलाती रही, दिन पर दिन तुम्हें बस, रुलाती ही रही।

उसके बाद तुमने अपने आँसू पोंछते हुए कहा, 'चल, देश लौट चल, बिटिया!'

तुम मुझे माफ कैसे कर पायीं, माँ? कैसे तुम मुझे अपने छाती से लगा सकीं, माँ? तुम्हें मैंने काफी तकलीफें दीं, फिर भी तुमने यही कहा कि जीवन में सबसे अधिक सुखद समय, तुमने मेरे पास ही गुज़ारे। तुमने कहा कि मैंने तुम्हें ढेर सार प्यार दिया। असल में, कुछ भी न पाते-पाते, तुम्हें न पाने की इस क़दर आदत पड़ चुकी थी कि वह मामूली-सा पाना ही, तुम्हें स्वर्ग-सुख लगा। तुम्हें जो एक बार मैंने सुन्दर कह दिया था, स्वीडन की भयावह सर्दी झेलने के लिए मैंने जो तुम्हें दो-चार गर्म कपड़े-जूते ख़रीद दिये थे, तुम्हारी कुछेक तस्वीरें जो उतारी थीं, शायद इसीलिए तुमने ऐसा कहा था, वर्ना और क्या हो सकता था? तुम्हारा इलाज न कराना, तुम्हें किसी अच्छे डॉक्टर को न दिखाना, तुम्हें बेभाव रुलाना, जो-सो भाषा में तुम्हारा भयंकर अपमान करना, तुम्हें तकलीफ देना—सारा कुछ भूलकर, तुमने बस, इतना ही याद रखा। सुख की बस, इतनी-सी स्मृति, साथ लेकर तुम वापस लौट गयीं। लेकिन तुम्हें जो मैंने गर्म कपड़े, जूते-मोज़े, टोपी दी थी, वह सब तुम कुछ भी नहीं ले गयीं। सब यहीं छोड़ गयीं। सिर्फ इतना ही नहीं, अपनी सलवार-क़मीज, अपने सब नये कपड़े-लत्ते, सारा कुछ मेरे लिए छोड़ गयी थीं, ताकि जब कभी मेरा मन हो, मैं वह सब पहनूँ। मुझे देश लौटा ले जाने का तुम्हारा संकल्प, तुम्हारे सपने, सब कुछ मैंने जलाकर खाक कर दिया और उसे दफ़ना भी दिया है, यह तुम अपनी आँखों से ही देख गयीं। उमरा करने, जब तुम अरब देश गयी थीं, तो तुमने मेरे लिए चूड़ियाँ और 'अल्लाह' लिखा हुआ एक लॉकेट ख़रीदा था! साथ में सोने का एक चेन भी! वह सब तुम मुझे पहना गयी थीं। छोटे भइया ने बताया कि मेरे भेजे हुए रुपये

जमा-जमाकर, तुमने मेरे लिए वे गहने ख़रीदे थे। मेरे फिक्स्ड डिपोजिट से जो ब्याज मिलते थे, वह सीधे यास्मिन के बैंक में चले जाते थे। अमेरिका जाने से पहले, उन रुपयों से उसने तुम्हारे नाम बैंक में एकाउण्ट खोल दिया था। अब ब्याज की सारी रकम, वह तुम्हारे एकाउण्ट में डाल देने का इन्तज़ाम कर आयी थी। तीन महीनों में छः हजार रुपये! कोई रकम थी भला? वे रुपये तुम्हारे हाथ-ख़र्च के लिए थे। वही रुपये जमाकर, तुमने मेरे लिए गहने ख़रीद लिये थे। तुमने अपने लिए एक रुपया भी ख़र्च नहीं किया था, माँ! स्वीडन के घर में भी तुम कमोबेश नौकरानी की तरह ही कामकाज करती रहीं। जाने से पहले, तुमने अपने हाथों से, मेरी अलमारी तक व्यवस्थित कर दी। किसे ख़बर थी कि तुम्हारे पास जो कुछ भी था, जो कुछ तुम अपने साथ लायी थीं, सब यहीं छोड़कर जा रही हो? 'तुम चीज़ें और सामान ख़रीदने आयी थीं। सामान ख़रीद लिया, अब खिसक लेना चाहती हो।'—यह सब कह-कहकर मैंने क्या तुम्हें कम रुलाया है? जिस दिन मैंने यह सब कहा था, उस दिन तुम मेरे सामने से हटकर, आकुल-व्याकुल होकर, फूट-फूटकर रोयी थीं। ऊपरी मंज़िल से मुझे तुम्हारी रुलाई की आवाज़ सुनायी दे रही थी। तुम रोते-रोते, बार-बार यही दुहराती रहीं—तुम चीज़ें लेने के लिए नहीं आयी हो। तुम्हारा जुर्म सिर्फ इतना था कि फोन पर तुमने छोटे भइया से पूछा था कि वह कब आयेगा? वह तुम्हें देश कब ले जायेगा? वही सुनकर मेरे सिर पर खून सवार हो गया। तभी मैंने तुम्हें वह सब जली-कटी सुनायी थी। मैंने तुम्हें लालची समझ लिया था। तुम्हें मैंने 'लालची' कहा भी था। तुम जैसी औरत को मैंने लोभी कहा था। दुनिया की सबसे अधिक निर्लोभी, सबसे अधिक निःस्वार्थी इन्सान पर, मैंने बेहिचक दोष मढ़ दिया। कितनी भीषण तकलीफ हुई थी तुम्हें, अब मैं बेहिचक अन्दाज़ा लगा सकती हूँ। तुम्हारी जगह अगर मैं होती, तो मुझ जैसी पत्थर-दिल बेटी के टुच्चे अहंकार, कुत्सित आत्माभिमान पर, तुम कसकर एक लात जमाती और चल देती। उसके बाद, उस बेटी का मुँह देखने की ज़रूरत, कभी महसूस नहीं करती। तुमने छोटे भइया से पूछा था कि वह तुम्हें कब लेने आयेगा, क्योंकि अपनी बीमारी को लेकर, तुम काफी आशंकित थीं। अब, मेरी समझ में आता है कि तुम्हें कोई भयंकर रोग लग गया है, यह तुम सही-सही समझ गयी थीं। तुम्हें अन्दाज़ा हो गया था कि तुम्हें ऐसे किसी रोग ने दबोच लिया है जो महाभयंकर है और जो रोग मेरी या मेरे अब्बू या मेरे भाईजान की भाषा में 'कुछ भी नहीं' था। 'ख़ास कुछ भी नहीं।'—ऐसी बात नहीं थी।

अच्छा, तुमने यह क्यों कहा कि मैं तुम्हें अत्यधिक प्यार करती हूँ? तुम्हारे जीवन में सर्वाधिक सुखद समय, शायद वही था? तुमने रोज़े रखने चाहे थे। तुमने कहा था कि तुम्हारी ज़िन्दगी में वह आखिरी रोज़ा है।

मैं फट कह उठी थी, 'इस घर में रात के आखिरी पहर में सहरी खाने का कोई नियम नहीं है, इसलिए यह नहीं चलेगा।'

मेरा हुक्म सुनकर तुमने कहा कि तुम शाम को ही खाने की प्लेट लगाकर, अपने कमरे में रख लोगी, किसी को भी जागने की ज़रूरत नहीं है। मेरी नींद में भी कोई व्याघात नहीं पड़ेगा।

मैं इस पर भी राज़ी नहीं हुई। मैं तुम्हें रोज़ा रखने देने को बिल्कुल तैयार नहीं थी। नहीं, मैं तुम्हें रोज़ा, हरगिज़ नहीं रखने दूँगी, मैंने सोच लिया। जिस देश में सर्दी के मौसम में हद से हद दो घण्टे उजाला रहता है, वह भी धुँधलका-लिपटा उजाला! वहाँ रोज़ा भी दो घण्टे से ज़्यादा नहीं रखा जा सकता था। सूर्योदय होता था, दिन के ग्यारह बजे और दोपहर एक बजे ही सूर्यास्त भी हो जाता है।

मैंने तुमसे कहा, 'यह तो गनीमत है कि रोज़े, सर्दी के मौसम में पड़े हैं। अगर गर्मी का मौसम होता, तो रोज़े का मज़ा, तुम्हें समझ में, आ जाता। गर्मी में सूर्यास्त का कोई अता-पता या नामोनिशान नहीं होता।'

मैंने यह भी कहा, 'तुम्हारे ये नेम-नियम, अरब देश में जिन लोगों ने तैयार किये थे, उन लोगों को दुनिया के बारे में कोई धारणा नहीं थी। दुनिया के उत्तरी गोलार्द्ध में जो सूर्यास्त और सूर्योदय होता है, वह बिल्कुल अलग होता है। अगर उस बारे में ज्ञान होता, तो सारे नियम कुछ और होते। अज्ञता का इससे बड़ा उदाहरण और क्या हो सकता है?'

अचानक मैंने तुम्हें धर्म से मुक्त करना चाहा था। अज्ञ और अशिक्षित लोगों के शिकंजे से तुम्हें आज़ाद करने की कोशिश की थी। तुम्हारा अपमान करके, भौंहें चढ़ाकर, दिल जलाने वाले जुमले सुना-सुनाकर, मैंने तुम्हें नास्तिक बनाने की कोशिश की।

'तुम्हारे अल्लाहताला अगर महान् कोई हों, अगर दयालु कोई हों, तो जो लोग उनके क़दमों में सिर नहीं झुकाते, उनका जाप नहीं करते, उन लोगों को खून-मवाद खिलाकर, उन लोगों के पाँवों में गर्म पानी उँडेलकर, आग में धधकाते क्यों हैं? यह क्या क्षमाशील होने, उदार होने, महान् होने का नमूना है?'

तुम खामोश बनी रहती थीं। मुझे नहीं पता कि तुम्हारे मन में कोई संशय जागता था या नहीं।

'अल्लाह-अल्लाह, जो इतना जाप करती रहती हो, अल्लाह तुम्हें बहिश्त में लेगा ज़रूर! लेकिन, बहिश्त में भी तुम्हें साथी के तौर पर अब्बू ही मिलेंगे, जिस अब्बू ने ज़िन्दगी भर तुम्हें लांछित किया है। वहाँ भी अब्बू को मिलेंगी सतहत्तर हूर-परियाँ! तुम्हारी नज़रों के सामने ही, अब्बू उन परियों के साथ गुलछर्रे उड़ायेंगे। तुम्हें सब कुछ सहना होगा। इस तरह तुम इहकाल में भुगतती रहीं, परकाल में भी तुम्हें भुगतना पड़ेगा। यह कैसा न्याय है, बताओ?' चूँकि अब्बू ने ज़िन्दगी में कभी धर्म-पालन नहीं किया, अगर इसलिए उन्हें दोज़ख़ में भेजा गया, तो तुम्हें अनन्त काल तक अकेली ही रहना पड़ेगा।' मैं जोर का ठहाका लगाती थी।

अपनी बातों का सिलसिला मैं दुबारा जोड़ती थी, 'यानी बहिश्त में तुम्हें, कुत्सित, कुचक्री मुल्लाओं के साथ रहना होगा और मैं दोज़ख़ में तुम्हारे सबसे प्रिय नायक-नायिकाओं के साथ रहूँगी। तुम्हारे उत्तम-सुचित्रा, तुम्हारे पहाड़ी सान्याल, तुम्हारे छवि विश्वास के साथ। चूँकि वे लोग हिन्दू हैं, इसलिए उन सबको पकड़-पकड़कर, दोज़ख़ में ही तो भेजा जायेगा। वहाँ बड़े-बड़े वैज्ञानिक, बड़े-बड़े दार्शनिक होंगे, जिन लोगों ने कभी धर्म पर विश्वास नहीं किया, उन लोगों के साथ मैं दोज़ख़ में दिन गुज़ारूँगी। मुझे भला क्या फ़िक्र?'

हाँ, तुम उत्तम-सुचित्रा की दिवानी थीं। भाग-भागकर फिल्म देखने जाती थीं। वही तुम, अचानक सिनेमा छोड़कर, धर्म में रम गयीं। दोज़ख़ का डर तुम्हारे मन में इस क़दर भर दिया गया था कि तुम डर के मारे सिमटी रहती थीं, लाचारी की हालत में धर्म-कर्म करने लगी थीं। अभागिन के पास, धर्म के अलावा और होता भी क्या है? लेकिन अगर बुद्धि लगातीं, तो तुम इसकी असारता महसूस करतीं, माँ! क्यों? महसूस करतीं या नहीं?

नहीं, माँ, मुझे तुम्हारे प्रति कोई श्रद्धा नहीं थी। अगर करती, तो तुम्हारे रोज़े को लेकर इतनी हँसी-दिल्लगी नहीं करती। 'तुम्हारी शादी हो चुकी है—' यह कहकर, तुम्हारे अब्बा ने तुम्हें स्कूल में पढ़ने नहीं दिया; जबकि तुम्हें पढ़ने का किस क़दर शौक था। यहाँ तक कि जब तुम्हारे बेटा-बेटी माध्यमिक की परीक्षा दे रहे थे, उनके साथ तुम भी प्राइवेट परीक्षा देना चाहती थी। जब तुम्हारा पोता, माध्यमिक परीक्षा दे रहा था, तुम भी परीक्षा देने को ललक उठी थीं। मैंने तुम्हें अनपढ़-अशिक्षित कहकर गाली दी थी। वही तुम, बीमारी की हालत में, अपनी बेटी को आखिरी बार देखने, स्वीडन आयी थीं, माँ! वहाँ भी मैंने लोगों के सामने तुम्हें तुच्छ कर दिया। तुमने यह कैसे सोच लिया, माँ कि मैं तुम्हें प्यार करती हूँ? ज़िन्दगी में कभी, कोई पकवान तुम्हारी थाली में नहीं पड़ा। मैंने तुम्हें कोई पकवान खाने ही नहीं दिया। चूँकि तुम्हें डायबिटीज़ थी, इसलिए तुम्हें वे सब अखाद्य खाने का ही उपदेश देती रही। मैंने तुम्हारे खाने के लिए 'लिक' खरीद लिया, ब्रॉकली खरीद लायी। यह सब डायबिटीज़ के लिए उपयोगी थे। ये दोनों आहार, तुम ज़ोर-ज़बर्दस्ती निगलती थीं। ब्रॉकली तुम्हें सिर के बालों की तरह लगती थी और 'लिक' घास जैसी। लेकिन वही सब अखाद्य तुम्हें निगलना पड़ा। बीच-बीच में मुर्गी भी पकायी गयी। मैं तुम्हारी प्लेट में मुर्गी की रान भी डाल देती थी। तुम सकपका जाती थीं। घर में जिस दिन मुर्गी पकायी जाती थी, तुम्हें कभी नसीब नहीं होती थी। तुम तो सारी मुर्गी, दूसरों को खिला देती थीं। माँ भला मुर्गी की रान खायेगी? यह असम्भव है। तुम्हारे लिए तो मुर्गी के गले, सीने की हड्डियाँ भर होती थीं। इसके अलावा, तुमने क्या कभी कोई अच्छी चीज़ खायी थीं? तुम्हारे खाने के लिए, वह जो तुम्हारी प्लेट में, मैंने मुर्गी की रान डाल दी थी, क्या इसीलिए तुमने कहा कि तुम्हें मेरा प्यार मिला? नहीं, माँ, मुर्गी तो विदेश

में सबसे सस्ती चीज़ होती है। इससे अधिक सस्ती, दूसरी कोई चीज़ नहीं होती, ख़ासकर फ्रोज़ेन चिकन! तुम्हें कोई ताज़ा चीज़ तो मैंने कभी खिलायी ही नहीं। फ्रेश चीज़ें भी ख़रीदी जा सकती हैं! फ्रेश और ताज़ा! इस ताज़ा चीज़ से ख़ासे लज़ीज़ व्यंजन भी पकाये जा सकते है, वहाँ यह बात मेरी धारणा में ही नहीं थी। सच तो यह है कि मैं जिस इन्सान के घर में रहती थी, वह शख़्स, सस्ती चीज़ें ही खरीदने के लिए, मुझ पर दबाव डालता रहता था। जैसे उसे अच्छी चीज़ें ख़रीदने की आदत नहीं थी, जैसे वह सड़ी-गली जीचें खरीदने का अभ्यस्त था, मुझे भी उसने सस्ती चीज़ों का अभ्यस्त बना दिया था। तुम्हें टमाटर बेहद पसन्द थे न, माँ! बाज़ार में कई-कई तरह के टमाटर उपलब्ध थे–काफी अच्छे, कम अच्छे, साधारण अच्छे और लगभग सड़े हुए! मैं अगर बेहद अच्छे या कम अच्छे टमाटर खरीदना चाहती, तो सुयेनसन मुझ पर झुंझला उठता था।

'यह तुम क्या कर रही हो? जो कम दाम के टमाटर हैं, वही खरीदो न!'

मतलब सड़े-गले टमाटर! नष्ट हो चुके टमाटर ख़रीदो! उसका ख़याल था कि कम पैसों में चीज़ें ख़रीदकर वह बुद्धिमानी का काम करता है। जो लोग महँगी चीज़ें ख़रीदते हैं, वे लोग बेवकूफ होते हैं। दुकानदार लोगों को ठगते हैं, लेकिन वह कम महँगी चीज़ें ख़रीदकर दुकानदारों को ही ठग लेता है। वह इसी विश्वास के साथ जीता था। लेकिन मैं तो कह सकती थी, कि 'मेरी माँ इतनी दूर से आयी है, तुम्हारी यह सस्ती नीति मैं आज से नहीं मानने वाली!' मैंने यह नहीं कहा। तुम्हारी खातिर मैंने उसकी किसी आदत का विरोध नहीं किया। हालाँकि बाज़ार से सौदा-सुलुफ, सुयेनसन के पैसों से नहीं आते थे, मेरे पैसों से आते थे। मेरे पास क्या रुपयों की कमी थी, माँ? नहीं, कोई कमी नहीं थी। मुझे स्वीडन का कूर्ट टूखोलस्की साहित्य पुरस्कार मिला था, यूरोपियन पार्लियामेंट की तरफ से शाखारत्न पुरस्कार से पुरस्कृत किया गया था। नास्ते का एडिट द नास्त पुरस्कार, फ्रांस सरकार की तरफ से मानवाधिकार पुरस्कार मिला था। एक-एक पुरस्कार स्वरूप जो रुपये मिले थे, वे बांग्लादेश के रुपयों में तीस-चालीस लाख रुपये होते हैं। इसके अलावा किताबों की रॉयल्टी के रुपये। यूरोप में किसी भी भाषा में मेरी किताब प्रकाशित करने से पहले, प्रकाशकों ने अग्रिम रॉयल्टी दी, वह भी काफी रुपये थे। लगभग दो करोड़ रुपये बैंक में पड़े थे। लेकिन, ये सब रुपये, मैं अन्य सभी के लिए ख़र्च करने के लिए भले तैयार थी, लेकिन तुम्हारे लिए नहीं। तुम्हारी प्लेट में मुर्गी का रान पड़ते ही, तुम्हारा चेहरा चमक उठता था। लेकिन वह खाने में तुम्हें शर्म आती थी। तुम वह रान उठाकर, मेरी प्लेट में डाल देती थी। लेकिन रानों की कोई कमी नहीं थी। घर में खाने वाले कुल तीन लोग थे। वहाँ तुम्हारे बेटे-बेटी तो थे नहीं, जिनके लिए तुम सँजोकर रख देतीं। बहरहाल, रान खाकर तुम खुश नहीं होती थीं, बल्कि यह सोचकर खुश होती थीं कि मैं तुम्हें प्यार करती हूँ। ज़िन्दगी भर जो तुम खाती आयी थीं, मैंने उसी तरह मुर्गी की हड्डियाँ ही तुम्हें नहीं खिलायीं, बल्कि जो हम खाते थे, वही रान तुम्हें

खाने को दिया, इस वजह से शायद तुम्हें लगा कि यह तुम्हारे प्रति मेरा प्यार है। ख़ैर, वह सब भी तुम आखिर कितने दिनों खा पायीं? एक समय तो मैंने मांस-मछली बन्द करके, तुम्हें सिर्फ उबली हुई साग-सब्ज़ी ही खाने का हुक्म जारी कर दिया। तुम्हें मक्खन बेहद प्रिय था, लेकिन मैंने वह चीज़ तुम्हें छूने भी नहीं दी। तुम्हें पनीर बेहद पसन्द था। बाज़ार में सैकड़ों क़िस्म के पनीर देख-देखकर, तुम मुग्ध हो उठती थीं। मैं डाँटकर, तुम्हें पनीर की दुकान से हटा लाती थी। मैं बेरहमी से सुना देती थी—'यह सब ख़ाना तुम्हारे लिए नहीं चलेगा। तुम्हारी डायबिटीज़ बढ़ जायेगी।' वैसे एक बार मैंने पनीर ख़रीदा ज़रूर, मगर वह बाज़ार में सबसे कम दाम की पनीर था। स्वाद बिल्कुल भी अच्छा नहीं था। तुम्हें क्या पता चलता कि वह पनीर अच्छा है या बुरा। लेकिन, चूँकि मैंने पनीर ख़रीदा, इसलिए तुम्हें लगा कि मुझे तुमसे प्यार है।

तुम इतना कम खाती थीं! बेस्वाद, नीरस और कुत्सित चीज़ें खाती थीं, इतना कष्ट-साधन करती थीं, फिर भी तुम्हारे खून में बनता हुआ शुगर कम होने का नाम नहीं लेता था। मैं झुँझला उठती थी। मेरी झुँझलाहट, तुम्हें परेशान कर देती थी। तुम्हारे लिए तुम्हारी बेटी परेशान हो, तुम्हारा शुगर देखकर फिक्रमन्द हो, यह तुम्हें अच्छा नहीं लगता था। तुम खाना न खा-खाकर, अपना शुगर कम करने की कोशिश करती थीं, अपने को स्वस्थ करने के लिए नहीं, मुझे चैन देने के लिए। तुम अपने लिए नहीं, मेरे लिए सोचती थीं, क्योंकि अपनी डायबिटीज़ के बारे में तुम्हें कोई फिक्र नहीं थी, बल्कि विरक्ति थी शायद। तुम तो सिर्फ यही सोचती थीं कि मुझे परेशान न होना पड़े; मैं अपने आमोद-प्रमोद के साथ, उत्कण्ठाहीन जीवन बिताऊँ। तुम तो जानती थीं कि तुम्हें कोई और गम्भीर बीमारी है। मैंने तो उस गम्भीर बीमारी के बारे में एक बार भी नहीं सोचा, मैं तो तुम्हारी डायबिटीज़ को लेकर ही चिन्तित थी। मैंने ही तुम्हें नहीं सताया, माँ, ऐरे-गैरे, फिजूल डॉक्टरों ने भी तुम्हें भयंकर तकलीफ दी। कितनी भीषण तकलीफें दीं तुम्हें! उन सभी डॉक्टरों की चमड़ी चूँकि गोरी थी, चूँकि वे सब धनी देशों के डॉक्टर थे। मैंने तुम्हें बार-बार यही समझाया, ये लोग विदेशी डॉक्टर हैं। काफी बड़े-बड़े डॉक्टर! काफी अच्छे और सुयोग्य डॉक्टर हैं। हमारे गरीब देश के डॉक्टर कुछ भी नहीं जानते। असल में डॉक्टरी-शास्त्र का आविष्कार इन्हीं लोगों ने किया था। ये लोग ही सब जानते-समझते हैं। इनके इलाज से तुम्हारी सारी बीमारी दूर हो जायेगी। सच तो यह है कि मेरे ऊपर उन दिनों भी हीनता-बोध था। मैं सच ही सोचती थी कि गोरे लोगों के पास अधिक ज्ञान है। विद्या-बुद्धि अधिक है। हम जैसे साँवले-गेहुआँ रंग के लोगों के मुक़ाबले ये गोरी चमड़ी वाले बहुत ज़्यादा जानते-समझते हैं। ये लोग हर बात में ही, हम लोगों से कहीं अधिक पारदर्शी हैं।

'देखो न, उन लोगों ने कैसे-कैसे देश निर्मित किये हैं। देखते ही ऐसा लगता है कि इन लोगों ने स्वर्ग ही बना रखा है। खूबसूरत स्वर्ग! इसलिए ये लोग, हम सबसे अधिक उन्नतमान के लोग हैं।'

समझीं, माँ, सचमुच यह मेरा हीनता-बोध था। बेशक़ उन दिनों मैं वर्णवादी थी; सुयेनसन भी वर्णवादी था। हम दोनों ही यही सोचते थे कि श्वेतांग, श्यामांग लोगों से हर बात में बेहतर हैं। एक वर्णवादी, अन्य वर्णवादी को तो वर्णवादी के तौर पर नहीं पहचान पाता। मैं गोरों को ही अपने से बड़ा मानती थी, वर्ना सुयेनसन जैसे शख़्स के साथ भला मैं क्यों रहती? मेरा संग-साथ पाने की उसमें क्या योग्यता थी? मशीन की तरह, मोटी-अक्ल वाला इन्सान, जिसमें अनुभूति के नाम पर कहीं, कुछ नहीं था। एक तो वह जलाधुर था, ऊपर से स्वार्थी! मैं उसे कोई उपहार देती थी, तो वह नाराज़ हो जाता था। वह सोचता था कि इसके बदले में, उसे भी मुझे कोई उपहार देना पड़ेगा। वह कुछ भी लेना नहीं चाहता था। वह कुछ भी लेने से इसलिए इनकार करता था, क्योंकि वह डरता था कि उसे भी कुछ देना पड़ेगा। लेकिन मेरी देने की आदत थी। मैंने उसे दे-देकर यह समझा दिया कि मुझे न देने से भी चलेगा। मैं उस देश की भाषा नहीं जानती थी; कुछ भी नहीं जानती थी। किसी बड़े डॉक्टर से मिलने का समय कैसे तय किया जाता है, मुझे जानकारी नहीं थी। उस शख़्स ने मुझे कोई राह नहीं दिखायी। उसे वह राह मालूम थी, मगर उसने अपनी जुबान बन्द रखी। मेरे लिए वह बस, एक ही काम कर सकता था। गाड़ी चलाकर, वह मुझे यहाँ-वहाँ ले जा सकता था। वैसे वह गाड़ी इसलिए नहीं चलाता था, क्योंकि उसे मुझसे प्यार है या इससे मेरा कुछ भला होगा। उसे तो गाड़ी चलाना अच्छा लगता था, इसलिए चलाता था। जाने कितने ही गाँव-देहातों की अली-गली में वह फिजूल ही घूमता रहता था। मेरा ख़याल था कि वह हमें सैर करा रहा है। लेकिन, असल में, वह अकेला ही, शौक से घूमता रहता था। उसके कोई यार-दोस्त भी नहीं थे। वह या तो किताबों में रमा रहता था, फिजूल की अपराध-कथाएँ या फैंटासी की किताबों में डूबा रहता था, या फिर निरुद्देश्य गाड़ी ड्राइव किया करता था! फिजूल ही! जो बात मैं दो वर्षों में नहीं समझ पायी, तुम दो दिनों में ही समझ गयी थीं। तुम मुझसे स्वदेश लौट चलने का आग्रह करती रहीं। तुम्हें किसी दिन भी यह नहीं लगा कि सुयेनसन मुझे प्यार करता है या उसके घर में रहने की मुझे कोई ज़रूरत है। मेरा एक दोस्त, माइकेल ही तुम्हें ज़्यादा अपना लगा। जाने से एक दिन पहले, तुम उसे गले लगाकर रोती रहीं।

तुमने कहा,'मेरी बेटी का ख़याल रखना।'

तुमने यह जुमला अंग्रेजी में कहा था, माँ! स्वीडन में कुछ ही दिनों में रहकर, तुमने अंग्रेजी सीख ली थी। तुमने स्कूल की चौखट भी पार नहीं की, इस बात पर मैंने तुम्हें कम लानतें नही भेजी थीं। ज़रूरत पड़ने पर अंग्रेजी ही क्यों, अगर तुम स्वीडन में कुछ दिन रह जातीं, तो शायद फ्रेंच भी बोलने लगतीं। तुम मेरी तरह निर्बोध नहीं थीं। वह तो सिर्फ अब्बू की गृहस्थी में तुम्हारी प्रतिभा का स्फुरण नहीं हुआ। तुम तो पुरुषतान्त्रिक समाज की निर्मम शिकार थीं। तुम्हारे बारे में किसी ने

भी गम्भीरता से नहीं सोचा, तुम्हें समझने की कोशिश नहीं की। तुम्हें अपने ज्ञान, बुद्धि, विलक्षणता का मोल कभी नहीं मिला। तुमने तो मारे अभिमान के धर्म का आश्रय लिया था। इस दुनिया के प्रति अभिमान! अन्दर ही अन्दर तुम निरी अबूझ थीं। तुम नहीं जानती थीं कि धर्म किस क़दर युक्तिहीन होता है। तुम्हें प्यार करना आता था; तुममें बेहद आवेग था, लेकिन तुम युक्ति-बुद्धिहीन हरगिज़ नहीं थीं। तुममें वर्णवाद लेशमात्र भी नहीं था। तुम्हें एक बार भी यह ख़याल नहीं आया कि यहाँ के डॉक्टरों का रंग गोरा है या ये अमीर देश के लोग हैं, इसलिए हमारे गरीब देश के साँवले या गेहुँआ रंग के लोगों से ज़्यादा बुद्धिमान हैं। हालाँकि किसी श्वेतांग को तुमने छोटा भी नहीं समझा। सड़क पर एक दिन एक गोरा बच्चा दौड़ते-दौड़ते गिर पड़ा। देखते ही तुम एकदम से दौड़ पड़ीं—'हाय-हाय! बच्चा चोट खा गया।' तुमने उसे उठाकर खड़ा किया, उसके घुटने में लगी धूल झाड़ने लगीं। उस महान् काम से मैंने तुम्हें खींचकर हटाया। पैराम्बुलेटर में किसी भी बच्चे को देखते ही, चाहे वह गोरा हो या काला या गेहुअँवन, 'बाबू, सोना मोरा' कहकर, तुम उसे दुलारने को ललक उठती थीं। तुम्हें मैंने समझाया कि इस देश में लोग अचीन्हे लोगों का प्यार-दुलार स्वीकार नहीं करते। तुम्हारा सरल मन यह समझ ही नहीं पाता था कि प्यार-दुलार के लिए चीन्हे-अचीन्हे का सवाल कहाँ उठता है। असल में तुम्हारे मन की गहराइयों में एक बच्ची बसी थी। ऐसे ही सर्दी की एक शाम, बच्चों के खेलने के पार्क के सामने से हम दोनों गुज़र रही थीं। तुम आराम से वहाँ एक झूले पर जा बैठीं और झूलते-झलते गा उठीं। अपने शैशव का गीत! शैशव में सुने हुए कुछेक गीत तुम्हें अब भी याद थे। लेकिन तुम्हारा तो कोई शैशव नहीं था। जब तुम्हारे झूला झूलने के दिन थे, दौड़-दौड़कर खेलने-कूदने की उम्र थी, जब तुम्हें अपना शैशव जीना था, तभी तुम्हारी शादी करके, तुम्हें उम्रदार बना दिया गया; गोद में बच्चा देकर, तुम्हें माँ बना दिया गया। तुम पर घर-गृहस्थी, सन्तानों का मुश्किल दायित्व सौंप दिया गया। देश के किसी झूले में तुम्हें चढ़ने का मौका नहीं मिला। वहाँ इस तरह का कोई सवाल ही नहीं उठता था। 'अवकाश' कोठी के लॉन में जब अब्बू ने हम सबके लिए झूला लगवा दिया, ज़रूर तुम्हारा मन होता होगा कि तुम भी झूला झूलो। लेकिन तुमने अपने मन की इच्छा किसी को भी नहीं बतायी। वह झूला, तुम्हारी बेटियों के लिए लगाया गया था, उस पर अगर तुम सवार होतीं, तो लोग तुम्हें बज्र-पागल कहते। आधी रात के समय, जब सभी लोग सो जाते थे, उस वक्त भी उस झूले में झूलते हुए, अपने दुर्लभ शैशव को थोड़ा-बहुत पा सको, इसका भी उपाय नहीं था। तुम्हें आंशका थी कि अब्बू अगर देख लेंगे, तो तुम्हें खदेड़ने को दौड़ पड़ेंगे। सिर्फ अब्बू ही नहीं, हम सब भी तुम पर टूट पड़ते। हम सब तुम्हें पागल समझ लेते और तुम्हें ज़ंज़ीर में बाँधे रखने का इन्तज़ाम करते। काश, मैं किसी दिन खुद ही खींच लाती और तुमसे झूला झूलने को कहती। काश, मैं तुमसे कहती—'माँ, तुम झूलो

झूलो न!' उफ! उफ! कितने लम्बे अर्से तक तुम अपनी साध-आह्लाद दबाये रहीं, माँ! तुमने आज़ादी का स्वाद कभी नहीं चखा। अगर मेरे वश में होता, तो मैं तुम्हारा शैशव लौटा देती! जैसे कभी शिशु बड़े होते हैं, मेरे लौटाये हुए शैशव में तुम भी बड़ी होतीं, इत्मीनान से अपना शैशव जीतीं, जवानी का उपभोग करतीं। तुमने आखिर ऐसा कौन-सा गुनाह किया था, जो जीवन की शुरुआत में ही तुम पर पहाड़ भर वार्धक्य का वजन लादकर, तुम्हें कुचल-पीस डाला गया?

तुमने अपने को मुझे ही सौंप दिया था और मैंने क्या किया, माँ? तुम्हारे तलपेट की बायीं तरफ दर्द रहता था। मैं तुम्हें घर के करीबी बाज़ार के भीतर, छोटे-मोटे एक डॉक्टरखाने में ले गयी। डॉक्टर ने जैसे ही तुम्हारे पेट के उस हिस्से को दबाया, तुम एकदम से तड़प उठीं। डॉक्टर ने तुम्हें अल्ट्रासोनोग्राफी के लिए भेज दिया। उसने ठीक एक इंच जगह की जाँच कराने की हिदायत दी। वे लोग इंच तक नापकर बता देते हैं। वे लोग सब कुछ नाप-जोखकर करते हैं। जैसे सुयेनसन खाना पकाता है, वह नापकर चावल चढ़ाता है या नाप-जोखकर पानी डालता है या दूध उँडेलता है। इन लोगों की रसोई में मसालों की माप-जोख के लिए तराजू मौजूद होता है, कप-गिलास में भी मिलीलीटर, डेसीलिटर के निशान बने होते हैं। जिस नर्स ने तुम्हारे पेट में इंच भर या सेंटीमीटर जगह पर अल्ट्रासोनोग्राफ किया था। जाने तुम्हें याद है या नहीं, मैंने उससे वह मशीन थोड़ी-दूर और भी इधर-उधर घुमाने को कहा था। जब वह जाँच कर रही थी, तो पेट के अन्दर आस-पास के हिस्से भी देख ले। लेकिन नहीं, डॉक्टर के दिमाग़ में सिर्फ किड्नी ही थी। उसने सिर्फ किड्नी की जाँच करने को ही कहा था। इसलिए वह नर्स किड्नी के हिस्से के अलावा, सूत भर भी उससे बाहर जाने को राज़ी नहीं हुई। पता चला, किड्नी ठीकठाक है। डॉक्टर के नन्हे से दिमाग़ में सिर्फ किड्नी ही थी। डायबिटीज़ की वजह से मुमकिन है, किड्नी नष्ट हो गयी हो, इसलिए उसने किड्नी की जाँच कराने को कहा था। तुम्हारे खून की जाँच में किड्नी ठीकठाक होने की रिपोर्ट ज़रूर मिली। किस हद तक अशिक्षित होने पर कोई डॉक्टर सिर्फ किड्नी ही देखना चाहता है। डॉक्टर ने जब तुम्हारे तलपेट की बायीं तरफ दबाया था, तो तुम दर्द से किस तरह बिलबिला उठी थीं! उस डॉक्टर के दिमाग़ में अगर गोबर न भरा होता, तो वह उस हिस्से में कुल इंच भर न नापता। वह पूरे पेट का अल्ट्रासोनोग्राफ कराने की हिदायत देता। तभी तो तुम्हारा वह भयंकर रोग पकड़ में आता, माँ! और मेरे दिमाग़ में क्या भरा था? मेरे दिमाग़ में वर्णवाद ठुँसा हुआ था। अगर ऐसा न होता, तो मैं उस डॉक्टर की मूर्खता क़बूल नहीं करती, बल्कि मैं अपने पास से पैसे लगाकर, तुम्हारे पूरे पेट की जाँच कराती। पैसा फेंको, तो क्या नहीं होता? मैं जानती हूँ कि नियम यही है कि पहले किसी छोटे डॉक्टर के पास जाया जाता है, अगर उसे वह बीमारी जटिल या गम्भीर लगी, तो छोटा डॉक्टर

ही किसी बड़े डॉक्टर के पास भेज देता है। लेकिन मेरे छोटे डॉक्टर ने जब सही निदान नहीं किया, असली तकलीफ उसकी समझ में नहीं आयी, तब मुझे ही यह जिम्मेदारी लेनी चाहिए थी। लेकिन, मैंने नहीं लिया, माँ! छोटे डॉक्टर ने कह दिया–'किड्नी ठीक है? कुछ नहीं हुआ।' तुम्हें सिर्फ मांस का सूप पिलाया जाने लगा। वह सब समुद्री मछलियाँ तुमसे खायी नहीं जाती थीं। वह सब बदबूदार खाद्य, तुम खा नहीं पाती थीं। लेकिन क्या उपाय, माँ? दुनिया के अन्यतम धनी देश में तुम्हें सुविधा मिल रही थी, विद्या-बुद्धि में पारंगत गोरों से इलाज कराने की सहूलियत मिल रही थी, तुम जैसी भाग्यवती और कौन था, बताओ? मैं तुम्हें सिर्फ मछली का सूप पिलाती रही। मछली का सूप पिलाकर, मैं तुमसे कहती थी–'अब, तुम्हारा दर्द, ज़रूर जड़ से मिट चुका होगा।' तुम्हारे चेहरे पर उदास हँसी झलक उठती थी। तुम सिर हिलाकर कहती थीं, 'नहीं, दर्द अभी भी है।' मैं तमक उठती थी, 'फिज़ूल की बातें क्यों करती हो? दर्द अभी भी है?' मेरा अविश्वास देखकर, तुमने मन ही मन ज़रूर लम्बी उसाँस भरी होगी या निचली मंज़िल की उस छोटी-सी कोठरी में जाकर, अकेले में बेभाव रोयी होंगी। दिन-दिन भर न खाने के बावजूद, तीन-तीन इन्सुलिन लेने के बावजूद, तुम्हारा ब्लड-शुगर चढ़ा का चढ़ा रहा। उन गोरे डॉक्टरों को इन सबकी वजह जानने में कोई दिलचस्पी नहीं थी। मछली का सूप पीते ही, तुम्हें उल्टी हो जाती थी।

मैं तुम्हें डाँट देती थी, 'तुम्हें यही सब पीना होगा। यही सब पीकर, तुम्हारी बीमारी दूर होगी।'

तुम ज़रूर मुझसे डर जाती थीं। डॉक्टर तुम्हारा रोग समझ नहीं पाया, यह कहने में तुम डरती थीं। तुम्हें यह डर था कि मैं नाराज़ हो जाऊँगी। मेरा चैन नष्ट हो जायेगा। तुम जैसी क्षुद्र-तुच्छ इन्सान, मुझ जैसी विशाल, विख्यात इन्सान की शान्ति नष्ट कर दे, तो कैसे चलेगा? तुमने मुझे नहीं बताया कि तुम्हें कोई तकलीफ है। यह भी नहीं बताया कि तुम्हारा दर्द, अब भी बना हुआ है।

लेकिन जब तुम्हें पेट पर हाथ रखकर, ऊपर की सीढ़ियाँ चढ़ते हुए देखा, मैंने दरयाफ़्त किया, 'क्या बात है? पेट पर हाथ क्यों? दर्द क्या अभी बाकी है?'

तुम सकपका जाती थीं।

'दर्द कम करने के लिए, डॉक्टर ने दवा दी है। सूप पीने को कहा है। फाइबर आहार बन्द कर दिया है। इतने सबके बाद दर्द कम न होने की कोई वजह नहीं है–'

मतलब कसूर डॉक्टर का नहीं है, इलाज का भी नहीं है, न दवा का और न ही मछली के सूप का, सारा कसूर तुम्हारा है। तुम्हारे शरीर का है। अपने शरीर के बारे में, अपने बारे में तुम्हारी कुण्ठा का कोई अन्त नहीं था। इस दूर निर्वासन में तुमने मुझे परेशान नहीं करना चाहा। इसलिए अपना रोग-शोक तुम छिपाये रखती थीं। तुमने यह नहीं बताया कि समूचा कमोड खून से भर जाता था। तुम मुझे कुछ नहीं

बताती थीं, क्योंकि आते ही तुमने मुझे अपनी डायबिटीज़ और पेट की तकलीफ की समस्या बताकर मुझे चिन्ता में डाल दिया था।

डॉक्टर के यहाँ काफी दौड़-धूप करने के बाद भी, न तुम्हारी डायबिटीज़ कम कर पायी, न पेट-दर्द! ऐसे में अगर तुम मुझे अपने रक्तस्राव की समस्या बतातीं, तो मैं पागल हो जाती, इसलिए तुमने बताया ही नहीं। इसीलिए तुमने यह समस्या गुप्त रखी। तुम्हें बखूबी अन्दाज़ा हो गया था कि उस रक्तस्राव के साथ, तुम्हारे उस भयंकर रोग का ज़रूर कोई तार जुड़ा हुआ है। डायबिटीज़ और किड्नी, फाइबर और मछली का सूप—ये सब अकारण और निरर्थक थे। लेकिन चूँकि तुम्हारे कहने के बावजूद, मैं समझ नहीं पायी या समझना नहीं चाहती थी, तुमने और कुछ भी नहीं किया, अपनी सेहत की अन्य समस्याएँ बताकर, मुझे परेशान नहीं किया।

हालाँकि गोरी चमड़ी वालों के प्रति मेरी भक्ति थी, तुम्हारे लिए गोरे-काले-बादामी, सभी लोग इन्सान के तौर पर समान थे। गोरे लोगों को देखकर, तुम उन लोगों के प्रति भक्ति-श्रद्धा में सिर नहीं झुकाती थीं। गोरे डॉक्टर तुम्हारे रोग का निदान नहीं खोज पाये, यह बात मैंने नहीं समझी, मगर तुम समझ गयी थीं। तुम्हें मैंने क्या कम तकलीफ दी है, माँ? मुहल्ले के छोटे डॉक्टर ने तुम्हें खून की जाँच कराने के लिए, कैरोलिन्सका अस्पताल भेज दिया। कैरोलिन्सका, स्वीडन का बड़ा अस्पताल था। वहाँ की लेबोरेटरी में तुम्हारे खून की जाँच हुई। वहाँ के डॉक्टर ने बता दिया कि तुम्हारे खून में जाने कौन-से तो भयंकर जीवाणु का सुराग़ मिला है। डॉक्टर ने मुझे ज़रूरी तलब किया। तुम्हारे जो दाँत नष्ट हो गये थे, वह सब उखाड़ देना था। क्यों? क्योंकि जीवाणु सड़े हुए दाँतों में ही पैदा होते हैं और दाँत से सीधे दिल तक दौड़ जाते हैं और दिल में मनमाना उत्पात मचाते हैं। यह सुनकर तुम हँस पड़ीं। तुम्हें मैं दाँत के डॉक्टर के पास खींच ले गयी। तुम्हारे दाँतों की जाँच करके, डॉक्टर ने कहा कि मेरे दाँतों के मुकाबले, तुम्हारे दाँत ज़्यादा मज़बूत हैं। तुम्हारा कोई भी दाँत सड़ा हुआ या नष्ट नहीं है। लेकिन कैरोलिन्सका के बड़े-बड़े डॉक्टर का परामर्श सुनकर, छोटे डॉक्टर ने भी निर्णय दे डाला कि चाहे जैसे भी हो, दाँत उखाड़ने ही होंगे, वर्ना भयंकर बैक्टीरिया दिल तक पहुँचकर, दिल को स्तब्ध कर देंगे। तुम्हारे दाँत में कोई दोष नहीं था। इसके बावजूद एक के बाद एक, तुम्हारे कई दाँत उखाड़ दिये गये। गोरे डॉक्टरों का इलाज ठहरा, तुम्हें मानना ही पड़ा। तुम राज़ी नहीं होना चाहती थीं, मगर मेरी ज़ोर-ज़बर्दस्ती से तुम्हें राजी होना ही पड़ा। राज़ी होने के सिवा, तुम्हारे पास और कोई उपाय भी क्या था, माँ? तुम्हारे अच्छे-भले दाँत, उस तरह सँड़सी से, एक के बाद एक उखाड़ने में, डॉक्टर को भी शायद काफी तकलीफ हो रही थी। लेकिन, फिजूल-से बैक्टीरिया का मामला था। दाँत का डॉक्टर आखिर करता भी क्या? उसने शायद यह सोचा हो कि काले लोगों के दाँत रहें या जायें, क्या फ़र्क़ पड़ता है, इसलिए उसने कोई सवाल नहीं किया। कोई अफसोस भी नहीं किया। बिल्कुल मशीन की तरह ही इन्सान के दिल में क्या चलता रहता है, यह समझना

सच ही मुश्किल है। माँ, ज़ोर-ज़बर्दस्ती तुम्हारे दाँत निकलवाकर ही, तुम्हें रिहाई दे दी, ऐसा नहीं था। तुम्हें तत्काल दानदिरूद अस्पताल में भर्ती कराने को कहा गया। दानदिरूद अस्पताल संक्रामक रोगों के लिए था। तुम्हारा बैक्टीरिया निर्मूल करने के लिए, उसी अस्पताल में भर्ती कराना ज़रूरी था। मैंने भर्ती करा दिया। शाम को जब सुयेनसन घर लौटता था, तो उसके साथ, थोड़ी देर के लिए तुम्हें देखने चली जाती थी। तुम नहीं चाहती थीं कि मैं तुम्हारे पास बैठकर, फिजूल अपना वक्त बर्बाद करूँ। तुम मुझे घर लौट जाने का आग्रह करतीं। तुमने शायद यह सोचा था कि जब अस्पताल में भर्ती हुई हो, तो बड़े-बड़े डॉक्टर तुम्हारी देखरेख करेंगे। तुम्हारा वह भयंकर रोग, इस बार वे लोग ज़रूर पकड़ लेंगे। लेकिन उनलोगों ने कैरोलिन्सका की लेबोरेटरी में पायी गयी सिर्फ बैक्टीरिया दूर करने की जिम्मेदारी ली थी। तुम्हारी कोई बीमारी खोज निकालें, इसके लिए वे लोग बैठे हुए नहीं थे। उन लोगों ने सेलाइन के साथ, आम ऐंटीबायोटिक्स से लाखों गुना अधिक ताकत वाले, काफी कड़े-कड़े ऐंटीबायोटिक्स दिया। तुमने क्या सोचा, उस तरह सेलाइन के साथ दवा दे-देकर तुम्हारा भयंकर रोग निर्मूल कर देंगे? नहीं, माँ, नहीं! पूरे सात दिनों तक उन लोगों ने तुम्हें भयंकर तकलीफ दी। उन लोगों ने सिरिंज भर-भरकर हर रोज़ तुम्हारा खून लिया और भयंकर जीवाणु दूर करने के लिए, पैकेट भर-भरकर शरीर में भयंकर जीवाणुनाशक घुसाया। सात दिनों तक तुम्हें लगभग अकेली रहना पड़ा। तुम अस्पताल में नहीं रहना चाहती थीं, क्योंकि मैं जो रोज़ तुम्हें देखने जाती थी, तुम सोचती थीं कि इस वजह से मेरे रोजमर्रा के कामों में रुकावट पड़ती होगी। तुम्हारे लिए मुझे अतिरिक्त झमेला सहना पड़े, यह तुम भला क्यों मानने लगीं? जब तुम घर लौट आयीं, उसके अगले दिन ही, कैरोलिन्सका अस्पताल की तरफ से यह जानकारी दी गयी कि कैरोलिन्सका लेबोरेटरी की जाँच रिपोर्ट में जिस जानलेवा बैक्टीरिया की सूचना दी गयी थी, वह ग़लत थी। यह लेबोरेटरी की भूल थी। असल में, इस क़िस्म की कोई बैक्टीरिया, तुम्हारे खून में थी ही नहीं। उन लोगों से कहीं ग़लती हो गयी थी। वा-ह! तुम्हारे तमाम दाँत उखाड़ लेने के बाद, तुम्हारे खून के अन्दर जीवननाशक, जीवाणुनाशक प्रवेश करा देने के बाद, आराम से कह दिया—भूल हो गयी। इसी कैरोलिन्सका इन्स्टीट्यूट की तरफ से मेडिसिन में नोबेल पुरस्कार दिया जाता है, माँ! अब मैं क्या करती? कहाँ जाती? किसी के साथ ऐसा नहीं होता। तुम्हारे साथ हुआ! ग़लती सिर्फ तुम्हारे ही साथ होती रही! भोगना तुम्हें ही पड़ा। या तो तुम्हारे रोग का कोई इलाज ही नहीं हुआ और कभी ज़िन्दगी में हुआ भी तो, तो उसमें भूल हो गयी। चूँकि तुम्हारे मसूड़ों में दाँत नहीं रहे, इसलिए ख़ाना भी तुमसे चबाया नहीं जाता था।

इस बारे में भी तुमने कोई शिकायत नहीं की, सिर्फ बताया! वह भी हँसकर ही बताया। मैंने तुम्हें तसल्ली दी—'दाँत चले जाना कोई ख़ास बात नहीं है, दाँत

बनवा लिये जाते हैं।' अभी तक तुम्हारे बाल नहीं पके थे; त्वचा में कोई झुर्रियाँ नहीं पड़ी थीं। ऐसी किसी कमउम्र महिला के दाँत, विदेशी डॉक्टरों ने झूठमूठ ही उखाड़ फेंके। अगर यह अमेरिका होता, तो भुक्तभोगी मरीज़, ऐसे डॉक्टरों के खिलाफ, लाखों डॉलर का मुकदमा ठोंक देता। लेकिन मैं कैसे, किसके खिलाफ़ मामला दायर करती? लोग मुझे सेलिब्रिटी मानते थे, विशाल क्षमताशील समझते थे। लेकिन मुझ जैसी निरीह-निरुपाय इन्सान आखिर कितने थे? नहीं, नहीं होते, अब मैं यह जान गयी हूँ। उन दिनों मैं नहीं जानती थी। देश में रहकर, अगर तुम्हारा इलाज कराया जाता, तो कोई परेशानी नहीं होती, माँ! वहाँ मुझे किसी भी अस्पताल में अपने दोस्त या परिचित डॉक्टर मिल जाते। अगर न भी मिलते, तो वहाँ मुझे तो सभी लोग पहचानते थे। किन्हीं दिनों स्वीडन में भी लोगों ने मुझे पहचाना था। मैं बहुत बड़ी ख़बर थी यहाँ। धीरे-धीरे सभी लोग भूल गये। किन्हीं दिनों रास्ता-घाट पर चलते हुए, लोग मुझे देखने के लिए भीड़ लगा देते थे, दौड़-दौड़कर, मुझसे ऑटोग्राफ माँगते थे या फिर दूर से ही मेरा अभिवादन करते या शुभकामना देते थे। अब मैं यहाँ किसी भी आम इन्सान जैसी हूँ। हमेशा टीवी पर या पत्रिकाओं के पन्ने पर तस्वीर न दिखें, तो वह चेहरा भुला देने में कितना-सा वक्त लगता है? चूँकि मेरी चमड़ी काली है। इसलिए किसी शरणार्थी जैसी ही तो थी मैं! जैसे धन-दौलत की सुविधा के लिए गरीब देशों से हज़ारों-हज़ार लोग, धनी देशों में आश्रय माँगते हैं, शक्ल-सूरत से मैं उन्हीं लोगों की तरह ही तो थी। गोरे लोग मेरी तरफ शायद ऐसी ही नज़रों से देखते थे, जैसे वे लोग 'डर्टी एमिग्रेंट' यानी डर्टी शरणार्थियों की तरफ देखते थे। फिर भी मेरा नाम सुनकर, अभी भी लोग यादों में डुबकी लगाकर, मेरा परिचय ढूँढ़ लाते थे। 'तुम तो लेखिका हो न?' आजकल मैं 'ना' बोल देती हूँ। हाँ, अब अपना परिचय देने का मन नहीं होता। लेकिन डॉक्टरों को तो अपना नहीं, तुम्हारा नाम बताना पड़ा। खुद आगे बढ़कर, अपना नाम-परिचय बताकर, सुविधा की माँग करूँ, ऐसी रुचि मुझमें कभी नहीं थी। उन दिनों भी नहीं हुई, जब तुम्हारे लिए मुझे सुविधा की बेहद ज़रूरत थी। तुम्हारी ख़ातिर अपने व्यक्तित्व का थोड़ा-बहुत विसर्जन देकर, अपनी पहचान कराऊँ, मैं कोई ऐसी 'डर्टी एमिग्रेंट' नहीं हूँ। बल्कि बाक़ायदा कोई मशहूर हस्ती हूँ, अगर मैं याद दिलाती, तो लोगों को याद आ जाती। वे लोग मेरी माँ की अच्छी तरह जाँच-परीक्षण करते। अच्छी तरह इलाज करते, लेकिन मैंने ऐसा नहीं किया। ऐसा स्वर्ग जैसा देश! ऐसी समता और साम्य का देश! मेरा ख़याल था कि यह देश सभी लोगों को बराबरी की नज़र से देखता है। बाद में, मेरी यह गलतफहमी दूर हो गयी, माँ! स्वीडन में भी वही रंग-ढंग है। स्वजन-प्रीति, क्षमता का इस्तेमाल—सभी कुछ चलता है। अगर आप लेखक हैं, कोई नामी-गिरामी हस्ती हैं, तो सुविधाएँ अपने आप जुट जाती हैं। जब तुम यहाँ थीं, ये सब सच्चाइयाँ महसूस करने की, मैंने कोशिश ही नहीं की। अपना नाम-परिचय छिपाकर, मैं किसी भी आम इन्सान की तरह ही अस्पताल गयी। हम सबने मिलकर तुम्हें तक़लीफ दी।

दानदिरूद अस्पताल में डॉक्टर ऐंडर्स को देखकर मैंने अपने को वहाँ से हटा लिया, ताकि वे मुझे देख न पायें। वहाँ भी शायद वही भाव काम कर रहा था—कॅम्प्लेक्स! हीनता-बोध! मैं उनसे मिलकर बता सकती थी कि मेरी माँ बीमार है, इसी अस्पताल में भर्ती है, लेकिन मैंने नहीं बताया। जिस ऐंडर्स ने मेरे फोन का जवाब नहीं दिया, उससे मैं क्यों बात करती? यह मेरा हीनता-बोध था या अहंकार, पता नहीं! अब्बू का जब मोतियाबिन्द का ऑपरेशन हुआ था और उनका लेंस बदल दिया गया था, तो इसी ऐंडर्स ने मेरी काफी मदद की थी। उसके बाद, अब्बू कितना साफ़-साफ़ देखने लगे थे! सोफिया हेमेट जैसे बड़े अस्पताल में काफी रुपये लगे थे। ऐंडर्स ने ही सलाह दी थी कि मैं पेन क्लब को ख़बर कर दूँ, सारा ख़र्च वह क्लब ही दे देगा।

मैंने छूटते ही प्रतिवाद किया, 'पेन क्लब क्यों देगा? डॉक्टरी बिल मैं खुद ही मिटाऊँगी।'

अगले ही दिन मैंने पैंतीस हज़ार क्रोनर, डॉक्टर के बैंक एकाउण्ट में भेज दिये।

बाद में ऐंडर्स एक दिन मुझे डिनर पर ले गया था।

'तुमने सारे रुपये मुझे दे दिये?' उसने कहा।

'क्यों नहीं? अपने अब्बू की आँख के ऑपरेशन के रुपयों का भुगतान मैं नहीं करूँगी, तो और कौन करेगा? मैं क्या, कोई भिखारी हूँ, जो दूसरों के आगे हाथ फैलाऊँ?'

स्वीडिश पेन क्लब से मिला हुआ, कूर्ट टुखोलस्की एवार्ड की रकम, मैंने इसी तरह ख़र्च कर दी। उन रुपयों से मैंने टेलीफोन के बिल चुकाये। अब्बू की आँख का ऑपरेशन कराया और बाकी रुपये भी आलतू-फालतू ढंग से ख़र्च कर दिये। रुपये एकदम से उड़ जाने में, ज़्यादा वक्त नहीं लगा। अब्बू के समय तो ऐसी घटना नहीं घटी। अब्बू को तो एक रात भी अस्पताल में नहीं रहना पड़ा। जिस दिन ऑपरेशन हुआ, उसी दिन वे वापस भी लौट आये थे। उनके रोग का निदान करने में भी डॉक्टरों को कोई परेशानी नहीं हुई। उनका कोई ग़लत इलाज नहीं हुआ। तुमने ऐसा कौन-सा गुनाह किया था, माँ, जिसकी सज़ा तुम्हें ज़िन्दगी भर झेलनी पड़ी? शायद कोई गुनाह नहीं किया था तुमने, इसीलिए तुम्हें सज़ा मिली। मुझे बिना किसी गुनाह के निर्वासन की सज़ा झेलनी पड़ी। इन्सानों की भलाई करने जाकर, मैंने सज़ा पायी। तुमने भी तो ज़िन्दगी भर लोगों का भला किया। तभी तुम्हें ज़िन्दगी भर दर्द सहना पड़ा। तुम्हें किसी से भी सुख नहीं मिला। जिसके स्वभाव-चरित्र-खून में दूसरों का भला करने का जज्बा घुला-मिला हो, उसे कोई, कैसे निचोड़ सकता है? इस वजह से सज़ा झेलते हुए भी, स्वभाव कैसे जाता? ऐसे लोग, इन्सानों से ही मार खाते हैं, फिर भी इन्सानों के लिए ही अपना जीवन दे डालते हैं।

एक दिन सुबह-सुबह, निचली मंज़िल में तुम्हारी कोठरी में जाकर देखा, तुम तेज़ बुखार से तप रही थीं। उस दिन मुझे तुम पर बेहर ममता उमड़ आयी, तरस

भी आया।

मैं रो पड़ी, 'चलो, तुम्हें अस्पताल ले चलती हूँ।'

मैं तुम्हारे लिए इसलिए रोयी, क्योंकि तुम्हें ख़ासा तेज़ बुखार था। लेकिन तुम अपने बुखार की पीड़ा, पलक झपकते भूल गयीं। तुम्हारा चेहरा चमक उठा था, माँ! बाद में तुमने विह्वल होकर पूछा था, 'तुम मेरे लिए रोयीं, बिट्टी?' तुम्हारी आँखों से आँसू बहने लगे। तुम्हारे ज्वर-कातर चेहरे पर तृप्ति झलक उठी। शायद पहली बार तुमने अपने लिए किसी को रोते देखा था। वैसे मैं रोयी ही कितना थी! आँसुओं की चंद बूँदें भर! तुम्हें ज्वर से उबारना था। तुम्हारा बुखार था कि कम होने का नाम ही नहीं ले रहा था। उतरता था, चढ़ता था। मैंने बदन स्पॉन्ज कर दिया! दवा देती रही। बदन बार-बार आग की तरह तपने लगता था। अन्त में अस्पताल! अस्पताल से लौटते ही, तुम देश वापस लौट गयीं, माँ! उसके बाद, तुम नहीं ठहरीं! मैंने भी तुमसे रुकने को नहीं कहा। तुम्हें मैं ब्रसेल्स, छोटे भइया के पास पहुँचा आयी। वहाँ मैं तुम लोगों के साथ एक दिन रही, तुम लोगों को हवाईअड्डे पर विदा देकर, मैं स्टॉकहोम लौट आयी। विदेश में अकेल ही चलने-फिरने की मैं बखूबी अभ्यस्त हो चुकी थी।

मैंने तुम्हारे हाथ में कुछ रुपये देने चाहे थे, 'मैं तुम्हें कुछ रुपये दूँगी, माँ।'

लेकिन अन्त में नहीं दिया।

मैंने कहा, 'छोटे भइया को रुपयों का बेहद लोभ है। वह तुमसे भी रुपये छीन लेगा।'

छोटे भइया के लालची स्वभाव से सतर्क रहने की वजह से मैंने कौड़ी-कौड़ी को मोहताज तुमको, छूँछी ही देश वापस भेज दिया।

मैंने कहा था, 'तुम्हारे हाथ में न देकर, रुपये मैं तुम्हारे बैंक एकाउण्ट में भेज दूँगी।'

तुम चली गयीं और मैं भी रुपये भेजना भूल गयी। तुम्हारा तो कभी, कोई ऐसा नहीं था, माँ, जो तुम्हें रुपये-पैसे देता। तुमने शायद मन ही मन मुझसे उम्मीद की थी, लेकिन तुम खाली हाथ ही रहीं। अगर मैं चाहती तो क्या तुम्हें रुपये नहीं भेज सकती थी? मुझे तो कोई कमी नहीं थी, माँ! तुम क्यों कहती रहीं कि ज़िन्दगी के सबसे सुखद दिन तुमने स्वीडन में, मेरे साथ गुज़ारे? क्यों कहती रहीं कि तुम्हें मैंने ढेर सारा प्यार दिया? मैंने तुम्हें कुछ नहीं दिया, माँ, तुम ज़िन्दगी भर ठगी जाती रहीं। तुम्हें, तुम्हारी बेटी ने फिर ठग लिया। तुम बुद्धू की बुद्धू रहीं। हमेशा ही बुद्धू, इसीलिए तुम्हें कुछ भी समझ में नहीं आया।

तुम छोटे भइया की तरफदारी किया करती थीं। तुम कहा करती थीं—वह तुम्हें प्यार करता है। मुझसे यह बर्दाश्त नहीं होता था। छोटे भइया कहीं से भी भला बेटा नहीं था। उसने मेरी सलाह नहीं मानी और अपने बीवी-बच्चों को अमेरिका भेजकर,

उसने भयंकर ग़लती की थी। मैं यही सब तुम्हें बार-बार समझाती रही। मैंने तुम्हें समझाया कि सुहृद की मानसिक हालत बेहद खराब है; सुहृद की माँ अभी भी उस पर शारीरिक-मानसिक अत्याचार करती है, उसे यातना देती है। मैंने तुम्हें यह भी समझाया कि सुहृद या तो पागल हो जायेगा या आत्महत्या कर लेगा। सुहृद को अगर पाल-पोसकर इन्सान बनाना है, तो उसे, उसकी माँ के शिकंजे से छुड़ाना होगा, मैंने तुम्हें यह हिदायत भी दी। तुम सिर झुकाये-झुकाये मेरी बातें अपने दिल में उतारती रहीं। लेकिन इसके बाद भी छोटे भइया पर तुम्हें गुस्सा नहीं आया। इसके बाद भी तुम मेरी तरह छोटे भइया को बुरा-भला नहीं कहती थीं। यह देखकर मैं तुमसे ही नाराज़ होती रही। मैंने तुम्हें पट्टी पढ़ायी कि तुम उन पर लांछन लगाओ कि उन्होंने सुहृद की ज़िन्दगी तबाह कर दी। वीडियो पर जैसे ढेरों मंतव्य रिकॉर्ड किया करती थीं, मैं चाहती थीं कि तुम्हारे भी कुछेक मंतव्य रिकार्ड करूँ। छोटे भइया निहायत नाकारा और लालची क़िस्म का पत्थर-दिल इन्सान है, मैं चाहती थी, तुम भी ऐसा कुछ कहो।

तुमने बस, इतना ही कहा, 'ये सब बातें रहने दे।'

इस बारे में तुमने कुछ भी बोलना नहीं चाहा। असल में, छोटे भइया के प्रति तुम अहसानमन्द थीं। ढाका में पुलिस की गिरफ़्तारी और कट्टरवादियों द्वारा जारी किये गये फाँसी के फतवे से बचने के लिए, जब मुझे लोगों के घर-घर छिपकर रहना पड़ा, उन दिनों अगर बेहद ज़रूरत पड़ती, तुम बैरिस्टर सारा हुसेन, घर के ही किसी सदस्य को बुला भेजतीं। भाईजान और छोटे भइया, दोनों ही वहाँ पहुँच जाते। चूँकि भाईजान को अक्सर मयमनसिंह जाना पड़ता था, कई बार छोटे भइया अकेले ही उनसे मिलने जाते थे। सारा हुसेन उन्हें ही बता देती थीं कि हाईकोर्ट में मेरे सरेंडर करने की सम्भावित तारीख कौन-सी होगी। एक बार मैंने भी चोरी-चोरी छोटे भइया को फोन करके, उसे रात के अँधेरे में 'अ' के घर पर मिलने को कहा था। दुनिया में और कोई नहीं जानता था कि मैं कहाँ थी । एकमात्र छोटे भइया ही जानते थे। उनसे मेरी भेंट भी होती थी। छोटे भइया में ही इतना दम-खम था कि वे मुझसे मिल लेते थे। बस, उन्हीं दिनों से तुमने उन्हें 'ईश्वर' के आसन पर बिठा दिया। छोटू भइया घर लौटकर, ऐसा भाव दिखाता, मानो वह मेरे लिए बहुत बड़ा कुछ कर रहा है। सच तो यह था कि मेरे लिए क, ख, ग, घ ने ही बड़ा कुछ किया, यह बात तुम नहीं जानती थीं। लेकिन चूँकि घर के और किसी सदस्य से मेरा सम्पर्क नहीं था, सिर्फ छोटे भइया से ही था, इसलिए तुम्हें लगता था, कि उन दिनों छोटे भइया ही मेरा एकमात्र आसरा-भरोसा था। तुम समझती थीं कि छोटे भइया ही मुझे जगह-जगह छिपाकर रखता है, छोटे भइया ही कट्टरवादियों से मेरी रक्षा कर रहा है। वह छोटा भइया ही था, जो बैरिस्टरों से बातचीत करके, मुझे बचाने की कोशिश कर रहा है। उन दिनों तुमने छोटे भइया को राजा का सम्मान देकर, यहाँ तक कि गीता

को भी रानी की तरह सम्मान से रखा था। सभी लोग उन दिनों शान्तिनगर वाले मेरे घर में रहा करते थे। वह मैं थी, जिसने छोटे भइया की मदद की, उसे बुलाकर अपने बैंक से वह जितना चाहे, रुपये निकालने का लिखित अधिकार दिया और मेरी मदद करने का नाम कमाया, छोटे भइया ने ।

स्वीडन में आखिरी दिनों में तुम बहुत थोड़ा खाती थीं। एक वक्त ऐसा भी आया, जब तुमसे कुछ भी नहीं खाया जाता था। तुम अक्सर यही कहती थीं कि तुम्हें भूख नहीं है। तुम बताती थीं—पेट भरा-भरा लगता है, खाती हो तो जी मचलाने लगता है। उल्टी आने लगती है। तुम्हें उल्टियाँ भी होती थीं। तुमसे खाया नहीं जाता था, जो भी खाती थीं, उलट देती थीं। इसलिए तुमने तय किया कि तुम बिना खाये ही रहोगी, और मैंने भी वह बात मान ली। इसी का नाम अगर प्यार है, तो अवज्ञा, अवहेलना और अपमान किसे कहते हैं, माँ? वापस लौट जाने के अलावा, तुम्हारे पास और कोई उपाय भी क्या था? मैं लिखने में व्यस्त थी। तुमने कितना कहा, कितना-कितना रोयीं कि मैं अपने देश लौट चलूँ! दरअसल तुम निरी नासमझ थीं। मैंने तुम्हें समझाया था कि मेरा देश लौटना नहीं होगा। देश में मुझे घुसने ही नहीं देंगे। उस वक्त मेरे हाथ में, राष्ट्रीय संघ की तरफ से जारी किये गये, यात्रा-कागजात थे।

मेरे पास अपने देश का पासपोर्ट नहीं था। उसे अब बांग्लादेश के दूतावास से नवीनीकृत नहीं किया जाता। इधर तुम मुझे साथ लिये बिना देश नहीं लौटोगी, यह बात तुम हर रोज़, बार-बार कहा करती थीं। ख़ैर यह बात तुम यहाँ आने के शुरू दिन से ही कहती आ रही थीं। लेकिन, मुझे साथ लिये बिना ही, तुम्हें लौटना पड़ा, माँ! अकेले ही लौटना पड़ा। तुम्हारी लम्बी-लम्बी उसाँसों का कहीं, कोई अन्त नहीं था। तुम खूब रोयी थीं। मैं क्या रोयी थी? नहीं, माँ, मैं बिल्कुल नहीं रोयी, बल्कि अपनी हैंडल वाली सूटकेस में इतना सारा क्या भर लिया है, इस बात को लेकर, मैं झल्लाती रही। पहियेदार कोई सूटकेस तुम्हारे पास नहीं थी। ब्रसेल्स एयरपोर्ट पर तुम अपनी सूटकेस खुद ही ढोती रहीं। मैंने तुम्हारा वह बोझ वहन नहीं किया। मेरे कुछेक पुराने जूते पड़े थे। मैं उन्हें फेंकने जा रही थी, तुमने वह सब देश के गरीब लोगों में बाँटने के लिए समेट लिया। तुमने अपने लिए कुछ भी नहीं लिया, माँ! अपने लिए एक सूत तक नहीं लिया। जो कुछ मैंने तुम्हे ख़रीद दिया था, सब धो-सुखाकर, अच्छी तरह तहाकर, मेरे लिए, तुम मेरी अलमारी में रख गयीं। अपनी बीमार सेहत के साथ, आलतू-फालतू सामानों से भरी, वज़नी सूटकेस ढोने में तुम्हें काफी तकलीफ भी हुई थी, माँ! वह सब सामान मैंने ही तुम्हें दिया था, लेकिन तुम वह सब बटोर लायीं, इस बात पर मैं तुम पर गुस्से से फूत्कारती भी रही। वैसे मैं तभी तक फूत्कारती रही, जब तक वह वजन मुझे ढोना पड़ा। तुम्हारे कन्धे पर सूटकेस वहन करने का

दायित्व सौंपने के बाद, मेरी फूत्कार भी कम हो गयी। उस वक्त क्या मुझे एक बार तुम्हारे तलपेट के दर्द का ख़याल आया था? मुझे यही लगा, तुम्हें तो कोई बीमारी नहीं है। डॉक्टरों ने तो कह ही दिया था कि तुम्हारी किड्नी ठीकठाक है, इसलिए सब ठीक है। ज़्यादा इन्सुलिन लगाती रहना, डायबिटीज़ कम करने की कोशिश करना, बस, सब ठीक है! मैं तो, सुहृद का दायित्व लेने अमेरिका चली। मैं तो बेहद भली लड़की थी, मैं तो असीम दिलदार थी। खानदान में मुझ जैसी दिलदार और भला है कोई? कोई नहीं है, यह तो मुझे साबित करना ही होगा। जिसने तुम जैसी इन्सान का दायित्व नहीं लिया, वह दूसरों का दायित्व लेने सीधे-सीधे अमेरिका चली गयी।

मैं तुम्हारा बहुत कुछ नहीं समझ सकी, माँ! माइकेल जिस दिन हमें अपनी माँ के घर ले गया, चूँकि उसकी माँ अलज़ाइमर रोग की शिकार थीं, उन्हें दूर अतीत की बातें तो याद रहती थीं, करीब के अतीत के बारे में वे भूल जाती थीं। वे एक ही जुमला बार-बार दुहराती रहीं एक ही बिस्कुट उन्होंने कम से कम पच्चीस बार तुमसे खाने का आग्रह किया; एक ही सवाल तुमसे बार-बार पूछा कि चाय में वे चीनी डालें या न डालें। तुमने 'ना' शब्द पच्चीस बार दुहरा दिया। तुम्हें ज़रा भी खीज़ नहीं हुई। चाय पीने के दौरान, तुम एक बार बाथरूम भी हो आयीं। जब तुम बाथरूम से लौटीं और बुझा-बुझा चेहरा लिये दुबारा बैठ गयीं, तो मैंने तुमसे दरयाफ़्त किया, 'क्या हुआ? उल्टी हुई?' तुम्हारे चेहरे पर उदास हँसी बिखर गयी। तुमने इनकार में सिर हिला दिया। नहीं! उल्टी नहीं हुई। लेकिन, माँ टॉयलेट में तो तुम्हें भयंकर रक्तस्राव हुआ था। इसी तरह ब्रसेल्स के होटल में भी तुम्हारे रक्तस्राव से पूरा कमोड भर गया था। लेकिन, तुमने मुझे नहीं बताया। सारी बातें छिपा लीं। जाने से पहले, तुमने मुझे फिर परेशान नहीं करना चाहा। तुम जो मुझे लेने आयी थीं, कहा था—मुझे साथ लिये बिना, तुम देश नहीं लौटोगी, तुम्हारी इस ज़िद को मैंने अब्बू, भाईजान, छोटे भइया की तरह ही, तुम्हारा बचपना मान लिया। लेकिन तुमने इसे अपना बचपना हरगिज़ नहीं माना। तुम्हारी अपनी ज़िन्दगी के मुक़ाबले, तुम्हारे लिए ज़्यादा अहम था, मेरा देश लौटना। इसलिए तुम टूट गयीं; टुकड़े-टुकड़े हो गयीं; निःशेष हो गयीं। हज़ार कोशिशों के बाद भी तुम मुझे देश नहीं ले जा सकीं। इसके बाद, जाते-जाते भी तुम कह गयीं कि कम से कम स्वीडन से मैं निकल जाऊँ। मैं अमेरिका जाना चाहती हूँ, वहीं चली जाऊँ, लेकिन मैं चाहे जहाँ भी रहूँ, देश लौटने का प्रयास करती रहूँ। अपना घर-द्वार, अपने नाते-रिश्तेदारों को छोड़कर, यूँ विदेश-भूमि में न पड़ी रहूँ। माँ, जब ब्रसेल्स एयरपोर्ट पर तुम लोगों को विदा दे रही थी, तुम्हारा चेहरा बेहद असहाय, बेहद उदास हो आया था। माँ, तुमने विदेश के जगमगाते घर-मकान-कोठियों की तरफ, दुकान-पाट की तरफ एक बार भी नज़र नहीं डाली। तुम तो सिर्फ मेरी सूरत निहारती रहीं। तुम कितना अनन्त प्यार कर सकती थीं, माँ? सुना है कि इन्सान प्यार में अपना जीवन उत्सर्ग कर देता है, लेकिन देखा कभी नहीं। तुम्हें ही

देखा। मुझे दुश्चिन्ता में डालने के बजाय, तुमने अपने को ही असाध्य रोग दे डाला।

माइकेल जब अपनी माँ की कुर्सी के पीछे खड़े-खड़े, उनके कन्धों की हल्की-हल्की मालिश कर रहा था, तुम्हारी विस्मयभरी निगाहें, उस दृश्य से मानो हटी ही नहीं। अचानक तुम अपने झर-झर बहते हुए आँसू पोंछने लगीं। तुम्हारे रोने की वजह पूछने पर, तुमसे कोई जवाब नहीं देते बना, मानो तुम खुद भी अपने रोने की वजह ढूँढ़ने की कोशिश कर रही थीं,

'इसलिए कि तुम देश वापस जा रही हो?' मैंने पूछा।

'ना–'

'पेट दर्द कर रहा था?'

'ना–'

'फिर क्या वजह थी?'

'माइकेल अपनी माँ को बेहद प्यार कर रहा था। वह दृश्य बड़ा अच्छा लगा, इसलिए!'

'तो इसमें रोने की क्या बात थी? कुछ अच्छा लगता है, तो इन्सान कभी-कभी रो भी देता है। खुशी के आँसू!'

हाँ, यही सच था। तुम्हें शायद यह लग रहा था कि तुम्हारे बेटे-बेटी तो तुम्हारा इस ढंग से लाड़-दुलार नहीं करते। कोई भी यह नहीं कहता–क्या, अम्मी, इतना काम करती हो, लाओ, तुम्हारी पीठ की ज़रा मालिश कर दूँ। यह जुमला तुम से कभी किसी ने कहा? किसी को अपनी माँ को प्यार करते देखकर, तुम्हारी आँखों में आँसू क्यों आने लगते थे? कोई अपनी माँ को दुलार करता था, तो तुम्हें क्यों इतना भला लगता था? तुम्हें क्या नहीं मिला, तुम किस चीज़ से हमेशा वंचित रहीं, ज़रूर उस वक्त तुम्हें अहसास होता था। जिस औरत को अपने बेटे-बेटियों का प्यार मिलता है, वह औरत तुम्हें भाग्यवती लगती थी। इसीलिए ऐसी औरतों का सौभाग्य और उनकी खुशी देखकर, तुम्हारी भी आँखों में खुशी के आँसू छलक पड़ते थे। तुम क्या माइकेल की जगह भाईजान और छोटे भइया को तथा माइकेल की माँ की जगह अपनी कल्पना करने लगी थीं?

इसीलिए तुम्हें भला लगने का अहसास जाग उठा था। तुमने अपनी तरफ से कुछ भी नहीं कहा। तुम कितनी त्रुटिहीन कलाकार थीं, माँ! कितने ऊँचे दर्ज़े की इन्सान! कितनी शिक्षित! कितनी भद्र! किस क़दर आधुनिक और कितनी बुद्धिमती! अगर तुम स्वीडन आकर, कुछ महीनों तक मेरे पास न रहतीं; तो मुझे इस बात की शायद कभी जानकारी नहीं होती। तुम्हें मैंने पहले कभी उस रूप में नहीं देखा था, जैसा उन दिनों देखा। तुम क्या थीं, कैसी थीं, उन दिनों मुझे भले पता न चला हो, बाद में मुझे अहसास हुआ। एक-एक क़रके, जब मुझे तुम्हारी हँसी-खुशी, दुःख-पीड़ा

याद आती गयी, जब तुम्हारी बातें, कामकाज, तुम्हारी विलक्षणता, बुद्धिमत्ता की ओर ध्यान गया, मेरा अहसास पुख़्ता होता गया। जिसे मैं चिरकाल बुद्धू समझती रही, उसकी बुद्धि देखने के बाद भी, उसे तत्काल ठीक-ठीक बुद्धि का दर्ज़ा नहीं दे पायी। जब मैं पीछे मुड़कर देखती हूँ, मुझे तुम नज़र आती हो। काश, उन दिनों मेरे पास आँखें होतीं, तो मैं तुम्हारा असली रूप देख पाती। स्थिर, स्निग्ध तुम्हें! तुम शायद समझ गयी थीं कि अपनी बीमारी की बात बताने से कोई फायदा नहीं होगा। जो मैं नहीं समझ सकी, वह कभी भी नहीं समझूँगी। तुम्हारे देश वापस लौटने वाले दिन, मैं तुम्हें ब्रसेल्स से कुछ दूर, एक गुफा में ले गयी थी। उस गुफा में असंख्य स्फटिक थे। हज़ारों वर्षों से पानी जमा होते-होते बर्फ बन गये थे और अन्त में बर्फ ने क्रिस्टल का रूप ले लिया था। ये स्फटिक गुफा की सीलिंग से झूल रहे थे। सैकड़ों आकारों में क्रिस्टल! कोई सोच सकता है कि ये कभी पानी की शक्ल में थे। असंख्य लोग यह गुफा देखने आते हैं। गुफा में दाखिल होने के लिए सीढ़ियों से काफी नीचे उतरना पड़ता था। तुम नीचे नहीं उतरना चाहती थीं। तुम जो सीढ़ियाँ पार नहीं करना चाहती थीं, वह इसलिए कि चढ़ने-उतरने में तुम्हारा पेट-दर्द होता था। लेकिन मैं यह क्यों सुनने लगी? तुम्हें मैं दुनिया दिखाऊँगी। विदेश में जो-जो अद्भुत जगहें हैं, तुम्हें वह दिखाये बिना मेरा कैसे चलता? मैंने तुम्हें जबरन नीचे उतारा। उन्हें यह कहते-कहते मैंने नीचे उतारा कि उन्होंने यह जगह नहीं देखी, तो उनकी ज़िन्दगी ही अधूरी रह जायेगी। तुम भी पसीने में नहायी हुई, हाँफते-हाँफते, तकलीफ से काँखते-कराहते किसी तरह नीचे उतरीं। उतर तो गयीं। मगर चढ़ नहीं पा रही थीं। सीढ़ियाँ चढ़ते हुए, तुम रो पड़ीं। उफ! कितनी असहाय थीं तुम! तुम्हें मैं लगातार कड़ी-कड़ी बातें सुनाती रही, ताकि जैसे भी हो, तुम सीढ़ियाँ चढ़ती जाओ। मेरी डाँट पर, तुम सीढ़ी की रेलिंग थामकर, दर्द से नीली पड़ती हुई, धीरे-धीरे ऊपर आ ही गयीं। इसी ढंग से, मैंने तुम्हें और एक बार सीढ़ियाँ चढ़ायी थीं, माँ। एक रात मैं, इन्सुलिन की पेंसिल-सिरिंज लेने के लिए, स्टॉकहोम के एक परिचित के यहाँ गयी थी। उस व्यक्ति का एपार्टमेंट चौथी मंज़िल पर था। तुम ऊपर नहीं जाना चाहती थीं। तुमने कहा कि मैं ऊपर जाकर सिरिंज ले आऊँ, तुम नीचे ही खड़ी रहोगी। मैं तत्काल बोल उठी, 'ना! ना! चलो तुम भी चलो!' और मैं तुम्हें चौथी मंज़िल तक चढ़ाकर ही मानी। ऊपर न चढ़ने की तुम्हारी इच्छा को मैंने मूल्य क्यों नहीं दिया? क्यों मैंने महत्त्व नहीं देना चाहा? इसका जवाब मुझे आज तक नहीं मिला। इसके पीछे शायद एक ही कारण था—मैंने कभी तुम्हें इन्सान ही नहीं समझा। तुम्हारा एक ही परिचय था—तुमने किसी दिन स्कूल-कॉलेज पास नहीं किया, तुम दूसरों पर निर्भर हो, तुम दुनियादारी न जानती हो, न समझती हो। तुम्हें बस, उसी ढंग से चलना है, जैसा हम कहें। ख़ैर, ज़िन्दगी भर तुम उसी ढंग से चलती रहीं, अगर तुम हमारे मुताबिक न चलतीं, तो तुम्हें मानता कौन, माँ? इसका नाम भले और कुछ भी हो, प्यार हरगिज़ नहीं होता। इसे कम से कम प्यार मत कहो।

जितने दिनों तुम यहाँ, मेरे पास रहीं, तुमने मेरा कुछ भी नहीं देखा, ने मेरी ख्याति-प्रतिष्ठा, न यश, न और कुछ! उन दिनों किसी भी देश से, मेरे लिए कोई आमन्त्रण नहीं आया। मैंने यहाँ कितने ही देशों में भाषण दिये, मुझे कितने-कितने सम्मान मिले, कितने पुरस्कार मिले—तुम अपनी आँखों से कुछ भी नहीं देख सकीं। ख़ैर, इन सबमें तुम्हें ख़ास दिलचस्पी भी नहीं थी। तुम तो सिर्फ मेरे मन की ख़बर लेना चाहती थीं। मैं ठीकठाक तो हूँ, सुखी हूँ, तुम यह खबर पाना चाहती थीं। तुम मेरा सुख देना चाहती थी, और कुछ नहीं। मुझे बिल्कुल अच्छा नहीं लगा कि लोग मेरे भाषण पर कितनी तालियाँ बजाते हैं, तुमने नहीं देखा। तुमने मुझे एक भी स्वर्ण-पदक प्राप्त करते हुए नहीं देखा। तुमने आखिर देखा क्या, माँ? अब्बू ने तो मेरे ढेरों कार्यक्रम देखे थे। मेरे साथ बहुत सारे देशों की भी सैर की थीं। चूँकि वे मेरे अब्बू थे, इसलिए लोगों ने उनका भी बेहद सम्मान किया। तुम्हें वह सम्मान नहीं मिला। तुम्हें ही मैं कहीं नहीं ले जा सकी। तुम जितने दिनों यहाँ थीं, किसी गैर के घर में, निचली मंज़िल पर पड़ी रहीं। मैं अपने पर निर्भर नहीं हूँ, यह तुम देख गयीं। मुझ जैसी शत-प्रतिशत आत्मनिर्भर इन्सान को दूसरों पर निर्भर देखकर, शायद तुम बेहद दुःखी हुईं। एक बार रोज़े के दिनों में मैंने तुमसे कहा, 'चलो' तुम्हें तुर्की घुमा लाऊँ। वह मुस्लिम देश है, तुम रोज़ा रख सकोगी।' तुम राज़ी हो गयीं, लेकिन चूँकि तुम्हारे पास गरीब देश का पासपोर्ट था, इसीलिए तुम्हें तुर्की का वीजा नहीं मिला। हम अपने घर लौट आये। तुम्हारा मन बेहद दुःखी हो गया था। मेरे हाथ में राष्ट्रसमूह के यात्रा-दस्तावेज़ थे। बांग्लादेश को छोड़कर, अन्य सभी देशों में यात्रा अधिकार मेरे पास मौजूद था। मैं तुर्की भी जा सकती थी । लेकिन तुम्हारे पासपोर्ट पर, तुम्हें वीजा ही नहीं दिया गया। नियम यह था कि अपने देश से वीजा संग्रह करना होता है, किसी दूसरे देश से वीजा जारी नहीं किया जा सकता था। लेकिन, माँ, अब्बू को मैंने इसी स्वीडन से ही जर्मनी, डेनमार्क और इंग्लैण्ड का वीजा बनवा दिया था। मैं उन्हें इन सभी जगहों में अपने साथ ले गयी थीं। असल में, सरकार की तरफ से या किसी प्रतिष्ठान की तरफ से, जब आमन्त्रित किया जाता है, तब ऐसे सड़े-गले क़ानून लागू नहीं होते। यह जो मैं विदेशों के नियम-क़ानूनों की सच्चाई और ईमानदारी की, मुक्त कण्ठ से तारीफ करती हूँ, ज़रा गहराई से देखती हूँ, तो स्पष्ट हो जाता है कि भाई-भतीजावाद यहाँ भी चलता है। सरकारी लोगों की अगर मदद हो, तो यहाँ भी असम्भव को सम्भव किया जा सकता है। तुमने देखा, मैं तुम्हारी ही तरह दूसरों पर निर्भर हूँ। अब मुझमें न वह ज़िद, न तेज़ रहा! मेरा वह अहंकार, आत्मविश्वास, अद्भुत सौन्दर्य, जीवन्तता, प्रताप—अब कुछ भी नहीं रहा। अब, जब मैं सड़क पर निकलती थी, तो मैं, वह मैं नहीं होती, जिसे सैकड़ों लोग जानते-पहचानते थे। तुमने देखा, कोई-कोई मुझे कोहनी मारकर आगे निकल जाता है। इतने-इतने लोग थे। जब मैं सड़क पर निकलती थी, वे लोग मेरे करीब बढ़ आते थे। लेकिन, जितने दिनों तुम मेरे पास थीं, कोई मेरे पास नहीं आया। मैं और तुम बर्फ-बिछी

सड़क पर चलते रहे, जैसे धनिक गोरों के देश में, दरिद्र, काले लोग चलते हैं। हमारे क़दमों में, हमारी चाल में लड़खड़ाहट होती थी; हीनता-बोध, संशय और शंका होती थी। कम से कम मेरी चाल में यही सब भाव थे। लेकिन तुम्हारे मन में काले-गोरों के सन्दर्भ में किसी प्रकार की हीनमनस्कता, मुझे नज़र नहीं आयी। तुम जैसी अन्तरंगता से काले लोगों से बातें करती थीं, उसी लहजे में तुम श्वेतांगों से भी बातें करती थीं। तुम जैसे गोरे तन-बदन को दिल से छू लेती थीं, जैसे काले-बादामी को छूती थीं। गोरे लोगों की ज़्यादा ख़ातिर-तवाजो नहीं करती थीं, न ही उन लोगों को ज़्यादा महान् मानने की प्रवणता तुममें नज़र आयी। इतना आधुनिक तो मैं खुद भी नहीं हो पायी। माँ! थोड़ा-बहुत भी नहीं।

सुयेनसन से शायद किसी बात पर मेरी तू-तू, मैं-मैं हो गयी थी और उसी समय मैंने फैसला लिया था कि अब मैं उसकी गाड़ी इस्तेमाल नहीं करूँगी। तुम्हारे रहते-रहते, उस सर्दी के मौसम में, मैं यह फैसला नहीं भी ले सकती थी। यह सच है कि तुम्हारे जाने के बाद, मैंने यह फैसला बदल भी दिया था। वह फैसला लेने के बाद, मैं बस में सवार होकर, फिसलन भरे बर्फ पर चलते हुए, बाज़ार करने गयी, उस जम जाने वाली ठण्ड में तुम्हें बाहर ले जा-जाकर मैंने तुम्हें निमोनिया का शिकार बना डाला। हाँ, माँ, मैंने तुम्हें बहोत सताया है, बहुत तकलीफ दी है। मैं टैक्सी भी तो ले सकती थी। लेकिन क्यों लेती? तुम्हारे स्वीडन आने के बाद, मैंने कंजूस-मक्खीचूस की तरह अचानक रुपये-पैसों का हिसाब-किताब जो शुरू कर दिया, माँ! पता नहीं क्यों? क्या इसलिए कि वह तुम थीं? मैं तो बहुतेरे लोगों को ढेर-ढेर रुपये भेजती थी। कलकत्ता के एक दोस्त को गाड़ी ख़रीदने के लिए, अब्बू को भी गाड़ी ख़रीदने के लिए, बीच-बीच में अकारण ही, सुहृद को थियेटर-कन्सर्ट वगैरह देखने के लिए, बड़े-बड़े रेस्तरां में खाने के लिए, जमकर कल्चर करने के लिए रुपये भेजती थी। सुहृद के लिए रुपये, वारेन नामक अपने एक अमेरिकी मित्र को भेजती थी। सुहृद को इन्सान बनाने की, उसे बहुत बड़ा बुद्धिवादी बनाने की जिम्मेदारी, मैंने वारेन को सौंप दी थी।

तुम मुझे लेने आयी थीं, माँ, अकेली ही लौट गयी। तुम्हें इस बात का दुःख था। लेकिन, मुझे नहीं था। राष्ट्रसंघ के पासपोर्ट पर, मैं बांग्लादेश नहीं जा सकती। यह कहकर मैंने तुम्हारी इच्छा को कुचल डाला। तुम देश वापस लौट गयीं। मैं रह गयी, पराये घर में, पराये के आश्रय में, किसी पराये इन्सान का आदेश-निषेध मानने के लिए। उस पराये घर में मुझे घर-किराया तो नहीं देना पड़ता था, लेकिन बाकी दायित्व मेरा था। ना, वह दायित्व मुझे किसी ने दिया नहीं था, मैंने खुद लिया था। घर के लिए सामान वगैरह की ख़रीद, घर या बाहर खाना-पीना, सैर-सपाटा, सब मेरे पैसों से होता था। कभी-कभी मुझे यह ख़याल भी आता था कि उस घर में मेरे जितने रुपये खर्च होते थे, उतने में तो मैं आराम से शहर में कोई घर, किराये पर ले सकती

थी और अपने ढंग से रह सकती थी। लेकिन, माँ, जिस देश की मैं भाषा नहीं जानती, जहाँ मेरे जाने-पहचाने लोग एकदम से हवा हो चुके थे, सरकारी शुभाकांक्षी भी गायब हो चुके थे, वहाँ, विदेश-भूमि में अकेले रहने में, मुझे जाने कैसी तो दशहत होती थी। वैसे यह दहशत भी क्या सच थी? अपने आप किसी से जान-पहचान करने की, मुझे आदत जो नहीं थी। वे लोग जब खुद सम्पर्क जोड़ते थे, तभी ऐसा सम्भव होता था। जब कोई सम्पर्क नहीं करता था, तब? खुद आगे बढ़कर, किसी से बात करना, आज तक मेरे लिए सम्भव नहीं हुआ। तुर्की तुम्हें जाने नहीं दिया गया। स्वीडन में मैं कहीं तुम्हें ले नहीं गयी। तुमने सिर्फ स्टॉकहोम शहर ही देखा। एक दिन मैंने फैसला किया कि तुम्हें फिनलैण्ड ले जाऊँगी। पूरी रात जहाज में सफर करूँगी; अगले दिन हेलसिंकी शहर की सैर करूँगी। तुम्हारे साथ मैं चाहे जो भी करूँ, तुम फट्से राज़ी हो जाती थीं। मेरे मन में जो-जो चाह जागे, मैं पूरी कर डालूँ और उसके बाद, तुम्हारे साथ देश वापस लौट चलूँ। फिनलैण्ड जाने के लिए मैंने तीन टिकटें ख़रीदी थीं। मैंने सुयेनसन को भी, साथ ले लिया था। 'जैब्रिएला' नामक विशाल जहाज देखकर तुम्हें बेहद भला लगा था। लेकिन सुबह जब वह जहाज हेलसिंकी के तट पर लगा, हैरत है कि बाकी सभी यात्री फटाफट उतर गये, सिर्फ मेरा और तुम्हारा पासपोर्ट माँगा गया। जहाज में सारे के सारे मुसाफिर गोरी चमड़ी वाले थे, एकमात्र मैं और तुम श्यामांग थे। सुयेनसन भी पार हो गया। मैं भी राष्ट्र संघ का पासपोर्ट दिखाकर पार हो गयी। लेकिन तुम्हें ही रोक लिया गया। तुम्हें फिनलैण्ड की माटी छूने देने से इनकार कर दिया गया। हाय माटी! माटी जो कितनी पवित्र होती है। तुम जैसी पापी औरत को वहाँ की धरती पर कदम नहीं रखने दिया गया। किसी गरीब देश में जन्म लेकर, तुमने तो पाप ही किया था, माँ! मैंने सुयेनसन से कहा 'तुम कहो न कि माँ तुम्हारे साथ आयी है।' अगर तुम यह कह देते तो मुझे पक्का विश्वास था कि एमिग्रेशन के लोग तुम्हें शहर देखने जाने की अनुमति दे देते। तुमने भी ग़ौर किया होगा, माँ, सुयेनसन यह बोलने को तैयार नहीं हुआ। सैकड़ों अनुरोध के बावजूद, वह मुँह खोलने को राज़ी नहीं हुआ। ये लोग ऐसे ही होते हैं, माँ, अन्दर ही अन्दर, शायद ये सभी लोग वर्णवादी होते हैं। सिर्फ वर्णवादी ही नहीं, डरपोक, ईर्ष्यालु और स्वार्थी भी होते हैं। काफी कुछ तो देख चुकी हूँ, उदार इन्सान बिल्कुल ही नहीं हैं, ऐसा भी नहीं है। असंख्य उदार लोग भी हैं। लेकिन मेरी तकदीर में ही ऐसे-ऐसे लोग जुट जाते हैं। मैं जहाज से नीचे उतर आयी और वह शख़्स हनहनाते हुए, मेरे आगे-आगे बाहर निकल गया। पीछे से मैं उसे बार-बार आवाज़ें देती रही, लेकिन उसे रोक नहीं पायी। दोपहर के लिए कुछ खाना लेकर मैं लौट आयी। खाना भी क्या कुछेक सैंडविच ख़रीद लायी थी। हेलसिंकी शहर सरकारी आमन्त्रण और लेखकों के आमन्त्रण पर, मैं पहले भी आ चुकी थी। जिस शहर को, पहले अकेले देख चुकी थी, उसे दुबारा देखने में, मेरी कोई दिलचस्पी नहीं थी। तुम्हें

कसकर भूख लगी थी। वह किसी नये देश के नदी-तट पर, छोटी-सी केबिन में बैठी रहीं। तुम कुछ भी नहीं देख पायीं। रात को भी तुम्हें जहाज के रेस्तरां में खिलाने के लिए, मैं सुयेनसन का इन्तज़ार करती रही। आख़िरकार सुयेनसन प्रकट हुआ। उसे साथ लेकर हम रेस्तरां में गये। उस आदमी में बूँद भर भी आँखों की शर्म नहीं थी। मेरे ही रुपयों से वह जहाज में सवार हुआ, मेरे ही रुपयों की बदौलत उसने खाया-पिया। जितने भी महँगे आहार थे, वह आराम से खाता रहा। हमें जहाज में छोड़कर, वह दिन भर के लिए हवा हो गया था, इसके लिए उसे कोई पछतावा नहीं था। तुम उदार थीं, तुम्हारी ही उदारता मेरे खून में है। लेकिन सुयेनसन जैसे बन्दे को कहीं से भी, उदारता की एक बूँद भी नहीं मिली। मैं या तुम इसी तरह अपने को उजाड़कर लोगों पर लुटाये जाते हैं। बहरहाल, मैं दुनिया के बाकी सभी लोगों के प्रति उदार थी, मगर तुम्हारे प्रति नहीं! इधर तुम कहती फिरीं कि मैं तुम्हें प्यार करती हूँ। यहाँ मैंने तुम पर ढेर प्यार बरसाया। जहाज में भी तुमसे खाया नहीं गया। तुम्हारा जी मिचलाता रहा, उबकाई आती रही। अरे, हाँ, तुमने शायद उल्टी भी की थी। कुछ खाने से पहले, तुम कहा करती थीं कि खाना गले तक भरा हुआ है! तुम्हें भूख नहीं है। क्या मुझे एक बार भी शक़ पड़ा कि शायद सच ही तुम्हें पेट का कोई रोग है? नहीं माँ, नहीं, मेरे मन में यह आशंका कभी नहीं जागी।

माँ, तुम मेरे पास अपनी बीमारी का इलाज कराने आयी थीं। तुम अविराम असहाय आँखों से निहारती हुई, मानो मुझसे अरज करती रहीं कि मैं तुम्हारा इलाज करा दूँ। मानो तुम भीख माँग रही थीं, माँ! इलाज की भीख! मैं तुम्हें स्वस्थ कर दूँ। नहीं, माँ, मैंने तुम्हारे लिए कुछ नहीं किया। तुमने मुझे अतिरिक्त परेशानी नहीं देनी चाही। तुम मुझे और कोई असुविधा, कोई अशान्ति नहीं देना चाहती थीं। तुम समझ गयी थीं कि अपनी बीमारी के साथ ही तुम्हें लौट भी जाना होगा। तुम तीन महीनों तक मेरे पास रहीं, बार-बार अपनी बीमारी की तकलीफ, मेरे सामने दुहराती रहीं, लेकिन तुमने देखा, इसका कोई फ़ायदा नहीं हुआ। मैंने तुम्हारी बीमारी की किसी तकलीफ को, तकलीफ ही नहीं मानी। तुमने देखा, मैं अपनी लिखाई-पढ़ाई में ही व्यस्त हूँ। देश छोड़ने के बाद मैंने कुछ नहीं लिखा, खाली बैठे-बैठे ही वक्त गुज़ार दिया। लेकिन, जैसे ही तुम आयीं, मैं दिन-रात लिखने में ही जुटी रही। तुमने देखा कि मैं बिल्कुल अलग तरह का विदेशी जीवन जीती हूँ। मेरी व्यस्तता में तुम रुकावट नहीं बनना चाहती थीं। तुम चली गयीं। चले जाने को तुम विवश हो गयीं। आखिर तुम करतीं भी क्या? मैंने तो एलान कर ही दिया था कि तुम्हें कोई रोग नहीं है। तुम बिल्कुल स्वस्थ हो। बड़े-बड़े डॉक्टरों ने तुम्हारी जाँच की! तुम्हारी जैसी तकदीर भला कितने लोगों की है? तुम क्या यह सोचकर चली गयी थीं, माँ, कि अब तुम्हारे पास, शायद ज़्यादा दिन नहीं बचे? यह भी मुमकिन है कि तुम मेरे पास इलाज कराने

नहीं आयी थीं। तुम्हें अन्दाज़ा हो गया था कि तुम्हारे अन्दर पलता हुआ महारोग, अब तुम्हें ज़्यादा दिनों तक ज़िन्दा नहीं रहने देगा, इसीलिए तुम मुझे आखिरी बार देखने आयी थीं। तुम मुझे साथ लेकर, स्वदेश लौट जाना चाहती थीं, ताकि मैं माफी ही माँगकर, देश वापस लौट चलूँ। लेकिन, तुम हर तरह से असफल हो गयीं।

ओ, माँ, तुम्हारा तो कोई शैशव, कोई कैशोर्य नहीं था। तुम मुझे बताती थीं कि जब तुम चौथी क्लास में पढ़ती थीं, तुम्हारी शादी हो गयी। ज़िन्दगी में मुझे कभी एक बार भी यह ख़याल नहीं आया कि कुल नौ वर्ष की उम्र में तुम्हारी शादी हो गयी थी। मैंने तो यह सोच लिया था कि तुम शायद बेहद कमज़ोर छात्रा थीं, बीस साल की उम्र में तुमने चौथी क्लास पढ़ी होगी। विवाह के बाद, उस नन्ही उम्र में तुमने कितनी-कितनी शारीरिक तकलीफें झेलीं। खुद बच्ची ही थीं, जब तुमने सन्तानों को जन्म दिया। कितना अर्सा तुमने अभाव, अनाहार में गुज़ार दिया। पति उन दिनों डॉक्टरी पढ़ रहा था। तुम अपने अब्बा की मेहरबानियों पर जीती रहीं! शिशु की गोद में शिशु! जब तुम जवानी की दहलीज पर पहुँचीं, तुमने देखा, तुम्हारा पति दूसरी औरतों पर आसक्त है। तुमने किसी दिन नहीं जाना कि प्यार होता क्या है। आजकल, जब मैं तुम्हारे बारे में सोचती हूँ, तो, मेरे अंग-प्रत्यंग में खौफ की जाने कैसी तो झुरझुरी फैल जाती है। मैं चारों तरफ नज़रें दौड़ाकर देखती हूँ, तुम जैसी असहाय, तुम जैसी अभागी, दुनिया में और कोई है भला? नहीं है, माँ! बस्ती में रहने वाली औरतें भी तुमसे कहीं ज़्यादा सुखी हैं! वे औरतें भी किसी न किसी का प्यार पाती हैं, सुहाग-दुलार पाती हैं! उपले बटोरने वाली औरतें भी खुशी-उल्लास मनाती हैं। ईंट तोड़ने का काम करने वाली औरतें भी अपनी कमाई के पैसे, मनमाने ढंग से ख़र्च करने का मौका पाती हैं। भिखमंगी औरतें भी तुम्हारी तरह असहाय-निरुपाय नहीं होतीं।

तुम्हारे जाने के बाद, मैं अधिक दिनों स्वीडन में नहीं रही। न्यूयार्क जाकर, यास्मीन की ही एपार्टमेंट बिल्डिंग की सातवीं मंज़िल पर, मैंने एक एपार्टमेंट किराये पर ले लिया। अर्से से ही गीता मुझसे आग्रह करती रही थी, जब मैं स्वीडन में थी, कि सुहृद को मैं अपने पास रख लूँ। गीता उसे अपने पास नहीं रख पा रही थी। सोच सकती हो, माँ, जिस सुहृद को वह हमारे पास कभी आने नहीं देती थी, अब वह अपनी मर्ज़ी से उसे सौंप देना चाहती। हम जहाँ चाहें, उसे ले जायें। सुहृद मेरे साथ रहने लगा। मैंने उसके लिए मानो अपना जीवन उत्सर्ग कर दिया। वह नन्हा सुहृद, अपनी चार-पाँच वर्ष की उम्र तक 'अवकाश' में ही पला-बढ़ा-बड़ा हुआ। उसके बाद तो उसके माँ-बाप ने छीन लिया था। मैं समझती थी कि इस बीच सुहृद काफी बदल चुका है। पन्द्रह वर्ष का हो चुका था। चूँकि उसे अच्छी शिक्षा नहीं मिली, इसलिए अतिशय ढीठ, लापरवाह, और बेअदब हो चुका था। वह मेरे पास रहने ज़रूर लगा, मगर उसे मेरी कोई सलाह, कोई सीख मानने में, कोई दिलचस्पी नहीं है। मैं यह भी

समझती हूँ कि काफी सारा वक्त गुज़र चुका है। सुहृद अगर अपने पिता के पास, बांग्लादेश में रहे, तभी वह शायद पढ़-लिखकर इन्सान बन सकेगा। सुहृद में पढ़ने-लिखने का कोई चाव है, मुझे नहीं लगता। असल में, मैं उसे शायद पहले जैसा ही देखना चाहती थी। मैं 'अवकाश' के उसी सुहृद को देखना चाहती थी। मैं यूरोप में थी, लेकिन जब भी अमेरिका आती उसे साथ लेकर वाशिंगटन डी सी, मेरीलैण्ड पेन्सिलवेनिया, बफैलो, न्याग्रा, फ्लोरिडा घुमाने ले गयी। उसे डेज़नीवर्ल्ड, स्मिथसोनियम, हेरिटेज म्यूजियम, मेट्रोपोलिटन, मॉडर्न आर्ट म्यूजियम वगैरह सारा कुछ दिखाया, ताकि उस लड़के का मन खुश रहे, उसमें ज्ञान-विज्ञान के प्रति आकर्षण बढ़े। मैंने छोटे भइया से भी कहा कि उसे बांग्लादेश ले जाकर, अपने पास रखें। यास्मीन कोई छोटी-मोटी नौकरी कर रही है! लाख कहने-कहलाने पर भी उसे कोई बड़ी और अच्छी नौकरी नहीं मिली, इसलिए उसका आत्मविश्वास बिल्कुल शून्य तक चला गया है। उसे अपने पर बूँद भर भी विश्वास नहीं रहा। अपनी बेटी, भालोबाशा को छोड़कर वह कहीं दूर जाने को राज़ी नहीं है। घर के करीब ही छोटी-मोटी नौकरी में ही, वह सन्तुष्ट है। वह भालोबाशा को स्कूल पहुँचाती है, वापस ले भी आती है। चूँकि उसके एपार्टमेंट में कोई अतिरिक्त कमरा नहीं है, मुझे उसी बिल्डिंग में नया एपार्टमेंट किराये पर लेना पड़ा। एक गृहस्थी के लिए, जो-जो सामान ज़रूरी था, मैंने ख़रीद लिया। बिस्तर-तकिये, सोफा, डाइनिंग-टेबल, मेज़, बुकशेल्फ, कुर्सी, कम्प्यूटर, अलमारी! रसोई के लिए भी 'क' से लेकर चन्द्र बिन्दु तक! इस तरह मुझे कितनी ही बार गृहस्थी सजानी पड़ी है, माँ! कुल दो बहनें! अपना देश, अपना घर-द्वार छोड़कर, विदेश-भूमि में पड़ी हैं! वहाँ भी अलग-अलग रहना पड़ा। पता नहीं, इतनी तकलीफ क्यों होती है! मैं जानती हूँ, यास्मीन मेरी तरह अकेली नहीं रहती। उसकी अपनी गृहस्थी है। लेकिन वह अपने पति-बच्चे समेत, ढाका में मेरे ही घर में तो रहती थी। तो क्या विदेश ने हम सबको अलग कर दिया? देश में नाते-रिश्तेदारों से अलग, यहाँ तक कि विदेश में भी एक-दूसरे से अलग। अपनों के बीच कैसी पुख़्ता दीवार खड़ी हो गयी है! यह दीवार आखिर कौन खड़ी करता है? वक्त? या और कोई? यह व्यवधान, यह विच्छेद, यह बाधा, यह विदेश क़बूल करने का मेरा मन नहीं करता। कभी-कभी चींख-चींखकर रोने का मन करता है। यह तो गनीमत है कि मैंने किसी मर्द के साथ गृहस्थी नहीं बसायी, वर्ना मैं भी बाकी सभी लोगों की तरह भौतिकवादी हो जाती। मेरा जगत-संसार उस चारदीवारी में ही भटकता रहता।

जब तुम यहाँ थीं, तब कहीं से कुछ नहीं आया, मगर तुम्हारे जाते ही, विभिन्न देशों से आमन्त्रण आने लगा। न्यूयार्क से मैं विभिन्न कार्यक्रमों में, इटली, स्पेन, ऑस्ट्रिया, फ्रांस की यात्रा पर निकलने लगी। जिस दिन मैं ऑस्ट्रिया से न्यूयार्क लौटी, उसी दिन ढाका से फोन आया। अब, तुमसे खाया भी नहीं जा रहा है; कुछ भी खाते ही

तुम्हें उल्टी हो जाती है। तुमने डॉक्टर को दिखाया था। उसने तुम्हें कोलनोस्कोपी कराने को कहा है। कोलनोस्कोपी कराने पर रिपोर्ट आयी है कि तुम्हारे पेट में खूब बड़ा-सा ट्यूमर मिला है। बायोप्सी की रिपोर्ट भी आ गयी है। मेरे हाथ-पैर ठण्डे होने लगे।

मैंने सिर्फ इतना ही पूछा, 'डायग्नोसिस में क्या लिखा है?'

छोटे भइया ने रोग का नाम बताया—कोलन कारसिनोमा! मतलब? इसका मतलब था, तुम्हें कैंसर हुआ है, माँ! कैंसर! तुम विश्वास करो, यह ख़बर सुनकर मेरी आँखों में समूची दुनिया ही हिल गयी। अपनी समूची ज़िन्दगी में इस क़िस्म का दुःसंवाद क्या मैंने कभी सुना था? या सुनूँगी? यह कैंसर का रोग लिये, तुम मेरे पास आयी थीं, माँ! इसी कैंसर के बारे में तुमने बताया था कि तुम्हें कोई बहुत बड़ा, बहुत भयंकर रोग हुआ है। शरीर में ठीक जिस जगह तुम्हें कैंसर हुआ है, वह जगह तुमने मुझे बार-बार दिखाया था, माँ! मैंने तुम्हें यह कहकर टाल दिया कि तुम्हें कुछ नहीं हुआ। मैंने बार-बार कहा—'यह कोई खास बात नहीं है। लगता है, तुम्हारी खाद्य-नली, किसी वजह से थोड़ी-बहुत छिल गयी है, इसलिए दर्द हो रहा है।' हाँ, यह बात तुम्हारी अपनी, सगी बेटी ने कही थी। जो बेटी डॉक्टरी पढ़ रही थी, उस वक्त तुमने उसका कितना सेवा-जतन किया था, उसी बेटी ने कहा था; सालोंसाल जिस बेटी के सारे आदेश-फर्माइशें मानती रहीं, जिसे तुम पोर-पोर भरे रहीं, उस बेटी ने कहा था। तुम समझ गयीं कि तुम्हें कोई भयंकर रोग हुआ है, मगर तुम्हारी दुलारी, डॉक्टर बेटी यह नहीं समझ सकी। तुम इतने दिनों मेरे पास रहीं, लेकिन मैंने तुम्हें समझने की कोशिश नहीं की। मैंने कोशिश नहीं की, इसलिए तुमने मुझ पर समझने का दबाव भी नहीं डाला। अब्बू तुम्हें फूटी कौड़ी नहीं देते थे, भाईजान का तो सवाल ही नहीं उठता। बच रहे छोटे भइया! वह तो हमेशा हथियाने के चक्कर में ही था। वह क्या देता? जिसके पास ढेर-ढेर दौलत थी, मैं उन पर और ज़्यादा उड़ेले दे रही थी और तुम्हें ख़ाली हाथ ही वापस भेज दिया। देश वापस पहुँचकर, तुम्हारी सेहत की वे शिकायतें धीरे-धीरे बढ़ती जा रही थीं। बाद में मुझे तुम्हारा पूरा समाचार मिला। तुम्हारी बीमारी चिन्तनीय ढंग से बढ़ती जा रही थी। ख़बर मिली कि तुम ढाका में अकेली हो; तुम बेहद बीमार हो; तुमसे खाया नहीं जा रहा है; जो खाती हो, उलट देती हो! ऐसी बीमार देह लेकर तुम मयमनसिंह गयीं, वह भी बस में। अब्बू से चावल-दाल, तेल-नमक लेकर, उसी तरह बस से वापस ढाका आयीं। बीमारी की इस हालत में ही, तुम्हें यह सारा कुछ करना पड़ रहा है। तुम्हें खाना पकाकर, छोटे भइया को खिलाना होता था। उसकी जिम्मेदारी तुम न लेतीं, तो और कौन लेता? जब तुम हार गयीं, तुम्हारे हाथ में डॉक्टर को दिखाने के लिए एक भी कौड़ी नहीं रही, तुमने मयमनसिंह जाकर अब्बू से अपनी बीमारी की बात बतायी। तुमने उन्हें बताया कि कुछ भी खाते ही, तुम्हें उल्टी हो जाती है, पेट फूल जाता है, भयंकर दर्द रहता है।

यह सब सुनकर अब्बू ने तुम्हें गुस्से से घूरकर देखा। जिस चेम्बर में वे मरीज़ देखते थे, वहाँ से तुम्हें दुरदुराकर खदेड़ दिया। सर्दी-बुखार-खाँसी के रोगियों को बड़े जतन से देखते रहे, तुम्हें नहीं देखा। तुम्हारी जाँच भी नहीं की। तुम दौड़कर मयमनसिंह क्यों चली आयीं? ढाका में छोटे भइया को खाने-पीने की परेशानी में छोड़कर, यहाँ आने को तुम्हें किसने कहा था? तुम्हें बेभाव गाली-गलौज सुनना पड़ा। अब्बू को तुम्हारे रोग वगैरह के बारे में सुनना सख़्त नापसन्द था। जब अब्बू घर लौटे, तुमने दुबारा रिरियाकर कहा कि तुम्हारे पेट में भयंकर कुछ पैठ गया है। लेकिन तुम्हारे रोग से अब्बू को भला क्या फ़र्क़ पड़ता था? हाँ, अब्बू तुमसे यह ज़रूर पूछते रहे कि तुम मेरे पास से कितने रुपये लायी हो? तुमने बार-बार कहा कि मैंने तुम्हें कोई रुपये नहीं दिये। अब्बू ने तुम्हारी बातों पर विश्वास नहीं किया। उन्हें लगा कि तुम झूठ बोल रही हो। तुमने नाक-भौंह तानकर कहा भी—'तुम झूठ बोल रही हो। उसने तुम्हें ढेरों रुपये थमाये हैं।' तुमने क़ुरान उठाकर कसम खायी, अल्लाह के नाम पर कसम उठायी, रोते-रोते प्रायः उनके पैरों पर गिरकर तुमने भरोसा दिलाया कि तुम्हारे पास फूटी कौड़ी नहीं है, मैंने तुम्हें एक भी पैसा नहीं दिया। अच्छा, अब्बू को क्या बेहद जलन हो रही थी? गुस्सा आ रहा था? तुम्हारे हाथ में भी थोड़े-बहुत रुपये-पैसे हों, तुम भी ज़रा सुख-शान्ति से रहो, अब्बू ने क्या ऐसा कभी चाहा? नहीं, अब्बू ने तुम्हारी रुलाई को कभी रुलाई ही नहीं माना। तुम्हें नानी के घर जाना था। रिक्शे में सवार होकर तुम जा नहीं सकती थीं। रिक्शे के झटके से तुम्हारे पेट में भीषण दर्द उठता था। तुमने भाईजान से विनती की कि तुम्हें गाड़ी से वहाँ पहुँचा दे। भाईजान ने साफ़ मना कर दिया। तुम्हारी बीमारी, तुम्हारे पेट में पानी तक हजम न होना, भीषण पेट-दर्द—इन सबसे भाईजान को कोई फ़र्क़ नहीं पड़ता था। जितनी तरह की लानत-मलामत सम्भव थी, भाईजान ने तुम पर बरसा डाली। जितनी बेइज़्ज़ती की जा सकती थी, कर डाली, लेकिन, गाड़ी तुम्हें नहीं दी। तुम रिक्शे से ही नानी के यहाँ गयीं। रिक्शे में जाते-जाते, झटकों के डर से, तुम अपनी समूची देह, सीट से ऊपर उठाये रहीं, ताकि भयंकर दर्द से अपना बचाव कर सको। नानी-कोठी में तो कोई डॉक्टर था नहीं। लेकिन उस घर के सामने ही सुलेखा-परिवार का घर था। सुलेखा के भाई जहाँगीर ने डॉक्टरी की पढ़ाई की थी। कम से कम वह तो बिना पैसों के तुम्हारा इलाज कर देता था। कम से कम वह तो तुम्हारा रोग समझ गया था। हाँ, माँ, तुम्हारी सगी बेटी ने तुम्हें नहीं देखा, तुम्हारे पति ने तुम्हें नहीं देखा, तुम्हारे बेटों ने तुम्हें नहीं देखा, किसी अनात्मीय ने, जो तुम्हारा कुछ भी नहीं लगता था, उसने तुम्हारी देखभाल की। बगल के पड़ोसी ने तुम्हारी तकलीफ समझी! जहाँगीर ने तुमसे पेट का एक्स-रे कराने को कहा। लेकिन एक्स-रे कराने के लिए तुम्हारे पास पैसे कहाँ थे? तुम्हें रुपये कौन देता? तुमने अब्बू और भाईजान, दोनों से कहा कि तुम्हें अपना एक्स-रे कराना है। तुम जहाँगीर के पास अपने रोग के इलाज के लिए गयी

थीं, यह सुनते ही, अब्बू आगभभूखा हो उठे। तुम्हें लगभग गर्दनिया देकर 'अवकाश' से निकाल बाहर किया। अपने रोग को लेकर, तुम अतिशयता की सीमा भी पार गयी हो, अब्बू ने तुम्हें धिक्कार भेजा। 'हुंहः एक्स-रे कराना होगा–' अब्बू ने तुम्हारे पाण्डित्य पर व्यंग्य किया। भीषण दर्द से तड़पते-तड़पते तुमने उनकी सारी लानतें सुनीं, माँ! एक्स-रे करने में मुट्ठी भर रुपये लगते थे। तुमने छुटकू से कुछ रुपये उधार लिये और अकेली ही मयमनसिंह मेडिकल कॉलेज जा पहुँचीं, जिस कॉलेज में तुम्हारे पति अध्यापक थे, जिस कॉलेज से तुम्हारी बेटी ने डॉक्टरी पास की थी, तुम उसी कॉलेज की इमरजेंसी वार्ड में हाजिर हुईं। अस्पताल के बाकी सभी दरिद्र मरीज़ों के साथ लाइन में खड़े होकर तुमने पेट का एक्स-रे कराया, माँ! नहीं, यह करते हुए तुमने कोई ग्लानि महसूस नहीं की। तुमने दरिद्र लोगों की कभी उपेक्षा नहीं की। तुम्हारा तो उन्हीं लोगों के साथ उठना-बैठना था। तुमने वह एक्स-रे अब्बू को दिखाना चाहा। अब्बू ने उस पर एक नज़र भी नहीं डाली। तुम्हारे पास इतने पैसे नहीं थे कि तुम अपना एक्स-रे किसी अन्य डॉक्टर को दिखाओ। मारे शर्म के तुम छुटकू से भी कुछ और रुपये नहीं माँग सकीं। घर में जो नारियल के पेड़ थे, उनमें लगे हुए डाब तुड़वाकर, तुम बेच दिया करती थीं। उससे तुम्हें दो-तीन सौ रुपये मिल जाते थे। अब, तो वह भी हाथ से निकल गया था। ढाका से जब तुम वापस लौटीं और मयमनसिंह के डाब वाले को तुमने बुला भेजा, तब तुमने देखा कि भाईजान की बीवी ने सारे डाब (नारियल) बेच डाले हैं। डाब के रुपये उसी ने हथिया लिये हैं। 'अवकाश' में जो तुम्हारा मामूली-सा हक बच रहा था, हसीना ने वह भी छीन लिया। तुम ढाका वापस लौट आयीं और तुमने बिस्तर पकड़ लिया। तुम्हें निरोग करने वाला कोई नहीं था। समूचे टॉयलेट में खून ही खून, बेसिन में उल्टियाँ। ऐसी परिस्थिति में तुम्हारा रोना, तुम्हारी असहायता, तुम्हारा भयानक अकेलापन जारी रहा। छोटे भइया जब जहाज में विदेश की ड्यूटी करके लौटा, तो वही एक दिन, घर के करीब ही, किसी डॉक्टर के पास ले गया। आखिरकार छोटे भइया ही तुम्हारा सहाय हुआ! तुम्हारा भीषण बीमार शरीर, वह किसी तरह ढोकर ले गया और डॉक्टर के चेम्बर में उसने पटक दिया। जाँच के बाद, उसी डॉक्टर ने एलान किया–कैंसर! बारडेम में तुम्हारा ऑपरेशन होगा। मुझे इन सबकी कोई जानकारी नहीं थी। माँ! मैंने तो बाद में सुना। रोग पकड़ में आने से पहले, तुम्हारे दुःसह दिनों की कहानी, तुमने ही सुनायी थी। तुमने ही मुझे अब्बू और भाईजान के दुर्व्यवहार की बातें बतायी थीं। वैसे मैंने तो तुम्हें फोन भी नहीं किया। तय यही हुआ था कि तुम्हारे देश लौट जाने के बाद, मैं सीधे-सीधे तुम्हारे बैंक में रुपये भेज दूँगी। अगर मैं रुपये भेज देती, तो तुम्हें अपने इलाज के लिए अब्बू या भाईजान से भीख नहीं माँगना पड़ता; एक्स-रे कराने के लिए छोटे भइया के सामने हाथ न फैलाना पड़ता। तुम खुद ही किसी डॉक्टर से अपना इलाज करा सकती थीं। मुझसे ज़्यादा तुम्हें और किसने ठगा है, माँ? किसी ने नहीं! सारा कुछ जानते-समझते हुए भी तुमने मुझे माफ़ क्यों कर दिया,

माँ? तुम भले और किसी को भी माफ़ कर दो, मुझे कभी माफ़ मत करना, माँ! मैंने तो खुद को कभी माफ़ नहीं किया! आज तक नहीं किया। किसी दिन करूँगी भी नहीं। माँ, काश, तुम देख पातीं कि तुम्हारे रोग का नाम सुनकर, मैं स्तब्ध बैठी रही; किस कदर पश्चात्ताप की आग में जलती रही; दिनोंदिन मैं कितना-कितना रोयी हूँ। माँ, तुमसे फोन पर बात करते हुए भी, मैं किस कदर चींख-चींखकर रो पड़ी थी। उस दिन जो अपराध-बोझ झेलती रही, वह आज भी झेल रही हूँ। मुझे ऐसा अहसास हो रहा था, मानो मेरे अन्दर का कुछ, किसी शकुन पक्षी ने निगल लिया हो, मानो मेरी खोपड़ी, मेरी हड्डी-पसलियाँ मानो किसी बलिवेदी पर बिखरी पड़ी हों। बारडेम के डॉक्टरों ने फैसला लिया था कि आपात् ऑपरेशन करना होगा। तत्काल! उस वक्त ज़रूर तुम्हें यह सोचकर अच्छा लग रहा होगा कि आखिरकार तुम्हारा इलाज हो रहा है। तुम्हारे जिस रोग का इलाज पिछले सतरह वर्षों तक नहीं हुआ था, उसका इलाज आखिरकार हो रहा है। उस वक्त अस्पताल में भाईजान भी आये, अब्बू भी आये, चारों तरफ जो नाते-रिश्तेदार मौजूद थे, वे सभी लोग आ पहुँचे। उस वक्त सभी लोग तुम्हारी सेवा में जुट गये। यह सेवा लेकिन रुपये-पैसे देने की सेवा जैसी नहीं थी। इलाज में जो भी ख़र्च होगा, सब मैं दूँगी। रुपये-पैसों के लिए कहीं कुछ न रुके, यह बात मैंने अब्बू, भाईजान, छोटे भइया—सबसे कह दिया था—तुम्हें यह नहीं बताया गया कि तुम्हें कौन-सा रोग है। तुमसे सिर्फ इतना ही कहा गया—'तुम्हारे पेट में ट्यूमर है।'

तुमने मुझसे फोन पर कहा था, 'बिटिया, मैंने तो तुम्हें बताया था। कहा था न कि मेरे पेट में भयंकर दर्द रहता है। वहाँ जब डॉक्टर ने मेरा पेट दबाया था, मैं दर्द से कराह उठी थी। याद है, तुम्हें?'

याद क्यों नहीं रहेगा, माँ? याद न रहने की तो कोई वजह नहीं है। इसी बीमारी को लेकर ही तो मैंने तुम्हारे प्रति कितनी अश्रद्धा जाहिर की थी, माँ! मुझे लगा था, तुम अपनी बीमारी के बारे में झूठी कहानियाँ गढ़-गढ़कर सुना रही हो।

मैंने कहा था, 'वह सब फालतू दर्द-वर्द के किस्से भूल जाओ और अपनी डायबिटीज़ के बारे में सोचो। यही तुम्हारा असली रोग है।' तुमने क्या कम उसाँस भरी थी, माँ? अब वही उसाँसें मैं भर रही हूँ। जो तुम निरी भिखारिन की तरह, अपनी भयंकर व्याधि के साथ निचाट अकेली थीं, अब तुम अकेली नहीं थीं। अब तुम्हारे नाते-रिश्तेदार तुम्हें बखूबी घेरे हुए थे। अब तक तुम अकेले रोग झेलती रहीं, अब तुम्हारे पास परिवार के सभी लोग आ खड़े हुए थे। जिन लोगों ने अब तक—'तुम्हें कुछ नहीं हुआ! तुम्हें कोई रोग-बीमारी नहीं है—' यह कहकर तुम्हारी अवज्ञा की थी; तुम पर यह आरोप मढ़ते रहे थे कि तुम कहानियाँ बनाती हो, उन सभी लोगों ने अब, क़बूल किया कि तुम्हें ऐसा बड़ा और गम्भीर रोग हुआ है, जिसकी वजह से तुम्हें अस्पताल में भर्ती होना होगा, यहाँ तक कि तुम्हें ऑपरेशन भी कराना होगा।

जब अस्पताल में तुम्हारा ऑपरेशन हो रहा था, भाईजान ऑपरेशन-थियेटर के बाहर खड़े थे; वहाँ छोटे भइया और अब्बू भी मौजूद थे। अब्बू ने भी काफी गमगीन आवाज़ में अफसोस जाहिर किया। सुना है, अब्बू भी मारे दुःख के सिर पकड़े बैठे रहे। फोन पर मैंने भी अब्बू को खूब बुरा-भला कहा। तुम इतना रोती रहीं, फिर भी उन्होंने तुम्हारे रोग का इलाज नहीं कराया, इसके लिए मैं उन्हें धिक्कार भेजती रही। हाँ, जो शख़्स शहर का मशहूर डॉक्टर था; अन्यान्य डॉक्टर भले किसी मरीज़ का रोग न पकड़ पाते हों, मगर वह डॉक्टर हर रोग पकड़ लेता था, उसी डॉक्टर अब्बू को मैं ढेर सारी लानतें, आक्षेप भेजती रही।

अब्बू ने बार-बार क़बूल किया, 'मैं समझ नहीं पाया।'

उन्होंने एक बार मुझे भी उलाहना दिया, 'तुम्हारे पास भी तो वह कई महीनों तक थी। तुमने उसका इलाज क्यों नही कराया?'

मैं भी इसका क्या जवाब देती? कुछ भी कहने की, क्या मेरे पास कोई भाषा थी? अपना चेहरा दिखाने लायक, क्या मेरे पास कुछ था? जिस किसी के भी, किसी सवाल का जवाब मैं दे सकती थी, मगर इस सवाल का जवाब मेरे पास नहीं था। तुम्हारे सामने मैं कितनी बड़ी अपराधिनी के रूप में खड़ी थी, वह सिर्फ मैं ही जानती हूँ। तुमने जब मुझसे फोन पर बात की, तुम्हारी आवाज़ बच्चों जैसी हो आयी थी। तुम यही जानती थीं कि तुम्हारे पेट में ट्यूमर हुआ है। ऑपरेशन करके, वह ट्यूमर निकाल दिया जायेगा और तुम पहले जैसी स्वस्थ हो जाओगी। तुम्हारी यह जानकारी, सच नहीं है, यह बात एक मेरे और अब्बू के अलावा और कोई नहीं जानता था। पाइल्स-पाइल्स का रट लगाते हुए, तुम सतरह सालों से इलाज कराने के लिए चींखती-रोती रहीं। सतरह साल बाद सही, तुम्हारा इलाज होगा, तुम अब स्वस्थ हो जाओगी—इस बात से तुम्हें खुश ही होना था। पत्थर की तरह खड़े-खड़े, हम सब तुम्हारी उस खुशी के ही तो गवाह थे।

माँ, उस वक्त मैं जी-जान से तुम्हारे पास पहुँचना चाहती थी। लेकिन और कोई भले तुम्हारे पास पहुँच सकता था, लेकिन मेरा पहुँचना सम्भव नहीं था। हर रोज़, हर पल मैं छटपटाती रही। बार-बार फोन करती रही। पिछले चार वर्षों में जितना फोन नहीं किया, इन चार दिनों में उससे कहीं ज़्यादा कर डाला। वह अपराध-बोध था? हाँ, बेशक़, माँ, वह मेरा अपराध-बोध ही था। ज़िन्दगी में इससे बड़ा गुनाह, क्या कोई इन्सान करता है? मैं मारे ग्लानि के टुकड़े-टुकड़े हो गयी। अपने को सैकड़ों धिक्कार भेजती रही। मैं पछतावे और अफसोस की दरिया में बहती रही; अपने प्रति घृणा और लज्जा में डूबी रही। मुझे अपने प्रति तीखी नफ़रत जाग उठी थी, माँ! जो डॉक्टर तुम्हारा ऑपरेशन करने वाला था, भाईजान से उसका फोन नम्बर लेकर, मैंने कई-कई बार उससे बात की। वे क्या सोचते हैं? सीधी-सादी भाषा में क्या वह महज ट्यूमर नहीं हो सकता? डॉक्टर ने बताया कि कोलोनोस्कोपी कराने के बाद, उन्हें

ऐसा नहीं लगता। वह सीधा-सादा ट्यूमर ही हो, ऑपरेशन के बाद, तुम स्वस्थ हो उठो, यह मैं जी-जान से उम्मीद करने लगी। मेरा तो कोई ईश्वर नहीं था, माँ, जिसके आगे मैं प्रार्थना करती। मैं इस निष्ठुर प्रकृति से ही तुम्हारे प्राणों की भीख माँगती रही। तुम्हारी सच्चाई, तुम्हारी पवित्रता, तुम्हारी अकृत्रिमता को ही ईश्वर मानकर, मैं तुम्हारी सेहत के लिए प्रार्थना करती रही। ज़िन्दगी भर तुम्हें जो यन्त्रणा मिलती रही, जिस कष्ट का दंश तुम्हें इतने वर्षों से कुरेद-कुरेद कर खाता रहा, अब मैं जी-जान से चाह रही थी कि तुम्हें थोड़ी-सी खुशी दे सकूँ। तुम्हारी बीमारी कोई ठीक नहीं कर सका, इसलिए तुम भी उम्मीद छोड़ बैठी थीं। तुम मुझे आखिरी बार देखने चली आयीं, माँ! चाहे जैसे भी हो, तुम मुझे एक बार देखना चाहती थीं। मैंने अब्बू और माँ, दोनों के लिए ही वीजा का इन्तज़ाम किया था। तुम अब्बू के बिना ही चली आयीं। इसके लिए मैंने तुम्हारा बहुत अपमान किया। अब्बू खुद ही आना नहीं चाहते थे, तुमने यह बात भी मुझे बतायीं; तुमने यह भी तसल्ली दी कि अब्बू ठीकठाक हैं, इसके बावजूद, मैंने तुम्हारा विश्वास नहीं किया। मुझे भरोसा नहीं हुआ कि अब्बू ठीक हैं। तुम ठीकठाक हो, अब्बू ही ठीक नहीं हैं, मैं यही विश्वास लिये बैठी रही। मुझे अपने विश्वास से कोई हिला नहीं पाया। मेरी उस झूठ की दुनिया, टूट-फूटकर चकनाचूर हो गयी। मैं अपने को आखिर कैसे तसल्ली दूँ?

ज़िन्दगी में वह तुम्हारा पहला ऑपरेशन था। छोटे भइया ने अपने एक दोस्त से रुपये उधार लेकर, इलाज का ख़र्च दिया था। उससे मैंने कह रखा था कि इलाज का सारा ख़र्च मैं अदा कर दूँगी। तुम तो सब जानती थीं, माँ! अच्छा, तुम्हें क्या एक बार भी गुस्सा नहीं आया कि तुम्हारे इलाज का ख़र्च अब्बू क्यों नहीं देंगे? तुम्हारी बीमारी में तुम्हारे करीब रहने के लिए, अब्बू ढाका आये थे, यही सुनकर, तुम सब कुछ भूल गयी थीं। अब्बू जैसे इन्सान का इतना-सा ही प्यार पाकर, तुम शायद धन्य हो गयी थीं। पता नहीं, तुम इस हद तक किसी को माफ कैसे कर पाती थीं?

जिस दिन तुम्हारा ऑपरेशन था, माँ, मैं दिन-रात लगातार फोन पर फोन करती रही। भाईजान, छोटे भइया, अब्बू से मैं बार-बार यही पूछती रही कि अब क्या हो रहा है? अब क्या हो रहा है? यहाँ तक कि मैंने सर्जन को भी फोन किया। ऑपरेशन द्वारा ट्यूमर निकाल देने के बाद, बायोप्सी करानी होगी। अगर वह ट्यूमर मामूली न हो, मेलिंग्नेन्ट (फैलने वाला) हो, अगर कारेसिनोमा हो या कैंसर हो, तो भी मेटासटॉसिस तो नहीं हुआ। आमतौर पर कोलन से लिवर में मेटासटॉसिस हो जाता है। लिवर की सब तरह की जाँच, पहले ही करा ली गयी थी। डॉक्टर ने आश्वस्त किया कि लिवर बिल्कुल सही-सलामत है। किड्नी, दिल—सभी कुछ परफेक्ट है। कहीं, कोई समस्या नहीं है। डॉक्टर का यह आश्वासन, समुन्दर में डूबते हुए इन्सान के लिए तिनके के बराबर था। खून की जाँच करने के बाद, पता चला, एक कोलन के अलावा, तुम्हारी देह में, कहीं, कोई रोग नहीं था।

डॉक्टर ने कहा, 'इस मामले में, रैडिकल सर्जरी करनी होगी। बीमार कोलन के आस-पास, जो कुछ भी है सब काटकर निकाल देना होगा।'

जब तुम्हारा ऑपरेशन हो रहा था, मामा और खाला भी आयी थीं। तुम्हें खून की ज़रूरत पड़ सकती थी, इसके लिए छोटे भइया, शराफ मामा, सभी लोग खून देने के लिए तैयार थे। तुम देख रही थीं कि तुम्हारे कितने सारे नाते-रिश्तेदार थे। तुमसे इतने प्यार से शायद आज तक किसी ने बात नहीं की। ऑपरेशन पूरे साढ़े चार घण्टे चला। मैं हाथ में फोन लिये बैठी रही। मैं यह ख़बर सुनने का इन्तज़ार करती रही कि ऑपरेशन कैसा रहा, ट्यूमर का आकार, आकृति, चरित्र, स्वभाव किस ढंग का है! वह कैसा बेचैन इन्तज़ार था! समूचे कमरे में लगातार चहलकदमी करती रही मैं बार-बार पानी पीती रही, बार-बार आँसू पोंछती रही। आखिरकार डॉक्टर ने ख़बर दी! वह ख़बर सुनकर मैं वाक्रुद्ध मुद्रा में बैठी रही। आँखों से बहती हुई अश्रु-धारा को मैं रोक नहीं पा रही थी। डॉक्टर ने बताया कि साढ़े चार घण्टे के ऑपरेशन में, पेट में जो कुछ भी था, सब कुछ काटकर निकाल दिया गया है। छोटी आँत, बड़ी आँत प्रायः सारा का सारा निकाल दिया गया है। अब, पाकस्थली के साथ मामूली-सी बड़ी आँत जोड़ दी गयी है। लिम्फ, नोड, टोड—सब कुछ निकाल फेंकना पड़ा। आस-पास जो कुछ भी मौजूद होता है, सब कुछ साफ़ कर देने के बाद, पेट की सिलाई करने से पहले, डॉक्टर ने लिवर को हाथ में लेकर जाँच की थी। उसमें कुल तीन नॉड्यूल बच रहे थे। इसका मतलब यह हुआ कि कैंसर लीवर में भी फैल चुका था। कैंसर अगर लिवर तक फैल चुका था, तो इस ढंग से ऑपरेशन नहीं करना चाहिए था। ऐसे में जल्द से जल्द आँत का ट्यूमर निकालकर, फटाफट पेट की सिलाई कर देनी चाहिए थी। काफी देर तक ऑपरेशन करने और खून पहुँचाने का मतलब था, कैंसर को समूचे तन-बदन में फैला देना। बांग्लादेश में डॉक्टर यही करते थे। तुम्हें बचाने के बजाय, उन लोगों ने तुम्हें मार डाला। सबसे अन्त में नहीं, पेट खोलते ही, ऑपरेशन शुरू करने से पहले, उन लोगों को चाहिए था, तुम्हारे लिवर की जाँच कर लेते। कोई भी अनुभवी डॉक्टर यही करता। लेकिन, उन लोगों ने लेबोरेटरी की लिवर जाँच के नतीजे पर निर्भर करते हुए, इतना बड़ा ऑपरेशन शुरू करने से पहले, उन लोगों ने तुम्हारे लिवर की जाँच नहीं की। उनकी लिवर-जाँच की रिपोर्ट ग़लत थी, माँ! तुम तो लेटी रहीं! तुम बस, इतना जानती थीं कि इतने दिनों बाद, तुम्हारा इलाज तो हुआ, अब तुम स्वस्थ हो जाओगी। लेकिन कितनी भयंकर ग़लत चिकित्सा हुई तुम्हारी, तुम नहीं जानतीं। तुम्हें जानकारी नहीं थी कि तुम्हें कैंसर है। तुम तो, बस यह समझती थीं कि तुम्हारा रोग मिटाने का सारा इन्तज़ाम किया जा रहा है! तुम्हें खून दिया जा रहा है! इंटरनेट खँगालकर, मेडिकल पत्रिकाएँ पढ़-पढ़ कर, तुम्हारी बीमारी के बारे में जितने तथ्यों की जानकारी ले सकती थी, मैंने सब पढ़ डाला। जो डॉक्टरी मैं भूल चुकी थी, उसे घिस-माँजकर, दुबारा चमका लेने में, विभिन्न

अस्पतालों की वेबसाइट ने भी मेरी काफी मदद की। दिन भर मैं नेट पर ही झुकी रहती थी। कोलन कैंसर को बेहद भला कैंसर माना जाता है। जब आँत में कोई पॅलिप नज़र आता है, तो उस पॅलिप से रक्त-क्षरण होता रहता है। उस पॅलिप को काटकर निकाल देने भर से, वह पॅलिप, कैंसर में परिणत नहीं होता। लेकिन उस पॅलिप को विदा करने में, हममें से किसी ने भी तुम्हारी मदद नहीं की। अचीन्हे-अजाने सैकड़ों इन्सानों का पॅलिप मैंने खुद विदा किया है; लोगों को बचाया है। पॅलिप पनपने और बड़े होने में काफी लम्बा वक्त लेता है। काफी धीरे-धीरे बड़ा होता है। रक्तस्राव होता है, तो लोगों को यह ग़लतफहमी हो जाती है कि वह पाइल्स की वजह से है। कोलन कैंसर का अगर शुरू-शुरू में ही इजाज हो जाये, तो स्वस्थ होने की सम्भावना, अन्य किसी भी प्रकार के कैंसर के मुक़ाबले काफी बढ़ जाती है। तुमने जो उतना लम्बा वक्त मेरे पास गुज़ारा था, उसी समय, अगर स्वीडन के गधे डॉक्टर, तुम्हारा रोग पकड़ पाते, तो तुम बच जातीं। तब तक इस सर्वनाशी रोग ने निश्चित रूप से, लिवर में घुसकर अपना घर नहीं बनाया था। अगर मेटासटॉसिस नहीं हुआ होता, तो यह रोग कोलन से बाहर नहीं निकलता और कम से कम केमोथेरापी दे-देकर, तुम बेहतर हाल में रहतीं। इन सारी बातों की तुम्हें बिल्कुल जानकारी नहीं थी। तुमसे सच छिपाया गया था। तुम्हें यह दिलासा दिया गया कि ऑपरेशन के बाद, तुम बिल्कुल ठीक हो जाओगी।

मैंने डॉक्टर से भी पूछा, 'लिवर का ऑपरेशन किया जा सकता है?'

डॉक्टर ने जवाब दिया, 'हो सकता है। कोशिश करके देख सकता हूँ।'

मैंने शिकायत की, हालाँकि इससे कोई फ़ायदा नहीं होगा, यह जानते-समझते हुए भी मैंने सवाल कर ही डाला, 'आप रैडिकल सर्जरी करने ही क्यों गये? इससे तो कैंसर और फैल जायेगा।'

डॉक्टर भला और क्या जवाब देते? लिवर के उस रिपोर्ट को ही दोष देते हुए, उन्होंने अपनी भूल छिपा ली। मैं अपनी छाती में लम्बी उसाँस भरे-भरे ख़ामोश बैठी रही! अकेली!

छोटे भइया की मित्र जुही, न्यूयार्क आ रही है, यह सुनकर मैंने तुम्हारे लिए जैक्सन हाइट्स की ज्वेलरी की दूकान से सोने के गहनों का एक सेट ख़रीदा। गले का नेकलेस, कान की लटकन, कलाई की चूड़ियाँ! जीवन में तुम्हें गहने पहनने का बेहद शौक था। भाईजान ने अपनी शादी से पहले तुम्हारे लिए एक जोड़ी अनन्त बाला गढ़ा दिये थे। बाद में तुमने उस जोड़ी में से एक अपनी माँ को दे दिया और एक अपनी बेटी, यास्मीन को! यास्मीन को भी गहनों का बेहद शौक था। मुझे ही गहनों वगैरह का कभी शौक नहीं रहा। माँ, जिस इन्सान ने तुम्हारे लिए जीवन में, कभी, कुछ नहीं ख़रीदा, वहीं मैंने भरपूर दरियादिली से इतने महँगे-महँगे गहने ख़रीद लिये, तुम्हें बूँद भर सुख देने के लिए और अपनी ग्लानि मिटाने के लिए! मुमकिन

है, अब तुम्हारे पास ज़्यादा समय नहीं है, शायद इसीलिए मैंने तुम्हें थोड़ा-सा सुख देना चाहा और अपनी ग्लानि भी मिटानी चाही! इसके अलावा और क्या?

जुही के होटल में जाकर, जब मैंने उसे तुम्हारे ज़ेवर का डिब्बा देना चाहा, वह किसी हाल भी लेने को राज़ी नहीं हुई। उसका कहना था कि वह छोटे भइया की प्रेमिका है, तुम्हें वह बेहद प्यार करती है। उन लोगों के एमिग्रेशन की जाँच की जाती है। कोई अतिरिक्त सामान हुआ, तो काफी झमेला करते हैं। हालाँकि देखो, हर बार जहाज के क्रू विदेश आकर, सामान ख़रीदते हैं और अपने देश ले जाकर, ऊँचे दामों में बेच देते हैं। इससे उन लोगों को जो कमाई होती है, वह रकम उन लोगों की तनख़्वाह से भी कहीं ज़्यादा होती है लेकिन तुम्हारे लिए वह मामूली से गहने ले जाने में जुही को ऐसा लग रहा था कि उस पर पूरा का पूरा हिमालय पर्वत लाद दिया गया है।

जब काफी कह-सुनकर, किसी तरह उसे राज़ी किया, तो उसने झुंझलाकर कहा, 'जेवर का यह डिब्बा फेंककर, मुझे ये गहने पहनकर जाने होंगे।'

चलो, ठीक है! चाहे जैसे भी हो, ले तो जाये। मैं तुम्हारे चेहरे पर हँसी खिलाना चाहती थी। मैं चाहती थी, मामूली-सा ही सही, तुम्हें अच्छा लगे। ज़िन्दगी भर तुम्हें बूँद भर भी प्यार नहीं मिला। कम से कम तुम्हारी यह अकिंचन, नाकारा बेटी, तुम्हें प्यार करती है, यह सोचकर, बेहद कम-सा ही सही, तुम्हें खुशी मिल जाये। तुम कैंसर नामक भयंकर रोग से आक्रान्त थीं, तुम्हारी आँतें आक्रान्त थीं। कैंसर से भी भयंकर था मेटासटासिस! तुम उसकी भी शिकार थीं। इन सबकी तुम्हें कोई जानकारी नहीं थी। घर के बाकी सभी लोग जानते थे। मैं जानती थी। मुझमें इतना पछतावा भर गया था कि मैंने बार-बार यास्मीन से अनुरोध किया—'जा, तू माँ के पास जा! माँ के पास रह! माँ को ज़रा प्यार-दुलार दे। माँ को हम सबसे कभी कुछ नहीं मिला! माँ को ढेर-ढेर उपहार देना। माँ को बताना कि तू उसे बेहद प्यार करती है।'

हाँ, माँ, तुम नहीं जानतीं, यास्मीन को मैंने बार-बार यह समझाकर भेजा था कि वह हर वक्त तुम्हारे आस-पास रहे, तुम्हारे साथ वक्त गुज़ारे, ताकि तुम्हें अच्छा लगे। तुम्हें खुशी हो। तुम्हारे लिए मैंने कई हज़ार डॉलर भेजे।

'जा, यह सब माँ पर ख़र्च करना।'

अफसोस-सद-अफसोस! तुम पर खर्च करने लायक, क्या और कुछ है? इलाज और अस्पताल में जितना कुछ ख़र्च हुआ है, यास्मीन सारा उधार-देना मिटा आये। तुम्हारा जो-जो खाने का मन करे, जो-जो करने का मन करे, तुम कर सको; तुम खा सको। हम दोनों ने मिलकर तुम्हारे लिए ढेर-ढेर सारे कपड़े-लत्ते ख़रीदे। नहीं, माँ, उस वक्त मैंने रुपये-पैसों का हिसाब बिल्कुल नहीं किया। अगर मेरे वश में होता, तो दुनिया भर में जितनी भी अच्छी-अच्छी चीज़ें थीं, सब तुम्हारे लिए ख़रीद देती। यास्मीन जब तुम्हारे पास चली गयी, मेरा मन थोड़ा हल्का हो आया। बहुत थोड़ा-सा ही सही, कम से कम तुम्हें सुख-चैन तो मिला। तुम्हारी बेटी, तुम्हारे पास है। बेटों

के साथ रहने और बेटियों के साथ रहने में काफी फ़र्क़ होता है। मुझे ठीक-ठीक याद नहीं कि यास्मीन वहाँ कितने दिनों रही। जब, वह लौटकर आयी, मैंने गौर किया, कि देश में वह इस-उस के घर घूमती फिरी है। वह वीडियो भी उतारकर लायी थी। उसने वह भी दिखाया। वहाँ से वह बहुत-सी चीज़ें खरीदकर लायी थी। उसके गले में चेन थी; चेन में 'अल्लाह' लिखा हुआ लॉकेट! उसने कहा—'तुमने ख़रीदने को रुपये दिये थे, ख़रीद लिये।' कहाँ वह तुम्हारे लिए चीज़ें ख़रीदती, यहाँ तो तुमने ही उसे लाड़-प्यार दिया, उसके लिए ख़र्च करती रहीं। उन दिनों मैं बेतरह बेचैन हो उठी थी कि तुम्हारे पास कैसे पहुँचूँ। तुम्हें कैसे सुख दूँ? जो सुख तुम्हें कभी नहीं मिला, वह सुख! तुम्हें ढेर-ढेर प्यार देने के लिए, मैं अपना दिल बिछाये बैठी थी, माँ! लेकिन तुम तक पहुँचने के लिए, किसी राह पर मेरा वश नहीं था। चूँकि यास्मीन अपने देश गयी थी, इसलिए एमिग्रेशन वालों ने उसे प्रश्न-वाणों से बेध डाला। अमेरिका में राजनीतिक आश्रय पाया इन्सान, देश क्यों जा रहा है? क्या इसका यह मतलब है कि अब, उस देश में कोई राजनीतिक समस्या नहीं है? यास्मीन का सारा गुस्सा मुझ पर बरस पड़ा। उसने कहा कि उसे देश भेजकर, मैंने उसका सर्वनाश कर दिया। उसने कहा कि उसे देश भेजकर, मैंने ही उसको तबाह कर दिया। अमेरिका का ग्रीन कार्ड पाने के बारे में अब उसका क्या होगा? अब, उसके पासपोर्ट का क्या हश्र होगा? जाने क्यों तो ये लोग, अपनी माँ के जीवन के मुकाबले, विदेशी पासपोर्ट वगैरह को ज़्यादा मूल्यवान मानते हैं। पासपोर्ट से आखिर क्या होना है? उसे राजनीतिक आश्रय तो मिल ही चुका है, किसी न किसी दिन ग्रीन कार्ड भी मिल ही जायेगा। लेकिन इस वजह से क्या उसे अफसोस होना चाहिए कि वह तुम्हारे पास क्यों गयी? उसने अपनी ज़िन्दगी का इतना बड़ा नुकसान क्यों किया? उफ! किस कदर पछतावा! मानो मैं कोई डायन हूँ, जो उसे मार डालने के लिए अचानक प्रकट हो गयी।

मैंने अतिशय नरम लहजे में सिर्फ इतना ही कहा, 'चूँकि मैं वहाँ जा नहीं सकती, इसीलिए तुझसे देश जाने को कहा। तू जो माँ को देखने गयी और इसके लिए तू इस क़दर अफसोस कर रही है; आज जो तू यह सोच रही है कि माँ को देखने जाना, तेरी भूल थी, कोई ऐसा दिन भी ज़रूर आयेगा, जब तुझे अफसोस नहीं होगा। किसी दिन तुझे यह अहसास ज़रूर होगा कि ज़िन्दगी में अगर तूने कोई भला काम किया है, तो यही। बीमार माँ के सिरहाने, तू जो कुछ दिन गुज़ार आयी, माँ के हमेशा के लिए चले जाने से पहले, कुछेक दिन माँ के साथ रहकर, तूने माँ को बूँद भर खुशी तो दी।'

उस तरफ ढाका में तुम्हारी कीमियोथेरापी शरू हो चुकी थी। अस्पताल से आदमी घर आकर तुम्हें इंजेक्शन दे जाता था। लेकिन उन इंजेक्शनों से कोई फ़ायदा नहीं हो रहा था। रोग तुम्हारी लिवर में फैल चुका था। इसके बावजूद कीमियोथेरापी

लेकर तुम अजीब आराम महसूस करती थीं। तुम्हारा कम से कम इलाज हो रहा है। शायद यही सोचकर तुम्हें राहत मिलती थी। कीमियोथेरापी का ज़हर तुम्हारी देह में जाने के बाद, तुम्हें तो और बीमार हो जाना चाहिए था। लेकिन, नहीं, तुम तो यह कहती थीं कि तुम्हें अच्छा लग रहा है। असल में वह तुम्हारे मन की राहत थी। तुम्हारा मन अच्छा हो गया था। कीमियोथेरापी दवा मन को कोई राहत नहीं देती, बल्कि देह की प्रतिरोध-क्षमता कम कर देती है। चारों तरफ से बैक्टीरिया, तुम्हें और ज़्यादा आक्रान्त करते रहे। तुमने उतने बड़े ऑपरेशन का धक्का भी सँभाल लिया। तुम सोच रही थीं कि तुम ठीक हो रही हो। लेकिन मैं समझ रही थी कि स्वीडन में तुम्हारी बीमारी पकड़ में न आना, बांग्लादेश में तुम्हारा ग़लत ऑपरेशन करना—इन सबने, तुम्हारा रोग जितना भयंकर नहीं था, उससे कहीं ज़्यादा भयंकर बना दिया था। घण्टा बज रहा था, मैं उसका टन-टन सुन पा रही थी। अब्बू डॉक्टर थे, उन्हें भी ज़रूर यह आवाज़ सुनायी दे रही थी। इस रोग का कहीं, कोई आधुनिक इलाज है या नहीं, यह जानने मैं जी-जान से जुट गयी। तुम्हें भारत या सिंगापुर या स्वीडन या फिर अमेरिका ले आया जा सकता है या नहीं! मैंने भारत के दोस्तों को फोन करके, उन लोगों से बात करके, वहाँ का अस्पताल और डॉक्टर, सभी कुछ तय कर डाला। लेकिन, मुश्किल यह हुई कि वह देश मुझे वीजा नहीं देगा। मैं वहाँ जाती कैसे? सिंगापुर या स्वीडन में कोई असुविधा नहीं थी। लेकिन स्वीडन पर मुझे बहुत गुस्सा था। वह देश तुम्हारा रोग पकड़ ही नहीं पाया। उसके बाद, दिन पर दिन ग़लत इलाज करके, तुम्हें भोगने को मज़बूर किये रहा। अमेरिका में इसका कोई इलाज उपलब्ध है या नहीं, मैं इस तलाश में जुट गयी। नेट पर तलाश करते हुए मुझे न्यूयार्क के मेमोरियल स्लोन केटरिंग अस्पताल का पता मिला। वह कैंसर अस्पताल न्यूयार्क में ही था। कोलन कैंसर में जो लिवर मेटासटासिस होता है, इस अस्पताल में उसी के विशेषज्ञ मौजूद थे। उन लोगों ने किसी नयी जापानी उद्‌विद का रस तैयार किया था। उस रस को खून में पहुँचाकर कई-कई मामले में अच्छा नतीजा मिला है। मैंने मन ही मन तय कर लिया कि मैं तुम्हारे लिए वहीं कोशिश करूँगी। आखिरी कोशिश! मैं तुम्हें बचाने के लिए पगला उठी, माँ! उस स्लोन केटरिंग अस्पताल में एक दिन मैं खुद पहुँच गयी और वहाँ के नियम-क़ानून की जानकारी ले आयी। मैं अपने अमेरिकी दोस्त, वारेन एलेन स्मिथ को भी अपने साथ ले गयी थी। उन लोगों ने मरीज़ का सोशल सिक्योरिटी नम्बर माँगा, तभी वे लोग इलाज कर सकते थे। बाद में फोन करने पर पता चला कि और-और देशों के मरीज़ों के मामले में, तेरह हज़ार डॉलर जमा देना होता है। वे लोग ही हवाईअड्डे से रोगी को ले आने से लेकर ज़रूरत मुताबिक हर तरह का इलाज करते हैं। अस्पताल में भर्ती कराने की ज़रूरत पड़ सकती है। यह सब खोज-ख़बर लेकर, दिन में बीसियों बार, देश फोन करके, अमेरिकी दूतावास जाकर वीजा बनवाने की हिदायत दी, ताकि वीजा समय से तैयार हो जाये। मैं फोन पर बार-बार तकाजे पर तकाजे भी करती रही। वहाँ मेरी मदद

करने वाला, कोई भी नहीं था। यास्मीन ने जब सुना कि मैं तुम्हारे इलाज के लिए तुम्हें अमेरिका ला रही हूँ, वह खुश होने के बजाय, मुझ पर मिज़ाज़ दिखाने लगी। अगर मुझे, तुम्हें यहीं बुलाना था, तो उसे देश क्यों भेजा? उसे देश क्यों जाना पड़ा? उसे मैंने अमेरिकी नागरिकता पाने की सम्भावना का बारह क्यों बजाया? वैसे उसे राजनीतिक आश्रय, मेरी बहन होने के नाते ही मिला था। उसका बारह हरगिज़ नहीं बजा था, माँ! लेकिन आगामी दिनों में उसे अमेरिकी नागरिकता पाने में कोई असुविधा तो नहीं होगी, इस आशंका से वह वीभत्स हो उठी। मैं कितनी अकेली थी! दिन-रात निचाट अकेली; तुम्हारे लिए कितनी चिन्तित थी, एकान्त में कितना रोती थी, वह मैं ही जानती हूँ। तुम और अब्बू आये। हवाईअड्डे पर मैं गयी, यास्मीन नहीं गयी। वह क्यों जाती? वह तो गुस्से से फूत्कार रही थी। तुम्हारे लिए बांग्लादेश जाकर, उसने भयंकर भूल की थी। उस भूल का सारा दाय-दायित्व मेरा था। अगर उसका वश चलता, तो वह मेरा मुँह देखना बन्द कर देती। उसके लिए अमेरिकी नागरिकता से बड़ी, दुनिया में और कुछ भी नहीं थी। उसके लिए माँ-बाप, भाई-बहन कोई ख़ास अहमियत नहीं रखते थे। उसकी सारी चिन्ता-फिक्र, सिर्फ अपने, अपने पति-बच्चों के नागरिक-भविष्य पर केन्द्रित थी। उसके भीतर जो आवेग, जो प्यार था, वह कहाँ चला गया, यह बात मेरी समझ से बाहर थी। अमेरिका का सपना देखना, उसे छोटे भइया और मिलन ने सिखाया था, वर्ना ऐसा हृदयहीन और असभ्य जैसा आचरण, वह हरगिज़ नहीं करती। नागरिकता पाने में उसे मामूली-सी भी असुविधा नहीं हुई, माँ! जब उसे पाना था, उसे बिना किसी झंझट-झमेले, बाधा-विघ्न के मिल गया।

छोटे भइया ही फ्री-टिकट पर, बांग्लादेश विमान से अब्बू और माँ को ले आया। तुम दोनों को एयरपोर्ट पर उतारकर, वह उसी वक्त चला भी गया। मेरे भेजे हुए गहने, तुम पहनकर आयी थीं। नहीं, माँ तुम वे गहने इसलिए पहनकर नहीं आयीं कि तुम सुन्दर लगोगी। तुम तो इसलिए पहनकर आयी थीं कि मैं खुश हो जाऊँगी। मुझे खुश करने के लिए जैसे तुम पहले काम किया करती थीं, वैसे ही अब भी कर रही थीं। लेकिन मैंने अपनी ज़िन्दगी में शायद पहली बार तुम्हें सुखी बनाने की कोशिश की। लेकिन, क्या मैं उसमें सफल हुई, माँ? तुम असम्भव शान्त और स्निग्ध दिख रही थीं। तुम्हें देखकर यह बिल्कुल नहीं लग रहा था कि लगभग तीस घण्टों की बेहद थकानभरी यात्रा पूरा करके, तुम अभी-अभी आयी हो। घर की तरफ जाते-जाते, टैक्सी की खिड़की से मैंने तुम्हें न्यूयार्क शहर दिखाने की कोशिश की। लेकिन, माँ, तुम्हारी नज़रें सिर्फ मुझे ही निहार रही थीं। तुम मेरी हथेली थामे बैठी हुई थीं और हौले-हौले मेरी वह हथेली सहला रही थीं। बाद में भी जब मैं तुम्हें मैनहट्टन की गगनचुम्बी इमारतें दिखा रही थी, तुमने सिर्फ एक बार उन इमारतों पर नज़र डालकर, अपनी निगाहें फेर लीं। दुनिया भर के लोग यहाँ आते थे और अवाक्

निगाहों से वे सब महल-इमारतें विस्मय-विमुग्ध होकर निहारते थे, लेकिन यह सब देखकर, तुम्हारे मन में कोई विस्मय नहीं जागा, मानो यह सब तुमने बहुत देखा हो। इतनी निस्पृह निगाहों से दुनिया देखते हुए मैंने किसी को भी नहीं देखा। तुम्हारे लिए तो इन्सान और इन्सान का मोल ही सबसे अधिक था। इतनी उत्साहभरी आँखों से इन्सान को निरखते-परखते हुए, मैंने किसी को नहीं देखा।

यह स्लोन केटरिंग भी मुझे इतना परेशान करेगा, कौन जानता था? मेरी आँखों की नींद हराम हो गयी थी, माँ! तुम्हारे लिए काई इलाज ढूँढ़ने में, मैं दिन-रात डूबी रहती थी। काफी खोज-तलाश के बाद, मुझे जो मिला, उस पर ही भरोसा करके, मैंने तुम्हें अमेरिका आने को कहा था। तुम्हारे और अब्बू के वीजा का भी इन्तज़ाम किया। मैं कैसे इतना सब कर पायी, सोचती हूँ, तो आज भी अपने पर अचरज होता है। पेन अमेरिका की लेखक जमात से कह-सुनकर ही मैंने तुम्हारे और अब्बू के लिए अमेरिका आने का वीजा बनवाया था। तुम्हारे आने से पहले, अस्पताल में साढ़े छः हज़ार डॉलर जमा करना पड़ा था। उसके बाद, जिस दिन मैं तुम्हें लेकर, डॉक्टर को दिखाने अस्पताल गयी, बाकी सब रोगियों के साथ, काफी लम्बे समय तक तुम्हें भी वहाँ बैठे रहना पड़ा। डॉक्टर सभी रोगियों की जाँच कर रहा था, लेकिन जब तुम्हारी बारी आयी, तो कहा गया कि जब तक बकाया रुपये जमा नहीं कर दिये जायेंगे, तुम्हें वह नहीं देखेगा, क्योंकि तुम विदेशी रोगी हो। मैं फौरन अस्पताल के विदेश विभाग की तरफ दौड़ गयी, बाकी साढ़े छः हज़ार डॉलर चुकाकर, मैंने तुम्हें डॉक्टर को दिखाया। तुम्हारा एम आर आई कराया गया था। वह रिपोर्ट देखकर और थोड़ी-बहुत तुम्हारी जाँच करने के बाद, डॉक्टर ने एलान कर दिया—'लिवर में ढेरों मेटासटासिस नड्यूल मौजूद हैं।' कुल तीन से इतने सारे, इतनी जल्दी कैसे फैल गये, मैं इसका अन्दाज़ा लगा सकती थी। इसकी वजह थी, तुम्हारा साढ़े चार घण्टे तक ऑपरेशन करना और थैली-थैली खून चढ़ाना।

मैंने पूछा, 'लिवर का ऑपरेशन नहीं किया जा सकता? मेटासटॉसिस जहाँ-जहाँ फैल चुका है, वह सब काटकर साफ़ कर दिया जाये?'

डॉक्टर ने जवाब दिया, 'नहीं! यह सम्भव नहीं है! लिम्फ नोड में फैल चुका है। लिवर का ऑपरेशन करके, कोई फ़ायदा नहीं होगा।' थोड़ा ठहरकर उसने फिर जुबान खोली और बेहद स्वाभाविक लहजे में बताया। उसकी आवाज़ ज़रा भी नहीं काँपी, न ही उसकी आवाज़ में कोई ममता झलकी।

उसने फिर कहा, 'अब मरीज कुल तीन महीने बचेगी।'

उसकी यह बात ज़हरबुझे तीर की तरह, कुल दो-तीन पलों में, मेरी छाती में गहरे तक चुभ गयी।

'कोई और इलाज? क्या कोई दूसरा इलाज नहीं है?' मैंने कातर आवाज़ में पूछा।

डॉक्टर का चेहरा पत्थर!

उसने कहा, 'मरीज़ को देश वापस भेज दें।'

तुम डॉक्टर के चेम्बर में ही लेटी हुई थीं। तुम्हारे पास वापस लौटकर, मैं फूट-फूटकर रो पड़ी।

तुमने पीली पड़ी आँखों से मेरी तरफ देखकर पूछा, 'रो क्यों रही है? डॉक्टर ने क्या कहा? मैं मरने वाली हूँ?'

मुझे याद नहीं कि मैंने तुम्हें कोई जवाब दिया था या नहीं या सिर हिलाकर 'ना' कहा था। लेकिन मैं बेतरह रो रही थी। काफी देर तक मैं अपने आँसू नहीं रोक पायी। तुम्हें जो समझना था, तुम शायद समझ गयी थी।

तुमने बेहद नरम लहजे में कहा, 'सुन, सबकी माँ, क्या ज़िन्दगी भर... हमेशा... ज़िन्दा रहती है? तू रो मत, बिट्टी!' तुम्हारी आँखों में बूँद भर भी आँसू नहीं था।

डॉक्टर के जवाब दे देने के बाद, मैं क्या अपना बोरिया-बिस्तर समेटकर लौट आती?

मैं डॉक्टर के पीछे-पीछे चल पड़ी।

मैंने उससे कहा, 'डॉक्टर, मैं खुद एक डॉक्टर हूँ। मुझे आप सारी बात बतायें। लिवर के मेटासटॉसिस रोग के इलाज का जो नया ट्रायल दिया जा रहा है, इस अस्पताल में, उसके कुछ तो बेहतर नतीजे मिले होंगे। मेरी माँ के लिए भी अगर उस ट्रायल का इन्तज़ाम किया जाये, तो कैसा रहे?'

तुम्हें मालूम नहीं, माँ, वह डॉक्टर मुझ पर झुँझला उठी, 'ओय, तुम्हें क्या अंग्रेजी भाषा नहीं आती? तुम अंग्रेजी नहीं समझतीं? मुझे जो कहना था, मैंने कह दिया। अब बार-बार मुझसे सवाल करके, मुझे परेशान मत करो! जाओ!'

डॉक्टर आगे बढ़ गयी। उसने मुझसे कोई बात ही नहीं करनी चाही। कभी मैंने भी अस्पतालों में डॉक्टरी की थी। मैंने किसी भी रोगी या रोगी के रिश्तेदार से कभी ऐसा अकथ्य बर्ताव नहीं किया, न ही किसी अन्य डॉक्टर को ऐसा करते देखा। जिस बेटी को पल भर पहले यह बताया गया हो कि उसकी माँ तीन महीने के अन्दर मर जायेगी, उसके साथ किस लहजे में बात की जाती है, यह उस डॉक्टर ने नहीं सीखा था। अस्पताल के वेबसाइट से जिन बहुतेरे मेटासटॉसिस विशेषज्ञों की जानकारी मिली, उनमें से मैंने उस महिला को पसन्द किया था। उसके पास ढेरों डिग्रियाँ थीं; उसने काफी पढ़ाई-लिखाई की थी; उसके पास काफी तजुर्बा भी था। मुझे नहीं लगता कि किसी गोरी चमड़ी वाले मरीज़ से, उसे इस तरह का बर्ताव करने का मौका मिलता। उस डॉक्टर ने मुझे या तुम्हें इन्सान ही नहीं समझा! उसे शायद यह लगा कि किसी जंगल से कई जन्तु-जानवर उसके पास आ पहुँचे हैं। अब मुझे यह सोच-सोचकर अफसोस होता है कि अमेरिका के कुछेक लेखक-कवियों से मेरी जान-पहचान थी। लेखक-संस्था पेन भी मुझे काफी महत्त्व देती थी। मैं उन लोगों

में से ही किसी को अपने साथ क्यों नहीं ले गयी। अगर मैं किसी को साथ ले गयी होती, तो कम से कम ऐसे दुर्व्यवहार से तो हमें रिहाई मिलती, लेकिन तुम्हारा क्या कोई दूसरा इलाज हो पाता? कम से कम लिवर मेटासटॉसिस का जो इलाज चल रहा था, उस बारे में तो थोड़ी-बहुत बात कर पाती। सच बात क्या है, तुम जानती हो? विदेशों का राग-रंग देखकर, वर्णवाद के विरुद्ध उनके लम्बे-चौड़े नारे वगैरह सुनकर, विश्वास नहीं होता कि अधिकांश श्वेतांगों के रंध्र-रंध्र में वर्णवाद छिपा पड़ा है। हाँ, यह भी भरोसा नहीं होता कि मौका पाते ही, वे लोग अपनी घृणा उगल देते हैं। सच पूछो तो उस डॉक्टर ने, अपनी नज़रों से काफी दूर धकिया दिया। मैं भी डॉक्टर हूँ, इस बात पर उसे शायद विश्वास ही नहीं हुआ। गरीब देशों के डॉक्टर भी आखिर डॉक्टर होते हैं, वे समझते ही नहीं। मैंने जैसे यही बर्ताव पाने के लिए, तेरह हज़ार डॉलर ज़मा किये थे।

बहरहाल, तुमसे मैंने, तुम्हारे रोग के बारे में कुछ नहीं बताया। तुमको क्या रोग है, डॉक्टर ने क्या कहा है, इस बारे में मैंने तुम्हें कोई जानकारी नहीं दी। लेकिन तुम्हें यह ज़रूर अन्दाज़ा हो गया था कि तुमसे कोई न कोई बात छिपायी जा रही है। अगर कुछ छिपाया जा रहा है तो वह कौन-सी बात हो सकती है, इस बारे में अन्दाज़ा लगाने जितनी बुद्धि, तुममें ज़रूर थी। मैंने डॉक्टर को पहले ही यह हिदायत दे दी थी कि जो भी जानकारी देनी हो, वे मुझे दें, तुम्हें नहीं। विदेशों में डॉक्टर, मरीज़ को सब कुछ बात देते हैं—उन्हें कौन-सी बीमारी है, कहाँ बीमारी है, बचने की उम्मीद है या नहीं, अगर बचेगा तो कितने दिन, कितने महीने! मरीज यह सब सुनने के बाद, अपने जीवन के अधूरे कामकाज उस अवधि के अन्दर पूरा कर लेते हैं। सब कुछ समेट लेते हैं। लेकिन तुम्हें तो शायद जुटाने को कुछ भी नहीं था। तुम्हारे पास तो कोई जगह-ज़मीन नहीं थी, किसी के नाम लिख जाने के लिए! तुम तो निःस्व इन्सान थीं! तुम कितने दिन जियोगी, यह जानने की भला तुम्हें क्या ज़रूरत थी? उस रोग का नाम जानकर तुम क्या करतीं? क्या ज़रूरत थी, और ज़्यादा तकलीफ सहने की? ज़िन्दगी में तुमने कम तकलीफ तो नहीं झेली। अब बाकी दिन तुम ज़रा चैन-आराम महसूस करो कि तुम्हारा इलाज हो रहा है; तुम जल्दी ही स्वस्थ हो उठोगी।

एक दिन बातों ही बातों में मैंने तुम्हें बता दिया कि तुम्हारे लिए अस्पताल में मुझे कितने रुपये जमा देने पड़े हैं। नहीं, यह बात मैंने इसलिए नहीं बतायी, कि तुम्हें समझा सकूँ कि तुम्हारे लिए मैं कितने रुपये खर्च कर रही हूँ, इसलिए भी नहीं कि तुम्हारी वजह से मेरा कितना नुकसान हो रहा है। मैं तुम्हें यह समझाना चाहती थी कि मैं तुम्हें प्यार करती हूँ, मैं तुम्हें स्वस्थ देखना चाहती हूँ। रुपये-पैसे मेरे लिए तुच्छ थे, तुम्हें स्वस्थ करना ही मेरे लिए सबसे बड़ी बात थी। तुमने मेरी बात क्या समझी थी, माँ? या तुमने यह सोच लिया था कि रुपया खर्च करके, मुझे पछतावा

हो रहा है? अन्दर ही अन्दर तुम बेहद स्वाभिमानी महिला थीं, माँ! संवेदनशील! स्पर्शकातर! पता नहीं, तुम्हें क्या लगा था। तुम कैसी तो चुप रहती थीं, मानो तुम्हें कुछ नहीं हुआ, तुम्हें कोई बीमारी नहीं, मानो तुम काफी मजे में हो। तुम किसके सामने नाटक करती थीं, माँ? किसको चकमा दे रही थीं? इसके बाद तुमने कभी एक बार भी नहीं पूछा कि डॉक्टर ने मुझसे ऐसा क्या कहा कि मैं रो पड़ी थी। बताओ न, माँ, तुमने एक बार भी जानना क्यों नहीं चाहा? तुम तो कितनी छुटपुट बातों पर सवाल पर सवाल किया करती थीं! तुम अक्सर पूछती रहती थीं—विदेश में रहकर, मैं बाज़ार कैसे करती हूँ? खाना कैसे पकाती हूँ? पकाते हुए, कहीं मेरे हाथ तो नहीं जलते? मेरे पास रुपये-पैसे तो हैं न? मैं हिसाब से खर्च करती हूँ या नहीं? देश वापस लौटने के लिए, देश की सरकार से पत्राचार कर रही हूँ या नहीं? बैरिस्टर कमाल हुसेन से बात करती हूँ कि नहीं कि वे तुम्हारे लौटने का इन्तज़ाम करें?

तुम्हें मैं घर तो ले आयी लेकिन मैं क्या करती? मेरे सीने के कोश-कोश में हाहाकार की आँधी चलती रहती थी। मैं तो तुम्हारे बेहतर से बेहतर इलाज के लिए, नये से नये इलाज के लिए, देश से इतनी दूर-दूरान्तर ले आयी थी। तुम इतनी दूर से आयी थीं, तुम्हारा इलाज तो मुझे कराना ही था। तुम उत्सुक इन्तज़ार कर रही हो, मैं जानती थी। तुम जीना चाहती थी, मैं जानती थी। तुम अन्दर से कितनी कमज़ोर हो चुकी थीं, बाहर कितनी सख़्त होकर हँसती-बोलती रहीं, खाती-पीती रहीं, गपशप लगाती रहीं, मैं समझती थी। कभी-कभी मेरा मन होता था कि मैं इतनी ज़ोर-ज़ोर से चींख-चींखकर रोऊँ कि यह शहर गूँज उठे। मेरी मदद करने वाला कोई नहीं था। तुम्हें बचाने वाला कोई नहीं था। किसी डॉक्टर ने मुझे सलाह नहीं दी कि मैं तुम्हें कोई नयी दवा दूँ। लेकिन डॉक्टर कुछ कहता भी, तो मैं भला क्यों सुनती? स्वीडन के गोरे डॉक्टरों को भी मैं देख चुकी थी कि वे लोग कितना बढ़िया! इलाज करते हैं। अब गोरों के प्रति मेरा मोह-भंग हो चुका था। मुझे यह भी पता चल चुका था कि मुझे डॉक्टरों पर विश्वास नहीं करना चाहिए। डॉक्टरों द्वारा तुम्हारे कुल तीन महीने ज़िन्दा रहने की घोषणा ने मुझे मसल-कुचलकर, मेरे टुकड़े-टुकड़े करके, मेरी धड़कनों को मरोड़कर, खून की बूँद-बूँद चूसकर मेरे दिमाग को कुरेद-कुरेदकर मेरी त्वचा का रंध्र-रंध्र छीलकर, मेरी हड्डी-पसलियों में आग धधका दी थी। मेरी छठी इन्द्रिय में सूराख करके, मुझे भयावह मौत के सामने खड़ा कर दिया था, मानो तुम्हें नहीं, मुझे ही सिर्फ तीन महीने जीना है। किसी ने पीछे से धक्का मारकर, मुझे नर्क की गहराइयों में धकेल दिया था। इससे तो बेहतर यही था कि तुम यह कुत्सित ख़बर न जानो। इससे तो यही बेहतर था कि तुम आशा-आशा में रहती। तुम देश में ही रहतीं, किमोथेरापी जारी रहती। मुझे यही जानकारी मिलती रहती कि तुम्हारा ऑपरेशन हो गया, किमोथेरापी से फ़ायदा है; मुझे यही ख़बर मिलती रहती कि तुम

स्वस्थ हो रही हो, तुम ठीक हो जाओगी। कोई दुःख की ख़बर सुनने से कहीं बेहतर है, वह ख़बर न सुनना। निर्मम सच जानने से कहीं भला है, खूबसूरत झूठ जानना। काश, मैं यह भी नहीं जानती कि तुम्हारे उस रोग का नाम है—कैंसर! काश, मुझे यह जानकारी न होती कि तुम्हारा वह रोग लिवर तक फैल चुका है। काश, मैं मूर्खों की तरह सुखी रहती, माँ!

रात-रात भर मैं सो नहीं पाती थी। अब्बू को ड्रांइगरूम में सुलाती थी और मैं सोने के कमरे में, तुमसे लिपटकर सोती थी, जो सब लाड़-दुलार मैंने तुम्हें ज़िन्दगी भर नहीं किया, आजकल वह सभी तुम पर बरसाती थी। मुझे कैंसर अस्पताल की डॉक्टर की बातों पर बिल्कुल भरोसा नहीं होता था। मैं पूरे दम से, पूरी ताकत से डॉक्टर की भविष्यवाणी को ग़लत साबित करना चाहती थी। मुझे ढाका के डॉक्टरों के निदान पर भी भरोसा करने को जी नहीं चाहता था। काश, यह सब ग़लत साबित हो जाता। ट्यूमर की जाँच कराते हुए, कभी-कभी पैथालॉजी के लोग भी तो ग़लती कर देते हैं। वे लोग बताते हैं—ऐडोनोकरसिनोमा है, लेकिन असल में एडोनोकरसिनोमा नहीं होता, न कैंसर होता है। लिवर मेटासटॉसिस बता देते हैं, लेकिन असल में वह नहीं होता। डॉक्टर लोग तो अक्सर ही रोग का निदान करने में ग़लती कर जाते हैं। अब तक तुम्हारा रोग पकड़ने में ही डॉक्टर ने ही क्या कम भूल की? तो इस बार भी भूल क्यों नहीं हो सकती? तमाम डॉक्टर अचानक त्रुटिहीन, निर्मूल कैसे हो गये? देश-विदेश के डॉक्टर, हर जगह, बिना भूल किये, कैसे रह सकते हैं?

अगले दिन तुम्हें स्लोन केटरिंग अस्पताल ले जाकर मैंने तुम्हारा वह ट्रायल इलाज शुरू कर दिया। जापान के जाने कौन-से तो उद्‌विद का रस है! नाम—सी पी टी इलेवन! यह इंजेक्शन लेने के लिए डॉक्टर की अनुमति नहीं लेनी पड़ती। मुझे यह फैसला, खुद लेना था। 'मैं रुपये दे रही हूँ, इंजेक्शन दे दें।' विदेश में तुम्हारा इलाज कराते हुए, तुम्हारे चेहरे की चमक लौट आयी। तुम बेहद खुश-खुश अस्पताल पहुँच गयीं। तुमने शायद यही सोचा था, कि तुम्हारे रोग का कोई न कोई इलाज ज़रूर है। वह रोग क्या है, मैंने अभी तक तुम्हारे सामने, इस बारे में जुबान नहीं खोली थी। तुमने शायद यह सोच लिया कि ऑपरेशन के बाद भी तुम्हारे पेट में जो शिकायत रह गयी है, उसे ही दूर करने के लिए तुम्हें अमेरिका आकर इलाज करना पड़ रहा है। तुम्हें लगा था, शायद ठीक ही लगा था कि तुम्हें क्या रोग हुआ है। उन दिनों भले यह न लगा हो, लेकिन, अब लगता है कि तुम शुरू से ही सारा कुछ ठीक-ठीक ही समझ गयी थीं। यहाँ तक कि तुमने यह भी बताया कि ढाका में किमियोथेरापी देने के बाद, तुम्हें अपनी तबीयत काफी सुधरी हुई लगती थी। वह ज़हर अपने अन्दर लेने के बाद, तुम्हारी तबीयत ठीक तो नहीं होनी चाहिए थी। सच तो यह था कि तुम्हारा मन अच्छा हो गया था। कुछ न कुछ इलाज हो रहा था और इलाज होने का मतलब ही था, कभी न कभी तो स्वस्थ हो उठोगी। तुम्हारे

अन्दर-अन्दर यही एक विश्वास काम कर रहा था या फिर तुम्हें कोई उम्मीद नहीं थी, इसलिए तुम जी-जान से उम्मीद की कोई नन्हीं-सी किरण तलाश करती रहती थीं। तुममें जीने की अदम्य चाह थी। ज़िन्दगी भर तुम मौत का नाम रटती रहीं, लेकिन जिस दिन मौत सचमुच आ पहुँची, तो तुम मौत का एक बार भी नाम नहीं ले रही थीं। अपने आखिरी समय में तुम ज़िन्दगी की बातें किया करती थीं। भविष्य की बातें करती रहती थीं। अच्छा, तुम क्या हम सबको चकमा देना चाहती थीं? तुम क्या हम सबको यह समझाना चाहती थीं कि तुम सच ही नहीं जानती थीं कि तुम किस रोग से आक्रान्त हो? हम सब तुम्हें, तुम्हारे रोग के बारे में नहीं जानने देना चाहते थे और तुम भी यह नाटक करती थीं कि तुम कुछ नहीं जानतीं। तुम अपने रोग के बारे में नासमझ बनकर, हमें चैन देने की कोशिश करती थीं। तुम्हें इतना-सा नाटक तो करना ही था। अपना जीवन देकर, तुमने हमारे चेहरों पर हँसी खिलायी; अपना जीवन देकर तुम हमें चैन और सुख दे गयीं। तुम नासमझ की नासमझ ही रह गयीं। तुम किमोथेरापी के बारे में ही बात करती रहीं। तुम कहती रहीं, ऑपरेशन के बाद, तुम्हें 'किमो' दिया जा रहा है। तुम तो जानती थीं कि हाशिम मामा को कैंसर हुआ था। उन्हें भी किमोथेरापी दी जाती थी। हाशिम मामा और अन्य लोग उसे संक्षेप में 'किमो' कहते थे। 'किमो' शब्द तो कैंसर के अलावा अन्य किसी रोग के इलाज में इस्तेमाल नहीं किया जाता था। अपने बारे में तुम यह शब्द आराम से इस्तेमाल करती थीं। तुमने किसी से भी यह सवाल नहीं किया कि सेलाइन में भरकर जो दवा तुम्हें दी जाती है, उसे किस वजह से 'किमो' कहा जाता है, 'किमो' तो कैंसर की दवा है। तुम शायद किसी को भी निरुत्तर नहीं करना चाहती थीं।

सी पी टी का विष, तुम्हारे अन्दर विष-क्रिया ही कर रहा था। सेलाइन के ज़रिये, वह विष बूँद-बूँद करके तुम्हारे शरीर में पहुँच रहा था। तुम्हें लेकर, जब मैं टैक्सी से घर लौट रही थी, उबकाई आने के बावजूद, तुम खामोश बैठी थीं। अपने मनोबल के ज़ोर पर तुम बैठी हुई थीं, माँ! जब मैंने तुमसे पूछा कि कहीं तबीयत ख़राब तो नहीं लग रही है, तुमने जुबान से कुछ नहीं कहा, सिर्फ सिर हिलाकर जताया कि तुम ठीक हो। असल में, तुम जी-जान से वह ज़हर अपने अन्दर समोने की कोशिश कर रही थीं। मन की ताकत क्या देह की ताकत पर असर करती है, माँ? अगर सच ही असर करती थी, तो सिर्फ तुम्हारे सन्दर्भ में! चलो, मान लिया कि स्वीडन में छोटे-छोटे डॉक्टरों ने तुम्हारी जाँच की थी। लेकिन अमेरिका में तो सबसे बड़े अस्पताल में, सबसे बड़े-बड़े विशेषज्ञों ने तुम्हारी जाँच की। तुम्हारा मनोबल तो बढ़ना ही था। तुम्हें सी पी टी इंजेक्शन देने की सलाह डॉक्टर ने नहीं दी थी। यह मेरा अपना फैसला था। मैंने तुम्हें कुछ नहीं बताया। तुम्हें तो यही लग रहा था कि डॉक्टर की हिदायत पर मैं तुम्हें वह इंजेक्शन दे रही हूँ। तुमसे मैं कितना कुछ तो

छिपाती रही। असल में, मैं तुम्हें यह नहीं समझने देना चाहती थी कि अब तुम्हारे लिए कोई इलाज नहीं है। यह ठीक है कि विशेषज्ञों की सलाह मैंने नहीं मानी, लेकिन मन ही मन क्या मुझे यह अहसास नहीं था कि डॉक्टर ने ग़लत नहीं कहा? लेकिन इसके बावजूद, शायद किसी अलौकिक आस्था पर विश्वास करने का मन हो आया था मेरा या फिर इसके अलावा मेरे लिए और कोई राह नहीं थी। लेकिन इस वजह से मैं तुम्हें झाड़-फूँक कराने की हिदायत दूँ, ऐसा भी नहीं था। जब तुम टैक्सी से उतरकर, मेरा सहारा ले-लेकर, मेरी सात मंज़िली इमारत की ओर बढ़ रही थीं, तुमने कहा, 'अब से मैं तुम्हारे ही पास रहूँगी। बची-खुची ज़िन्दगी तुम्हारे पास गुज़ारूँगी। मैं अब और कहीं नहीं जाऊँगी। मैं अब तुम्हें छोड़कर नहीं रहूँगी।' तुमने यह बात क्यों कही थी, माँ? शायद इसलिए मेरी व्यस्तता, मेरी दौड़-धूप देखकर, तुम्हें लगा था कि मैं तुम्हें बेहद प्यार करती हूँ। तुम्हें क्या यह लगा था कि जो तुम्हें प्यार करती है, तुम्हें उसी के पास रहना चाहिए? यह प्यार ही तुम्हें अपना आश्रय लगा था। मुझे यह बिल्कुल नहीं लगा कि तुमने यह बात मुझे खुश करने के लिए कही थी। तुम्हें तो संशय होना चाहिए था कि बाकी ज़िन्दगी मेरे पास रहने की बात सुनकर मैं बौखला भले जाऊँ, खुश नहीं होऊँगी। शायद तुम्हारे मन में दृढ़ विश्वास जन्म ले चुका था कि अगर मैं तुम्हें प्यार न करती, तो तुम्हारे लिए रोती नहीं; तुम्हें इतनी दूर, विदेश में लाकर, अगाध रुपयें उँडेलकर, तुम्हारा इलाज न कराती। तुमने मुझे डूबते को तिनके का सहारा मानकर, मुझे जकड़ लिया था। लेकिन घर लौटकर तुम ज़्यादा देर तक ठीकठाक रहने का अभिनय नहीं कर पायीं। तुमने ऐसे वीभत्स ढंग से उल्टी कर डाली, मानो अन्दर जो कुछ भी था, सब पेट चीरकर बाहर निकल आया हो। सामने खड़े होकर, वह सब देखने की हिम्मत मुझमें नहीं थी। अब्बू ने तुम्हारी देखभाल की। रात को तुम्हें तेज़ बुखार हो आया। अगले ही दिन मैं तुम्हें स्लोन केटरिंग के इमर्जेन्सी में ले गयी। तुम जो इतनी बीमार थीं, तेज़ बुखार में तप रही थीं, तुम्हारी देह में पानी की कमी हो गयी थी और तुम प्रायः अवश हाथ-पैर लिये पड़ी थीं—मैं तुम्हें वहाँ ले गयी। तुम्हें सेलाइन चढ़ाया जाने लगा। सेलाइन ख़त्म होते ही, डॉक्टर ने तुम्हें घर ले जाने को कहा। तुम इस कदर थकी हुई थीं कि तुमसे उठा नहीं जा रहा था। जब मैंने तुमसे कहा कि 'वह बेड खाली करना होगा'। तुम जो सारे दुःख-कष्ट बर्दाश्त कर सकती थीं, मेरी हर फर्माइश मान लेती थीं, उस रात तुम मानने को तैयार नहीं हुईं। तुम्हें कितनी-कितनी तकलीफ थी कि तुम नाछोड़ बन्दे की तरह, वहीं रहना चाहती थीं, मैं समझती थी, माँ! बाकी रात तुम वहीं रह जाने की भीख माँग रही थीं, बिस्तर से उठने की तुममें बूँद भर भी ताकत नहीं थी। तुमने कातर अनुनय किया कि उस रात तुम जहाँ हो, तुम्हें वहीं रहने दिया जाये। तुम हाँफ रही थीं, तुमसे ठीक तरह बात भी नहीं की जा रही थी, तुम्हारे गर्दन की नसें नीली पड़ गयी थीं। लेकिन, मैं किससे अनुरोध करती? वहाँ कोई नहीं जानता था

कि मैं भी एक डॉक्टर हूँ; एक लेखिका हूँ। कोई नहीं जानता था कि मैं कोई ऐरी-गैरी या अख़्यात इन्सान नहीं हूँ। इस देश से मेरी दो-दो किताबें प्रकाशित हुई हैं। इस देश की बड़ी-बड़ी पत्रिकाओं में मेरे बारे में काफी लिखा-पढ़ा गया है। यहाँ तक कि न्यूयार्क टाइम्स, लॉसएंजेल्स टाइम्स, वाशिंगटन पोस्ट जैसे अख़बारों में, मेरे बारे में सम्पादकीय लिखा गया है। लेकिन, जो लोग मुझे नहीं पहचानते थे, उनके लिए किसी गरीब देश की, साँवले रंग की लड़की के अलावा, मेरा और कोई परिचय नहीं था। मेरी बीमार माँ को वे लोग धकियाकर बिस्तर से नहीं उतारते तो, और क्या करते? हालाँकि इसी शहर में, मेरा व्याखान सुनने के लिए, लोगों ने भीड़ लगा दी थी। इस देश में, मैं कहीं से अपरिचित भी नहीं हूँ। यहाँ कितने ही लोग मेरे पाठक, मेरे शुभाकांक्षी थे। इस वक्त वे लोग कहाँ हैं? वे लोग किस कोने में छिप गये थे, मैं नहीं जानती। मैं किसी के भी बारे में, कोई ख़बर नहीं जानती। समूचे विश्व में, मैं निपट एक बूँद की तरह अकेली हूँ। इधर तुम, मेरी माँ, मुझे निश्चिन्ती देने के लिए, मुझे बेफिक्र करने के लिए, अपनी बीमारी की बात छेड़ते-छेड़ते भी, जब तुमने देखा कि सारा झंझट मुझे ही झेलना पड़ता है, तुमने कहना बन्द कर दिया। तुमने कोई ज़ोर-ज़बर्दस्ती नहीं की। तुम्हारी ज़ुबान से यह कभी नहीं निकला कि तुम्हें किसी छोटे-मोटे डॉक्टर को दिखाने से नहीं चलेगा, कोई बड़ा डॉक्टर दिखाना होगा। तुमने मुझे परेशान नहीं करना चाहा। तुमने मौत ही चुन ली। तुमने मुझे भारमुक्त करने के लिए, अपने जीवन का विसर्जन दे दिया, माँ! इसके अलावा और क्या बात थी, बताओ! उस रात कैंसर अस्पताल की इमर्जेन्सी में, तुम तेज़ बुखार में तपती हुई पड़ी थीं। सिर्फ एक रात, कुल कुछेक घण्टे लेटे रहने के लिए, मैंने बेभाव आरज़ू-मिन्नत की, उन लोगों ने साफ़ एलान कर दिया–'नहीं, यह मुमकिन नहीं है। बेड खाली कर दें।' मैंने आखिर कौन-सी सुविधा पाने के लिए, इस अस्पताल में इतने सारे रुपये दिये थे? लेकिन, इमर्जेन्सी का डॉक्टर कुछ भी सुनने को तैयार नहीं था। वह अस्पताल में तुम्हें रहने देने को राज़ी नहीं हुआ। वह तो बस, तुम्हें लतियाकर तुम्हें बिस्तर से उतारना चाहता था। उस वक्त मेरे आस-पास कोई नहीं था। नहीं, माँ, कोई नहीं था मेरे पास! मुझ जैसी हतबुद्धि और असहाय, उन पलों में कोई नहीं था। तुम्हारी करुण, क्लान्त देह को मैंने किसी तरह उतारा। रात तीन बजे, टैक्सी बुलाकर, मुझे घर लौटना पड़ा। पूरे रास्ते मैं तुमसे एक शब्द भी नहीं बोल सकी। उन पलों में मुझे यह दुनिया सिर्फ निर्मम ही नहीं लगी, बेहद गन्दी और अश्लील नज़र आयी।

आसमान में बिखरे नक्षत्रों पर नज़रें गड़ाये, मैं अक्सर तुम्हारे बारे में सोचती रहती हूँ। उस रात की तुम्हारी तकलीफ के लिए मुझे बेतरह पछतावा होता है, माँ! अगर मैं तुम्हें वहाँ उसी तरह लेटी रहने देती, बिस्तर से न उतारती, अगर उस डॉक्टर के गाल पर, कसकर तमाचा जड़ पाती, अगर मैं पुलिस बुला लेती, अगर मैं उस पर

मुकदमा ठोंक देती—लेकिन, मैंने कुछ नहीं किया। स्वीडन में जब मैंने छोटे डॉक्टर को दिखाया था, उन दिनों मेरे पास रुपयों की कमी थी। उन दिनों मैं पैसा-पैसा दाँत से पकड़ती थी, महा-कंजूस बन गयी थी और जब मैंने तुम्हारा इलाज कराये बिना, तुम्हें मौत की तरफ धकेल दिया, तब मैं उदार हाथों से खर्च कर रही थी। मुझ जैसी संवेदनशील और कौन थी? तुम्हारा रोग पकड़ में आने के बाद, मुझसे अगर कोई कहता कि अपनी माँ के अच्छे इलाज के लिए, अपनी माँ को ज़िन्दा रखने के लिए, तुम्हारे पास जो धन-दौलत, जमा-पूँजी है, सब दे दो, मैं शायद उसी पल अपना सब कुछ लुटा देती।

स्लोन केटरिंग की उम्मीद मुझे त्याग देनी पड़ी। तुम्हारी हालत दिनोंदिन बिगड़ती जा रही थी। सी पी टी के जहर से तुम हर दिन नीली पड़ती जा रही थी। इमर्जेन्सी की सेलाइन भी तुम्हें स्वस्थ नहीं कर सकी। तुम्हें दुबारा बुखार चढ़ गया। फिर उल्टियाँ! एम्बुलेंस मँगाकर, मैं करीब के अस्पताल में ले गयी। वहाँ भी रात भर सेलाइन चलती रहीं। तुम्हारा बदन पानी होता जा रहा था। पता नहीं, बदन का पानी कहाँ-कैसे गायब होता जा रहा था। तुम्हारी देह की रोग-प्रतिरोधक क्षमता भी कम हो गयी थी। बार-बार, कहीं न कहीं, तुम्हारी देह में इन्फेक्शन फूट पड़ता था, इसीलिए बुखार आने लगा था। कैंसर, मेटासटॉसिस, ग़लत आपरेशन, किमोथेरापी, सी पी टी नामक जापानी ज़हर—सारा कुछ तुम्हें निगल चुका था। मुझे कम से कम इतना अहसास तो होने ही लगा कि देश से इतनी दूर, विदेश में आकर, सिर्फ नुकसान के अलावा, तुम्हें कोई लाभ नहीं हुआ। मैंने तो देश में, स्वीडन में तुम्हारा इतना नुकसान किया, अब दुबारा इतनी दूर आकर, तुम्हें मेरे ही नुकसान का शिकार होना पड़ा। अब तुम्हारी देह में वह ज़हर समोना नहीं चलेगा, यह मैं बखूबी समझ गयी थी। कुल तीन महीने की आयु बच रहने की भविष्यवाणी, मेरे कानों में भेड़िये के अट्टहास की तरह बार-बार बजती रही। मेरे भी तन-बदन से पानी घटता जा रहा था। मारे आशंका के मेरा समूचा शरीर काँपता रहता था।

उन्हीं दिनों मैंने वह काम कर डाला, माँ! तुम्हें ख़बर नहीं हुई कि मैंने किस क़दर, देश में बार-बार फोन करना शुरू कर दिया।

देश में डॉ. कमाल हुसेन से सम्पर्क किया। मैं उन्हें तुम्हारा हाल बताते हुए, जानकारी दी कि तुम्हें देश वापस लौटना होगा और मुझे भी देश लौटना होगा। डॉ. कमाल हुसेन ने आश्वासन दिया कि वे गृहमन्त्री से बात करेंगे। मुझे याद नहीं पड़ता कि उन्होंने ही या किसी और ने मुझे गृहमन्त्री का फोन नम्बर दिया था। मैंने खुद ही उन्हें फोन किया। रफीकुल इस्लाम को मैं पहचानती भी थी। वे मुक्तियोद्धा थे और उन्हें 'वीरोत्तम' का खिताब भी मिला था। एक दिन वे मेरे शान्तिनगर वाले घर पर भी आये थे और उन्होंने मुक्तियुद्ध पर लिखी गयी अपनी कुछेक किताबें भी भेंट की थीं। गृहमन्त्री को मैंने जानकारी दी कि मेरी माँ बीमार हैं, डॉक्टर ने यह कहकर जवाब दे दिया है कि अब उनकी आयु हद से हद तीन महीने है। मैं माँ

के आखिरी दिनों में उनके साथ रहना चाहती हूँ। मुझे माँ को लेकर देश लौटना होगा। चाहे जैसे भी हो मुझे देश वापस लौटना ही होगा। गृहमन्त्री ने भी मुझे आश्वस्त किया कि मैं देश लौट सकती हूँ, कोई परेशानी नहीं होगी। लेकिन उन्होंने यह भी कहा कि वे प्रधानमन्त्री से एक बार बात कर लेना चाहेंगे। उसके दो दिनों बाद, उन्होंने मुझे जानकारी दी कि शेख हसीना से उनकी बात हुई है। गृहमन्त्री महोदय ने उन्हें यह भी बताया कि मेरी माँ अब, कुल तीन महीने ही जीयेंगी, लेकिन हसीना, मेरे देश लौटने के मामले में राज़ी नहीं हैं। अस्तु, मेरा वापस लौटना सम्भव नहीं है। अगर मैं लौटी तो मुझे हवाईअड्डे से ही विदेश वापस भेज दिया जायेगा। मुझे देश के अन्दर कदम नहीं रखने दिया जायेगा। लेकिन इसकी वजह? मैंने ऐसा कौन-सा अन्याय किया है? दूसरी तरफ चुप्पी छायी रही। असल में अन्याय, किसने, किसके साथ किया, गृहमन्त्री को ज़रूर खुद भी अन्दाज़ा था। बहरहाल, इच्छा से या अनिच्छा से, उन्होंने मुझे प्रधानमन्त्री के निर्देश की जानकारी दे दी। मैं किसी भी हाल में स्वदेश वापस न लौटूँ—उनकी हिदायत थी। मैं विमूढ़ बैठी रही। तुम्हें तो वापस लौटना ही था। तुम्हें देश वापस भेजने की बातचीत चल रही है, यह सुनकर उनकी विस्मित आँखों में बहुत सारे सवाल तैर आये—मैं तुम्हें देश वापस क्यों भेज रही हूँ? तुम्हारे इलाज के लिए ही तो इस देश में लाया गया है, फिर इलाज न करवाकर, तुम्हें वापस क्यों भेजना चाहती हूँ? तुम्हारे इन सवालों का जवाब, मैं तुम्हें नहीं दे पायी, माँ! मैं आखिर क्या जवाब देती? मैं क्या तुमसे यह कहती कि तुम्हारे रोग का कोई इलाज नहीं है? तुम्हें अब देश जाकर मौत के लिए तैयार होना होगा? विदेश की माटी पर तुम्हें दम तोड़ने की ज़रूरत नहीं है। अब, तुम्हें देश वापस लौटकर, अपने नाते-रिश्तेदारों के बीच लेटे-बैठे तुम्हें मरना होगा। मेरा ख़याल था कि नाते-रिश्तेदारों की छाया में मौत होना शायद बेहद अच्छी मौत होती है। मुझे ऐसा क्यों लगा था? तुम्हारी दो-दो बेटियाँ विदेश में थीं। तुम किसकी गोद में सिर रखकर मरने के लिए देश लौटोगी? तुम्हारे लिए कौन अपनी गोद बिछाये बैठा है? अब्बू ने जो लाड़-प्यार ज़िन्दगी भर नहीं किया, वह लाड़-प्यार, तुम्हारा रोग पकड़ में आने के बाद, दे रहे थे। अब्बू तुम्हारे साथ एक ही बिस्तर पर सोते थे। रात-विरात उठ-उठकर, तुम्हें बाथरूम ले जाते थे। तुम्हारा समूचा बदन सहलाते थे, तुमसे बेहद नरम लहजे में बातें करते थे—यह सब छोड़कर, तुम्हें और कहीं जाने की ज़रूरत भी क्या थी? ख़ासकर उस देश में, जहाँ लौटकर तुम्हें मैं नहीं मिलूँगी, यास्मीन नहीं मिलेगी। लेकिन पता नहीं मुझे क्यों तो लगता था कि तुम देश जाकर, अपने सभी नाते-रिश्तेदारों से मिल लो; आँखें मूँदने से पहले तुम्हारे लिए, उनके बहते हुए आँसू देख लो। तुम देख सको कि तुम्हारे लिए, सिर्फ मैं ही नहीं, तुम्हें प्यार करने वाले और भी लोग हैं।

लेकिन स्वदेश लौटने के बाद, तुम्हारे आखिरी दिनों में तुम्हारे आस-पास कौन होगा, माँ? दुनिया में तुम्हें सिर्फ आघात ही नहीं मिला, प्यार भी मिला है, यह तुम्हें

कौन समझायेगा? मैं दिन-दिन भर छटपटाती रहती थी; रात-रात भर करवटें बदलती रहती थी। मेरी उँगलियों में एक के बाद एक सिगरेट फुँकती रहती थी। मेरी तमाम सोच बेतरह उलझ गयी थी, मैं उन सोचों को खोल-खोलकर अलग करती रहती थी दुबारा जटायें उलझ जाती थीं। जैसे तुम्हारे पास वक्त नहीं था, वैसे मेरे हाथों में भी वक्त नहीं था। मैं न्यूयार्क की स्वीडिश एम्बैसी तक दौड़ गयी। मैंने कहा—'मैं आप लोगों का राजनीतिक आश्रय, अपनी जिम्मेदारी पर ख़ारिज करना चाहती हूँ; राजनीतिक शरणार्थियों के लिए राष्ट्रसंघ का जो पासपोर्ट मेरे पास है, मैं वह भी अपनी जिम्मदेारी पर त्याग करती हूँ। मुझे बांग्लादेश का मेरा पासपोर्ट वापस दे दें। मुझे बेहद ज़रूरत है।' दूतावास की तरफ से कहा गया, लेकिन, तब आपको आपका राजनीतिक शरणार्थी का सम्मान वापस नहीं मिलेगा। इस राष्ट्रसंघ का यात्रा-डॉकूमेन्ट भी दुबारा नहीं मिलेगा। लेकिन मुझे उन सबकी कहाँ परवाह थी? ज़िन्दगी का जोखिम उठाऊँगी ही, लेकिन अपनी माँ के पास रहूँगी। सुरक्षित विदेश और उतने ही सुरक्षित पासपोर्ट का मुझे कोई मोह नहीं था। यह सब मैं पल भर में त्याग कर सकती हूँ। स्वीडन के दूतावास ने तत्काल ही मेरी बात मान ली। स्वीडन को ज़रूरी तलब भेजकर, उन लोगों ने मेरा पासपोर्ट भी मँगा लिया। मुझसे राष्ट्रसंघ के सारे कागजात वापस ले लिये गये। मेरे पासपोर्ट की मियाद अभी भी बाकी थी। अब मुझे देश वापस लौटने की टिकट ख़रीदनी थी, क्योंकि तुम्हारी और अब्बू की वापसी की टिकट, बांग्लादेश विमान से ही बनी हुई थी। लेकिन, हवाईजहाज का टिकट ख़रीदने के लिए अगर मैं खुद बांग्लादेश विमान कार्यालय जाती, तो पल भर में ही यह ख़बर आग की तरह फैल जाती कि मैं स्वदेश लौट रही हूँ। किसी और को टिकट खरीदने भेजती, तो भी मेरे नाम को लेकर समस्या थी। दुनिया में मेरे अलावा, यह नाम दुनिया में और किसी का भी नहीं था। मैंने मिलन को टिकट ख़रीदने भेजा, तसलीमा नसरीन के नाम से नहीं, टी. नसरीन के नाम से। ऐसा ही हुआ। हवाईजहाज ऑफिस में किसी को भी समझ में नहीं आया कि यह टी. नसरीन असल में मैं ही हूँ। हो सकता है, यह तौहीदा नसरीन हो या तबस्सुमा नसरीन! मेरे जाने की ख़बर की कुछेक गिनती के लोगों को जानकारी थी। अब्बू, तुम, यास्मीन, मिलन और सुहृद। इन लोगों के अलावा मैंने किसी को भी जानकारी नहीं दी। छोटे भइया से अपने आने की हर रोज़ ही फोन पर मेरी बात होती थी। मैंने उन्हें भी नहीं बताया कि मैं जा रही हूँ। मैं नहीं चाहती थी कि बांग्लादेश का कोई भी प्राणी यह ख़बर जाने। अगर यह बात फैल गयी, तो कट्टरपंथियों की ज़रूरत नहीं पड़ती, हसीना सरकार ही मुझे चीर-फाड़कर खा जाती। सरकारी हुक्म न मानने का अपराध क्या जो-सो अपराध होता है?

यास्मीन और मिलन हमें विदा करने के लिए हवाईअड्डे तक साथ गये।

मैंने यास्मीन से कहा, 'माँ से यह तेरी आखिरी भेंट है, तू आखिरी बार, उन्हें देख रही है। देख ले, तू आखिरी बार देख ले, आखिरी बार उन्हें छू ले। तू बार-बार

माँ को बता कि तू उन्हें प्यार करती है। जो बात, हमने उनसे कभी नहीं कही, इस वक्त तू कह दे! आखिरी बार!'

यास्मीन रो पड़ी।

लेकिन, पता नहीं क्यों, जितने दिनों तुम न्यूयार्क में रहीं, वह मेरे घर किसी मेहमान की तरह आती थी, कुछ देर रहने के बाद ही वह जाने-जाने की रट लगा देती। वह एक रात भी तुम्हारे साथ नहीं सोयी। दिन के वक्त वह कहीं नौकरी करती थी। किसी परचून की दुकान में छोटी-मोटी नौकरी! मैंने उससे बहुत कहा की मोदी की दुकान की नौकरी छोड़, तू माँ के साथ रह। वह नहीं रही। उसे रुपयों की ज़रूरत थी। उसने बताया कि देश जाने के लिए उसने ढेरों रुपये कर्ज़ लिये थे, इसलिए उसे कर्ज़ चुकाना है।

'कितने रुपये उधार हैं, बता, मैं दे देती हूँ। तू बस, माँ के पास रह। माँ तुझे और कितने दिन मिलेगी? डॉक्टर ने कह दिया है कि माँ अब कुल तीन महीने ज़िन्दा हैं।'

तीन महीने की ख़बर मैंने छोटे भइया को भी दी, मगर उनकी तरफ से कोई प्रतिक्रिया नहीं झलकी। पता नहीं, उन लोगों के लिए, ये तीन महीने, तीन युगों जैसे लगे थे या नहीं। यास्मीन अपनी नौकरी से लौटकर, अपनी बेटी, भालोबाशा में व्यस्त हो जाती। उसका नहाना-खाना, उसको सुलाना, उसके कपड़े-लत्ते! मैंने चाहा कि वह भालोबाशा को भी लेकर, यहीं रहे। सब एक संग रहें। लेकिन, यास्मीन की सफाई थी कि वह बच्ची, लोगों को हद परेशान करती है। लेकिन माँ तो उसके खुराफातों से तंग नहीं होती, फिर उसने यह क्यों सोच लिया कि उन्हें तंग न किया जाये? एक दिन यास्मीन ने तुम्हें अपने घर आमन्त्रित किया। इतने दिनों में, बस, इसी एक दिन तुम सातवीं मंज़िल से उतरकर, चौथी मंज़िल, उसके घर गयी थीं। उसने काफी सारा, काफी तरह का खाना पकाया था, सबको खिलाया। घर कहने को उसके पास कुल एक कमरा! मिलन भी कोई छोटा-मोटा काम ही करता था। इन दिनों यास्मीन ने भी कोई छोटी-मोटी नौकरी पकड़ ली थी। कुल एक कमरे के घर के अलावा, कोई बड़ा एपार्टमेंट किराये पर लेना, उनके बूते की बात नहीं थी। उसे तो खुशी होती, अगर वह तुम्हें अपना घर, अपना दारिद्र्य नहीं दिखाती। वह यह जाहिर नहीं होने देना चाहती थी कि उसकी आमदनी काफी कम है। वह यह नहीं बताना चाहती कि अमेरिका में ख़ास अच्छी माली हालत में नहीं है। इसकी वजह शायद यह थी कि अब्बू-माँ को इस बारे में पता चलेगा, तो वे दोनों दुःखी होंगे। या उसे अपने रुपये-पैसों के बारे में, अहंकार करने का मौका नहीं मिला, इसलिए वह हीनता की शिकार थी? अरे, तेरी माँ, इस दुनिया में बस, कुछेक दिनों की मेहमान थी! तेरे पास क्या है, क्या नहीं है, इसका हिसाब यास्मीन अगर न करती, तो क्या उसका नहीं चलता? पता नहीं, यास्मीन के लिए यह भी कोई वजह थी या नहीं कि जितना

मैं तुम पर ख़र्च कर रही थी, वह तुम्हारे लिए उतना ख़र्च नहीं कर पा रही है। उस पर ढेर सारे कर्ज़ का बोझ था, यह बोझ मुझ पर नहीं था। तो क्या इसी का नाम ईर्ष्या है? तुम बीमार थीं। ऐन उसी वक्त, अचानक उसका इतनी बुरी तरह घरबारी हो उठना, तुम्हें देने के लिए समय न होना—यह सब क्यों? मुझे उसके बर्ताव पर बेतरह झुंझलाहट होती थी। उसका मेरे यहाँ न आना, साथ न रहना, मुझे बुरा लगता था। माँ, तुम शिकायत नहीं करती थीं। जब वह जाना चाहती थी, तुमने उसे जाने दिया। तुमने उसे जाने से कभी नहीं रोका।

एक दिन यास्मीन कमीज़ पर एक दुपट्टा ओढ़कर आयी।

मैंने छूटते ही पूछा, 'यह तुझे कहाँ मिला? यह तो मेरी साड़ी थी।'

हाँ, देश जाकर, उसने मेरी साड़ी काटकर, दुपट्टा बना लिया था। वैसे मैं उस साड़ी का क्या करती, माँ? देश में तो मेरी करीब पाँच सौ साड़ियाँ पड़ी हुई थीं। विदेश में तो मैं साड़ी नहीं पहनती। उनमें से किसी पुरानी साड़ी काटकर, अगर उसने दुपट्टा बना भी लिया; जो चीज़ इस्तेमाल नहीं हो रही है, वह अगर मेरी ही छोटी बहन इस्तेमाल करे, तब तो मुझे खुश ही होना चाहिए था।

लेकिन मैंने झुंझलाकर कहा, 'मैं जिस तरह अपनी चीज़ें, सामान वगैरह वहाँ सहेजकर रख आयी थी, मैंने चाहा था कि सब उसी तरह पड़ा रहे। तूने मेरी चाह को बूँद भर भी मोल नहीं दिया।'

मैंने यह बात क्यों कही, माँ? चलो, मान, लिया कि बहुत पहले मैंने कहा था कि अपना घर-द्वार जैसा मैं देश में छोड़ आयी हूँ, वापस जाने पर मुझे मेरी चीज़ें उसी तरह मिल जायेंगी। किसी निर्वासित इन्सान के लिए, यह सपना, बहुत बड़ा सपना था, माँ! लेकिन तुम्हें वह भयंकर रोग होने के बाद, डॉक्टर ने तुम्हें जवाब दे दिया था और यह बताया कि तुम्हारे पास ज़िन्दगी के गिनती के ही दिन रह गये हैं, यह सुनने के बाद, मेरी चीज़ें, मेरा सामान-पत्तर, मेरा घर-द्वार, किसी भी चीज़ का भला कोई मूल्य बच रहा था? मेरे पास जो कुछ भी है, वह सब यास्मीन को ही तो लिख जाऊँगी। फिर मुझमें यह स्मृति-कातरता क्यों है? ऐसे में किसी निर्वासित के सपने वगैरह क्या तुच्छ नहीं हो जाते? अगर तुम ही ज़िन्दा न रहीं, तो मैं कहाँ लौटूँगी? अपनी चीज़ों, सामान वगैरह के पास, अपने घर-द्वार क्या वापस लौटूँगी मैं? अच्छा, वह ईंट, काठ, सीमेंट, कंकरीट, कपड़े-लत्ते वगैरह ही क्या देश का पर्याय हैं? कुछ ही दिनों बाद, जहाँ तुम स्मृति हो उठोगी, तो फिर क्या और कोई स्मृति बच रहेगी, जो तुम्हारी 'स्मृति' से अधिक मूल्यवान हो? यास्मीन से अगर मैंने वैसा बर्ताव किया भी था, तो तुम्हारे सामने क्यों किया? मैं बेहद छोटे और टुच्चे मन की लड़की हूँ। अपनी स्मृतियाँ वापस पा लेने के शौक में बेअदब की तरह आकुल-व्याकुल क्यों हो उठी? तुम्हें यह दिखाकर, क्या मैंने कुछ अच्छा किया था? जितना ही मैं सोचती थी कि तुम्हें चैन दूँगी, सिर्फ प्यार ही प्यार की बातें करूँगी, उस वक्त वह रूढ़-रुक्ष वास्तविकता ने आकर, सारा कुछ गड्डमड्ड कर दिया।

मैंने छोटे भइया को समय, तारीख बताकर, यह ख़बर दे दी थी कि वह तुम्हें और अब्बू को ढाका हवाईअड्डे से घर ले जाने के लिए तैयार रहे।

बांग्लादेश फ्लाइट में बहुतेरे लोग मुझे पहचान गये। मेरे करीब आकर पूछते रहे—'कहाँ जा रही हैं?' इस सवाल का जवाब मैं यथासम्भव टाल गयी। किसी को यह कल्पना भी नहीं थी कि मैं देश जा रही हूँ। मुझसे कोई जवाब न पाकर, उन लोगों ने फिर सवाल किया, 'ब्रसेल्स जा रही हैं?'। मैंने यूँ सिर हिला दिया, मानो उसके दोनों ही मतलब होते हैं। हवाईजहाज़ के अन्दर मैं किसी को भी यह जताना नहीं चाहती थी, कि मैं ढाका में उतरूँगी। मुझे देश में घुसने भी नहीं दिया जायेगा, यह बात प्रधानमन्त्री, गृहमन्त्री, डॉ. कमाल हुसेन ने मुझे पहले ही बता दिया था, इसलिए देश की उम्मीद तो मुझे नहीं करनी चाहिए।

मैंने तुम्हें भी आगाह कर दिया, 'तुम भी ऐसी कोई उम्मीद न रखना। अगर तुम देखो कि मुझे ढाका में घुसने नहीं दिया जा रहा है, तब उस निर्मम वास्तविकता को मान लेने की शक्ति तुममें क़ायम रहे, माँ! आसमान के इस लम्बे सफ़र में हम साथ हैं, कम से कम यही हमारा प्राप्य हो।'

तुम्हें यह बात कभी समझ में नहीं आयी कि इन्सान इतना क्रूर क्यों होता है। क्यों मुझ जैसे निरीह इन्सान को, लोगों ने देश-निकाला दे दिया? क्यों उसकी बीमार माँ के करीब बने रहने के आवेदन की भी उपेक्षा कर डाली? हवाईजहाज में जो लोग मौजूद थे, उन लोगों ने सोचा था कि मैं ब्रसेल्स में उतर जाऊँगी। लेकिन उन्हीं लोगों ने विस्मय-विस्फारित नज़रों से देखा, मैं ब्रसेल्स में नहीं उतरी। उसके बाद, उन लोगों ने सोचा कि मैं शायद दिल्ली में उतरूँगी। मैं दिल्ली में भी नहीं उतरी। उस वक्त कुछेक लोगों की आँखें अचरज से स्थिर हो आयीं। मैंने सफेद सलवार-कमीज़ पहन रखी थी। पर्दानशीन औरत की तरह, सिर पर दुपट्टा। सिर ढँक लेने से ही क्या मैं अपने पासपोर्ट में लिखा नाम बदल पाऊँगी? हाँ, यह तो सच था कि अब मैं शक्ल-सूरत से काफी बदल चुकी थी। सहसा मुझे कोई देखेगा तो पहचान नहीं पायेगा। लेकिन असल में तो मैं, 'मैं' ही थी। मेरा जहाज जब बांग्लादेश के आसमान पर चक्कर लगा रहा था, अँधेरा छँट चुका था और भोर फूट आयी थी। मेरा वह देश, वह माटी, जन्म-जन्म से मेरा जाना-पहचाना हुआ था। जाने कितने सहस्र माइल की दूरी का निर्वासन पार करके, मैं देश लौट रही थी। उस दिन अगर तुम मेरे साथ न होतीं, तुम अगर बीमार न होतीं, तो इस देश के आकाश के लिए, जाने कितने-कितने अर्से से इस अदेखे देश के लिए, मेरी आँखों से बूँद-बूँद आँसू भर रहे होते। लेकिन, माँ, उस वक्त मेरी आँखों में आँसू ज़रूर थे, लेकिन उस देश के लिए नहीं, इतने अर्से बाद, अपने देश का मुखड़ा देखने का मौका पाकर नहीं, मेरी आँखों में आँसू झिलमिला रहे थे, माँ, तुम्हारे लिए! यहाँ सब कुछ जस का तस रह जायेगा—यह अरण्य, यह नदी, ये लोग, ये घर-मकान, सिर्फ तुम ही नहीं रहोगी। ढाका हवाईअड्डे पर उतरकर, अन्य सभी यात्रियों की तरह, मैं सीधे एमिग्रेशन की तरफ बढ़ गयी।

मुझे अन्दाज़ा था कि पुलिस वाले मुझे पीछे से या दायें-बायें से खप् से धर दबोचेंगे। मुझे यह भी अहसास था कि एमिग्रेशन में भी, मुझे रोक देने वाले लोग, मुझे रोक देने के लिए घात लगाये बैठे हैं। इसी हवाईअड्डे का एमिग्रेशन कभी मुझे देश से बाहर निकलने की राह रोके खड़ा था और आज वह मुझे देश के अन्दर घुसने से रोकने के लिए खड़ा होगा। किसी इन्सान पर आखिर कितने सालों तक अत्याचार का सिलसिला चलता रहेगा? मेरे जबड़े कसते गये। मुसीबत के समय मुझे जाने कहाँ से तो इतना शारीरिक बल मिल जाता है। मेरी चाल में दृढ़ता थी। पीठ की रीढ़ तनी हुई। मेरा सिर ऊँचा था। हाँ, मैं देश लौट आयी हूँ, अपने देश! यह देश तुम लोगों का खरीदा हुआ नहीं है! बाकी अन्यान्य लोगों की तरह, यह देश मेरा भी है! यह देश अकेली शेख हसीना का देश नहीं है। यह देश खालिदा ज़िया के बाप की जायदाद नहीं है! यह देश मेरा भी है। यह देश कट्टरपंथियों का बध्यस्थल नहीं है, यह देश मुझ जैसी सच्ची, ईमानदार और साहसी लोगों का भी देश है। मैंने कोई गुनाह नहीं किया। जो लोग गैर-क़ानूनी ढंग से मुझे अपने देश में घुसने नहीं देंगे, गुनाह तो वे लोग करेंगे। मैंने तुम्हें देखा था, माँ, तुम मेरी ही तरह सिर ऊँचा किये चल रही थीं। अब्बू शायद बार-बार पिछड़ जाते थे। लेकिन मैं और तुम बाकी सभी यात्रियों की तरह चलते जा रहे थे। एमिग्रेशन वालों के हाथ में तीन-तीन पासपोर्ट खुद मैंने थमा दिया। तुम मुझे हल्की-सी आड़ में रखकर खड़ी रहीं। उस वक्त क्या तुम्हारी छाती बर्फ हो आयी थी या तुम भी दाँत पर दाँत जमाये साहस बटोर रही थीं? हममें से कोई भी बात नहीं कर रहा था। मैं मन ही मन प्रार्थना कर रही थी कि इस विश्व-ब्रह्माण्ड, इस जगत, इस प्रकृति, इस जीवन के प्रति अगर तुम सच्चे मानव हो, तो अपनी क्रूरता से अपने को मुक्त करो। मेरी वंचित, निपीड़ित, मेरी दुखियारी माँ पर आज थोड़ी-सी करुणा करो; थोड़ा-सा तरस खाओ। एमिग्रेशन के पीछे सिर झुकाये हुए आदमी ने सिर नहीं उठाया। तीनों पासपोर्ट पर खट!! खट!! खट!!! करके मुहर लगा दी। वह पल मुझे अपने जीवन का सबसे श्रेष्ठ पल लगा था। जितनी जल्दी सम्भव था, मैं हवाईअड्डे से बाहर निकल आयी। बाहर गाड़ी समेत, छोटा भाई इन्तज़ार कर रहा था। मुझ पर नज़र पड़ते ही वह यूँ चौंक उठा, मानो उसने भूत देख लिया हो। सो तो होना ही था। उसे तो गहरा विश्वास था कि मैं इस ज़िन्दगी में अब, कभी स्वदेश नहीं लौट पाऊँगी। उसने तो यह ख़बर फैला ही दी थी कि बांग्लादेश की माटी पर मेरा लौटना असम्भव है। छोटे भइया जब भी ऐसी अपशकुनी बात अपनी जुबान पर लाता था, तुम तड़पकर अधमरी हो आती थीं। तुम ही मुझे लौटा लायी थीं, माँ! कोई राजनीतिज्ञ, कोई भी कवि, साहित्यकार, बुद्धिजीवी मुझे लौटाकर नहीं लाया। तुम ही अपने घर की बेटी को घर लौटा लायीं। तमाम नाते-रिश्तेदारों को पाकर, अपने देश, अपने घर लौटकर, मुझे अद्‌भुत खुशी हुई। साथ ही मुझे एक विषाद ने भी घेरे रखा। तुम मेरे देश लौटने के आनन्द में मानो काफी स्वस्थ हो उठीं; अपनी बीमारी की बात जैसे भूल ही गयीं। अगले ही

दिन सभी अख़बारों में छप गया, मैं स्वदेश लौट आयी हूँ। मेरे घर के गेट के सामने पत्रकारों की भीड़ टूट पड़ी। उन सबसे कह दिया गया, मेरे घर पर ताला लटक रहा है, घर के अन्दर कोई भी नहीं है। तुमने देखा तो, रात को मैं घर की बत्तियाँ नहीं जलाती थी, खिड़की-दरवाज़े बन्द रखती थी, ताकि बाहर से यह समझने का कोई भी उपाय न रहे कि घर के अन्दर कोई प्राणी रहता है। हम सब बातें भी प्रायः निःशब्द किया करते थे। लोग मेरी ख़बर जानना चाहते थे, मगर उन्हें ख़बर मिलती कैसे? अब अख़बार वाले रोज़-रोज़ किस्से गढ़-गढ़कर छापने लगे। यह ख़बर छपी कि मैं मयमनसिंह में हूँ। कल मैं अपने पिता के पैतृक घर, नन्दाइल गयी थी। किसी अन्य अखबार ने लिखा कि मुझे डॉ. कमाल हुसेन के मकान में घुसते हुए देखा गया है। किसी नीले रंग की गाड़ी में, मैं लाल साड़ी में नज़र आयी। मैं श्यामली की तरफ किसी रिश्तेदार के यहाँ गयी थी! इन सब किस्से-कहानियों से एक फ़ायदा तो हुआ। किसी ने मेरे शान्तिनगर वाले घर के सामने भीड़ नहीं लगायी। तुम चाहती थीं कि मैंने जो कुछ भी लिखा, उसके लिए माफी माँगकर, दुबारा पहले की तरह सुरक्षित जीवन शुरू करूँ। तुम चाहती थीं कि मैं पत्रकारों को यह सूचित कर दूँ कि मैं माफी माँग रही हूँ। लेकिन, मैं ऐसा क्यों करती? मैंने कोई भूल तो की नहीं थी, मैंने कुछ झूठ भी नहीं कहा था, माफी माँगने का तो सवाल ही नहीं उठता था। तुम भी शायद मन ही मन जानती थीं कि मैंने कहीं, कोई गलती नहीं की, लेकिन तुम समझौता कर लेना चाहती थीं। जानती हूँ, मेरी सुरक्षा के ख़याल से ही, तुम ऐसा चाहती थीं। तुम भी जानती थीं कि कट्टरवादी अपनी-अपनी तलवारों पर शान चढ़ा रहे थे, सरकार ने मुझे पकड़ने के लिए मेरे पीछे पुलिस लगा दिया था। अखबारों में छपे किस्से-कहानियों के आधार पर पुलिस जगह-जगह मेरी तलाश में जुटी थी। जहाँ, मेरे जो भी रिश्तेदार थे, उनके घर-घर छापे मार रही थी। मेरे जितने मित्र, जहाँ भी थे, उन लोगों के घर भी हमला बोल रही थी। जब इस देश में मेरे छिपने का कोई उपाय नहीं रहा, अखबारों के सामने जब खुद पुलिस ने इस खबर की सच्चाई कबूल कर ली कि मैं स्वदेश में ही हूँ, तब अपने पत्रकार मित्र फरीद हुसेन को मैंने मिलने से नहीं रोका। तुमने फरीद से भी यह कह दिया कि तुम अपनी बेटी की तरफ से तमाम देशवासियों से माफ़ी माँगती हो। देशवासी उनकी बेटी को माफ़ कर दें और उसे देश में सुरक्षित रहने-सहने दें। फरीद ने तुम्हारी बातें छाप भी दीं। लेकिन, इसके बाद भी क्या कट्टरवादियों ने मुझे माफ़ किया? नहीं, माँ, उन लोगों ने साफ़ एलान कर दिया कि अल्लाह भले मुझे माफ़ कर दे, लेकिन वे लोग मुझे हरगिज़ माफ़ नहीं कर सकते। मैंने गौर किया अल्लाह-खुदा पर आस्था रखने वाले इन लोगों पर, तुम्हारा भी भरोसा कुछ कम ही था। तुम जानती थीं कि पीर-कोठी के लोगों ने तुम्हारा कितना जघन्य अपमान करके, खदेड़ दिया था। उन लोगों की राय में तुमने ऐसा भयंकर पाप किया है, जो माफ़ी के क़ाबिल नहीं। वह पाप है—मुझ जैसी नास्तिक को जन्म दिया है तुमने। तुम्हारा एक ही गुनाह था कि तुम मेरी माँ थीं। अगर तुम यह क़बूल

कर लेतीं कि तुम मेरी माँ नहीं हो, मुझे तुम अपनी बेटी क़बूल नहीं करतीं, तब वे लोग तुम्हें पीर-कोठी में दाखिल होने देते। उन लोगों के उस दबाव के बावजूद तुम मेरे खिलाफ एक शब्द भी अपनी जुबान पर नहीं लायीं। तुमने मुझे नहीं, बल्कि उन लोगों को त्याग दिया। मेरी सच्चाई और उदारता का प्रसंग छेड़कर, तुम उन लोगों से बहस करती रहीं। हदीस, क़ुरान-पाठ सुनने के लिए तुम गुलकी-कोठी जाया करती थीं, जहाँ एक महिला ने प्यार से तुम्हें अपने करीब कर लिया था। तुम शायद प्यार को ही सबसे ज़्यादा मोल देती थीं। धर्म के नाम पर की जाने वाली निष्ठुरता, निर्ममता, अहिष्णुता और अन्याय, तुम खुद भी स्वीकार नहीं कर पाती थीं। इसीलिए अर्से से तुम जिस पीर-कोठी में आती-जाती रहीं, वह आँगन भी छोड़ आने में तुम्हें कोई दुविधा नहीं हुई।

झूनू खाला को, उनकी किसी छात्रा ने, सीधे सऊदी अरब से लाकर, क़ुरान-पाठ का कैसेट उपहार में दिया था। झूनू खाला वह कैसेट तुम्हारे लिए ले आयीं। मैं वह कैसेट दिन-दिन भर चलाये रखती थी, ताकि तुम सुनती रहो। मैंने इस बात पर किसी दिन भी गौर नहीं किया कि तुम वह कैसेट ध्यान से सुनती भी हो या नहीं। कभी-कभी तुम वह कैसेट बन्द कर देने को कह देती थीं। तुम मुझे अपने पास बिठाकर बातें करना चाहती थीं। मैं भी तुम्हें सुख देने के लिए जैसे पगला गयी थी। तुम्हें सुना-सुनाकर, बचपन में पढ़ी हुई सूरा रटने लगती थी। तुम मेरी ग़लतियाँ सुधार देती थीं। यह देखकर तुम शायद खुश भी होती थीं कि जो काम, कभी मैंने तुम्हारे लाख कहने पर भी नहीं किया, आजकल वह सब स्वेच्छा से करने लगी हूँ। तुम्हारे बाल, पंखे की हवा में फुर्र-फुर्र उड़ते रहते थे और तुम मुझे कितनी परितृप्त नज़र आती थीं। बाद में मैंने यह भी गौर किया कि तुम्हारी किसी प्रिय फ़िल्म के गीत भी गुनगुनाती थी, तो तुम उसी तरह खुश होती थीं। एक दिन तो टेलीविजन पर 'सबार ऊपरे' या 'शापमोचन' या 'हारानो सुर' फिल्म चल रही थी। तुम ड्राइंगरूम तक जाकर, बैठे-बैठे वह फ़िल्म देखती रहीं। कभी तुम्हें उत्तम-सुचित्रा की फ़िल्में देखना, किस क़दर पसन्द था, माँ! तुम्हें देख-देखकर, मैं मुग्ध हुई जा रही थी। तुम बिल्कुल अनोखी लगती थीं। धर्म की अफीम खाकर तुमने फ़िल्में देखना छोड़ दिया था, टेलीविजन देखना भी बन्द कर दिया था, क्योंकि पीर-कोठी की तरफ से वह सब देखने के ख़िलाफ़ फतवा जारी कर दिया गया था। वही सारी बाधा-निषेध फूँक में उड़ाकर, तुम अपनी जवानी की उम्र की तरह फ़िल्में देखने लगी थीं। तुम्हारी आँखों में पहले की तरह उजली-धुली चमक होती थी। वैसे घर वाले, जब उस कमरे से उठ जाते थे, तो तुम ईषत् सकुचा जाती थीं। क्यों, माँ? लोग तुम्हें धार्मिक रूप में जानते थे, इसलिए तुम्हें जो अच्छा लगता था, वह तुम नहीं करतीं? मुझे अब अफसोस होता है कि तुम्हारी पसन्द की प्रिय फ़िल्मों के वीडियो कैसेट या डी वी डी ला-लाकर मैंने तुम्हें क्यों नहीं दिखाया? क्यों मैं दिन-दिन भर क़ुरान की आवृत्ति ही लगाये रखती

थी? तुम तो क़ुरान इसलिए पढ़ती थीं, क्योंकि तुम्हें दोज़ख़ में जाने का डर सताता रहता था। लेकिन तुम फ़िल्में किसी भय से नहीं, खुशी से देखा करती थीं। तुम्हें खुशी देना ही अगर मेरा उद्देश्य था, तो मैंने वह काम क्यों नहीं किया? मैं दिन-दिन भर तुम्हें बीमार इन्सान की तरह लिटाये रखने की कोशिश करती थी। लेकिन तुम सारे-सारे दिन बिस्तर पर लेटे रहना नहीं चाहती थीं। एक दिन घर में कैरम का खेल चल रहा था। तुम भी कैरम खेलने चली आयीं। मेरा प्रोत्साहन पाकर, तुम जैसे और भी किशोरी बन गयीं। मानो तुम दौड़-दौड़कर अपने शैशव, किशोर, अपनी तरुणाई को छू लेना चाहती थीं। घर में कोई भी, तुम्हारी किसी बात को लेकर विरोध नहीं करता था, नफ़रत नहीं करता था, तो तुम्हारा भी दौड़ा-दौड़ी करने का मन क्यों नहीं होता, बताओ?

बीच-बीच में, मैं सोचती हूँ अगर तुम्हारा भयंकर रोग पकड़ में नहीं आता और अगर किसी को यह पता नहीं होता कि कुछेक दिन बाद ही, तुम्हें दुनिया को अलविदा कहना होगा, तो तुम्हें शायद अपने आखिरी दिन भी, पहले की तरह अवहेलना और अपमान में ही गुज़ारने पड़ते। अब्बू जैसा शख़्स, जो मयमनसिंह में चेम्बर और 'अवकाश' के अलावा एक पल भी कहीं रहने को राज़ी नहीं होता था, वह दिन पर दिन, महीने-दो-महीने से न्यूयार्क और ढाका में पड़ा हुआ था, ताकि तुम्हारे साथ रह सके। तुम्हें अगर यह रोग न होता, तो क्या तुम अब्बू को इतने करीब पातीं? न्यूयार्क के घर में अब्बू तुम्हें अपनी बगल में बिठाकर खाते थे। रात जाग-जागकर तुम्हारी सेवा-जतन करते थे! रात-रात भर जगे रहते थे। तुम्हें निहारते हुए वे लम्बी-लम्बी उसाँसे भरते थे। हाँ, माँ, बिल्कुल अचानक ही तुम्हारे लिए, सबका प्यार मानो उमड़ा पड़ता था। भाईजान भी 'अवकाश' से यहीं चले आये थे और दिन-रात तुम्हारी चाव-फर्माइशें पूरी करते रहते थे। मैं उन्हें बाहर के कामकाज के लिए भेजती थी, दवा लाना, डॉक्टर बुलाना, किमोथेरापी देने के लिए आदमी को साथ लाना, डॉलर भुनाना, बैंक का स्टेटमेंट लाना, बाज़ार से सौदा-सुलुफ लाना—भाईजान बन्द-जुबान से सारा कुछ करते रहे। बड़े मामा, फक़रुल मामा, झूनू खाला तुम्हें देखने आने वाले थे। लाख आरजू-मिन्नत के बावजूद, जिस नानी को ढाका नहीं लाया जा सका, वह नानी भी शान्तिनगर चली आयी थीं। तुम्हारे साथ रहने के लिए! छुटकू तुम्हें देखने, मयमनसिंह से आता रहता था। फेलू मामा और हाशिम मामा का बेटा, सुमन भी तुम्हें देखने आ पहुँचे, लेकिन, उन दोनों को घर में आने नहीं दिया गया। शराफ मामा को भी नहीं। पता नहीं, क्यों तो उन लोगों को अन्दर नहीं आने दिया गया। शायद इसलिए कि कहीं, कोई बाहर यह ख़बर न कर दे कि मैं कहाँ हूँ। हाशिम मामा की बेटी, सुलताना, शादी के बाद, ढाका में ही रहती थी। वह भी एक दिन अपने बाल-बच्चों समेत तुम्हें देखने आयी। उस वक्त, मैं अपने स्टडी कमरे में, दरवाज़ा अन्दर से बन्द किये बैठी थी। अब सोचती हूँ कि इन लोगों से इतना

डरने की क्या बात थी, माँ? आशंका मुझसे ज़्यादा, तुम्हें थी, माँ! तुम कोशिश करती थीं कि मुझसे किसी की भी मुलाक़ात न हो। मुझे पाकर, तुम्हें अपने नाते-रिश्तेदारों पर भी भरोसा नहीं रहा। उन लोगों से भी तुम दूर-दूर रहना चाहती थीं। नानी तुम्हारे साथ रहे, यह भी तुमने नहीं चाहा। तुमने नानी से कई-कई बार कहा कि वहाँ, घर में हाशिम मामा बीमार पड़े हैं, उन्हें छोड़कर, वे ढाका क्यों चली आयीं। हममें से किसी ने भी तुम्हें यह नहीं बताया था कि हाशिम मामा की मौत हो चुकी थी। तुम दुःखी होतीं, इसीलिए यह ख़बर तुम्हें नहीं दी। नानी को झूठ बोलना पड़ा कि अब हाशिम की देखभाल के लिए, वहाँ कोई बन्दा मौजूद है। हम सब चाहते थे कि नानी तुम्हारे पास रहें! अब्बू भी यही चाहते थे। नानी दिन भर नमाज़ पढ़ती रहती थीं और तुम्हारे सिर, चेहरे और बदन पर फूँक मारती रहती थीं। मुझे नहीं लगा कि यह सब तुम्हें अच्छा लगता था। मुमकिन है, पहले भला लगता हो, लेकिन अब नहीं लगता था। अब तुम किमोथेरापी लेना चाहती थीं। किमो से भी अब, कोई फ़ायदा नहीं होना है, यह जानते हुए भी मैं तुम्हें किमो दिये जा रही थी, इसलिए कि यह तुम्हें अच्छा लगता था। तुम्हारा कोई इलाज हो रहा है, यह सोच-सोचकर तुम्हें भला लगता था। नहीं, माँ, किमो देने से तुम्हारा बदन हल्का हो उठता था, इसलिए तुम जो भी कहती थीं, जितना भी ग़लत कहती थीं, तुम्हारा मन ज़रूर हल्का हो जाता था। लेकिन शरीर में श्वेत-कण इस क़दर कम हो चुके थे कि जैसे ही यह ज़हर तुम्हारे अन्दर जाता था, दो दिनों बाद ही तुम्हें हहराकर बुखार चढ़ जाता था। दवा खिलाकर भी, पूरे बदन पर ठण्डा स्पॉन्ज करके भी, मैं तुम्हारा बुखार कम नहीं कर पाती थी। पड़ोस के डॉक्टर प्रजेश को बुलाया गया। प्रजेश मेडिकल कॉलेज में, मेरे प्रोफेसर थे। तुम्हारी जाँच करने के बाद, उन्होंने तुम्हें अस्पताल में भर्ती कराने को कहा। जब तुम अस्पताल में भर्ती हुईं, अब्बू और भाईजान, अस्पताल आते-जाते रहे। मैं घर में बन्द! मेरे लिए, तुम्हें देखने जाने का कोई उपाय नहीं था। ये कट्टरपंथी जाने! कहाँ घात लगाये बैठे हों, घात लगाये न भी बैठे हों, मुझे देखकर, मुझ पर टूट पड़ने वाले लोगों की भी इस शहर में कोई कमी नहीं थी। अस्पताल में तुम्हारे लिए खाना भेजने के अलावा, घर में मुझे और कोई कामकाज नहीं था। वैसे खाना भी शेफाली ही तैयार करती थी। शेफाली घर का सारा काम अकेली ही करती थी। तुम्हारा कामकाज भी वही करती थी। जब तुम अस्पताल में थीं, शमसुर रहमान और निर्मलेन्दु गुन, मुझसे मिलने आये थे। मुझे बिल्कुल नहीं लगा उन दोनों के साथ, मेरी वर्षों बाद भेंट हो रही है। जैसे पहले अड्डेबाज़ी होती थी, उस दिन भी अपने स्टडी-कमरे में बैठे-बैठे उसी तरह गपशप होती रही। गपशप का विषय, मूलतः राजनीति! थोड़ा-बहुत साहित्य भी! अपने कुछेक करीबी लोगों को मुझे जानकारी देनी ही पड़ी कि मैं कहाँ हूँ! देश-विदेशों के पत्रकारों में, सिर्फ बी बी सी के डेविड सेसान को ही मैंने इण्टरव्यू दिया था। मैंने इस शर्त पर इण्टरव्यू दिया था कि वह मेरा पता-ठिकाना गुप्त रखेगा। मैंने अपने

इण्टरव्यू में कहा था देश से बाहर जाने का मेरा कोई इरादा नहीं है। कट्टरवादियों के फतवे था ताण्डव का मैं कतई परवाह नहीं करती। मैं अपने लेखन के माध्यम से समता और मानवाधिकार के लिए संघर्ष कर रही हूँ। जिन लोगों के लिए लिखती हूँ, उनसे दूर जाकर और जिस भाषा में लिखती हूँ, उस भाषा से दूर जाकर, मेरा लिखना-पढ़ना सम्भव नहीं है।

इधर मैंने सुना कि पुलिस मेरी तलाश में है। एमिग्रेशन के जिस शख़्स ने मुझे देश में घुसने दिया था, उसकी नौकरी भी चली गयी। मोती झील थाने की कोई पुलिस मेरे घर की पहरेदारी कर रही थी। दरवाज़े पर तैनात पुलिस वालों को इतनी-सी जानकारी भी नहीं थी कि वे लोग यहाँ क्यों तैनात किये गये हैं। मेरी जासूसी करने के लिए या मुझ पर नज़र रखने के लिए? ख़ैर, इसकी वजह क्या मैं ही जानती थी? मेरे विरुद्ध इस बार, कोई नया फतवा नहीं जारी किया गया, मेरे प्रतिवाद में कोई जुलूस भी मेरे घर के सामने से नहीं गुज़रा! लेकिन, दुर्घटनाएँ अगर न घटती रहें, तो हिम्मत बढ़ जाती है, माँ। एक दिन मैं रात के वक्त झूनू खाला के घर जा पहुँची। इसी तरह एक दिन मैं तुम्हें देखने के लिए बारडेम अस्पताल भी पहुँच गयी। मैंने डॉक्टरों से बात की। तुम्हें इन्सुलिन दिया जा रहा था। वैसे तुम खाती ही कितना थीं कि तुम्हें इतना इन्सुलिन देने की ज़रूरत आ पड़ी? नर्स जब तुम्हारे पाँव में इंजेक्शन चुभो रही थी, मैंने मुँह फेर लिया। मुझे देखकर ऐसा लगा, मानो इंजेक्शन मेरे ही पाँव में चुभाया गया हो। जिन दिनों तुम खुद ही इंजेक्शन लिया करती थीं, तब खुद ही दिन में तीन-तीन बार इंजेक्शन लगाती थीं। मुझे समझ में नहीं आता कि ऐसा तुम कैसे कर पाती थीं। असल में तुम्हें इसकी आदत पड़ चुकी थी। अपने ही बदन में खुद ही इंजेक्शन चुभोते हुए, अब तुम्हें तकलीफ नहीं होती थी। लेकिन, अब, यह बात मेरी समझ से बाहर थी कि उन दिनों तुम बिल्कुल मामूली-सा ही तो मुँह में डालती थीं, फिर भी तुम्हारा शुगर हमेशा ऊँचे पर ही चढ़ा रहता था। शायद तुम्हारा रोग ही, शुगर कम नहीं होने देता था। तुम दिन-पर-दिन उपासी रहती थीं, फिर भी शुगर हमेशा ऊँचा का ऊँचा। जब घर पर कीमोथेरापी देने वाला आदमी आता था, तो टटोल-टटोलकर तुम्हारी बाँह की नसें खोज निकालता था और सुई चुभोता था। मैं नहीं चाहती थी कि तुम्हें किसी भी तरह का दर्द हो। सुई देने वाली जगह को सुन्न करने के लिए, मैं एक मलहम ख़रीद लायी। वह लगाने के बाद ही, उसे इंजेक्शन लगाने देती थी। मैं ऐसा क्यों करती थी, माँ? इंजेक्शन का दर्द क्या वाकई तुम्हारे लिए दर्द रह गया था? तुम्हारे पेट में तो लगातार दर्द रहने लगा था। बीच-बीच में, मैं पूछती भी थी–'दर्द कुछ कम हुआ?' तुम्हारे होंठों पर उदास मुस्कान झलक उठती थी। तुम जवाब देकर मुझे उदास नहीं करना चाहती थीं। हाँ, कभी-कभी यह भी कहती थीं–'दर्द तो हर समय रहता है।' एक दिन तुमने बताया कि यह सिर्फ दर्द नहीं, दर्द से भी बड़ा कुछ महसूस करने लगी हो तुम! वह 'बड़ा कुछ' क्या

था, यह तुम किसी शब्द या भाषा में नहीं समझा पाती थीं। मुझमें तो यह समझने की क्षमता ही नहीं थी। क्षमता रहती भी कैसे? मेरे तन-बदन में तो कैंसर नहीं छाया हुआ था। ज़रा-ज़रा करके, मुझे तो यह समझ में आ रहा था कि तुम्हारी देह बदल रही थी; तुम्हारे पेट में पानी भर रहा था; पेट फूलता जा रहा था। तुम दुपट्टे से अपना पेट ढँके रहती थीं। क्यों, माँ? तुमने मुझे यह क्यों नहीं बताया कि तुम्हारा पेट दिनोंदिन फूलता जा रहा है? पूछने पर तुम अपने को छिपा लेती थीं। तुम क्या मुझे समझने देना नहीं चाहती थीं? तुम किसे खुश करती थीं? तुमने चींख-चींखकर यह क्यों नहीं कहा कि तुम्हारा तो इलाज हुआ, साढ़े चार घण्टे तक बहुत बड़ा ऑपरेशन हुआ, तुम्हारे बदन में ढेरों खून उँड़ेला गया, विदेश के अस्पताल में भी तुम्हारा इलाज हुआ, तुम्हें तो अब तक बिल्कुल ठीक हो जाना चाहिए था, फिर तुम्हारा पेट क्यों फूलता जा रहा है? दर्द दिनोंदिन बढ़ता क्यों जा रहा है? क्यों तुम्हारी सेहत बेहतर होने के बजाय क्रमशः बिगड़ती जा रही है? क्यों तुम्हें मिचली होती है? क्यों तुमसे खाया नहीं जाता? तुमने तो एक बार भी किसी से कुछ नहीं कहा। न मुझसे, न अब्बू से, न डॉक्टर से, न अपनी माँ से या अपने भाई-बहनों से! जब तुम्हें पाइल्स की वजह से रक्तस्राव हो रहा था, तुम्हारी शिकायतों की सीमा नहीं थी। तुम इलाज पाने के लिए चीखतीं-चिल्लातीं। उन दिनों हममें से किसी ने भी तुम्हारी चींख-चिल्लाहट को अहमियत नहीं दी। आज, जब हम सब, तुम्हारे एक-एक शब्द को महत्त्व दे रहे हैं, तुम्हारे आस-पास रहते हैं, तुम्हें कैसे ठीक रखा जाये, हर पल इस कोशिश में लगे रहते हैं, आजकल तुम एक बार भी अपनी तबीयत के बारे में, किसी से, कोई बात नहीं करतीं। अगर कोई तुमसे कुछ पूछता भी था, तो तुम या तो कोई जवाब नहीं देती थीं, जवाब टाल जाती थीं या 'मैं ठीक हूँ!' कहकर, प्रसंग बदल देती थीं। क्यों, माँ? तुम समझ गयीं कि तुम्हारा रोग, नीरोग होने वाला रोग नहीं है। उन दिनों तुम एक बार भी मौत का ज़िक्र नहीं करती थीं। तुम तो ज़रा भी न निस्सहाय हुईं, न रोयीं। तुम बिल्कुल नहीं डरीं। कभी एकाध पल को भी क़ुरान लेकर नहीं बैठीं। जब तुम स्वस्थ थीं, तब तो बार-बार मौत की बातें करते हुए, बेभाव रो देती थीं।

अस्पताल में कड़े-कड़े ऐंटीबायोटिक्स दे-देकर तुम्हारा बुखार कुछ कम किया गया। तुम्हें घर ले आया गया। आखिरकार, कीमोथेरापी भी बन्द कर देनी पड़ी, क्योंकि तुम्हारे शरीर की प्रतिरोध-क्षमता कम होती जा रही थी। तुम्हारे कमरे का कोना-कोना मैंने डेटॉल से साफ़ किया और तुम्हें बिस्तर पर लिटा दिया। तुम्हारे आस-पास कोई न जाये, मैंने इसका भी इन्तज़ाम कर दिया, ताकि किसी के बदन का कोई भी जीवाणु, तुम पर हमला न करे। जो लोग तुम्हारे कमरे में जाते थे, उनके लिए मैंने नियम बना दिया कि वे जूते बाहर उतारकर अन्दर जायें। जाने से पहले हाथ-पैर अच्छी तरह धो लें। जो लोग तुम्हें देखने आते थे, उन लोगों को मैं दूर, कुर्सी पर बिठाती थी। जाने क्यों तो मैं तुम्हें सबसे दूर-दूर हटाये रखती थी? लेकिन क्या

फायदा हुआ? तुम्हारी देह अन्दर ही अन्दर झर रही थी। मैं जी-जान से कोशिश कर रही थी कि तुम कुछ दिनों और जी लो। वैसे इन्सान का स्पर्श तुम्हें कुछ तो आनन्द दे ही सकता था। स्पर्श में आश्चर्यजनक शक्ति होती है। मैं भी मारे संशय के, तुम्हें स्पर्श नहीं करती थी।

तुमने बिल्कुल अचानक ही बिस्तर पकड़ लिया, माँ! हालाँकि न्यूयार्क से लौटने के बाद, तुम ठीकठाक थीं। बाज़ार से सौदा-सुलुफ आता था, तुम सहेज देती थीं; मांस-मछली छाँट देती थी। क्या खाना पकेगा, कैसे पकेगा, बता देती थीं। शुरू-शुरू में मैंने तुमसे कहा भी—'जाओ, तुम आराम से लेटी रहो न! यह सब मैं देख लूँगी।' लेकिन, तुम नहीं सुनती थीं। घर की देख-रेख की जिम्मेदारी तुमने खुद अपने ऊपर ले ली थी। अब, मेरी समझ में आता है, माँ, वह जिम्मेदारी लेना, तुम्हारे लिए कितना ज़रूरी था! तुम बीमार इन्सान की तरह लेटी रहना नहीं चाहती थीं। जब तक बदन में आखिरी ताकत मौजूद रही, तुम उठती-बैठती रहीं, चलती-फिरती रही, व्यस्त रहीं। उन दिनों, मेरी गृहस्थी, तुम्हारी गृहस्थी हो गयी थी। तुम्हारी अपनी गृहस्थी तो तुम्हारे बेटे की बीवी ने छीन ली थी। तुमने बेटी की गृहस्थी की सिर्फ जिम्मेदारी ही नहीं ली, तुम बेटी का रुपया-पैसा बचाने की भी भरपूर कोशिश करती रहीं। मैं ढेरों रुपयों का सामान लाने को बाज़ार भेजती थी, लेकिन तुम हिसाब से खाना पकाने की हिदायत देती थीं। मुझे यह हिसाब पसन्द नहीं था। मैं चाहती थी, ज़्यादा-ज़्यादा खाना पकाया जाये। घर में हम सभी थे, उस पर से नानी भी यहीं थीं, झूनू खाला आने वाली थीं, और भी लोग आते-जाते रहते थे। मैं चाहती थी कि तुम्हारे सभी नाते-रिश्तेदार तुम्हारे पास आते रहें, सब यहाँ रहें, सब लोग तुम्हें घेरे रहें, तुम्हें जो लोग प्यार करते हैं या तुम जिन लोगों को प्यार करती हो, सब तुम्हारे पास रहें, सबके प्यार से तुम भर जाओ। तुम्हारी शारीरिक तकलीफ तो हम सब दूर नहीं कर सकते थे। जब तक तुम ज़िन्दा हो, तुम कोई दुर्घटना, कोई हादसा न देखो, कोई बुरी खबर न सुनो; कहीं, किसी रुलाई की आवाज़, कोई हाहाकार, कोई झगड़ा-कलह, कोई हिंसा या कड़वी बातें न सुनो। तुमने मुझसे कहा नहीं, लेकिन मैं समझती थी कि तुम नहीं चाहती थीं कि झूनू खाला इतना ज़्यादा यहाँ आयें-जायें। तुम तो नानी से भी बार-बार कहती रहीं कि वे मयमनसिंह लौट जायें। मैंने तुमसे कभी इसकी वजह नहीं पूछी। लेकिन, मुझे बुरा लगता था। मैंने गौर किया दोपहर या रात के खाने के समय, तुम खाने की मेज़ के सामने आ बैठती थीं। तुम ही सबका खाना परोसती थीं। इन सबकी क्या ज़रूरत थी?

मैंने तुमसे कई बार कहा, 'माँ, तुम अपना खाना खाओ। हम सब अपना खाना, खुद परोस लेंगे।'

लेकिन तुमने मेरी बात नहीं मानी। लेकिन, चूँकि मैं यह चाहती थी कि तुम्हें जैसा अच्छा लगे, उस ढंग से चलो; जो करने का मन हो, वही करो, इसलिए तुम्हें

खाना से मैंने ज़ोर-जबर्दस्ती रोकने की, कोशिश कभी नहीं की। ख़ाना परोसकर अगर तुम्हें खुशी मिलती है, तो वही करो और खुश रहो। तुम खुद कुछ नहीं खाती थीं। तुम्हारे खाने में सवेरे आधा-उबाला हुआ अण्डा, दोपहर को मुर्गी का कटोरी भर पतला सूप! कभी-कभार आधी कटोरी मुरमुरे! इसके अलावा और कुछ पेट में डालने का तुम्हारा मन नहीं होता था। मैंने गौर किया, खाना परोसते समय, नानी की थाली में और झूनू खाला या उनके लड़के की थाली में मछली या मांस का छोटा-सा टुकड़ा डाल देती थीं, जबकि मेरी थाली में कोई बड़ी-सी मछली या मांस का टुकड़ा! यह देखकर, मुझे इतनी शर्मिन्दगी होती थी कि मैं सिर झुका लेती थी और मन ही मन उन लोगों से माफी माँगती रहती थी। घर में और ज़्यादा खाना भी तो पकाया जा सकता था? इतने सारे लोग थे और खाना कितना कम बनाया जाता था। यह सब आखिर क्या है? मेरा गुस्से से फट पड़ने का मन होता था। लेकिन कहीं तुम्हारा मन खिन्न न हो जाये, इस ख़याल से मैं खामोश रहती थी। जो-जो खाना मुझे पसन्द था, तुम वही सब पकाने की हिदायत देतीं, एक बार तुमने खुद लाटी मछली का भुर्ता बनाया, वह भी सिर्फ मुझे ही खिलाना चाहा। मैं सच कहती हूँ, उन दिनों तुम्हारे चरित्र का वह पक्ष मुझे नितान्त अचीन्हा लगा था। तुम तो इन्सान को सिर्फ दिया करती थीं, उदार हाथों से उँडेल देती थीं। ऐसा क्या हुआ कि वही तुम, बिल्कुल बदल गयीं? तुम क्यों नहीं चाहती थीं कि नानी तुम्हारे पास रहे? तुम क्या मेरा ख़र्च बचा रही थी? तुमने देखा था कि अमेरिका से पूरे पन्द्रह हज़ार डॉलर, अपने साथ लायी थी। यह दस लाख रुपयों से भी ज़्यादा होता है। यहाँ आते ही मैंने एक नया रेफ्रिजरेटर ख़रीद डाला। मुझे ख़रीदने की भला क्या ज़रूरत थी? पहले की वह खूबसूरत, लाल फ्रिज तो वहाँ पहले से ही मौजूद थी। लेकिन, इसके बावजूद, मुझे लगा था कि तुम्हें शायद खुशी होगी। यह जो मैं अपनी गृहस्थी में जमकर आसीन हो गयी हूँ, यह देखकर तुम खुश होगी। इतने लम्बे अर्से से तुम मुझे घर लौटा लाने का सपना देखती आयी थीं। वह सपना पूरा होने का, थोड़ा-बहुत जश्न मना ही लिया जाये! इस ख़रीद के पीछे एक और भी उद्देश्य था। इन दिनों तुम्हें देखने, तुमसे मिलने के लिए, तमाम नाते-रिश्तेदार, जान-पहचान के लोग आने लगे थे और मेहमाननवाज़ी तुम्हारा सबसे बड़ा धर्म था, जो धर्म तुम अब्बू की गृहस्थी में रहते हुए नहीं निभा पायी थीं। तुम अपने भाई-बहन को 'अवकाश' में कभी आमन्त्रित नहीं कर पायीं। तुम अपनी माँ को अपने घर में कभी अच्छे-अच्छे पकवान नहीं खिला पायीं। कभी अपनी किसी सहेली या किसी और की खातिरदारी नहीं कर पायीं। आज, इस गृहस्थी को तुम अपनी गृहस्थी मान लो और जो-जो तुम पहले नहीं कर पायीं, वह सब करने की अबाध आज़ादी महसूस करो। मैंने वे सब डॉलर, तुम्हारे ही हाथों में सौंप दिये थे। लेकिन हैरत है, तुम्हारी वह स्वतःस्फूर्ति मुझे नज़र नहीं आ रही थी। नानी को तुम बार-बार चले जाने को क्यों कहती थीं? तुम्हें क्या यह

लगा था कि नानी को मेरे पैसों का लोभ है? ना, माँ, उन्हें रुपये-पैसों का बिल्कुल लोभ नहीं था। नानी, सच ही, पूरे मन से तुम्हारे करीब रहना चाहती थी। नानी के यहाँ बने रहने का और कोई उद्देश्य नहीं था। हाशिम मामा को कब्र में लिटाकर, नानी तुम्हारे पास चली आयी थी। तुम ही एकमात्र ऐसी प्राणी थीं, जिसने उनकी निःस्वार्थ सेवा की थी। तुम ही एकमात्र ऐसी जीव थीं, जिसने उन्हें सच्चे मन से प्यार किया था। तुम्हारे लिए बचे-खुचे तीन महीने जीने की ख़बर, नानी जानती थीं, वह दौड़कर कैसे नहीं आतीं? दुनिया-जहान त्यागकर, घर-द्वार-संसार त्यागकर, वह तुम्हारे पास क्यों नहीं रहतीं, माँ? तुम शायद यह सोचती थीं कि वहाँ, हाशिम मामा को बीमार छोड़कर, तुम्हारे पास दौड़ आने और तुम्हारे पास रहने के पीछे, ज़रूर उनका कोई मतलब है, जो कहीं से भी महान् नहीं है। हाशिम मामा की बीमारी की तुलना में, उन्होंने तुम्हारी बीमारी को इतनी बड़ी क्यों मान ली, तुम मन ही मन इसी बारे में, तरह-तरह के हिसाब में उलझी थीं। हाशिम मामा असाध्य कैंसर रोग से आक्रान्त थे। तुम्हारा तो इलाज भी चल रहा है। तुम्हारे पास तो तुम्हारे पति, तुम्हारे बेटे-बेटी मौजूद हैं। तुम्हारा रोग भी असाध्य नहीं है। नानी हाशिम मामा के पास रहकर, उन्हें थोड़ा-बहुत शारीरिक आराम भले न दे पातीं, लेकिन, मानसिक आराम तो पहुँचा ही सकती थीं या फिर हाशिम मामा को तुम अपने से बढ़कर प्यार करती थीं, इसके बावजूद तुम उनके पास जा नहीं पा रही हो, इसलिए कम से कम नानी तो उनके पास रहें, तुम यही चाहती थीं। हाशिम मामा अब, नहीं रहे, यह बात भी तुम्हें बताया नहीं जा सकता था। वैसे मैं यह बात भी आज तक नहीं समझ पायी कि तुम्हें रूनू खाला का अपने यहाँ ज़्यादा आना-जाना, क्यों नापसन्द था। तुम यह क्यों नहीं चाहती थी कि रूनू खाला तुम्हारे पास रहें? वह तुम्हारी ही तो छोटी बहन थी। तुम उन्हें कितना प्यार करती थीं! तुम शायद मुझे, उन लोगों के हाथों से बचाना चाहती थी। अच्छा, यह कंजूसी तुममें क्यों थी? तुम जैसी महामानव की यह क्षुद्रता देखकर, मैं सच ही सकते में थी। मुझे वाकई समझ में नहीं आता था कि तुम अपने नाते-रिश्तेदारों को अपने से दूर क्यों करना चाहती थीं। उन लोगों के आने या रहने से, क्या तुम्हें अपना रोग असाध्य लगता था, इसलिए? इसीलिए क्या तुम नहीं चाहती थीं कि कोई तुम्हारे सिरहाने क़ुरान पढ़-पढ़कर, तुम्हारे माथे पर फूँक मारे, क्योंकि यह सब तो लोग मृत्यु-पथगामी इन्सान के लिए करते हैं। तुम अपने बारे में यह सोचना चाहती थीं कि अब, तुम स्वस्थ हो। तुम्हारी रोग-बीमारी, सब निरोग हो गयी है। तुम यह मानने को तैयार नहीं थीं कि तुम्हारा रोग, दुरारोग्य है। आज तक मैं समझ नहीं पायी कि तुम्हारी असहिष्णुता किस वजह से थी। आखिरकार, नानी चले जाने को लाचार हो गयीं। तुम्हें राहत देने के लिए ही वे लाचार हो गयीं। तुमसे छिपाकर, मैंने नानी को पाँच सौ रुपये थमा दिये थे! कुल पाँच सौ रुपये! तुम नहीं चाहती थीं, इसलिए मैंने उन्हें शायद इतने कम रुपये दिये। असल में मुझे नानी

को और ज़्यादा रुपये देने चाहिए थे! राह में आने वाली सम्भावित आफत-विपदा के बारे में भी सोचना चाहिए था! तुम जो कभी अपनी माँ के लिए अपनी जान तक लुटाने को तैयार रहती थीं, तुम्हारी उसी माँ को मुझे तुमसे छिपाकर रुपये देने पड़े। अगर पहले कभी ऐसी कोई घटना घटी होती, तो सबसे ज़्यादा तुम ही खुश होतीं। लेकिन जिस दिन तुमने यह जानना चाहा कि मैंने नानी को कोई रुपये-पैसे दिये हैं या नहीं, मैंने साफ इनकार कर दिया। तुम्हें क्या नानी से ईर्ष्या होने लगी थी, माँ? नानी के चले जाने के दुःख से मेरी छाती फटी जा रही थी, माँ! संसार में नानी जैसी बुद्धिदीप्त, इतनी मेहनती, इतनी दृढ़चित्त, शायद ही कोई और हो। मैं कई-कई ढंग से अनुमान लगाने की कोशिश करती हूँ। तुमने अपने प्रति नानी के प्यार को मूल्य क्यों नहीं दिया? नहीं, इसका सही जवाब मुझे आज भी नहीं मिला।

मैंने नानी और झूनू खाला को अकेले में बुलाकर, इस बारे में उनसे भी बातचीत की। मैंने उनसे भी पूछा कि तुमने जो सब काम, जैसा बर्ताव, पहले कभी नहीं किया, आजकल वही सब कर रही हो, यह बात क्या वे लोग भी समझ रही हैं? झूनू खाला ने अनभिज्ञता जाहिर की।

लेकिन नानी ने कहा, 'वह शायद तुम्हें सुरक्षित रखना चाहती है! वह तेरी वजह से कहीं डरती है। कहीं तू फिर किसी दूसरे का दुःख-कष्ट देखकर, दुबारा कमज़ोर न पड़ जाये।'

मैंने हाथ जोड़कर नानी से माँ को माफ कर देने की विनती की। तुम्हारी तरफ से मैंने उनसे माफी माँगी। मैंने नानी से कहा कि माँ चाहे जो भी कहें, वे बड़े मामा या फ़खरुल मामा के यहाँ कुछेक दिन गुज़ारकर दुबारा वापस लौट आयें। माँ से कह दिया जायेगा कि मयमनसिंह जाकर नानी सारे बन्दोबस्त कर आयी हैं।

मैंने झूनू खाला से भी माफी माँगी। झूनू खाला खुद भी र्‍यूमाटेड आर्थ्राइटिस की शिकार थी। सर्दी के मौसम में उनकी हड्डियों की जोड़-जोड़ तालाबन्द रहती थीं। उस हालत में तुम ही रूनू खाला की मदद करती थीं। उनके पास खड़ा होने वाला भला और था भी कौन? तुमने ही ज़िन्दगी भर उनका साथ दिया। ख़ासकर जब तुम ढाका में थीं, तब तुम ही रूनू खाला की सबसे बड़ी सहाय थीं। तुम जैसी उदारमना, बाकी भाई-बहनों में और कोई नहीं था। वही तुम रूनू खाला की बीमारी को लेकर बिल्कुल भी फ़िक्रमन्द नहीं थीं। असल में तुम्हारी भूमिका, अब, मैंने ले ली थी और तुम अपनी भूमिका में, मुझे शायद नहीं देखना चाहती थीं। जाते-जाते नानी ही मुझसे कह गयीं कि तुम शायद अपनी माया समेटना चाहती हो। जाने से पहले कोई-कोई ऐसा ही बर्ताव करता है। वैसे, माँ, वर्ष भर पहले ही नानी इस असार संसार से विदा लेने वाली थीं। उन्हें हड्डियों की तपेदिक ने जकड़ लिया था। यह रोग किसी भी डॉक्टर की पकड़ में नहीं आया। नानी बिस्तर से दूर उठ नहीं पाती थीं! उनका चलना-फिरना मुहाल हो गया था। वह कुछ खा नहीं पाती थी, बात तक

नहीं कर पाती थी। उठकर अपने से पाखाना-टॉयलेट तक नहीं जा पाती थीं—सारे काम बिस्तर पर ही करती थीं। तुम उनके करीब रहकर, उनका पेशाब और पाखाना धो-धोकर साफ़ करती थीं। उनकी देखभाल में रात-रात भर जगी रहती थी और नानी के लिए आकुल-व्याकुल होकर रोती रहती थीं। सबको यही लगा था कि नानी अब जाने वाली हैं। सभी ने नानी को खुदा हाफिज कह दिया था। नानी को किस जगह कब्र दिया जायेगा, यह भी तय हो गया था। क़फ़न का कपड़ा तक ख़रीद लिया गया था। वही नानी, तपेदिक रोग का पता चलने के बाद, यक्ष्मा के दो इंजेक्शन लेते ही, एकबारी कब्र से उठ आयीं। सारा का सारा रोग पकड़ में आ जाने के बाद, वे कुछ ही दिनों में एकबारगी स्वस्थ हो उठीं। तुम्हारी माँ, तुमसे ज़्यादा सेहतमन्द हैं, इस बारे में तो तुम्हें ईर्ष्या नहीं होनी चाहिए थी। तुम तो अपनी माँ को बेहद प्यार करती थीं। तो क्या यही सच है कि तुम्हारी सगी माँ, जिसे तुम जी-जान से प्यार करती थीं, उस माँ से भी ज़्यादा, मैं तुम्हें प्रिय थी? मुझे तुम दुनिया में सबसे अधिक प्यार करती थीं? मेरी तुलना में तुम्हारी माँ, तुम्हारे भाई-बहन, सभी लोग तुच्छ थे। यह सोचते हुए मुझे अच्छा तो नहीं लगता, लेकिन मुझे ऐसा ही लगा है। छोटे भइया घर में नहीं रहता था। छुट्टी के समय भी, वह पल-दो पल तुम्हारे पास नहीं बैठता था। काफी रात गये, दारू के नशे में चूर होकर, घर लौटता था। घर लौटकर भी, मेरे स्टडी रूम में बैठकर, दारू चढ़ाता और पीते-पीते लड़कियों से गपबाज़ी किया करता था। मैं अवाक् होकर देखा करती थी कि इसी छोटे भइया के बारे में तुम गाया करती थीं कि तुम्हें प्यार करता है। यही क्या उसके प्यार का नमूना था? तो क्या छुटका मेरे देश वापसी से खुश नहीं था? यह सवाल तुम्हारे मन में भी ज़रूर जागा होगा। जिस दिन उसने चींख-चींखकर पूरे घर में हंगामा मचाते हुए, मुझसे बात की, चूँकि मैंने उससे यह जवाब-तलब किया था कि मेरे जाने के बाद, उसने मुझसे बिना पूछे, बैंक में जमा मेरे सारे रुपये क्यों उठाये। उस वक्त तुमने छोटे भइया का बर्ताव ज़रूर देखा होगा।

यास्मीन जब तुम्हारे लिए स्वदेश आयी थी, तो उसके हाथ मैंने ढेरों रुपये भेजे थे, ताकि तुम्हारा ऑपरेशन ख़र्च और अन्यान्य ख़र्च चुकाया जा सके। मेरे यहाँ आने के बाद भी जब छोटे भइया ने यह एलान किया कि अभी और रुपयों की ज़रूरत पड़ेगी। उसके मुताबिक तुम पर उसने और ज़्यादा ख़र्च किया था। बहरहाल, उसने जब, जितना माँगा, जितनी रकम का दावा किया, मैंने उसे दे दिया। मैंने अस्पताल का कोई बिल वगैरह भी देखना नहीं चाहा। मैंने यहाँ आने के बाद, घर से सम्बद्ध पिछले चार सालों का बिजली बिल, टेलीफोन, बिल भी चुका दिया। मैंने यहाँ आकर एक मोबाइल भी ले ली। इंटरनेशनल लाइन के लिए, उसने डिपोज़िट की जितनी रक़म माँगी, मैंने दे दी। रुपया! रुपया!! रुपया!! छोटे भइया, सिर्फ एक ही चीज़ पहचानता था। भाईजान को भेजकर मैंने बैंक से अपना स्टेटमेंट मँगाया, ताकि यह

पता चल सके कि बैंक में अब मेरे कितने रुपये बचे हैं। मैं यह देखकर सन्न रह गयी कि मेरे देश छोड़ने के बाद, मेरे एकाउण्ट में साढ़े सात लाख रुपये जमा हुए थे। अमेरिका के ह्यूमन राइट्स वाच ने मुझे एक ग्रान्ट दिया था! छः हज़ार डॉलर का ग्रान्ट! वह भी मेरे एकाउण्ट में जमा कर दिया गया था। छोटे भइया ने मुझे इसकी जानकारी नहीं दी, बल्कि बैंक में जो रुपये जमा थे, वह सारी रकम, उसने उठा ली थी। मुझे किसी दिन, इसकी जानकारी नहीं हुई। तुम्हें भी कभी, यह ख़बर नहीं हुई कि छोटे भइया, मेरे ही बैंक से मेरे सारे रुपये गायब करता रहा। तुमने एक पैसा भी कभी नहीं देखा। मेरा ख़याल था, शायद तुम्हें हाथ-ख़र्च की ज़रूरत पड़ी होगी! लेकिन, हाय तकदीर! मैंने छोटे भइया के हाथ तुम्हें पाँच सौ डॉलर भेजे थे। उसने तुम्हें मेरा ख़त तो थमा दिया, लेकिन लिफाफा खोलकर, उसने सारे डॉलर हड़प लिये थे। फोन पर मैंने तुमसे एक दिन पूछा था कि तुम्हें वे डॉलर मिले या नहीं। तुमने ही बताया कि तुम्हें सिर्फ ख़त मिला है। बैंक का स्टेटमेंट देखने के बाद, जब मैं घोर विस्मय से उबरी और मैंने तुमसे यह दरयाफ़्त किया कि बैंक के ज़रिये मैंने जो रुपये तुम्हें भेजे थे, वह रकम या वे सारे रुपये तुम्हें मिले थे या नहीं। तुमने बताया कि मैंने तुम्हें कभी, काई रुपया नहीं भेजा। मैं एकदम से चुप हो रही। ना, माँ, बहस करने का मेरा मन नहीं हुआ। मैं तो इस सोच में उलझ गयी और यह सोचने की कोशिश करने लगी कि मैंने सच ही कभी, कोई रकम तुम्हें भेजी थी या नहीं! रुपये मैंने भेजे ज़रूर थे, कम से कम एक बार तो भेजे ही थे, लेकिन तुम्हें कभी, पता क्यों नहीं चला? वजह यह थी कि तुम्हें वे रुपये छूकर देखने का मौका, कभी नसीब नहीं हुआ। तुम चेक पर दस्तख़त करके छोटे भइया को थमा देती थीं। ये रुपये क्यों निकाले जा रहे हैं, कितने रुपये निकाले जा रहे हैं, इसकी तुम्हें कोई जानकारी नहीं थी। ये सारी ख़बरें, एकमात्र छोटे भइया ही जानता था। तुम्हारे अपने एकाउण्ट की ख़बर तक तुम नहीं रखती थीं, छोटे भइया रखता था। उसने तुम्हें यह जानकारी नहीं दी कि तुम्हारे एकाउण्ट में कितना है, कितना निकलता जा रहा है। मेरे हाथ में डॉलर की अबाध रकम थी! छोटे भइया की ललचायी निगाहें, हमेशा उन पर गड़ी रहती थीं। एक दिन मैंने देखा, वह तुम्हारे खाली कमरे से निकल रहा था। मेरी या तुम्हारी मौजूदगी में जो शख़्स उस कमरे में क़दम नहीं रखता था, उस दिन वह अकेले-अकेले तुम्हारे कमरे में क्या कर रहा था? और क्या करता, शायद वह उस कमरे का चप्पा-चप्पा छान रहा था कि कहीं डॉलर वगैरह तो नहीं पड़े हैं! उसे इतने-इतने रुपयों की क्यों ज़रूरत रहती है, मैं समझ नहीं पाती। छोटे भइया काफी रुपये कमाता है। इनमें से काफी सारी रकम वह विदेश, गीता को भेज देता था। जिस गीता के साथ उसका मानसिक या शारीरिक कोई भी रिश्ता नहीं है, जाने क्यों तो वह उसे अभी भी पाल-पोस रहा है! मेरे ही घर में रहता है, मेरी ही गाड़ी में चढ़ता है और बाप के होटल में खाता है। जिन प्रेमिकाओं-सहेलियों को लेकर वह घूमता-फिरता है, सभी

आत्मनिर्भर हैं। इसके बावजूद छोटे भइया के दिल में रुपयों का लोभ, दिनोंदिन आग की तरह बढ़ता जा रहा है। जब मैं स्वदेश लौट आयी हूँ, तो कहीं अपने मकान में दुबारा न टिक जाऊँ, इस आशंका से उसे मेरी स्वदेश-वापसी भी पसन्द नहीं आ रही है। अजीब इन्सान है! टुन्न शराबी की तरह चींख-चींखकर मुझसे बातें करता है। उसकी इस चींख-चिल्लाहट, उसकी बातों का कोई सिर-पैर नहीं होता। विकट चीत्कार करता है।

एक बार तो उसने चींखकर यह भी सुना दिया, 'मुझे माँ के पास बैठने की कोई ज़रूरत नहीं है। माँ के लिए मुझे जो करना चाहिए था, मैंने किया। अब तू कर!'

उस वक्त तुमने बेहद शान्त आवाज़ में उसे निर्देश दिया था कि वह कहीं अलग घर ले ले और यहाँ से चला जाये। मुझे आज भी यह बात समझ में नहीं आयी कि तुमने अचानक छोटे भइया को चले जाने को क्यों कहा! तुम किसके प्रति मान-ठान बैठी थीं? मेरे प्रति या छोटे भइया के प्रति? नहीं, ऐसा मैंने नहीं चाहा था। मैं नहीं चाहती थी कि तुम अपने लाड़ले बेटे को यूँ चले जाने को कहो। मेरा तो बस, इतना-सा आग्रह था कि वह फिजूल, बाहर-बाहर घूमता-भटकता न फिरे! कभी-कभी अपनी माँ के पास भी बैठा करे। छोटे भइया के प्रति तुम्हारा लाड़-प्यार मैंने देखा था। मेरे कपड़े-लत्तों का सूटकेस ड्राइंगरूम में ही पड़ा था। मेरी ही अलमारी के एक हिस्से में छोटे भइया के कपड़े वगैरह लगे हुए थे। यह देखने के बावजूद, तुमने छोटे भइया से एक बार भी नहीं कहा कि वे अपने कपड़े वहाँ से हटा ले।

एक दिन मैंने खुद ही कहा। छोटे भइया मेरी आलमारी से अपने कपड़े निकालकर ले गया और स्टील की एक आलमारी में उसने सज़ा दिया। यह आलमारी कभी उसी ने मेरे घर में लाकर रख दी थी। आज सोचती हूँ कि आलमारी खाली करने को मैंने तुमसे क्यों कहा। इसकी क्या ज़रूरत थी? जो चीज़ जैसी थी, वैसे ही पड़ी रहती। मुझे क्या ईषत् ईर्ष्या हो रही थी कि तुम मुझसे बढ़कर, अपने बेटे को प्यार करती हो? जो बेटा तुम्हारे पास पल-दो पल भी नहीं बैठता था, तुम्हारी ख़ैर-ख़बर नहीं लेता था; जो बेटा तुम्हारे लिए फूटी कौड़ी भी ख़र्च नहीं करता था, जिसन ऑपरेशन के लिए दो-दो बार ऐंठ लिये, उसी बेटे को तुम प्यार करती हो। क्या इसलिए कि उसने अब्बू या भाईजान की तरह, तुम्हें कभी तुच्छ नहीं किया? उन दोनों की तरह अपमानित नहीं किया? या तुम उसे इसलिए प्यार करती थीं, क्योंकि वह मुफ़्त में उमरा कराने ले गया था? वह भी बिना पैसा ख़र्च किये! मुझमें इस क़दर ईर्ष्या क्यों जागी थी, माँ? मेरे लिए भी तुम्हारे प्यारे में कोई कमी थी? तुम तो अपने को उजाड़कर, प्यार दे रही थीं, तुम्हारा सारा का सारा प्यार क्या मैं अपने लिए चाहती थी, माँ? या छोटे भइया की भयंकर क्रूरता मुझसे बर्दाश्त नहीं हो रही थी? लेकिन छोटे भइया अगर कुछ देर तुम्हारे पास बैठता, तुम्हारे प्रति अगर थोड़ा-सा भी प्यार जाहिर करता, तो सबसे ज़्यादा खुश मैं ही होती। चाहे जैसे भी हो, तुम्हारा मन खुश

रहे, तुम ठीक रहो, मैं यही चाहती थी। तुम भी क्या छोटे भइया के हाव-भाव, बर्ताव से दुःखी नहीं हुईं? तुम्हें क्या तकलीफ नहीं हुई? छोटे भइया और तुम्हारे बीच मन का ऐसा गहरा हेलमेल था कि वह अगर तुम्हारे पास, कुछेक पल नहीं भी बैठा, तो भी तुम्हारा दिल जानता था कि वह तुम्हें प्यार करता है। तुमने उसे अपनी मनमर्ज़ी और अपने ढंग से रहने की आज़ादी दी थी। तुमने छोटे भइया को अपने पास बैठने को कभी नहीं कहा, अपने करीब भी आने को नहीं कहा। ना, तुमने किसी से, कोई दावा, कोई माँग नहीं की। मेरे घर से छोटे भइया को अगर जाना ही पड़ा, तो कम से कम तब तक नहीं, जब तक तुम ज़िन्दा हो। चारों तरफ का मनोमालिन्य, अहंकार, इल्ज़ाम, विरोध, विद्रोह, गुस्सा, ज़िद वगैरह मैं किसी जादू-मन्तर के दम पर उड़ा देने की कोशिश कर रही थी। मैंने चाहा था कि जो कुछ असुन्दर है, वह तुम्हें छू भी न पाये। मैंने यह भी चाहा था कि भले झूठमूठ ही सही, लोग कहें कि वे तुमसे प्यार करते हैं। तुम देखो, हम सब मिल-जुलकर हेलमेल से रहते हैं, खुश हैं। तुम्हारे लिए अलभ्य शैशव के झूले में हम सब खुश-खुश झूल रहे हैं। तुम जिन लोगों को प्यार करती हो, वे सब सुखी हैं, मज़े में हैं; एक-दूसरे को प्यार करते हैं। लेकिन मेरा आक्षेप छोटे भइया के खिलाफ है। तुमने जो अतिशय ठण्डी आवाज़ में छोटे भइया से घर छोड़कर चले जाने को कहा, इस बात से मुझे शायद खुश होना चाहिए था। लेकिन, मैं खुश नहीं हुई, माँ! मुझ पर जैसे कोई अदृश्य चाबुक बरस गया था। मेरे अहंकार की पीठ, मानो धनुष की तरह टेढ़ी हो आयी थी।

झूनू खाला और फख़रुल मामा को भेजकर, मैंने पुराने ढाका में स्थित साड़ियों के थोक बाज़ार से एक सौ साड़ियाँ और लुंगी ख़रीद लाने को कहा, ताकि तुम दुःखी-गरीब लोगों में बाँट सको। तुमने हमेशा से ही यही चाहा है कि दीन-दुःखी-गरीबों का अभाव मिटा सको। जहाँ कहीं भी, तुम्हारी किसी ग़रीब पर नज़र पड़ती थी, तुम्हारे हाथ उसकी मदद के लिए कसमसाने लगते थे। लेकिन रुपये की मोहताजी की वजह से, तुम ऐसा नहीं कर पायीं। मेरा मन हो आया कि तुम अपने हाथों से गरीबों में साड़ी-लुंगी दान करो। मैंने ऐसा इसलिए चाहा, क्योंकि इससे तुम्हें खुशी होती। कुछेक साड़ियाँ, अपने जान-पहचान के लोगों को देने के लिए, नानी ने निकालकर अलग रख लीं। नानी के घर के करीब वाली बस्ती में जो परिवार बसे थे, वे सब तुम्हारे भी परिचित थे। तुम उन लोगों को ज़रूर ही देतीं। कौन-सी साड़ी अच्छी है, कौन-सी नहीं—इस बात को लेकर, जब नानी और रूनू खाला में ज़िक्र छिड़ गया, तुम दूर से ही उन दोनों को देखती रहीं। ख़ैर, नानी तो कह ही सकती थीं कि नाते-रिश्तेदारों में, जो लोग गरीब हैं, साड़ी उन लोगों को भी दी जाये। तुमने कोई मंतव्य नहीं किया। लेकिन, सफेद रंग की एक साड़ी की ओर इशारा करते हुए, नानी ने यह कहा—'यह साड़ी तो खुद मैं भी पहन सकती हूँ।' मुझे पता है, तुम्हें उनका मंतव्य भला नहीं लगा। सच तो यह है कि भौतिक चीज़ों के मोह से, तुमने अपने

को काफी दूर हटा लिया था। जब मौत आकर, दहलीज पर बैठ जाती है, तब तमाम भौतिक चीज़ें बेहद तुच्छ लगने लगती हैं। इन भौतिक वस्तुओं के बारे में इन्सानों के बीच छिड़ी बातचीत भी काफी अश्रव्य लगती हैं। बहरहाल, वे साड़ियाँ तुम्हारे ही हाथों, गरीबों में बँटवा दी गयीं। ज़िन्दगी भर जो तुम करने में नाकाम रहीं, सिर्फ आस लगाये रहीं, मैंने चाहा कि तुम वह काम भी कर डालो। मैं नहीं जानती कि तुम्हें मैं कितना-सा सुख दे पायी। तुम्हारे अचानक बीमार हो जाने के बाद, जब सारे असम्भव भी सम्भव हो गये, तो तुम्हें कैसा लगा, माँ? हम सभी लोगों पर तुम्हें गुस्सा नहीं आया? अगर तुम गुस्सा दिखातीं, तो मुमकिन है कि हमें अच्छा नहीं लगता, शायद इसीलिए तुमने गुस्सा नहीं दिखाया, वर्ना तुम्हें खुश करने का यह नाटक देखकर भी, तुम चुप क्यों रहीं? तुम्हारी जगह अगर मैं होती, तो मैं ऐसे नाटक बन्द करने को कहती। मैं कहती–'जैसे अब तक की ज़िन्दगी मैंने अभाव में गुजारी है, बाकी ये कुछ दिन भी इसी तरह गुज़ार लेने दें।'

सुनो, माँ, मेरा बेहद मन था कि मयमनसिंह में तुम्हारे नाम से एक स्कूल शुरू करूँ–ईदुल आरा बालिका विद्यालय। चारों तरफ खोज-ख़बर भी ली। लेकिन अन्त में जो सुना, उससे यही पता चला कि स्कूल शुरू करने के लिए, काफी लम्बा वक्त लगेगा। नहीं, मेरे पास वक्त बेहद कम था। इतने कम वक़्त में क्या-क्या किया जा सकता है, मैं वही करने के लिए टूट पड़ी। स्कूल न हो, बाद में खुल जायेगा, लेकिन तुम अपनी आँखों से देख सको, ऐसा कौन-सा काम किया जाये? मैंने फटाफट सोच लिया। तुम्हारे नाम से छात्रवृत्ति प्रदान करने का इन्तज़ाम कर डालूँ। सातवीं और दशम श्रेणी की उन छात्राओं को जो गरीब हैं, मगर प्रतिभाशील हैं, पढ़ाई में तेज हैं, ऐसी पाँच छात्राओं को छात्रवृत्ति दी जायेगी। मैंने भाईजान के हाथ में रुपये देकर, मयमनसिंह भेजा। मुकुल निकेतन के अमीरुल इस्लाम रतन, यतीन सरकार और दो अन्य मशहूर शिक्षक, न्यायकर्ता बनाये गये। मैंने अमीरुल इस्लाम रतन से फोन पर बात भी कर ली कि तुम्हारे पास बस, कुछेक दिन बच रहे हैं। छात्रवृत्ति कार्यक्रम वे अपनी आँखों से देख जायें। तुम पढ़ना-लिखना चाहती थीं, क्लास में सबसे तेज़ छात्रा थीं, लेकिन तुम्हें पढ़ने नहीं दिया गया। स्कूल छुड़ाकर, ज़ोर-ज़बर्दस्ती वापस ले आया गया। अब, और किसी लड़की को बाल-विवाह का शिकार न होना पड़े। अब, अन्य किसी लड़की को पुरुषतन्त्र का शिकार न होना पड़े। लड़कियों के शिक्षित होने और आत्मनिर्भर होने का क्या मूल्य है, यह तुमने अपना जीवन देकर जाना था। अब से हर साल, तुम्हारे आदर्शों के प्रति सिर झुकाकर, लड़कियाँ ईदुलआरा की छात्रवृत्ति ग्रहण करेंगी। जो काम तुम खुद न कर सकीं, अन्य लड़कियाँ वह सब कर पायें। तुम सभी लड़कियों के अन्दर सपने रच गयीं। मैंने तुम्हारे ही मन की बातें लिखकर, भेज दीं। कार्यक्रम जल्द से जल्द अयोजित करने के लिए हड़बड़ी मचाती रही। सभी लोग मेरी यह हड़बड़ी मचाने की वजह जानते थे। कार्यक्रम आयोजित करने में, उन लोगों ने ज़्यादा वक्त नहीं लगाया। कुल पाँच

लड़कियों को दस-दस हज़ार रुपयों की छात्रवृत्ति दी गयी। मुकुल निकेतन में बाकायदा ये बड़ी-बड़ी वृत्तियाँ प्रदान करने का आयोजन किया गया। इस अनुष्ठान में मयमनसिंह के अनेक बुद्धिजीवियों ने तुम्हारी प्रशंसा में वक्तव्य रखे। भाईजान ने उस कार्यक्रम का कैसेट बनवा लिया और तुम्हारी तस्वीर के साथ बनाया गया बैनर लेकर, ढाका ले आये। बैनर पर बड़े-बड़े अक्षरों में तुम्हारा नाम लिखा हुआ था—ईदुल आरा छात्रवृत्ति! वह सब मैंने तुम्हें दिखाया, माँ, ताकि तुम्हें गर्व हो! तुम्हें वह सब मैंने इसलिए दिखाया, ताकि तुम्हें अच्छा लगे, माँ! इसका मुझे अन्दाज़ा नहीं लग सका, माँ, कि वह सब देखकर, तुम्हारी आँखों में विस्मय झलका या वेदना। वीडियो दिखाते हुए, बीच-बीच में मुझे वह कैसेट बन्द भी करना पड़ा, क्योंकि वक्तागण बार-बार तुम्हारे कैंसर और आसन्न मौत का ज़िक्र कर रहे थे। मैं नहीं चाहती थी कि तुम वे सब बातें सुनो। हाँ, जब भाईजान वक्तव्य दे रहे थे, उनकी कुछेक बातें, तुम्हारे कानों में ज़रूर पड़ गयीं, लेकिन तुमने कुछ कहा नहीं। उस पल मैं वीडियो फट् से रोक नहीं पायी।

भाईजान कह रहे थे...'मेरी माँ की आखिरी इच्छा है...'

तुम्हारे मन में फौरन यह सवाल उठा होगा—'आखिरी इच्छा' क्यों होने लगी? तो क्या तुम बचोगी नहीं? बहरहाल, तुमने एक बार भी इस आखिरी इच्छा को लेकर सवाल नहीं किया! तुमने एक बार यह भी नहीं पूछा कि तुम्हें यतीन सरकार या अन्यान्य वक्ताओं के पूरे वक्तव्य क्यों नहीं सुना रही हूँ। वे लोग अपने भाषण के दौरान, तुम्हें 'महीयषी नारी', 'महान् इन्सान' वगैरह भी कह रहे थे। वह सब सुनकर क्या तुम्हारा जीने का मन हो आया था, माँ? यह दुनिया तुम्हें बेहद खूबसूरत नज़र आ रही थी, माँ?

नानी ने कहा कि अपने रिश्तेदारों में ही कितने तो गरीब लोग हैं, मैं उन्हें ही वृत्ति दे सकती थी। मेरा जवाब था कि यह विचारकों का फैसला था। असल में नानी के कहने का मतलब था कि टूटू मामा की पहली बीवी के बेटे-बेटी भी चरम अभाव में दिन गुज़ार रहे थे। टूटू मामा ने किसी दूसरी महिला से शादी रचा ली थी और अपनी नयी दुनिया बसा ली थी। पहली बीवी को तलाक़ देने के बाद, वह बीवी अपने बेटे-बेटियों को लेकर, मायके में बेहद करुण हालत में पड़ी हुई थी। टूटू मामा अपने बेटे-बेटियों और बीवी की कोई खोज़-ख़बर नहीं लेते थे। मेरे रुपयों से उन लोगों की दरिद्रता शायद मिट जाती। इसके अलावा शराफ मामा के बेटे भी तो थे, जिनके घर से अभाव-गरीबी जाने का नाम ही नहीं लेती। लेकिन असल में इन लोगों की दरिद्रता दूर करना और तुम्हारे नाम छात्रवृत्ति की शुरुआत करना—ये दोनों अलग-अलग बातें थीं। तुम नानी के मंतव्य से खुश नहीं हुईं। लेकिन माँ, नानी तो ज़िन्दगी भर नाना के बेहिसाबी ख़र्च से बचा-बचाकर, काफी समझदारी से, उसी में अपनी गृहस्थी चलाती रही। अस्तु मैंने तुम दोनों के बीच का ठण्डा मनोमालिन्य दूर करने की

कोशिश की। तुम शान्त, स्थिर, स्निग्ध बनी रहीं। यह सब तुम्हें भला लग रहा है या नहीं, मुझे इसका अन्दाज़ा लगाना पड़ रहा था। तुम खुद कुछ जाहिर नहीं कर रही थीं। कभी जो तुम इस क़दर आवेगप्रवण हुआ करती थीं, वही तुम कैसी तो भीषण भावलेशहीन हो गयी थीं। तुम बिस्तर पर पड़ी न रहकर, कुशल गृहिणी की तरह घर-गृहस्थी की देख-रेख करने लगीं। मेरे लिए क्या पकाना है, किसको क्या परोसना है—यह हिदायत देने लगीं, मानो वह दिन भी किसी और आम दिन जैसा हो। जब मैंने पूछा—'आज, अच्छा लग रहा है, माँ?' 'हाँ, लग रहा है।' मुझे नहीं पता, माँ, अन्दर ही अन्दर तुम्हें कैसा लगता था! मैं जानती थी, तुम्हारे पूरे तन-बदन में असहनीय पीड़ा थी। तुम्हें स्वस्थ करना मेरे वश की बात नहीं थी। इसीलिए मैं तुम्हारे सिर्फ मन को लेकर व्यस्त थी। तुम्हारे मन को जो अच्छा लगे, मैं वह काम ज़रूर कर सकती थी। किसी भी वजह से तुम्हारे मन को हल्की-सी भी चोट लग सकती है, ऐसा कुछ भी न घटने देने की कोशिश में, मैं सदा व्यस्त रहती थी। लेकिन, माँ, एक दिन आखिर तुम टूट गयीं। तुम रो पड़ीं! चींख-चींखकर रोयीं। दोष मैं किसे दूँ? शेफाली को? हाँ, शेफाली को ही दोष दूँगी। उसने विस्मय भाव से सोने के कमरे का फोन, सुनने के लिए तुम्हें थमा दिया। ड्रॉइंगरूम में बैठे अब्बू, जाने किससे तो फोन पर बातें कर रहे थे। ख़ैर, यह अब्बू का मामला था। लेकिन उनकी बातें सुनने के लिए, तुम्हारे कान में फोन, शेफाली ने ही लगा दिया। तुम फोन रख सकती थीं, लेकिन तुमने नहीं रखा। वैसे चुपके-चुपके अब्बू का फोन सुनने का, उनका कोई इरादा नहीं था। शेफाली के प्रोत्साहन पर ही तुम फोन सुनने लगीं। अब्बू बेहद धीमी-धीमी आवाज़ में तुम्हारे बारे में ही बात कर रहे थे। इसके बाद, तुमने फोन रख दिया और मेरे पास चली आयीं। मैं अपने स्टडी-रूम में बैठी, किताब पढ़ रही थी। माँ, तुम चींख-चींखकर विलाप कर उठीं। तुमने रोते-राते कहा, 'अब्बू जाने किससे तो बातें कर रहे थे कि कुछ ही दिनों में मैं मर जाऊँगी। यह भी कह रहे थे कि डॉक्टर ने बता दिया है कि मैं तीन महीने से ज़्यादा नहीं बचूँगी। मेरे मरते ही अब्बू झमेलामुक्त हो जायेंगे। वह जिस औरत से बात कर रहे थे, उससे शायद वे प्रेम करते हैं। उससे ब्याह-वाह रचायेंगे या ऐसा ही कुछ...?'

तुम तो अब्बू का चरित्र जानती हो, माँ! उनका परायी औरतों से इश्क करना, क्या कोई नयी बात है? इश्क-मुहब्बत तो वे मेरे जन्म के भी पहले से ही करते आये थे। फिर तुम क्यों रोयी थीं! माँ? तुम जल्दी ही मरने वाली हो, यह ख़बर सुनकर तुम आतंकित तो नहीं हुईं? तुम्हारे अन्दर तो मुझे बूँद भर भी खौफ नज़र नहीं आया। तुमने मुझसे एक बार भी नहीं पूछा कि डॉक्टर ने क्यों यह कहा है कि तुम बस, तीन महीने ही और जीओगी? या तुम क्या सच ही मरने वाली हो? अब्बू का अपनी किसी प्रेमिका से बात करने, तुम्हारा चरम अपमान करने से तुम इतना दुःख गयीं कि अपनी बीमारी तक भूलकर, तुम जैसी फ़ौलाद भी एकबारगी टुकड़े-टुकड़े हो गयीं

और इतने दिनों मेरा, तुम्हें यूँ सहेज-सँभालकर रखना, तुम्हें तसल्ली देना—सारा कुछ ताश के महल की तरह ढह गया? लेकिन, तुम देखना, जैसे नानी ऐसी चरम बीमारी से बचकर निकल आयीं, खूब स्वस्थ-सेहतमन्द हो उठीं, तुम भी स्वस्थ हो उठोगी। लेकिन मेरा सारा आश्वासन, सारा आसरा-भरोसा तुम्हें सुख देने की सारी चेष्टाएँ व्यर्थ हो गयीं। मेरा सारा गुस्सा शेफाली पर फट पड़ा! अब्बू पर भी गुस्सा आया। उस दिन मैंने अब्बू की कम बेइज़्ज़ती नहीं की। उन्हें बार-बार धिक्कार भेजती रही। अब्बू सिर झुकाये बैठे रहे। अगले ही दिन, मैंने तुम्हारे सामने ही अब्बू से कहा—'माँ के नाम छात्रवृत्ति घोषित की है। तुम्हारे नाम किसी दिन भी नहीं करूँगी' मैंने तुम्हारे सामने ही अपना फैसला सुनाया—'अब्बू जैसे चरित्रहीन इन्सान के नाम, कभी, किसी दिन भी वृत्ति नहीं घोषित करूँगी।' अब्बू भले दीन-दुनिया त्यागकर, तुम्हारी बगल में बैठे रहें, चाहे जितना भी तुम्हारी देह सहलायें, भले तुम्हारे प्रति ज़िन्दगी भर किये गये अन्याय का प्रायश्चित करना चाहें, तुम पर अपना सर्वस्व लुटाकर प्रायश्चित करें, मैं उन्हें कभी भी माफ नहीं करूँगी। मैंने क्या अपने को भी कभी माफ किया है, माँ? जब तुम्हें अब्बू की ज़रूरत थी, वे तुम्हें नहीं मिले। आज तुम्हें उनकी भला क्या ज़रूरत? तुम्हें तो अब इलाज की भी ज़रूरत नहीं है। अब तो तुम्हारी देह की ज़रूरतें भी ख़त्म हो चुकी हैं। मन में जो कुछ भी बचा-खुचा था, कम से कम तुमने जो सोचा था और जीवन भर जिसे करीब पाना चाहा, मगर मिला नहीं, आज वह मिला है। आज वह दीन-दुनिया भूलकर, तुम्हारी सेवा में जुटा हुआ है।

तुम्हारी बगल में सोता है, तुम्हें दुलार देता है। आज वह मामूली-सा चैन भी, जन्म भर के लिए ख़त्म हो गया, फिर तुम्हारा अब रहा क्या?

दिनोंदिन तुम्हारे पेट में पानी भरता जा रहा था, पेट फूलता जा रहा था! एकदम से फूत्कारता हुआ नज़र आता था। तुम उसे ढँके रखती थीं। तुम किसी को भी यह अहसास नहीं देना चाहती थी कि तुम्हारे शरीर के भीतर भयंकर कुछ घट रहा है। हम सब समझ रहे थे, लेकिन तुम्हें बताते नहीं थे। अच्छा, हम सभी क्या तुमसे नाटक कर रहे थे और तुम भी हम सबके साथ नाटक किये जा रही थीं? कुछ भी न समझने का नाटक! माँ!

घर में जब बड़े मामा, फख़रुल मामा, तुम्हें देखने आते थे, तो तुम्हें भला कितने पल देखते थे? मेरे स्टडी-कमरे में पूरी महफ़िल जम जाती थी। धर्म, अल्लाह, खुदा, मुहम्मद, क़ुरान, हदीस को लेकर, हमारी हास्यरस की महफ़िल! बड़े मामा हमारे गुरु थे। क़ुरान के 'क' से लेकर चन्द्र बिन्दु तक, उनको रटा पड़ा था। कभी तुम बड़े मामा से नाराज़ हो जाती थीं। उनका ख़याल था कि वे ही बढ़ावा दे-देकर, मुझे धर्म के विरुद्ध लिखने के लिए भड़काते थे। वैसे बड़े मामा भला मुझे क्यों भड़काने लगे? मैं क्या खुद नहीं जानती कि धर्म क्या है और क्यों है। मैं धर्म के विरुद्ध लिखती हूँ, इसलिए तुम्हें धर्म के प्रति माया नहीं होती थी, माया मेरे लिए होती थी। तुम्हें

आशंका होती थी कि मुझ पर मुसीबत आने वाली है। ख़ैर, वह सब, अब जाकर मैं समझने लगी हूँ, उन दिनों मैं तुम्हारी आशंका को धर्मभीरुता या धर्मान्धता समझती थी और जाने कितने-कितने ढंग से तुम्हें निर्बोध मान लेती थी। उन दिनों मेरा देश-निकाला नहीं हुआ था। लेकिन तुम्हारी आशंका ही, आखिरकार सच हो उठी।

तुम दूसरे कमरे में थीं और तुमसे छिपकर, इस कमरे में शोरगुल जारी था। सभी लोग मिलकर धर्म का बारह बजा रहे थे।

इन सब कुछ के बीच एक दिन, कोई गूँज सुनायी दी। अब्बू और भाईजान की आवाज़ों की गूँज। उनका संवाद अचानक मेरे कानों में पहुँचते ही, मेरी तो जैसे साँस रुक गयी।

'कोई हिसाब है?'

'कैसा हिसाब?'

'अमेरिका से लौटने के बाद, कितने महीने गुज़र गये?'

'कल ही तो तीन महीने पूरे हुए।'

'लेकिन, अभी भी...कहीं, कोई लक्षण तो नज़र नहीं आ रहा है।'

'हाँ, मज़े से तो चल-फिर रही है।'

'लगता है, शरीर में, पहले से भी ज़्यादा ज़ोर आ गया है।'

'डॉ. ने तो तीन महीने कहा था।'

'लेकिन, तीन महीने तो पार हो गये।'

'डॉक्टर ने क्या ग़लत कहा था?'

'हाँ, लगता है, डॉक्टर से ही कहीं, कोई भूल हो गयी है।'

'लेकिन...भूल होना तो नहीं चाहिए! बड़ा डॉक्टर है।'

'वह तो मज़े से स्वस्थ-सेहतमन्द है।'

'तो क्या वह सी पी टी दवा असर कर गयी, जिसके बारे में हमने सोचा था कि असर नहीं कर पायी?'

वैसे, मैं भी मन ही मन शायद दिन गिन रही थी। इसका मतलब यह हुआ कि मेरी ही तरह और लोग भी गुपचुप दिन गिन रहे थे! तीन महीनों के बाद भी तुम स्वस्थ नज़र आ रही थीं। उस दिन तुमने कहा, तुम मछली-भात खाओगी। खाने की मेज़ के सामने बैठकर तुमने सभी लोगों के साथ ही खाना खाया। इसने क्या सबको राहत का विश्वास दिया या परेशानी की लम्बी उसाँस?

उन दोनों के संवाद के बीच, अचानक मैं उस कमरे में दाखिल हुई।

अब्बू ने मुझे अपने करीब खींचकर, फुसफुसाहट के लहजे में कहा, 'लगता है, उस इंजेक्शन ने असर किया!'

'कौन-सा इंजेक्शन?'

'अरे, वही...सी पी टी!'

'नहीं, उसका तो ढेरों इंजेक्शन लेना पड़ता है! कोर्स तो अभी ख़त्म नहीं हुआ। वैसे उस इंजेक्शन की, माँ पर उल्टी प्रतिक्रिया हुई है।'

'फिर वह...'

'क्या?'

'उसने तो आज भी बाक़ायदा हमारे साथ हमारी तरह ही ख़ाना खाया...'

तुम्हारी भावी मौत और अचानक बीच-राह में तुम्हारे स्वस्थ हो उठने की चर्चा में, धीरे-धीरे बड़े मामा, फख़रुल मामा, झूनू ख़ाला भी शामिल हो गये। बातचीत के बीच में ही, कई एक लोगों की निगाहें मेरी तरफ उठ गयीं। मुझे लगा, उन आँखों में कोई संशय था। मैंने तीन महीने वाली बात क्या सच कही थी? यानी डॉक्टर ने क्या सच ही मुझे तीन महीने का वक्त बताया था? या मैंने ही गढ़कर कही थी? मैं बेतरह डर गयी हूँ, माँ! इस बातचीत से क्या मुझे यह समझ लेना चाहिए कि सबको अच्छा लग रहा है कि तुम सेहतमन्द हो उठी हो?

जिस सी पी टी के सोलह इंजेक्शन में से, कुल एक ही इंजेक्शन लेकर, तुम्हारी मरणासन्न हालत हो गयी थी, बाकी पन्द्रह इंजेक्शन तो तुमने लिये ही नहीं। वह एक ही इंजेक्शन किसी कारणवश तुम पर असर कर गयी, यही सोचकर सबके सब हर्ष से भर गये हैं? या अन्दर ही अन्दर सभी लोग यही सोच रहे हैं कि तुम मरने में बहुत ज़्यादा वक्त ले रही हो। मुझे यह सोच-सोचकर दहशत होती है, माँ, कि हम सब—मैं, भाईजान और अब्बू यह सोच रहे हैं कि तुम अपने निर्धारित समय से बाहर चली गयी हो। हम सब क्या उँगली की पोर पर एक-एक दिन गिनना शुरू कर दें? उस भरी-पूरी महफ़िल में पूरे दम से चींखकर, मेरा यह पूछने का मन हुआ—'तुम लोगों को क्या यह आशंका है कि माँ मर नहीं रही है या मरेगी नहीं? फिक्र की कोई बात नहीं, माँ मर जायेगी! तुम लोग बिल्कुल दुःखी मत हों, माँ मर जायेगी।'

एक समय मैंने देखा, दिन-दिन भर मैं इंटरनेट पर समय गुजारने लगी हूँ। मैं विदेश वालों को ख़त लिख रही थी। नोवोकॉव की 'लोलिता' किताब मेरे साथ थी। बेहद हड़बड़ी में नहीं, बल्कि धीरे-धीरे ही मैंने वह किताब भी पढ़कर ख़त्म कर दी। इतना समय अगर मैंने किताब को दे डाला, तो तुम्हें क्या दिया? अगर तुम्हें समय दिया, तो पढ़ने का वक्त कैसे मिला? ख़ैर, किताब तो बाद में भी पढ़ी जा सकती थी। इतनी मोटी किताब पढ़कर वक्त बर्बाद करने की भला क्या ज़रूरत थी? तुम तो ज़्यादा दिनों तक साथ रहोगी नहीं, मैं यह जानती थी। किताब तो पड़ी ही रहती। किताब की तो ज़िन्दा रहने की कोई निश्चित उम्र नहीं होती। मैं किताब क्यों पढ़ रही थी? तुम्हारे साथ गपशप करने, तुम्हारा सेवा-जतन करने में मेरा मन नहीं लग रहा था।

शेफाली ही तो तुम्हारा सारा काम निपटा देती थी। शेफाली को तुम पर लादकर क्या मैं मुक्ति चाहती थी? मैं क्या हाँफ उठी थी? इसलिए कि तुम मर नहीं रही हो? इसलिए कि तीन महीने तो गुज़र गये। मैं, भाईजान, अब्बू—सभी यही सोच रहे थे?

सभी लोग टेलीविजन पर क्रिकेट का खेल देखने के लिए जम गये। छोटे भइया अमेरिका से सुहृद को अपने साथ ले आया था। मैंने उससे कहा था कि न्यूयार्क वाले मेरे घर में, जितने भी माल-असबाब पड़े हैं, वह सब यास्मीन और वह खुद, जितना हो सके, ले जायें, जो बच जाये, वह सब बेच-बाचकर, सुहृद यहाँ चला आये। उसकी माँ ने अगर उसे त्याज्य ही कर दिया है, अपने घर में उसे जगह नहीं देना चाहती, तो वह अपने बाप के पास आकर रहे। देश में ही रहकर लिखाई-पढ़ाई करे। सुहृद को उसकी माँ ने वापस नहीं लिया, अस्तु ढाका ही उसकी पनाह बना। तुम्हारा वही दुलारा पोता, जिसके जन्म के बाद से ही, तुमने गधे जैसी मेहनत करके, उसे पाल-पोसकर बड़ा किया था, वही सुहृद कभी-कभार आकर, तुम्हें देख जाता था, लेकिन मुझसे क्रिकेट बैट के लिए रुपये माँगते हुए भयंकर हंगामा मचा देता था। टेलीविजन पर खेल चल रहा था, उसे उसी वक्त बैट-बॉल ख़रीद देना होगा। उसे खुद खेलना था। मैं उसके लिए बैट-बॉल नहीं ख़रीदना चाहती थी, क्योंकि मैं चाहती थी कि खेलने के बजाय, वह तुम्हारे आस-पास रहे। सभी लोग तुम्हारे ही पास रहें।

सुहृद को इस हद तक बदतमीजी और बेअदबी करते देखकर तुमने उसे झिड़क दिया 'ख़बरदार, तुम मेरी बेटी से ऐसा बुरा बर्ताव नहीं कर सकते।'

सुहृद को तुमने पहली बार यूँ डाँटा था। जाने से पहले, तुमने उसे थोड़ा-बहुत शायद इन्सान बनाना चाहा था, तुमने मुझे बचाना चाहा था? जिन-जिनके लिए मैं जान दिये दे रही थी, उन्हीं के द्वारा ही मुझे अपमानित होना पड़ता था, इसलिए तुमने उसे बरज दिया। तुमने गौर किया कि वह निरे आवारा लोगों की तरह पेश आ रहा था। बहरहाल, अन्त में वह बैट-बॉल लेकर ही माना। घर के अन्दर ही उस बैट-बॉल से उसने खेलना भी शुरू कर दिया और खेल में महा-व्यस्त हो गया। रात को भाईजान भी उसके खेल में शामिल हो गये! किसी वक्त मैं भी खेल में जुट गयी। मुझे यह सोच-सोचकर महा-अचरज होता था कि एक इन्सान दिनोंदिन बीमार होता जा रहा था, उसके पास जीने के लिए ज़्यादा वक्त भी नहीं था, हम सब कैसे बैट-बॉल की ठक-ठुक में मगन हो सकते थे?

तुम शायद समझ गयी थीं कि अब ज़्यादा देर नहीं करनी चाहिए। तुम्हें बुखार चढ़ गया और तुम अस्पताल पहुँच गयीं। अस्पताल से लौटकर, तुमने जो बिस्तर पकड़ी, फिर नहीं उठीं। शरीर से ज़्यादा मन के ज़ोर पर तुम जो चल-फिर रही थीं, अचानक वह ज़ोर भी गुम हो गया।

मैंने तुमसे कहा, 'चलो, मयमनसिंह चलते हैं'

'क्यों? मयमनसिंह क्यों ले जाना चाहती है?'

'वहाँ ढेरों लोगों के साथ तुम्हारी भेंट होगी, तुम्हें अच्छा लगेगा।'

तुमने न्यूयार्क में भी पूछा था कि मैं तुम्हें ढाका क्यों ले आना चाहती हूँ। तुम क्या मन ही मन यह सोचकर हँस रही थीं कि मैं तरह-तरह की वजहें दिखाकर, चालाकी से, दरअसल तुम्हें कब्रगाह के करीब ले जाना चाहती हूँ। आख़िरी समय में तुम्हें पाख़ाना करने में तकलीफ होने लगी थी। मैंने दस्ताने ख़रीद लिये और तुम्हारी जड़-पत्थर बनी आँतों से, अपने हाथ से मल निकाल लेती थी। उन दिनों तुम तो ज़्यादा कुछ खा नहीं पाती थीं। धीरे-धीरे तुम्हारा खाना भी कम होता गया और फिर उसी सूप पर आकर ठहर गया था। तुम्हारी गन्दगी, मैंने खुद अपने हाथों से साफ़ करती थी। यह करने में मुझे बिल्कुल भी एतराज नहीं था। लेकिन तुम्हें एतराज था। तुम यह कबूल नहीं कर पाती थीं। तुम मारे लाज और संकोच के सफेद-फक्क पड़ी रहती थीं। मैंने तुम्हें बार-बार समझाया, माँ, कि तुमने भी तो इसी तरह अपनी माँ की सेवा की थी। मुझे भी करने दो सेवा, बस, तुम ठीक हो जाओ। जब मैं तुमसे ठीक होने की बात करती थी, सफेद झूठ बोलती थी, जो सुनने में बेहद अच्छा लगता था। दुनिया में और कोई झूठ शायद इतना खूबसूरत नहीं होता कि—तुम स्वस्थ-सेहतमन्द हो उठोगी। काश, तुम सच ही स्वस्थ हो उठतीं। किसी जादुई-ताकत से यह झूठ ही सच हो उठता।

बुढ़ापे की उम्र में एक बार नानी को ऋतुस्राव शुरू हो गया। कई सालों पहले, माहवारी बन्द हो जाने के बाद, अचानक फिर माहवारी शुरू हो जाने से नानी बेहद संकोच में पड़ गयी थीं। तुम्हें उन्होंने कानों में फुसफुसाकर बताया। तुमने भी मेरे कान में फुसफुसाकर यह ख़बर सुनायी। मैं स्त्री-रोग विशेषज्ञ की शरण में गयी। वे किसी ज़माने में मेरी प्रोफेसर हुआ करती थीं। उन्हीं जुबैद हुसेन ने मुझे बताया कि नानी की जरायु में कैंसर हुआ है। अगर उन्हें ज़िन्दा रहना है, तो जरायु काटकर निकाल देना होगा। नानी किसी हाल भी अपनी देह का कोई भी अंग काटकर, अलग करने को तैयार नहीं हुईं। नानी का कोई ऑपरेशन नहीं हुआ। दो-तीन वर्ष बाद, रक्तस्राव खुद ही ख़त्म हो गया। नानी जितनी स्वस्थ थीं, वैसी ही बनी रहीं। यह काफी पुरानी बात है। ऐसा ही कुछ क्या मेरे साथ भी नहीं हो सकता? नानी की तरह तुम भी डॉक्टरों की भविष्यवाणी, सारे डायग्नोसिस को झूठ साबित करते हुए, जी उठो?

कैंसर के सभी मरीज़ों को ही फुरफुरे, तरो-ताज़ा रहने के लिए और ताकत देने के लिए स्टेरॉयड दिया जाता है। पता नहीं क्यों, तुम्हें किसी भी डॉक्टर ने यह दवा नहीं दी और मैं तो अपनी सारी डॉक्टरी-विद्या घोलकर पी गयी थी। इतने कुछ इंटरनेट पर खोजती-खँगालती रही, सिर्फ इसी की तलाश नहीं की। तुम्हें स्टेरॉयड नहीं दिया गया। मैं यह नहीं कहूँगी कि वह दवा लेने से तुम स्वस्थ हो उठतीं, लेकिन जितनी

असहनीय पीड़ा तुमने सही है, उससे कुछ कम सहना पड़ता। शरीर में मामूली-सी ही सही, राहत आ समाती। लेकिन, तुम क्या उतनी तकदीर लिये जन्मी थीं, माँ? ज़िन्दगी भर दर्द सहती रही, आखिरी समय तक वही झेलती रहोगी।

हाँ, तुम्हें मयमनसिंह ले जाना होगा। फैसले सारे मैं ही लेती थी। बाकी सब श्रोता या दर्शक थे। ख़ैर, श्रोता या दर्शक होने के अलावा और हो भी क्या सकते थे? फैसले लेने के लिए जिम्मेदारियाँ भी लेनी पड़ती हैं। जब जिम्मेदारियाँ मेरी हैं, तो फैसले भी मेरे होते थे। इस बारे में फिलहाल किसी ने एतराज नहीं उठाया। चाहे कुछ भी क्यों न हो, गृहस्थी में फैसले, आमतौर पर मर्द ही लेते हैं। लेकिन, इस मामले में, मर्द फैसले लेने से दूर ही रहते थे, क्योंकि फैसले लेते हुए, कहीं ऐसा न हो कि कोई जिम्मेदारी भी उन पर आ पड़े। इसलिए लड़की होने के बावजूद फैसले लेना मेरे ही हिस्से में पड़ा था। वैसे जो इन्सान आज है, कल नहीं रहेगा, उसके मामले में फैसला लेना तो नितान्त क्षणिक मामला था। चूँकि यह क्षणिक फैसला था, इसलिए मेरे फैसले से कोई असन्तुष्ट नहीं था। रुपये-पैसे के दम पर, लड़की होते हुए भी, फैसले मैं ही ले सकती थी। दुनिया में रुपया एक भीषण सक्षम चीज़ है, माँ! यह बात, तुमसे बेहतर और कौन जानता है?

जब तुम ढाका वाले घर से जा रही थीं, तब ऐसे जा रही थीं, मानो कई दिनों मयमनसिंह में रहने के बाद, तुम लौट आओगी। तुम्हारा, घर से निकलने का दृश्य देखते हुए, मुझे बार-बार यही ख़याल आ रहा था कि इस घर से तुम आखिरी बार जा रही हो। जिस घर को तुम मेरे लिए धो-पोंछकर, साफ-सुथरा रखती थीं, जो घर तुम्हारा एक मात्र आश्रय था, जिस घर को तुम कम से कम अपना मानती थीं, जिस घर में तुम सालोंसाल रही हो, जिस घर में तुम्हारे कपड़े-लत्ते, तुम्हारे माल-असबाब अपने हाथों से सँजोये हुए थे, उस घर में अब तुम नहीं लौटोगी। अब कभी, किसी दिन भी नहीं लौटोगी। यह ख़याल आते ही, मेरी आँखों में हहराकर आँसू उमड़ आये। घर से निकलते-निकलते, तुमने मेरी रुलाई पर, भावलेशहीन मुद्रा में, पलटकर देखा। माँ, क्या तुम समझ गयी थीं कि मैं क्यों रो रही हूँ?

गाड़ी से जब हम मयमनसिंह की तरफ जा रहे थे, तुम हर पल सतर्क थीं कि रास्ते में कोई मुझे देख न ले। मुझ पर फिर कोई आकस्मिक हमला न हो। तुम बार-बार मुझे आगाह कर रही थीं कि मैं अपना चेहरा ज़रा आड़ में छिपाये रखूँ। जो तुम, बिस्तर से उठकर, अकेले-अकेले चलकर, गाड़ी तक नहीं आ सकती थीं, जो तुम अपने पेट-दर्द की व्याख्या नहीं कर सकती थी, जिसे तुम पीड़ा या यन्त्रणा या कष्ट नाम से भी चिह्नित नहीं करना चाहती थीं, उस 'और कुछ', 'भीषण कुछ', 'भयंकर कुछ' जिस भयंकर कुछ को क्या नाम दिया जाये, तुम नहीं जानती थीं; जो तुम भाषा या शब्दों में, अपने शरीर के अन्दर के 'भयंकर कुछ' को बयान नहीं कर सकती थीं, वही तुम उस भयंकर 'विशुविएस' के क्रमिक विस्फोट को भूलकर, मुझे

धर्मान्ध, निर्बोध लोगों के हाथों से बचाने की कोशिश करने लगीं। बताओ, माँ, तुम पूरी राह सिर्फ मेरे ही चेहरे पर कैसे नज़रें गड़ाये रहीं? ऐसा कैसे कर पायीं? तुम क्या सिर्फ इन्सान थीं, माँ? माताएँ, शायद इन्सान से भी ज़्यादा बड़ी होती हैं। सा-री माताएँ? या सिर्फ तुम ही? अपने चारों तरफ के स्वार्थी, नीच, क्षुद्र, कूपमंडूक लोगों के बीच रहते हुए, तुम इतनी बड़ी, इन्सान से भी बड़ी कोई हो सकी, माँ?

मैंने पहले ही हिदायत दे रखी थी कि तुम्हारे लिए एक पलँग ख़रीद रखी जाये। वहाँ तुम्हारा अपना तो कुछ था नहीं। 'अवकाश' पहुँचकर, आँगन में पड़े, तुम्हारे टूटे खटोले पर मेरी नज़र पड़ी। उसे वहाँ से हटाने वाला कोई नहीं था। आज, तुम्हारे लिए एक नयी पलँग, नरम-मुलायम बिस्तर मौजूद था, क्योंकि तुम मरने वाली थीं। चलो, जीते-जी तो तुम्हारे लिए आराम नहीं जुटा, मरते समय तो ज़रा आराम से मरो। तुम्हें भयंकर रोग न हुआ होता, तो ऐसा बिस्तर तुम्हें नसीब नहीं होता। बिल्कुल टूट जाने से पहले, तुम तो उसी खाट पर सोती थीं, जो तुम्हारी शादी के समय, तुम्हें नानी के घर से मिला था। असल बात तो यह थी, माँ, कि तुम्हें भयंकर रोग होने के बावजूद, तुम कुछेक दिनों में मरने वाली हो, यह जानने के बावजूद, कोई तुम्हें नया बिस्तर नहीं देता। चूँकि मैं वहाँ मौजूद थी, मेरे ही निर्देश पर, यह सम्भव हुआ। घर में जो सबसे छोटा कमरा था, तुम्हारे लिए वहीं नया बिस्तर बिछा दिया गया था।

हसीना ने कहा, 'नौकरानी से कहकर, मैंने कमरा धुला-पुंछा दिया है।'

वाकई, विराट काम किया था हसीना ने। इतने अर्से बाद, सास की सेवा करने के लिए वह एक पाँव पर खड़ी थी। तुम्हारे लिए वह ख़ामख़ाह ही दौड़-भाग की व्यस्तता दिखाती रही। तुम्हारे लिए कुछ खाना लाने के लिए, वह रसोई की तरफ दौड़ गयी। जिस दिन से वह 'अवकाश' में आयी थी, किसी दिन भी तुम्हारे लिए इतनी खुशी-खुशी कुछ लाने के लिए नहीं दौड़ी। मुझे मालूम है कि तुम मरने वाली हो, इस ख़बर से, घर का सिर्फ एक ही बन्दा खुश था—वह थी, हसीना! वैसे हसीना सबसे ज़्यादा अगर किसी की मौत चाहती थी, तो वे थे—अब्बू! मैं यह अनुमान कर सकती हूँ। उसके बाद, वह तुम्हारी मौत की कामना करती थी। हैरत है! मैंने देखा कि तुमने हसीना का लाया हुआ पानी पी लिया। हसीना का तुमने दुलार भी किया। क्यों, माँ? तुमने उसे माफ क्यों कर दिया? किस वजह से? अभी बहुत ज़्यादा दिन तो नहीं गुज़रे, जब उसने बेहद कुत्सित बर्ताव किया था और तुम 'अवकाश' छोड़ने को लाचार हो गयी थीं। तुम जब दर्द से काँखती-कराहती रहती थीं, पानी तक पीते ही, तुम्हें उल्टी हो जाती थी, वह तो अपने कमरे से भी नहीं निकलती थी और निकलती भी थी, तो वह तुम्हारी अस्वस्थता की तरफ नाक-भौं सिकोड़कर, घूरती रहती थी। जाने क्यों तो तुमने उसके हाथ का पानी पीना चाहा! बताओ न, माँ, तुमने ऐसा क्यों चाहा? मेरे हाथ से क्यों नहीं पिया? तुम्हें पानी पिलाने के लिए मैं तो वहाँ

मौजूद ही थी! शेफाली भी वहीं थी। या तुमने यह सोचना चाहा कि हसीना भी तुम्हें प्यार करती है, इसीलिए वह तुम्हें पानी पिला रही है? जिस औरत ने तुम्हें ज़िन्दगी भर सताया, कष्ट दिया, उसके हाथों पानी पीकर, क्या तुम उसे माफ़ कर देना चाहती थीं, माँ? ख़ैर, तुमने उसे भले माफ़ कर दिया हो, मैंने नहीं किया। आज उसके हाथ से पानी पीने की तुम्हें तो कोई ज़रूरत नहीं थी, माँ! असल में तुम्हें पानी ही नहीं पीना चाहिए था। लेकिन तुमने पिया। तुम क्या हसीना के अपराध-बोध से उसे मुक्त कर देना चाहती थीं? तुमने यह कैसे सोच लिया कि हसीना में कोई अपराध-बोध मौजूद है? नहीं, माँ, उसमें कोई अपराध-बोध नहीं था। अपराध-बोध जन्म ले, इसके लिए, थोड़ा-सा इन्सान बनना पड़ता है। हम लोग, जो अपने आस-पास के बहुतेरे लोगों से मिलते हैं, उनमें से ज्यादातर हिस्सा दरअसल इन्सान ही नहीं होता। तुमने तो अपनी आँखों से ही, अपने ही नज़रिये से, इन्सानों को देखती-परखती रहीं, इसलिए तुम उन सबको इन्सान समझती रहीं। चूँकि तुम्हारे पास दिल है, इसलिए तुमने सोचा कि हर किसी के पास दिल मौजूद है। लेकिन, ऐसा नहीं होता, माँ! मुझे नहीं लगता कि अपनी मृत्युशैया पर मैं किसी अपराधी को, किसी दुश्चरित्र पाखण्डी को माफ़ कर सकूँगी।

मैंने उस छोटे कमरे से, बड़े कमरे में, अब्बू के कमरे में, जिस कमरे में हम सब बचपन में रहा करते थे, उस बड़े हॉल-कमरे में माँ को हटा ले गयी। अब्बू छोटे कमरे में सोये। मैं और नानी, तुम्हारे बिस्तर के करीब, एक बड़ी पलँग पर सोये। तुम पर मुझे हर पल निगाह रखनी पड़ती थी। रात को मैं सोती नहीं थी! लेटी-लेटी तुम्हें निरखती रहती थी। इधर मयमनसिंह आकर, अब्बू एकदम से बदल गये। पहले की तरह ही वे सुबह-सवेरे नहा-धोकर सज लेते थे। शर्ट-पैंट, सूट-टाई में लैस होकर, उन्होंने चेम्बर जाना शुरू कर दिया। रात को भी वे काफी देर से लौटने लगे। मानो इस घर में कहीं कुछ नहीं घटा है; कुछ घट भी नहीं रहा है, मानो तुम बिस्तर पर नहीं पड़ी हो; मानो तुम तेज़ी से अवश-असक्त नहीं होती जा रही हो।

तुम दुबारा उठकर खड़ी नहीं हो सकीं, माँ! 'अवकाश' की धरती पर तुम्हारे क़दमों की छाप दुबारा नहीं पड़ी। एक बार मैंने तुम्हें बिस्तर से नीचे उतारा भी, ताकि तुम बिस्तर पर ही क़ैद न रहो। तुम्हें कुर्सी पर बिठाकर, कुर्सी-समेत बरामदे में ले आयी। तुम क्या खुश हुईं! तुमने अपने हाथों लगाये हुए पेड़ों पर नज़र डाली—आम, अमरूद, कमरख, नींबू, केला, जमरूद, नारियल! कौन-सा पेड़ नहीं था वहाँ! पेड़ फलों से लदे हुए थे। सिर्फ कमरख के नन्हे पेड़ को किसी पत्थर का सहारा देने की हिदायत दी तुमने। कमरख का बीज तुमने ही रोपा था। काफी अच्छी क्वालिटी का कमरख! तुमने कहा कि तुम स्वस्थ हो उठोगी, तो कमरख के ये फल, अपने हाथों से सबको खिलाओगी। मैंने सुना है, माँ, कि कमरख का वह पेड़ सैकड़ों कमरख फलों से झुका

रहता है। तुम्हें पता है? कहीं से तुम देख रही हो? काश, यह बात सच होती, तुम देख पातीं। सच ही तुम सब कुछ देख पातीं। तुम देख सकतीं कि तुम्हारी जान-पहचान के कौन-कौन लोग कैसे हैं! तुम्हें उन लोगों ने याद रखा है या नहीं! इन्सान तो ख़ास निष्ठुर जीव होता है न! शायद उन पेड़ों ने तुम्हें याद रखा है। शायद तुम्हारे वे प्रिय पेड़, कभी-कभी आधी-आधी रात को तुम्हारे लिए रोते भी हैं। उस दिन बरामदे में तुम्हें ज़्यादा देर तक नहीं रखा। मैंने तुम्हें उस ढंग से समूचा आँगन क्यों नहीं घुमाया? दिनोंदिन तुम्हारे पेट का पानी बढ़ता जा रहा था। अब, तुम किसी भी तरह उसे ढँककर नहीं रख पाती थीं। दिनोंदिन तुम्हारी देह भारी होती जा रही थी। तुम्हारी देह जितनी वजनी होती जा रही थी, तुम्हारा दिमाग़ उतना ही हल्का होता जा रहा था। तुम या तो ऊँघती रहती थीं या सोती रहती थीं। एक दिन अचानक तुमने मुझसे आग्रह किया, मैं नमाज़ पढ़कर सुनाऊँ। मैंने कहा–'नमाज़-वमाज़ पढ़ना तो मुझे आता नहीं।' तुमने फिर कहा–नानी जब नमाज़ पढ़ती है, उनके साथ मैं भी नमाज़ पढ़ा करूँ। नमाज़ की सूरा मुझे नहीं आती, मुझे याद भी नहीं, यह बात तुम भी जानती थीं। लेकिन तुमने फिर भी ज़िद की। इस बार मैंने पहले की तरह तुम पर कटाक्ष नहीं किया। नहीं, उस दिन मैंने तुम्हारी धर्मान्धता पर कोई विद्रूप नहीं किया। पहले कभी मैंने तुम्हारा यह अनुरोध नहीं रखा, लेकिन, इस बार रखा। तुम्हारे बिस्तर के करीब, तुम्हारी आँखों के सामने, दो-दो जाए-नमाज़ बिछाये गये! एक पर मैं और दूसरे पर नानी खड़ी हो गयीं। तुम्हारी साँसों को मानो ठण्डक पहुँची। तुम्हें दिखा-दिखाकर मैंने नमाज़ पढ़ी। नमाज़ यूँ पढ़ी कि नानी ने जब-जब गर्दन झुकायी, मैंने भी झुका दी। नानी ने जब-जब गर्दन उठायी, मैंने भी उठायी। नानी ने अपनी गर्दन दायें-बायें घुमायी, मैं भी घुमाती रही। जिन चीज़ों में मेरा विश्वास नहीं, मैंने वह काम कभी नहीं किया। लेकिन, आज मैंने तुम्हारे लिए किया, माँ! नमाज़ के समापन पर मनोज़त के लिए हाथ उठाकर, नानी ने जब तुम्हारे लिए दुआ माँगी कि अल्लाह तुम्हें स्वस्थ कर दें, नानी की दोनों हथेलियाँ आँसुओं से भींगती रहीं। दो दिन बाद, तुमने नहीं पूछा कि मैंने नमाज़-पाठ किया या नहीं। रह-रहकर तुम जैसे कहीं खो जाती थीं। मैं खुद ही अपने कमरे से आकर कहती–'नानी के साथ मैंने भी नमाज़ पढ़ी!' बिना पढ़े ही, मैं कह देती थी कि मैंने नमाज़ पढ़ी। माँ, तुम्हारी समूची ज़िन्दगी में, मैं तुम्हें कोई सुख नहीं दे सकी, इसलिए मैं तुम्हें दराज़ मन से सुख-चैन देना चाहती थी। तुमने मुझे नमाज़ पढ़ने को क्यों कहा? अर्से से तुमने मुझे यह हुक्म नहीं दिया था। अपने लिए दुआ माँगने के लिए नहीं कहा, बल्कि मेरे अपने लिए कहा। इसलिए कहा कि अगर अल्लाह नामक कहीं, कोई है, तो यूँ उनका जप करके, मैं उनकी निर्मम सज़ा से बच सकूँ। हाँ, तुम्हें शायद यह लगा था कि अगर सचमुच ही कहीं दोज़ख़ और बहिश्त नामक कुछ है, अगर धर्म की रूपकथाएँ कहीं से सच हों, तो मुझे तो दोज़ख़ की आग में जलना होगा। पता

नहीं, सोते हुए, सपने में तुमने मुझे आग में जलते-झुलसते हुए देखा था या नहीं। मुझे देखो, मैं शौकीन को पकड़ लाती थी और तुम्हारी पलँग के पास, उसके हाथों में तस्वीह थमाकर, उसे चटाई पर बिठा देती थी और कहती थी–'दरूद पढ़कर, अल्लाह से मनोज़त करो कि हे अल्लाह, तुम मेरी दादी को अच्छा कर दो।' मैंने यह कभी नहीं कहा कि–मेरी दादी को तुम बहिश्त में ले जाओ। बहिश्त की बात छिड़ते ही, साथ-साथ मौत की गन्ध आने लगती है। मैं मौत की त्रिसीमा में भी, किसी शुभकामना या दुआ को शामिल नहीं करना चाहती थी। मैं चाहती थी कि तुम सिर्फ स्वस्थ होने की दुआ सुनो। तुम्हारा पोता तुम्हारे लिए दुआ माँग रहा है, यह देखकर तुम्हें अच्छा लगे। सुहृद और शुभ को तो तुम्हारे पास आकर बैठने की फुर्सत नहीं मिलती थी। वे दोनों दिन-दिन भर मैदान-मैदान में खेलते रहते थे। शौकीन चूँकि छोटा था, इसलिए उसे बिठा पायी। यह जो अपने विश्वास से बाहर, इतनी दूर तक गयी थी, माँ, वह तुम्हारे लिए! सुहृद को खींच-घसीटकर, कई बार तुम्हारे पास ला बिठाया। मैंने उसे सिखाया कि वह तुम्हारे सामने कहे, बार-बार कहे कि वह अपनी दादी को बहुत प्यार करता है। वह तुमसे लिपटकर सोया भी रहा।

तुमने उसे दुलारते हुए, उसके कान में फुसफुसाकर कहा, 'तुम खूब मन लगाकर पढ़ना-लिखना, खूब बड़ा बनना।'

सुहृद ने वादा किया कि वह पढ़ेगा, वह बड़ा बनेगा। वह दृश्य देखते हुए, मैं मन ही मन मैं पुलक उठी। तुम्हें जो कुछ भी अच्छा लगता था, वह मुझे भी 'अच्छा लगने' का अहसास देता था। यास्मीन शायद ही कभी फोन करती थी। पता नहीं क्यों तो वह हर रोज़ फोन करके, तुमसे बात नहीं करती थी। मुझे भी उस पर अभिमान हो आया था, इसलिए मैंने भी उसे ज़्यादा फोन नहीं किया, न ही तुमसे बात करायी। आज समझ में आता है कि बात क्यों नहीं करायी, मुझे किस बात पर अभिमान हुआ था! वह फोन नहीं करती थी, शायद फोन पर होने वाले ख़र्च के बारे में फिक्रमन्द रहती थी या फिर यह भी मुमकिन है कि तुम दिनोंदिन बीमार होती जा रही हो, यह बुरी ख़बर सुनना, उसे भला न लगता हो। लेकिन यूँ अभिमान ठानकर मैं उसका या तुम्हारा कौन-सा भला कर रही हूँ?

तुम गुलकी-कोठी में किसी महिला पीर के पास जाती थीं। तुमने बताया था कि उसका बर्ताव, तुम्हें बेहद भला लगता था। मैंने उनका पता-ठिकाना जुटाकर, एक दिन अपने मुरीदों समेत, उन्हें अपने यहाँ आमन्त्रित किया। तुम्हारे लिए मैंने मिलाद का आयोजन किया। जिस कमरे में तुम लेटी रहती थीं, उसी कमरे में! तुम्हारी बेटी नास्तिक थी, इसका वास्ता देते हुए नवमहल की पीर-कोठी से तुम्हें निकाल बाहर किया गया था। अन्त में तुमने गुलकी-कोठी के उस पीर का पता ढूँढ निकाला और उनके पास जाने लगीं। मैं प्रेस क्लब से बिरियानी के पैकेट बनवाकर लायी और उन सबमें बाँट दिया। धर्म में विश्वास न करने के बावजूद, मैंने ही उस धार्मिक

अनुष्ठान का आयोजन किया था, सिर्फ तुम्हें थोड़ा-सा अच्छा लगने के लिए! सभी ने तुम्हारे लिए, काफी देर तक मनोज़त किया। तुम्हें स्वस्थ कर देने के लिए उन लोगों ने किन्हीं एक अदृश्य अल्लाह को रो-रोकर गुहार लगायी। जी-भरकर प्रार्थना की। यह सब देखकर तुम्हें थोड़ा-बहुत भी अच्छा लगे, इसीलिए मैंने इस धार्मिक अनुष्ठान का आयोजन किया था, माँ। इसके अलावा, और कुछ भी नहीं।

तुम्हें ऐसा कुछ तो कभी दे नहीं पायी, जो तुम्हें अच्छा लगता। तुम्हारी ज़िन्दगी के आखिरी पलों में यथासम्भव वह कुछ देने की कोशिश कर रही थी, जो तुम्हें अच्छा लगे। अब्बू भी अल्लाह या रसूल या इस्लाम या मिलाद में विश्वासी नहीं थे, इसके बावजूद वे भी एक मौलवी पकड़ लाये थे। उस मौलवी के ज़रिये ही, ड्राइंगरूम में मिलाद पढ़ने की लम्बी-चौड़ी व्यवस्था की थी। धर्म में आस्था न रखते हुए भी, उन्होंने जो कुछ भी किया, सिर्फ तुम्हारे लिए ही किया।—यह बात मैं भी जानती हूँ, अब्बू भी जानते हैं कि मौलवी लोग चाहे जितनी भी अल्लाह से मनोज़त करते हुए तुम्हारे स्वास्थ्य की ख़ैर मनायें, तुम स्वस्थ नहीं होने वाली। तुमने लेटे-लेटे ही मिलाद-पाठ सुना। क्या तुम्हारे मन में थोड़ा-सा ही सही, कोई विश्वास जन्म लेने लगा था कि मुमकिन है तुम ठीक हो ही जाओ, अचानक किसी जादू-मन्तर की तरह! जैसे नानी मौत के दरवाज़े तक जाकर भी लौट आयी थीं, उसी तरह का कोई जादू शायद तुमने भी चाहा था। तुम्हारी हालत में अगर मैं होती, तो मैं भी शायद यही चाहती।

तुमने गौर कर लिया था कि तुम्हें अब कोई दवा नहीं दी जा रही है। सारी चिकित्सा बन्द कर दी गयी थी। तुम दवा माँगती भी थीं, तो कोई तुम्हें दवा नहीं देता था। जो मैं, तुम्हारे इलाज के लिए तुम्हें सुदूर अमेरिका तक ले गयी थी, वही मैंने, अब, तुम्हारा इलाज बन्द कर दिया था। अब इलाज के लिए कुछ भी नहीं बचा, शायद इसीलिए इलाज बन्द कर दिया था। तुम भी मन ही मन क्या लौकिक की उम्मीद त्यागकर, अलौकिक के बारे में सोच रही थीं? बैठकघर में, मिलाद के बाद मनोज़त-पाठ चल रहा था, तुम सुनती रहीं। मैंने देखा, तुम्हारे सर पर आँचल नहीं था। आमतौर पर ऐसे सब समय में तुम अनायास ही, सिर पर आँचल रख लेती थीं। यह तुम्हारा वर्षों का अभ्यास था। अब, उस अभ्यास से तुम बाहर निकल आयी थीं। न्यूयार्क और शान्तिनगर वाले मकान में तुम्हें बिस्तर पर ही नमाज़ पढ़ते देखती थी। जब तुम्हें असुविधा होती, तुम लेट जाती थीं। 'अवकाश' आने के बाद भी, तुम सिर पर थोड़ा-सा आँचल खींच लेतीं और लेटे-लेटे ही, आँखें मूँदकर बुदबुदाती रहती थीं। ऐसा तुमने कई-कई दिन किया था। उसके बाद, मैंने गौर किया, कि अब तुम लेटे-लेटे भी नमाज़ नहीं पढ़तीं। नमाज़-पाठ का वक्त गुज़र जाता था, तुम सोयी रहती थीं। दिन और रात तुम्हारे लिए एकाकार होते जा रहे थे। यूँ कोई भी बीमार पड़ता था, हम उसे आराम करने को कहते थे। मुझे भी लगता था कि ऐसी स्थिति में लेटे

रहना या सोये रहना ही स्वाभाविक होता है। लेकिन तुम्हारी नींद स्वाभाविकता के दायरे से बाहर निकलती जा रही थी। चिरकाल के अभ्यास से तुम बाहर निकलती जा रही थीं। तुम्हें यह अहसास नहीं था कि तुम बाहर निकलती जा रही हो। इस दुनिया से दूर हटती जा रही हो। तुम ज़रा-ज़रा करके गुम होती जा रही हो। तुम पहले से बहुत ज़्यादा वक़्त सोये-सोये गुज़ार देती हो। तुम्हें पता भी नहीं चलता था कि तुम सो रही हो, मैं जानती हूँ। मुझे आभास था कि यह नींद, ज़रूरत की नींद नहीं थी। यह गैर-ज़रूरी नींद है। यह नींद दुनियावी सब कुछ से धीरे-धीरे तुम्हें दूर हटाये लिये जा रही है। यह कोई भली नींद नहीं है। यह नींद धीरे-धीरे तुम्हें चेतन से अचेतन की ओर खींच ले जाने वाली नींद है। लेकिन उस वक्त क्या मैं भी इतना कुछ समझ पायी थी? अब, पीछे मुड़कर देखती हूँ, तो कुहासे कटते जा रहे हैं।

धीरे-धीरे तुम थोड़ा-सा भी जो खाती थीं, वह भी बन्द होता जा रहा था, मैं जान रही थी। तुम जो कुछ, ज़रा-सा खाती थीं, उसे निगलने में तुम्हें काफी तकलीफ होती थी। सूप या पानी तक पीने में भी तुम्हें कष्ट होता था। पेट में कुछ भी पड़ते ही, अन्दर वही विशुवियस फूत्कार उठता था। इसके बावजूद तुम लड़े जा रही थीं! तुम्हारे अकेले का युद्ध! तुम्हारे लिए मैं ऑक्सीजन ले आयी थी, सेलाइन भी ले आयी थी। ऑक्सीजन भी मँगा लिया था। दर्द कम करने के लिए पैथिडिन भी ले आयी थी। धीरे-धीरे तुम बिल्कुल कंकाल हुई जा रही थीं, माँ! मुझे याद नहीं कि तुम्हें, तुमको दिखाने के लिए, मैंने तुम्हारे सामने कभी आईना रखा था या नहीं। तुम्हें शायद खुद भी अहसास होने लगा था। उन दिनों जाने मुझे कौन-सा रोग हो गया था, अक्सर तुम्हारी तस्वीरें लेने के लिए, कैमरा लेकर, तुम्हारे सामने जा खड़ी होती थी। अब्बू को बगल में बिठाकर, तुम्हारी तस्वीरें उतारीं; तुम्हारी अकेले की तस्वीर भी! तुम्हारे रुग्ण-पीले चेहरे की तस्वीर! तुम्हारी हड्डी-हड्डी कंकालवत् देह! मैंने वे तस्वीरें क्यों खींची थी, माँ? तुम तस्वीरें खिंचाना नहीं चाहती थीं! तुम मुझे रोकती रहती थीं।

एक बार, मैंने पूछा भी था, 'तुम तस्वीरें क्यों नहीं खिंचवाना चाहती हो?'

तुमने करुण आवाज़ में जवाब दिया, 'अभी तो मेरी शक्ल-सूरत अच्छी नहीं दिखती! अभी तस्वीरें मत लो।'

तुम शायद नहीं चाहती थीं कि उस चेहरे वाली माँ को, हम सब देखें। उस वक्त मैं समझी नहीं थी। तुम ठीक ही कहती थीं। तुम्हारी उन सब तस्वीरों की तरफ मैं देख भी नहीं सकती! वाकई, वह तुम नहीं थीं, कोई और हो। जब तुम स्वस्थ थीं; हृष्ट-पुष्ट, तन्दुरुस्त थीं; जवान थीं, घर के सभी लोगों की तस्वीर खींचने के बावजूद, हममें से किसी ने भी तुम्हारी तस्वीर कभी नहीं खींची। अचानक मरण-सेज पर लेटी, रोगिणी माँ की तस्वीर खींचने को सभी लोग उद्ग्रीव हो उठे। अब, ज़िन्दगी भर भूल करते रहने के बाद, आखिरी दिनों में कोई अगर भूल-सुधार करना चाहे, तो सारी

भूलें नहीं सुधरतीं। बहुत देर हो चुकी होती है। जब तुम स्वस्थ थीं, उन दिनों की, गिनती की दो-एक तस्वीरों के अलावा किसी भी एलबम में तुम्हारी कोई तस्वीर नहीं है। जो है भी, वह तुम्हारी अकेले की तस्वीर नहीं है। कई-कई लोगों के साथ हो तुम! तुम सुहृद को गुसल करा रही हो या पढ़ा रही हो। असल में, वे तस्वीरें तुम्हारे लिए नहीं उतारी गयीं, सुहृद के लिए उतारी गयी थीं या उसके जन्मदिन पर केक काटते समय, सभी लोगों के साथ, तुम भी तस्वीर में शामिल हो। हमेशा या तो दूर नज़र आती हो या किनारे पर या आधी कटी हुई! महत्त्वहीन चरित्र की तरह! तुम्हारी तस्वीर ली नहीं जाती थी, एक्सिडेंटली तुम फ्रेम में आ जाती थीं।

हाशिम मामा को तुम बेहद प्यार करती थीं। वैसे तुम किसे प्यार नहीं करती थीं, बताओ? हाशिम मामा का कैंसर रोग, जब पकड़ में आया, तो तुम पागलों की तरह खूब रोयी थीं। तुम्हारे जितना तो कोई भी नहीं रोया था। तुम्हारा छोटा भाई और उसे कैंसर हो गया, यह बात मानने को तो तुम तैयार ही नहीं थीं। हाशिम मामा मुझे भी बेहद प्यार करते थे। जैसे ही मैं ढाका से आती थी, वे मेरी नवीनतम किताब लेने, फौरन मेरे यहाँ आ पहुँचते थे। तुम जब न्यूयार्क में थीं; हाशिम मामा चल बसे। यह ख़बर हम सबने तुमसे जान-बूझकर छिपायी थी, इसलिए कि अगर तुम्हें इस बारे में पता चलेगा, तो तुम बेहद दुःखी होगी, तुम्हें बेहद तकलीफ होगी। एक दुःसह बोझ पर किसी नये कष्ट का बोझ लादने की भला क्या ज़रूरत थी? यह ख़बर जानने से तुम्हें क्या फ़ायदा होना था? ऐसा तो नहीं था कि किसी दिन तुम स्वस्थ हो उठोगी और नानी-कोठी जाकर, तुम्हें पता चलेगा कि हाशिम मामा नहीं रहे। हम सभी जानते थे कि इस किस्म की कोई घटना, नहीं घटने वाली। हम सभी जानते थे कि दिनोंदिन अपने शरीर की समूची शक्ति, तुम खोती जा रही हो। तुम बिस्तर से लगती जा रही हो, तुममें उठकर बैठने तक का ज़ोर नहीं रहा; तुम ज़रा-ज़रा करके दूर होती जा रही हो; ज़रा-ज़रा करके तुम्हारी चेतना गुम होती जा रही है; तुम डूबती जा रही हो; तुम अब लौटोगी नहीं। तुम लौटोगी नहीं, यह हम सभी जानते हैं। तुम्हें अगर हाशिम मामा के मौत की ख़बर न बतायी जाये, तो तुम्हारा कोई नुकसान नहीं होना है। तुम मौत से जंग कर रही हो, तुम्हारे किसी प्रिय जन की मौत की ख़बर देकर क्या तुम्हें और ज़्यादा शक्तिमयी किया जा सकता था? हाशिम मामा की मौत की ख़बर जानकर, तुम क्या करोगी? तुम्हारा क्या लाभ होगा?

झूनू खाला के पति, रासू खालू एक दिन तुम्हारे सामने बैठे थे।

अपनी रौ में बहते हुए, उन्होंने उगल ही दिया, 'हाशिम भाई की जिस दिन मौत हुई, उस दिन तो मैं...'

भला क्या ज़रूरत थी, तुम्हें यह कहानी सुनाने की? असल में किसी की भी मौत से, इन टोपी-दाढ़ी वाले लोगों को कोई दुःख, कोई कष्ट नहीं होता। ये लोग

सोचते हैं, मौत का मतलब है, अल्लाह के पास जाना। हाशिम मामा की मौत हो चुकी है, यह ख़बर सुनकर, तुमने चौंककर मेरी तरफ देखा। उस पल तुम किस कदर असहाय हो आयी थीं। तुम्हारी दृष्टि किस कदर गूँगी। अगले ही पल, आकस्मिक अँधेरे का ढेर, क्रमशः अँधेरी होती हुई तुम्हारी दुनिया को जाने कहाँ तो बहा ले गया। मैं यह भी नहीं कह पायी कि रासू खालू झूठ बोल रहे हैं। यह भी नहीं कह सकी कि हाशिम मामा ज़िन्दा हैं और ख़ैरियत से हैं, क्योंकि यह बात अगर झूठ होती, तो रासू खालू इस ढंग से न कहते।

मैं तुम्हारे बिस्तर के करीब घुटनों के बल बैठ गयी।

मैंने कहा, 'माँ, हाशिम मामा काफी तकलीफ झेल रहे थे। उनके लिए यह अच्छा ही हुआ शायद। अब, उन्हें वह भयंकर कष्ट नहीं झेलना होगा। तुम भी तो यही चाहती थीं कि हाशिम मामा दुःख-कष्ट से मुक्त हों? मामा को इतनी तकलीफ थी कि वे झेल नहीं पा रहे थे, माँ!'

और मैं क्या कहती, माँ? किन शब्दों में तुम्हें सान्त्वना देती? मुझे नहीं पता, तुमने कितना-सा, क्या समझा! तुम शान्त बच्ची की तरह सो गयीं। तुम्हारे अन्दर-अन्दर क्या चल रहा था, कैसी यन्त्रणा हो रही थी, मैं नहीं जानती। तुम्हारी आँखों की कोरों से आँसुओं की अविरल धार बह रही थी। उस पल, तुम क्या यह सोच रही थीं कि मैं मन ही मन यह भी चाहती हूँ कि तुम्हारे भी कष्ट से तुम्हें मुक्ति मिले? इन्सान उस हालत में मन ही मन क्या सोचता रहता है, मेरे लिए यह अन्दाज़ा लगा पाना सम्भव नहीं है। मृत्यु के निःश्वास तले बैठे-बैठे, मुझे भी यह देखना होगा कि मैं क्या सोच रही हूँ। मुझे नहीं पता, माँ, उस वक्त किसी और की मौत पर, मेरी आँखों में आँसू आयेंगे या नहीं! जब मैं खुद प्रयाण करने वाली हूँ, ऐसे में कौन गया, या जा रहा है, इस ख़याल से मैं क्या रोऊँगी? मैं क्या ज़िन्दा रहूँगी कि उसके बिना मुझे खाली-खाली लगेगा? तुम क्यों रो रही थीं, माँ? हाशिम मामा की मृत्यु तुम बर्दाश्त क्यों नहीं कर पा रही थीं? तुम्हारी अपनी मौत से, किसी और की मौत तुम्हें इतना अधिक क्यों रुला गयी, माँ? क्यों तुमने मुझे परेशान करने के बजाय अपनी मौत चुन ली, माँ? भाईजान झुँझला उठते थे, अब्बू गुस्सा होते थे, जब भी तुम अपने लिए थोड़े-बहुत इलाज की माँग करती थीं, इसलिए, अब तुम उन्हें परेशान नहीं करना चाहती थीं। इसीलिए तुम मेरे पास गयीं। तुमने देखा कि मैं भी खीज़ उठती हूँ, इसलिए तुमने मुझे भी परेशान नहीं करना चाहा। अपनी बीमारी के साथ, तुम अकेली ही पड़ी रहीं। हम सबको परेशान होने, झुँझलाने से, ज़िन्दगी भर के लिए बचा लिया तुमने। तुम इतना सब कैसे कर पायीं? तुम तो जानती थीं कि ज़िन्दगी सिर्फ एक बार मिलती है। तुम चाहे जितना भी धर्म-कर्म करती रहीं, मन ही मन तुम भी जानती थीं कि असल में इस जीवन के पार और कोई जीवन नहीं होता।

'अवकाश' के फाटक पर ताला जड़कर, मैंने अब्बू को अटकाये रखने की कोशिश की। लेकिन, मेरे डराने-धमकाने का भी उन पर कोई असर नहीं हुआ। चाहे

जैसे भी अब्बू चल देते थे। फाटक पर ताला लटकाकर, और किसी को भले रोक लिया जाये, अब्बू रुकने वाले बन्दा नहीं थे। जो अब्बू न्यूयार्क और ढाका में तुम्हारे आस-पास दिन-रात बने रहते थे, ये, वो अब्बू नहीं थे। सब कुछ भूलकर वे पहले की तरह ही, अपने चेम्बर में रोगी देखने में व्यस्त हो गये थे। सैकड़ों कोशिशों के बाद भी मैं उन्हें रोक नहीं पायी। मैंने तुम्हें भी नहीं बताया कि अब्बू वही, हमेशा की तरह सूटेड-बूटेड होकर, बाहर निकल जाते थे। तुमने क्या गौर किया था कि अब्बू अब ख़ास तुम्हारे पास आते भी नहीं, करीब बैठते भी नहीं? वे तो बस, झाँककर एक झलक तुम्हें देखकर खिसक लेते थे। हाँ, हैरत है, दो दिन साहब की तरह सज-धजकर, तुम्हारी बगल में बैठकर कुछेक तस्वीरें ज़रूर उतरवायीं। विश्वास ही नहीं होता कि इन्हीं अब्बू को मैंने प्रायः धर-पकड़कर, न्यूयार्क के अस्पताल में भर्ती किया था। डॉक्टर ने उनकी पूरी तरह जाँच करके, दवा लिख दी। रक्तचाप कम रखने की दवा अब्बू ने कभी नहीं ली। मैं जो भी दवा उनके हाथ पर रखती थी, बच्चों की तरह वे निगल जाते थे। मैंने जाने कितनी गलत-सलत दवाएँ भी दीं, पता नहीं। डॉक्टर ने दवाएँ तो लिख दीं, लेकिन कब लेनी है, उसका समय नहीं लिखा। मैं एक साथ सारी दवाएँ अब्बू को दे देती थी। वे ले भी लेते थे। वे मुझसे पूछते भी नहीं थे कि कौन-सी दवा है या मैं उन्हें क्यों दे रही हूँ। उनका मुझ पर इतना भरोसा था। उन दिनों यह शख़्स इतना असहाय था। ढाका में भी लाचार था। मयमनसिंह आते ही, उसे अपना पहले वाला तेज़, मानो दुबारा वापस मिल गया। अपना ब्लडप्रेशर, डायबिटीज़ और तुम्हारी बीमारी–सब कुछ भूलकर, अब्बू इन दिनों, पहले की तरह ही, व्यस्त डॉक्टर थे। इन्सान की मानसिक शक्ति ही, शायद सबसे बड़ी शक्ति होती है, कम से कम अब्बू के मामले में! तुम जो अपने मन में इतनी ज़ोर बाँधे हुए थीं, वह किसी काम नहीं आ रहा था। दिनोंदिन तुम और ज़्यादा कमज़ोर होती जा रही थीं। तुम्हारी सेवा करते-करते तुम्हें वक्त देते-देते, अब्बू को क्या इतने कम-से दिनों में ही थकान आने लगी? वर्ना मयमनसिंह में क़दम रखते ही, अब्बू यूँ बदल कैसे जाते? सच बात तो यह थी, माँ, कि सभी लोग जाने कैसे तो थकने लगे थे! किसी न किसी बहाने से अपने-अपने निजी जीवन में वापस जाना चाहते थे। जब तुम्हें चले ही जाना है, तो न हो, अब चली ही जाओ! तुम्हारे जीने का जो समय निर्धारित था, उस समय से तुम कुछ ज़्यादा ही दिन जी चुकीं, इन्सान आखिर निराश क्यों न हो? अपनी चारों तरफ के लोगों की थकान का मुझे आभास हो रहा था। मुझे भी क्या थकान नहीं आयी, माँ? आयी थी। मुझे भी लगा कि अब बहुत हो गया। जिसे जाना है, वह चला ही जाये। कोई भी व्यक्ति, चाहे वह कितना भी अपना हो, हम उसके लिए ज़्यादा वक्त नहीं खर्च करना चाहते। हमारे प्यार में थकान आने लगती है। तुम्हें क्या आभास हुआ था? तुम क्या यह महसूस कर पायी थीं कि हममें से अब कोई नहीं चाहता कि तुम और ज़्यादा दिन जीयो। वैसे तुम्हारे

न जानने जैसी, कोई बात भी नहीं थी। धीरे-धीरे तुमने भी गौर किया कि जो लोग दूर से आये थे, वे लोग तुम्हें आखिरी विदा देकर चले भी गये। जो लोग तुम्हारे आस-पास होते थे, अब उन लोगों की नज़दीकियाँ भी दिनोंदिन कम होने लगी थीं। तुमने क्या मेरे चेहरे पर भी थकान देखी थी? तुम्हारे पास से उठकर मैं और किसी जगह जाकर, गपशप करने लगी थी। मुझे भी यूँ मौत के गले में बाँहें डाले बैठे रहना, अब अच्छा नहीं लग रहा था। वैसे भी मौत जैसी निर्मम किसी चीज़ को यूँ निष्पलक आँखों से ज़्यादा दिनों तक नहीं निरखा जा सकता था। अब, मेरा भी अपने निजी जीवन, जीवन के उत्सवों और उन्मुक्तता में लौट जाने का मन होने लगा था। एक शाम, घर के कुछेक लोगों के साथ जिधर भी निगाहें गयीं, उधर दूर-दूर तक चलते-चलते हलुवा घाट तक की सैर कर आयी। मुक्ति तो ख़ैर, चाहती ही थी। इस बीच विदेशों से भी आमन्त्रण आने लगे और मन ही मन मैं वहाँ जाने को ललचा उठी। फ्रांस के राष्ट्रीय संसद में भाषण देने का आमन्त्रण मिला था। फ्रांस के राजदूत के कई फोन भी आ चुके थे। फ्रांस सरकार का आमन्त्रण मैं स्वीकार कर लूँ, इस बारे में मुझसे लगातार अनुरोध किया जा रहा था। मैंने साफ़ मना कर दिया था कि मेरी माँ बीमार हैं। मैं इस वक्त कहीं नहीं जा पाऊँगी। बाद में, किसी एक दिन मुझे ख़याल आया, दो दिनों के लिए चली जाऊँ, तो इसमें क्या नुकसान हो जायेगा? नहीं, माँ, मैं अपना यह लोभ संवरण नहीं कर पायी। यहाँ तक कि मेरी इस गुप्त परिकल्पना की ख़बर सुनकर, अब्बू भी अवाक् रह गये। मेरे ये वही अब्बू थे, जो हमेशा यही चाहते थे कि मैं कोई भी विदेशी सम्मान ग्रहण करने में आलस्य न करूँ।

जिस दिन मैंने तुम्हें यह ख़बर सुनायी, 'बहुत बड़ा आमन्त्रण, फ्रांस से आया है। गये बिना उपाय नहीं है। कुछेक दिनों में ही लौट आऊँगी।'

तुम करुण निगाहों से मेरी ओर देखती रहीं। तुम्हारी उन आँखों में विस्मय भी था। तुम्हें शायद यह समझ में नहीं आ रहा था कि मैं तुम्हें छोड़कर जा कैसे सकती हूँ। कोई भी आमन्त्रण, चाहे कितना भी बड़ा हो, मरण-सेज पर पड़ी माँ से ज़्यादा बड़ा कैसे हो गया? बीच-बीच में मेरे मन में भी सवाल जागता है कि मैं तुम्हें छोड़कर जाने को राज़ी कैसे हो गयी? अब तक बड़े-बड़े आमन्त्रणों में, मैं क्या कम गयी हूँ? ज़िन्दगी में विशाल-विशाल मंचों पर मैंने क्या कम व्याख्यान दिये हैं? तुम्हें 'आज हो, कल नहीं' जैसी हालत में छोड़कर मेरे मन में सैर-सपाटे का ख़याल आया ही कैसे? मैं अपने को माफ़ नहीं कर सकती, माँ! अपने को माफ़ कर पाना, मेरे लिए सम्भव नहीं है। मैंने तुम्हें जो आघात दिया था, अपने बुझते हुए जीवन में सहन करने के लिए, तुम लाचार थीं, लेकिन तुम अपना विस्मय भी छिपा नहीं पायीं। वैसे ऊपरी तौर पर सिर हिलाकर, तुमने जाने की अनुमति दे दी थी! बड़ा आमन्त्रण है, मैं ज़रूर जाऊँ! तुमने मुझे सुखी किया, माँ! जितना उदार तुम हो पायीं, मैं उसका बूँद भर भी क्यों नहीं हो पायी? अन्त में, मैं कहीं नहीं गयी! लेकिन, जाना तो चाहती थी। जाने की चाह और जाने में भला फर्क़ ही कितना-सा है?

तुम जो जीना चाहती थीं, वहीं तुम यह नहीं चाहती थीं कि मुझे तुम्हारी वजह से कोई तकलीफ हो। यहाँ तक कि तुम जिस मौत से जी-जान से संघर्ष कर रही थीं, मेरी थकान, मेरी तकलीफ की बात सोचकर, अपने लिए मृत्यु-कामना करने लगीं! अपनी निरन्तर सेवा और क्लान्ति से तुमने मुझे मुक्त कर देना चाहा। 'अवकाश' में भी जब तुम्हें मल-त्याग के समय, मेरी मदद की ज़रूरत पड़ती थी, तुमने ज़रूर यही सोचा होगा कि मुझे इन सबसे वितृष्णा हो रही होगी। तुमसे यह बर्दाश्त नहीं हुआ। तुमने सिर्फ एक दिन ही कहा—'तुम्हारी यह तकलीफ़ मुझसे सही नहीं जा रही है। अल्लाह से अरज करो, मुझे उठा लें।' लेकिन, नहीं माँ, इस वजह से मुझे कोई तकलीफ नहीं होती थी। शायद यही सोचकर, तकलीफ नहीं हुई थी कि यह सब काम बहुत ज़्यादा दिनों तक तो करना नहीं है। ये सब काम, मैं अपने पाप के प्रायश्चित स्वरूप कर रही थी, या इसीलिए कर रही थी, क्योंकि मैं तुम्हें प्यार करती थी, पता नहीं। वैसे कभी-कभी मुझे यह भी ख़याल आता है कि शायद मैं प्रायश्चित ही कर रही थी। लेकिन इन्सान को बहुत लम्बे अर्से तक प्रायश्चित करना भी भला नहीं लगता। अगर मैं सच ही प्यार करती होती, तो यूँ थकान नहीं आती, गुपचुप इससे निस्तार नहीं माँगती। धरती पर जाने कितने ही लोग हैं, जो पागल-दिमाग, हाथ-पैर से लाचार, बिस्तर पर पड़ी अपनी माँ की कई-कई सालों से, युग-युगों से सेवा करते आ रहे हैं। उन्हें न कोई थकान होती है, न शिकायत! उन लोगों को अपनी माँ से प्यार है, इसीलिए उनकी सेवा-जतन में लगे रहते हैं! मैं वह प्यार कहाँ से लाऊँ, माँ? तुम्हारे लिए तो वह प्यार जन्म से ही नहीं था, फिर यह सोचकर, अचानक प्यार कहाँ से जन्म लेता कि मेरी भूल की वजह से तुम्हें यह रोग हुआ है। हाँ, तुम्हारे प्रति मन में करुणा हुई, माया भी जागी, ममता भी महसूस की, अफसोस भी ज़ाहिर किया, लेकिन चूँकि प्यार इतना तीखा नहीं था, इसलिए उतना कम-सा समय ही अत्यन्त दीर्घ लगने लगा था। मैं दिनों का हिसाब करती रही। डॉक्टर द्वारा निर्देशित तीन महीने गुज़र गये, मन ही मन चकित होती रही। एक-एक अतिरिक्त दिन का भी हिसाब रखा। यह सब अनजाने में ही घटता रहा, माँ! मेरे अपने अनजाने में! अपने उदार व्यक्तित्व के अन्दर बैठे अनुदार, स्वार्थी 'मैं' को मैं धोखा नहीं दे सकी। तुम्हारी महानुभावता के सामने मैं अति तुच्छ, अति क्षुद्र जीव थी, माँ! मुझमें जो कुछ भी अच्छा या भला है, वह तुम्हारी ही वजह से है; जितना कुछ बुरा है, वह मेरी वजह से!

तुम्हारे बदन की ताकत तेजी से ख़त्म होती जा रही थी। आज, तुम पाँव हिला-डुला पा रही थीं, कल नाकाम हो जाती थीं। दोपहर को करवट बदल पाती थीं, शाम को नाकाम! मैं तुम्हें बस, देख रही थी, पल-पल तुम्हारी बुझती हुई शक्ति पर गौर करती रही थी। इस बारे में अब्बू से भी बात की; भाईजान और हसीना से भी बात की। मैंने किसी को भी मामूली-सा भी परेशान नहीं देखा। वे लोग शायद यह

सोच-सोचकर झुँझलाये हुए थे कि तुम मरने में इतना वक्त क्यों ले रही हो? उन लोगों को शायद यह आशंका होने लगी थी कि तुम्हारी इसी हालत में और भी कई महीने, और भी कई साल न गुज़र जायें। ये वही लोग थे, जिनकी सेवा में तुमने अपनी ज़िन्दगी उजाड़कर दे डाली थी। तुम्हारी देखभाल करने वाला अब और कोई नहीं था। तुम्हारे सिरहाने बैठी-बैठी नानी, क़ुरान-पाठ किया करती थीं। वैसे मैं जानती थी कि क़ुरान-पाठ से कोई फ़ायदा नहीं होने वाला। अब, तुम स्वस्थ नहीं हो सकतीं। इसके बावजूद, मैंने बाधा नहीं दी! तुमने तो जीवन का अधिकांश हिस्सा क़ुरान-पाठ में बिताया है, माँ! नानी अपना प्यार आखिर कैसे व्यक्त करें, उन्होंने तो इसके अलावा और कुछ सीखा भी नहीं था। क़ुरान पढ़ना ही सीखा था, वही क़ुरान ही पढ़ रही थीं। बाकी जो लोग तुम्हें देखने आते थे—टूटू मामा और बीच-बीच में शराफ मामा! उनमें से टूटू मामा तो आखिरी दिनों में, रात जाग-जागकर, तुम्हारे बिस्तर के सामने बैठे-बैठे नमाज़ पढ़ते थे; दुआ-दरूद पढ़ते थे, मिलाद-पाठ की तरह, खड़े होकर—या नबी सलाम आलयका, या रसूल सलाम आलयका—भी कहते थे! उन लोगों के साथ, मैं भी खड़ी होती थी, जैसे बचपन में तुम्हारे साथ खड़े-खड़े, अपनी दोनों हथेली, पेट पर मोड़कर, ज़ोर-ज़ोर से जो कहती थी, उनका मतलब मुझे किसी दिन भी समझ में आया था। नास्तिक होते हुए भी मैं क्यों होती हूँ, माँ? इसलिए कि मुझे इस मुद्रा में देखकर तुम खुश हो जाओ! तुम क्या सच ही खुश होती थीं, माँ? लेकिन, तब तुम कितनी-सी आँख खोल पाती थीं? कितना-सा देख पाती थीं? तुमसे सुख महसूस करने का आखिर कितना-सा अहसास बच रहा था? इसके बावजूद मुझे लगता था, कि अगर सचमुच तुममें बूँद भर भी अहसास बच रहा हो, तो तुम खुश हो जाओ कि एक बार ही सही, जीवन में तुम्हारी नास्तिक बेटी को सुबुद्धि आयी, यही देखकर, तुम सुख पाओ। वह सुख झूठ ही सही, मगर तुम सुखी हो। कम से कम जीवन के आखिरी पलों में ही सही, तुम सुख पाओ। बीच-बीच में छुटकू और फेलू मामा भी आया करते थे। फेलू मामा से कहकर मैंने तुम्हारी स्टील की आलमारी, दुबारा पेंट करा ली। तुम्हें वह आलमारी दिखाकर मैंने तुमसे पूछा भी कि इसका गुलाबी-गुलाबी रंग खूबसूरत दिख रहा है न? तुमने गर्दन ज़रा पीछे की तरफ टिकाये-टिकाये देखा। मेरा वह दिखाना भी तुम्हें सुख देने के लिए था।

मैंने तुमसे कहा भी, 'अब से अपनी इस आलमारी में, अपनी सुन्दर-सुन्दर चीज़ें सजाकर रखना, माँ, ठीक है?

तुमने सिर हिलाकर कहा, 'हाँ, ठीक है!'

'देखना तुम ठीक हो जाओगी, माँ!'

मेरी यह बात सुनकर तुम्हारी उन थकी-थकी आँखों में भी सपनों के जल आकर, उनमें चमक भर देते थे। पता नहीं, तुम्हें विश्वास होता था या नहीं। हाँ, तुम्हें शायद विश्वास नहीं होता था। मगर इसके बावजूद, विश्वास करना, तुम्हें शायद अच्छा

लगता था। मुझे नहीं पता कि तुम ठीक क्या सोचती थी, मौत के इतने करीब आकर, इन्सान के मन में कैसे-कैसे ख़याल आते हैं, इसकी मुझे जानकारी नहीं। तुम्हारा रोग पकड़ में आने के बाद, तुम तो मौत का नाम-गन्ध तक बर्दाश्त नहीं कर पाती थीं, यह नाम तक अपनी जुबान पर नहीं लाती थीं। बेहद सचेत ढंग से, यह नाम नहीं लेती थीं। अच्छा, तुम क्या यह विश्वास नहीं करना चाहती थीं कि तुम सचमुच मरने वाली हो? या तुम अपने मन की प्रचण्ड शक्ति लगाकर जी उठने की कोशिश कर रही थीं, इसलिए मौत का मनहूस नाम, अपनी जुबान पर नहीं लाती थीं? या तुम मरने वाली हो, यह जानकर भी, तुम अपने प्रियजन को यह नहीं जताना चाहती थीं कि तुम समझ गयी हो कि तुम मरने वाली हो? तुम सोचती थीं कि तुम्हारे प्रियजन को अगर यह पता चल जाये कि तुम मौत की वह लुकी-छिपी बात जान गयी हो और तुम्हें यह जानकर तकलीफ हो रही है, तो वे लोग दुःखी होंगे। वैसे मुझे नहीं लगता कि तुम्हें कोई भी इतना प्यार करता था कि तुम्हें तकलीफ हो रही है, यह जानकर दुःखी होता। तुम्हारी ज़िन्दगी में तुम्हें कभी, किसी ने प्यार नहीं किया, क्या तुम जानती हो? मुमकिन है, तुमने यह सोचा हो कि तुम मरने वाली हो, यह जानकर लोगों के मन में शायद प्यार जागे। नहीं, माँ, जिसने ज़िन्दगी में तुम्हें कभी प्यार नही किया, अपनी आँखों के सामने तुम्हें मरते हुए देखकर, तुम्हारे लिए उन लोगों का प्यार उमड़ आयेगा, इसकी कोई वजह नहीं है। ये लोग, अगर तुम ज़िन्दा नहीं भी रहतीं, तो भी तुम्हारी मौत की कामना करते, मर रही हो, तो और ज़्यादा मृत्यु-कामना कर रहे थे। इसमें देरी, वे लोग बर्दाश्त नहीं कर पा रहे थे। यह सब सुनने में क्या तुम्हें तकलीफ हो रही है? अब तो तुम सब कुछ के ऊर्ध्व जा चुकी हो, माँ! कष्ट, यन्त्रणा वगैरह अब तुम्हें स्पर्श भी नहीं कर सकते। कैसे कर सकते हैं, भला? अब, तुम्हारे पास कोई पहुँच ही नहीं सकता! कोई तुम्हें न छू सकता है, न तुम तक पहुँच सकता है, क्योंकि अब तुम जल-थल-अन्तरिक्ष, कहीं भी नहीं हो। अब, तुम कहीं नहीं हो। गैर-मौजूद इन्सान को भला क्या दुःख? मैं भी तो तुम्हारी तरह ही गैर-मौजूद हो जाऊँगी। ऐसा दिन किसी न किसी वक्त तो आयेगा ही। ऐसा दिन तो कभी न कभी सबके लिए आता है। मेरे लिए क्यों नहीं आयेगा? तुम्हें कम से कम इतनी तो तसल्ली मिले, माँ, कि तुम्हारी मौत देखते-देखते जिन लोगों को यह लगा है कि तुम बेहद बदनसीब हो, जो मरने वाली हो, कभी न कभी उन लोगों की मौत का भी वक्त आयेगा, माँ! वे लोग भी रुख़सत होंगे; आँखें मूँदेंगे। कभी-कभी मेरे मन में यह सवाल भी जागता है कि मैं तुम्हें 'अवकाश' में ले ही क्यों गयी। मैंने यह क्यों चाहा था कि 'अवकाश' नामक घर में तुम्हारी मौत हो? उस घर में पिछले तीस सालों की, तुम्हारी यादें जुड़ी हुई थीं। लेकिन, वे यादें कहीं से मधुर तो नहीं थीं, माँ! जिस घर में तुम्हारा पति हमेशा तुम्हारी बेइज़्ज़ती करता रहा! साल-दर-साल! हर दिन! हर पल! जिस घर में तुम्हारे बेटे-बेटियाँ तुम्हारी अवज्ञा

करते रहे; तुम्हारी पुत्रवधुओं ने तुम्हें लांछित किया, उसी घर में, किसी एक कमरे में, किसी एक बिस्तर पर लेटे-लेटे, तुम्हारी मौत हो, ऐसा मैंने क्यों चाहा? मैं जो सोचकर, तुम्हें मयमनसिंह ले गयी थी, वह इसलिए कि इतने-इतने वर्षों से तुम्हारे जाने-पहचाने लोगों से तुम्हारी भेंट हो जायेगी, बाकी नाते-रिश्तेदारों से भी मिलना हो जायेगा। तुम लोगों के घर के करीब वाली बस्ती से गेंतू की माँ वगैरह तुम्हारी ढेरों जानी-पहचानी सखी-सहेलियों को बुलाकर, तुम्हारे बचपन के गीत सुनाने को कहा। वे लोग गाती रहीं, तुम सुनती रहीं। वे गीत सुनकर तुम्हारे चेहरे पर मुस्कान झलक उठी। बस, तुम ज़रा-सा मुस्कराओ, मुस्कराती रहो, तुम्हें ज़रा अच्छा लगे–यही तो मैंने चाहा था। मैंने खुद ही आगे बढ़कर कहा–'इन सभी के हाथों में कुछ रुपये रख दो।' मैंने गिन-गूँथकर तुम्हारे हाथ पर रुपये रख दिये, ताकि तुम्हारे ही हाथों उन्हें रुपये मिले। किसी-किसी के सन्दर्भ में मैंने कहा–'थोड़े-से और रुपये दे दो न, माँ! तुम ज़रा भी मत हिचकिचाओ। तुम्हारा जितना देने को मन हो, दे डालो।' कभी वे दिन भी थे, जब किसी के माँगने पर भी, तुम कुछ नहीं दे पायीं। इन्सान की दरिद्रता देखकर तुम्हारा मन रो देता था। तुम्हें अपनी दरिद्रता से ज़्यादा दूसरों की दरिद्रता रुलाती थी। तुम उन लोगों की मदद करना चाहती थीं। लेकिन कैसे? तुम पैसे कहाँ से लातीं? किसे पैसे देतीं? तुम्हें ही भला कौन देता था? तुम्हें तो किसी ने कमाने भी नहीं दिया। अपने पैरों पर खड़ी होने की जितनी चाह तुममें थी, उतनी मैंने किसी में भी नहीं देखी। इसके बावजूद, खुद नुकसान उठाकर, तुम्हारे हाथ में जितने-से भी पैसे होते थे–आठ आने, एक रुपये, दो रुपये, रिक्शा-किराये की तौर पर जो पैसे, तुम्हारे पास होते थे, तुम दे दिया करती थीं। खुद, पैदल-पाँव घर लौटती थीं। धूप में तपते-नहाते, भूख-प्यास झेलते-झेलते, मीलों-मील नंगे पाँव चलती रहीं। ज़िन्दगी में पहली बार उन गरीब-दुखियारी सखी-सहेलियों को पाँच सौ-हज़ार रुपये देते हुए, तुम्हें क्या बूँद भर भी शान्ति मिली थी, माँ? मैंने भी सिर्फ इतना-सा ही चाहा था। घर के बाकी सभी लोग–अब्बू, भाईजान और हसीना, तीनों ही कानाफूसी करते थे और कटाक्ष करते-करते, मुँह दबाकर हँसते थे कि घर में यह सब मैं क्या कर रही हूँ! यह मैंने कैसा हाट बिठाया है? बस्ती से मैं गरीब से गरीब लोगों को बुला लाती हूँ–माँ की तरह शायद मेरा भी दिमाग़ चल गया है। लेकिन और कितने दिन? उन लोगों को सिर्फ एक बात की तसल्ली थी कि यह सब ज़्यादा दिनों नहीं चलने वाला! काली फाटक पार करके, वे गरीब लोग बाकायदा घर के अन्दर दाखिल होते थे और तुम्हारे बिस्तर के करीब बिछी चटाई पर बैठकर, पुरानी दिनों की यादें दुहराते थे, गाने गाते थे, हँसी-खुशी की बातें करते थे। लेकिन और कितने दिन? अब तो आखिरी हिचकी का दिन आ पहुँचा। अब्बू ने क्या हसीना को खुश करने के लिए, उँगलियों की पोरों पर दिन भी गिनकर बता दिया कि अब और कितने दिन? अब्बू को तो अन्दाज़ा था कि और कितने दिन? वह मुझसे बेहतर समझते

थे कि और कितने दिन? मुझसे हज़ारों गुने ज़्यादा अनुभवी डॉक्टर हैं, मेरे अब्बू! नाड़ी की जाँच किये बिना ही, वे नाड़ी की ख़बर बता सकते थे।

सुनो, माँ, यह दुनिया किस कदर क्रूर है, यह तो तुम अपनी आँखों से देख रही थीं। अपने दुलरुआ धन, कमाल को, अधिक वर्षों के लिए नहीं पाया था तुमने। कम उम्र में शादी करके, वह गीता की जायदाद बन गया था। उसी दुलरुआ धन की जी-भरकर सेवा करने का मौका तुम्हें मिला था। तुम उसे कितना प्यार करती थीं। मैंने चाहा, तुम्हारा वह दुलरुआ धन, कुछ देर तुम्हारे पास बैठे, तुम्हें थोड़ा तो सुख मिले। तुम जब ढाका में बिस्तर पर पड़ी थीं, लाख कहने पर भी, उसे तुम्हारी बगल में नहीं बिठा सकी। हम सभी जानते हैं कि बचपन से ही छोटे भइया का रुपये-पैसों के प्रति प्रबल आकर्षण रहा है। जानी हुई बात दुबारा जुबान से कहने पर, जुमले इतने कुत्सित, इतने फूहड़ क्यों लगते हैं, पता नहीं! एक बार शान्तिनगर वाले घर में उसे तुम्हारे लिए एक दवा लाने को कहा था। शायद दो या तीन रुपये क़ीमत थी। उसने मुझसे वे रुपये भी माँग लिये। मैंने घोर ताज्जुब के साथ सोचती रही कि अपनी सगी माँ की दवा के लिए, वह बन्दा, अपनी जेब से दो रुपये भी ख़र्च नहीं करना चाहता? वही छोटे भइया, तुम्हें देखने के लिए मयमनसिंह भला क्यों आयेगा? एक बार काफी हाथ-पैर जोड़कर किसी तरह उसे ले तो आयी। लेकिन, आते ही उसने ऐलान कर दिया कि वह बेतरह व्यस्त है, उसकी फ्लाइट है, वगैरह-वगैरह ढेरों व्यस्तता। उसके पास मयमनसिंह आने के लिए वक्त नहीं है; उसके पास समय बर्बाद करने का वक्त नहीं है।

मैंने उसे समझाया भी, 'तुम आये हो, यह देखकर माँ को खुशी होगी। अब, माँ के आखिरी वक्त, उन्हें कुछ तो सुख दे दो।'

छोटे भइया का कहना था कि तुम्हारे लिए उसी ने सब कुछ किया। मैंने कुछ भी नहीं किया। सारे रुपये उसने ख़र्च किये। इस दौरान उसके लाखों रुपये ख़र्च हो गये। मैंने कुछ भी नहीं किया। तुम्हारा सपना उसने पूरा किया। तुम्हें अरब देश ले जाकर, उमरा करा लाया। नहीं, इससे ज़्यादा कुछ करने की, तुम्हारे बेटे के लिए कुछ भी नहीं था और करने की इच्छा भी नहीं थी। यही उसकी आखिरी बात थी। अपनी आखिरी बात उसने चींख-चींखकर सुना दी, 'अवकाश' की दीवारें चीरते हुए, चिल्ला-चिल्लाकर घोषित कर दी। बगल के कमरे से तुमने उसकी सारी बातें सुनीं। छोटे भइया जब चिल्लाता था, तो हिंस्र जानवरों की तरह चिल्लाता था। कई-कई लोग यह समझते थे कि अपनी बात चींख-चींखकर कहने से, तो झूठ भी सच साबित हो जाता है। दरअसल, जघन्य झूठ भी ज़ोरदार आवाज़ में, चिल्लाकर कहा जा सकता है और ऐसा वे ही करते हैं, जिनके भेजे में कीड़े कुलबुलाते हैं, यह बात वे लोग नहीं जानते। सच पूछो तो छोटे भइया के पास फ़ुरसत ही फ़ुरसत थी, माँ, सिर्फ उन

लोगों के लिए ही फुर्सत नहीं होती, जिनके साथ वक्त गुज़ारना, उसे अच्छा नहीं लगता। उसे अच्छा लगता है, दारू का अड्डा और लड़कियाँ पटाना। गीता के वंशवद् भृत्य का यह हाल है। छोटे भइया के प्रति बचपन से ही मेरे मन में ममता रही है। सिर्फ मेरे ही मन में क्यों, तुम्हारे, यास्मीन–सभी के मन में उसके प्रति ख़ास जुड़ाव है। घर में हम सभी ख़ासकर मैं छोटे भइया को ज़्यादा प्यार करती थी। पढ़ाई-लिखाई अधूरी छोड़कर फट से शादी कर लेने के बाद, शुरू-शुरू में छुटका काफी दुःखी रहा करता था। वही उदास-दुःखी छुटका अब अथाह धन-दौलत का मालिक बन चुका है। लेकिन हम सबका दुलार उस पर आज भी पहले की तरह ही बरसता रहता है। अब्बू भी छोटे भइया के दीवाने! आँखों की ओट में रहने की वजह से या किसी दूर शहर में रहने की वजह से, जैसा होता है, लाड़-दुलार की ज़रा ज़्यादा ही बरसात होती रहती है। छोटे भइया की किस्मत में भी ज़रा ज़्यादा ही प्यार जुटता रहा। अभी भी वही हाल है। चूँकि मैं अन्तरीण स्थिति में थी, इसीलिए मैंने बैंक से रुपये-पैसे निकालने का अधिकार, जितनी आसानी से छोटे भइया को सौंप दिया था, उतनी आसानी से और किसी को भी नहीं सौंप सकती थी। पता नहीं क्यों तो छोटे भइया पर मुझे इतना भरोसा था! उसने बार-बार मेरा विश्वास तोड़ा, फिर भी मैं उसी पर भरोसा करती रही। असल में जो विश्वास तोड़ता है, दोष उसका नहीं होता, बल्कि उसका होता है, जो विश्वास करता है। छोटे भइया के बर्ताव से पता नहीं, तुम्हें दुःख पहुँचा था या नहीं। आखिरी वक्त में, तुम्हें दुःख-तकलीफ का अहसास, शायद नहीं रहा था। एक शाम, छोटे भइया, बस, वही एक शाम, तुम्हारे पास बैठा था। सिर पर टोपी पहने, वह क़ुरान-पाठ कर रहा था। मैं नहीं जानती थी कि उसे क़ुरान पढ़ना आता है। आजकल जुही के साथ मिलते-जुलते रहने की वजह से, उसने शायद क़ुरान पढ़ना भी सीख लिया था। सुना है, जुही काफी धार्मिक लड़की है। बस, उसी एक दिन, छोटे भइया को तुम्हारे पास बिठा सकी थी। पता नहीं, वह क़ुरान का कौन-सा हिस्सा, ज़ोर-ज़ोर से पढ़ रहा था। लेकिन तुम्हारे पास बैठा हुआ, वह कितना प्यारा लग रहा था! छोटे भइया जैसे टुच्चे आदमी को भी मैंने उस दिन माफ़ कर दिया था, क्योंकि कुछ देर तुम्हारे पास बैठकर, थोड़ी-सी ही सही, तुम्हें ऐसी राहत दी थी, जो तुम्हें अच्छी लगी। छोटे भइया का जुही से शादी करने, क़ुरान पढ़ने के पीछे एक रात की दुर्घटना का हाथ था। उस रात छोटे भइया गाड़ी चला रहा था। गाड़ी में जुही और उसकी माँ बैठी थीं। गाड़ी किसी समय, ऐन रेल-लाइन पर बन्द हो गयी। उसके बाद, गाड़ी न आगे खिसकी, न पीछे। ऐन उसी वक्त ट्रेन की आवाज़ गूँज उठी! कोई ट्रेन तीर की रफ़्तार से दौड़ती चली आ रही थी। छोटे भइया ने सिर्फ चिल्लाकर, सबको गाड़ी से उतर जाने को कहा। जुही गाड़ी से उतरकर दौड़ पड़ी। छोटे भइया भी! लेकिन, उन दोनों ने पीछे मुड़कर देखा–जुही की माँ गाड़ी में ही अटकी रह गयी है। छोटे भइया जुही की माँ को गाड़ी से बाहर निकाल लाने को दौड़ आया! उस वक्त ट्रेन बिल्कुल नाक पर! छोटे भइया जुही की माँ को ट्रेन-तले कुचले

जाने से बचा तो लाया, लेकिन ट्रेन के धक्के से वह खुद छिटक गया। उसकी गाड़ी चकनाचूर करके, ट्रेन आगे बढ़ गयी। छोटे भइया की देह की एकाध हड्डी ज़रूर टूटी, मगर अन्त में, वह बच गया। जुही की माँ ने ट्रेन के धक्के से तो नहीं, मगर दिल का दौरा पड़ने की वजह से, अस्पताल में ही दम तोड़ दिया। इस मौत ने, छोटे भइया को बिल्कुल ही बदल डाला। वह इस कदर अपराध-बोध से घिर गया कि उसने, अर्से से देखा गया, जुही का सपना पूरा कर दिया और उससे शादी कर ली। जुही की माँ की मौत के लिए, छोटे भइया ने जाने क्यों तो अपने को जिम्मेदार मान लिया। अगर वह उन्हें खींचकर गाड़ी से बाहर नहीं निकालता, तो अगले ही दो पलों में वे निश्चिह्न हो जातीं। मुझे नहीं लगता कि छोटे भइया के अलावा, दुनिया में और कोई भी बन्दा होगा, जो दौड़कर आती हुई ट्रेन के सामने छलाँग लगाकर, प्रेमिका की माँ को कौन कहे, खुद अपनी माँ को भी बचाने जाता।

छोटे भइया, अगले ही दिन चला गया। इधर तुम्हारी तबीयत और ज़्यादा गिरती जा रही थी। मैंने उससे लाख मिन्नतें कि, वह कुछ दिन और रुक जाये, कुछ दिन और माँ के पास रहे, कुछ दिन और न जाये, मगर मैं उसे 'अवकाश' में नहीं रोक पायी! वह मेरी टोयटा गाड़ी लेकर आया था। उसी गाड़ी से वह वापस ढाका लौट गया। सभी घरवाले भूल चुके हैं, यहाँ तक कि छोटे भइया भी कि वह गाड़ी मेरी है और शान्तिनगर का वह मकान भी मेरा है।

लोग उससे अक्सर इस लहजे में बात करते हैं, 'कमाल, तूने अपनी गाड़ी कहाँ पार्क की?' या 'तू क्या उस दिन अपने ढाका वाले घर में था?' नहीं, ऐसे जुमले, मेरी पीठ-पीछे नहीं, मेरे सामने ही कहे जाते थे। मैं समझती हूँ कि वक्त ने बहुत कुछ बदल दिया है। मैं इस देश में, इस घर में, इस परिवार में नितान्त अवांछित हूँ। सिर्फ तुम्हारे लिए ही वांछित हूँ; एकमात्र तुम ही अपनी पूरी ज़िन्दगी देकर, मुझे प्यार करती रहीं, अपने पूरे जीवन के विनिमय में मुझे चाहती हो। इस चाह में कहीं एक बूँद भी धोखा नहीं है।

वे रोज़े के दिन थे। टूटू मामा रोज़ा रखते थे। सुनने में आया कि वे अल्लाह का नाम-जप करते हैं। यह सुनकर, मैंने उनसे आग्रह किया कि वे रात भर माँ के सिरहाने बैठकर ही नाम-जप करें। टूटू मामा शाम को हमारे यहाँ चले आते, रात भर अल्लाह का नाम लेते और सुबह सोने के लिए अपने घर चले जाते। टूटू मामा का इस घर में आना, भाईजान पसन्द नहीं करते थे। सुना है कि टूटू मामा ने भाईजान से रुपये उधार लिये थे और लौटाये नहीं। इस वजह से भाईजान, टूटू मामा की छाया तक बर्दाश्त नहीं कर सकते थे। चलो, टूटू मामा ने रुपये वापस नहीं दिये, इससे क्या फ़र्क़ पड़ता है? वे उधार के रुपये वापस नहीं दे पाये, इसलिए नहीं दिया। अब्बू के कानों में भी टूटू मामा के खिलाफ जो ढेरों किस्से, अफवाह भरे गये थे, सब भाईजान की ही करतूत थी। भाईजान ने अब्बू के मन से भी टूटू मामा को गिरा दिया

है। मैंने गौर किया, अब्बू जैसे पहले, मामा लोगों से गपशप किया करते थे, अब नहीं करते। सुना है, हाशिम मामा पेट के कैंसर का रोग लिये, अब्बू के चेम्बर में धरना दिये रहते थे, ताकि वे उन्हें थोड़ी-बहुत दवा दे दें। मुझे पता नहीं कि अब्बू उनकी यानी हाशिम मामा की कितनी मदद करते थे। बहरहाल, मामा लोगों के खिलाफ अब्बू को भले ढेरों शिकायत हो, मगर अपने पर जब कोई आफत-विपदा आती थी, वे इन्हीं लोगों को बुलाते थे। हाशिम मामा ने अब्बू से कहा था कि मैं उनके लिए कुछ रुपये भेज दूँ। लेकिन, हैरत है, माँ, मैंने कोई रुपये नहीं भेजे। हाँ, बाद में, मैंने उनके बेटे, सुमन को पचास हज़ार रुपये भेजे थे, लेकिन तब हाशिम मामा दम तोड़ चुके थे। हाशिम मामा को स्वीडन बुलाकर, उनका इलाज कराने के लिए, मैंने वीजा का भी इन्तज़ाम किया था। लेकिन, हाशिम मामा का आना नहीं हुआ। हाशिम मामा का ख़याल आते ही, अभी भी मेरे दिल में चिनचिनाहट और चुभन जाग उठती है। हाशिम मामा मुक्तियोद्धा थे। देखने में कितने सुदर्शन! सुडौल, सुगठित, स्वास्थ्यवान नौजवान! टूटू मामा के साथ उनकी सुन्दरी बीवी का इश्क चल रहा था। किसी एक दिन यह रँगे हाथों पकड़े जाने के बाद, हाशिम मामा ने दाढ़ी वगैरह रख ली और उदासी हो गये। इसके बाद, वे ज़िन्दगी की हलचल की ओर कभी नहीं लौटे। तुम भी चाहती थीं कि टूटू मामा, तुम्हारे घर पर रुकें। रात भर वे सस्वर सूरा-पाठ करते थे, वह सुर बेहद मधुर लगता था। टूटू मामा के लिए रात की शहरी खाने का इन्तज़ाम, मैंने खुद किया। जो शख़्स तुम्हें चैन दे रहा है, उसके लिए मैं सब कुछ करने को राज़ी थी। अब्बू और भाईजान का ख़याल था कि वे किसी बुरे इरादे से हमारे लिए आते थे। झूनू खाला भी एक दिन कानों में फूँक गयी कि टूटू मामा, बीमार हाशिम मामा को देखने के लिए, सिर्फ एक दिन गये थे। तुम्हारी बीमारी में उस जैसे पाखंडी के दुःखी होने में कोई सच्चाई नहीं है। उसका यह दुःख बनावटी है, नकली है! यहाँ जो वे भेड़ बने हुए हैं, इसके पीछे उनका इरादा है, मुझसे मोटी रकम ऐंठना! ख़ैर, मुझे इन बातों पर विश्वास नहीं हुआ, माँ! तुम्हारे ग्यारह भाई-बहनों में, जैसे एक-दूसरे से दोस्ती थी, उसी तरह दुश्मनी भी थी। लेकिन तुमसे किसी की भी दुश्मनी नहीं थी। तुम सभी भाई-बहनों को प्यार करती थीं। सभी तुम्हें भी प्यार करते थे। टूटू मामा भले किसी मतलब से आते हों, मगर मैं उनके प्रति कृतज्ञता से भरी-भरी रहती थी। उनसे जो मिला है मुझे, वह मेरे लिए अमूल्य है। मैं किसी भी रुपये-पैसों से उनका वह ऋण शोध नहीं कर सकती। लाख-लाख रुपये देकर भी नहीं!

तुम्हारी चेतना धीरे-धीरे धुँधली पड़ती जा रही थी। अब, तुम पहले से ज़्यादा ऊँघती रहती थी या सोती रहती थी। मैं तुम्हें कोई भी शारीरिक चैन नहीं दे पा रही थी। ख़ैर, शारीरिक चैन मैं तुम्हें कभी भी नहीं दे सकी। अब, तुम मरने वाली हो, यह जानने के बाद, मैंने सिर्फ पलटकर देखा है।

तुम्हें जितना-सा सुखी किया जा सकता था, उतना करने के लिए मैं बेतरह बेचैन हो उठी!

मैंने तुमसे बार-बार पूछा, 'तुम्हें किस-किसको देखने का मन करता है, बताओ? किस-किससे बोलने-बतियाने का मन करता है, बताओ? किसे करीब पाकर तुम्हें अच्छा लगेगा?'

तुमने जिन लोगों के नाम बताये, सभी दरिद्र बस्ती के लोग! गाँव-देहात के अभावी लोग! तुमने ज्योत्सना को देखना चाहा। ज्योत्सना कभी इसी 'अवकाश' में नौकरी करती थी। यास्मीन की बेटी, भालोबाशा का जब तुम लालन-पालन करती थीं, ज्योत्सना तुम्हारी मदद करती थी। यास्मीन की ससुराल के किसी ने ज्योत्सना को इस घर में भेजा था। सानकीपाड़ा से यास्मीन की ससुराल के रिश्तेदारों को बुलाकर, मैंने उन लोगों से ज्योत्सना का पता लगाने को कहा। मैंने उन लोगों से अनुरोध किया कि वे ज्योत्सना को, कहीं से भी ले आयें। उन लोगों ने बताया कि यह सम्भव नहीं है। ज्योत्सना अपने गाँव चली गयी है। उसका पता-ठिकाना, किसी को भी नहीं मालूम! लेकिन मेरा अतिशय आग्रह था कि चाहे जैसे भी हो, ज्योत्सना को खोज लायें। आदमी को गाड़ी देकर, रुपये देकर, एक दिन नहीं, कई-कई दिन उसे खोजने भेजा। गाँव के घर-घर जाकर ज्योत्सना का पता लगाया जाये। दुनिया में वह चाहे जहाँ कहीं भी हो, ज्योत्सना नामक औरत को खोजकर लाना ही होगा। आखिरकार, ज्योत्सना का अता-पता मिल ही गया। किसी गहन गाँव से उसे ले आया गया। ठीक इसी तरह फख़रुल को किसी अता-पता हीन जगह पर, लिली या लिली की माँ को खोज लाने के लिए भेजा। दो-तीन गाँवों का चप्पा-चप्पा छान डाला गया, लिली की माँ का पता नहीं लगा। ज्योत्सना को देखकर, तुम्हारी आँखों से झर-झर आँसू बह निकले। उसे करीब बुलाकर, छाती से लगा लिया। किसी दिन, जाने किस वजह से तुमने ज्योत्सना पर हाथ उठा दिया था, आज तुमने उससे आकुल मुद्रा में माफी माँगी। अपने आँसुओं से अपना चेहरा-छाती भिंगोकर, तुम क्षमा-याचना करती रहीं। तुमने ज्योत्सना को साड़ी दी, रुपये दिये, उसका जितना देय था, उससे कहीं अधिक दिया। ज्योत्सना का हाथ थामकर तुमने जानना चाहा कि उसने तुम्हें माफ़ किया था या नहीं। ज्योत्सना चकित थी कि किस बात की माफ़ी? कैसी माफ़ी? लोगों के घर चाकरी करने निकलो, तो लात-झाड़ खाना तो तकदीर में बदा होता है। उसकी ज़िन्दगी लात-झाड़ खाते-खाते ही गुज़रती है। कोई ऐसे लोगों से, अपनी किसी भूल के लिए माफ़ी नहीं माँगता। तुमने क्षमा तो माँगी ही थी, उस पर से बिन माँगे ही, इतने सारे रुपये भी दिये। यह सारा कुछ ज्योत्सना के लिए अविश्वसनीय था। तुमने उसे रात को खिलाकर भेजने को कहा। ख़ैर, घर में मैं इसका इन्तज़ाम पहले ही कर चुकी थी कि कोई भी इस घर से बिना खाये न जाये। तुम्हारे नाते-रिश्तेदारों का इस घर में खाने का ख़ास प्रचलन नहीं था। मैं भी किसी

को दोपहर या रात का खाना खिलाये बिना नहीं जाने देती थी! तुम्हारे भाई-बहन, तुम्हारे नाते-रिश्तेदार, जो भी यहाँ आते थे, मैं सभी को खिलाकर भेजती थी! मैंने तुम्हें भी बताया कि मैं सभी को खिलाकर भेजती हूँ। एक दिन शराफ मामा के पूरे परिवार को ही, तुम्हारे बिस्तर के पास चटाई पर बिठाकर पूरे जतन से खाना खिलाया, ताकि तुम देख सको! इसीलिए मैं मांस-मछली का बाज़ार भी अपने पैसों से करती थी, ताकि मुझे यह हक़ हो कि मैं चाहे जिसे भी चाहूँ, अपनी मनमर्ज़ी से खिला सकूँ। माँ, असल बात तो यह थी कि ख़ाना वगैरह तो हर घर में मौजूद होता था। तुम्हारे भाई-बहन अपने घर जाकर, शायद इससे भी बेहतर खाना खाते हों, लेकिन वह ख़ातिर-तवज्जो, सामने बैठकर खिलाना—इन्हीं सबके जरिये, हम आतिथ्य-सत्कार करते हैं; यह जाहिर करते हैं कि हम उन्हें प्यार करते हैं। जितनी अतिथि-परायण तुम हो, उतनी ही मैं भी हूँ, माँ! इसीलिए जब मैं उन लोगों को प्यार से खाने की दावत पर बुलाती थी, तो सच मानो, मैं अभिनय नहीं करती। मेरा शैशव, मेरा बचपन मामा लोगों के साथ ही गुज़रा है। उन लोगों के साथ भले हज़ारों साल बाद भी भेंट हो, लगता है, जैसे रोज़ ही भेंट होती है। शराफ मामा से मैं नाराज़ नहीं हूँ। उन्हें यह समझाने की मेरे मन में तीखी चाह है। तुम जिस थाली या कटोरी या प्याली में खाती हो, जिन बर्तनों में मेहमान खाते हैं, मैं चाहती थी, वे सब निहायत खूबसूरत हों। जिस ताला-बन्द अलमारी में थाली-कटोरी रखी रहती है, मैंने वह सब निकालने के लिए चाबी भी माँग ली। उस अलमारी में जितने सारे खूबसूरत बर्तन सहेजकर रखे हुए थे, वह सब प्रायः मैंने ही ख़रीदकर, भाईजान को दिये थे, जब वे जर्मनी आये थे। उस आलमारी में वही सारे बर्तन सजाये हुए थे। लेकिन, हसीना ने न चाबी दी, न वे बर्तन निकालकर दिये।

उनमें से सिर्फ दो कटोरियाँ निकालकर, अलमारी में दुबारा ताला जड़ दिया।

उसने कहा, 'ज़्यादा हिलाने-डुलाने से, बर्तन टूट सकते हैं।'

इन्सान इतना कुत्सित कैसे हो सकता है, मेरी समझ में नहीं आता। इन्सान ये सब तुच्छ धन-दौलत, ज़मीन-जायदाद छोड़कर, तमाम पार्थिव वस्तुएँ पीछे फेंककर, हमेशा-हमेशा के लिए चला जाता है, वह सब अपनी आँखों से देखकर भी, सारा कुछ क्यों अपनी छाती से जकड़े, पड़ा रहता है, यह भी मेरी समझ से बाहर है।

लिली और लिली की माँ से भी माफ़ी माँगने की इच्छा थी तुम्हारी। उन लोगों को उनके प्राप्य रुपये भी देना चाहती थीं तुम! लेकिन दे नहीं पायीं। तुम्हारी यही एक चाह, मैं पूरी नहीं कर पायी। दुलू की माँ और अनु की माँ को मैं नहीं ला सकी। जब दोनों मिलीं, तब तक काफी देर हो चुकी थी। काश, उन दोनों को भी, हाथ उठाकर तुम कुछ रुपये दे पातीं, माँ! तुम्हारे तो देने वाले, दानी हाथ थे, लेकिन तुम्हारे हाथ में कुछ भी नहीं था। तुम्हारे उन्हीं हाथों में, पहली बार, रुपये आये। बेशुमार

रुपये। तुम उतने रुपये गिन भी नहीं सकती थीं। इतने रुपये गिनना, तुम्हें शायद आता भी नहीं था। जीवन में एक रुपये के लिए, हाँ, सिर्फ एक रुपल्ली के लिए, तुम्हें अपने पति, बच्चों के सामने हाथ फैलाना पड़ा। अक्सर तुम्हें एक रुपया भी नहीं मिला। आजकल तो तुम भूल जाती हो कि तुम्हारे अपने हैंडबैग में अनगिनत रुपये पड़े हैं। तुम अपनी मुट्ठी में कभी-कभी वे रुपये लेती तो हो, मगर मैंने गौर किया है, कि तुम्हें उन रुपयों का कोई अहसास नहीं होता। रुपये और रद्दी की टोकरी में पड़े कोई ख़ारिज कागज में, तुम्हें कोई फ़र्क़ समझ में नहीं आता। अब, ये रुपये तुम्हें सुख नहीं देते। अपने लिए तो तुमने कभी, कुछ चाहा नहीं। तुम तो दूसरों के लिए माँगती थीं। अपने सिरहाने लाखों-लाखों रुपयों का बैग रखकर सो जाती थीं। रुपये अब तुम्हें आकर्षित या मुग्ध नहीं करते, माँ! तुम अपने कमज़ोर हाथों से वे रुपये परे खिसका देती थी। कभी तुम अपनी सेहत के लिए अण्डा, दूध और केले माँगती थीं। लेकिन, तुम्हें ये भी नसीब नहीं होते थे। अब, तुम्हारे सामने इन तीनों चीज़ों के ढेर लगे रहते हैं, मगर तुम खा नहीं पाती, माँ! अब, तो तुम कुछ भी मुँह में नहीं डाल सकतीं। तुम्हें हर चीज़ में गन्ध आती थी। तुम्हारे प्रिय अण्डे, दूध, तुम्हारे मुँह के पास ले जाती हूँ, तुम मुँह फेर लेती हो। जिसके लिवर में कैंसर फैल गया हो, माँ, उसके तो खाने-पीने की इतिश्री हो जाती है, माँ, मैं जानती हूँ। इसके बावजूद शुरू-शुरू के दिनों में तुम खाने की कोशिश करती थीं! कैंसर से जंग लड़ना चाहती थीं! तुम जीना चाहती थीं! इतना मनोबल तुममें कहाँ से आता था, माँ? तुममें मनोबल तो हर पल मौजूद था, लेकिन उतना मनोबल लेकर भी तुम कहीं पहुँच पायीं, माँ? जिन इन्सानों ने तुम्हें अपने पैरों पर खड़ा नहीं होने दिया, वे लोग तुम्हारे मुकाबले बहुत ज़्यादा ताकतव्रर थे। तुम महज निरीह, निरुपद्रव औरत थीं। तुम उन ताकतवर लोगों से अकेली जंग में जीत नहीं पायीं। अपनी उस सुरसा जैसी बीमारी के विरुद्ध में तुम अकेली ही खड़ी थी।

अचानक ही एक दिन, उनींदी-सी तुम एकदम से, अचानक जाग उठीं। तुमने भात खाने की इच्छा जाहिर की। घर में मांस-मछली, जो भी हो, उसके साथ भात खाना चाहती थीं। तुम जो, मामूली-सी तरल चीज़ भी मुँह में नहीं डाल सकती थीं, वही तुम, आज भात खाना चाहती थीं। लगभग रोज़ ही, मैं आदमी भेजकर बाज़ार कराती थी। एक दिन अब्बू, शुभ और शौकीन के लिए, दर्जन भर मुर्गी के चूज़े ले आये थे। मैंने वे चूजे अब्बू से लेकर तुम्हें दिखाते हुए कहा, 'अब्बू ये तुम्हारे लिए लाये हैं।' मैंने वे चूज़े तुम्हें इसलिए दिखाये ताकि तुम्हें अहसास हो कि सिर्फ मैं ही नहीं, अब्बू भी तुम्हारे बारे में सोचते हैं। तुम्हारे लिए प्यार से बाज़ार करके लाते हैं, ताकि तुम पौष्टिक सूप पी सको। यह सब सोचकर, तुम ज़रा खुश हो सको। अब्बू ने तो तुम्हारे लिए कभी, कुछ नहीं ख़रीदा। किसी दिन नहीं चाहा कि तुम कोई अच्छी चीज़ खाओ। तुम क्या कभी, मुर्गी का एक छोटा-सा टुकड़ा भी अपने लिए परोस सकीं?

हाँ, अब्बू के डर से ही तुमने कभी एक टुकड़ा भी नहीं लिया। लोग तो यही चाहते थे कि तुम खुद कुछ मत खाओ, औरों को खिलाती रहो। चलो, अब झूठ ही सही, तुम यही जानो कि अब्बू चाहते हैं कि तुम अच्छा-अच्छा खाकर, अपनी टूटी सेहत में दुबारा ताकत भर लो! तुम स्वस्थ हो उठो। अब्बू के प्यार के लिए तुम ज़िन्दगी भर भगवान से प्रार्थना करती रहीं, लेकिन उनका प्यार तुम्हें कभी नहीं मिला। कम से कम एक बार यह जानकर तुम राहत महसूस करो कि सिर्फ मैं ही नहीं, घर के सभी लोग तुम्हें प्यार करते हैं। हाँ, माँ, झूठ ही सही, तुम यही जानो। बैठक कमरे में बैठे-बैठे अब्बू और भाईजान आपस में कानाफूसी करते थे, टाँगें हिला-हिलाकर, मेरी इस अतिशयता की निन्दा करते थे। इसके बावजूद, मैं अब्बू और भाईजान से विनती करती रहती थी कि वे दोनों टेलीविजन के सामने न बैठकर, तुम्हारे कमरे में, तुम्हारे सामने बैठें। टेलीविजन उन्हें बहुतेरे मिल जायेंगे, मगर तुम नहीं मिलोगी। मैं उनसे कहती थी कि वे तुम्हारे सामने पुरानी यादों का ज़िक्र छेड़ें, तुमसे जुड़ी सुखद स्मृतियों को दुहरायें। मैं तुम्हें तसल्ली देने को कहती थी कि तुम ठीक हो जाओगी! वे लोग तुम्हें प्यार करते हैं। झूठ ही सही, वे लोग यही कहें। उँगलियों पर गिने हुए, जो थोड़े-से दिन तुम्हारे पास हैं, तुम कम से कम सुखी होओ! लेकिन यह काम क्या इतना आसान था? इतना आसान? किसी के पास इतना वक्त नहीं था। अब्बू अपने चेम्बर चले जाते थे, उन्हें रोगी देखने का नशा जो था। तुम्हारी बीमारी का वास्ता देकर, अब्बू को रोका नहीं जा सका। अब्बू की अपनी तबीयत भी ठीक नहीं रहती, यह कहकर भी उन्हें रोक नहीं पायी। मेरी कोई बाधा काम नहीं आयी। जो गाड़ी मैंने अब्बू के लिए ख़रीदी थी, वे उस पर कभी सवार ही नहीं हुए! लाख कहने पर भी उस गाड़ी में, अब्बू को मैं चेम्बर तक नहीं भेज सकी। जो गाड़ी मैंने अब्बू के लिए ख़रीदी थी, अब वह भाईजान की हो चुकी थी। सभी लोग उसे भाईजान की गाड़ी कहते थे। ऐसा दावा करते हुए, उनमें से किसी को भी कोई शर्म नहीं आती, बल्कि इसका प्रतिवाद करते हुए, मुझे ही शर्म आती थी। जिस दिन तुम्हें कसकर भूख लगी, मैंने रसोई में जाकर, काम करने वाली महरी को हिदायत दी कि रोहू मछली का भले एक छोटा-सा टुकड़ा ही सही, माँ के लिए फटाफट पका दी जाये। 'लेकिन. ..अभी मछली कहाँ मिलेगी? मछली पकाने में तो देर लगेगी—' हसीना ने साफ़ सुना दिया। उस वक्त शुभ और शौकीन के लिए मुर्गी पकायी जा रही थी। ख़ैर, मुर्गी तो हमेशा ही पकायी जाती रहेगी, आज पहले, मछली पका दी जाये।

'अच्छा, भात तो पक गया न?'

'नहीं, अभी नहीं हुआ!'

'दाल?'

'नहीं! वह भी नहीं!'

शुभ और शौकीन के लिए अलग से जो खाना पकाया जाता था, इस वक्त पहले वही तैयार किया जा रहा था। उसके बाद, घरवालों के लिए रसोई शुरू होनी थी।

मैंने रसोइये से कहा, 'बाकी सब बन्द करो। पहले माँ के लिए दाल-भात और रोहू मछली, फटाफट पका दो।'

लेकिन मेरा निर्देश मानने का कहीं, कोई लक्षण नहीं दिखायी दिया। रसोइये की बातों और हाव-भाव से ही यह साफ जाहिर हो गया कि हसीना जो हुक्म देगी, वे लोग उसी का पालन करेंगे। मेरा या तुम्हारा 'अवकाश' नामक घर पर कहीं, कोई अधिकार नहीं था। एक समय मैंने देखा, हसीना तुम्हें खाना खिला रही है—बासी काचकी मछली, बासी भात और बासी दाल! मैं हतवाक् खड़ी की खड़ी रह गयी। अगर मैं तुमसे कहती कि हसीना तुम्हें बासी खाना खिला रही है, तो तुम्हें तकलीफ होती। इसलिए चुपचाप खिड़की की तरफ निगाहें गड़ाये देखती रही। भूख से आकुल तुम्हारे चेहरे, जरा-सा भात खाने की तुम्हारी व्यग्रता की तरफ मुझसे देखा नहीं जा रहा था। मैंने तुम्हें नहीं बताया कि हसीना आज रोहू मछली पका सकती थी, मगर उसने जानबूझकर नहीं पकाया। वह खाना तुम्हारा आखिरी खाना था। तुम्हारी ज़िन्दगी का आखिरी खाना! मेरे खाने के समय, जब मेरी थाली में रोहू मछली परोसी गयी, गर्म भात और नयी-नयी पकायी हुई दाल पेश की गयी, तो मुझसे खाया नहीं गया। उस वक्त किसी ने भी गौर नहीं किया कि उस भात, दाल और मछली के टुकड़े पर, मेरी आँखों से टप-टप आँसू झर रहे थे। गौर भी कौन करता? सभी लोग पाँव नचा-नचाकर गपशप में मशगूल थे या टेलीविजन देख रहे थे। एक मैं थी, टेलीविजन की आवाज़ तक पर मुझे हद गुस्सा चढ़ जाता था। मेरा गुस्सा देखकर, शुभ, हसीना, भाईजान—सभी लोग गुस्से से सुलगते रहते थे। मैं तुम्हारे कमरे का दरवाज़ा बन्द रखती थी, ताकि आवाज़ कम आये। तुम लोग देखो न! नाच, नाटक जो भी चाहो, देखो मगर आवाज ज़रा कम रखो, ताकि माँ को यह न लगे कि बगल के कमरे में उत्सव चल रहा है। माँ को यही लगे कि सभी उनके लिए रो रहे हैं। वैसे मेरे गुस्से या दुःख से, किसी को, कोई फ़र्क़ नहीं पड़ता था। तुम एक कमरे मैं दिन-पर-दिन ज़रा-ज़रा करके दम तोड़ रही थीं, बगल के कमरे में हर आम दिन की तरह टेलीविजन चल रहा था। आज भी जब कभी यह ख़याल आता है, मेरे अन्दर खौफ और वितृष्णा की झुरझुरी फैल जाती है! अगर कहीं यह सब मेरे साथ होता, माँ? मैं ऐसा कोई कदर्य दृश्य नहीं देखना चाहती। इससे तो बेहतर यही होगा कि मैं बगल के कमरे से आती हुई टेलीविजन की आवाज़, हो-हुल्लड़-हंगामा सुनते-सुनते, अकेले-अकेले ही दम तोड़ दूँ, मुझे तब भी चैन मिलेगा। अगर कहीं मुझे यह जानकारी हो कि जो लोग खुशियाँ मना रहे हैं, मैं उनमें से किसी को भी नहीं पहचानती; उनमें से कोई भी मेरा अपना, सगा नहीं है; वे लोग मेरे रिश्तेदार भी नहीं हैं; मेरे आत्मीय भी नहीं है; इनमें से किसी को भी, मैंने कभी प्यार नहीं किया। वे लोग मेरे सगे नहीं हैं। अगर होते, तो दृश्य कुछ और होता, तो मैं तटस्थ रहती।

एक दिन काका लोग हमारे घर आये। गाँव में और भी कई लोग तुम्हें देखने आये थे। तुमसे भी ज़्यादा उम्र के कई लोग स्वस्थ-तन्दुरुस्त, आराम से ज़िन्दा थे।

मेहमानों के बैठने के लिए, मैंने जो तुम्हारे कमरे में कुर्सियाँ रखवायी थीं, उन्हीं में से एक कुर्सी पर बैठते हुए, रियाजुद्दीन काका ने कहा, 'भाभी, मुझे माफ़ कर दीजियेगा।'

उनका यह वाक्य सुनकर मुझे गुस्सा चढ़ गया। यह जनाब तुम्हें यह समझा देना चाहते थे कि तुम मरने वाली हो, इसीलिए माफ़ी माँगने आये हैं। ज़िन्दगी भर तुम इनके मिट्टी के चूल्हे में फुँकनी फूँकती रहीं, साड़ी में लगी धूल-कालिख की परवाह न करते हुए, इन लोगों को खाना पका-पकाकर खिलाया। बदले में किसी से भी, तुम्हें कभी, कुछ नहीं मिला।

रियाजुद्दीन काका जाते समय, अपनी सूखी-सूखी आँखें, बेवजह ही झपकाने लगे और मुझे दिखाकर लम्बी-लम्बी उसाँसें भी भरने लगे। उनकी वे उसाँसें नकली थीं, जानती हूँ। यूँ जो लोग तुम्हें देखने या तुमसे मिलने आते थे, उन सबको मैं सतर्क कर देती थी कि वे लोग तुम्हें यह अहसास न दें कि तुम मरने वाली हो। लेकिन, कौन, किसकी बात सुनता? ये लोग मुझे नितान्त नासमझ औरत समझते थे। ऐसी औरत, जो नहीं जानती कि किसी की मौत से पहले क्या-क्या करना होता है। इन लोगों ने ज़िन्दगी भर जो अपकर्म किया, मृत्युपथगामी से उसके लिए माफ़ी-वाफी माँगकर, खुद पाक-साफ़ बने रहना चाहते थे। अब तुम ऊपर जा रही हो, ऊपर जाकर तुम अल्लाह के दरबार में इन लोगों के लिए बहिश्त की तदबीर करोगी, पैगम्बर साहब को इन लोगों के सलाम पहुँचा दोगी। परलोक में स्वजन-प्रीति खूल चलती है, इसीलिए ये लोग हमारे यहाँ धरना देने चले आये थे। लेकिन, मैं ठहरी नासमझ औरत! मैं नहीं चाहती कि तुम्हें बूँद भर भी अहसास हो कि तुम्हारे दिन अब ख़त्म हुए!

एक दिन अमीनुद्दौला की बीवी, अपने बाल-बच्चों समेत आ धमकी। उसकी निगाहें मुझ पर गड़ी हुईं! तुम कैसी हो? तबीयत कैसी लग रही है, इसमें उसे कोई दिलचस्पी नहीं थी। बहाने-बहाने से उसने अपनी गृहस्थी की दुःख-गाथा छेड़ दी। उसकी बेटी, जुएल ने अभी-अभी कॉलेज पास किया है, उसके लिए मुझे किसी नौकरी का इन्तज़ाम करना ही होगा। यही बात, वह धारा प्रवाह रटती रही।

'भई, मैं कहाँ से नौकरी का इन्तज़ाम करूँगी? मेरी तो इतनी क्षमता ही नहीं है।' मैं कहती रही।

यह कहने के बाद भी वह नहीं रुकी।

'ठीक है, कोशिश करूँगी।' यह कहकर भी मैं उसे चुप नहीं करा पायी।

उस वक्त तुमने ही उस औरत की तरफ देखकर कहा, 'तुम लोगों को इतनी

हाही क्यों मची रहती है? हर वक्त चाहिए-चाहिए! ज़रा तो इन्सान बनो, थोड़ा निःस्वार्थी बनो।'

नहीं, माँ, तुम्हारी इस सलाह का मर्मार्थ समझना, औरत के बूते की बात नहीं थी। मैंने खसरू को जुएल को नौकरी देने के लिए एक पत्र लिख दिया। खसरू ने उसे नौकरी दे भी दी। अब, जुएल बहाल तबीयत से ढाका शहर में रहती है। निःस्वार्थी, वे लोग कभी नहीं हुए, माँ! नौकरी लग जाने के बाद, उन लोगों ने मुझे ख़बर तक नहीं दी कि उसे नौकरी मिल गयी है। कई सालों बाद, बातों ही बातों में भाईजान ने ही बताया कि जुएल, खसरू के लम्बे-चौड़े दफ़्तर में, काफी बड़ी तनख्वाह की नौकरी करती है।

एक दिन अमानुद्दौला भी आया था। मैंने पहले ही तुमसे पूछ लिया कि तुम उससे मिलना चाहती हो या नहीं। कोई करीबी रिश्तेदार न हो, तो मैं पहले तुमसे पूछ लेती थी। अगर तुम अमानुद्दौला से नहीं मिलना चाहतीं, तो वह चाहे जितना भी अहम प्रेमी क्यों न हो, मैं उसे मिलने की अनुमति नहीं देती। तुमने सिर हिलाकर अपनी अनुमति जतायी! मैं अमानुद्दौला को तुम्हारे कमरे में ले आयी और उसे तुम्हारे पास छोड़कर, बाहर निकल गयी। वह तुम्हारे कमरे में ज़्यादा देर नहीं ठहरा। मैंने चाहा था कि वह तुम्हारे पास कुछ देर और रुके; कुछ देर और तुम्हारा हाथ थामे बैठा रहे; कुछ देर और लम्बी-लम्बी उसाँसें भरे; अगर वह तुम्हें प्यार करता है, तो कुछ देर और प्यार करे।

चूँकि अब बूँद भर पानी भी तुम्हारे गले से नीचे नहीं उतर रहा था, मैंने तरल आहार खिलाने के लिए तुम्हारी नाक में नली लगा दी। तुम्हें नाक में नली, असहनीय लगती थी। लेकिन मैंने बड़े दुलार से तुम्हें समझाया कि तुम्हारे पेट में अगर कुछ भी नहीं गया, तो तुम्हें ताकत नहीं मिलेगी। किसी तरह मैंने तुम्हें राज़ी कर लिया। तुम अपने लिए नहीं, मेरे लिए राज़ी हुई। एक समय तुम्हारी देह का पानी इस कदर सूख गया कि सेलाइन देनी पड़ी। मैंने गौर किया, तुम्हारी आँखें पीली पड़ती जा रही हैं। तुम्हारे शरीर के अन्दर क्या-क्या हो रहा है, यह सोच-सोचकर मेरा सिर चकराने लगता है। मैं रात-रात भर जगी रहती थी कि अगर तुम्हारा दर्द असहनीय हो उठे, तो तुम्हें पैथीडीन दूँ। दिन-दिन भर जगी रहती थी, तुम्हें निरखती रहती थी। तुम जब करवट बदलना चाहतीं। लेकिन करवट लेते हुए, तुम्हें लगता था कि तुम गिर जाओगी, इसलिए सहारा देने को कहती थी। तुम्हारा पेट इतना फूल गया था कि धीरे-धीरे तुम करवट बदलने की ताकत भी खो बैठी थीं। तुम्हारा बदन पोंछकर, मैं एक बार जो कपड़े, तुम्हें पहना देती थी, ज़रूरत पड़ने पर वह भी बदलना सम्भव नहीं होता था। एक दिन मैंने वह ब्लाउज़ काटकर निकाल दिया। अब तुम ब्लाउज़ बिना ही

रह गयीं। तुम्हारे पेट-फूले, कंकाल मात्र बदन को सिर्फ रजाई या कथरी से ढँके रखती थी।

इस बीच, जिस दिन तुम्हें साँस की तकलीफ शुरू हो गयी, मैंने सुहृद को नानी के यहाँ भेजकर, मामा लोगों को बुला लिया। सुहृद रिक्शे से जाकर, उन लोगों को ख़बर दे आया। एक-एक करके सभी मामा आ पहुँचे। मैंने तुम्हें ऑक्सीजन दिया। कहीं ऑक्सीजन के इस्तेमाल की ज़रूरत न पड़ जाये, इसलिए ऑक्सीजन मैंने पहले से ही मँगा रखा था। उस दिन ऑक्सीजन की ज़रूरत पड़ ही गयी। लेकिन उस ऑक्सीजन से तुम्हारी साँस की तकलीफ ज़रा भी कम नहीं हुई। मैंने डॉक्टर बुला लिया। आस-पास मेरे जो डॉक्टर-बन्धु थे, सबको बुला भेजा। मुझसे एक क्लास ऊपर पढ़ने वाला मित्र था, सलीम! काफी तेज़ छात्र था। छुटकू को भेजकर उसे भी बुला लिया। सबने जाँच-परीक्षा की, मगर किसी ने भी उम्मीद नहीं बँधायी। सब, सिर्फ लम्बी उसाँस भरकर रह गये। उसके बाद, और भी बड़ा डॉक्टर तलब किया गया। उसने भी यही सलाह दी कि अब सारे घरवाले उनके आस-पास ही रहें। दिन भर तुम साँस की तकलीफ झेलती रही। धीरे-धीरे तुम्हारी चेतना भी चली गयी। उस अचेतन हालत में भी तुम जी-जान से साँस लेने की कोशिश कर रही थीं। तुम्हारी साँसे बचाये रखने के लिए, सेलाइन में ही स्टेरॉयड भी देने लगी। एक के बाद एक स्टेरॉयड देती गयी। रात को स्टेरॉयड भी ख़त्म हो गया। कुछ और स्टेरॉयड लाने के लिए मैंने सुहृद को चड़पाड़ा की दवा की दुकान में भेजा। मैंने उसे दवा लाने क्यों भेजा, माँ? मैं क्या समझ नहीं रही थी कि क्या होने वाला है। मैं समझ रही थी, माँ, मैं समझ रही थी।

सुबह ही जब मैंने देखा कि तुम्हें साँस लेने में तकलीफ हो रही है, तो मैंने चींखकर घरवालों को यह ख़बर दी। मेरी आवाज़ सुनकर, भाईजान दौड़े आये। कुछ देर तुम्हारे बिस्तर के करीब चुपचाप बैठे रहे। उसके बाद, बिस्तर से उतरकर, वजू करके, कुर्ता-पायजामा और सिर पर टोपी पहन ली। यह अचानक उन्हें पोशाक बदलने की क्या सूझी, मुझे समझ में नहीं आया। तो क्या भाईजान को पक्का विश्वास हो गया कि तुम मर रही हो? कुछ देर बाद, भाईजान दुबारा बिस्तर से उतर आये। शायद जिस वजह से वे तुम्हारे बिस्तर, तुम्हारे सिरहाने बैठे हुए थे; अपनी आँखों से तुम्हें आखिरी साँस लेते हुए देखने की उम्मीद में थे, वह आखिरी साँस ही, तुमने सारी सुबह, उन्हें देखने नहीं दी। नानी यथावत् तुम्हारे सिरहाने बैठी क़ुरान-पाठ किये जा रही थी। नानी की आँखों से टपकते हुए आँसुओं में क़ुरान के अक्षर धुँधले पड़ते जा रहे थे। मामा लोग ज़ोर-ज़ोर से 'असलाम-वालेकुम' या 'रहमतुल्लाह' जाने क्या-क्या तो बोले जा रहे थे। मुझे डर लग रहा था, माँ, बेहद डर लग रहा था। सभी लोग तुम्हें देखने आ रहे थे और कहते जा रहे थे कि तुम, नबी साहब तक उनका

सलाम पहुँचा देना! मैंने इससे ज़्यादा वीभत्स दृश्य, ज़िन्दगी में कभी नहीं देखा, माँ! मैं तो कोशिश कर रही थी कि तुम्हें और-और जीवनदायी दवाएँ देकर, बचाये रखूँ। मैं किसी भगवान, किसी अल्लाह या किसी ईश्वर पर विश्वास नहीं करती! विज्ञान की विश्वासी मैं, उस पल कोई अलौकिक कुछ चाहती थी। बहुतेरे लोग तो मौत के दरवाज़े तक जाकर भी जी उठते हैं, माँ! कितने ही लोग तो जी उठे। तुम भी अचानक कोमा से जागकर, इस दुनिया में वापस नहीं लौट सकतीं? सबको चकित करते हुए, काश, एक बार तुम आँखें खोल दो! मैंने प्रकृति से भीख माँगी कि वह तुम्हें वापस लौटा दे, तुम्हारी बेहोशी तोड़ दे। तुम्हारा सिर मानो आग की तरह धधक रहा था। छोटा-सा पंखा लगाकर, मैंने तुम्हारा सिर ठण्डा रखने की कोशिश की। तुम्हारे पैरों के तलवे बर्फ की तरह ठण्डे पड़ते जा रहे थे। तुम्हारे पैताने बैठकर, मैं गर्म इस्त्री पर कपड़ा गर्म कर-करके, तुम्हारे पाँवों को सेंक रही थी, पाँवों की बर्फीली ठण्डक दूर करने की कोशिश कर रही थी। लेकिन, फिर भी कोई फ़ायदा नहीं हुआ। तुम्हें क्या अहसास हो रहा था कि तुम्हारे बदन के अन्दर कहीं ताप कम होता जा रहा है? बाहर से ताप देकर, मैं कहाँ तक तुम्हारा शरीर गर्म रखती? मेरे अन्दर भयंकर दहशत समा गयी थी! तुमसे बात करने की तीखी चाह जाग उठी थी। शेफाली को तुम्हारा पाँव गर्म रखने को कहकर, मैं तुम्हारे दोनों हाथ थामे बैठी रही। उन हाथों में ताप था, मगर तुम नहीं थीं, माँ! तुम्हें कुछ भी अहसास नहीं हो रहा था! तुम्हारे हाथ में कोई हरक़त नहीं थी। मुझे बेहद डर लग रहा था। भयंकर डर! सभी लोग सोच रहे थे, बस, अब तुम साँस नहीं लोगी, मगर तुम साँस ले रही थीं, माँ! तुम जी-जान से जीने की कोशिश कर रहीं थी, माँ! तुम्हारी साँसों में कोई छन्द नहीं था। लेकिन तुम साँस ले रही थीं। तुम्हारा शरीर, अब कोई ऑक्सीजन नहीं लेना चाहता था, तुम्हारे दिल में रुकावट डाल रहा था, लेकिन ऑक्सीजन तुम ले रही थीं। तुम्हारी धड़कनें रुक रही थीं, लेकिन तुम उनकी सुन नहीं रही थीं। जैसे-तैसे साँस लिये जा रही थीं। तुम्हारे अन्दर का सारा कुछ झँझरा हो चुका था, सड़ चुका था; तुम्हारी आँतें, पाकस्थली, तुम्हारा लिवर, किडनी सड़-गल चुकी थी, मगर तुम साँस ले रही थीं। लोग तुम्हें विदा दे रहे थे—तुम्हारा ही पति, पुत्र, पोते; तुम्हारे ही भाई-बहन—सभी लोग तुम्हें विदा दे रहे थे। लेकिन तुम विदा नहीं लेना चाहती थीं। तुम यह दुनिया, अपनी घर-गृहस्थी, अपने नाते-रिश्तेदारों को छोड़कर, कहीं नहीं जाना चाहती थीं, माँ! तुम किसके लिए रहना चाहती थीं, माँ? इस दुनिया-जहान में तुम्हारा ऐसा कौन सगा था, जिसे तुम छोड़कर नहीं जाना चाहती थीं, माँ? तुम्हारी जगह अगर मैं होती, तो मैं तो शायद मरकर, बच जाती! राहत महसूस करती। लगता है तुम्हारे पास हमें देने के लिए, कुछ प्यार बच रहा था, इसलिए तुम रुक जाना चाहती थीं।

उस वक्त, मैं कभी तुम्हारे करीब जा बैठती थी, कभी बरामदे तक जाकर, दुबारा

कमरे में चली आती थी। मामा लोग भी लगातार अन्दर-बाहर आ-जा रहे थे! उस वक्त कौन, क्या करे, किसी की समझ में नहीं आ रहा था। उसी सुबह या दोपहर को हासू खालू ने कहना शुरू कर दिया कि वे लोग तैयार होकर ही आये हैं। लाश लेकर जिसे-जिसे जाना है, वे लोग भी आ पहुँचे हैं। वे इसी क़िस्म की बातें करते रहे। मेरे कानों में जैसे कोई गर्म लावा उँडेल रहा था, माँ! मैंने अब्बू को माँ के पास बैठे रहने को कहा। अब्बू बेहद धीर-स्थिर नज़र आ रहे थे। अच्छा, अब्बू क्या सच ही निस्पृह थे या अन्दर ही अन्दर, मेरी तरह अब्बू भी डरे हुए थे? अब्बू भी भयंकर अकेले होते जा रहे थे, जो बात, मेरी तरह अब्बू भी किसी के सामने ज़ाहिर नहीं होने देना चाहते थे। मैंने भाईजान से भी कहा कि वे भी तुम्हारे पास ही बैठे रहें, तुम्हें छूकर तुम्हें थामे रहें। तुम अपनी हर साँस के लिए किस क़दर तकलीफ पा रही थीं। तुम्हारे प्राण निकलते जा रहे थे, अपनी ज़िन्दगी बचाने में! उधर दोपहर से ही बैठक कमरे में अब्बू और भाईजान की चिराचरित मीटिंग! अब्बू, भाईजान से या भाईजान, अब्बू से, कब्र, कुदाल, जनाज़ा, कफ़न वगैरह, कुत्सित और अश्लील शब्द-जड़े जुमले रटे जा रहे थे। इससे तो बेहतर था, मैं बहरी हो जाती; बेहतर होता मैं अन्धी हो जाती। मुझे यह भयंकर दृश्य तो नहीं देखना पड़ता; ऐसे-ऐसे गन्दे शब्द तो नहीं सुनने पड़ते। तुम अभी भी साँस ले रही हो, माँ, तुम अभी भी मरी नहीं हो। उस वक्त किसी की भी आँखों में, बूँद भर भी आँसू नहीं थे। हसीना अपने बेटों के नहाने-खाने-सोने वगैरह की तैयारी में लगी हुई थी, जैसा वह हर रोज़ ही करती थी। कोई एक इन्सान, अब, किसी भी पल साँस लेना बन्द कर सकती है, यह कौन विश्वास करता? मैं ठीक क्या करूँ, मेरी समझ में नहीं आ रहा था। मैं कहाँ जाऊँ, किससे बात करूँ, मेरे दिमाग़ में कुछ भी नहीं आ रहा है। माँ! माँ! माँ! माँ—कहकर, मैं तुम्हें आवाज़ें देती रही, कम से कम तुम मेरी बात सुनो! उस वक्त, तुम्हारे अलावा, मेरा और कोई नहीं था, माँ! उस दिन मेरे मन में कई-कई बार यह ख़याल आया कि इससे तो बेहतर है, तुम्हें यह पीड़ा न मिले; बेहतर है, तुम अब साँस न लो। तुम किसके लिए साँस लेना चाहती हो? इस दुनिया में तुम्हारा कौन है? मैंने भी सारी ज़िन्दगी, तुम्हारे लिए क्या किया? ज़िन्दगी में जब, जो करना चाहिए था, तब तो किया नहीं। अब उजाड़कर दे रही हूँ, जब मौत के साथ, हर दिन पाँच-पाँच बार भेंट हो रही है; जब ज़िन्दगी कहने को सच ही कुछ नहीं है, तब! तुम बिस्तर से रुल-मिलकर बेजान हुई जा रही थीं, जब तुम्हारे लिए उठने-बैठने, चलने-फिरने-खाने का कोई उपाय नहीं रह गया था, तब! माँ, उन दिनों तुम सब मान लेती थीं। तुमने अपना जीवन, मेरे हाथों में छोड़ दिया था। मानो मेरे ये हाथ, मेरे ये अभिज्ञ और आन्तरिक हाथ ही तुम्हें मौत के मुँह से छीन लायेंगे। ख़ैर, तुमने इस तरह जीने की जाने कितनी ही कहानियाँ सुनी होंगी। डॉक्टर आते रहे, कुछेक पल ख़ामोश रहकर, वापस लौट जाते रहे। दूसरे कमरे में कब्र की चर्चा चल रही है। तुम अकेली इस

कमरे में पड़ी हो! आँखें बन्द! नाक में ऑक्सीजन, हाथ में सेलाइन! साँस लेने के लिए तुम लगातार जूझ रही हो। सुबह ढलकर दोपहर तक आ पहुँची! दोपहर लुढ़कते-पुढ़कते शाम की दहलीज पर पहुँच गयी। सुबह के वक्त, तुम्हारे इर्द-गिर्द भीड़ जुटी थी। वह भीड़ भी छँट गयी। किसके पास इतना वक्त होता है कि वह मौत देखने के लिए, इतनी देर इन्तज़ार करे? तुम अगर मर जातीं, उनका वक्त बचा देतीं, तो उन लोगों को खुशी होती। मैं स्तब्ध बैठी रही, माँ! उस वक्त तुम्हें खिलाने, पेशाब-पाख़ाना कराने, बदन पोंछने, कपड़े बदलने जैसा कोई भी काम नहीं था, मेरे पास! किसी को बुलाकर, तुमसे भेंट कराने का काम नहीं रहा। अब, तुम्हारे मन को सुख पहुँचाने के लिए, तरह-तरह के आयोजन करने की भी ज़रूरत नहीं रही। मैं सिर्फ स्तब्ध, पथरायी-सी बैठी थी...बैठी रही। सिर्फ जड़-पत्थर बनी! माँ, तुम अकेली-अकेली ही पीड़ा सह रही हो! माँ, तुम गुम होती जा रही हो शाम होते ही टेलीविजन ऑन कर दिया गया। शुभ और शौकीन को कार्यक्रम देखना था! शायद अब्बू को भी! या पता नहीं अब्बू, भाईजान के साथ कफ़न-दफ़न के बारे में लगातार सलाह-मशविरा किये जा रहे थे। टेलीविजन पर नाच-गान-विज्ञापनों के शोर में तुम्हारी साँसों की तकलीफ दब गयी। पता नहीं, क्यों तो बरामदे में जाकर, स्तब्ध रात की ओर नज़रें गड़ाये मैं माँ! माँऽ! माँ ऽ ऽ! कहकर, चीख उठी। उसी बरामदे में खड़े-खड़े, उसी शैशव से ही, मैं माँ को आवाज़ें दिया करती थी और यहीं, कहीं तुम मौजूद रहा करती थीं—बावर्चीखाने में, सोने के कमरे में, छत या आँगन में! मेरी पुकार पर तुम दौड़ी चली आती थीं। इसी बरामदे में मैं चीख-चीखकर तुम्हें बुला रही हूँ। घर के सभी लोग, अड़ोस-पड़ोस, सड़क के राहगीर, मेरी आवाज़ सुन रहे हैं, लेकिन बिल्कुल करीब के कमरे में तुम लेटी हुई हो, सिर्फ तुम ही मेरी आवाज़ नहीं सुनती।

अब्बू उस वक्त भी बैठक में भाईजान के साथ, रोज़मर्रा की छुटपुट बातचीत में व्यस्त थे। किसे-किसे ख़बर देनी है, क्या-क्या करना है! घर के किसी बन्दे की आँखों में, बूँद भर आँसू नहीं है, माँ! नहीं, मेरी आँखों में भी नहीं है। मैं सच कहती हूँ, माँ। मैं भी यही चाहती थी कि अब, तुम साँस मत लो, क्योंकि वह साँस, तुम्हारी साँसें नहीं लौटायेगी। तुम्हें दिया जाने वाला ऑक्सीजन क्या मैं निकाल दूँ? सेलाइन की नली में धीरे-धीरे दी जाने वाली दवाएँ न डालूँ? मैं सोचती भी हूँ कि दवाएँ न दूँ, मगर मुझसे रहा नहीं जाता, माँ! जितने पल जी सकती हो, जिस तरह भी जी सकती हो, जी लो! जीवन तो एक ही होता है न, माँ, परलोक जैसा कुछ होता है, मगर मुझे इसमें विश्वास होता, तो तुम्हें विदा करने में, मुझे कोई तकलीफ नहीं होती।

अब्बू तो, तुम्हारी दस साल की उम्र से, तुम्हारे साथ हैं। इतने साल अब्बू ने एक साथ, एक ही घर में गुज़ार दिये, किसी दिन तुम्हें प्यार नहीं दिया, बल्कि

ज़िन्दगी भर कष्ट ही दिया। तुम अपना जो रोग, नीरोग करना चाहती थीं, उस रोग के ज़िक्र पर अब्बू मुँह बिगाड़कर, टिटकारी मारकर, तुम्हें गालियाँ देते थे, तुम बिना इलाज, उसी रोग की वजह से, अब मरने वाली हो। ज़रा देर बाद ही, तुम्हारे सारे कष्ट, सारी यन्त्रणा का अवसान हो जायेगा। मुझे तो यह समझ में नहीं आता कि वही अब्बू आज भी स्थिर कैसे हैं; तुम्हें मिट्टी में दफ़ना देने की योजना बना रहे हैं। इन्सान का वर्षों का रिश्ता क्या इतना ही खोखला होता है या हो सकता है? रिश्ता आखिर कहते किसे हैं? रिश्ता नाम की चीज़ आखिर होती क्या है? भाईजान की आँखों में भी बूँद भर आँसू नहीं थे। जब तुम निरी बच्ची थीं या यह कहूँ कि कमउम्र किशोरी थीं, इसी भाईजान को तुमने जन्म दिया था। इसी भाईजान की वजह से तुम अपना शैशव, किशोर, कुछ भी नहीं जी पायीं। अनाड़ी हाथों से ही भाईजान को पाल-पोसकर बड़ा किया? वही तुम आज जा रही हो, अभागिन तुम! लेकिन भाईजान की आँखों में कोई आँसू नहीं था। भाईजान तुम्हें माटी में गाड़ने की तैयारी में व्यस्त थे; किसे-किसे जनाजे में शामिल होने के लिए ख़बर देनी है, इसी की सूची तैयार करने में जुटे हुए हैं। फख़रुल मामा ढाका से रात दस बजे आ पहुँचे। आते ही उन्होंने बेहद तकलीफ़ से साँसें, खींचते हुए, तुम्हारे बेहोश शरीर को देखा। भाईजान के कमरे में आकर, खड़े-खड़े, वे ज़ोर-ज़ोर से रो पड़े—उन्होंने आने में इतनी देर क्यों कर दी? वे पहले क्यों नहीं आये? वगैरह-वगैरह! लेकिन, पहली बार...माँ, पहली बार कोई रोया था। कम से कम एक इन्सान की रुलाई की आवाज़ मुझे राहत दे गयी, माँ! ख़ैर, फख़रुल मामा को तो आना ही था। उन्हें तुम्हारे ही हाथों से पाँच सौ रुपये दिलाकर, मैंने गाड़ी का किराया सौंप दिया था, ताकि वे तुम्हें देखने, तुमसे मिलने, फिर आयें। वे आये, मगर तुम उनका आना देख नहीं पायीं। फख़रुल मामा को रुपये-पैसों की कोई कमी नहीं थी। इसके बावजूद, मैंने सोचा था, कहीं उन्हें यह ख़याल न आ जाये कि वे अब नहीं आयेंगे। इसीलिए मैंने पाँच सौ रुपये थमा दिये थे, ताकि गाड़ी का किराया उनके हाथ में रहेगा, तो इसी तकाजे पर वे आ जायेंगे! झूनू खाला नहीं आयीं! बड़े मामा भी नहीं! वैसे तुम्हें देखने आने का, अब फ़ायदा भी क्या था? मैंने क्या तुम्हारी मौत देखने के लिए लोगों को आने को कहा था? लोगों की उपस्थिति की तो तुम्हें तब ज़रूरत थी, जब तुम बोलती-बतियाती थीं; अपने करीबी लोगों को करीब पाकर, भला-भला महसूस कर पातीं। लेकिन अब, क्या ज़रूरत है? ज़िन्दगी भर लोगों ने तो तुम्हें काफी हद तक; 'ज़िन्दा न रहने' की तरह जीते हुए देखा है यानी तुम्हारा मृत्युमय जीवन देखा है। अब आँखें फाड़-फाड़कर, तुम्हारी मौत का मज़ा लेने की भला क्या ज़रूरत? जब तुम मर ही रही हो, तो अकेली ही मरो। सबको ऐसा दुःसह दुर्भोग क्यों दिखाओ? जो देखना था, वह तो वे लोग ज़िन्दगी भर देखते ही रहे। एक पल ऐसा भी आया, माँ, जब मुझसे कुछ

सोचा भी नहीं गया। मेरी निगाह सिर्फ तुम पर गड़ी रही! मैं देखती रही, लोगों की तरफ! बाहर की काली आँगन की तरफ! अब्बू और भाईजान की बातचीत की तरफ! हसीना के हँसते-मुस्कराते चेहरे की तरफ, शुभ और शौकीन की रोज़मर्रा की रूटीन की तरफ!

पता नहीं क्यों, मैंने सबको एक बार फिर, तुम्हारे करीब आने को कहा। उस वक्त तक तुम्हारी साँसों में छन्दपतन शुरू हो चुका था। पहली साँस से दूसरी साँस के बीच, जब अन्तराल बढ़ने लगा; जब तुम्हारी साँस टूट-टूटकर आने लगती और एकदम से दीर्घ हो उठती; जब तुम काफी वक्त ले-लेकर साँस लेने लगीं; इस तरह साँस लेते-लेते, फिर साँस लेना एकबारगी बन्द कर दोगी, जानती हूँ। सभी घरवाले आ पहुँचे। भाईजान जाकर तुम्हारे सिरहाने बैठ गये। नहीं, मैं तुम्हारे बिस्तर पर नहीं बैठी। अब्बू कमरे में, दूर खड़े रहे। कमरे में धीरे-धीरे भीड़ बढ़ने लगी। अब, तुम ज़रूर, मरने में वक्त नहीं लोगी। नहीं, तुमने वाकई वक्त नहीं लिया, माँ! पूरा दिन तो लिया, मगर रात नहीं लिया। रात को तो सभी लोग रात का खाना खाकर, अपने-अपने उजले-धुले बिस्तर पर सोने जाने वाले थे, तुमने उन सबकी रात्रिचर्या में कोई रुकावट नहीं डाली।

भाईजान अचानक चीत्कार कर उठे, 'नसरीन, का होवेगा, री, माँ नहीं रही।'

भाईजान के चीत्कार से मैं ज़रा भी नहीं चौंकी। मैं एकाग्र मन से तुम्हारी उँगलियाँ हिलाती-डुलाती रही। अर्से से तुम्हारे नाखून नहीं काटे गये, मैं देखती रही। उँगलियों में कई दिनों से लोशन नहीं लगाया गया, मैं देखती रही। उसी वक्त सुहृद दवा लेकर कमरे में दाखिल हुआ। आते ही उसने तुम्हें अपनी दोनों बाँहों में जकड़कर रो पड़ा। फ़ख़रुल मामा ने लपककर सुहृद को चुप कराने की कोशिश की। मुझे यह समझ नहीं आ रहा था कि फ़ख़रुल मामा को सुहृद की रुलाई रोकने या उसे चुप कराने की, क्या ज़रूरत थी? तुम्हारा देवशिशु अगर आज नहीं रोयेगा, तो कब रोयेगा? सुहृद के जीवन का सबसे ज़्यादा ऋण तो, तुम्हारे ही प्रति है! वही तुम! आज तुम्हारी मौत पर सुहृद रोयेगा नहीं? किसी को रोना नहीं चाहिए, यह नियम आखिर किसने तैयार किया है? समाज ने या धर्म ने? याद है, फ़ज़ली खाला, किसी की मौत पर आँसू बहाने को मना करती थीं। वे कहा करती थीं—'अल्लाह की चीज़, अल्लाह के पास जा रही है, इसमें दुःख करने की कोई बात नहीं है। अगर रोना ही है, तो खामोश आँखों से, खामोशी से आँसू बहाओ, लेकिन आवाज़ मत करो! आवाज़ करके रोने से, सिर पीट-पीटकर रोने से, अल्लाह बेहद अ-खुशी होते हैं।' लेकिन फ़ख़रुल मामा तो धर्म नहीं मानते। सुहृद के ज़ोर-ज़ोर से रोने से, उन्हें क्यों पीड़ा हुई? या उन्हें यह आशंका हुई थी कि सुहृद रोते-रोते अपने को कोई नुकसान न पहुँचा ले। लेकिन...रोने से आखिर कितना-सा नुकसान होता है? बाकी ज़िन्दगी, यह जो मैं अन्दर-बाहर रोती रहती हूँ, मेरा क्या

नुकसान हो रहा है? इन्सान को रोना पड़ता है। दूसरों के प्रति अपनी और दूसरों की नीचता, निष्ठुरता, वंचकता देखकर, रोना पड़ता है। बिना रोये, इन्सान आखिर इन्सान कैसे बनेगा?

तुमने फिर साँस नहीं ली, माँ! उस वक्त रात दस या साढ़े दस या ऐसा ही कुछ बजा होगा। कमरे की भीड़ जब कम हो गयी, तो मैं तुमसे लिपटकर लेट गयी...लेटी रही। तब तक तुम ठण्डी पड़ चुकी थीं। अब, तुम्हें कोई कष्ट नहीं था। साँस लेने की कोई जिम्मेदारी नहीं थी। तुम बेहद थकी-थकी, लेकिन भारमुक्त नज़र आ रही थीं। मुझे विश्वास नहीं हो रहा था कि अब तुम नहीं जागोगी; अब तुम बात नहीं करोगी या हँसोगी नहीं। तुम्हारा नरम शरीर, अब नरम नहीं रह गया था। लेटे-लेटे मैं शायद सो ही गयी थी, माँ! प्रायः चार महीने का अविराम अवसाद, शरीर में समाया हुआ था। अचानक कोई आहट पाकर, मैं अचकचा गयी। यह क्या? फजली खाला कमरे में दाखिल हुई, कुर्सी पर बैठकर, बिस्तर पर पड़ी बेजान, निस्तब्ध तुम्हारी ओर देखते हुए फफक-फफककर रो पड़ी। मैं एकबारगी चींख उठी। नहीं, चींखने की योजना बनाकर, मैं नहीं चींखी थी। वह चीत्कार मेरे अन्दर से फूटी थी। वह चीत्कार! समूचा घर कँपा देनेवाली चीत्कार! खिड़की के काँच टूटने की तरह झन्न-झन्न की चीत्कार! आकाश-वाताश थरथरा देनेवाली चीत्कार! जो गाली मैं कभी नहीं देती, वह गाली; जो नफरत मैं कभी नहीं उछालती, वही नफरत, मेरे अन्दर से मानो बम की तरह फट पड़ा।

माँ, जिस बहन को तुम प्यार करती थीं, जिस बहन के क़दमों की आहट सुनने के लिए, तुम कान लगाये हुए थीं, तुम्हारी उसी प्रिय बहन पर मैं दहाड़ उठी, 'क्यों आयी हो यहाँ, सूअर की बच्ची? क्या देखने आयी हो? चल, निकल! निकल जा यहाँ से! अभी! इसी वक्त! इसी दम निकल जा! जा, भाग! निकल जा इस घर से! इसी पल! हरामजादी आज आयी है, मरी हुई देह का मज़ा लेने? निकल जा, सूअर की बच्ची!' उस वक्त मैं, मैं नहीं थी, माँ! मैं आपे में नहीं थी। फजली खाला की उपस्थिति मुझसे बर्दाश्त नहीं हुई। मैंने तुमसे मिलने के लिए उन्हें कितना-कितना बुलाया! फजली खाला तुम्हारी सबसे दुलारी बहन थी! सगी बहन बीमार पड़ी है, यह जानते हुए भी, मरण-सेज पर है, यह जानते हुए भी, वह एक दिन भी तुम्हें देखने नहीं आयी। वजह थी—मैं! मैं नास्तिक जो थी! इसलिए जिस घर में कोई नास्तिक मौजूद हो, उस घर में उस जैसी पवित्र आस्तिक कदम भी नहीं रख सकती। मैंने छुटकू के ज़रिये, शराफ मामा के ज़रिये, टूटू मामा के ज़रिये, फेलू मामा के ज़रिये, रूनू खाला के ज़रिये, फजली खाला से सैकड़ों बार अनुरोध किया। मैंने यह भी कहलाया था कि नास्तिक तुम्हारी आँखों के सामने नहीं रहेगी। तुम सिर्फ अपनी बड़ी बू को देख जाओ! आखिरी बार देख जाओ। तुम्हें देखकर, तुम्हारी बड़ी बू को शान्ति मिलेगी। लेकिन, नहीं, फजली खाला नहीं आयी। वह

आयी ज़रूर, लेकिन तुम नहीं जान पायीं कि वह आयी हैं। ऐसे आने की भला क्या ज़रूरत? उनका यूँ आना, तुम्हारी बेजान देह, बर्फ की तरह ठण्डी, सख़्त देह देखने आना, मुझसे बर्दाश्त नहीं हुआ, माँ! मेरा समस्त क्रोध, समस्त अभिमान, दुःख, मेरा शत-शत शोक, उस रात आग बनकर बरस गया। तुम सोयी रहीं! अब, तुम्हें कुछ भी स्पर्श नहीं कर रहा है। तुमने दुनिया की दरिन्दगी तो काफी देखी! जब तुम ज़िन्दा थीं, मेरी निष्ठुरता भी काफी देखी हैं। तुम जीकर भी आराम से मरी रहीं और मैं अबाध निष्ठुरता बरसाती रही! लेकिन आज पहली बार तुम्हारे प्यार में, एक कुत्सित क्रूरता कर बैठी। फजली खाला को मैं माफ़ नहीं कर सकी, माँ! तुम काफी कुछ माफ़ कर सकती हो। वैसे मैंने भी क्या जीवन में कम माफ़ किया है? फजली खाला मेरी चींख-चिल्लाहट सुनकर, बाहर निकल जाने को विवश हो गयी।

इसके बाद तुम्हारी बेजान देह को लेकर कितने ही काण्ड शुरू हो गये। उसी रात, तुम्हें नल पर ले जाकर, गुसल कराया गया और तुम्हें सफेद कपड़े में लपेट दिया गया। कपड़े में खून ज्यों का त्यों लगा रहा। ख़ैर, ठीक है! मैं गुसल की पूत-पवित्रता पर विश्वास भी नहीं करती।

जो लोग यह सोचते हैं कि तुम अब अल्लाह या पैगम्बर के पास जा रही हो, वे लोग शायद ये गुसल, सफेद कपड़ा, सुरमा, इत्र वगैरह पर विश्वास करते हैं। गुसल कराने के लिए जाने कहाँ से तो औरतें किराये पर लायी गयी हैं। हसीना महा-उत्साह से दौड़-धूप कर रही थी। वह कभी भाईजान के पास, कभी अब्बू के पास और कभी नल के इर्द-गिर्द मौजूद लोगों तक दौड़ लगा रही थी। तुम्हें याद है, तुमने एक बार कहा था कि तुम्हारी इच्छा है कि तुम्हारे मरने के बाद, फजली खाला की ननद, जोहरा ही तुम्हें गुसल कराये। तुम्हें जोहरा में सच्चाई और सरलता की झलक मिलती थी। लेकिन, मैंने वह नाम नहीं लिया। जब तुम ज़िन्दा थीं, तभी तुम्हारी कोई इच्छा पूरी नहीं हो सकी। तुम्हारे मरने के बाद, धार्मिक आस्थाओं से प्रसूत इच्छाओं का क्या हुआ, यह जानने का मेरा मन भी नहीं होता। तुम्हारी उस प्राणहीन देह में, तुम नहीं थीं। हसीना, भाईजान, अब्बू—इन लोगों ने तुम्हारे जीवन के बारे में कुछ नहीं सोचा, मृत्यु के बारे में ही सोचते रहे। आधी रात को इतना कुछ कैसे घटता जा रहा था, मालूम नहीं। इन्तज़ाम करने वालों में कौन था, कौन लोग थे, मालूम नहीं। जो कुछ हुआ, मेरी आड़ में ही हुआ। सारा इन्तज़ाम अब्बू कर रहे थे, मैं अन्दाज़ा लगा सकती थी। चारों तरफ अगरबत्तियों की भीनी-भीनी मोहक खुशबू! बाकी अगरबत्तियों का इन्तज़ाम पहले से ही कर रखा गया था। कफ़न भी पहले से ही ख़रीद लिया गया था। लेकिन, मुझे सारी रात, समूचे दिन तुम्हारी दुःसह ज़िन्दगी याद आती रही। घर में मानो उत्सव शुरू हो गया था! आँगन रौशन था। जाने कहाँ से काठ की एक सस्ती-सी या ऐसी ही कोई चीज़ लाकर रखी गयी, सफेद कपड़े में लिपटी तुम्हें, उसमें लिटाकर, बैठक कमरे

में लाकर रखा गया। अब, तुम अब्बू और भाईजान की सम्पत्ति थीं। मेरी कोई नहीं थी। तुम्हारी देह को लेकर, अब क्या किया जायेगा, क्या करना चाहिए, यह सब जानकारी, अब मुझसे नहीं माँगी जा रही थी। जब तुम साँस ले रही थीं, मैं अपने गुनाहों के प्रायश्चित की कोशिश कर रही थी—तुम्हें प्यार करती रही, तुम्हारे पास रही, तुम्हारी तबीयत ठीक करने का कोई उपाय मेरे पास नहीं था। हाँ, तुम्हारा मन खुश करने के लिए, तुम्हारे मन को मामूली-सा सुख देने के लिए, मैं जी-जान से कोशिश करती रही। अब तुम साँस नहीं ले रही हो, इसलिए, अब मेरी छुट्टी! हाँ, माँ, छुट्टी ही तो कहेंगे। तुम्हें बैठक कमरे की फर्श पर लिटाकर, उन लोगों ने क्या टीवी ऑन कर दी थी? याद नहीं! चलायी भी हो, तो मेरे अवाक् होने को कुछ नहीं था। मेरा सब अवाक् होना, सब दुःख पाना, कष्ट पाना, तुम्हारी ही तरह, वहाँ बेजान-निर्जीव पड़ा था! प्राणहीन!

अगली सुबह अजीबोग़रीब काण्ड शुरू हो गये। सब कुछ अब्बू के दिमाग़ की उपज थी।

बाहर किसी रिक्शे पर कोई घोषणा कर रहा था—'डॉक्टर रज़ब अली की शरीके-हयात कल रात साढ़े दस बजे इन्तकाल कर गयीं इन्नालिल्लाहे...राज़ेऊन।' ये दुनिया भर के लोगों को तुम्हारी मौत की ख़बर देने की क्या ज़रूरत है, मेरी समझ में नहीं आया। यह एलान सुनकर, मुझे बेहद परेशानी हो रही थी। तुम्हारा निःशब्द चला जाना, सशब्द प्रचारित हो रहा था। इन्सान अपनी-अपनी ज़िन्दगी में व्यस्त है। वे लोग तुम्हारी मौत की ख़बर जानकर क्या करेंगे? जश्न मनायेंगे या रोने बैठेंगे? आखिर कितने लोग तुम्हें पहचानते हैं भला? तुम तो चिरकाल बुर्का पहनकर ही बाहर निकलती थीं। किसी ने तुम्हारा चेहरा तक नहीं देखा। मुहल्ले में किसी के साथ तुम्हारा सख्य-भाव भी नहीं था। लेकिन, अब्बू के इन सब क्रियाकलापों को रोकने की हिम्मत मुझमें नहीं थी। जैसे ही तुमने आँखें मूँद ली, इस घर में, पल भर में ही अस्पृश्य बन गयी। मैं मूल्यहीन हो उठी। उस वक्त मेरी किसी सलाह या चाहने-न चाहने की कोई क़ीमत नहीं थी।

मैं 'लाश' या 'क़ब' शब्द अपनी जुबान पर नहीं लाती। मैंने यह भी गौर किया है कि 'तुम मर गयी हो'—यह जुमला भी, मैं अपनी जुबान पर नहीं लाती।

मैंने अब्बू से सिर्फ इतना ही कहा, "माँ 'अवकाश' में ही रहेगी। माँ को 'अवकाश' से बाहर न निकाला जाये, 'अवकाश' में ही माँ के हाथों लगाये हुए किसी पेड़ तले, उन्हें रहने दिया जाये।'

अब्बू को लगा, मैं पागलों की तरह प्रलाप कर रही हूँ। अब्बू व्यस्त थे। 'अवकाश' में यह पहली मौत हुई थी। पहली बार कोई मरा था। उनका कितना दायित्व, कितना कर्त्तव्य था। सुनने में आया कि तुम्हें अकुया कब्रगाह में छोड़ आया जायेगा। यह सारा मामला मुझे कैसा अजीब लग रहा था। तुम्हारा मरना,

उन लोगों की दौड़-धूप, माइक पर उनकी घोषणा, कफ़न के लिए उनका कपड़ा ख़रीदना, मिट्टी खोदना, तुम्हें घर से ले जाना, तुम्हें गाड़ देना, तुम्हें फेंक आना, अँधेरे, खड्डे में तुम्हें निपट अकेली छोड़ आना—यह सारा कुछ, चरम निष्ठुरता के अलावा, मुझे और कुछ नहीं लगा, माँ! उन लोगों की तरफ, मेरा देखने को भी मन नहीं करता। मुझे लगता है कि मैं इन इन्सानों को पहचानती ही नहीं। सिर्फ तुम्हें पहचानती थी! सोयी हुई तुम! हालाँकि अब तुम साँस नहीं ले रही हो, आँखें नहीं खोल रही हो, फिर भी मैं तुम्हें ही पहचानती हूँ।

जिस बिस्तर, जिस चादर पर तुम लेटी रहती थीं, उस बिस्तर पर तुम्हारे स्पर्श वाली चादर पर मैं लेटी रहती हूँ। उधर, तुम्हारे शरीर को लेकर उत्सव जारी है। छोटे भइया को फोन करके, अब्बू ने मौत की ख़बर पहले ही दे दी थी। छोटे भइया कह गया था—अगर 'कुछ हुआ' तो उसे ख़बर दे दी जाये। वह 'कुछ' इतने दिनों बाद, आखिर हो ही गया। उस 'कुछ' के लिए छोटे भइया 'अवकाश' में आयेगा, 'कुछ' होने पर, जो-जो करना होता है, वह सब छोटे भइया भी करेगा। यह आडम्बर, यह अभिनय, मुझे बेहद हास्यास्पद लगा। जब तुम होश में थीं, तब जिस छोटे भइया को तुम्हारे पास बैठने, तुम्हें वक्त देने की फुर्सत नहीं मिली, अब तुम बेजान को, ठण्डे पत्थर-सी तुमको, मृत तुम्हें देखने के लिए, छोटे भइया हीरो की तरह 'अवकाश' में दाखिल होगा। वह हीरो है! हीरो लोग हमेशा कहीं, दूर से आते हैं। हीरो कहीं आस-पास नहीं रहते! हीरो की प्रतीक्षा में तुम्हें लिटाये रखा गया। नमाज़े-जनाजा पढ़ाने के लिए सुना, मामा लोग और भाईजान मस्जिद-मस्जिद के इमाम-मौलवियों की तलाश कर रहे हैं। यह जानकारी आम हो चुकी थी कि शहर की किसी भी मस्जिद से कोई इमाम नहीं आयेगा।

भाईजान ने कहा, 'तेरी वजह से! शहर में जितने इमाम हैं, सभी ने एक ही जुमले में, एक ही बात दुहरा दी कि नास्तिक की माँ का नमाज़े-जनाजा, वे नहीं पढ़ेंगे।'

मेरा मन होता था, तुम्हें बर्फ में डुबाये रखूँ। किसी भी दिन अगर इन्सान को ज़िन्दा करने की पद्धति का आविष्कार हुआ, तो मैं तुम्हें ज़िन्दा कर लूँगी। लेकिन मेरी बात भला कौन सुनता? तुम्हारी देह तो वे लोग मुझसे छीन ले गये। तुम्हें बैठक कमरे में लिटा दिया गया! घर का काला फाटक खोल दिया गया है। अब, मुहल्ले के तमाम औरत-मर्द, जिनका भी मन करे, आ-आकर तुम्हें देख जाते थे। जिसका भी जी चाहे, आकर देख जाये। बन्द द्वार, आज सभी के लिए खोल दिये गये थे। मृत्यु भी कोई भी दर्शनीय चीज़ होती है, मुझे पता नहीं था। जब तुम ज़िन्दा थीं, कितने लोग तुम्हें देखने आये? पड़ोसी ज़्यादातर हिन्दू हैं। अब्बू ने घर के सामने ऊँची-सी प्राचीर उठा दी थी, पड़ोसियों से अलग-थलग रहने के लिए!

राह के अनजान-अपरिचित लोगों को ही, घर में घुसकर, किसी निष्प्राण इन्सान को देखने की भला क्या गरज़ पड़ी थी? तुम कोई राजनीतिक हस्ती तो थी नहीं। तुम तो बुर्कापोश कोई औरत थीं। आज तुम्हारा चेहरा अनावृत्त कर दिया गया था। आज, तुम्हें बुर्के की ज़रूरत नहीं थी। जब तक तुम ज़िन्दा थीं, तुम्हें ढँककर रखा गया, छिपाकर रखा गया। जैसे ही तुम मरीं, तुम्हें सारे बन्धनों से मुक्त कर दिया गया! मरकर तुम्हारी मुक्ति हो गयी। बिना मरे तुम्हारी शायद मुक्ति नहीं थी। किसी भी औरत की मुक्ति होती है भला? मुझे घर के अन्दर की तैयारियाँ भली नहीं लग रही थीं। हसीना को कोई बता गया कि घर में जिस दिन किसी की मौत हो जाती है, उस दिन घर में चूल्हा नहीं जलता, ख़ाना नहीं पकाया जाता। चूल्हा जलाकर खाना पकाना भी मानो कोई उत्सव हो! पिकनिक-सा आनन्द! मुझे ठीक-ठीक नहीं पता कि बाहर से किसने खाना भेजा था। बहरहाल, मैंने खाना नहीं खाया। मेरा खाने का मन नहीं हुआ। मैं आँगन के पिछवाड़े चहलकदमी करती रही। तुम्हारे हाथ रोपे हुए फल-फूलों के पेड़ निहारती रही! फलों के पेड़ों में फल लगे हुए थे; फूलों के पेड़ फूलों से भरे-भरे थे। तुम्हें 'अवकाश' के सभी कुछ से किस क़दर प्यार था और इसी घर में तुम नहीं रह पायीं। तुम्हें रहने नहीं दिया गया। सारे अधिकार, हसीना के हाथों में सौंपकर, अब्बू ने तुम्हें अवांछित घोषित कर दिया था। उसके बाद भी तुम इस घर में अनाहूत-सी आती रहीं! सबसे दुर्व्यवहार के आघात झेलती रहीं; रो लेतीं। इसके बावजूद तुम्हारी माया नहीं कटी। ये पेड़-पौधे ही तुम्हारे अपने थे। तुम पेड़ों में पानी देतीं, खाद डालतीं। पेड़ों से ही मन ही मन बातें करतीं। मैं उन पेड़ों के करीब जाकर रोती रही, ताकि और कोई न देखे। मुझे बेहद रुलाई छूटी, माँ! तुम्हारे लिए तो, तुम्हारी बीमारी पकड़ में आने के बाद से ही रोती रही हूँ। पहले कभी नहीं रोयी। पहले तुम अकेले ही रोती थीं और बीमारी के बाद, तुम ज़रा भी नहीं रोयीं। मानो तुम्हारी जितनी सेहतमन्द और कोई नहीं है। एक तरफ तुम स्वस्थ इन्सान होने का नाटक करती रहीं, दूसरी तरफ अकेले ही अपने से जंग करती रहीं। जंग में तो तुम हार गयीं। तुम हारी हो या हम लोग हार गये, माँ? कभी-कभी मुझे लगता है, माँ, कि तुमने मुझे और अब्बू को चरम मात दी है। जो आशंका हम अपनी डॉक्टरी विद्या के दम पर भी नहीं कर पाये, वह आशंका, बिना किसी डॉक्टरी विद्या के, तुमने आसानी से कर ली। हमारी किसी मदद के बिना ही, तुमने बता दिया कि तुम्हें कोई बड़ा और गम्भीर रोग हुआ है। तुमने हमारे सिर्फ ज्ञान को ही नहीं हराया, हमारी इन्सानियत को भी हरा दिया। हम जैसे निर्मम-निष्ठुर इन्सान तुम्हारी महत्ता के आगे हार गये। ये चारों तरफ के इन्सान कितने भयंकर स्वार्थी हैं। इन सबने कहा है कि तुम्हें इस घर से बाहर ले जाया जायेगा। उस बैठक-कमरे में तुम्हें घेरकर सर्कस चल रहा था। मुझे सर्कस से बेहद चिढ़ है, माँ! तुम खटिया पर लेटी हुई हो, फिर भी तुम 'ना' हो

गयी हो। उस 'ना-तुम' की ओर देखने का मेरा मन नहीं था, माँ! लेकिन, जाने कौन लोग तो मुझे खींचकर उस कमरे में ले गये, तुम्हारे पास! तुम्हारे आखिरी दर्शनों के लिए! शायद बड़े मामा ही खींच ले गये थे! मैं सिर्फ घुटने टेककर बैठ गयी और तुम्हारे चेहरे, गाल, मुँदी हुई पलकों, माथे पर; मैंने हौले-हौले हाथ फेरा! तुम्हारा बर्फ-सा चेहरा पत्थर हो चुका था। मेरी आँखों में आँसू उमड़ आये, मैंने यथासम्भव छिपा लिया। बड़े मामा बगल में खड़े-खड़े फफक-फफककर रो पड़े। उन्होंने रोते-रोते ही अपनी ज़ेब से रूमाल निकाला। मुझे दिखाकर उन्होंने कहा कि यह रूमाल तुमने ही उन्हें दिया था। उस रूमाल से बड़े मामा ने अपने आँसू पोंछे। तुम्हारे ही दिये हुए रूमाल से, उन्होंने अपने आँसू पोंछ लिये, माँ! अब तुम उन्हें 'मियाँ भाई' कहकर नहीं बुलाओगी। लो, अचानक कौन लोग तो तुम्हें उठाकर ले गये। शायद मामा लोग! मैं हतवाक्-सी दरवाज़े पर खड़ी रही। इस 'अवकाश' में, इस घर में, अब तुम नहीं लौटोगी, माँ! अब तुम कभी थोड़े-से दूध, दो केले और एक अण्डे की फर्माइश नहीं करोगी। अपने टूटते हुए स्वास्थ्य के लिए, अब्बू से अब तुम कोई विनती, कोई माँग नहीं करोगी। अब, तुम भाईजान से भी तुम्हें कोई डॉक्टर दिखाने की फर्माइश नहीं करोगी या उनकी गाड़ी में चढ़ने देने का आग्रह नहीं करोगी। अपनी फटी रजाई और तबाह-हाल बिस्तर बदलने के लिए, अब तुम कभी, किसी से अनुरोध नहीं करोगी। अपनी टूटी खटिया की मरम्मत कराने के लिए भी, किसी से नहीं कहोगी। अब डाब बेचने के लिए यहाँ आकर, तुम्हें यह नहीं देखना पड़ेगा कि वे डाब हसीना ने पहले ही बेच डाले हैं। अब तुम्हें मच्छरों के दंश सहते हुए, बाहर बरामदे में, फर्श पर रात नहीं गुज़ारनी होगी। अब, कभी, इस 'अवकाश' से बार-बार अपमानित होते-होते, दुत्कार सहते-सहते, तुम्हें आँसू भरी आँखों के साथ विदा नहीं लेनी होगी। तुम सबको मुक्ति दे गयीं। अब सभी लोग सुख-शान्ति से जीयें! सभी लोग अब, हँसी-खुशी-आनन्द के साथ, जीवन के गीत गाते रहें।

'अवकाश' देखकर, किसी को अन्दाज़ा नहीं लगा सकता कि इस घर से, आज 'माँ' नामक कोई प्राणी चली गयी है। यह चले जाने का मतलब है, अब कभी लौटकर न आना!

शाम को यथारीति किसी ने टेलीविजन 'ऑन' कर दिया गया। कोई नाच-गाने का कार्यक्रम चल रहा था। नाटक दिखाया जा रहा था। बड़े मामा अपनी बेटी को साथ लाये थे। मैंने उससे रुक जाने को कहा। फख़रुल मामा भी उस दिन, यहीं रुक गये। नानी भी यहीं ठहर गयीं। वे शायद मेरे लिए ही रुकी रहीं। सभी लोगों ने कहा कि अगर मैं न होती, तो माँ की बड़ी दुर्दशा होती। चूँकि मैं यहाँ मौजूद थी, इसलिए ज़िन्दगी के आखिरी कुछ दिन तुम्हें सेवा मिली। लेकिन, मैं तो जानती हूँ, इन सब सेवाओं का कोई मोल नहीं होता। सच्ची सेवा तो तब होती,

जब मैं ठीक वक्त से तुम्हारा इलाज करा पाती। जब असाध्य रोग ने तुम्हारे शरीर में घर बना ही लिया, तब जो सेवा मैंने की, उस सेवा की क्या सार्थकता थी, बताओ? अपनी आँखों के सामने तुम्हें सिर्फ मरते हुए देखते रहने के अलावा, और कुछ भी तो नहीं कर पायी! नहीं, माँ, मैंने तुमसे कभी माफ़ी नहीं माँगी! माफ़ी किसी दिन मैं माँगूँगी भी नहीं। सुनो, तुम मुझे कभी माफ़ मत करना। अब्बू ने कभी तुम्हारा इलाज नहीं किया, कभी तुम्हें प्यार भी नहीं किया। लेकिन, मैं तो तुम्हारी सगी बेटी थी न, माँ, मुझे तुम बे-हद प्यार करती थीं। मैंने हज़ारों इन्सानों का इलाज किया! अस्पताल में रात जाग-जागकर, मुश्किल से मुश्किल रोगों का इलाज करके, मैंने कितने ही बीमार लोगों को स्वस्थ कर दिया है। मैंने तुम्हें स्वस्थ क्यों नहीं किया, माँ? तुम जो रक्तस्राव की शिकायतें करती थीं, तुम्हारी जगह, अगर कोई दूसरा करता, तो उसकी तो मैं उपेक्षा नहीं करती। लोगों के सैकड़ों तरह के जाँच-परीक्षण कराती रही, सिर्फ तुम्हारी ही नहीं करायी। तुम्हारी तरफ ध्यान ही नहीं दिया। तुम बाकी सबको भले माफ़ कर देना, लेकिन मुझे कभी माफ़ मत करना, माँ!

अगले दिन, 'अवकाश' में मुन्नी आ पहुँची। मुझसे काफी देर तक बतियाती रही। वह कहती रही कि उसे ज़िन्दगी भर ही माँ की याद आती रहेगी। माँ को कभी भी भुलाया नहीं जा सकता। मुन्नी ने सच कहा था, माँ! देखो न, आज दस साल गुज़र गये, तुम नहीं हो, लेकिन कभी एक दिन भी मैं तुम्हें भुला नहीं पायी। इस वक्त भी, देखो न, तुम्हें ख़त लिखते हुए, अपने आँखों के आँसू रोक नहीं पा रही हूँ। इन्सान के कष्ट में कष्ट पाना, अपने को उजाड़ कर देना, देते जाना, खुद को निःस्व कर देना—तुम्हारा यह जीवनबोध, अपने बाकी जीवन में, अवचेतन में ही, मैं अभ्यास करती रहूँगी, मैं जानती हूँ। मैं भरपूर गर्व से कहती हूँ—तुम्हारे बोध का उत्तराधिकार मेरा है!

सुना है, तुम्हें अकुआ कब्रिस्तान में दफनाया गया है। सुना है, तुम्हारा जनाजा पहुँचा! नमाज़े-जनाजा, अन्त में फजली खाला के बेटे, मुहम्मद ने पढ़ी। जो मुहम्मद, जब तुम्हें देखने आया था, तो उसने पीर की तरह, तुम्हें, तुम्हारी बेटी के खिलाफ़ ढेरों बातें कही थी—तुम्हारी बेटी किस तरह दोज़ख़ की आग में जलेगी; उससे रिश्ता रखा, तो तुम भी दोज़ख़ की आग में जलोगी। ये तमाम भयावह बातें, सुर में गा-गाकर वह तुम्हें बता गया था। वह सब सुनकर तुम बेतरह दुःखी हुई थीं। धर्म की निष्ठुरता देख-देखकर, मुझे पक्का विश्वास है कि तुमने भी धर्म में अपनी आस्था खो दी थी। तुम जैसी प्राणी, जिसके मन में प्यार, दया, करुणा, स्नेह, और श्रद्धा कूट-कूटकर भरी हुई हो, वह इतनी निष्ठुरता कैसे क़बूल कर सकती है? मुहम्मद जब चला गया, तो मैं तुम्हारे पास दौड़ी आयी थी। मुझे उम्मीद थी कि तुम्हारे चेहरे पर तृप्ति की मुस्कान देखूँगी। पीर अमीरुल्लाह के इन्तकाल

के बाद, अमीरुल्लाह के एकमात्र पुत्र की भी मौत के बाद, उसका बेटा, मुहम्मद, अब पीर-कोठी का नया पीर बन गया था। उस पीर की नसीहत पाकर, तुम्हें तो खुश होना चाहिए था, लेकिन तुमने पीड़ा के लहजे में कहा—'आजकल के बच्चे बिल्कुल अनाड़ी होते हैं! उन्हें कुछ भी आता-जाता नहीं।'

चलो, मान लिया कि मैंने ज़िन्दगी भर तुम्हारे साथ अन्याय किया, ग़लत बर्ताव किया। मगर तुम्हारे आखिरी दिनों में, तुम्हें कुछ तो चैन दिया। अब्बू ने भी यही किया, मगर जब तुम 'अवकाश' छोड़कर, हमेशा-हमेशा के लिए चली गयीं, बाहर, मैदान में लम्बा-चौड़ा शामियाना लगाकर, मिलाद वगैरह पढ़ा गया। भोज का लम्बा-चौड़ा आयोजन हुआ! भिखारियों को भी खाना खिलाया गया। सारा ख़र्च अब्बू ने ही किया। उनके जैसे वज्र-नास्तिक द्वारा धार्मिक अनुष्ठान के आयोजन की वजह, क्या मैं नहीं जानती? अब्बू ने जैसे-जैसे, जो-जो कहा, भाईजान ने सब किया।

कभी मैं भी भाईजान को जो-जो हुक्म देती थी, भाईजान उनका पालन करते थे। एक दिन मैंने उन्हें हुक्म दिया कि वे माँ को हँसी के ढेर-ढेर कहानी-किस्से सुनायें। भाईजान शुरू हो गये। तुम ढेर-ढेर हँसी, मैं भी हँसती रही। हँसते-हँसते, तुम्हारी निर्मल हँसी निहारते-निहारते, मेरी आँखों में आँसू आ गये। मैंने इस अन्दाज़ से आँसू पोंछ लिये, मानो अपनी ही हँसीं के मारे, मेरी आँखों में आँसू छलक आये हों। मेरी फर्माइशें, भाईजान सिर्फ ढाका में ही नहीं, मयमनसिंह में भी बजा लाते थे। भाईजान को ही भेज-भेजकर मैं चटाई, ये-वो चीज़ें मँगाती रहती थी। उन्हीं के ज़रिये गुलकीबाड़ी के पीर और मुरीदों के लिए प्रेस-क्लब की बिरियानी भेजती थी। उन्हीं के हाथों ऑक्सीजन सिलेंडर, सेलाइन, दवा वगैरह भी मँगाती थी। छोटे भइया से ये सारे काम कराना, कतई सम्भव नहीं होता। वह तो उड़कर आया, तुम पर मिट्टी डालने के लिए, नमाज़े-जनाजा पढ़ने के लिए! उस दिन उसकी छुट्टी थी। यहाँ तक कि उसने 'अवकाश' में भी पूरे दो दिन आराम से गुज़ार दिये। जब तुम ज़िन्दा थीं, तब उसे इतनी फुर्सत कभी नहीं मिली। आज, जब मैं तुम्हारी कब्र के सिरहाने, संगमरमर का एक क़तबा और हरसिंगार फूलों का पौधा लगाने की तैयारी कर रही थी, तो मेरी इतनी अतिशयता छोटे भइया को बिल्कुल पसन्द नहीं आयी। खासकर उसे तब बुरा लगा, जब मैंने शराफ मामा को स्वदेशी बाज़ार भेजकर, सचमुच ही तुम्हारे लिए क़तबा लिखवाकर मँगा लिया। क़तबे पर लिखा हुआ था—'यहाँ वह दुःखवती नारी सोयी हुई है, जिसका समूचा जीवन अनाहार, उपेक्षा, अनादर, अपमान में गुज़रा—बेग़म ईदुलआरा! उम्र : साठ साल।'

शराफ मामा लिखा तो लाये, मगर सबसे ऊपर अरबी में भी कुछ और भी जोड़ दिया था। वह क्या था? जवाब मिला—कब्र के फरिश्ते को सलाम लिखा है! यह ज़रूर लिखना होता है। सभी क़तबे में लिखा होता है। शराफ मामा की यह

करतूत, संगत कारण से मुझे भली नहीं लगी। बड़े मामा को भी नहीं लगी।

बड़े मामा ने शराफ मामा से कहा, 'इन सबका कोई मतलब नहीं होता। तुझे जो लिखकर दिया था, वही लिखा लाना था। यह तो भरोसा तोड़ने का काम हुआ।' यानी शराफ मामा का अपना विश्वास उस क़तबे पर लाद दिया गया था। छोटे भइया का वक्तव्य था कि मैं घरवालों का सिर नीचा करना चाहती हूँ। माँ अनाहार में नहीं थी, उसकी उपेक्षा भी किसी ने नहीं की। माँ ने समूची ज़िन्दगी काफी सुख में गुज़ारी थी। मैंने इतना बड़ा झूठ क्यों लिखा! यह क़तबा, कब्र पर नहीं जड़ा जायेगा।

मैंने कहा, 'जड़ा जायेगा! मैं जड़ूँगी।'

बहरहाल, छोटे भइया के प्रचण्ड विरोध के बावजूद, मैंने टूटू मामा, शराफ मामा और छटकू की मदद से यह काम कर डाला। उस क़तबे को ही स्तम्भ बनाकर जड़ दिया गया। थोड़ी-सी ही सही, मैंने राहत महसूस की! बड़े मामा, क़तबे पर साठ साल उम्र देखकर अचकचा गये। उनके मुताबिक मैंने उनकी उम्र तीन साल बढ़ा दी थी। उस समय तक बड़े मामा ने ही साठ साल पूरे नहीं किये थे। बड़े मामा ने अपने और तुम्हारे जन्म के पुराने कागजात निकालकर दिखाये। अभी तम्हारी उम्र कुल सत्तावन साल हुई थी। मैंने मामा लोगों से कहा कि वे संगमरमर पर लिखने वाले किसी आदमी को बुलाकर, साठ साल को सत्तावन साल करा दें। पता नहीं, उन्होंने सुधार किया या नहीं! पता नहीं, तुम्हारे सिरहाने लगाये हुए हरसिंगार में अब फूल आने लगे हैं या नहीं! कब्र में किसी की कोई दिलचस्पी नहीं थी। तुम वहाँ नहीं हो, माँ! उस माटी के नीचे जाने कब ही तुम्हारी ठण्डी देह सड़-गल गयी होगी! तुम्हारा हाथ-पैर-चेहरा, तुम्हारे पाँव की उँगलियाँ, जन्म से जाना-पहचाना तुम्हारा शरीर, अब, लाख कोशिश करूँ, तो भी मैं देख नहीं पाऊँगी! तुम अब, कहीं नहीं हो, माँ! विश्व-ब्रह्माण्ड में कहीं भी नहीं! क़तबा, हरसिंगार का पेड़, सब कुछ मेरे लिए है। मेरी शान्ति के लिए है। मेरे प्रायश्चित के लिए है।

दो दिनों बाद, मैं नानी के घर गयी थी। नानी के साथ, बिस्तर पर लेटे-लेटे, मैं तुम्हारे बारे में बातें करती रही। नानी लगातार रोती रही।

नानी रोते-रोते एक ही जुमला रटती रही, 'ईदुल तो अब रही नहीं, मोका देखने वाला कोऊ नाहीं है।' नानी के यहाँ सभी लोगों ने मुझे बेहद प्यार दिया। उन लोगों ने इसलिए इतना प्यार दिया क्योंकि मैंने निरन्तर तुम्हें संग दिया। जो सेवा सभी के लिए अकल्पनीय थी, मैंने वह सेवा की। किसी-किसी ने कहा कि तुम बेहद खुशनसीब थीं। तुम्हें मेरी सेवा मिली।

जब मैं यह सब सुनती हूँ, तो मेरे अन्दर का अपराध-बोध और बढ़ जाता है। अन्य कोई भले न जाने, मैं तो जानती हूँ कि वह सेवा अर्थहीन थी।

नानी के घर से मैं तुम्हारी लिखावट में, अरबी व्याकरण की बड़ी-बड़ी कॉपियाँ उठा लायी। 'अवकाश' में नये रंग-रोगन की हुई, तुम्हारी अलमारी में मैंने तुम्हारा सारा सामान, सहेजकर रख दिया—तुम्हारी किताब-कॉपियाँ, तुम्हारे कपड़े-लत्ते, तुम्हारे इस्तेमाल की अन्य चीज़ें! तुम्हारे लिखे हुए ख़त वगैरह! चिरकुट! कट्टरवादियों के खिलाफ लिखी गयी, पत्रिकाओं में भेजी गयी चिट्ठियों की रूपरेखा! तुम ख़त लिखा करती थीं, मेरी माँ की हैसियत से नहीं, पाठिका के तौर पर! तुम सचेतन इन्सान के तौर पर लिखती थीं कि जो लोग तसलीमा की फाँसी चाहते हैं, वे लोग इस्लाम के बारे में कुछ नहीं जानते। ऐसे लोग मुसलमान के नाम पर कलंक हैं। एक संवेदनशील, ईमानदार, सच्ची लेखिका को आज लाचार होकर देश छोड़ना पड़ा है। देश के अन्दर इस्लाम के नाम पर जो असहिष्णु मुल्लातन्त्र हावी हो उठे हैं, वे ही लोग इस्लाम को सबसे अधिक नुकसान पहुँचा रहे हैं। इस्लाम को तसलीमा ने विपन्न नहीं किया, मुल्लातन्त्र ने किया है। सरकार से मेरी माँग है कि तसलीमा को स्वदेश वापस लौटा लायें। तसलीमा को उसकी माँ की गोद में लौटा दें।—ये सब पढ़कर मेरी आँखें बार-बार भीगती रहीं। क्या किसी ने भी मुझे यूँ प्यार किया है? दुनिया में किसी ने भी? तुम्हारे अलावा मेरा और कोई नहीं था, माँ! यह बात मुझे कभी पता नहीं चली कि तुम्हारे अलावा, मुझे प्यार करने वाला कोई नहीं था। सब कुछ किस क़दर खाली-खाली लग रहा था मुझे! यह दुनिया-जहान किस क़दर सूनी-सूनी लग रही थी। चारों तरफ कैसा तो अँधेरा-अँधेरा लगता रहा था। मैं तुम्हें कैसे समझाऊँ? अँधेरा तो अब भी लगता है, माँ, आज भी! मैं अपने सूनेपन के ख़्याल से नहीं रोती। जब भी रोती हूँ, मुझे यह सोच-सोचकर रुलाई आती है कि ज़िन्दगी में कितने कष्ट उठाये हैं तुमने! तुम्हारा कष्ट कम करने के, जाने कितने ही मौके मिले मुझे। लेकिन मैंने कम नहीं किया। मैं उस दर्द से रोती हूँ, माँ!

माँ, जब तुम 'अवकाश' से चली गयीं, तब इलू की माँ आयी थीं। इसी इलू की माँ की तलाश में मैंने शहर के चप्पे-चप्पे में आदमी भेजा था। उस वक्त, वह कहीं नहीं मिली। आस-पास जितने भी घर-मकान थे, मैंने वहाँ सिर्फ इलू की माँ की ही नहीं, अनु की माँ की भी खोज करायी थी। तुमने बताया था कि अनु की माँ, नदी किनारे, किसी बस्ती में रहती है। जाने कितने ही लोगों को मैंने उसकी तलाश में, उस बस्ती में भेजा था। काफी तलाश के बाद भी उसका अता-पता नहीं मिला। वे लोग तो यूँ ही, तुमसे मिलने के लिए, 'अवकाश' चली आयी थीं। यहाँ आकर उन्हें पता चला कि अब तुम नहीं हो। इलू की माँ और अनु की माँ, तुम्हारे लिए आकुल-व्याकुल होकर रोयीं। नहीं, वह लोक-दिखावे की रुलाई नहीं थी, सच्ची रुलाई थी। तुम्हारे बहुतेरे रिश्तेदारों की आँखों में मैंने वैसे आँसू नहीं देखे, जो मैंने उन दीन-दरिद्र आँखों में देखे थे। वे लोग ही सचमुच, तुम्हारी अपनी थीं, माँ! शायद वे लोग ही तुम्हें समझती थीं। तुम खुद भी दरिद्र थीं, शायद इसीलिए।

हाँ, माँ, तुम ही मुझे स्वदेश लौटा लायी थीं। अन्य किसी के भी द्वारा यह सम्भव नहीं हुआ। एकमात्र तुम ही यह कर पायीं। लेकिन, तुम यह नहीं जानतीं कि बहुत जल्दी ही मुझे देश फिर छोड़ देना पड़ा। तुम तो यह जानती हो कि अभी भी मैं देश में ही हूँ। तुम्हें तो बस, इतना ही पता था। तुम जी-जान से मुझे अगोरती रहीं, ताकि किसी का भी स्वार्थ मुझे छू न पाये। नहीं, माँ, देश में रहना मेरे लिए सम्भव नहीं हुआ। मेरी सुरक्षा के लिए, सरकार की तरफ से जो सुरक्षा-कर्मी दिये गये थे, उन लोगों को धकियाकर, कोई भी मेरी हत्या कर सकता था। मयमनसिंह के बरामदे वाले कमरे में पड़े सोफे पर, वे लोग सोते रहते थे। उनकी लम्बी-लम्बी राइफल, उनके पैरों के पास पड़ी रहती थी। कोई भी आकर, उनकी राइफल झपटकर दौड़ जाता, वे समझ भी नहीं पाते। मुझे नहीं लगता कि उन्हें ठीक-ठीक जानकारी थी कि वे इस घर में किसलिए तैनात किये गये हैं। अब्बू उन लोगों की खूब खातिर करते थे, उन्हें चाय-नाश्ता देते थे। अब, जब मैं ढाका जाऊँगी, किसी पुलिस को साथ जाने का नियम नहीं है। मयमनसिंह में अब मेरा तो कोई काम नहीं है। तुम अब नहीं हो। 'अवकाश' में जो कमरा मेरा था, अब वह शुभ का कमरा बन चुका है। यास्मीन का कमरा, अब शौकीन का है। मुमकिन है, अब्बू के कमरे में रहा जा सकता था। लेकिन कितने दिन? 'अवकाश' की सर्वमय मालकिन, अब, हसीना है। अब्बू ने पूरी गृहस्थी हसीना के हाथों में सौंप दी है। इस गृहस्थी में नितान्त ही क्षणिक अतिथि हूँ। यहाँ मेरा कुछ भी नहीं है। इस घर में तुम्हारी तरह, मैं भी एक अतिरिक्त जन हूँ। एक दिन मैंने एक बड़ी गाड़ी किराये पर ली और मामा लोग, भाईजान और अब्बू को लेकर ढाका चली आयी। टूटू मामा अपने साथ लोहे की छड़ वगैरह, उनकी भाषा में हरबा-हथियार लेकर चले थे, जो गाड़ी के पाँवदान पर, काले कपड़े से ढँककर रखा गया था। मेरे सुरक्षा-कर्मी का काम उन लोगों ने ही किया। इससे थोड़ा-बहुत सुरक्षा का अहसास ज़रूर हुआ, बाकी सिर्फ राहत! अपने लोगों का सतेज समर्थन, मुझे हमेशा ही राहत देता है। मामा लोगों ने ही मुझे ज़्यादा नजदीकी माना। जो शराफ मामा, जब मलेशिया से लौटे थे, तब तुमने एक रात के लिए मेरे घर में आश्रय दिया था और इस बात को लेकर मैंने कितनी कड़वी-कसैली बातें नहीं सुनायी थी, उसी शराफ मामा को मैंने तुम्हारे सामने बिठाकर, बड़े जतन से खाना खिलाया। मैंने अपने उस पाप का प्रायश्चित किया था, माँ! तुम्हें दुःख पहुँचाने का प्रायश्चित! तुम जो अपने प्यारे माँ-बाप, भाई-बहनों से भी ज़्यादा मुझे प्यार करती थीं, यह बात मेरी समझ में तब आयी, जब तुम किसी को भी मेरे आस-पास भी भिड़ने नहीं देती थीं। यहाँ तक कि नानी और झूनू खाला को भी नहीं। वे लोग तो तुम्हारी नितान्त अपनी थीं। तुम्हें लगता था कि वे लोग अपने निजी स्वार्थवश, मुझसे रुपये-पैसे ऐंठने के लिए, तुमसे मिलने आते हैं और चूँकि मैं बेहद संवेदनशील हूँ, मैं उनको

अपना सब कुछ उजाड़कर दे डालूँगी। नहीं, माँ, तुम यह आशंका न भी करतीं, तो भी चलता। तुम्हारी माँ-बहन, कोई भी स्वार्थ में इतनी अन्धी नहीं हैं, जितना तुम्हारा अपना कोख-जाया पुत्र-धन कमाल, मेरा छोटा भाई है! तुम्हारी माँ, बहन ने मुझसे कुछ नहीं माँगा।

मैं स्वदेश लौट आयी थी, माँ! तुम ही मुझे लौटा लायी थीं। मैं भी देश में ही रहना चाहती थी। लेकिन तुम नहीं जानतीं, एक दिन कैसा भीषण काण्ड घट गया। गनीमत है कि तुमने वह घटना, अपनी आँखों से नहीं देखी। दूसरी बार, मेरा देश छोड़ना, तुम्हें देखना नहीं पड़ा, यह एक तरह से अच्छा ही हुआ। कवि शमसुर रहमान के घर में जाने किसने या कौन लोगों ने रात के अँधेरे में घुसकर, अचानक कुल्हाड़ी वगैरह के साथ हमला बोल दिया। उनकी हत्या की मंशा थी। वे बाल-बाल बच गये। पुलिस ने उन आततायियों को गिरफ़्तार करके, जेल में बन्द कर दिया और छानबीन के बाद, उन्हें जो जानकारी मिली, तुम वह सुनकर चौंक जाओगी। वे आततायी, हरकतउल जिहाद नामक किसी धार्मिक संगठन के लोग थे। इस नया 'इस्लाम बचाओ' गिरोह ने नब्बे के दशक के शुरू-शुरू में सिर उठाया था। हूजी के इन संत्रासवादियों की पेट की ख़बर, पुलिस ने निकाला है और उन लोगों की ज़ेब में जो कागज मिला जिसमें उन लोगों के नाम दर्ज़ थे, जिनकी हत्या का आदेश, उनके नेताओं ने दिये थे। वे लोग थे–

1. तसलीमा नसरीन, 2. शमसुर रहमान, 3. कबीर चौधरी, 4. इस्लामिक फाउण्डेशन का एक व्यक्ति, मौलाना अब्दुल आवाल। तुम यह सवाल पूछ सकती हो कि हमारे नामों के साथ, यह मौलाना क्यों? हो ही सकता है। इस मौलाना के साथ, हूजी के इस्लामपंथियों का मत-विरोध जो है। इसीलिए उनका भी नाम, हत्या की लिस्ट में दर्ज़ था। मेरा नाम पहले नम्बर पर था। अख़बारों में यह सबसे बड़ी ख़बर थी। सच बताऊँ, माँ, मैं डर गयी। अगर हूजी के उग्रवादी, मेरे घर पर चढ़ आयें और मुझे मार डालें, तो उन्हें कौन रोकेगा? मेरे घर या दरवाज़े के सामने तो कोई पुलिस भी नहीं है। वैसे, अगर होती भी, तो क्या कर लेती? घर के अन्दर कोई भी घुस सकता था। पुलिस किसी को भी नहीं रोकती। वे लोग तो ठीक तरह यह भी नहीं जानते कि उन्हें यहाँ किस वजह से तैनात किया गया था।

जब यहाँ पुलिस मौजूद थी और आराम से सो रही थी। मैंने उन्हें नींद से जगाकर पूछा, 'आप लोग यहाँ क्यों बैठे हैं?'

उन लोगों ने सरल लहजे में जवाब दिया, 'थाने से भेजा है, इसलिए–'

'मगर क्यों भेजा है?' मैंने फिर सवाल किया। उन लोगों ने सिर हिला दिया कि वे लोग कुछ नहीं जानते।

'जो लोग इस घर में घुसने की कोशिश करें, उनकी तलाशी वगैरह लेने का कोई हुक्म दिया है?'

भलेमानस दिखने वाले, उन दोनों पुलिस-कर्मी ने मेरी तरफ फटी-फटी आँखों से देखते हुए कहा, 'ना—'

मैंने अपना नाम बताया और पूछा, 'इस नाम की किसी महिला के बारे में क्या तुम लोगों ने सुना है?'

उन लोगों ने दुबारा 'ना' में सिर हिला दिया।

मेरे सिर पर आतंक, ऐसे नाछोड़बन्दे की तरह सवार हो गया कि मैंने कबीर चौधरी को फोन करके पूछा कि मैं क्या उनके घर चली आऊँ? अपने घर में मैं बिल्कुल ही निश्चिन्त नहीं हो पा रही थी। कबीर चौधरी के घर में पुलिस का पहरा बिठा दिया गया था। इधर दूतावास से मुझे बार-बार कहा जा रहा था, मुझे अभी ही देश छोड़कर चले जाना होगा, क्योंकि यह ख़बर उन तक भी पहुँच चुकी थी कि मेरी हत्या की योजना बनायी जा चुकी है।

फ्रांस के राजदूत खुद आकर मुझे हिदायत दे गये कि मुझे देश छोड़कर जाना ही होगा। वे मुझे एक आमन्त्रण-पत्र भी थमा गये। वह आमन्त्रण फ्रांस के नेशनल एसेम्बली से आया था, जिस सन्दर्भ में मुझे पहले से ही तकाजे पर तकाजे आ रहे थे! इस बीच मेरे खिलाफ एक नया मामला ठोंक दिया गया! जुर्म! 'निर्वाचित कलाम' लिखा था मैंने! मेरे खिलाफ गिरफ़्तारी का परवाना जारी कर दिया गया। वही धारा 295 ए का मामला! लोगों की धार्मिक भावना को मैंने ठेस पहुँचायी है। किसी गणतान्त्रिक देश में, मत-प्रकाश के खिलाफ, ऐसा क़ानून कैसे हो सकता है, मुझे नहीं पता। जमानत पाने के लिए, मुझे दुबारा कोर्ट में जाना पड़ा। फिर उसी ढंग से धक्के खाती हुई, ज़िन्दगी को प्रचण्ड जोखिम में डालकर, बेतहाशा दौड़ते हुए, पिछले दरवाज़े से, गाड़ी में आ बैठी। मीडिया और मौलवी लोगों से बचते-बचाते, किसी तरह निकल आयी। मेरे किताब लिखने के विरुद्ध, कई कट्टरवादियों ने मुझ पर मुकदमा ठोंका था। लेकिन खालिदा सरकार द्वारा दायर किये गये मामले के अलावा, और किसी मामले में वारंट जारी नहीं किया गया था। उस क़ानून के सहारे जब मुकदमा ठोंके गये, तो एक अजीब बात हुई। सरकारी अनुमति के बिना इस तरह का मामला ठोंकने का हक़, किसी को भी नहीं था। शेख हसीना से अनुमति लेकर ही यह मुकदमे दायर किया गया था। प्रधानमन्त्री मुझे देश में रहने नहीं देंगी। मुझे समझ में नहीं आता कि सत्ता में आते ही, ये लोग यह क्यों समझ लेते हैं कि देश उनकी निजी जायदाद है। देखो, माँ, लोग-बाग़ खालिदा जिया के शासन और शोषण से तंग आकर, शेख हसीना को चाहते थे। हसीना और खालिदा में आखिर क्या फ़र्क़ है? उन दोनों में आपसी मत-विरोध हो सकता है, दोनों एक-दूसरे की आँखों को ज़हर लग सकती थीं, एक दूसरे से हर पल झोंटा-झोंटौवल कर सकती थीं, किसी भी मामले में, ज़रा-सा उन्नीस-बीस होते ही, दोनों उछलकर एक-दूसरे का गला दबा सकती थीं, लेकिन

मेरे मामले में दोनों शत-प्रतिशत एकमत थीं। मुझे मार-काटकर, पूरी तरह मेरा सर्वनाश करने के बाद ही, उन्हें चैन आयेगा। राजनीतिक हस्ती न होते हुए भी, कैसे मुझे राजनीतिक संत्रास का शिकार होना पड़ा, मैं अक्सर सोचती हूँ। मैंने सोचा था, इसी तरह मैं अपने देश में रह जाऊँगी, लेकिन हूजी की हत्या की गुप्त तालिका में, मेरा नाम पहले नम्बर पर होने की वजह से और साथ ही विभिन्न दूतावास और बांग्लादेश सरकार के दबाव की वजह से, मुझे देश से दुबारा निर्वासित होना पड़ा। अच्छा हुआ कि यह घटना अपनी आँखों से देखने के पहले ही, तुमने आँखें मूँद लीं। अगर तुम वह सब देखतीं, तो कितना भयंकर कष्ट पातीं, इस ख़याल भर से, मेरा समूचा तन-बदन सिहर उठता है।

आखिरकार, मैं देश छोड़ने का फैसला लेने को लाचार हो गयी। जाने के दिन मैंने शराफ मामा और टूटू मामा को दस-दस हज़ार रुपये दिये। बाकी कुछेक लोगों को पाँच-पाँच हज़ार रुपये, मामूली उपहारस्वरूप दिये। मुझे पता था कि ये रुपये, उन लोगों के काफी काम आयेंगे। विदेश के किसी अच्छे रेस्तरां में, कुल एक बार खाने में ही इतने रुपये ख़र्च हो जाते हैं। अब्बू और भाईजान नाराज़ भी हुए कि मैंने मामा लोगों को रुपये क्यों दिये। बाकी जितने अतिरिक्त रुपये मेरे हाथ में थे, मैंने सब अब्बू की जेब के हवाले कर दिया। कुल मिलाकर, मामा लोगों को जितनी रकम दी थी, उससे कहीं ज़्यादा रकम अब्बू को दी थी। वैसे अब्बू तो रुपया-पैसा ख़र्च नहीं करते थे। मैं उन्हें जो भी देती थी, सब भाईजान या छोटे भइया की ज़ेब में चला जाता था। उन दिनों भले मुझे अहसास न हुआ हो, मगर अब तो जानती हूँ कि तुम ही मेरी सबसे ज़्यादा अपनी थीं। अब, तुम नहीं हो। अब्बू को मैं जितना अपना समझती थी, अब्बू मुझे शायद उतनी अपनी नहीं समझते थे। इसके बावजूद मैं अब्बू के लिए, किसी अमंगल की कामना नहीं कर पायी। अब्बू स्वस्थ रहें, ठीक रहें, सुख से रहें। जैसे भी रहें, खुश रहें।

फिर वही पहले की तरह, ढाका से स्टॉकहोम! सन् चौरानबे के अगस्त महीने में, इसी तरह देश छोड़कर, निकल जाना पड़ा। जिस स्वीडन में तुम मेरे साथ थीं, मेरे लिए उस स्वीडन में, सुयेनसन के जिस मकान में तुम थीं, उस मकान में रहना, असम्भव हो उठा। तुम्हारी यादें, तुम्हारी बीमारी, तुम्हारा इलाज न होना, तुम्हें किसी बड़े डॉक्टर को न दिखाकर, घर में बिठाये रखना, गाँवों की सड़क-पगडंडियों पर फिजूल ही घूमते फिरना, तुम्हें तकलीफ पर तकलीफ देना– यह सब किसी मकड़जाल की तरह, मुझे जकड़कर, मुझे निगलता जा रहा था। मैं उसी जाल में फँसी तड़प रही थी कि उन्हीं दिनों फ्रांस से आमन्त्रण आ पहुँचा। क्लॉद माइज़ेर नामक एक फ्रेंच फिल्म प्रोड्यूसर ने अपनी फिल्म प्रोडक्शन संस्था की तरफ से, मुझे अपनी शोध-पुस्तक पर चित्र-नाट्य लिखने के लिए, तीन महीने के लिए फ्रांस के नॉरमण्डी में स्थित मूलांदन्दे में आमन्त्रित किया। वहाँ बैठकर मुझे फ़िल्म

के लिए स्क्रिप्ट लिखनी थी।

ज़िन्दगी में मैंने कभी, कोई फ़िल्म-स्क्रिप्ट नहीं लिखी थी, लेकिन मैं राज़ी हो गयी, क्योंकि स्वीडन नामक निष्ठुर-निर्मम देश को मैं बर्दाश्त नहीं कर पा रही थी। स्वीडन के उस घर में, तुम्हारा स्पर्श लगा, तुम्हारे बिस्तर-तकिये, तुम्हारे द्वारा सहेजकर रखे गये कपड़े-लत्ते देख-देखकर, मेरा दम बेतरह घुटने लगता था। मेरा मन होता था कि उस घर को आग लगाकर खाक़ कर दूँ। अगर वह मेरा घर होता, तो मैं शायद यही करती। एक बार तुम्हारी यादें सँजोये रखने के लिए, उस घर में जानबूझकर रुक गयी। लेकिन उन्हीं यादों को सहेजे रखने के लिए ही, जानबूझकर मैं भाग खड़ी हुई। यादें दर्द भी देती हैं और सुख भी! मैं यादों के करीब भी आना चाहती थी और दूर भी हटना चाहती थी। तुमने जितना कम-सा सुख पाया था वहाँ, वह सब सहेजे, मैं जानबूझकर वहीं ठहर गयी। लेकिन दर्द की यादें मुझे दूर, काफी दूर चले जाने को उकसाती रहीं। मुझे ऐसा लगता था, मानो दुनिया के पार चली जाऊँ, तो शायद चैन मिले। कभी-कभी मन करता था कि सुयेनसन को कुल्हाड़ी से टुकड़े-टुकड़े कर डालूँ, मगर अगले पल ही ख़याल आता था कि उसे मारकर भला क्या फ़ायदा होगा? कसूर तो मेरा ही था। मैं क्यों उससे मदद की उम्मीद लगा बैठी? क़सूर मेरी मूर्खता का था! चलो, मान लिया कि मैं निर्बोध थी, लेकिन अगर वह शख़्स मेरी ज़रा-सी भी मदद करता, तो तुम आज ज़िन्दा रहतीं, माँ! सुयेनसन का चेहरा देखकर, मुझे गुस्सा नहीं हिकारत होती थी! मैं फ्रांस चली गयी।

फ्रांस के नॉरमण्डी में मेरा जीवन शुरू हुआ। यह बिल्कुल अलग ढंग का जीवन था। मैं मूलांदन्दे चली तो आयी थी, मगर वहाँ मैं और कुछ भले ही लिख लेती, फिल्म-स्क्रिप्ट मुझसे नहीं लिखी जा रही थी। सुज़ान लिपनॉस्की, नामक एक खूबसूरत फ्रांसीसी महिला, मूलां या मिल उस कारखाने के विशाल इलाके की मालकिन थी। हमारे देश में भले न हो, यूरोप के सभ्य देशों में पुराने घर-मकान या इतिहास का मोल, हीरे से भी अधिक होता है। पुराने ज़माने में पानी के ऊपर काठ का भारी-भरकम पहिया लगाया जाता था। वह पहिया जब जल-धार पर घूमता था तो पहिये से जुड़े काठ के कुन्दे में, बहती धार की शक्ति आ समाती थी। उसी शक्ति को उपयोग में लगाते हुए, लोग गेहूँ पीसकर, आटा तैयार करते थे। उस शक्ति का और भी बहुत-से कामों में उपयोग किया जाता था। मशीनों के आविष्कार के बाद, वे तमाम मिल पुराने ज़माने के इतिहास के तौर पर सँजो रखे गये। आज, वहाँ पानी के ऊपर वे पहिये, तस्वीर की तरह थिर खड़े हैं। एक-एक मिल, अब वहाँ एक-एक जादूघर बन चुका है। पेरिस शहर में मूलां रूज़ नामक एक मशहूर कैबरे है। उस कैबरे की इमारत की गुम्बद पर एक लाल पहिया, सिर ऊँचा किये हुए खड़ा है। सुज़ान को भी यहाँ नॉरमण्डी मिल विरासत में मिला है।

लेकिन उस इलाके में फैले हुए बेशुमार घर-मकान, अपने लिए उपयोग करना था उन्हें बेच देने के बजाय, कलाकारों के लिए आवास बना दिया है। अब वे घर-मकान कलाकारों, साहित्यकारों के रहने-सहने का आवास है। तीन महीने से लेकर एक-दो सालों तक यहाँ संगीत कलाकार, फिल्म प्रोड्यूसर, फिल्म-स्क्रिप्ट लेखक, अन्यान्य लेखक रहते हैं। रहने-खाने का ख़र्च आपको देना होगा। वैसे ख़र्च देने से ही आपका चुनाव हो सकता है, ऐसा भी नहीं है। बहुतेरे लोग आवेदन करते हैं, कुछ ही लोगों का चुनाव होता है। मेरा सारा ख़र्च क्लॅद माइज़ेर, फिल्म प्रोड्यूसर दे रहा था। मूलांदन्दे में मुझे एक खूबसूरत-सा घर दिया गया। लिखने-पढ़ने के लिए जिन-जिन चीज़ों की ज़रूरत होती है, सब मुझे प्रदान किया गया। कम्प्यूटर, प्रिंटर, कुर्सी-मेज़ तो ख़ैर थी ही, बिस्तर-तकिये, सब कुछ दिये गये। यहाँ कामकाज के लिए एक बन्दा भी नियुक्त है! यानी काफी कुछ होटल जैसा! वह बन्दा घर-द्वार की साफ़-सफ़ाई कर जाता है, बिस्तर की चादर बदल देता है, बाथरूम में तौलिए रख देता है। ये सभी घर-मकान सेइन नदी के किनारे स्थित हैं। इन घर-मकानों के बीच, खाने का एक विशाल भवन है। वहाँ सभी लोग तीनों वक्त बैठकर, मिल-जुलकर खाना खाते हैं। काठ के कुंदे-कड़े जड़े हुए पुराने घर-मकान देखने के लिए पर्यटकों की भीड़ लगी रहती है। लोग मिल देखने आते हैं। मशहूर फ्रांसीसी निर्देशक—फ्रासोया तूफो की मशहूर फ़िल्म—जूली ऐण्ड जिम की शूटिंग भी यहीं हुई थी। वह फ़िल्म मैंने मिल में ही बैठकर देखी है। मिल में फ़िल्में देखने के लिए एक सिनेमाघर भी है। असंख्य फ़िल्मों के कैसेट हैं यहाँ। फ़िल्मों से जुड़े लोगों के बीच, बहुतेरे लोग सत्यजित राय के बारे में जानते हैं। वे उच्चारण करते हैं—शेताजित राय! मुझे पता चला है कि सत्यजित राय की 'जलसाघर' फ़िल्म, उन लोगों की सबसे पसन्दीदा फ़िल्म है। यहाँ एक आधुनिक ऑडिटोरियम भी स्थित है, वहाँ शास्त्रीय संगीत की महफिल जमती है। विभिन्न देशों के संगीत-विशारद यहाँ आते हैं। सेइन नदी के किनारे पेड़-पौधों से छाये हुए, इन पुरानी मिलों के घर-मकानों में परम निश्चिन्त, सुरक्षित, बेफिक्र ढंग से, भरपूर एकान्त में कलाकार काम किये जाते हैं। लेकिन, देखो, ऐसी खूबसूरत जगह में बैठकर भी, मुझसे लिखा नहीं जा रहा है। मुझे सिर्फ तुम याद आती हो। रूस के कलाकार ब्लादिमिर से परिचय हुआ। वह यहाँ वर्षों से रह रहा है। हाँ, कोई-कोई यहाँ ज़िन्दगी भर के लिए रह जाते हैं। मैं जिस मकान की पहली मंज़िल पर रहती हूँ, उसकी पहली मंजिल पर मॉरिस नामक एक फ्रेंच लेखक रहते हैं। यही उनका घर-द्वार बन गया है। अब, वे अपनी सारी ज़िन्दगी यहीं गुज़ारेंगे। जिन लोगों ने यहाँ जीवन भर रहने का प्रण कर लिया है, उन लोगों को इन कलाकार-आवास की व्यवस्था की कोई न कोई जिम्मेदारी भी सौंप दी गयी है। ब्लादिमिर से मैंने तुम्हारी एक बड़ी-सी पोर्ट्रेट बनवायी है, माँ! तेल रंग की पेंटिंग! उसने मुझसे पाँच हज़ार

फ्रांं लिया है। तुम तो अब, हो ही नहीं, माँ, तुम्हें सामने बिठाकर, तुम्हारी तस्वीर आँकने का सौभाग्य ब्लादिमिर को नहीं मिला। मैंने उसे तुम्हारी एक तस्वीर थमा दी थी। वही तस्वीर ही उस चित्रकार का सम्बल थी। तुम्हारी उस तस्वीर की तरफ अपलक निहारते-निहारते मैं अक्सर सोचती हूँ, तुम किस क़दर खूबसूरत थीं। माँ, क्या तुम अब सिर्फ तस्वीर हो?

जो सब कलाकार मिल में रहते हैं, सिर्फ वे लोग ही वहाँ खाना खाते हों, ऐसा नहीं है। पेरिस से भी बहुतेरे शिल्पी आते हैं, जो दोपहर या रात का खाना, मिल के कलाकारों के साथ मिल-जुलकर खाते हैं। इसी मिल में ही मैंने फ्रांसीसियों की तरह खाने के समय वाइन पीना और पनीर खाना सीखा। फ्रांसीसी व्यंजन का शौक मुझे इसी मील में पैदा हुआ। बहुत सारे फ्रांसीसी लोगों से मित्रता हुई। फ्रांसीसी देश में, मैं एक लोकप्रिय लेखिका हूँ। यहाँ अपनी जनप्रियता का मुझे अन्दाज़ा हो रहा है! मुझसे बातें करने के लिए, फ्रांसीसी लोग उत्सुक रहते हैं। लेकिन, जैसे उनके लिए भाषा की समस्या है, मेरे लिए भी है। वे लोग सिर्फ फ्रेंच भाषा ही जानते हैं। इधर मैं फ्रेंच बिल्कुल ही नहीं जानती। मुझे फ्रेंच भाषा सिखाने का गुरु-दायित्व, सुज़ान की सहकर्मी, कलाकार-आवास की निदेशक, मिरियम मर्तू ने खुद ही अपने कन्धों पर ले लिया है। मिरियम ने सिर्फ फ्रेंच सिखाने की ही जिम्मेदारी नहीं ली, उसके साथ मेरा सख्य-भाव भी गढ़ उठा है। इस सख्य-भाव की शुरुआत के पीछे, अकेली मेहनत, मिरियम की ही है। हर पल, दिन-रात, वह मुझमें ही व्यस्त रहती है। वैसे निदेशक का काम क्या कम होता है? लेकिन, इन दिनों वह और कुछ नहीं करती। मेरी ढेर सारी किताबें ख़रीद लायी है, आजकल वही पढ़ती रहती है! बाकी समय वह मुझे साथ लेकर सैर-सपाटे को निकल जाती है और फ्रांस के उत्तरी शहर-गाँव दिखा रही है। उसके दिन-रात मेरे ही साथ गुज़रते हैं। मेरी ही तरह वह भी सिगरेट फूँकती रहती है। इसी बीच यह लड़की मेरे गहरे प्रेम में ऊब-डूब करने लगी है। इधर कनाडा के एक लेखक, पियेर लरू, असाधारण सुदर्शन नौजवान पर मेरी निगाह पड़ गयी है। उस नौजवान की भी आँखें मुझमें उलझ गयी हैं। हम दोनों साथ-साथ टहलने निकलते हैं। फुर्सत मिलते ही हम दोनों गपशप भी करते हैं! यह सब मिरियम से बिल्कुल बर्दाश्त नहीं होता। पियेर एक दिन मेरे कमरे में शैम्पेन लेकर आया कि वह मेरा या अपना जन्म दिन मनायेगा। मिरियम ने आकर पियेर को भगा दिया। वह मेरे आस-पास, अपने अलावा और किसी को भी सहन नहीं कर पाती। मैं दिनोंदिन अवाक् होकर मिरियम के इस अतिशय प्रेम की निर्लज्ज अभिव्यक्ति देखती रहती हूँ। लेकिन पियेर के अलावा, अन्य किसी के प्रति मेरे प्रेम का उद्रेक नहीं होता। इमानुएल नामक, एक फ्रेंच संगीत-रसिक महिला, मुझे अपने घर दावत देने को उतावली हो उठी। इमानुएल भी मेरी दोस्त बन गयी। मिरियम को यह भी रास

नहीं आया। मैं चाहे जिससे भी हिलूँ-मिलूँ, उसके बारे में मिरियम बुरे-बुरे कमेंट्स ज़रूर ज़ाहिर करती है। मुझे यह तो पता था कि इस क़िस्म की चरित्र बांग्लादेश में मिलती हैं। लेकिन ऐसा चरित्र, सुसभ्य देशों में, उतनी ही अधिक शिक्षित शिल्पी लोगों के घरों में भी मिलती है, यह कौन जानता था?

शिल्पी-घर में, मेरे तमाम दिन खाने-पीने, गपशप करने, गाने सुनने, फ़िल्में देखने और सैर-सपाटे में ही गुज़रते रहते हैं। मैं जहाँ भी जाती हूँ, जिस किसी मोहक जगह पर जाती हूँ, मुझे लगता है, काश तुम भी यह सब देख पातीं। मैं जो भी देखती हूँ, मन ही मन तुम्हारी ही नज़रों से देखती हूँ। एक दिन समुन्दर किनारे पहुँच गयी। मन एकदम से हाहाकार कर उठा। तुम्हें मैं समुन्दर दिखाना चाहती थी, जब तुम न्यूयार्क में थीं। मैंने वारेन ऐलेन स्मिथ से कहा कि मैं माँ को समुद्र दिखाना चाहती हूँ। यह सुनते ही, वह एक बड़ी-सी गाड़ी का इन्तज़ाम करके ले आया! लगभग अस्सी वर्ष उम्र! उस उम्र में वह खुद ही गाड़ी चलाकर ले गया। लेकिन मीलों-मील की ड्राइव के बाद, वह समुद्र नामक एक जगह पर ले आया। वह जगह देखते ही, मेरा मूड ख़राब हो गया। बेहद गन्दा-घना-सा, केनी द्वीप! बच्चे वहाँ चींख-चींखकर खेल-कूद रहे थे, रोलर कोस्टर पर चढ़ रहे थे, समुन्दर तो काफी दूर था। समुद्र-तट तक पैदल चलकर जाना, तुम्हारे लिए सम्भव नहीं था। हत्तेरे की! इतनी दूर से, चुल्लू भर समुन्दर देखने का क्या मतलब? असल में वारेन ने समुद्र के नाम पर, वही जगह क्यों चुनी, कौन जाने! तुम रोलर कोस्टर पर तो चढ़ने वाली नहीं थी। ख़ैर वारेन की जितनी बुद्धि थी, उसने किया। काफी बुद्धि लगाकर, वह एक अदद व्हील-चेयर भी ले आया था। मानो तुम्हें व्हील-चेयर पर बिठाकर, हम समुन्दर-तट तक ले जा सकते हैं। लेकिन बालू के ऊपर कुर्सी चलाना सम्भव नहीं था। इसके अलावा तुम भी नहीं जाना चाहती थीं। तुम शायद मन ही मन इतना शोरगुल, ऊधम देखकर कहीं खीज़ भी गयी थीं। मैं वारेन को ऐसी ग़लत जगह लाने के लिए डाँटना चाहती थी, लेकिन नहीं डाँटा। उसकी इस हरक़त में आन्तरिकता थी, इसमें कोई शक़ नहीं था। लेकिन, मैंने तो चाहा था कि तुम्हें ऐसा समुद्र दिखाऊँ, जो उदार और उत्ताल हो, जहाँ के अथाह जल में मानो विश्वास-संसार डूबा हो, जहाँ शाम को नहाने के लिए उतरकर, सूरज अपनी आग बुझा देता हो। मेरी यह साध, अटलांटिक के तट पर, अमेरिका में बैठे-बैठे भी पूरी नहीं हुई। लेकिन, इस फ्रांस के उत्तरी एत्रेतेत का समुन्दर देखकर, तुम्हारी बेहद याद आती है, माँ! जल देखते-देखते, मेरी आँखें भी जल से भर उठती हैं। आँसुओं के हर बूँद में, तुम्हें खो देने का दर्द छिपा है। नॉरमण्डी में, मिरियम के साथ चरखी की तरह घूमती-फिरती हूँ। रूयों जाकर, जोन ऑफ आर्क का वह गिरजा! उसी गिरजे के आँगन में उसे जलाकर मार डाला गया था! मैं विस्मय-विमुग्ध होकर, उस गिरजे के सामने खड़ी रही। धर्म के लोग, सदी-दर-सदी इसी तरह औरतों पर

अत्याचार करते रहे हैं; उन्हें जला-जलाकर मारते रहे हैं। आज, न हो, इन सभी देशों में धर्म के अत्याचार का अवसान हो चुका है। लेकिन, हमारे देश में ही नहीं, जिन सब देशों में मुसलमानों का वास है, निष्ठुरता अभी भी बहाल तबीयत से अड्डा गाड़े बैठी है। जोन ऑफ आर्क लड़कों की पोशाक पहनती थी, इसलिए लोगों ने उसे जेल में ठूँस दिया था। अभी हाल ही में सूडान में, इस इक्कीसवीं सदी में भी, लुब्ना अहमद नामक एक औरत ट्राउज़र पहनती थी, इसलिए उसे जेल की सज़ा काटनी पड़ी। उसे जोन की तरह जलाया तो नहीं गया, लेकिन उस पर चाबुक बरसाने का हुक्म जारी किया गया।

नॉरमण्डी में जिमारनी नामक गाँव में, फ्रांस के मशहूर शिल्पी, क्लॉद माइज़ेर का घर भी बेहद अच्छा लगा। अब उस घर को जादूघर बना दिया गया है। वे सब दृश्य आज भी वहाँ मौजूद हैं, सिर्फ क्लॉद माइज़ेर ही वहाँ नहीं हैं! वह बाग़, वह झील, कमल के वे पत्ते, वह मैदान, वह नदी, देखते-देखते मुझे ख़याल आ रहा है, इन्सान नहीं रहता, लेकिन उसका काम, उसकी कला यहीं रह जाती है। मेरी भी कृतियाँ, मेरे मरने के बाद टिकी रहेंगी या नहीं, इस बात को लेकर, लोग काफी जल्पना-कल्पना करते हैं। ख़ैर, इस बारे में मुझे कोई दिलचस्पी नहीं है। मेरे बाद, मेरी कृतियाँ ज़िन्दा बची रहीं, तो बची रहेंगी, नहीं बचेंगी, तो न बचें। नहीं, मैं अमरत्व में विश्वास नहीं करती। जो कुछ जीवन में देखती हूँ, जीवन में जो भी मिला, उसका मूल्य ही मेरे लिए पर्याप्त है। मौत के बाद क्या होगा या नहीं होगा, इस बारे में सोचने का मेरा मन भी नहीं करता, बल्कि मेरा तो मन करता है कि मैं यह जानूँ कि इस पृथ्वी, इस विश्व-ब्रह्माण्ड में कहाँ, क्या घटने वाला है, विवर्तन इन्सान को कितनी दूर ले जायेगा! बहुतेरे लोग यह सोच-सोचकर तृप्ति महसूस करते हैं कि उनकी कला हज़ार-हज़ार वर्ष तक ज़िन्दा रहेगी। हुंहः पहले यह तो देखो कि यह पृथ्वी ही कितने दिनों तक टिकी रहेगी। दुनिया में हरियाली का जिस तेज़ी से विनाश किया जा रहा है, जिस रफ़्तार से प्रदूषण फैल रहा है, सूरज का उजाला ख़त्म होने के लिए पाँच बिलियन वर्ष तक इन्तज़ार नहीं करना पड़ेगा। इससे पहले ही पृथ्वी ध्वस्त हो जायेगी। पृथ्वी पर अब तक जितनी भी प्रजातियाँ जन्मी हैं, उनका निन्यानबे प्रतिशत तो अभी ही निर्मूल हो चुका है। इसी धरती पर नियानडर खाल नामक, एक क़िस्म के इन्सान भी मौजूद थे। ढाई लाख वर्ष तक ज़िन्दा रहने के बाद, वे भी जड़-मूल समेत 'नहीं' हो गये। इन्सान कहने के नाम पर अब होमोसापियन्स ही रह गये हैं। इन्हीं इन्सानों ने सभ्यता गढ़ी, अन्यान्य प्राणियों से अधिक बुद्धि रखते हैं, ये ही इन्सान, इन्सानों को प्यार करते हैं और ये ही इन्सान, इन्सानों को ध्वंस करते हैं। तुम तो अफगानिस्तान या इराक का युद्ध देखकर नहीं गयी, माँ! तुम अगर देखतीं, तो उन इन्सानों के लिए रोतीं, जो मौत के हवाले हो गये, युद्ध में जिन लोगों ने अपना सर्वस्व खो दिया। जो लोग

देश-देश में बम गिराते हैं, उनकी निष्ठुरता देखकर, तुम खूब अवाक् हुआ करती थीं। असल में तुम तो माटी की इन्सान थीं। तुम इन्सानों की क्रूरता देख चुकी थीं, फिर भी इन्सानों की क्रूरता तुम्हें रुला देती थी। जैसे तुम सख़्त नहीं हो पायीं, पत्थर भी नहीं हो पायीं, इसी तरह मैं भी नहीं हो पाती।

तीन महीने बाद, नॉरमेण्डी के मूलांदन्दे से मेरा दाना-पानी उठ गया। अब कहाँ वापस लौटूँ? यह सोच-सोचकर मुझे कोफ़्त हो रही है कि मुझे फिर स्वीडन लौटना होगा, सुयेनसन का चेहरा दुबारा देखना होगा। स्वीडन में मैं कोई दूसरा घर भी किराये पर ले सकती हूँ। लेकिन मुझे उस देश पर ही बेतरह आक्रोश है। असल में स्वीडन नामक देश ही मेरे लिए असहनीय हो उठा है। जिस देश में मेरा एक भी दोस्त नहीं है, कोई शुभाकांक्षी नहीं है, जिस देश में मुझ असहाय का कोई सहाय नहीं है, जिस देश के डॉक्टरों ने तुम्हारी हत्या की है, उस देश में मैं क्यों रहूँ? यूरोप में, एकमात्र फ्रांस में ही, मेरी सबसे अधिक किताबें प्रकाशित हुई हैं। वहाँ के लोग ही मुझे ज़्यादा पहचानते हैं, मेरे प्रति श्रद्धा करते हैं। मुझे प्यार करते हैं। फ्रांस, स्वीडन जैसा देश नहीं है, जहाँ मुझे इस्तेमाल करके, दुनिया की वाहवाही लूटकर, अब, बस, आराम से भुला दिया गया है। मैं मर गयी या ज़िन्दा हूँ, वहाँ के किसी राजनीतिज्ञ ने खोज-ख़बर नहीं ली। वहाँ लेखक-समूह में दलबाज़ी, मार-पीट तो ख़ैर है ही, सब के सब अपना-अपना अस्तित्व टिकाये रखने में ही व्यस्त रहते हैं। कोई अगर लिखकर नाम कमा लेता है, तो एकदम से अलग-थलग होकर लेखन में ही अपने को केन्द्रित कर लेता है और जो लोग लेखन में नाम नहीं कमा पाते, वे लोग विभिन्न समिति-संगठनों से गोंद की तरह चिपके रहते हैं। उनका नाम हो सके, वे लोग दिन-रात इसी कोशिश में लगे रहते हैं। अब मेरे लिए कहीं, किसी समिति या संस्था में नाम लिखाने को कुछ भी नहीं है। वैसे भी, इन सबमें मुझे कभी दिलचस्पी नहीं रही। मैं नाम की कंगाल कभी नहीं थी। न चाहते हुए भी, इसे नाम कहें या कुनाम, मुझे सब मिला है।

सुयेनसन मानो काठ या लोहे का बना इन्सान है। वह अपने निजी स्वार्थ के अलावा, और कुछ नहीं समझता। उसके मन में किसी के लिए भी संवेदनशीलता या सहानुभूति नहीं है। अगर किसी से, संवेदना या हमदर्दी होती भी है, तो वह भी अपने स्वार्थ के लिए। हीनताबोध उसका चिरसंगी है! इसके अलावा हर पल संशय कि कहीं, कोई, किसी नज़रिये से उसे बुरा तो नहीं कह रहा है। इस किस्म के इन्सान के साथ, एक ही छत तले रहने-सहने का मतलब है, अपना सर्वनाश करना। इसके अलावा और कुछ नहीं। इसके अलावा, स्वीडन के उस घर में रहना, जहाँ तुम्हारे दुःख-कष्टों की यादें, मेरा पीछा करती रहती हैं, कतई सम्भव नहीं है। नॉरमण्डी में रहते हुए ही, मैंने फैसला किया कि चूँकि स्वीडन में रहने की मेरी कोई इच्छा नहीं है, इसलिए मैं पेरिस में ही रहूँगी।

क्रिश्चन बेस से मैंने कहा, 'अब मैं पेरिस में ही रहूँगी।' अपना इरादा मैंने सूज़न को भी बता दिया। सूज़न ने बताया कि पेरिस में उसी की बिल्डिंग में एक एपार्टमेंट है। मैं वह एपार्टमेंट देख भी आयी। मिरियम बेहद उत्साहित थी कि सूज़न की बिल्डिंग का वह एपार्टमेंट मैं किराये पर ले ही लूँ। लेकिन क्रिश्चन ने ही सख़्त एतराज उठाया। उसकी ज़िद थी कि मैं वही एपार्टमेंट किराये पर ले लूँ, जो उसने तय की है। सूज़न का एपार्टमेंट खूबसूरत था, किराया भी कम था, उस पर से इलाका भी भला था, इसके बावजूद क्रिश्चन के अनुरोध पर, मुझे उसकी डॉक्टर सहेली का छोड़ा हुआ एपार्टमेंट ही किराये पर लेना पड़ा। तुम सोच सकती हो, माँ, इतना बड़ा अपना निजी मकान छोड़कर, एक छोटे-से घर में रहना! स्वीडन जाकर, अपनी किताबें वगैरह, कपड़े-लत्ते, सब समेटकर, मैं पेरिस लौट आयी। एक देश से किसी दूसरे देश के किसी घर में अपना माल-असबाब लाना, कोई आसान काम नहीं था। जितना तो ख़र्च, उतनी ही मेहनत! सब कुछ मैंने अकेले ही किया। सुयेनसन ने अपने बुरे स्वभाव मुताबिक मेरी कोई मदद नहीं की। तुम्हारे लिए टेलीफोन-बुक खोजकर, कोई डॉक्टर भले नहीं खोज पायी, लेकिन माल-असबाब लाने-भेजने वाली अन्तर्राष्ट्रीय कम्पनी मैंने खोज ही निकाला। वैसे मैं अपना कुछेक सामान नहीं लायी थी, बहुतेरी और भी चीज़ें अपने साथ नहीं लायी। वह सब मैंने सुयेनसन को दान कर दिया। थोड़े-से असबाब और गृहस्थी के ज़रूरी सामान मैंने पेरिस में ही ख़रीद लिये। पेरिस के रू भूई के पते पर मेरी नयी गृहस्थी शुरू हुई।

क्रिश्चन के पास मेरी रॉयल्टी की रकम जमा थी। क्रिश्चन ख़ासी अमीरज़ादी थी, उसने खुद ही क्लीनिंग कम्पनी से आदमी बुलाकर, मेरी रॉयल्टी में से पाँच हज़ार फ्रां देकर, कालीन साफ़ कराया। तुम कल्पना कर सकती हो, माँ, कोई पाँच मिनट में, दस बाई बारह फुट कालीन, वेकुम से साफ़ करके, पूरे पाँच हज़ार फ्रां यानी लगभग चालीस हज़ार रुपये ऐंठकर चलता बना? बहरहाल, रॉयल्टी की रकम यूँ ही बर्बाद होती रही। मुझे बताया गया कि एपार्टमेंट में नया अवन फिट किया गया है, उसके रुपये भी मुझे ही देने होंगे। वैसे यहाँ हर एपार्टमेंट में रेफ्रिजरेटर, हीटर, अवन, डिशवाशर या वाशिंग मशीन वगैरह फिट ही रहते हैं। किरायेदारों को कुछ भी ख़रीदना नहीं पड़ता। लेकिन मुझ ऐसी फूटी तकदीर वाली किरायेदार, समूचे फ्रांस में नहीं मिलती। पेरिस में स्थिर होकर बैठने के फौरन बाद ही, एक दिन सड़क पर चलते-चलते मेरे पाँव में मोच आ गयी। अस्पताल जाकर, पाँव पर प्लास्टर चढ़ाने, फिजियोथेरापी वगैरह में कुछ और रुपये गच्चे में गये। मेरा हेल्थ-इन्श्योरेंस स्वीडन में था और इस समय भी मेरा पासपोर्ट, राष्ट्रसमूह यानी राष्ट्रसंघ का था। देश जाने से पहले मैंने जो पासपोर्ट फेंक दिया था, देश से लौट

आने के बाद, उन लोगों ने आराम से वापस भी दे दिया है। यहाँ, फ्रांस में इलाज पर जो ख़र्च हुआ है, वह स्वीडन में दिखाने पर, रुपये वापस मिल जायेंगे, मुझे ऐसा एक आभास मिला था। लेकिन, अन्त में न उतना सब किया गया, न रुपये वापस मिले। कोई अगर एक बार रुपये लेता है, तो उसे वापस पाने की कोशिश करना, कम से कम मेरे लिए कभी सम्भव नहीं हुआ। मैं तो डेढ़-दो वर्ष का बकाया वेतन तक देश में मेडिकल कॉलेज से वसूल नहीं कर पायी। व्यक्तिगत रूप से जो रुपये, जिन्हें भी उधार दिये, उनकी वसूली की कोशिश का तो सवाल ही नहीं उठता। रुपयों के लिए, यहाँ तक कि बकाया रुपयों की वसूली के लिए, ऑफिस या कचहरी के चक्कर लगाने का, मेरा कभी मन ही नहीं हुआ। जो गया, सो गया, यह सोचकर, मैं दूसरे-दूसरे कामों में जुट जाती हूँ। रुपया भी बेहद अद्‌भुत चीज़ है! एक तरफ काफी मोहक और जादूभरा, दूसरी तरफ अति भयंकर। रुपया मेरे जीवन-तट पर ज्वार की तरह आया और भाटे की तरह लौट भी गया। नहर काटने में, मैं वाकई बेजोड़ हूँ। पेरिस में रहने के दौरान नहर काट-काटकर, ढेर सारे मगरमच्छ अपने साथ ले आयी।

क्रिश्चन बेस ने मेरे लिए फ्रेंच संस्कृति कार्यालय से एक बेहतरीन स्कॉलरशिप का इन्तज़ाम कर दिया—डेढ़ लाख फ्रेंच फ्रां! पेरिस में एक बैंक एकाउण्ट खोलकर, वे रुपये जमा कर दिये गये। वैसे वे पूरे रुपये उड़ा देने में मुझे ज़्यादा वक्त नहीं लगा। स्वीडन का बड़ा मकान छोड़कर, पेरिस के एक छोटे से एपार्टमेंट में रहने लगी! लेकिन क्या फ़र्क़ पड़ता है? मुझे यहीं चैन मिला; मैं अपनी मर्जी का जीवन जी रही थी, कोई बाधा देने वाला जो नहीं था। इससे बढ़कर खुशी और क्या हो सकती है, माँ? जिस दिन मैं पेरिस वाले एपार्टमेंट में दाखिल हुई, उसी दिन मुझे इंटरनेट की हुड़क शुरू हो गयी। इंटरनेट मुझे चाहिए ही चाहिए! सन् 1998 का जमाना! उस ज़माने में भी पेरिस में घर-घर कम्प्यूटर का प्रचलन नहीं था। इंटरनेट में, मैं काफी पहले से ही अभ्यस्त हो गयी थी। उन दिनों मोबाइल फोन भी यूँ हाथों-हाथों में नहीं होता था। लेकिन कोई भी नयी तकनीक बाज़ार में आयी नहीं कि मुझे चाहिए ही चाहिए! मैं महज विज्ञान की प्राणी ही नहीं हूँ, बल्कि विज्ञान में अगाध विश्वास की वजह से, तकनीक पर से, कभी आस्था नहीं खोयी। कम्प्यूटर पर मैं इतना भरोसा करती हूँ, शायद इन्सान से भी अधिक, इसलिए वह, जिसे बैक-अप रखना कहते हैं, मैं वह भी नहीं रखती। मैं दिन-दिन भर कम्प्यूटर पर ताश खेलने में मगन रहने लगी। मेरी सारी-सारी रात सिगरेट के धुएँ में उड़ जाती थी। उन दिनों मैं, जैसे मैं नहीं थी, माँ! एक वक्त ऐसा भी आया, जब मैं शरीर-शरीर करके आकुल-व्याकुल हो उठी। वह भी शायद तुम्हें खो देने के हरजाने के तौर पर था। जब मन में हाहाकार बर्दाश्त करने की क्षमता नहीं रह जाती, तब

देह-सुख के ज़रिये उस हाहाकार को दबाये रखना ज़रूरी हो आता है। हॉरमोन की हलचल अचानक बढ़ गयी, शायद दुःख-शोक में बहते हुए जीवन को शरीर अपनी ही प्रकृति के मुताबिक सँभालने की कोशिश करता है। मुझे यही लगता है। शायद तन-मन के अन्दर की दुःख-तकलीफ कम करने के लिए या भूले रहने के लिए, मैं नहीं, मेरी देह ही, देह की सीमा तोड़कर, शारीरिक माँग ही उभर आती है। अचानक मेरा तन, पुरुष के लिए कातर होने लगा। मैं नेट के चैट-साइटों में व्यस्त रहने लगी। किसी भी अनजान-अचीन्हें के साथ बिस्तर पर अंग-संग करने की चाह करते हुए, मुझमें बूँद भर भी दुविधा या हिकारत नहीं जागती थी। ऐसा मेरे साथ पहले कभी नहीं हुआ था। तुम्हारी बीमारी के बाद से ही, मेरे अन्दर बसा, सुसंयमित, शरीफ इन्सान मानो रीति-नीति तोड़-ताड़कर, कुचल-मसलकर कहीं बाहर निकल गया था। हाँ, मैं भी अवाक् थी, धीरे-धीरे नहीं, अकस्मात् अपनी ही अवज्ञा करने लगी। अपनी ही नज़र में अचीन्हीं-अनपहचानी! अपने भीतर के हाहाकार और विशाल शून्यता को भरने के लिए शायद यह तीखी यौन-कातरता मुँह-बाये बैठी रहती है। तुम्हारे प्रति मेरा जो प्रचण्ड अपराध-बोध था, मेरे अन्दर जो दर्द, पीड़ा, क्रोध, रुलाई थी, उससे मुक्ति पाने के लिए ही क्या मैं यह कर रही हूँ? अपने ही खिलाफ, अपना प्रतिशोध! लेकिन, माँ, अपने पाप का प्रायश्चित क्या इस ढंग से सम्भव है? मेरे लिए शायद और कोई उपाय भी नहीं था। मन के अन्दर अगर सब कुछ टूट-फूट जाता है, शायद अपने बाहर का भी सब कुछ तोड़-फोड़ डालने का मन होता है या अपने आप ही सब कुछ टूटकर बिखर जाता है। अपने को डाँटने या बरजने की कोई ताकत मुझमें नहीं थी।

लेकिन यह सोच-विचार शक्ति का लोप हो जाना, तन-बदन का तपना, मन पत्थर की तरह ठण्डा बर्फ हो जाना—यह सब नितान्त सामयिक था। भोगवादी देश में निवास करने के बावजूद, कुछ दिनों बाद ही, भोग में मेरी रुचि ख़त्म हो गयी। मेरे मन के अन्दर का सभ्य-सुन्दर इन्सान, कुछ दिनों बाद, मेरे सामने आ खड़ा हुआ और अडिग रहा। बहुत ज़्यादा उच्छृंखल होना मेरे लिए सम्भव नहीं हुआ। जब मैं चरम घुटन में डूबी हुई थी, पेरिस में बहुतेरे लोग मुझसे मिलने आते थे। वैसे यह पेरिस शहर था, इसीलिए आते थे। शहर दिखाने की जिम्मेदारी मेरी होती थी। इसी तरह मैट चेरी भी आ पहुँचा। मैट मेरा एक अंग्रेज मित्र था! मानववादी, ह्यूमैनिस्ट ऐण्ड एथिकल यूनियन का कार्यकर्त्ता! इस संगठन ने मुझे श्रेष्ठ मानववादी के तौर पर पुरस्कृत भी किया था। मैट, मैनचेस्टर में अपना घर छोड़कर, अमेरिका चला गया था। अब वह सेंटर फॉर इन्क्वायरी में नौकरी करता है। हाँ, तो सुदूर अमेरिका के बफेलो से, मुझसे मिलने यहाँ चला आया। लेकिन मैं उसे कहाँ ठहराती, बताओ? मेरे पास तो कुल एक ही कमरा है। मेरे अन्दर का अतिथिपरायण बंगाली जाग उठा। अतिथि देवो भव! इसलिए अतिथि को अपना

बिस्तर दे दिया और खुद फर्श पर बिस्तर बिछाकर सोती रही। लेकिन दो रातें उस ढंग से गुज़रने के बाद, अपने किसी परिचित फ्रेंच मानववादी के यहाँ मैट को छोड़ आयी। मेरे लिए उस ढंग से सोना सम्भव नहीं था। ऐसा तभी सम्भव होता, अगर मैट भी किसी तरह की संवेदना दिखाता। अगर वह खुद बोलता कि 'तुम बिस्तर पर सो जाओ, मैं फर्श पर सो लूँगा या मैं किसी होटल में चला जाता हूँ।' या फिर हम दोनों एक ही बिस्तर पर सो सकते। मुझे पता नहीं, मैट की उस ढंग से अमेरिका से, मेरे पास, पेरिस आने की वजह क्या थी। मेरे पास कुल एक ही कमरा है, यह जानते हुए भी उसने यह इरादा क्यों किया कि वह मेरे साथ एक ही कमरे में रहेगा। मैट क्या गुपचुप मुझसे इश्क करना चाहता था? मैट शक्ल-सूरत से ऐसा कोई सुदर्शन नहीं था कि मैं उसके प्यार में पड़ जाती। हाँ, यह सच है कि मैट बेहद गुणी और ज्ञान में प्रकाण्ड पण्डित था, लेकिन जो मर्द शक्ल-सूरत से सुन्दर न हो, मेरे लिए उससे प्रेम करना सम्भव नहीं था। अगर मैं जन-मानस-विहीन किसी रेगिस्तान में निवास करने को लाचार होती, तो शायद मैं ऐसे व्यक्ति से प्रेम करने को लाचार होती। अपने चारों तरफ खूबसूरत नौजवानों की भीड़ में किसी बदसूरत से शौकिया प्यार नहीं किया जा सकता। ढाका से प्रकाशक मेजबहाउद्दीन पेरिस आये थे। वे फर्श पर ही बिस्तर बिछाकर सोते थे। मैंने भूल से भी उनसे बिस्तर पर सोने को नहीं कहा। चूँकि घर में अतिरिक्त रजाई नहीं थी, इसलिए मैं उनके लिए हद से हद एक रजाई ख़रीद लायी। वे मेरे मेहमान थे। मैं उन्हें खिला-पिला रही थी, अपने पैसों से पेरिस की सैर करा रही थी और रात को घर लौटकर, मैं फर्श पर सोती? इतना त्याग मुझे नहीं सुहाता। इसके अलावा, और भी एक वजह से मैं त्याग करने को राज़ी नहीं हूँ। वजह है—औरतें ही, मर्दों के लिए अपना ऐशो-आराम त्याग करें—यही मानो दुनिया की रीत है। मैंने यह रीत तोड़ दी! मैं मेहमानों की खातिर-तवज्जोह करती हूँ, उन लोगों के लिए अपनी क्षमता से कहीं ज़्यादा करती हूँ, उन लोगों को जी-जान से चैन-आराम देती हूँ। लेकिन अतिथि को देवता समझने का, मेरा कतई, कोई इरादा नहीं है। अतिथि को ईश्वर जैसा आराम देने से, अपने को विमुख रखती हूँ। मेरे लिए कौन करता है, बताओ? मेजबाह मेरी किताबें छापते हैं, मगर रॉयल्टी देने का नाम-गन्ध तक नहीं है। सारा समर्थन सिर्फ जुबानी जमा-ख़र्च है, कार्यरूप में कुछ भी नहीं! मेजबाह का कहना है कि मेरी किताबें, अब, बांग्लादेश में बिल्कुल नहीं चलतीं। मुझे यह सोच-सोचकर बेहद अचरज होता है कि कभी वह वक्त था, जब लोग पागलों की तरह मेरी किताबें ख़रीदते थे, पढ़ते थे और जैसे ही सरकार ने मुझे देश-निकाला दिया, उसी पल पाठकों ने किताबें ख़रीदनी बन्द कर दीं, मुझसे मुँह फेर लिया। जब कट्टरवादी मेरे विरुद्ध हुए, पाठक तो मेरी किताबों से विरत नहीं हुए। सरकार मेरे विरुद्ध हो गयी, इसलिए पाठक भी मेरी किताबें पढ़ना बन्द कर दें, इसकी वजह क्या है? इन

सब सवालों का कोई जवाब उनके पास नहीं है। सिर्फ पाठक ही नहीं, अख़बारों और पत्रिकाओं के सम्पादक भी दुश्मन बन गये हैं। जैसे ही सरकार मुझे कुचलने-पीसने लगी, मुझ पर बेभाव मार बरसाने लगी या उसने मुझे देश से खदेड़ दिया, सभी अख़बार-पत्रिकाओं ने एकजुट होकर मेरी कृतियाँ छापना बन्द कर दीं। कलकत्ता से शिवनारायण राय यहाँ घूमने आये थे। उनके लिए मैंने होटल में ठहरने का इन्तज़ाम कर दिया। यहाँ जितने जादूघर हैं, मैंने उन्हें दिखाया। स्वीडन से सुयेनसन आया, मैंने उसे भी शहर की सैर करायी। विदेश में रहकर भी मैं अर्ध-तुम हूँ। यहाँ की अर्ध-संस्कृति देखकर भी, मैंने कुछ नहीं सीखा। मैं अकेले ही उँडेल देती हूँ। मेरे फ्रेंच मित्र भी जान गये हैं कि मैं दोस्तों को लेकर जब किसी रेस्तरां या कैफे में जाती हूँ, तो सारा बिल अकेले ही मिटाती हूँ। गिन-गूँथकर अपने पैसे निकालना, सिर्फ अपना हिस्सा अलग कर लेना, मुझे बिल्कुल पसन्द नहीं है। एक दिन मैंने सबको खाना खिलाया। अगली बार ज़रूर सबको मुझे खिलाना चाहिए। लेकिन जब मैंने खिलाया, इसलिए सबने धन्यवादस्वरूप मेरे गालों को चूमा और चल दिये। अगली बार, जब हम रेस्तरां गये, मैंने जिन-जिन लोगों को खिलाया था, उन लोगों ने अपना-अपना पैसा चुकाया और अपना हिस्सा मुझे ही चुकाना पड़ा। कितने ही सारे ऐरे-गैरे लोगों को खिलाती रही हूँ, माँ, क्या बताऊँ? यह सब मुझे तुम्हारे चरित्र से मिला है। सारे रुपये ख़त्म होकर, बिल्कुल तलछट तक आ पहुँचे, लेकिन मेरा स्वभाव नहीं गया। अब, मैं कोशिश कर रही हूँ कि अपने को और बेवकूफ नहीं बनने दूँगी। ख़ैर, मेरी लाख कोशिशों के बावजूद, जो स्वभाव मेरे खून में घुलमिल गया हो, उसे मैं कैसे बदल पाती, बताओ? सच बात क्या है, जानती हो, माँ, जो लोग मेरे लिए त्याग करते हैं, उनमें से अधिकांश के लिए, मैं कुछ नहीं कर पाती। मैंने देखा है, जिनके लिए मैं त्याग करती हूँ, उनके लिए लगातार ही करती जाती हूँ। ये लोग मेरे लिए बूँद भर त्याग तो ख़ैर नहीं ही करते, बल्कि मौका पाते ही मुझे ठग लेते हैं। मेरा मित्र-भाग्य बिल्कुल भी शुभ नहीं है। मैंने गौर किया है, जो लोग मेरे मित्र होते हैं, वे लोग ही मेरा मित्र के रूप में चुनाव करते हैं। बस, यहीं मैं भूल कर बैठती हूँ। असल में मुझे उन्हीं लोगों के साथ मिलना-जुलना चाहिए, जो मुझे पसन्द हैं। लेकिन प्रेमी कहें या मित्र, मैं खुद किसी का चुनाव नहीं करती। यह क्या मेरा कोई कॉम्प्लेक्स है? पता नहीं, यह मेरी सुपीरियारिटी है या इन्फीरियारिटी! श्रेष्ठतर मानसिकता है या हीनतर मानसिकता! चलो, छोड़ो, होगा कुछ! अक्सर मुझे लगता है कि मुझमें आत्मविश्वास कम होने के कारण, जो मुझे पसन्द होता है, उसके पास मैं पहुँच नहीं पाती। अगर कहीं, मैं उसे पसन्द न आऊँ...अगर कहीं, वह मुझे प्यार न करे—बस, यही अनिश्चयता मुझे दुविधाग्रस्त रखती है। नहीं, अपमानित होने का जोखिम मैं नहीं उठाना चाहती। इसके बजाय, जो लोग मुझसे दोस्ती करने के लिए पागल हो उठते

हैं, दिन-रात धाराप्रवाह मेरा नाम जप करते हैं, मुझसे जोंक की तरह चिपके रहते हैं। धीरे-धीरे उन्हीं लोगों के साथ मेरी दोस्ती हो जाती है। पागलों की जमात में कुछेक असली पागल भी जुट जाते हैं।

प्रेम करने के लिए मुझे जिस तरह के मर्द पसन्द हैं, वैसे मर्द क्या चाहने भर से मुझे मिल सकता है भला? बहुतेरे लोगों को उनका मनचाहा मिल जाता है। लेकिन मुझे कभी, किसी दिन नहीं मिला। तुम्हें भी तो ज़िन्दगी भर कोई नहीं मिला। तुम तो अब्बू तक को नहीं पा सकीं! अन्य किसी को तो तुमने पाना ही नहीं चाहा। तुमने तो एकमात्र अब्बू को ही चाहा था और अब्बू थे कि उन्होंने तुम्हारे अलावा, दुनिया की तमाम औरतों को चाहा था। उन्हें कितनी औरतें मिलीं, किस हद तक मिली थीं, कौन जाने। जो औरतें उन्हें मिली थीं, वे लोग क्या तुमसे ज़्यादा भली थीं? पता नहीं किस वजह से, अब्बू को तुमसे विरक्ति थी। तुम एक प्यारहीन गृहस्थी में ज़िन्दगी के आखिरी दिन तक रह गयीं। मैंने तुम्हारी तरह ज़िन्दगी नहीं गुज़ारी। मैं किसी भी प्यारहीन दुनिया में नहीं रही। इसके बजाय मैंने अकेले-अकेले रहना ही क़बूल कर लिया। इससे बेहतर राहत और कुछ नहीं हो सकती। किसी भी ऐसे मर्द के साथ रहना-सहना, किसी भी जागरूक लड़की के लिए सम्भव नहीं है, बशर्ते वह मर्द मन-प्राण से औरत की आज़ादी में शत-प्रतिशत विश्वास न करता हो और वह विश्वास उसने अपनी ज़िन्दगी में साबित न किया हो। लेकिन मैंने ऐसी खूबी अधिक पुरुषों में नहीं देखी। ज़माने पहले, जिन सभी देशों में औरत का अधिकार प्रतिष्ठित हो चुका है, उन देशों के बहुतेरे पुरुषों में यह खूबी विद्यमान है, लेकिन मनचाहा कोई विदेशी पुरुष पाना, किसी देशी लड़की के लिए क्या सम्भव है? पहली बात तो यह कि मैं किसी दिन खोजने तो बैठी नहीं। यह सब मेरे स्वभाव के बाहर है। स्वभाव से बाहर निकलना मेरे लिए कभी भी सम्भव नहीं है। ख़ासकर, जो स्वभाव मन के अन्दर दफ़न है। यह स्वभाव भी मुझे शायद तुमसे मिला है, माँ! तुम भी किसी मर्द की तरफ पलटकर नहीं देखती थीं। हालाँकि तुमने अपनी ज़िन्दगी का प्रायः सारा वक्त बुर्के की आड़ में ही गुज़ार दिया, लेकिन तुमने किसी को देखा भी, तो बुर्के की आड़ से देखा, तुम्हें किसी ने नहीं देखा। 'तुम्हें प्यार करता हूँ' यह वाक्य तुमने कभी, किसी दिन किसी भी तरफ से नहीं सुना। जब-जब मैं यह सोचती हूँ, मुझे बेतरह रुलाई छूटने लगती है। अब्बू ने तो यह जुमला, तुमसे किसी भी दिन नहीं कहा। पता नहीं, किसी दिन अमानुद्दौला ने तुमसे यह वाक्य कहा था या नहीं। मुझे जाने क्यों तो लगता है कि उसने भी कभी नहीं कहा। अमानुद्दौला को शादी करने का रोग था। एक साथ कई-कई शहरों में कई-कई बीवियाँ रखने का उसे मर्ज़ था। जहाँ कहीं विवाह करने की सम्भावना होती थी, वहीं वह भिड़ जाता था।

वह जो तुमसे भिड़ना चाहता था, बेशक शादी के इरादे से नहीं! आह, माँ, काश, ज़िन्दगी में तुम किसी ईमानदार, सच्चे पुरुष से मिली होतीं, माँ! काश, तुम जान पातीं कि कोई तुम्हें प्यार करता है। 'प्यार' शब्द मैंने बहुत बार, बहुतेरे लोगों की जुबानी सुनी है, माँ, मुझमें कहीं से भी अतृप्ति नहीं है। लेकिन, तुम अपने शरीर को तृप्त नहीं कर पायीं, हालाँकि तुमने चार-चार सन्तानों को कोख में धारण किया, जन्म दिया। लेकिन तुम्हारी कोई भी सन्तान सुखद-मिलन का नतीजा है, ऐसा मुझे नहीं लगता। सन्तानों को जन्म लेना था, बस शायद इसीलिए ले लिया। समाज की बाधा तो होती ही है, मन की बाधा भी क्या कम होती है? मैं समाज के मन की सारी बाधाएँ लाँघ गयी। लेकिन इसके बावजूद, कहीं हार गयी। ज़िन्दगी की लम्बी राह पार करने के बाद, मैंने देखा, मैं 'नोबडी' या अकिंचन नहीं हूँ, 'सेलिब्रिटी' हूँ, 'लोकमान्य' हूँ! 'नोबडी' या 'सेलिब्रिटी' के प्रेम में आमतौर पर कोई नहीं पड़ता। 'नोबडी' या अकिंचन को तुच्छ समझते हैं और 'सेलिब्रिटी' यानी 'लोकमान्य' के करीब जाने में भी दुविधा करते हैं। वे लोग पक्के तौर पर यह सोच लेते हैं कि वह जिस-तिस के प्यार में नहीं पड़ेंगे। मुझमें चाहे जितना भी मन का ज़ोर या साहस क्यों न हो, मैंने गौर किया है कि मैं खुद आगे बढ़कर, किसी मर्द से यह नहीं कह सकती, न देश में, न विदेश में कि तुम मुझे अच्छे लगते हो या ऐसा ही कोई और जुमला! दुनिया में शायद और कोई भी दूसरी आधुनिक लड़की नहीं है, जिसने इतना-इतना लम्बा अर्सा यौनगन्धहीन संन्यासी जीवन गुज़ारा हो! हम दोनों की समस्या शायद एक जैसी ही थी! हम दोनों ने ही सच्चा प्रेम कभी नहीं पाया। चूँकि सच्चा प्यार नहीं मिला, इसलिए जिस-तिस किसी को क़बूल ही नहीं कर पायी। इस बात को लेकर, निवृत्त में तुम्हारे नीरव मन में अफसोस जागता था कभी? मुझे अफसोस होता है। कभी-कभी मुझे ख़याल आता है कि मुझे अपनी यह ज़िन्दगी अगर एक बार फिर से शुरू करने का मौका मिले तो मैं बिल्कुल नये सिरे से शुरू करती। असल में बहुत-से लोगों के मन में यह इच्छा जागती है, सिर्फ मेरे ही मन में नहीं। इन्सान अगर संवेदनशील हो तो अतृप्ति का यह अहसास, मौत तक क़ायम रहता है।

मेरा एक फ्रेंच लड़के से सम्पर्क हुआ। सम्पर्क शारीरिक आकर्षण के कारण ही शुरू हुआ। पता नहीं, इसे प्रेम कहा जा सकता है या नहीं! वह लड़का देखने में काफी खूबसूरत था, जिसे सुदर्शन पुरुष कहते हैं, बिल्कुल वही! उम्र में मुझसे छः वर्ष छोटा। कभी मेरा यह ख़याल था कि अपने से छोटी उम्र के साथ प्यार नहीं हो सकता। मैं यह भी सोचती थी कि जो बंगला में बातचीत नहीं कर सकता, उसके साथ तो हरगिज प्यार नहीं किया जा सकता। यह ख़याल बिल्कुल ग़लत था। प्रेम जिस किसी भी भाषा में सम्भव है। यह लड़का अंग्रेजी जानता है। हमारी अंग्रेजी में ही बातचीत होती है। फ्रेंच भाषा जितनी-सी सीखी है, उसके सहारे ज़्यादा देर तक

बातचीत नहीं चलायी जा सकती। वह जब फ्रेंच भाषा में अपना प्रेम बयान करता है, तो सुनने में बेहद अच्छा लगता है। बहुतेरे लोगों का कहना है कि फ्रेंच भाषा, प्रेम के लिए बेहद खूबसूरत और मोहक भाषा है। सच बताऊँ, माँ, उस लड़के ने मुझे शारीरिक प्रेम करना सिखाया है। शरीर के मामले में, कितनी अनपढ़ और अनाड़ी थी मैं! मेरी अपनी ही देह, फिर भी मेरे ही लिए कितनी अचीन्ही और अजानी! वह लड़का, मेरा प्यार पाने के लिए दिनोदिन आकुल-व्याकुल हो उठा। उस लड़के के बीवी-बच्चे भी थे, मगर मैंने सुना कि बीवी के साथ उसका शारीरिक सम्बन्ध नहीं है। बहरहाल, मैं इस बात पर विश्वास नहीं करती, क्योंकि सभी शादी-शुदा मर्द दूसरी औरतों से शारीरिक सम्बन्ध बनाते हुए, ऐसी बातें करते हैं। वह लड़का अगर किसी दूसरी औरत के साथ भी सोता है, तो मुझे कोई परेशानी नहीं। अपने एकाकी जीवन में, बीच-बीच में अगर शरीर की भूख-प्यास मिटाने के लिए मुझे कोई खूबसूरत, मोहक मर्द मिलता है, जो मुझसे यह कहता है कि वह मुझे बेहद प्यार करता है, तो क्यों नहीं? बताओ? वह लड़का किसी दूर शहर से अक्सर ही मेरे यहाँ आ पहुँचता, दो-तीन दिन मेरे पास, मेरे साथ गुज़ारकर चला जाता! वह हवाई-फौज का पायलट था! मैं ही उसे साथ लेकर, समूचे पेरिस शहर में घूमती-फिरती! सभी लोग मेट्रो की सवारी करते हैं। लेकिन पाताल में जाने का मेरा मन नहीं करता। हर जगह मैं टैक्सी से ही आती-जाती थी। चूँकि मुझे रुपये-पैसे का कोई मोह नहीं था, इसीलिए मैं बेभाव ख़र्च करती थी। वह लड़का अवाक् नज़रों से मेरा काण्ड-कारखाना देखता रहता था।

देश से निर्वासित होने के बाद, पूरे छः सालों तक, भारतीय दूतावास के दर-दर चक्कर लगाते हुए भी, मुझे भारत जाने की अनुमति नहीं मिली। बांग्लादेश तो मुझे अपनी धरती पर क़दम ही नहीं रखने देता। जाने कितने अर्से से मैं भारत जाना चाहती हूँ, वह भारत देश भी मुझे भारत आने की अनुमति नहीं दे रहा है। अन्त में सन् निन्यानबे में मुझे भारत जाने का वीजा दिया गया। उस वक्त किस क़दर खुशी हुई थी मुझे!

अपने देश में न सही, देश के आस-पास के किसी देश में तो पहुँच जाऊँगी। कलकत्ता तो, पड़ोसी देश का ही एक शहर था! कलकत्ता में जाने कितने ही लोग मेरे मित्र, मेरे शुभाकांक्षी थे। बहुत-से लोगों का कहना था कि भारत में चूँकि बीजेपी सत्ता में आयी है इसीलिए मुझे वीजा मिल सका है! ख़ैर, कौन-सा दल, सत्ता में आया, इस बारे में मैं नहीं सोचती! मैं सिर्फ भारत पहुँचना चाहती थी। बीजेपी ने अगर छः वर्ष की निषेधाज्ञा ख़त्म कर दी, तो बीजेपी को धन्यवाद न देने की कोई वजह नहीं थी। मेरे लिए भारत जाने का मतलब है, कलकत्ता जाना। मैं कलकत्ता जा रही हूँ, मैं खुशी से नाच उठी। मेरा फ्रांसीसी प्रेमी लरों ने कहा, वह भी मेरे साथ जाना चाहता है। ख़ैर, इसमें मुझे कोई आपत्ति नहीं थी। वह भी खुशी से

नाच उठा। लेकिन जब अपनी टिकट खरीदने का वक्त आया, तो उसने बताया कि टिकट पर खर्च करने के लिए उसके पास रुपये नहीं हैं। फ्रेंच नौजवान! फौजी विमान का पायलट की नौकरी कर रहा था। उधर तुलूज नामक शहर में किसी मशहूर कॉलेज में हवाई-तकनीक की ट्रेनिंग ले रहा था, उसके पास रुपये नहीं हैं? मैं अवाक् तो हुई, लेकिन अपने दोनों की टिकट, मैंने ही ख़रीद ली। एयर-फ्रांस की टिकट! बॉम्बे होते हुए कलकत्ता! मेरे अलावा इतना सब और कौन करता? मुझ जैसी कोरी भावुक, बुद्धिहीन औरत के अलावा? वहीं, तुम्हारी तरह ही; मुझे पक्का पता है, मेरी जगह अगर तुम होतीं, तो तुम भी वही करतीं। यास्मीन भी यही करती। हम तीनों ही शायद चोट खाने के लिए ही पैदा हुई हैं। उस लड़के को अतिशय सम्मान देते हुए, सभी जगहों पर, अपने साथ रखा। यहाँ तक कि जब मैं ज्योति बसु से मिलने गयी, जिस कमरे में किसी दूसरे को जाने की अनुमति नहीं थी, मैं उस फ्रेंच नौजवान को अपने साथ ले गयी। वह फ्रेंच बन्दा खुशी-खुशी सारे आमन्त्रण, सारे अभिनन्दन, सारे आनन्द, सारे सुखों का मज़ा लेता रहा। महज मेरा प्रेमी होने की वजह से, उसे ढेरों उपहार वगैरह भी मिले।

मैं सिर्फ फ्रेंच प्रेमी ही नहीं, फ्रेंच वाइन भी ले गयी। 'ताज बंगाल' होटल में, मैंने एक कमरा किराये पर ले लिया था, जिसका किराया था, हर रोज़, बारह हज़ार! सच तो यह था, माँ, कि मन के जिस खिंचाववश जहाँ गयी थी, वहाँ और सबका भले हिसाब-किताब करूँ, रुपये-पैसों का हिसाब नहीं करती थी। मैं तो हमेशा कहती हूँ—मुझे लाख रुपये भी दान करने को कहो, मैं खुशी-खुशी कर दूँगी। इसमें मुझे कोई एतराज नहीं। लेकिन मुझे चकमा देकर, अगर दो पैसे भी ऐंठना चाहो, मैं क़बूल नहीं करूँगी। पहली ही रात, मेरे होटल के कमरे में कलकत्ता के पुराने चार मित्र वाइन पीने आ पहुँचे। काफी देर-रात तक अड्डेबाजी हुई, खाना-पीना हुआ। फ्रांस से लायी हुई वाइन ख़त्म हो जाने के बाद, मैंने होटल के रिसेप्शन को फोन किया। उनके यहाँ अगर फ्रेंच वाइन हो, तो दे जायें। बैरा दो बोतल खोलकर रख गया। अगले दिन, उस वाइन का बिल दिखाया गया। एक लाख रुपये से ज़्यादा का बिल था! हैरत है! इतनी महँगी वाइन देने से पहले, कीमत तो एक बार बता देते! मेरे इस सवाल का उन लोगों के पास कोई जवाब नहीं था। मैंने उनसे कीमत कम करने को कहा! मगर क़ीमत भी कम नहीं की। उतने सारे रुपये मुझे अकेले ही चुकाने पड़े। वाइन पीकर, जब काफी रात गये, मेरे वे मित्र जाने लगे, मुझसे दुगनी उम्र के एक बन्दे ने मुझसे गले मिलने के बहाने, बेवजह ही मेरा स्तन दबा दिया। उसे क्या सुख मिला, कौन जाने? मैं हतवाक् खड़ी की खड़ी रह गयी। ऐसे सब मर्दों को शर्म नहीं आती, शर्म मुझे आती है। मुझे सिर्फ शर्म ही नहीं आती, गुस्सा भी आता है। लेकिन, मैं जानती हूँ, सभी इन्सान एक जैसे नहीं होते। अच्छे और बुरे लोग, हर देश में होते हैं। लेकिन, तुम

तो जानती हो, कि दुर्जन और बुरे लोगों को मैं आसानी से नहीं पहचान पाती। अपनी आदत की खूबी या ख़ामी की वजह से मैं सभी लोगों को शरीफ आदमी समझ लेती हूँ। जब उन लोगों का मुखौटा उतर जाता है, तो मैं विस्मित होती हूँ, दुःखी होती हूँ। उस दिन के विस्मित-विषाद को लेकर मैंने एक कविता लिखी–

सड़क का छोकरा और कवि!
बताया था यह किस्सा कभी,
निरे बचपन में, टहलते हुए नदी-तट पर,
सर्र से उड़ता हुआ आया, सड़क का छोकरा
मेरा वक्ष दबाकर,
दौड़कर हो गया हवा!
अपमान से नीली पड़ी मैं, घर लौटकर रोयी रात भर!

बताया नहीं यह किस्सा, हुई जब सयानी,
जब मैंने शुरू की कविता, लिखनी-सुनानी!
जैसे ही बैठने लगी, कवियों की मजलिस में,
हाथी जैसे भारी-भरकम कवि,
चुटकी से दबाकर मेरा वक्ष, बस, चल देते हैं!
अगले दिन, जब मिलते हैं,
कहते हैं–कल दारू कुछ ज़्यादा पड़ गयी थी पेट में!
यूँ दारू की दुहाई देकर,
बाँचने लगते हैं कविता,
कविता की दुहाई देकर
पा लेते हैं छुटकारा! क्या खूब!

मूड खराब होने और दुःखी होने की ढेरों घटनाएँ घटीं, मगर मूड अच्छा होने और खुश होने की भी कई-कई घटनाएँ भी घटती रहीं। शान्तिनिकेतन में कणिका बंद्योपाध्याय से भेंट हुई, जिनके गीत सुनते हुए, मेरा कैशोर्य और जवानी गुज़री, जिनके गीतों ने मुझे विदेश-झुण्ड में ज़िन्दा रखा है। मुग्धता ने मुझे निर्वाक् बनाये रखा। उन्होंने कई गीत भी सुनाये। गीत सुनते-सुनते जाने क्यों तो मेरी आँखें भर आयीं। मैंने अपने आँसू छिपा लिये। असल बात क्या है, माँ, जानती हो? अगर कोई तुम्हारी हमउम्र मुझे निःस्वार्थ भाव से प्यार करती है, मुझे स्नेह देती है, दुलार भरे लहजे में बातें करती है, मैं अपने आँसू नहीं रोक पाती। पत्रकारों की भयावह भीड़ लगी रही। तुम्हें क्या बताऊँ, माँ, वहाँ मैं कोई लेखिका नहीं, मानो बम्बई से कोई फ़िल्म-स्टार आयी होऊँ! मुझे चकाचौंध रोशनी, इतने पत्रकार, इतने-इतने

सवाल भले नहीं लगते। मैंने बार-बार उनसे अनुरोध किया कि वे कैमरा दूर हटा लें। मैंने बार-बार कहा, इण्टरव्यू नहीं दूँगी। लेकिन, मेरी बात कौन सुनता? मैं समझती हूँ, वे सभी लोग मुझे प्यार करते हैं। प्यार का मोल दिये बिना, मुझसे रहा नहीं जाता। बस, इसी एक मामले में, मैं निरी बुद्धू बन जाती हूँ। हाँ, सिर्फ तुम्हारे प्यार का मोल ही नहीं दे पायी, जानती हूँ।

इस शहर कलकत्ता में कितना कुछ घटता रहता है! अन्नदाशंकर राय, शिवनारायण राय, अम्लान दत्त जैसे बड़े-बड़े मनीषी मुझे स्नेह देते हैं, प्यार करते हैं। वे लोग मेरी कृतियों को, कृतियों के लिए मेरे निर्वासन को ऐतिहासिक बताते हैं। अपने बारे में इतनी ऊँची धारणा, मेरे मन में कभी नहीं थी, आज भी नहीं है। लेकिन, इतने बड़े-बड़े लोगों की उदारता देखकर, मन को कहीं अच्छा भी लगता है और कहीं से कुण्ठित भी होती हूँ। मैं खुद एक साधारण, आम इन्सान हूँ। साधारण लोगों में रहते हुए, मैं चैन महसूस करती हूँ। असाधारण लोगों की भीड़ में, अपना आपा नितान्त छोटा और तुच्छ लगता है। इसके बावजूद बड़े-बड़े लोग मुझे प्यार या प्रश्रय देने में ज़रा भी कंजूसी नहीं करते। निखिल सरकार वटवृक्ष की तरह खड़े रहते हैं। उनकी महानुभावता अतुलनीय है। वे मुझे परम आत्मीय की तरह अपने करीब खींच लेते हैं। मैंने बेशक़ अपना देश, अपना घर-द्वार, अपने आत्मीय-स्वजन, सभी कुछ गँवा दिया है, मगर कलकत्ता शहर, कुछेक दिनों के लिए सारा कुछ लौटा देता है।

मैं विस्मय-विमुग्ध होकर गौर करती हूँ कि मुझे एक झलक देखने के लिए, मेरा ऑटोग्राफ लेने के लिए, मुझसे दो-एक बात करने के लिए कलकत्ता में शुभाकांक्षियों की भीड़ लगी रहती है। वही जो सन् चौरानबे के मई महीने में पेरिस से ढाका लौटते हुए, राह में कलकत्ता रुकी थी, उसके बाद मैंने पहली बार कलकत्ता में क़दम रखा है। कलकत्ता ने मुझे प्यार से अपने सीने से लगा लिया। हालाँकि बगल में ही मेरा अपना देश है। जिस देश के लोग मुझसे नफरत करते हैं, जबकि वे लोग भी बंगाली हैं और ये लोग भी बंगाली हैं। पश्चिम बंगाल के लोगों का प्यार-प्रीति पाकर, मेरे दीर्घ निर्वासन का दुःख-कष्ट काफी कुछ मिट जाता है। जो लोग मुझे प्यार करते हैं, वे लोग ही मुझे, अपने स्वजन, अपने आत्मीय लगते हैं। लेकिन यह फ्रेंच बन्दा, चारों तरफ मेरी लोकप्रियता देखकर, कहाँ तो खुश होता, इसके बजाय वह गेहुँवन साँप की तरह फन उठाकर फूत्कार उठा। एक रात, दिन भर के हलचल-हंगामे के बाद, अगले ही दिन मेरा एक कार्यक्रम था। अर्से से बंगला न बोलने-पढ़ने की वजह से मेरी हालत ऐसी थी कि मैं अपनी भाषा ही भूल गयी हूँ। कल मैं क्या पढ़ूँगी, कौन-सी कविता सुनाऊँगी, अपनी नयी किताब के बारे में क्या-क्या कहूँगी—चूँकि कुछ भी तय नहीं था,

इसलिए मैं एक बार ध्यान से पढ़-लिख लेना चाहती थी। लेकिन लरों मुझे कुछ भी पढ़ने देने को राज़ी नहीं था। वह मुझे कुछ भी लिखने या सोचने देने को तैयार नहीं था। उसे वक्त देना होगा; उसे निहारते हुए बैठे रहना होगा; उससे गपशप करना होगा; उससे प्रेम करना होगा; उसके शरीर में तैरना होगा। मैंने उसी दिन फैसला ले लिया कि इस आफत को अपनी ज़िन्दगी से ख़ारिज कर देना होगा। जिस प्यार में श्रद्धा न हो, मैं उसे प्यार नहीं मानती। ऐसे स्वार्थी, ईर्ष्यालु, हीनताग्रस्त इन्सान के साथ चलने-फिरने की मुझे क्या ज़रूरत है? यह सच है कि शरीर में सुख बसा होता है। लेकिन किसी दूसरे के पिंजरे में कैद होकर, सुख जीने का मुझे कोई शौक नहीं। वैसे फ्रेंच मर्द की जगह, अगर कोई बंगाली भी होता, तो शायद इसी ढंग से ईर्ष्या करता। मर्द की ईर्ष्या किस कदर भयंकर होती है, इसका मुझे हाड़-हाड़ अहसास हो गया। ज़िन्दगी में जिन कई एक मर्दों से मैंने रिश्ता बनाया, सिर्फ एक ही वजह से वह प्यार टूट-बिखर गया—ईर्ष्या! लोग कहते हैं औरतें ही ईर्ष्या-कातर होती हैं। लेकिन मर्दों की तुलना में औरतें रत्ती भर भी जलाधुर नहीं होतीं। आज देश-देश में जितने भी अपराध घट रहे हैं, उनका सिंह भाग पुरुषों की ईर्ष्या की वजह से होते हैं। मर्द औरतों की देह पर ऐसिड फेंकते हैं, औरतों को गोली मारते हैं, चीर या कुचलकर या पीट-पीटकर, गला दबाकर हत्या कर रहे हैं। महज ईर्ष्यावश! ऐसे कितने मर्द हैं, जिन्हें औरत की ईर्ष्या की वजह से अपनी जान देनी पड़ी? कितने मर्दों का सर्वनाश किया है औरतों ने, बताओ?

इतने लम्बे अर्से के बाद कलकत्ता आयी हूँ, मानो अपने देश लौटी हूँ; अपने घर लौटी हूँ। माँ, तुमने यह कभी नहीं देखा कि लोग मुझे प्यार करते हैं। ज़िन्दगी भर तुम यही देखती रहीं कि लोग मुझसे नफरत करते हैं; अखबारों में मेरे विरुद्ध बदनामी छपी होती है; मेलों में मुझ पर आकस्मिक हमला करते हैं; शहर में मेरे खिलाफ जुलूस निकालते हैं; मुझे मार डालना चाहते हैं; मेरे सिर की क़ीमत घोषित करते हैं। कलकत्ते के लोगों का मेरे प्रति प्यार देखकर, मुझे तुम्हारी बेतरह याद आती रही। और-और देशों में भी, जब लोगों का प्यार, उच्छ्वास और आवेग देखती हूँ, तो मुझे सिर्फ तुम याद आयी हो। मैंने मन ही मन कहा—देखो, माँ, तुम्हारी बेटी को कितने ही लोग प्यार करते हैं। काश, तुम थोड़ा-बहुत भी देख पातीं! वैसे जाने क्यों तो मुझे यह विश्वास करते हुए बेहद भला लगता है कि तुम ज़रूर देख रही हो। कैसे भी हो, कहीं से भी हो तुम शायद देख रही हो! देख-देखकर शायद खुश भी हो रही हो और तुम्हारी आँखें भी छलछला आती होंगी! 'आवृत्तिलोक' वालों ने शिशिर मंच में मेरा अभिनन्दन किया था। वहाँ मेरा एकल काव्य-पाठ का कार्यक्रम था। मेरे एक तरफ बैठे थे—सुनील गंगोपाध्याय और दूसरी तरफ शंख घोष! वहाँ जब मैं 'मेरी माँ की बात...' शीर्षक कविता पढ़ रही थी, मेरी आवाज़

रुँध आयी! मैं किसी हाल भी वह कविता पूरी नहीं कर सकी! सुनील ने मेरी पीठ पर तसल्ली भरा हाथ रखा। लेकिन, कोई भी तसल्ली, मेरा दुःख दूर नहीं कर सकती माँ! कोई भी सान्त्वना मुझे, मेरी ग्लानि से मुक्त नहीं कर सकती। तुम अगर अपनी ज़िन्दगी में बूँद भर भी सुखी होतीं, खुश रहतीं, तुम अगर हम सबका थोड़ा-सा भी प्यार पातीं, तब शायद मुझे इतनी तकलीफ नहीं होती, माँ! मरता तो हर कोई है। लेकिन तुम्हारी तरह, इतनी-इतनी तकलीफ पाकर कितने लोग मरते हैं? अपने जन्म से ही तुम सिर्फ कष्ट पर कष्ट उठाती रहीं! तुम्हें उम्मीद थी कि किसी न किसी दिन तुम्हारी तकलीफ, तुम्हारा कष्ट ज़रूर दूर होगा! तुमसे तो उस दुलु की माँ या अनु की माँ की स्थिति ज़्यादा बेहतर थी। यह बात तुम भी समझती थीं कि वे लोग तुमसे बेहतर नसीब वाली हैं। उनको प्यार करने वाला, कोई न कोई तो उनका अपना है। तुम्हारा तो कोई भी नहीं था। यह जो, तुम्हारा कोई नहीं था, यह बात मैं बर्दाश्त नहीं कर पाती। मैं अपने को माफ नहीं कर पाती, माँ! किसी दिन भी मैं अपने को माफ नहीं कर सकती।

जनवरी की ग्यारह तारीख को, तुम शायद फिर नहीं जागीं! तुमने आँखें भी नहीं खोलीं, तुमने बात भी नहीं की! पता नहीं क्यों तो यह तारीख मुझे याद है। मैं याद नहीं रखना चाहती, इसके बावजूद यह तारीख, मेरे ख़यालों से नहीं मिटती। कितना कुछ ही तो मुझे याद नहीं रहता, यही तारीख, जाने क्यों तो मुझे याद है। नहीं, साल-दर-साल ग्यारह जनवरी आती है, मगर मैं कुछ नहीं करती। यह तारीख आती है और गुज़र जाती है। उसके बाद शायद याद पड़ता है कि वह तारीख आयी थी! साल के तीन सौ पैंसठ दिनों में, एक वह दिन! उस दिन, तुम्हें अलग से याद नहीं करने, दुःखी होने की कोई वजह भी नहीं है। मैं तो तुम्हें तीन सौ पैंसठ दिन ही याद रखना चाहती हूँ। बरस के तीन सौ पैंसठ दिन ही तुम्हें प्यार करना चाहती हूँ। तुम जैसी हज़ारों माँ चाहती हूँ; हज़ारों इन्सानों को चाहती हूँ। तीन सौ पैंसठ दिन ही तमाम निर्यातित औरतों के लिए दो बूँद आँसू बहाना चाहती हूँ। उन लोगों के लिए अपनी मुट्ठी कसना चाहती हूँ या उन लोगों की तरफ सहारा देने के लिए, अपने दोनों हाथ बढ़ा देना चाहती हूँ। अगर अलग से कोई भी तारीख याद रखनी हो, तो मैं सिर्फ तुम्हारे जन्म की तारीख याद रखना चाहती हूँ। तुम्हारे जन्म का कोई वर्ष या तारीख मुझे नहीं मालूम। मैं सिर्फ इतना जानती थी कि तुम किसी ईद में पैदा हुई थीं। इसलिए तुम्हारा नाम रखा गया था—ईदुल! नाना-नानी, बड़े मामा और अब्बू तुम्हें ईदुल बुलाते थे। पता नहीं, तुम्हारा नाम पुकारते हुए अन्तिम अक्षर 'ल', 'न' क्यों हो गया था।

तुम्हें खोकर, मैंने अपने को खो दिया, माँ! मेरे लिए अब, इस दुनिया में कुछ भी बेशकीमती नहीं रहा। दुनिया ने मेरे लिए अपना सौन्दर्य, अपना मन, पल भर में खो दिया। पड़ा रह गया गन्दे नाले के पानी जैसा, मवाद और सड़े हुए खून

जैसा प्राणहीन, दुर्गन्ध और कुत्सित! इस दुनिया में अकेली बैठी-बैठी मैं करूँ भी तो क्या करूँ, माँ, बोलो न! अपराध-बोध मुझे दिन में टुकड़े-टुकड़े करता रहता है, रातों को धज्जी-धज्जी बिखेरता रहता है। मैं रेशा-रेशा बिखरती रहती हूँ, खून में सराबोर होती हूँ, उसके बाद भी मैं देखती हूँ कि मैं ज़िन्दा हूँ। इस बची-खुची 'मैं' के लिए मेरे मन में कोई प्यार जन्म नहीं लेता, हिकारत जन्म लेती है। अपने लिए यह वितृष्णा मैं मन ही मन पाले रहती हूँ। मैं इसी आग में जलती रहती हूँ, हर दिन! हर रात! मैं जहाँ भी होती हूँ, इसी तरह ज़िन्दा हूँ!

पुस्तक मेला में, आँधी-तूफान-बारिश की शामों में भी, मेरे पाठक बदस्तूर लाइन में खड़े होकर, मेरी किताब, 'मेरे बचपन के दिन' खरीद रहे हैं! तुम जब स्वीडन आयी थीं और मैं दिन-रात लिखने में डूबी रहती थी, यह वही किताब है। जो किताब लिखते हुए, तुम्हें वक्त देने का, मेरे पास वक्त नहीं था, यह वही किताब है। तुम्हारी मदद न मिली होती, तो यह किताब नहीं लिखी जाती, वही किताब! उस किताब के लिए मुझे 'आनन्द-पुरस्कार' मिला। इस किताब की भी कुछेक बातें पढ़कर, तुम दुःखी हुई थीं। लेकिन, तुम्हारा दुःख तो तुम्हारा दुःख था। वह मेरा दुःख नहीं था। इसीलिए मैंने उस किताब का कोई तथ्य नहीं बदला। तुमने भी स्वीडन छोड़ा और मेरी किताब भी पूरी हो गयी। पांडुलिपि पढ़कर, फ्रांस की प्रकाशक, क्रिश्चन बेस इस हद तक मुग्ध हो गयीं कि उन्होंने अनुवाद हो जाने के बाद, काफी हल्के-फुल्के संशोधन के लिए, अनुवादक, फिलिप बेनोवा को न्यूयार्क, मेरे पास भेजा। कुछेक शब्द और वाक्य, ख़ासकर अरबी-फारसी में इस्तेमाल किये गये शब्दों के अर्थ जानने के बाद, वह बन्दा शहर की सैर पर निकल पड़ता था। फिलिप बेनोवा जैसे ही यहाँ से लौटकर पेरिस पहुँचा, एडीशन स्टॉक से किताब भी तत्काल प्रकाशित हो गयी। 'मेरे बचपन के दिन' पहले फ्रेंच भाषा में ही प्रकाशित हुआ था। बंगला में तो बहुत बाद में प्रकाशित हुआ! मूल भाषा की पाण्डुलिपि बदस्तूर आनन्द पब्लिशर्स को दी गयी थी क्योंकि मेरी सारी किताबें 'आनन्द' ही छापते थे। लेकिन पाण्डुलिपि पढ़ने के बाद 'आनन्द' ने फैसला लिया कि यह पुस्तक उनके लिए प्रकाशित करना असम्भव है। मैंने सुना कि 'देश', 'सानन्दा' वगैरह पत्रिकाएँ, इन दिनों बांग्लादेश भी जाने लगी हैं। ऐसे में मेरी किताब प्रकाशित करके, बांग्लादेश सरकार को नाराज़ करने की, कोई मंशा, आनन्द पब्लिशर की नहीं थी। कोई भी नहीं चाहता था कि 'देश' और 'सानन्दा' बांग्लादेश में, मेरी वजह से निषिद्ध हो। इसके अलावा उस पुस्तक में, इस्लाम के बारे में जो बातें लिखी गयी हैं, उसमें बांग्लादेश सरकार को आपत्ति हो सकती है! अगर वह किताब 'आनन्द' की तरफ से प्रकाशित होती है, तो किताब के कुछेक अंश, ख़ासकर धर्म पर किये गये मंतव्य वापस लेने होंगे। इससे पहले, 'आनन्द' ने कभी ऐसी फर्माइश नहीं की थी! यह फर्माइश सुनकर मैं अवाक् रह गयी। लेकिन मैं

उस किताब में से कोई हिस्सा हटाने को राज़ी नहीं हुई। चूँकि मैं राज़ी नहीं थी, इसलिए 'आनन्द' ने भी वह किताब छापने से इनकार कर दिया। इससे पहले उन लोगों ने मेरी कोई किताब छापने में आपत्ति नहीं की थी! इस बार एतराज उठाया! इसके पीछे और भी एक कारण सुनने में आया। वे लोग ढाका में 'आनन्द पब्लिशर्स' की एक शाखा खोलने वाले थे। प्रधानमन्त्री शेख़ हसीना से उनकी बातचीत भी तय हो गयी थी। ऐसे में, अगर वे लोग मेरी ऐसी कोई किताब छापें, जिसमें इस्लाम की आलोचना हो, तो ढाका में उनकी नयी शाखा पर कट्टरवादियों के हमले की आशंका भी झूलती रहेगी।

निखिल सरकार ने तब किसी अन्य प्रकाशक को मेरी किताब देने की कोशिश की। 'स्त्री' नामक, एक प्रकाशन संस्था आगे बढ़ आयी। इस बारे में लेखक अमिताभ घोष से भी निखिल सरकार की बातचीत हुई। उन्होंने ही इच्छा जाहिर की कि 'स्त्री' को यह पाण्डुलिपि सौंप दी जाये। लेकिन निखिल सरकार ने अन्त में वह पाण्डुलिपि 'स्त्री' को भी नहीं दी। उनका कहना था कि उस किताब के कुछेक अंश हटाये बिना 'स्त्री' भी इसे ज्यों का त्यों प्रकाशित नहीं कर सकता। उन्हीं के मित्रों के ज़रिये, पीबीएस नामक, एक छोटी प्रकाशन-संस्था का पता मिला। निखिल सरकार ने उसी प्रकाशन को पुस्तक दे दी। पीबीएस अपने आदर्श के बाहर कोई भी किताब नहीं छापता। मेरी किताब की जाँच-परख के बाद, पीबीएस के मालिकान इस बारे में एकमत हुए कि यह किताब, उनके आदर्शों के खिलाफ नहीं है। पीबीएस छोटा प्रकाशक था। 'आनन्द' जैसे बड़े प्रकाशक, यह किताब छापने को राजी नहीं हैं, यह सुनकर अन्य बड़े-बड़े प्रकाशक भी डर के मारे पीछे हट गये। पीबीएस को भय-डर ज़रा कम ही है। इसलिए नहीं कि वह छोटा-मोटा प्रकाशक है, बल्कि अपने आदर्शों के लिए! जैसे मेरे विषय हैं—समाजतन्त्र, समता, सच्चाई, समानाधिकार वगैरह, उसी तरह ये उनके भी आदर्श हैं। आजकल तो बाकी सब कुछ होता है, इन्सानों में यह आदर्श ही गायब होता है। इन्सान धीरे-धीरे मानवता-बोध से नीचे गिरता जा रहा है। निखिल सरकार ने उस किताब से काफी सारे शब्द, वाक्य काट दिये। उन्हें आशंका थी कि वह सब पढ़कर, मुसलमान मुझे मार ही डालेंगे। लेकिन मैं मौत से नहीं डरती। जब उन काटे गये शब्दों और वाक्यों पर मेरी नज़र पड़ी, मैंने बाक़ायदा जंग करके, अगले संस्करण में दुबारा वे शब्द-वाक्य जोड़ दिये।

पीबीएस के मालिकान चूँकि खुद भी धर्ममुक्त थे, इसलिए उन लोगों ने भी कोई झमेला नहीं किया। निखिल सरकार स्वयं धर्ममुक्त थे, मगर मेरे नुकसान की आशंका से वे मेरे अति-साहस या दुस्साहस से असन्तुष्ट हो गये। लेकिन मेरे मन में उनके प्रति अगाध श्रद्धा के बावजूद, मैं यह चीर-फाड़ क़बूल नहीं कर पायी। उस किताब के प्रकाशन पर विशाल उत्सव भी हुआ। शायद वही, मेरी किसी

किताब पर पहला प्रकाशन उत्सव था। वह किताब तुम्हारी ही वजह से लिखी गयी थी, माँ! बचपन की कितनी ही घटनाएँ तुमने मुझे बतायी थीं। कितनी ही अग्रिम सच बातें तुमने मुझसे कही थीं। जाने कितने ही अप्रिय सच का इशारा भी तुमने ही किया था। जैसे तुमने कुछ नहीं छिपाया, मैंने भी नहीं छिपाया। मैं किताब लिख रही हूँ, यह जानते हुए भी तुमने अपने बचपन के सुख-दुःख की सारी बातें, अपनी जवानी, अपने गार्हस्थ जीवन की सारी बातें, मुझे बतायीं। तुम अगर न बतातीं, तो 'मेरे बचपन के दिन' लिखा ही नहीं जाता। मेरी आत्मकथा तो तुम ही शुरू कर गयी थीं। निर्वासन की वजह से मेरा लिखना जैसे बन्द हो गया था, वैसे बन्द ही रहता। तुम आयीं और तुम्हारी उपस्थिति में मैंने अपने 'मैं' को नये सिरे से खोज निकाला। तुम आकर अगर मुझे नहीं दिखातीं, तो मैं अपने अतीत की तरफ मुड़कर भी नहीं देखती। किताब लिखने की बात, मेरे दिमाग़ में आती ही नहीं! जब तुम आयी थीं, तो अपने आँचल में, हरसिंगार के फूलों की तरह, मेरा शैशव, मेरा कैशोर्य भी बटोर लायी थीं, तुम्हारे तन-बदन से हरसिंगार के फूलों की वही खुशबू आती थी। आज भी, जब मैं आँखें मूँदकर तुम्हें याद करती हूँ, तो वह खुशबू महसूस करती हूँ। बेहद जानी-पहचानी खुशबू! बिल्कुल गुम हो गयी और फिर भी गुम न होने वाली खुशबू!

'मेरे बचपन के दिन' मैंने अब्बू को उत्सर्ग किया था। उस किताब में भी तुम्हारे बारे में क्या कम अकथ्य बातें थीं? उस समय भी तुम मौजूद थीं, ज़िन्दा थीं। दूसरा और तीसरा खण्ड 'उत्ताल हवा' और 'द्विखण्डित' में, मैंने तुम्हारी तरफ किसी और ही नज़रिये से देखा था। सच तो यह था कि तुम्हारी तरफ मैंने देखा! अब तक तो तुम्हारी ओर नज़र उठाकर देखा तक नहीं था। तुम्हारे बारे में हँसी-दिल्लगी करती रही, चुटकी लेती रही, मगर कभी देखा नहीं! 'मेरे बचपन के दिन' जब बंगला में प्रकाशित हुआ, तब पछतावे का अहसास मुझे इस क़दर रुला रहा था कि वह किताब मैंने तुम्हें ही उत्सर्ग किया। वैसे इसी किताब का फ्रेंच संस्करण अब्बू को समर्पित है। तुम इस अस्थिरता को क्या नाम दोगी? अचानक ही जैसे मेरी चेतना के कपाट खुल गये हों। बिल्कुल अचानक ही जैसे अपने को आईने के सामने खड़ी, पाती हूँ; पहली बार उस आईने में अपना चेहरा देखती हूँ। अपने पर क्या मुझे कम घृणा हुई है? मैं किसी हाल भी अपनी बूँद भर ग्लानि मेट नहीं पायी। मेरा यूँ टूट-फूट जाना...सब कुछ छोड़-छाड़कर मेरा संन्यास वरण करना देखकर, मेरे दोस्तों ने राय दी—'ग्लानि से मुक्त होओ। ग्लानि इन्सान का ध्वंस कर देती है।' चलो, ध्वंस ही करने दो, मैं यही तो चाहती हूँ। ऐसे में, मैं अगर मर भी जाती, तो मुझे कोई फ़र्क़ नहीं पड़ता।

कलकत्ता का वीजा जब समाप्त हो गया, मुझे पेरिस लौट जाना पड़ा। पेरिस में मुझे

क्या काम था, बताओ, सिर्फ बैठे रहना ही तो था। इसी पेरिस ने कभी मुझे रानी की तरह रखा था। मेरी गाड़ी के आगे-पीछे हॉर्न बजाती हुई गाड़ियाँ चला करती थीं। जब मैं सड़क पर चलती थी, पेरिस के आधे रास्ते बन्द कर दिये जाते थे। वही मैं, अब, पेरिस की सड़कों पर पैदल-पाँव चलती रहती हूँ, किसी भी आम इन्सान की तरह! साँवले रंग की लड़की! एशिया और भारतीय उपमहादेश के गरीब देश की साँवली लड़की! जिसकी तरफ कोई मुड़कर भी नहीं देखता। लेकिन, किसी समय इसी शहर में ही, मुझे देखने के लिए लोगों की भीड़ उमड़ पडती थी; किताब पर मेरा हस्ताक्षर लेने के लिए भीड़ बढ़ती ही चली जाती! सुरक्षा पुलिस के रोकने पर, जाने कितने ही लोगों को, मेरी एक झलक तक पाने का मौका नहीं मिल पाता था। जब कभी वे दिन याद आते हैं, माँ, मुझे हँसी आती है। वह उत्थान सच था या यह पतन सच है? ख़ैर, मुझे यह सब उत्थान या पतन नहीं लगता। मैं जहाँ थी, वहीं हूँ। मैं बेहद साधारण इन्सान हूँ। तुम्हारी ही तरह साधारण! निरीह! बीच-बीच में असाधारण के रूप में, मेरा प्रदर्शन ज़रूर किया जाता है! वह मेरे जीवन के इस संघर्ष की वजह से; मेरे लेखन की वजह से; मेरे आदर्शों की वजह से! जो इन्सान, मेरी हुलिया में सड़कों पर पैदल-पाँव चलता है, बस-मेट्रो में सवार होता है या टैक्सी से आता-जाता है, उसे लोग पहचानते नहीं, इसलिए उसे घेरते भी नहीं! अगर उन लोगों को पता होता कि मैं कौन हूँ, तो मेरी तरफ दौड़ते चले आते। यह जो मुझे देखकर भी नहीं पहचानते, यह बात मेरे लिए एक तरह से बेहतर है! मैं अपने ढंग से अपनी ज़िन्दगी गुज़ार सकती हूँ। वह असाधारण जीवन, वह ख्याति मुझे परेशान करती है। उस जीवन में भीषण दबाव होता है। देवी की भूमिका में ज़्यादा देर तक साँस नहीं ली जा सकती! वह जीवन क्षणिक होता है। यही जीवन असली है! पेरिस में मुझसे एक भयंकर भूल हो गयी, माँ! क्रिश्चन बेस मुझसे असीम प्यार करती हैं। वे कहती हैं, वे मेरी माँ जैसी हैं। मैंने झट तुम्हारी चेन निकालकर, उन्हें थमा दी। लेकिन, हर कोई क्या माँ हो सकती है? या होती है? जैसे ही उस औरत ने मुझसे अपना बेतहाशा प्यार जताया, मेरा पैर टूटने पर, मेरे एपार्टमेंट में आकर मेरे घर-द्वार की साफ़-सफ़ाई करने लगी, तभी मैंने उन्हें बिल्कुल अपनी समझ लिया। उफ! जाने कितने ही लोगों को मैं अपना समझ लेती हूँ, माँ! बाद में, ख़ैर, बुद्धि जागती है। लेकिन जब बुद्धि जागती है, तब तक बहुत देर हो चुकी होती है।

पेरिस शहर में रहते-रहते ही मुझे अहसास हो गया कि ज़्यादातर लोग, जिन्हें मैं अपना समझती हूँ, दरअसल मेरे मित्र नहीं हैं। कुछेक दिनों के परिचय के बाद ही, हम बेहद सहज ही, उन्मुक्त भाव से सबको अपना दोस्त कहने लगते हैं। मेरी ख्याति, दौलत और उदारता—इन तीनों को भुनाकर, अपने निजी स्वार्थ और सुविधा के लिए, जिनसे, जितना हो सकता है, दोनों हाथ भर-भरकर लूट लेते हैं। इसके

अलावा, उन लोगों का कोई उद्देश्य नहीं होता। समझ लो, कई-कई सालों तक, मैं इन्सान के बनावटीपन को पकड़ नहीं पाती। जो, जितना बड़ा अभिनेता होता है, वह बनावट में ही अपनी ज़िन्दगी गुज़ार देता है। अगर वह अभिनय में कच्चा हुआ, तो कुछेक महीनों बाद, मैं उसे पकड़ लेती हूँ। मूलांदन्दे की मिरियम अभिनय में ख़ासी पक्की थी। जैसे ही उसने देखा कि वह तो मुझे प्यार करती है, लेकिन मैं उसके प्यार का प्रतिउत्तर नहीं दे रही हूँ, उसने फट् बदला लिया। क्रिश्चन बेस का ख़याल है कि मैं कोई दुर्घटना में फँस जाऊँगी, कुछेक बुद्धिमान लोगों की मदद के बिना, में चल नहीं सकती। कनाडा के उस लेखक, पियरे लरू के साथ, मूलांदन्दे छोड़ आने के बाद भी, मेरा सम्पर्क क़ायम है, यह बात, मिरियम से बर्दाश्त नहीं हुई। पियरे को मैं एक दिन रेस्तरां में भी ले गयी थी। पियरे ने मुझसे दो हज़ार फ्रां उधार माँगा है, ये सारी बातें मैं मिरियम को बतायी थी। यह सब सुनकर, वह सीधे क्रिश्चन बेस की शरणापन्न हुई। उसने बताया कि पियरे शरीफ आदमी नहीं। वह मुझे बुद्धू समझकर, मुझे धोखा दे रहा है।

क्रिश्चन एकदम से मुझ पर हमलावर हो उठीं। नहीं, यह सब नहीं चलेगा। तम पियरे को रुपये उधार नहीं देगी। उससे अपनी दोस्ती तोड़ दो, अभी, इसी वक्त! वह उसे मेरे आस-पास भी नहीं आने देगी। मिरियम जैसा चाहती थी, सब कुछ बिल्कुल उसी तरह वह घटना घटी। वह क्रिश्चन से अनुमति लेकर, मेरी तरफ से वहीं, पियरे को गुडबाई कह आयी। उस वक्त, पियरे और मैं, दोनों ही मूलांदन्दे में नहीं थे, दोनों ही पेरिस में थे। पियरे को रुपयों की कड़की थी। वह रुपये माँग ही सकता था, मैं उसे रुपये दे ही सकती थी। मिरियम को इतनी जलन क्यों होने लगी? इसलिए कि वह मुझे बेहद प्यार करती है? मेरे रुपये-पैसे वह बचाना चाहती है? असल में इतने सारे काण्ड करने के मूल में, उसका उद्देश्य था—पियरे नामक मेरे भावी प्रेमी को मेरी त्रिसीमा से भी दूर रखना! पियरे कभी-कभी मेरे टूटे पाँव की ख़ैर-ख़बर लेने आता था। वह अपने साथ शतरंज भी ले आता था और मेरे साथ खेलने बैठ जाता था। वह मेरे लिए बैसाखी ले आया था। पेरिस में, मैं कमरे में अकेली पड़ी रहती थी, वह मेरा साथ देता था। इसी तरह एक दिन वह वाइन ले आया। पीते-पीते हम दोनों गपशप में मशगूल हो गये। ऐसे अद्भुत सुदर्शन नौजवान को निरखते हुए, मेरी आँखें जुड़ा जाती थीं। उसी पियरे को मिरियम ने बेहद चालाकी से मुझसे दूर खदेड़ दिया, क्योंकि मिरियम मुझे चाहती थी। मैंने बेहद हैरतभरी निगाहों से देखा कि ये लोग जितना प्यार कर सकती हैं, उतना तीखा बदला भी ले सकती हैं। प्यार इन लोगों को उदार नहीं करता, हिंस्र बना देता है। मूलांदन्दे में जिस रात मैं पियरे के साथ चाँदनी में घूमने निकली थी, मिरियम रात भर रोती रही और शराब पीती रही। पियरे के प्रति मेरा आकर्षण उससे सहा नहीं गया। उसी रात मेरे कमरे में रखे हुए कई हज़ार डॉलर अचानक चोरी चले गये। मेरे कमरे की एक चाबी मिरियम के पास थी। मिरियम

पर चूँकि उस विशाल मूलांदन्दे की व्यवस्था की जिम्मेदारी थी, इसलिए उसके हिस्से में कुछ भी करने का अबाध अधिकार भी था। जब यह सवाल उठा कि रुपये आखिर किसने लिये? तो मिरियम ने साफ सुना दिया–'घर की साफ़-सफ़ाई के लिए जो औरतें आती हैं, शायद उनमें से ही किसी ने लिया होगा।' लेकिन सच तो यह था कि पिछले तीन महीनों से उन औरतों ने मेरे उस बक्से को हाथ भी नहीं लगाया था, जिसमें मेरे डॉलर और तुम्हारे ज़ेवर रखे थे। नहीं, मिरियम पर भी मुझे कोई शक़ नहीं हुआ। लेकिन बाद में एक ऐसी घटना घटी कि मैं समझ गयी कि उसी ने यह टुच्चापन करके, मुझसे बदला लिया था। मिरियम की ईर्ष्या जितनी भयंकर थी, उसका प्यार भी उतना ही भयंकर था। ब्राज़ील के साओ पावलो विश्वविद्यालय की तरफ से मुझे व्याख्यान देने को आमन्त्रित किया गया। मैं जाने के लिए राज़ी भी हो गयी। उन लोगों ने टिकट भी भेज दिया। मिरियम ने कहा कि वह भी मेरे साथ जायेगी। मूलांदन्दे का कामकाज छोड़कर, उसने अपने लिए ब्राज़ील का टिकट भी खरीद लिया। उसके बाद ही मेरे पैर में मोच आ गयी और मैं बिस्तर पर पड़ गयी। मैंने ब्राज़ील वालों को सूचित कर दिया कि मैं नहीं आ सकूँगी। मिरियम अकेले ही ब्राज़ील चली गयी। वहाँ होटल के कमरे में अकेली ही बैठी-बैठी रोती रही और मुझे याद करती रही। वापस लौटकर वह सीधे मेरे यहाँ आ धमकी—वह मेरी सेवा करेगी, मुझे प्यार करेगी। मूलां में उसका मन नहीं लगता। वह हर रात मूलां से चलकर, पेरिस आती और सुबह नींद टूटते ही वापस मूलां चली जाती। मूलां से गाड़ी चलाकर पेरिस पहुँचने में तीन घण्टे लगते थे। लेकिन यह उसके लिए कुछ भी नहीं था। मेरे लिए उसके मन में जितना आवेग था, मेरे मन में उसके लिए कुछ भी नहीं था। मुझे निर्लिप्त देखकर, कभी-कभी वह फूत्कार उठती थी। वह रोने-चिल्लाने लगती थी, ज़ोर-ज़ोर रोती थी लेकिन मैं भी क्या करती, तुम बताओ? मिरियम की देह के प्रति, चाहे वह कितनी भी खूबसूरत हो, मेरे मन में कोई आकर्षण नहीं जागता था। मेरा प्यार पाने के लिए मिरियम जैसे पागल हो उठी। यूँ वह अपने को 'लेस्बियन' नहीं कहती थी। इससे पहले, जिन लोगों से उसने प्रेम किया, सबके सब मर्द थे। उसका कहना था कि यह पहली बार उसे किसी औरत से इश्क हो गया है। मुमकिन है, वह सच कहती हो। लेकिन अकेली वह प्यार में पड़े, यह तो नहीं चलेगा, मुझे भी उससे प्यार करना होगा। मूलांदन्दे में भी किसी गहरी रात के समय, वह मेरे कमरे में, मेरे बिस्तर पर ही, मेरी समूची देह की पोर-पोर को अपनी गर्म-गर्म साँसों से सहलाती रही। हाँ, उसने मुझे एक अलग क़िस्म की रात दी थी। लेकिन अगर वह हर रात इसकी माँग करे, तो कैसे चलता? मैं अपनी देह, अपना मन, उसे कुछ भी नहीं दे सकती थी। मैं उसे सिर्फ दोस्ती दे सकती थी, लेकिन सिर्फ दोस्ती से उसका नहीं चलने वाला था। मिरियम दिनोंदिन मानो होश गँवाकर, पागल हो उठी। उन दिनों मैं

पेरिस में अपना घर सजा रही थी। वह अपना कामकाज छोड़कर, हर रोज़ आ धमकती थी। मुझे साथ लेकर वह इकियार पहुँच जाती थी। मुझे पलँग की ज़रूरत थी, सोफा, किताबों की अलमारी चाहिए थी; मेज़-कुर्सी चाहिए थी, खाने की मेज़ चाहिए थी।

इसके अलावा चेस्ट ऑफ ड्रॉअर और बर्तन-भाण्डे की भी ज़रूरत थी। मैं मिरियम को बुलाती थी, ऐसा भी नहीं था। वह खुद ही गाड़ी लेकर चली आती थी और मुझे दुकानों तक ले जाती थी। खुद ही सारा सामान-पत्तर खींच-खाँचकर कमरे में लाती थी और ठीक-ठीक सजा भी देती थी। इतना सब करने की बात भी नहीं थी, लेकिन वह करती थी। मूलां के कामकाज में डण्डी मारकर, वह इन कामों में लगी रहती थी। चूँकि मेरे कमरे में जगह नहीं थी, ऊपर से मुझे इतना अधिक विदेश-भ्रमण करना पड़ता था, इसलिए क़ीमती सामान घर में रखना सुरक्षित भी नहीं था। मिरियम ने सारे महँगे सामान लाल सूटकेस में भरकर अपने घर ले जाने का फैसला सुना दिया। इसी मिरियम को एक दिन अपने से दूर हटाना पड़ा। मैंने उसे साफ़ सुना दिया कि उससे प्यार करना या देह-संग करना मेरे लिए, कतई सम्भव नहीं है। चूँकि मैं अर्से से भूखी थी, इसलिए किसी औरत की छुअन से शायद जाग भी जाती, लेकिन इसका यह मतलब हरगिज़ नहीं कि मैं समकामी हूँ। मिरियम धीरे-धीरे क्षुब्ध हो उठी। मेरे लिए उसका रोना-गाना सीमा पार गया। लेकिन अन्त में उसे विदा लेनी ही पड़ी। मेरे फ्रेंच प्रेमी के साथ पहली रात गुज़ारने के दिन, मिरियम मेरे पास आयी थी। मैंने उसे घर में घुसने ही नहीं दिया। काफी देर तक वह दरवाज़े की घण्टी बजाती रही, अन्त में चली गयी। वैसे वह पूरी तरह नहीं गयी। रात भर, वह सड़क पर, अपनी गाड़ी में बैठी रही। वह अपनी गाड़ी में भी कुछ इस ढंग से बैठी थी कि गाड़ी की खिड़की से मेरे घर की खिड़की नज़र आती रहे। गाड़ी से भी वह मुझे बार-बार फोन करती रही, उलाहने देती रही, चीखती-चिल्लाती रही, ज़ोर-ज़ोर रोती रही। मैं बार-बार उसे जाने को कहती रही। मैंने उसे साफ़-साफ़ बता दिया कि आज की रात मैं अपने दोस्त के साथ बिता रही हूँ। आज उससे मिलना सम्भव नहीं है। दरअसल मैं नहीं चाहती थी कि जिस सुदर्शन नौजवान के साथ, मेरा यह परम सुन्दर रिश्ता बना है, मिरियम उसे तड़ाक् से तोड़ दे, जैसे उसने पियेर को खदेड़ दिया था। इसके बाद, कई महीने गुज़र गये। एक दिन, सूटकेस में रखी किसी चीज़ की ज़रूरत पड़ी! कमरे का चप्पा-चप्पा खोज डाला, वह चीज़ नहीं मिली। तब जाकर याद आया कि वह चीज़, लाल सूटकेस में रखी थी और वह सूटकेस मिरियम के घर में है।

मैंने उसे फोन किया कि वह सूटकेस मुझे चाहिए।

मिरियम ने पूछा, 'कैसा सूटकेस?'

'अरे, वही लाल सूटकेस। घर में जगह नहीं थी या घर में सुरक्षित नहीं थी, इसलिए तुम अपने घर ले गयी थीं।'

'मेरे पास ऐसा कोई सूटकेस-टूटकेस नहीं है। मैं कुछ भी नहीं लायी थी।'

मुझे लगा, वह मुझसे मज़ाक कर रही है शायद! लेकिन, जब मैंने दुबारा अनुरोध किया, उसने साफ़-साफ़ इनकार कर दिया। उसने कोई सूटकेस नहीं लिया। उसके पास मेरा कुछ भी नहीं है। उसने फोन रख दिया।

उससे प्यार न करने का बदला, उसने इस ढंग से लिया। ये अमीर लोग हैं, माँ, लेकिन ये ही लोग कितना नीचे उतर सकते हैं! उस औरत का प्यार क्या सच ही प्यार था, माँ? मैं तो जिसे प्यार करती हूँ, कभी वह प्यार ख़त्म भी हो जाये, तो भी इतनी क्रूर नहीं हो सकती। वैसे प्यार की क्या ज़रूरत? मैं किसी परम दुश्मन से भी ऐसा अन्याय नहीं कर सकती। असम्भव! बदला लेते हुए, मैंने लरों को भी देखा कि वह क्या-क्या कर सकता है। लरों मुझसे कहा करता था कि वह मुझे बेहद प्यार करता है। लेकिन, मुझे उस पर विश्वास नहीं होता था या उसका प्यार बिल्कुल अलग तरह का था, जिसमें 'शेयर' करने का या हिस्सा-बाँट का कोई सवाल नहीं था।

कलकत्ता से वापस लौटकर, मैंने उसे विदा कर दिया। लेकिन उसके बाद भी सही-सही विदाई नहीं हो सकी। वह रात-दिन फोन करता, ज़ोर-ज़ोर रो-रोकर कहता कि वह मेरे बिना जी नहीं सकता। छुट्टी मिलते ही वह मेरे पास दौड़ आता। एक बार तो वह मुझे अपने डैडी-मम्मी और बहन के घर भी ले गया। उन सबसे, उसने अपनी प्रेमिका के तौर पर मेरा परिचय कराया। वे लोग मुझे, मेरे नाम भर से पहचानते थे। मुझसे मिलकर वे लोग महा-खुश हुए! उसके डैडी-मम्मी ने रात को मुझे और लरों को एक ही कमरे में सोने की अनुमति दे दी। माँ-बाप के घर, अपनी प्रेमिका को ले जाना, पश्चिमी देशों में काफी बड़ा मामला होता है! रिश्ता बाक़ायदा गम्भीर न हो, तो ऐसा नहीं होता। उसने अपनी बीवी को भी पहले दिन ही हम दोनों के रिश्ते की बात, बता दी थी। ज़रूरत पड़ने पर, फोन पर लरों को न पाकर, लरों की बीवी मेरे यहाँ लरों को फोन करती थी। लरों अपने बीवी-बच्चे छोड़कर, बाकी जीवन मेरे साथ गुज़ारने के सपने देख रहा था। वह बार-बार मुझसे आग्रह करता था कि मैं पेरिस छोड़ दूँ और तूलूज चली आऊँ। वहाँ उसके साथ जीवन गुज़ारना शुरू करूँ। शहर में उसने एक अलग एपार्टमेंट भी किराये पर ले लिया है। लेकिन मेरा मन कभी सहमत नहीं हुआ। उसके घर जाकर, उसके साथ रहने-सहने की इच्छा मेरी कभी नहीं हुई। जब उसने काफी ज़िद की तो पाँच दिनों के लिए सैर-तफरीह के इरादे से, उसके शहर ज़रूर चली गयी। पता नहीं मैं लरों को प्यार करती थी या नहीं, मगर उसकी खूबसूरत देहयष्टि की ओर देखकर, उसे निहारते रहने का मन करता था। कलकत्ता के होटल में पहली बार, उसे विदा कर देने का ख़याल आने लगा। दूसरी बार, लंदन के कम्प्यूटर की दुकान पर, उसे त्याग देने का इरादा जैसे पक्का हो गया। मैं कोई कम्प्यूटर ख़रीदना चाहती थी और कोई अच्छा-सा कम्प्यूटर तलाश कर रही थी, जो

भी कम्प्यूटर मुझे पसन्द आता था, वह मुझे ख़रीदने से मना कर देता था। वह मुझे, मेरी पसन्द का कम्प्यूटर लेने ही नहीं दे रहा था।

'सुनो, इतना महँगा कम्प्यूटर मत ख़रीदो। ये लोग तुम्हें ठग रहे हैं। कम क़ीमत का कम्प्यूटर ख़रीद लो और उसमें सारे हार्डवेयर-सॉफ्टवेयर लगा लेना।'

'नहीं, मुझे यही ख़रीदना है। मुझे यही पसन्द आया है।' मैंने कहा।

यह सुनते ही वह फूत्कारने लगा। मर्द की सलाह न मानी जाये, तो मर्द को भयंकर गुस्सा आता है। वह बनैले भैंस की तरह गुस्से से फूत्कारता रहा।

वह लगातार कहता रहा, 'तुम बिल्कुल बेवकूफ़ की तरह काम कर रही हो!'

मैंने सर्द आवाज़ में कहा, 'हाँ, कर रही हूँ। मेरा मन हो रहा है, इसलिए कर रही हूँ।'

रात को डिनर के वक्त भी मैंने देखा, कि उसका आदेश या उपदेश न मानने की वजह से उसकी फूत्कार, बदस्तूर क़ायम है।

मैंने शान्त आवाज़ में कहा, 'देखो, यह रिश्ता बहुत पहले ही ख़त्म हो जाना चाहिए था। अब लगता है, इसे ख़त्म ही कर देना चाहिए।'

रात होटल में वापस लौटकर, लरों बार-बार पूछता रहा, 'तुम क्या सच ही रिश्ता ख़त्म कर दोगी? क्या सच ही मुझे छोड़कर चली जाओगी?'

'हाँ—!'

बस, अगले ही पल वह 'नमि कित्य पा! नमि कि त्य पा' कहते हुए बेभाव रोने लगा और दीवार से सिर फोड़ने लगा। उसके सिर फटकर, खून की धार बहने ही वाली थी। मैं लरों को खींचकर, दीवार से हटा लायी।

मुझे कसकर बाँहों में समेटते हुए, वह बार-बार दुहराता रहा, 'नमि कि त्य पा! मुझे छोड़ो मत!'

इसके बाद, उसने मुझे बेभाव लाड़-प्यार करना शुरू किया। हाँ, मेरी देह उसे चाहती थी, देह ही बोलने लगती थी। लेकिन, मन उसे नहीं चाहता था। अगले दिन लंदन से पेरिस वापस लौटते हुए, रास्ते में इंग्लिश चैनल पार करके, उसकी बहन के यहाँ हमने रात गुज़ारी। रात को भी बार-बार उसका वही सवाल—'तुम क्या सच ही मुझे छोड़कर चली जाओगी?' मैंने 'हाँ' में जवाब दिया। उसने जितनी बार यह सवाल किया, मेरी तरफ से उसे 'हाँ' में जवाब मिला। अन्त में लरों के अन्दर का बनैला भैंस, अपने नुकीले सींग पैनियाते हुए, मुझ पर हमलावर हो आया। मुझे उसने, उसी वक्त घर से निकल जाने को कहा। मैं उससे बार-बार इसरार करती रही कि अभी नहीं, सुबह चली जाऊँगी। लेकिन, वह अड़ा रहा, मुझे अभी निकलना होगा। मेरे कपड़ों के बैग समेत, उसने मुझे घर से बाहर निकालकर ही दम लिया। उस वक्त रात के शायद डेढ़ बजे थे। लरों ने एक बार भी नहीं सोचा कि सड़क पर शराबी, बदमाश, अकेली लड़की को सड़क पर अकेली खड़ी

देखकर, मेरे साथ क्या करेंगे। ना, उस वक्त कहाँ से ट्रेन या बस या टैक्सी मिलती है, मैं नहीं जानती थी। पेरिस काफी दूर था। किसी राह से भी पेरिस जाने का उपाय नहीं था। अन्त में मैंने घर की घण्टी दबायी। कम से कम लरों की बहन, डोमिनिक, रात को नींद से जागकर, अपने बड़े भाई की करतूत देख ले। लेकिन घण्टी बजाते ही, लरों ने ही दरवाज़ा खोला।

मैंने कहा, 'मुझे आज की रात, यहाँ रहना ही होगा। सुबह चली जाऊँगी।'

रात गुज़ारकर, जैसे ही मैं बाहर निकलने को तैयार हुई, लरों भी साथ हो लिया। रास्ते में मैंने उस पागल को छोड़ जाने का ज़िक्र नहीं उठाया। वह लम्बा वक्त सिर्फ घोर स्तब्धता में गुज़र गया। मेरे पेरिस के एपार्टमेंट में वह भी दाखिल हुआ। मैं उसके चले जाने का इन्तज़ार करती रही।

'मुझे विदा करने के लिए तुम बेचैन हो रही हो न?' लरों ने पूछा।

मैंने मन ही मन जवाब दिया, हाँ, हो रही हूँ।

लरों कमरे में बेचैनी से चहलकदमी करता रहा और मैं दहशत से भर उठी। खैरियत से वह विदा हो जाये, तो मेरी जान बचे। हे प्रभु! दुबारा कोई दुर्घटना न घटे। उसका सारा गुस्सा दीवार पर जा पड़ा। उसने दीवार पर ज़ोरदार घूँसा मारा। दीवार थर्रा उठी। मैं आँखें मूँदे लेटी रही। अचानक बाथरूम से अजीब-अजीब आवाज़ें आने लगीं। मैंने जाकर देखा, लरों बाथ-टब में लेटा हुआ है और उसके हाथ में छुरी है। वह छुरी से अपनी कलाई की नसें काट रहा था। मैंने झटपट उसकी कलाई पर पट्टी बाँधी और उसे बाथ-टब से बाहर ले आयी। ख़ैर, विदा तो अन्त में उसे होना ही होगा। उसे तूलूज वापस लौट जाना होगा। लरों के बाहर निकल जाने के बाद, मैंने घर का दरवाज़ा बन्द कर दिया। मैंने कितनी राहत महसूस की, माँ, तुम्हें बता नहीं सकती। मुझे लगा जैसे मैं अर्से से किसी बज्र-पागल के पिंजरे में क़ैद थी। अभी-अभी आज़ाद हुई हूँ। मुक्ति के असीम आनन्द का अहसास हुआ। इसके बाद, लरों ने ढेरों फोन, ई-मेल वगैरह के ज़रिये, मुझसे सम्पर्क करने की बेतरह कोशिश की, लेकिन मैंने जवाब नहीं दिया। मुझे पाने का कोई उपाय नहीं था। तभी उसने पत्र लिखना शुरू किया। देश-विदेश में मेरे जितने दोस्त थे, जिन लोगों से वह मिला था या जिन्हें उसने देखा भी नहीं; क्रिश्चन बेस से लेकर कलकत्ता के छोटे-मोटे पत्रकार, सबको उसने पत्र लिखा। उसका एकमात्र लक्ष्य था, मुझे ध्वंस करना। ध्वंस करने के लिए यह ज़रूरी था कि मेरे जितने परिचित जाने-पहचाने दोस्त थे, जो लोग मुझे प्यार करते थे, श्रद्धा करते थे, उन लोगों के मन में मेरे बारे में विरुद्ध धारणा भर दी जाये; मेरे बारे में बुरी-बुरी बातें कही जायें, ताकि मेरी दोस्त लोग मुझे त्याग कर दें। लेकिन लरों का सपना सार्थक नहीं हुआ। मुझे किसी ने भी त्याग नहीं किया। पत्रों की ख़बर, मेरे दोस्तों ने ही मुझे दी। मैं जानती थी, लरों, मिरियम से भी ज़्यादा भयंकर था। बदले की भावना, कुत्सित ईर्ष्या, इन्सान को इन्सान नहीं रहने देती।

प्रेम और यौनता मुझे अबाध आनन्द दे सकती है, लेकिन जब कोई मेरी आज़ादी में टाँग अड़ाने आता है, तो भले वह मेरा कितना भी बड़ा प्रेमी हो, जितना भी प्रवीण यौन-संगी हो, मुझे उसे 'गेट आउट' बोलने में कोई दुविधा, कोई हिचकिचाहट नहीं होती—यह रिश्ता ख़त्म होने के बाद, फिर वही तुम! मेरी ज़िन्दगी में तुम्हारा न होना। यौनता मुझे भुलाये रखती है। यौनता की छुट्टी हो जाने के बाद, तुम्हारी मौत मुझे हताशा के अतल में खींच ले जाती है। सिर्फ नहीं, नहीं और नहीं! मैं तुम्हारे शोक में तड़पती रहती हूँ। इधर समूचा घर, कॉक्रोचों से भर उठा। बेशुमार कॉक्रोच मेरे तन-बदन पर रेंगते रहते हैं। मेरी देह भी उन जीवों के उत्सव की भूमि हो उठी है। अपने परिवार के प्रति अतिशय अभिमान से भरकर, मैंने अपने को सबसे दूर हटा लिया है और अजीब-से अँधेरे में डूबती चली जाती हूँ। किसी में इतना बूता नहीं कि मुझे उस अँधेरे से बाहर निकाले। कहीं से अदृश्य माटी आकर, मेरे जीते-जी, मुझे कब्र में दफ़न कर जाती है।

मैं मृत्युमय निस्तब्धता में बहती-उतराती रही। छाती के अन्दर खाँव-खाँव हाहाकर मचा रहता है, भयंकर खाली-खाली लगता है। मैं कविताएँ लिखती रहती हूँ। मैं जैसे कविताओं के साथ ही लेटी रहती हूँ! कविताओं में ही दिन; कविताओं में ही सारी-सारी रात! इन दिनों मैं किसी का भी फोन नहीं उठाती; किसी से भी बात नहीं करती! दुनिया एक तरफ और तुम्हारे 'न होने' को लेकर, मैं दूसरी तरफ! मैं खाना भी नहीं पकाती थी। बाहर से ही खाना मँगा लेती हूँ और कम्प्यूटर पर लिखते-लिखते ही खा लेती हूँ। जूठे बर्तन वगैरह मेज, बिस्तर, फर्श, रसोईघर में बिखरे पड़े रहते हैं। कागज के पैकेटों से पूरा घर भर गया है। कॉक्रोच जी भरकर जश्न मनाते हैं। तुम क्या यह कल्पना कर सकती हो कि आजकल मैं तुम्हारे बारे में कविताएँ लिख रही हूँ? तुम जहाँ भी हो, ये कविताएँ तुम पढ़ना, माँ! तुम्हें ज़रूर विश्वास नहीं हो रहा होगा, माँ! जाने किस दिन तो सड़क पर चलते-चलते, अचानक एक महिला पर नज़र पड़ी। वह महिला मेरे आगे-आगे ही चल रही थी, बिल्कुल उसी तरह, जैसे तुम चलती थीं। उनके चेहरे के दाहिने हिस्से की सिर्फ एक झलक भर मिली। मुझे लगा, चेहरे का दाहिना हिस्सा भी तुम्हारे चेहरे जैसा है। पता नहीं किस वजह से, मैंने अपनी चाल तेज़ कर दी, ताकि उस महिला के पास पहुँच सकूँ। लम्बे-लम्बे डग भरते हुए, प्रायः दौड़ते हुए, मैंने उस महिला का पूरा चेहरा देखने की कोशिश की। कुछेक पल बाद मेरी चाल धीमी पड़ गयी। अचानक मैंने गौर किया कि मेरी आँखों से धार-धार आँसू बह निकले हैं। उसके बाद मैं जितनी दूर गयी अपनी हथेली से आँसू पोंछते-पोंछते, उसके पीछे-पीछे चलती रही।

तुम्हें याद करते हुए, तुम्हारे प्रति, मैंने कभी कुछ नहीं लिखा। तुम्हें तो मैंने

किसी दिन प्यार ही नहीं किया। तुम अगर चली न गयी होतीं, तो तुम क्या थीं, ज़िन्दगी भर तुम कितनी भयंकर यन्त्रणा झेलती रहीं, मुझे शायद अहसास भी नहीं होता। मैं उसी तरह तुम्हारी उपेक्षा करती रहती, लानत-मलामत करती रहती, जैसे मैं करती रहती थी। तुम क्या थीं, इन्सान की तौर पर कितनी महान् थीं—मुझे अचानक अहसास हुआ! अपने दिल-दिमाग, पोर-पोर में जैसे अचानक इलहाम हुआ! मेरी बुद्धि जाग उठी, मेरी आँखों पर पड़ा काला भारी पर्दा मानो हट गया। ये तमाम कविताएँ 'जलपक्ष' नामक संग्रह में छपी थीं। मैंने उस काव्य-संग्रह की भूमिका में लिखा—'माँ कहती थीं कि साल के पहले दिन मत रोना, अगर रोयी तो पूरे साल रोना पड़ेगा।' अब, माँ नहीं हैं। अब पूरे साल भर रोती भी रहूँ, तो किसी का क्या आता-जाता है? अच्छा, माँ, तुम्हें यह जानकर कैसा लगता है कि तुम्हारे लिए मैं दिनोंदिन रोती रही हूँ? तुम्हें विश्वास नहीं होता? मैं सच कहती हूँ, माँ, मैं खूब-खूब रोयी हूँ। अचानक ही ज़िन्दगी कितने वीभत्स ढंग से सूनी हो गयी! जब तुम थीं, तो लगता था तुम चिरकाल ही रहोगी। तुम्हें तो कविताएँ बेहद प्रिय थीं। इन सबको मैं ठीक कविता नहीं कहूँगी। यह सब तुम्हारे न होने पर लम्बी उसाँसें हैं। तुम्हारे न होने का हाहाकार!

तुम्हारा न होना

तुम क्या कहीं हो?
मेघ या इन्द्रधनुष की आड़ में?
हहराती हुई वाताश की पीठ पर सवार, कभी-कभी तुम आती हो,
मुझे छू जाती हो!
तुम क्या देखती हो, चाय पड़ी-पड़ी बर्फ हो गयी है?
और मेरी आँखें टकटकी बाँधे, सामने के घर-मकान, इन्सान, यन्त्रयान पर गड़ी हैं?
दुपहरिया की आग में तपती सड़क। झरे-सूखे पत्ते! मरी हुई डाल!
लार टपकाते बुड्ढे कुत्ते की लाल-लाल जीभ की तरफ!
और तुम्हारे न होने की तरफ!

तुम क्या गपुचुप देखती रहती हो, माँ?
अपलक देखते-देखते, कैसे जलने लगती हैं मेरी आँखें,
तुम क्या किसी दरख़्त तले खड़ी हो,
कोई पाखी या तितली बनकर?
या कोई कंकड़ बनी, अचीन्हे देश में?

इन्सान खाते-पीते हैं, चलते-फिरते, हँसते रहते हैं,
दौड़ लगाते हैं, टुक सुस्ताते हैं, प्यार करते हैं,
और बीच में बैठा है, अकेला, तुम्हारा न होना!
एक अदद मौत! कई-कई जीवन!

एक अदद मौत को घेरे खड़ा था, कई-कई जीवन!
कुछेक मुहूर्त बाद, चले गये जीते-जागते लोग,
अपने-अपने जीवन की ओर!

मौत पड़ी रही अकेली,
अन्धकार में! केंचुए और कीचड़-कादे में–

जीवन, उस पार, अपने हिसाब-पत्तर में,
घर-द्वार में,
संसार में, संगम में!

मेरी माँ के बारे में

1

पीली पड़ती गयीं माँ की आँखें!
अन्त में, ऐसी हो आयीं, मानो जोड़े अण्डे का कुसुम!
फूल उठा था पेट, यूँ बेभाव, मानो जमी बैठी हो भारी-भरकम चट्टान,
या पोखर भर पानी, शायद फट-फटकर बहेगा!
माँ खड़ी नहीं हो पाती थी,
न बैठ पाती थी,
न हिला पाती थी, हाथों की उँगलियाँ
न और कुछ!

माँ पहचानी नहीं जाती थी, माँ जैसी,
अन्त में हो आयी!
सुनाकर चले जाते थे नाते-रिश्तेदार सुबह-शाम,
किसी भले शुक्रवार के लिए, मानो तैयार है माँ!
मानो 'ला इलाहा इल्लल्लाह।' कहते-कहते
मानो मुनका का फकीर सवाल-जवाब के लिए आये, तो विमुख न हो!
मानो पाक-पवित्र रहे घर-द्वार, हाथों के करीब हो सुरमा, इत्र!

सर्वग्रासी रोग माँ के तन-बदन पर उछलता फिरा उस दिन,
बची-खुची ताकत की आखिरी दो बूँद! निगल गया वह भी!
कोटर से छिटककर, बाहर निकली पड़ती थीं आँखें,
सूखकर चरचराती हुई जिह्वा,
माँ के फुसफुस में कम होता हुआ वाताश
साँस-साँस के लिए कैसी असम्भव छटपटाहट,
दर्द से सिकुड़ा हुआ माथा, काली भौंहें!
समूचा घर, उस पल, चीख-चीखकर कहता रहा–उनके सलाम पहुँचा दे नबी जी को!
किसी को भी नहीं था संशय, माँ जा रही थी जन्नतुल-फिरदौस में!
अब, वह नबी का हाथ थामे, शाम को सैर करेगी बाग़ का,
दोनों बैठकर खायेंगे-पीयेंगे, पाखी का मांस और अंगूर का रस!
यही तो था सपना, माँ का सपना यही था!
हैरत है, फिर भी, माँ बढ़ना नहीं चाहती, एक भी पग, किसी ओर!
वह तो चाहती थी मुझे खिलाना,
पकाकर विरुई चावल का भात ताजा,
ढाकी मच्छी का भुर्ता और ईलिश भाजा,
नयी फसल के जामुन-आलू का रसदार शोरबा!
वह तो चाहती थी, दक्खिनी पेड़ से तोड़कर डाब पिलाना!
चाहती थी, माथे पर लहराते हुए कुछेक बालों को हटाते-हटाते, हाथ-पंखे से हवा करना!

बिछा देना चाहती थी, बिस्तर पर नयी चादर
और फूलदार कमीज़ बनाना!

चाहती थी आँगन में नंगे पाँव चलना,
झुक आये कमरख के पेड़ के बाँस की खपच्ची से टिकाना!
चाहती थी हस्नाहानु के बाग़ में बैठकर गीत गाना–
'ओ जी, माया भरा चाँद और मायाविनी रात,
आयी नहीं शायद मोरे जीवन में दुबारा...'

बेभाव जीना चाहती थी मेरी माँ!

2

मुझे पता है, परलोक या पुलसेरात जैसी कुछ भी नहीं!
मुझे पता है, ये सब धर्मवादियों का कोरा ढकोसला है!
ये बहिश्त...पाखी का गोश्त...दारू और गुलाबी औरत!
मैं जानती हूँ, जन्नतुल फिरदौस नामक बहिश्त में नहीं जायेगी!
किसी के साथ बाग़ में नहीं टहलेगी, माँ!
खोदकर कब्र, मुहल्ले के सियार, खा डालेंगे माँ का मांस
बिखेरकर फूहड़ ढंग से सफ़ेद-सफ़ेद हड्डियाँ–
कब्रखोदी किसी दिन वह भी समेटकर फेंक देंगे कहीं,
और निश्चिन्ह हो जायेगी जन्मभर के लिए माँ!

फिर भी विश्वास करने का मेरा मन होता है,
सातों आसमान के पार या और कहीं,
कि बहिश्त नामक कहीं, कुछ है!
जन्नतुल फिरदौस जैसा कुछ,
खूबसूरत-सा कुछ!
आँखें चौंधिया देने वाला कुछ!
माँ लम्बे-लम्बे डग भरती हुई, पार कर गयी है पुलसेरात!
पलक भी न झपके, ऐसे सुदर्शन नबी जी ने,
बहिश्त के दरवाज़े पर खड़े होकर, माँ को गले लगाया;
मक्खन जैसी माँ रुल-मिल गयी है, नबी जी के रोमिल सीने में!
झरने के पानी में नहाना चाहती है माँ!
दौड़ लगाना चाहती है माँ, बहिश्त में इस छोर से उस छोर तक–
माँ नहा रही है,
दौड़-भाग रही है, छलाँगें लगा रही है!
पेश किया गया है रेकाबी भर गोश्त; माँ खा रही है!
माँ को देखने के लिए खुद अल्लाहताला,
पैदल-पाँव चलकर तशरीफ लाये हैं बाग़ तक!
खोंस दिया है, माँ के जूड़े में लाल-सुर्ख फूल!
माँ को चूम रहे हैं, माँ हर्ष-उल्लास से नाच-गा रही है!

माँ सोने गयी है पाँखों के बिस्तर पर
माँ को पंखा झल रही हैं सत्ताइस हूरें
गेलबान माँ के लिए, पानी लाये हैं, चाँदी के गिलास में!
माँ हँस रही है, खिलखिला रहा है माँ का अंग-अंग,

खुशी से! उल्लास से! हर्ष से!
धरती पर माँ का कोई दुःसह जीवन था, माँ को याद नहीं!
मैं, जो इस क़दर घोर नास्तिक हूँ,
मुझे यह विश्वास करना, भला-भला लग रहा है,
कि बहिश्त नामक, कहीं, कुछ है ज़रूर!

दुःखवती माँ

चाहती थी, छिड़क दूँ गुलाब जल, माँ के ज़ख़्मों पर!
ताकि खुशबू में नहाते-नहाते दुःख, कहीं सो रहे, अच्छी-सी नींद,
घर के बरामदे में, कुएँ के जगत पर या अधखिली कली तले,
शाम को हौले-से उठाकर, रख आऊँ, घर की छत पर,
तमाम दुःख, अपना दुःख भूलकर, चाँद के साथ खेलें,
धैय्या छूने का खेल!

दुःख, माँ को छोड़कर, नहीं गये, कभी, किसी दिन!
मानो वे परम आत्मीय हों, हल्की-सी भी आड़ हुई, तो भयंकर अकेली पड़ जायेगी माँ!
कीचड़ में रपट जायेंगे पाँव, निगल जायेंगे बाघ-भालू,
दुष्ट जिन्नात पेड़ की फुनगी पर,
बिठाये रखेंगे माँ को–
तमाम-तमाम दुःख, अकेले में माँ से, जाने क्या-क्या बतियाते...
पता नहीं, कैसी-कैसी बातें...

माँ को दुःख के हाथों सौंपकर, घरवाले असम्भव राहत पाते,
दुःखों को बैठने के लिए पीढ़ी देते,
नींबू का शर्बत पेश करते, पनडब्बे का पान देते,
दुःखों की उँगलियों की पोरों पर चूना लगा रहता था...
बिछे हुए बिस्तर पर उसी तरह दुःख, दुपहरी में कमर सीधे करके,
शाम को दुबारा अँगड़ाई तोड़ते हुए, वजू का पानी माँगते,
कमरे के बीचोंबीच बिछा दी जाती थी, जाये-नमाज़!
वे तमाम दुःख, माँ से, सूत भर भी कभी परे नहीं हटे!

मेरा मन था, लोहे के सन्दूक में दीमक,

नन्हे तिलचट्टों के साथ, और भी तिलचट्टे,
नेपथलिन के साथ, उन्हें भी भर रखूँ
मेरा मन था, सैर कराने के बहाने ले जाकर,
ब्रह्मपुत्र के जल में, बहा दूँ किसी दिन!

किसी को पता भी नहीं चलेगा!
जलकुम्भी की तरह, सूखे तिनकों की तरह, मरे हुए साँप की तरह,
तमाम दुःख बहते-उतराते,
चल देंगे कूचबिहार की तरफ!
मेरा मन था...!

तमाम दुःख आखिरकार, माँ के साथ पहुँच गये कब्र में
मेरा मन था, उन्हें उठाकर कहीं गाड़ रखूँगी या
मोतियों की बिखरी माला के मानिन्द
उछाल दूँगी रेल लाइन, बांसवन या सड़े हुए पोखर में!
लेकिन कहाँ हो पाया?
माँ सोयी हुई है; माँ के सिरहाने मौजूद हैं तमाम दुःख
घनेरी रात में भी जगे बैठे हैं, अकेले-अकेले!

देश कहने को अब...

देश अब, मेरे लिए भरा-पूरा श्मशान!
श्मशान में खड़ा-खड़ा, एक कुत्ता रोता है, हर रात!
और एक ओर पड़े रहते हैं, चिता जलाने वाले, नशाग्रस्त कुछ लोग!
देश अब मेरे लिए, अब अनाजों का खेत नहीं,
स्रोतस्विनी नदी नहीं, धूप में झिलमिलाती डोंगी नहीं,
घास भी नहीं, घासफूल भी नहीं...

कभी देश था, माँ की धनियाखाली साड़ी का आँचल
जिस आँचल में देह का पसीना, आँखों के आँसू पोंछकर,
खड़ी रहती थी मेरी माँ! दरवाज़े पर!
देश था, माँ की गहन-गम्भीर काली आँखें,
जो आँखें पंख पसारे उड़ती रहती थीं, दोपहर में! रात में!
जहाँ भी मैं बहूँ, डूबूँ, पा जाऊँ किनारा–खोजती थीं मुझे!

देश था, माँ के खुले-खुले केशों का ढीला-ढाला जूड़ा,
जो खुल-खुल जाता था, ढलक पड़ता था,
ज़माने भर की मेरी शर्म ढँकने के लिए!
देश था, माँ के हाथों, सरसों के तेल में तैयार किये गये, मसालेदार मुरमुरे,
बादल-दिनों में तली हुई ईलिश मछली, भुनी हुई खिचड़ी,
देश था, माँ की कलाई में छः जोड़ी रंगीन चूड़ियाँ!
देश था, घर के आँगन में खड़े-खड़े, माँ-माँ पुकारने का सुख!
कड़ाके की ठण्ड में माँ की कथरी तले गुड़ीमुड़ी होकर सोना,
भोर के वक्त हरसिंगार बिछे मैदान में बैठे-बैठे
नमकीन-मिर्चदार पीठा खाना...

अँधेरे में लपेटकर, कहीं दूर...
निःशब्दता तले, खोदकर माटी,
देश को दफ़न कर,
जाने कौन तो भाग खड़े हुए हैं!
अब, देश कहने को कोई नहीं, कुछ भी नहीं मेरा,
खाँव-खाँव करते श्मशान के सामने,
एक कुत्ता और कई नशाग्रस्त लोग!

तुम नहीं हो, इसलिए...

चूँकि तुम नहीं हो, इसलिए कई-कई ज़हरीले साँप, आ घुसे हैं आँगन में,
वापस नहीं जाते, पानी या जंगल में!
साड़ी की तहों में, रुपये-पैसों के ड्रॉअर में, तकिये के नीचे,
गिलास-कटोरी, फूलदान, हौज और नल की टोंटी में!
चूहों और नन्हे तिलचट्टों का विशाल संसार अब,
तुम्हारे सभी काव्य-संग्रहों में चिपट गये हैं दीमक!
तुम नहीं हो, अस्तु अब नहीं खिलती माधवी लता,
दीवार से लगे, रजनीगन्धा, कामिनी के जो पौधे थे,
सब मर गये! हस्नाहानू भी!
गुलाबों के बाग़ में गुलाबों के बजाय, बच रहे हैं सिर्फ काँटे
और कीड़े लगे पत्ते!

बूढ़े जामुन की दरख़्त में अब बिच्छुओं का बसेरा,

अमरूद का पेड़ भी एक दिन, अचानक, न आँधी, न तूफान,
जड़ समेत उखड़कर गिर पड़ा!
मीठे आम के पेड़ में अब, नहीं फलते एक भी आम,
न नारियल के पेड़ में, एक भी नारियल!
सुपारी के पेड़ों का नाच-स्कूल, अब बन्द हो चुका है!
तुम नहीं हो,

तुम्हारे न होने को लेकर, अब तूती बोलती है, अजीब-अजीब रोगों की,
मरोड़ देती है मेरी साँसें, दूषित हवा!
अब मैं भी तुम्हारी तरह, 'नहीं' हो जाना चाहती हूँ, किसी भी समय!

तुम्हारे न होने का दैत्य, अब मेरी गर्दन पर सवार है
तुम्हारे न होने का शकुन, नोंच-नोंच खाता है मेरा अंग-अंग,
तुम्हारे न होने की उन्मत्त आग, मुझे जलाकर खाक़ किये देती है,
तुम्हारे न होने का सर्वग्रासी जल, मुझे डुबाये मार रही है।

वापसी

माँ किसी दिन लौट आयेगी, इसलिए
माँ का घर-द्वार, बर्तन-भांडे, दो जोड़ी चप्पल,
बिस्तर की चादर, रजाई-कांथा,
दाल-घोंटनी, छोलनी,
कुछेक साड़ियाँ, कई एक चूड़ियाँ, इयरिंग,
कंघी, कंघी में फँसे बाल,
फल-फूलों की तस्वीर, माँ की आँकी हुई,
जहाँ भी, जो कुछ भी था, सब संजो रखा है, जस का तस!

माँ लौट आयेगी!
लौटकर कलकत्ता में, पैरों में लगी कीचड़ धोते-धोते कहेगी–
'गयी थी काफी दूर, किसी अरण्य में!
तुम सब ठीकठाक थे न?
अरे, कुछ खाया-पीया नहीं? हाय-हाय, चेहरा कैसा सूख गया है।'
बाघ-भालुओं के किस्से सुनाते-सुनाते, माँ हमें रात में खिलायेगी,
अर्से बाद माँ खुद भी खायेगी, मछली-तरी में भात सानकर!

खाने के बाद, नेपथलिन की गन्ध-बसी, लाल किनार की साड़ी पहनकर,
मुँह में डालकर बर्क-लिपटा पान,
हँसकर, पहले की तरह गायेगी, चन्दा के देश का गान!
किसी दिन लौट आयेगी माँ!
वह लौटेगी, इसलिए मैं घर से बाहर, एक कदम भी नहीं रखती,
खिड़की पर आ बैठते हैं दो-एक पाखी!
वे सब जानती हैं, माँ लौटेगी! शाम की उदास हवा भी!
आसमान के सा–रे नक्षत्र भी जानते हैं! जानती हूँ मैं भी!

एक अकविता

मेरी माँ जब दम तोड़ रही थी, सुबह-सुबह नहाकर, कपड़े-जूते में लैस होकर, घर से बाहर चले गये अब्बू! हमेशा की आदत! भाईजान ने सुबह के नाश्ते में, घी में तले छः पराठे लिये, साथ में खस्सी का गोश्त! यह न हो, तो उनकी जुबान को नहीं रुचता। छोटे भइया किसी औरत की छाती, चेहरा सहलाते हुए, उसे बिस्तर तक ले जाने का इसरार करने में व्यस्त! पूरे बदन पर हल्दी पोते, बैठी थीं, बड़ी भाभी! गोरी-चिट्टी बनने के लिए! गुनगुनाती रहीं हिन्दी फिल्मों के गीत! नौकर-चाकरों को हुक्म जारी कर दिया था—आज पकाया जाये, तली हुई ईलिश और भुनी हुई खिचड़ी! भाइयों के बच्चे मैदान में क्रिकेट खेल रहे थे और छक्के मार-मारकर मुहल्ला गुंजाते हुए लगा रहे थे ठहाके। मन उँडेलकर गृहस्थी चलाती हुई मेरी बहन, अपने पति और बच्चों के साथ, शिशु-पार्क घूमने निकल गयी। मामा लोग इधर-उधर चोर-निगाह डालते, माँ के तकिये तले टटोल रहे थे, सोने की चूड़ियाँ और पाँच सौ के नोट! चल रही थी टीवी, खाली कमरे में! जाते-आते कोई भी पल भर को ठिठक जाता और देखता तिब्बत टूथपेस्ट या पाकीज़ा साड़ी का विज्ञापन! मैं छत पर बैठी-बैठी, सिगरेट फूँकते-फूँकते, नारीवाद पर कोई खूबसूरत-सी कविता लिखने के लिए, खँगाल रही थी, मुश्किल-मुश्किल शब्द!

माँ मर गयी!

अब्बू ने घर लौटकर कपड़े वगैरह बदले! भाईजान ने खा-पीकर लम्बी-सी डकार ली। छोटे भइया रति-कर्म पूरा करके, बिस्तर से उतरे। बड़ी भाभी ने नहा-धोकर, सिर पर तौलिया लपेटे, ईलिश मछली भाजा के साथ, गोग्रास में टपाटप खिचड़ी सपोड़ी और मुँह पोंछ लिया। भाइयों के बच्चों ने हाथ में बल्ला-गेंद थामे, छोड़ा मैदान! पति-बेटे के साथ बहन भी शिशु-पार्क से लौट आयी। मामा लोगों ने हाथ समेट लिया। मैं भी छत से उतर आयी। छोटे भइया फर्श पर आसन बिछाकर बैठ गये। टेलीविजन पर नाटक शुरू हो चुका था। बड़े लोगों की एक

आँख माँ की तरफ, दूसरी टेलीविजन पर! माँ की देखती हुई आँख सूखी हुई, नाटक का वियोगान्त दृश्य देखते हुए, दूसरी आँख में आँसू!

अगर...

किसी को जीते हुए देखकर, असम्भव गुस्सा आता है मुझे!
काश! धरती के सभी पेड़-पौधे, मरकर काठ हो जाते,
काश, पर्वत श्रेणियाँ ध्वस्त होकर, गिर पड़तीं मकानों पर,
काश, नदी-समुद्र सूखकर रेत-भूमि बन जाते
काश, उस रेत पर पंखी-पखेरू, इन्सान, किसी भयंकर रोग में छटपटाते हुए दम तोड़ देते,
उल्का पिंड अगर आसमान से टूट गिरता अचानक,
काश झुलस जाते सूरज के दोनों हाथ, जलकर ख़ाक़ हो जाते!

ऐसे सपने लिये, आजकल मैं जी रही हूँ,
और ऐसे जीने के लिए हर रोज़ हिकारत! हर रोज़ नफ़रत!

माँ को जब तकलीफ होती थी, हमें कोई फ़र्क़ नहीं पड़ता था!

मेरी एक माँ थी,
शक्ल-सूरत से बेहद खूबसूरत मेरी माँ!
एक माँ, मेरी भी थी!

माँ, हमें खिलाती थी, लिटाती थी, सुलाती थी!
बदन पर लगने नहीं देती थी कोई धूल
चींटियाँ नहीं चढ़ने देती थी,
मन पर कोई खरोंच तक नहीं लगने देती थी,
न सिर पर कोई चोट!
फिर भी
लोग-बाग़ माँ को काली-कलूटी उल्लू कहते थे,
हम सब भी,
बौड़म-बुद्धू कहकर गालियाँ देते थे
माँ आहत होती,
माँ के आहत होने से, हमें कोई फ़र्क़ नहीं पड़ता था।

हमें किसी भी बात से, कोई फ़र्क़ नहीं पड़ता था
माँ बुखार में जलती-तपती थी, तब भी नहीं,
माँ पानी में डूब रही होती थी, तब भी नहीं,
न खा-खाकर, सूखकर काँटा होने पर भी नहीं,
बदन पर साड़ी फटकर लत्ते-लत्ते होने पर भी नहीं,
माँ, माँ लगती थी, इन्सान नहीं!
माँ का मतलब था, जो गृहस्थी की घानी पेरती हो,
माँ का मतलब था, सबसे लज़ीज़ पकाती-परोसती हो,
जो कपड़े-लत्ते धो-सुखाकर, तहाकर रखती हो,
माँ का मतलब था, हाड़-मांस काला करके, मेहनत-मशक्कत करती हो,
सुबह से शाम तक!

जिसे न खाना चाहिए, न लेटना, न सोना,
जिसे हँसना भी नहीं चाहिए!

जो सिर्फ रोते हुए ही अच्छी लगती है
शोक की नदी में नाक तक डूबी-डूबी ही भली लगती है!
माँ का मतलब था, जिसका अपना कोई जीवन न हो
माँ लोगों का अपना कोई जीवन
होना ही नहीं चाहिए।
माँ जब दर्द से चींखती थी, मैं कहती थी–
'अरे, कुछ नहीं! खामखाह अदरा रही है।'
जब माँ मर गयी, माँ को दफ़ना दिया गया, माटी तले,
सोचा, चलो, एक महा-कर्त्तव्य निभा दिया!

माँ नहीं है,
हमें इससे भी कोई फ़र्क़ नहीं पड़ता।

चाह

तुम्हें कभी सैर-तफरीह के लिए नहीं ले गयी,
जहाँ चाँद के करीब होने के लिए, पहाड़ के काँधे पर चढ़कर, बैठी रहती है,
एक शरारती नदी!

बदन पर हल्दी चढ़ाये, झुण्ड भर नक्षत्रों को चकमा देकर,

टुप-टुप पानी में गिरकर चाँद, चूमता है, नदी का अंग-अंग!

तुम्हें क्या मैं कभी ले गयी हूँ–
जहाँ सागर उदास-सा बैठा रहता है और जल-पिपासु पंखी-पखेरू,
अरण्य के बिछौने पर लेटे-लेटे रात-रात भर रोते हैं,
जब समुन्दर का मन खुश होता है, वह पंखी-पखेरुओं को दावत देता है,
अबाध आहार और जल का समारोह!
पंछी बेभाव खुश हो जाते हैं!
कुछ छींटते-छितराते हैं, कुछ खाते हैं, नाचते-गाते हैं!
तुम्हें वहाँ ले जाने की असीम साध जागती है!
जहाँ बर्फ की पर्तों के घुटनों पर सिर रखे, सुबोध बालक की तरह,
सोया है, आग्नेयगिरि! और दिगन्त से सिर टकराते हुए,
रो-रोकर आँखें लाल किये,
अतिशय मान भरी, लौट-लौट आती है, किशोरी हवा!
उसे देखकर बर्फ की आँखों में भी जमने लगते हैं, करुणाभरे आँसू!
तुम्हें कहीं सैर पर ले जाने के लिए बेहद मन करता है!
जहाँ सतरंगी चूनर पहनकर तितलियाँ, घासफूल के होठ चूमने आती हैं।
मुहल्ले का नंग-धड़ंग हिरण, उसकी चूनर झपटने को दौड़ा आता है।
उसे देखकर तितलियाँ जा छिपती हैं, राधाचूड़ा मौसी की साड़ी के आँचल में!
भींगे होठ लिये घासफूल इन्तज़ार करता है, और एक चुम्बन का!

तुम नहीं हो, क्या इसीलिए, सारी चाहत यूँ इकट्ठा हुई हैं...?

प्रायश्चित्त

मुझे कोई रोग चाहिए!
ठीक वही रोग–! बड़ी आँत का रोग,
जो बकैयां-बकैयां चलता हुआ यकृत में पहुँचेगा,
यकृत से चलकर हड्डियों में; हड्डियों से दौड़कर दबोच लेगा फुसफुस,
फुसफुस पार करके, खून की नदी में तैरकर दिमाग़ में!
ग़लत चीर-फाड़, ग़लत दवा, ग़लत रक्त-संचालन,
रोग की पेशियों में जुटायेगा ताकत, कुरुक्षेत्र में अतिरिक्त फौज, रणतरी!
उसी तरह पड़ी रहूँगी उदास, खिन्न! बिस्तर पर अकेली!
जैसे तुम पड़ी रहती थीं!
जैसे तुम...समूची की समूची कंकाल!

यन्त्रणा से सिकुड़ी हड्डियों का कंकाल मात्र!
खिसक गया हो मांस, झर रहा हो खून,
टूट-टूटकर गिर पड़ा हो नसों का घर-अलिन्द!
बिल्कुल वैसा ही हाल हो मेरा!
मेरी भी आँखों की पुतली, जन्मभर के लिए हो जाये अचल!
तीखी, और तीखी हो उठे साँसों की तकलीफ!
पानी से भरकर ढोल हो उठे फुसफुस!
साँसों में हवा पाने को, मुझमें भर जाये छटपटाहट,
हाथ-पाँव मारूँ,
फिर भी मिले न मेरी साँसों को हवा!
किसी का स्पर्श पाकर हो उठूँ आकुल-व्याकुल!
मैं छटपटाऊँ, हाथ बढ़ाऊँ
मगर मिले न मुझे एक भी साँस!

पेरिस से मैं दुबारा कलकत्ता चली आयी, मुझे पुस्तक-मेले में शामिल होना था। कलकत्ता मैं जीने जाती हूँ। तुम्हें शायद दुबारा भूले रहने के लिए जाती हूँ। लेकिन क्या सच ही भुलाया जा सकता है? तुम कभी कलकत्ता नहीं आयीं, माँ! तुम्हें तो मैं देश में ही कहीं नहीं ले गयी। तुम्हें कलकत्ता लाने का तो मुझे कभी ख़याल ही नहीं आया। जब मैं देश में थी, अपने मित्र-बन्धुओं के साथ कलकत्ता घूमने आती थी। तुम जब छोटी थीं, तुम्हारे अब्बा कलकत्ता से तुम्हारे लिए लाल रंग की एक फ्रॉक ख़रीदकर ले गये थे। तुमने कलकत्ता के बारे में सिर्फ सुना भर था, कलकत्ता कभी अपनी आँखों से नहीं देखा। जब मैं देश वापस लौटकर, कलकत्ते के किस्से सुनाती थी, तुम चुपचाप सुना करती थीं। तुमने यह कभी नहीं कहा कि कलकत्ता देखने का, तुम्हारा भी बेहद मन करता है। शायद तुम्हें यह कहने की हिम्मत ही नहीं पड़ती थी। तुम्हारे सपने ठीक कैसे थे, माँ? तुम्हारे सपने क्या कभी उड़ान भरते थे? या हमेशा ही पिंजरे में क़ैद रहे? तुम जैसी थीं, वैसी ही रह गयीं? उस बार मैंने अब्बू को आने को कहा। लेकिन मेरे कहने भर से तो बात पूरी नहीं हो जाती थी! अब्बू को राज़ी कराना, मानो हिमालय पर्वत को हिलाने जैसा था। उन्हें मयमनसिंह से ढाका लाना, उनका वीजा बनवाना, टिकट कराना, अब्बू को हवाईजहाज में सवार कराना—ये सारे काम छोटे भइया ही करता था। अब्बू और सुहद कलकत्ता आकर, मुझसे भेंट कर जाते थे, लेकिन वे दोनों पुस्तक-मेला ख़त्म हो जाने के बाद यानी फरवरी के आखिर में, कुछेक दिनों के लिए आते थे। उस साल, कलकत्ता में इक्कीस फरवरी का जश्न मनाया जा रहा था। अब्बू को साथ लेकर, मैं शहीद मीनार तले फूल चढ़ाने गयी। मैं ढाका के जिस शहीद मीनार तले,

इक्कीस फरवरी को भोर-भोर नंगे पाँव चलकर, फूल चढ़ाने जाती थी, हज़ारों-हज़ार लोगों की भीड़ में शामिल होती थी, उस शहीद-मीनार की तुलना में कलकत्ता का मीनार कुछ भी नहीं है। यहाँ लोग भी अधिक नहीं थे। लेकिन इसके बावजूद, यह भी शहीद मीनार तो है! पश्चिम बंगाल के बंगाली लोग बंगला भाषा के लिए, पूर्वी बंगाल के बंगालियों के आत्मत्याग और बलिदान की याद करते हैं! यूँ बंगाल को मैं पूर्व-पश्चिम में बाँटकर नहीं देखती। चूँकि मैं इन दोनों को अलग-अलग करके नहीं देखती, इसलिए कलकत्ता आकर मुझे लगता है कि मैं अपने देश ही लौटी हूँ! जिस देश में आकर, अपने देश के लोगों से भेंट-मुलाकात हो सकती हो, वह देश अपना देश नहीं है, तो और क्या है?

अब्बू और सुहृद कुछ दिनों मेरे साथ ताज बंगाल होटल में ही रहे। सुहृद वह जो तुम्हारी बीमारी के वक्त देश लौटा था, उसके बाद देश में ही रह गया। उसे देश के ही एक स्कूल में भर्ती करा दिया गया है। बांग्लादेश का पासपोर्ट लेने के बाद, अब वह चाहे भी, तो वह अमेरिका नहीं लौट सकता। वैसे अमेरिका वापस जाने की ज़रूरत भी क्या है, मेरी समझ में नहीं आता। वह मेरे शान्तिनगर वाले घर में रहता है। विदेश से मैं उसे नियमित रुपये भेजती रहती हूँ। किताबें, कम्प्यूटर, कपड़े-लत्ते, कॉपियाँ—उसकी सभी ज़रूरतें पूरी करने के लिए रुपये, मैं पूरी कर देती हूँ। उसका कहना है कि देश में पढ़ना-लिखना, उसे अच्छा नहीं लगता। सच तो यह है कि अमेरिका के स्कूलों के मुक़ाबले देश के स्कूलों में पढ़ाई का दबाव ज़्यादा होता है, इसीलिए उसे इस 'अच्छा न लगने' के रोग ने दबोच रखा है। मुझे नहीं लगता कि छोटे भइया अपने बेटे को इन्सान बनाने में कामयाब हो सका है। यह बात भी मेरी नज़रों से छिपी नहीं रही कि मैं अपने दोस्त-मित्रों के लिए व्हिस्की की जो बोतल लायी थी, उसने चुपके से उसमें से चन्द घूँट पी ली थी। पीने के बाद, जब वह पकड़ा गया, तो साफ़ झूठ भी बोल गया कि उसने नहीं पी। आज तो भरोसा भी नहीं होता कि इसी लड़के को कितने लाड़-प्यार से बड़ा किया था तुमने। छोटे भइया अगर हर वक्त अपनी असंख्य प्रेमिकाओं में ही मगन रहेगा, तो वह बेटे की देखभाल आखिर कब करेगा? उसने बेटे के लिए मास्टर नियुक्त कर दिया है, लेकिन सुना है कि वह मास्टर के यहाँ भी नहीं जाता। अमेरिका में आठवीं क्लास के छात्र की पढ़ाई, बांग्लादेश के स्कूलों में पाँचवीं क्लास के बराबर है। अब वह ब्रिटिश स्कूल के नियम और स्तर मुताबिक, प्राइवेट परीक्षा देगा। लेकिन वह क्या पढ़ने-लिखने वाला जीव है? पढ़ाई के इस अतिशय दबाव से बचने के लिए, उसे हर वक्त यह फिक्र सताती रहती है कि वह अमेरिका कैसे वापस लौटे! उन दिनों अमेरिका का ग्रीन-कार्ड भी उसके पास नहीं था। अब, बांग्लादेश का पासपोर्ट लेकर, उसका वापस लौटना सम्भव नहीं है। ख़ैर, पढ़ाई-लिखाई भले न करता हो, टेनिस वह नियमित रूप से खेलता है। सुना है, टेनिस टीम के

साथ वह एशिया के कई-कई देशों में भी खेल आया है। कलकत्ता आने के कई महीनों बाद, चन्द टेनिस-खिलाड़ियों के साथ टेनिस खेलने लन्दन भी गया और वहाँ उसकी योजना बनी कि वह कनाडा भी खेलने जायेगा और वहाँ से अमेरिका! उस वक्त भी उसके लिए अमेरिका जाने का वीजा नहीं जुटा था। छोटे भइया उसे फ्री टिकट पर लन्दन ले आया। उसके बारे में उसने मुझे पेरिस में फोन किया कि वह अमेरिका जा रहा है। पता नहीं, कब उससे भेंट हो। मैं फौरन लन्दन चली आऊँ।

चूँकि मैं करीब ही हूँ, मुझे वह एक बार देखना चाहता है। ख़बर मिलते ही, मैं उड़कर लन्दन पहुँच गयी। छोटे भइया और सुहृद को पाकर, मैं किस क़दर खुश हो गयी। लेकिन कुछ देर बाद ही छोटे भइया ने साफ सुना दिया कि वह सुहृद को लन्दन तक तो ले आया। अब, कल ही वह हवाईजहाज से ढाका वापस जा रहा है। सुहृद को कनाडा या अमेरिका की टिकट के लिए, उसके पास रुपये नहीं हैं। वहाँ उसके रहने-खाने का ख़र्च देना भी उसके लिए सम्भव नहीं है। इसका मतलब यह था कि रुपये मुझे ही देने होंगे। असल में मुझे अन्दाज़ा नहीं था कि मुझसे मिलने या मुझे देखने के लिए नहीं, सुहृद के ज़रिये मुझे लन्दन बुला भेजने का मुख्य कारण था—सुहृद को मेरे सिर पर लाद देना! अब, जिस लड़के को जन्म से ही प्यार करती आयी हूँ, उसे बीच-राह में छोड़कर उसका बाप भले चला जाये, मैं नहीं जा सकती थी। उस लड़के के लिए भले मैं निःस्व हो जाऊँ, जान देकर भी, मुझसे जो भी हो सकेगा, मैं करूँगी। लेकिन मैं ज़्यादा रुपये तो लायी नहीं थी, लेकिन छोटे भइया को इसकी कोई चिन्ता नहीं थी। समस्या का समाधान कैसे होगा, इसकी उसे कोई परवाह नहीं थी। छोटे भइया चला गया। अब, सुहृद का सारा दायित्व मुझ पर था—उसका कनाडा जाना, वहाँ होटल में रहना, कनाडा से अमेरिका पहुँचना, अगर अमेरिका में उसे घुसने न दिया गया, तो उसका ढाका वापस लौटना, उस पर से अगर कोई दुर्घटना हो गयी, तो वह दुर्घटना भी सँभालना। बहरहाल, लन्दन के किसी भी होटल में जाकर, अपने क्रेडिट कार्ड के सहारे जितने भी नक़द रुपये उठाये जा सकते थे, मैंने उठा लिया। लेकिन उतने रुपयों से उसका सफ़र सम्भव नहीं था। देखो, छोटे भइया मुझे किस बदहाली में फेंककर चल दिया। अब मैं रुपयों का इन्तज़ाम कहाँ से करती? लन्दन में मेरा ऐसा कोई बैंक भी नहीं था, जहाँ से मैं रुपये उठाती। हर क्रेडिट कार्ड के लिए रुपयों का निर्धारित अंक होता है, जितना आप उठा सकते हैं। दिमाग़ में आशंकाओं की भीड़ लग गयी। लन्दन के बैंक से मैंने किसी तरह जर्मनी के हमबर्ग शहर के बैंक का फोन नम्बर जुगाड़ किया। वहाँ फोन करके, उस बैंक के लोगों से, लन्दन के उस बैंक को तत्काल दस हज़ार डयेच मार्क भेज देने का

अनुरोध किया। आमतौर पर इस किस्म का अनुरोध बैंक वाले स्वीकार नहीं करते, लेकिन पता नहीं कैसे, उन लोगों ने मान लिया। कोई भी ऐसा उड़ता-पुड़ता फोन करके, रुपये माँग सकता था। जर्मनी के बैंक को यह जानकारी कैसे होती कि वह फोन मैंने ही किया है? इस बारे में कोई भी सबूत मौजूद नहीं था। मेरे हाथ में, मेरा एकाउण्ट या तथ्य वगैरह, कुछ भी नहीं था, कि मैं उनको जानकारी देती। आवाज़ भी पहचानी हुई हो, इसकी भी कोई वजह नहीं थी। बहरहाल, मैंने सुहृद के लिए कनाडा जाने का इन्तज़ाम कर दिया। मेरे वालेट में भिन्न-भिन्न देशों के रुपये मौजूद रहते हैं, वह सब भुनाकर, मैंने कनाडा के लिए रुपयों का भी इन्तज़ाम कर दिया। जर्मनी के डयेच मार्क को पाउण्ड में बदलवाया, पाउण्ड को डॉलर में! बचपन से जिस लड़के की फर्माइशें पूरी करती रही, इस बार भी पूरा किया। सुहृद को कनाडा की उड़ान में सवार कराने के बाद, मैं पेरिस लौट आयी। सुहृद अन्त में न्यूयार्क तक पहुँच ही गया। बांग्लादेश के पासपोर्ट पर ही वह न्यूयार्क में दाखिल हो गया। मैंने उसे जितने रुपये दिये थे, उसका आधा हिस्सा भी खर्च करने की ज़रूरत नहीं पड़ी। उसके बाद, सुनने में आया कि न्यूयार्क की सड़क पर काले गुण्डों के किसी गिरोह ने उसके सारे रुपये-पैसे छीन लिये। मेरी मेहनत की कमाई, इस तरह पानी में चली गयी।

अब्बू को कलकत्ते में डॉक्टर को दिखाया। डॉक्टर ने जो-जो दवाएँ लेने को कहा, मैंने अब्बू को उसी ढंग से, नियमित दवा लेते रहने का आग्रह किया। मैं चाहती थी कि वे और कुछ दिन मेरे पास रह जायें। लेकिन वह इन्सान तो मयमनसिंह का घर और चेम्बर छोड़कर, और कहीं नहीं जाना चाहता था, सिर्फ तुम्हारी बीमारी के समय, बाहर निकला था। वे मुझसे मिलने, मुझे देखने के लिए कलकत्ता तक आये तो सही, लेकिन चूँकि मैं दो दिनों बाद मरने वाली नहीं थी, इसलिए अब्बू जाने की ज़िद, कुछ ज़्यादा ही लगाते रहे। मैंने ज़ोर-ज़बर्दस्ती की, डाँटा-धमकाया, समझाया, अनुरोध किया, इसके बावजूद मैं उन्हें ज़्यादा नहीं रोक पायी। ताज होटल के उस बड़े सूट में सिर्फ एक ही बेड था। उस बेड पर मैं, अब्बू, सुहृद सोते थे, देर रात तक जाग-जागकर, हम तीनों बतियाते रहते थे। अब्बू की बहन का बेटा, मुतालिब आया था। उसे भेजकर मैं बाहर से खाना वगैरह मँगा लेती थी। चूँकि होटल के रेस्तरां का ख़ाना काफी महँगा था, इसलिए वहाँ खाने का मन नहीं हुआ। अब अफसोस होता है कि मैंने अब्बू को रोज़-रोज़ अच्छे-अच्छे रेस्तरां में क्यों नहीं खिलाया। अब्बू को जितना समय दिया, उससे ज़्यादा समय, मैंने उन्हें क्यों नहीं दिया। अब्बू को मैं निखिल सरकार के घर भी ले गयी थी। अब्बू को यह देखकर काफी राहत मिली कि कोई मुझे पिता का प्यार देता है। उनकी जो बेटी, अपने देश वापस नहीं लौट सकती, उस बेटी को लोग इतना प्यार देते हैं, उसके भले-बुरे का ख़याल रखते हैं, उन लोगों से बातचीत

करके, अब्बू मानो गद्गद हो आये। स्वीडन से देश लौटने के एक दिन पहले, तुमने माइकेल को गले लगाकर विनती की थी—'टेक केयर ऑफ माई डॉटर, प्लीज़ माइकेल, टेक केयर ऑफ माई डॉटर!' और ज़ोर-ज़ोर से रो पड़े थे। अब्बू, निखिल सरकार से लिपटकर रोये तो नहीं, मगर उनके चेहरे पर तुम्हारा वही अनुनय झलक उठा था। मेरे होटल में बुद्धदेव गुहा आये थे। उन्हें देखकर, उनके गीत सुनकर, अब्बू विस्मय-विमुग्ध रह गये थे। देश से जादूगर, जुएल आइच आये थे। अब्बू उनका जादू देखकर खूब खुश हुए! यहाँ तक कि किसी ज़माने में, अब्बू के चंडीपाशा स्कूल का छात्र था, यह दावा करते हुए, एक अधेड़ शख़्स, अब्बू से मिलने के बहाने, दरअसल मुझे ही देखने आता था, अब्बू उससे भी घण्टे-दो घण्टे क्या बातें किया करते थे, कौन जाने। इसी तरह अब्बू ने एक दिन जाने किस प्रसंग में ज़िक्र किया कि अब, वे अपने घर-द्वार, जमीं-जमा के बँटवारे की योजना बना रहे हैं। मैंने उन्हें सुझाव दिया था कि वे अपना सब कुछ चार हिस्सों में बराबर-बराबर बाँट दें। वैसे बाद में, मैंने उनके सामने अपनी इच्छा ज़ाहिर कर दी थी कि मुझे और कुछ नहीं चाहिए, बस, 'अवकाश' चाहिए। जिस घर, जिस आँगन में, मैं पली-बढ़ी-बड़ी हुई, किशोर उम्र पार की, जवानी में कदम रखा, मैंने सिर्फ उन्हीं यादों भर का दावा किया था। अब्बू के चेहरे पर एक रहस्यमय मुस्कान झलक उठी। अब्बू की वह मुस्कान, मैं अपने जन्म से ही पहचानती थी। अब्बू का यह रहस्य, हमेशा के लिए ही रहस्य बना रह जाता। जिस दिन अब्बू को मैं दमदम हवाईअड्डे पर छोड़ने गयी, मेरा दिल फटा जा रहा था। मुझे बार-बार सिर्फ यही लगता रहा कि अब्बू से शायद यह मेरी आखिरी भेंट है। मेरी यह आशंका ग़लत भी नहीं थी। अब्बू से मेरी वह आखिरी मुलाकात थी।

अब्बू के स्वदेश लौट जाने के कुछ दिनों बाद, मैं भी पेरिस लौट गयी। पता नहीं क्यों लौट गयी। वैसे कलकत्ता में भी मेरा कौन-सा घर-द्वार धरा था? होटलों में आखिर कितने दिन रहती? देखते ही देखते वीजा भी तो ख़त्म हो जाता है। लेकिन, इस बार क्या हुआ, मालूम? बॉम्बे से मेरे होटल में ही अशोक साहनी का फोन आया। वे मराठी लेखक हैं। 'शोध' नामक मेरे उपन्यास का उन्होंने मराठी अनुवाद भी किया है। अनुवाद भी बम्बई से ही छपा है। उनका अनुरोध था कि इस बार पेरिस लौटते हुए, मैं कुछेक घण्टों के लिए बम्बई ज़रूर रुकूँ। मुझे पुस्तक के विमोचन-समारोह में शामिल होना था। इसमें राज़ी न होने जैसा कुछ भी नहीं था। कलकत्ता से शाम की फ्लाइट लेकर बम्बई पहुँचती और वहाँ पेरिस के लिए उड़ान भरती, इसके बजाय सुबह-सुबह ही बम्बई पहुँचकर, 'शोध' के कार्यक्रम में शामिल होना था और रात को पेरिस के लिए रवाना हो जाना था। इसमें कोई हर्ज़ भी नहीं था। लेकिन महा-गड़बड़ हो गयी। अशोक साहनी ने वहाँ के स्थानीय अखबारों में, उस कार्यक्रम में मेरी उपस्थिति की ख़बर छपवा दी। बस, फिर क्या

था? तत्काल मुस्लिम कट्टरवादियों का जुलूस निकलना शुरू हो गया। उन लोगों ने एलान किया कि बम्बई की धरती पर कदम रखने का, मुझे कोई हक़ नहीं है। अगर मैं वहाँ गयी, तो हवाईअड्डे में वे लोग आग लगा देंगे। इसके विरोध में बम्बई के कट्टरवादियों के विरुद्ध आन्दोलन शुरू हो गया। पल-पल बम्बई से विस्ता शीतलवादी, जावेद आनन्द, यहाँ तक कि जावेद अख़्तर का फोन आने लगा। वे लोग चाहते थे कि मैं भूल से भी बम्बई आने का कार्यक्रम रद्द न कर दूँ। सच तो यह था कि मैं कोई फैसला न भी लेती, लेकिन पश्चिम बंगाल के मुख्यमन्त्री की सलाह थी कि मैं बम्बई के बजाय दिल्ली से होकर पेरिस जाऊँ। मैं इसमें भी राज़ी थी। लेकिन मैंने जितनी बार, बम्बई होकर न जाने की असमर्थता जतायी, बम्बई वाले बार-बार बम्बई से ही होकर जाने की ज़िद करते रहे। उन लोगों का कहना था कि अगर मैं बम्बई नहीं गयी, तो यह कट्टरवादियों की जीत होगी। कट्टरवादी यह फतवा जारी करके मैदान मार लेंगे। चलो, मान लिया कि वे लोग आन्दोलन कर रहे थे, मगर मरना तो अकेले मुझे ही पड़ता क्योंकि मैं ही तो कट्टरवादियों का मुख्य निशाना थी। अभी तो बहुत सारी किताबें लिखनी बाकी हैं, अभी मैं जानबूझकर अपना जीवन नहीं खोना चाहती थी। जिन लोगों ने यह घोषणा की थी कि वे लोग मुझे बम्बई की धरती पर क़दम नहीं रखने देंगे, उनका कोई छोटा-मोटा गिरोह नहीं था। वे लोग कितने भयंकर हैं, यह मैं बांग्लादेश में देख चुकी थी। मूर्ख उन्माद के सामने सीना तानकर खड़े होने की मुझे कोई ज़रूरत नहीं थी। इसके अलावा, जिन लोगों को पश्चिमी देशों की अचूक सुरक्षा का तजुर्बा है, वे लोग इस देश की लड़खड़ाती सुरक्षा पर आस्था रखें, इसका सवाल ही नहीं उठता। लेकिन बम्बई वाले बार-बार यही रटते रहे कि सरकार से उनकी बातचीत हो गयी है। सुरक्षा का सख़्त इन्तज़ाम किया जायेगा। अन्त में इतना भर बताकर, मैं यह प्रसंग ख़त्म करूँ कि यहाँ के मुख्यमन्त्री यह बिल्कुल नहीं चाहते थे कि मैं बम्बई जाऊँ। वे लोग भी जोंक की तरह चिपके रहे और आखिरकार मुख्यमन्त्री को राज़ी करा ही लिया। जिस दिन मैं बम्बई उतरी, मैं तो अवाक्! महेश भट्ट, मेरे प्रिय निर्देशक, हाथों में फूल लिये, मेरे इन्तज़ार में खड़े थे। मेरे प्रिय गीतकार, जावेद अख़्तर भी मौजूद थे। मेरी प्रिय अभिनेत्री, शबाना आज़मी भी खड़ी थीं। शबाना आज़मी दिल्ली में थीं। दिल्ली से वे मेरे स्वागत के लिए बम्बई हवाईअड्डे पर चली आयी थीं। पुणे से 'लज्जा' के प्रकाशक भी हाज़िर थे। तिस्ता और जावेद तो ख़ैर थे ही। ये लोग जैसे हिन्दू कट्टरवाद के विरुद्ध लड़ते थे, वैसे ही मुस्लिम कट्टरवाद के खिलाफ भी! हवाईअड्डे पर मेरे आराम के लिए वीआईपी लाउंज खोल दिया गया। यूँ मुझे आराम की कोई ज़रूरत नहीं थी। मैं तो बदस्तूर उत्तेजित थी। मुझे तो यह समझ में नहीं आ रहा था कि मैं उन लोगों से बात क्या करूँ। पत्रकारों की ठस्सम-ठस भीड़! सैकड़ों-हज़ारों पुलिस, हवाईअड्डे को घेरे हुए

थी। आयोजकों ने ही बताया कि मुझे जेड सिक्योरिटी दी जा रही है। शहर में एक सौ चौवालीस धारा लागू की गयी है। बम्बई की सड़कों से जंगी लोगों को गिरफ़्तार भी किया जा रहा है। मुझे पहले जुहू बीच जावेद आनन्द के घर ले जाया गया। वहाँ दोपहर का लंच था! वे साहब खुद पारसी हैं, लेकिन धर्ममुक्त! तिस्ता और जावेद, 'कम्बैट' नामक, कट्टरवाद-विरोधी एक पत्रिका भी प्रकाशित करते हैं। उस घर के आँगन में बैठे, शबाना, जावेद अख़्तर, तिस्ता—उन लोगों से कट्टरवाद-उन्मूलन के बारे में बातचीत होती रही। महेश भट्ट ने कहा कि वे मेरी ज़िन्दगी पर एक फ़िल्म बनाना चाहते हैं। कहीं उन्होंने अपने इस इरादे की घोषणा भी कर दी है। विदेशों में मुझ पर केन्द्रित ढेरों उत्सव होते हैं। वे सब उत्सव चाहे जितने भी बड़े और शानदार क्यों न हों, लेकिन बम्बई का यह उत्सव मुझे उत्तेजित कर गया, मुझमें जोश भर गया, क्योंकि मैं इन लोगों के कार्यों से परिचित थी। इसके अलावा, ये लोग एक जैसे ही मोर्चे पर जंग कर रहे हैं, जिस मोर्चे पर मैं अपने लेखन के माध्यम से, वर्षों से जंग कर रही हूँ। हम सब एक ही उपमहादेश के लोग हैं। जैसे हमारा इतिहास एक है, उसी तरह, हमारी जंग भी लगभग एक जैसी है। इससे पहले, मैं जावेद अख़्तर से स्टॉकहोम में मिल चुकी थी। वे भारतीय आदिवासियों के आमन्त्रण पर वहाँ गये थे और अपनी कविताएँ सुना रहे थे। मुझे देखकर, उन्होंने मुझे बुलाया और अपनी बगल में बिठाया। मुझ पर लिखी हुई एक कविता भी उन्होंने सुनायी। वे शब्दों के जादूगर हैं। लेकिन करीब जाकर मुझे अहसास हुआ ये सब कितने आम लोग हैं! शबाना भी! सब मेरी ही तरह आम इन्सान हैं! इन लोगों का सुख-दुःख भी बाकी आम लोगों की तरह ही है! असल में देश-विदेश में, मेरा जितने भी बड़े और महान् लोगों से परिचय हुआ है, कोई मुझे दुर्बोध नहीं लगा। रात के कार्यक्रम के बाद, जावेद अख़्तर टेलीविजन के सामने बैठे रहे। वे यह देखना चाहते थे कि हमारे कार्यक्रम और मेरी ख़बर कब दिखायी जाती है। उस कार्यक्रम में सभी ने अपना वक्तव्य रखा था। 'शोध' पुस्तक के उन्मोचन का कार्यक्रम, मुख्यतः कट्टरवाद-विरोधी, एक मूल्यवान कार्यक्रम बन गया था।

पेरिस पहुँचकर, मुझे ख़बर मिली कि 'मेरे बचपन के दिन' पुस्तक पर मुझे इस बार का 'आनन्द पुरस्कार' मिला है। विदेशों में तो जाने कितने ही पुरस्कार मिले हैं। उनमें से किसी भी पुरस्कार ने मुझे इतना सुख नहीं दिया था, जितना इस 'आनन्द पुरस्कार' की ख़बर ने दिया। पुरस्कार कमेटी के किसी एक सदस्य ने मुझे गुपचुप बताया कि सन् 92 की कमेटी के एक सदस्य मुझे आनन्द पुरस्कार देने के खिलाफ थे। इस बार यानी सन् 2000 में भी एकमात्र उन्होंने ही विरोध किया, वे थे—सुनील गंगोपाध्याय! इन्सान का मुँह और मुखौटा, मैं कभी भी

अलग-अलग नहीं कर पायी। हमेशा से मुखौटे को ही मुँह समझती रही! सुनील गंगोपाध्याय से मेरा कभी भी, किसी भी बात को लेकर विरोध नहीं था। मैं उनकी श्रद्धा करती हूँ, लेखक के तौर पर तो ज़रूर ही, इसके अलावा उनकी नास्तिकता और बंगला भाषा को लेकर उनकी जंग का मैं भी समर्थन करती हूँ। वे भी हमेशा यही दुहाई देते रहे कि वे मुझसे प्यार करते हैं, स्नेह करते हैं। अर्से पहले, बांग्लादेश में मेरी किताब, 'लज्जा' निषिद्ध घोषित किये जाने के बाद, बीबीसी ने मुझ पर एक डॉक्यूमेंटरी बनायी थी। उस डॉक्यूमेंटरी में कलकत्ता के कॉफी-हाउस में बैठकर, बुद्धदेव गुहा, सुनील गंगोपाध्याय, नवनीता देवसेन—ये तीनों बड़े साहित्यकार मेरे बारे में बातचीत करते हुए दिखाये गये थे। उन तीनों में सिर्फ एक ही साहित्यकार ऐसा था, जो आकण्ठ मेरी तारीफ किये जा रहा था, वे थे—सुनील गंगोपाध्याय! उन्हें मैं हमेशा ही, अपना बेहद करीबी व्यक्ति मानती थी। यह बात कभी मेरी कल्पना में भी नहीं थी कि आनन्द पुरस्कार की कमेटी में बैठकर, वे मेरे खिलाफ बोलते हैं। यह बात सरासर सम्भव है कि वे मुझे इस पुरस्कार के योग्य न समझते हों। यह भी सम्भव है कि वे मुझे लेखिका ही न मानते हों। लेकिन, मुश्किल यह है कि उनसे बोलते-बतियाते हुए, यह समझने का कोई उपाय नहीं होता, बल्कि ऐसा लगता है कि अभी-अभी वे किसी से मेरे पक्ष में कहीं जंग करके लौटे हों। इसके बाद...? तुम नहीं जानती, माँ! पश्चिम बंगाल में मेरी किताब पर पाबन्दी लगा दी गयी और जिन चन्द बुद्धिजीवी लोगों ने, सरकार से मेरी यह किताब निषिद्ध करने की सिफारिश की थी, उनमें सुनील गंगोपाध्याय भी एक थे। कई-कई सच ऐसे भी होते हैं, जो सब कुछ जानने के बाद भी, मुझे असम्भव लगते हैं।

बीजेपी सरकार ने भारत-भ्रमण के लिए दो-दो बार वीजा दिया था। लेकिन आनन्द पुरस्कार लेने, कलकत्ता जाने के लिए, भारत का वीजा पाने में, दूतावास से कह दिया गया कि मुझे वीजा नहीं मिलेगा। वजह? बम्बई में मेरे विरुद्ध मुसलमानों ने जुलूस निकाला था, इसलिए! मैंने कलकत्ता सूचना भेज दी कि मुझे वीजा नहीं दिया जा रहा है। महेश भट्ट से मेरी पहचान थी, मैंने उन्हें भी जानकारी दी। उन्होंने भी जाने किस-किस मन्त्री वगैरह से बात की, उन्हें लगा कि इससे काम बन जायेगा। लेकिन अन्त में उन्होंने भी देखा कि यह असम्भव है। उधर कलकत्ता से आनन्द बाज़ार पत्रिका के मालिक, अभीक सरकार भी कोशिश कर रहे थे। मैंने सोचा कि वे दिल्ली तक गये हैं, इस बारे में किसी बड़ी हस्ती से बात करने। मुझे यह सोच-सोचकर अचरज हो रहा था कि सुनने में तो आता है कि बीजेपी मुसलमान-विरोधी है। विरोधी पक्ष में बैठकर मुमकिन है वे लोग काफी कुछ कहते हों, लेकिन सत्ता में बैठकर, अन्य पार्टी, जिस ढंग से देश चलाती है, बीजेपी भी उसी तरीके से चलाती है। मुसलमान कट्टरवादियों की ग़लत-सलत फर्माइशें,

अन्य पार्टियों की तरह, बीजेपी भी मान लेती है। मुसलमानों का व्यक्तिगत क़ानून, जो बेहद खुलेआम नारी-विरोधी है, उसे दूर करके, अभिन्न दीवानी क़ानून की बातें करने के बावजूद, क्षमता में आकर, बीजेपी क़ानून के बारे में ये सब सोच-विचार एकदम से उड़ा देती है। बहरहाल, काफी कोशिश-तदबीर के बाद, अन्त में, आखिरी पलों में वीजा की अनुमति प्राप्त हुई! लेकिन दूतावास के लोग, पहले बदस्तूर मेरी ख़ातिर-तवज्जो किया करते थे, उन्हीं लोगों ने इस बार, ख़ातिर-तवज्जो तो दूर की बात, बेहद गम्भीर मुद्रा में मुझे शर्तों का एक कागज थमा दिया और उस पर दस्तख़त करने को कहा। वीजा प्राप्त करने के लिए, जो मुझे मंजूर करना था, वे शर्तें थीं—भारत की राजनीति के बारे में मैं अपनी जुबान पर एक भी शब्द नहीं लाऊँगी; कलकत्ता के अलावा, अन्य किसी शहर में कदम नहीं रखूँगी; पुरस्कार से जुड़े या साहित्य से जुड़े किसी विषय के अलावा, मैं और किसी विषय पर इण्टरव्यू नहीं दूँगी। वीजा देने से पहले, उन लोगों ने मेरी टिकट भी देखी कि मैं पाँच दिन बाद वापस लौट आऊँगी। नहीं, मुझे पाँच दिन से अधिक का वीजा नहीं दिया गया।

टिकट पड़ी रही! मेज़ के कागज-पत्तरों तले। वीजा, पासपोर्ट भी किसी चीज़ तले दबा रहा। उस दिन मैं जैसे भूल ही गयी कि मुझे कलकत्ता जाना है। मैं आराम से कविताओं में डूबी रही, ख़यालों में तैरती रही और अपने चिर-अकेलेपन में गुम हो रही। जो लोग दमदम हवाईअड्डे पर मेरा इन्तज़ार कर रहे थे, उनके फोन की घण्टी ने, आधी रात को मेरी नींद तोड दी।

'अरे, तुम कलकत्ता नहीं आयी—?'

'मेरी फ्लाइट कल है—'

'यह तुम क्या कह रही हो? तुम्हारी फ्लाइट तो आज थी।'

मैंने उठकर कागज-पत्तर तले दबी टिकट निकालकर देखा। ग़लती मुझसे ही हुई थी। बहरहाल, कलकत्ता की तरफ से, मेरे लिए दुबारा ज़रूरी टिकट का इन्तज़ाम कर दिया गया। अगले दिन मैं फ्लाइट पकड़ सकती थी। जिस दिन आनन्द पुरस्कार दिया जाने वाला था, मैं उसी दिन कलकत्ता पहुँची। मेरी मित्र-मण्डली मेरे पुरस्कार पाने पर बदस्तूर उत्साहित थी। मेरी सादी-साधारण साड़ी देखकर, विश्व राय बाज़ार दौड़ गया और मेरे लिए गरद सिल्क की लाल किनारे वाली साड़ी ख़रीद लाया। अति कम समय में ब्लाउज़ भी बनवा लाया। पिछली बार, जब मैं कलकत्ता आयी थी, तो विश्व राय मेरा बेहद प्यारा दोस्त बन गया था। कलकत्ते में, मैं जितना अधिक रहती हूँ, मेरे नये-नये दोस्तों की तादाद भी बढ़ती जाती है। बहुतेरे लोग मेरा नाम-यश देखकर दोस्त बनना चाहते हैं। लेकिन उस दोस्ती में कभी न कभी दरार पड़ ही जाती है। मैंने गौर किया है, बंगाली लोग बहुत जल्दी ही मित्र बन जाते हैं। विदेशी लोग भी दोस्त बनते हैं, मगर यूँ चुटकी बजाकर

नहीं। दोस्त बनने में वे लोग काफी वक्त लेते हैं। स्वतःस्फूर्तता मेरे खून में है। बंगाली लोगों का प्यार, मेरी निर्जनता, पल भर में ख़त्म कर देती है। पता नहीं, ये लोग ऐसा क्या देते हैं। मुझे लगता है कि ये लोग समूचा का समूचा एक देश दे डालते हैं।

अब्बू से कई-कई बार मेरी भेंट हो सकती थी। कलकत्ता के आनन्द पुरस्कार समारोह में अब्बू से आने के लिए कितना इसरार किया, मगर वे नहीं आये। उनके लिए देश का घर-द्वार, चेम्बर, सुबह-शाम मरीज़ देखना, भाईजान की गृहस्थी की जिम्मेदारी, मेरे मुक़ाबले ज़्यादा अहम हो उठी थी। आनन्द पुरस्कार, मुझे 'मेरे बचपन के दिन' के लिए दिया गया था।

जिस 'आनन्द' ने मेरी किताब छापने से इनकार कर दिया था, उसी आनन्द ने मुझे पुरस्कार दिया। यह पहला समारोह था, जो ग्रैण्ड होटल के बजाय रवीन्द्र सदन में आयोजित किया गया था। पुरस्कार-समारोह का मंच असाधारण था, मानो जमींदारी-स्टाइल का बैठकघर! उस समारोह में अपना वक्तव्य रखते हुए, मैंने तुम्हारे बारे में भी ज़िक्र किया था, माँ! वह समूचा वक्तव्य, तुम्हें सुनाने का मन हो रहा है, माँ! लो, सुनो—

'नमस्कार! यहाँ मैं पहले भी आ चुकी हूँ! पड़ोसी देश से आयी थी मैं। उन दिनों मैं ढाका के अस्पताल में नौकरी करती थी, साथ ही लिखती भी थी। तब तक मेरी कुछ ही किताबें प्रकाशित हुई थीं। इस बार, फिर आयी हूँ, लेकिन पड़ोसी देश से नहीं, काफी सुदूर देश से! अब मैं डॉक्टरी नहीं करती, सिर्फ लिखना ही मेरा काम है। उस समय के यानी सन् बयानबे की 'मैं' में और आज की 'मैं' में काफी फ़र्क़ है। इस बीच पूरे सात वर्ष गुज़र चुके हैं और इसी एक जीवन में ही, इन सात वर्षों में, काफी घटनाएँ घट चुकी हैं। जो कुछ भी घटा, वह मेरे लिखने की वजह से! चूँकि मैं लिखती हूँ, इसलिए मुझे डॉक्टरी छोड़नी पड़ी; लिखती हूँ, इसलिए जुलूस निकाले गये, मेरी हत्या की धमकियाँ आयी हैं; मेरे सिर का मोल निश्चित किया गया है; लिखती हूँ, इसलिए मुझ पर मुकदमे चलाये गये; वारंट निकाले गये, हड़तालें होती रहीं, लोगों की हत्याएँ हुईं, लिखती हूँ; इसलिए रातोंरात एक घर से दूसरे घर भागते रहना पड़ा। इस लिखने की वजह से ही नाते-रिश्तेदार, यार-दोस्तों को छोड़ना पड़ा; अपना घर-द्वार छोड़ना पड़ा। ब्रह्मपुत्र, अपना देश—सब छोड़ना पड़ा! लेकिन, लिखती हूँ, इसलिए पुरस्कार भी नसीब हुआ!

ज़िन्दगी ऐसी ही है! अनिश्चित! आज सम्मान मिल रहा है, कल शायद चरम असम्मान मिले! आज कोई मुझ पर पथराव कर रहा है, कल वही वाहवाही दे! आज लोग याद रखते हैं, कल भूल भी जायेंगे। आज मैं ज़िन्दा हूँ, कल मर

जाऊँगी। असल में ज़िन्दगी का कोई अर्थ नहीं है, अगर हम स्वयं जीवन को अर्थपूर्ण या सार्थक न बनायें। एक बात बखूबी मेरी समझ में आ गयी है कि धर्मान्ध उग्रवादियों ने मुझे खदेड़ते-खदेड़ते जहाँ पहुँचा दिया है, बिल्कुल अनात्मीय परिवेश में, अचीन्हे-अनजान जगत में, ताकि मैं अकेले-अकेले कष्ट-तकलीफ पाते-पाते दम तोड़ दूँ, ताकि मैं भयंकर विरुद्ध स्रोत में, यह तक भूल जाऊँ कि किस वजह से मैं हूँ! यह सच है कि वहाँ मुझे बदस्तूर संघर्ष करना पड़ता है, अपने से ही अपनी जंग जारी है...! मेरे अन्दर का एक पक्ष चाहता है कि सबकी नज़रों की ओट, महज एक बिन्दु की तरह, मारे अभिमान और विषाद के, मैं धीरे-धीरे अदृश्य हो जाऊँ। लेकिन दूसरा पक्ष सारे विषाद झाड़कर, जीने के लिए उठ खड़ा होता है। ज़िन्दा रहने के लिए, इसके अलावा और कुछ भी नहीं है मेरे पास, जिसे लेकर जी सकूँ। सिर्फ लिखने के अलावा, मेरे पास कुछ नहीं है।

बंगला से मैं दूर हूँ, लेकिन लिखती बंगला में ही हूँ! बंगाली लोगों के जीवन से हज़ारों माइल दूर बैठी-बैठी, मैं बंगालियों के बारे में ही लिखती हूँ। यह कितना मुश्किल काम है, यह मैं समझती हूँ। मेरी दैनिक दिनचर्या में बंगाल का एकाध बूँद नहीं है। जो कुछ भी लिखती हूँ, वह स्मृतियों पर ही निर्भर रहकर! पूरे छः वर्ष बाद कलकत्ता आने का मौका मिला, यह मेरे लिए परम प्राप्य है! यह मौका मैं खोना नहीं चाहती। इसमें भी मुझसे यह मौका छीन लेने का पैंतरा जारी है! पता नहीं, भारत में यह मेरा आखिरी आना है या नहीं। जैसा कि मैंने पहले ज़िक्र किया, ज़िन्दगी अनिश्चित है और मेरी ज़िन्दगी में अनिश्चितता कुछ ज़्यादा ही है।

जिस किताब के लिए, आज मुझे यह पुरस्कार दिया जा रहा है, वही किताब, यहाँ से कुल आधे घण्टे की उड़ान की दूरी पर, पड़ोसी देश में, मेरे अपने ही देश में निषिद्ध है। वहाँ यह किताब छपने से पहले ही निषिद्ध हो गयी। कहा गया—यह अश्लील किताब है; कहा गया—इसे पढ़कर लोगों की धार्मिक भावना को ठेस पहुँचेगी। इस क़िस्म की बातें, मेरी अन्य किताबों के बारे में भी कही जाती हैं। मैं अपनी जुबान से चाहे जो भी उच्चारण करती हूँ, यही दोष मढ़ा जाता है। मैंने धार्मिक भावनाओं को चोट पहुँचायी है, इस गुनाह पर मुझे बार-बार अदालत के कटघरे में खड़ा होना पड़ा है। यह सब मेरी अधार्मिक भावनाओं पर चोट करती है। लेकिन किसी की अधार्मिक अनुभूतियों को मूल्य देने का विधान कहीं नहीं है, किसी भी क़ानून में नहीं है, जिसका मैं आश्रय लूँ। मेरे लिए आज का दिन, एक अविश्वसनीय दिन है, जब बंगला साहित्य से मेरी दूरी धीरे-धीरे बढ़ती जा रही है और जब मुझे यह फिक्र घेरे रहती है कि दिनोंदिन मेरी लिखने की ताकत शायद चुकती जा रही है, शायद शुरू से पहले ही, मेरा अन्त हो गया है, ऐसे में यह आश्चर्यजनक सम्मान, नाछोड़बन्दे की तरह, मेरे अन्दर एक इच्छा जगा गया

है—लिखने की इच्छा!...आज अगर मेरी माँ ज़िन्दा होती, वह बेहद खुश होती। पति और बेटी, दोनों ही डॉक्टर थे, फिर भी उन्हें बिना इलाज के दम तोड़ देना पड़ा। उन्होंने अपनी समूची ज़िन्दगी अभाव, अनाहार, अनादर, अवहेलना, असम्मान, अत्याचार तले गुज़ार दी। समाज में औरत की स्थिति जानने के लिए, मेरी माँ की कहानी ही पर्याप्त है। जब मैं औरत-मर्द के वैषम्य के खिलाफ लिख रही थी, लिख-लिखकर नाम कमा रही थी, मैंने अपनी माँ की तरफ पलटकर भी नहीं देखा। मैंने ध्यान नहीं दिया कि वे किस क़दर दर्द सह रही हैं; मैंने नहीं देखा कि पुरुषशासित जाल में फँसकर, वे किस हद तक दासी बन गयी थीं, जिस दासी का मुख्य और अहम काम था, पति-सन्तान की सेवा करना, उन लोगों को खुश करना। माँ ने अपनी अविराम सेवा के ज़रिये सबको खुश रखा। उनका एक अलग ही जीवन था और वह जीवन सिर्फ उन्हीं का था। वह जीवन अपनी मर्जी मुताबिक गुज़ारने का उन्हें पूरा-पूरा हक़ था—यह बात उन्हें कभी जानने ही नहीं दी गयी। औरत जो पूर्णतः इन्सान है, यह बात आदिकाल से ही स्वीकार नहीं की गयी है, आज भी नहीं की जाती। नारी, पुरुष की आँत से सृजित है, पुरुष वर्ग जो-जो कहेगा, नारी को वही-वही करना होगा, अगर न करे तो उसे बेभाव पिटना होगा। औरत की गर्दन की एक हड्डी टेढ़ी है। इसीलिए वे टेढ़ी राह चलती हैं। आज़ादी का अधिकार, भले अन्य सभी प्राणियों का हो—कुत्ते-बिल्ली, गाय-बकरी, औरत को आज़ादी का हक़ नैव नैव च! मैं भी, नारीवाद के लिए दिन-रात, समझौताहीन जंग करती हूँ, मगर अपनी माँ को मैंने सिर्फ माँ के अलावा, औरत के रूप में कभी नहीं देखा और माँ का तो मतलब ही है, जैसा समाज ने हमें सिखाया है, जो गृहस्थी की घानी खींचती है; जो सबसे लज़ीज़ खाना पकाती-परोसती है; जो कपड़े-लत्ते धोकर, तहाकर रखती है! माँ का मतलब है, जो अपने हाड़-मांस जलाकर मेहनत-मशक्कत करती है; जिसे हँसना नहीं चाहिए; जिसे केवल रोना ही शोभा देता है। शोक की नदी में जिसके लिए नाक तक डूबे रहना ही बेहतर लगता है। वैसे यह सच है कि समाज में हम बहुत कुछ स्वीकार नहीं करते, प्रतिवाद करते हैं, लेकिन अनजाने में ही ऐसे अनेक संस्कार हमारे अन्दर ही छिपे होते हैं! असल में पितृतन्त्र या पुरुषतन्त्र हमारी गर्दन पर इतना जमकर सवार हो गया है। इतना ज़्यादा हमारे खून दिलोदिमाग़ में घुलमिल गया है कि अब हम इससे काफी दूर निकल आये हैं, इस सोच के बावजूद, इन्हीं के वीर्य में डुबकी लगाते रहते हैं।

यह सोच-सोचकर मुझे अचरज होता है कि इन्सान जितना विज्ञान-निर्भर होता जा रहा है, उतना ही दुनिया भर में धर्म का भी विस्तार होता जा रहा है। विवर्तन तत्त्व में इसका यथेष्ट प्रमाण नहीं मिलता, यह वजह दिखाकर, तथाकथित उन्नत विश्व में भी अलौकिक सृष्टि में विश्वासी होने का आन्दोलन जारी है। सभ्यता क्या अन्त में पीछे की दिशा में चल पड़ेगी? मध्ययुग का अन्धकार ही क्या इन्सान का गन्तव्य है? धर्म के जाल में सबसे ज़्यादा औरत ही फँसती है, यह बात

हम सभी जानते हैं। पुरुष द्वारा तैयार किये गये, इस धर्म, इस समाज, इस जंजाल से औरत अगर बाहर नहीं निकलेगी, तो जैसा कि मैंने पहले भी बहुत बार कहा है, औरत की मुक्ति नहीं हो सकती, पुरुष की भी नहीं!

जैसे दारिद्र्य, बाढ़, अकाल पीड़ित देश में पुंल्लिग का जय-जयकार है, पूँजी-पीड़ित देशों में भी यही हाल है। मैंने सच्चे अर्थों में वैषम्यहीन, स्वस्थ समाज, कहीं भी नहीं देखा। अर्थनैतिक मुक्ति ही इन्सान को सारी विषमता से मुक्ति देगी, यह सिर्फ तात्विक बातें हैं। युक्ति और मुक्त चिन्तन की स्वस्थ चर्चा ही यह अँधेरा मिटा सकता है; भूख, अज्ञान, अशिक्षा अन्धेपन, वैषम्य और सन्त्रास के शिकंजे से इन्सान को बचा सकता है। 'मेरे बचपन के दिन' के ढेरों चरित्र ही, मेरे आस-पास बिखरी गरीबी नहीं, अति नीच, अन्धे और अज्ञान का निदर्शन हैं! मैंने ज़िन्दगी को जैसे देखा है, वही लिखा है। यह केवल मेरा जीवन ही नहीं है, समाज के अधिकांश औरतों का जीवन ऐसा ही है! डर से सिमटी हुई, विषाद से बदरंग! उस नन्ही उम्र में ही लड़कियाँ यह सीख लेने को लाचार हो जाती हैं कि लड़की और लड़के में ज़मीन-आसमान का फ़र्क़ होता है। ऐसा बहुत कुछ है, जो लड़कियों को नहीं करना चाहिए, बहुत कुछ है, जिनके बारे में सोचना नहीं चाहिए, बहुत कुछ समझना नहीं चाहिए, बोलना भी नहीं चाहिए। मैंने भी वही कुछ सीखा था।

वैसे कुल दो-ढाई सौ पन्नों में समूचा शैशव और किशोर अंकित करना क्या सम्भव है? छुटपुट जो बातें याद आयीं, आधा-अधूरा, काफी कुछ रूपरेखा की तरह लिखा गया है! धुआँ-धुआँ, धूल-लिपटा, अस्पष्ट, अपुष्ट, अदक्ष हाथों से खींचा गया स्केच भर! इस मामूली-सी किताब के लिए, आज जो मुझे यह असाधारण सम्मान दिया जा रहा है, इसने मुझे कुण्ठित किया है, साथ ही गौरवान्वित भी! मैं ठहरी क्षुद्र, तुच्छ इन्सान! मैंने ढेर प्यार पाया है। इतना प्यार पाने के मैं योग्य भी नहीं। इस ज़िन्दगी में दुःख और सुख, दोनों ही बेहद प्रबल भाव से मुझे टकराते रहे। कभी-कभी मेरे मन में यह ख़याल भी आता है कि इतना दुःख पाना, मुझ जैसी मामूली इन्सान के लिए ज़रूरी नहीं था। मेरे लिए शायद यही बेहतर होता—सूर्यास्त के तमाम रंगों को अपने बदन में लपेटकर, काश फूलों से भरे-पूरे ब्रह्मपुत्र के तट पर, क्लांतिहीन, विपरीत बयार में सिर्फ दौड़ती चली जाती। मेरे लिए शायद यही बेहतर था कि जीवन भर, जीवन को निहारती रहती। छोटे-छोटे सुख-दुःख में झूला झूलती रहती। मुझे बखूबी अहसास है कि मैं कोई अच्छी साहित्यकार नहीं हूँ, अच्छी नारीवादी भी नहीं हूँ। चूँकि जीवन अर्थहीन है और यही जीवन चूँकि विराट प्राप्ति भी है, इसलिए जीवन में जो कुछ भी है, मैं जीना चाहती हूँ और इस जीने में जो कुछ भी बाधा बनकर आती है, मैं उसे पार कर लेना चाहती हूँ—रीति, नीति यन्त्र-मन्त्र, पुरुषतन्त्र, धर्म-वर्म—सारा कुछ! मात्र कुछेक दिनों के जीवन को ख़ामखाह विचित्र-विचित्र सारे नियमों के जाल में क्यों उलझाऊँ? अपने को ज़ंज़ीर

में क्यों बाँधूँ? आज़ादी—मेरे लिए, इस शब्द का विराट मूल्य है। इसे पाने की कोशिश में, मैं बार-बार पराधीन हुई हूँ! मैंने बार-बार ज़ंज़ीर तोड़ी है। नारी-मांस का गन्ध पाते ही, पराधीनता मुँह-बाये, सौ-सौ दाँत दिखाते हुए, हहाकर दौड़ पड़ती है और चीथड़े-चीथड़े करके खा जाना चाहती है। औरत की समूची ज़िन्दगी, सिर्फ ज़िन्दगी बचाने में गुज़र जाती है। मैं और कुछ भले करूँ, फरेब नहीं देती, न अपने साथ, न दूसरों के साथ! बिना किसी छल-कपट के अगर सच कहूँ तो मुझे ख़ासा मज़ा आता है! ज़िन्दगी में इस बारे में मुझे काफी भुगतना पड़ा है। जैसे अपने देश में, वैसे ही और-और देशों में भी! लिखने के मामले में भी, बना-बनाकर लिखने के बजाय, सच्ची घटनाएँ लिखने में मुझे ज़्यादा दिलचस्पी है। हमारे चारों तरफ कितनी ही घटनाएँ घटती रहती हैं।

मुझे बना-बनाकर लिखने की क्या ज़रूरत है? मेरी कल्पना-शक्ति शायद कम है, मेरी स्मरण-शक्ति की तरह! मैं सिर से पैर तक बेहद कमज़ोर इन्सान हूँ। लोग-बाग़ मुझे सबल समझते हैं, भूल करते हैं। मैं चाहे जो भी कहती होऊँ, मैं निहायत ही सीधी-सादी इन्सान हूँ। जो लोग भी मेरे करीब आये, उन लोगों ने समझा है। मैं अपने को किसी नक़ाब या मुखौटे में बिल्कुल भी नहीं रख सकती। मेरी साँस घुटने लगती है। मैंने अपनी जीवन-कथा लिखी, इसलिए कि मैं अपने को पहचानती हूँ। अपने जीवन की कहानी, जब ख़त्म हो जायेगी, तो मुमकिन है किसी और की जीवन-कथा लिखूँ, जिसे मैं जानती-पहचानती होऊँ, जिसके जीवन में अनायास ही गहरे उतर सकती होऊँ। इन्सान अभी भी मेरा अतिशय जाना-पहचाना है और बेहद अचीन्हा-अनपहचाना भी है। किसी-किसी के साथ पूरे बत्तीस साल गुज़ारकर भी लगता है उसे मैंने ठीक-ठीक नहीं पहचाना। वैसे कभी-कभी अपने बारे में भी सवाल जागता है कि मैं जो इतना सोचती हूँ कि मैं पहचानती हूँ, मैं क्या अपने को सच ही पहचानती हूँ?

किसी ज़माने में, मैं कहा करती थी कि सभी लोगों के पास कुछ न कुछ होता है—एकाध आत्मीय, गृहस्थी, घर वापसी वगैरह-वगैरह, सिर्फ मेरे पास ही कुछ नहीं है! सिर्फ मेरे ही सूखे से फटी छाती में सूना-खाली कलश पड़ा रहता है। सबके हिस्से में पानी होता है, दल होता है, फल-फूल होते ही हैं, मेरा ही कोई नहीं है, समूची ज़िन्दगी पर धू-धू करते हुए प्रवास के अलावा! हाँ, ज़िन्दगी में प्रवास ज़रूर है, लेकिन अब आप लोग भी हैं। आज जो, और जितना प्यार मुझे मिला है, वह मैं उसे अपने साथ दूर देश तक ले जाऊँगी। मेरे आसमान पर हज़ारों-हज़ार सितारों की तरह जगमगाते रहेंगे। ये सितारे मुझे अँधेरे में, मुसीबत में, मुझे रोशनी देंगे, उम्मीद देंगे। मैं अपने को और-और पहचानना सीखूँगी। मैं लिखना सीखूँगी। आप लोगों ने सम्भवतः प्रायः मरी हुई लेखिका को ज़रा-ज़रा करके ज़िन्दा कर दिया है। मैं क्या दूँ? शुभकामनाएँ, प्यार, श्रद्धा...आप लोग मेरे ये सारे भाव स्वीकार करें,

मुझे धन्य करें, मेरा जन्म भले किसी और देश में हुआ हो, भले मैं सुदूर किसी देश में रहती हूँ, लेकिन मैं हूँ तो आप लोगों की ही अपनी! आत्मीय जैसी! नितान्त अपनी! मेरा क्या और कहीं अपना कोई है? नमस्कार!'

आनन्द-पुरस्कार मुझे दूसरी बार मिला था। अकेले मुझे ही मिला है! पाँच लाख रुपयों का पुरस्कार! रुपये-पैसे मुझे सच ही आकर्षित नहीं करते। इससे पहले, सन् बयानबे में जब मुझे आनन्द-पुरस्कार मिला था, उस समय पुरस्कार की राशि पचास हज़ार रुपयों से एक लाख रुपये हो गयी। इस बार पुरस्कार-राशि एक लाख रुपये से बढ़कर पाँच लाख रुपये हो गयी। बहुतेरे लोग यह सोच सकते हैं कि मेरा लक्ष्मी-भाग्य या लाख-भाग्य अच्छा है। लेकिन, मैं भाग्य पर विश्वास नहीं करती, पेरिस के बैंक में वे रुपये जमा कर देने के बाद, मेरे ही अनजाने में, तेज़ी से उड़ भी गये। मेरे लाख-लाख रुपयों की पीठ पर अदृश्य पंख लगे होते हैं, उड़ जाते हैं, इसके लिए मुझे कोई अफसोस नहीं होता। अफसोस तो सिर्फ तुम्हारे लिए होता है, माँ! जिन रुपयों के अभाव में तुम आजीवन जीती रही, वही रुपये मेरे पास बेशुमार आते हैं, उतने ही वे सब मुझे तुच्छ लगते हैं, निहायत गैर-ज़रूरी! उन्हीं रुपयों से मुझे बेहद नफ़रत होती है, माँ! दुनिया में तुम निचाट अकेली थीं और मैं भी अकेली हूँ। मेरे लिए पति-सन्तान का उपद्रव नहीं है। मुझ पर किसी के लिए धन-सम्पत्ति भी रख जाने का भी दायित्व नहीं है। ज़िन्दगी इसी तरह उड़ती जा रही है, जिस ज़िन्दगी का मेरे लिए कोई अर्थ नहीं है। यह जीवन इसी तरह बहता जाता है, जो जीवन मुझे सूखा तिनका भी नहीं लगता।

समझीं, माँ, पेरिस यूरोप का केन्द्र है। मेरी जितनी यात्राएँ हैं, सब इसी पेरिस से होती हैं। विभिन्न देशों में मेरा जाना-आना लगा ही रहता है। विभिन्न देशों से आमन्त्रण आते रहते हैं! नारी-अधिकार या मानवाधिकार के बारे में वक्तव्य रखने का आमन्त्रण! मैं यूनेस्को में अन्तर्राष्ट्रीय धर्ममुक्त मानववादी आई एच ई ई यू की डेलिगेट बनकर गयी। वहाँ मैंने धर्मयुक्त राष्ट्र, क़ानून, समाज और शिक्षा के पक्ष में कड़ा वक्तव्य दिया। कहते हैं, यूनेस्को में ऐसा कड़ा वक्तव्य पहले किसी ने नहीं दिया। सभी लोग एकदम से सजग होकर बैठ गये। हर जगह यही होता है। जो बातें मैंने कहीं, वही-वही बातें अगर किसी ऐसे व्यक्ति ने कही होती, जो ईसाई, यहूदी या अन्य किसी धार्मिक परिवार में पैदा हुआ हो, तो कोई नहीं चौंकता। लेकिन मुस्लिम परिवार में जन्म लेकर, धर्म की समालोचना करे, वह भी सारे धर्मों की समालोचना करे, तो लोग चौंक उठते हैं। दरअसल, मेरा संघर्ष, धर्म का नाश करने का संघर्ष नहीं है। मेरा संघर्ष मानवता के लिए है, मुख्यतः समानाधिकार के लिए है। धर्म से औरत के समानाधिकार का विरोध जन्म-जन्म से रहा है। मैं जहाँ भी जाती हूँ, चाहे जितने भी शोरगुल या हंगामे में जाऊँ, फिर-फिर मैं अपनी निस्संगता, अपने अकेलेपन में लौट आती हूँ। फोन मेरे करीब

ही होता है। मेरा मन होता है कि कोई तो पूछे कि मैं कैसी हूँ, देश कब लौटूँगी? मेरा मन होता है कोई तो कहे कि वह मेरे लिए कहीं इन्तज़ार कर रहा है। कोई कहे तो सही, वह मुझे प्यार करता है। मुझसे पूछे कि मैं किस हाल में हूँ? क्या खा-पी रही हूँ? तुम नहीं हो, विश्व-ब्रह्माण्ड के किसी भी पार नहीं हो, जो तुम्हें बताऊँ कि मैं कैसी हूँ, हर दिन किस हाल में रहती हूँ। लेकिन, तुम किसी देश, किसी शहर या किसी गाँव में नहीं हो, किसी घर में नहीं हो। तुम्हारा कोई भी ठिकाना नहीं है, माँ! तुम्हारा कोई टेलीफोन नम्बर भी नहीं है। तुम्हारा कुछ भी नहीं है, माँ! तुम्हारे सन्दर्भ में इतने-इतने 'नहीं' हैं, माँ, कि ये सब मेरे सीने में काँटे की तरह चुभे रहते हैं।

पेरिस में बैठी-बैठी, एक अदद काव्य-संग्रह के अलावा, मैंने कुछ भी नहीं लिखा। मैं समझती हूँ कि मेरा फ्रांसीसी प्रकाशक मुझसे असन्तुष्ट है। प्रकाशक अच्छे-अच्छे उपन्यास चाहते हैं। मेरे प्रकाशक चाहते हैं कि मैं लेखिका हूँ, अच्छी लेखिका हूँ, यह बात मैं और अधिक दम-ख़म से साबित करूँ। मैं केवल धर्म के विपक्ष में ही नहीं लिखती हूँ, कट्टरवादियों से फतवा पाने वाली, कोई निर्यातित, निर्वासित वस्तु ही नहीं हूँ, यह बात मेरे फ्रांसीसी प्रकाशक भी प्रमाणित करना चाहते हैं। फ्रांसीसी देश में नाम है, मगर कोई नयी किताब नहीं है। मित्र कहकर जिन लोगों को अपने पास खींचती हूँ, कुछ दिनों बाद, वे लोग भी ठीक दोस्त जैसे नहीं लगते। यह अच्छा न लगना, यहाँ नहीं, वहाँ नहीं, और कहाँ...जैसा वैराग्य, ज़िन्दगी पर छा जाता है, झुण्ड-झुण्ड चिन्ता-फिक्र, मेरे दिमाग़ में दख़ल जमा लेती है। घोर विषाद मुझे निगल लेता है। मैंने सुयेनसन को ख़बर दी कि अब, यहाँ रहना सम्भव नहीं है। उसने कहा—स्वीडन चली आओ। जाने कैसे मान से भरकर, मैंने पेरिस छोड़ दिया। बेहद अनिच्छा से मैं लौट आयी। क्रिश्चन बेस ने भी कोई एतराज नहीं किया। अगर वे मुझे न जाने को कहतीं, तो मेरी ज़िन्दगी कुछ और तरह की होती। वे तो जानती ही थीं कि मैं स्वीडन को हमेशा के लिए छोड़ आयी हूँ। अन्त में, पेरिस मेरे लिए कोई आश्रय नहीं बन सका। मैंने खुद ही यह सपना गढ़ा था, खुद ही उस सपने को तोड़ डाला। पेरिस में जो असबाब-पत्तर ख़रीदे थे, जिस-तिस को दे दिया। घर के कनसियाज को बुलाकर मैंने कहा—जो भी मन करे, इस घर से ले जाओ। वह लपककर आगे बढ़ा और जो-जो सामान उसे अच्छा लगा, उठा ले गया। मैं अपने साथ सिर्फ किताबें, कपड़े-लत्ते और कम्प्यूटर, प्रिंटर वगैरह ज़रूरी-ज़रूरी सामान लेकर चली आयी। फिर वही मूवर को बुलाना पड़ा। फिर हज़ारों-हज़ार रुपये ख़र्च करने पड़े। लेकिन घुटन के ज़ीरो तक वापस लौट जाने से क्या मेरी घुटन ख़त्म होने वाली थी? सुयेनसन का घर ही खूबसूरती से सजाकर, मैंने अपने को व्यवस्थित कर लिया। लेकिन पराये घर को अपने रुपयों से, अपने शौक मुताबिक सजा लेने से भला क्या फ़र्क़ पड़ता है, वह मेरा अपना

घर तो नहीं हो सकता।

इस बीच भयंकर-भयंकर काण्ड घटते रहे। पेरिस में ब्लडप्रेशर नापने की एक मशीन ख़रीदी थी। वैसे डॉक्टरी की पढ़ाई करते हुए भी मेरे पास ऐसी कोई मशीन मौजूद थी। लेकिन जब वह बेकाम हो गयी, तो काफी अर्से तक नयी मशीन नहीं ले पायी थी, इसलिए पेरिस में ख़रीद लिया था। जब कभी मेरे मित्र-परिचित बीमार होते हैं, तो मैं उनका ब्लडप्रेशर चेक करती हूँ। साल-दो साल में कभी-कभी शायद अपना भी प्रेशर नाप लेती हूँ। वह मशीन ख़रीदने के महीने भर बाद, मैंने पहली बार वह मशीन, सुयेनसन का प्रेशर नापने के लिए इस्तेमाल किया। चलो, मशीन का उद्घाटन तो हुआ। सुयेनसन का प्रेशर बिल्कुल स्वाभाविक था। इसके बाद, अपना रक्तचाप देखकर तो मैं जैसे आसमान से गिरी। कहीं मशीन तो गड़बड़ नहीं है, यह सोचकर मैंने दुबारा नापा। फिर वही नतीजा! 250/150। मैंने सुयेनसन का रक्तचाप दुबारा नापा। उसका माप निकला—150/75, मतलब मशीन ठीक थी। उसके साथ वह मशीन मनमाना बर्ताव नहीं कर रही थी, मेरे ही साथ बेअदबी कर रही थी। तो क्या अब, मैं ब्लडप्रेशर की मरीज बन गयी थी? मेरे लिए यह मान लेना मुश्किल था। मैं काफी देर तक शवासन की मुद्रा में लेटी रही। उसके बाद रक्तचाप दुबारा नापा। उन दिनों मुझे कोई दुश्चिन्ता नहीं थी, न किसी बात को लेकर बेचैनी या परेशानी, फिर रक्तचाप इतना भयंकर क्यों? इसे लेकर बैठे रहना बेहद जोखिमभरा है, जिस किसी भी समय हादसा हो सकता है। मैंने सुयेनसन से मुझे कैरोलिन्सका अस्पताल में ले चलने को कहा। वह किसी हाल भी जाने को तैयार नहीं हुआ। वह फिजूल बकवास करता रहा कि यह मेरा नख़रा भर है। जब तुम बीमार होती थीं, तो अब्बू भी यही सब सुनाते थे। मेरे घर की परली तरफ वाले घर में पिया, नामक एक स्वीडिश लड़की रहा करती थी, वह अस्पताल में नर्स थी। उस आधी रात को मैं उसके पास दौड़ गयी। कम से कम उसके पास कोई दवा वगैरह हो या वही मुझे किसी अस्पताल में ले जा सके। नहीं, पिया घर पर नहीं थी। मेरी परेशानी किस क़दर बढ़ गयी थी और मेरा क्या हाल हो आया था, मैं तुम्हें बता नहीं सकती। काफी आरजू-मिन्नत करने के बाद, सुयेनसन गुस्से से कुड़बुड़ाते हुए, मेरे साथ अस्पताल गया। कैरोलिन्सका के अस्पताल की इमरजेंसी में पूरे तीन घण्टे तक इन्तज़ार करती रही, लेकिन डॉक्टर नहीं आया। मैं गुस्से में घर लौट आयी। विदेशों में यही मुसीबत है। मैं खुद नहीं बताती कि मैं कौन हूँ या क्या हूँ। विदेश में क्रिमिनल, बटमार, अ, आ, क, ख के साथ, एक ही क़तार में बैठकर, मुझे डॉक्टर का इन्तज़ार करना पड़ता है। यूँ इन्तज़ार करते हुए, ऐसा भी हो सकता था कि अचानक सिर की नस फटकर, रक्तक्षरण होने लगा या दिल की धड़कन ही रुक जाये। अगर मैं देश में होती, तो चूँकि खुद डॉक्टर हूँ या डॉक्टर से जान-पहचान है, इसलिए मेरा तत्काल इलाज हो

जाता। विदेश में, ख़ासकर स्वीडन में ऐसा कुछ होने वाला नहीं था। पूरी रात, मारे बेचैनी के, मैं बूँद भर भी सो नहीं पायी, सुबह-सबेरे मैं उपसाला शहर पहुँच गयी और एक मित्र से निफिनकार्डिन दवा माँगकर, अपनी जुबान तले दबाया और आसमान तक चढ़े रक्तचाप को दन्न से इस मर्त्यलोक में उतार लायी। अब्बू की ज़ेब में हर वक्त वह निफिनकार्डिन नामक दवा मौजूद रहती है। इस ढंग से ब्लडप्रेशर कम करना अनुचित है, यह जानते हुए भी अब्बू इसी तरह अपना ब्लडप्रेशर कम करते हैं। उस मित्र के घर मैं जान-समझकर ही गयी थी। हाल में उसे भी दिल की शिकायत हो गयी थी, इसलिए ब्लडप्रेशर कम रखने की दवा, उसके घर में हमेशा मौजूद रहती थी। मेरा वह मित्र है–शान्तनु दास गुप्ता! तुम उसे पहचानती हो। वह उपसाला विश्वविद्यालय में माइक्रोबायोलॉजी का शोध-छात्र है। तुमसे भेंट करने के लिए, वह सुयेनसन के घर आया था। उसके घर से निकलकर, मैं सीधे उपसाला ऐकेडेमिस्का अस्पताल की इमरजेंसी में जा पहुँची। शान्तनु की स्वीडिश मित्र, लेना, मेरे साथ गयी। लेकिन वह दवा लेने के बाद, उस वक्त मेरा ब्लडप्रेशर कम हो गया था। ख़ैर, कम होने के बावजूद, स्वाभाविक नहीं था। डॉक्टर ने रक्तचाप कम करने की दवा दी। लेकिन 'बिटा ब्लॉकर', भला मैं क्यों लेती? मैं भला इस देश के डॉक्टरों पर भरोसा क्यों करूँ? इस देश में डॉक्टर को दिखाने की एक ही वजह होती है। यहाँ, डॉक्टर के प्रेस्क्रिप्शन के बिना, कोई भी दवा खरीदी नहीं जा सकती। बहरहाल, ऐकेडेमिस्का से दी हुई दवा, मुझे पसन्द नहीं आयी। इण्टरनेट खँगालकर, मेडिकल की नवीनतम, पत्रिकाएँ पढ़कर, मुझे लगा, 'ए सी ई इनहिबिटर' दवा बेहतर है। इसलिए एक अन्य अस्पताल में जाकर मैंने ही कहा–'मेरे दिल की जाँच करें, मेरी ई सी जी देखें और मेरे लिए 'इनहिबिटर' दवा लिख दें और मुझे सोफिया हेमेट जाने का परामर्श दें।' सोफिया हेमेट, स्वीडन का सबसे मशहूर अस्पताल है। सबसे महँगा! उस वक्त चूँकि मेरे पास स्वीडन का पासपोर्ट मौजूद था, मैं वहाँ मुफ़्त में अपना इलाज करा सकती थी। जब तक सोफिया हेमेट को रेफर न किया जाये, वहाँ कोई अपना इलाज नहीं करा सकता। अब्बू की आँखों का इलाज मैंने सोफिया में ही कराया था, जो तमाम अस्पतालों में सबसे अच्छा था। इसलिए, मैं भी सबसे अच्छी जगह में जाऊँगी। तुम्हें छोटे-मोटे, अनाड़ी डॉक्टरों के हाथों अपनी जान गँवानी पड़ी, मैं उन लोगों के हाथों मरना क़बूल नहीं करूँगी। सोफिया हेमेट जाकर भी मैंने उसी दवा की माँग की, जो मुझे बेहतर लगी थी। अपने जीवन के ज़रिये, तुम मुझे सीख दे गयी हो, माँ! तुम्हारे मामले में मैंने जुबान नहीं खोली, कोई बात नहीं की, डॉक्टर जो-जो कहते रहे, उसका अक्षर-अक्षर पालन करते हुए, मैंने तुम्हारी हत्या कर डाली। मैंने कोई चुनौती नहीं दी, कोई विरोध नहीं किया, हर पल समझौता करती रही। अब अपनी बारी, अगर मैं यह सब न होने दूँ, तो कम से कम बदला तो लिया ही जा सकता है। मेरी यह सजगता देखकर, तुम्हें अच्छा लग रहा है, मैं जानती हूँ।

लेकिन, माँ, हर बार प्रतिवाद करते हुए क्या मुझे तुम याद नहीं आतीं? मेरे तन-बदन में आग नहीं धधकती? अब, जो कर रही हूँ, उसके लिए मुझे क्या कोई पछतावा नहीं कि ऐसा मैंने पहले क्यों नहीं किया? उन दिनों, मेरी ताकत, मेरा साहस, कहाँ, किस गुफा में समा गया था? मुझे मालूम है कि उन लोगों ने मुझे गूँगी बना दिया था। वे लोग किसी तीसरी दुनिया की लड़की को ज़ोर आवाज़ में बात करने देना नहीं चाहते थे। लेकिन, अपने 'मैं' का विसर्जन देकर, उन लोगों को सुखी करके, मुझे क्या मिला? मैंने तो अपना सब कुछ तभी खो दिया, जब मैंने तुम्हें गँवा दिया।

अपने ब्लडप्रेशर बढ़ने की ख़बर, मैंने अब्बू को दी। इतनी कम उम्र में, मेरा ब्लडप्रेशर इतना बढ़ गया है, यह सुनकर अब्बू भी हैरान रह गये। यह रोग तो मेरे खून में था, उत्तराधिकार में मिला था! लेकिन चिन्ता-फ़िक्र ने इस रोग की रफ़्तार बढ़ा दी थी। अभी मैं चालीस की भी नहीं हुई, उच्च रक्तचाप की मरीज़ बन गयी। इसके लिए कौन जिम्मेदार है, माँ? इतनी चिन्ता-फ़िक्र मुझे किसने दी? इन्सानों ने ही न! जो लोग मुझे लेकर सालोंसाल राजनीति का गन्दा खेल, खेल रहे हैं। तुम्हारा न होना मुझे परेशान करता है; भाई-बहन की निर्लिप्तता मुझे अस्थिर करती है। जिन लोगों को मैं प्यार करती हूँ, वे लोग दूर से धीरे-धीरे दूरतर होते जा रहे हैं। ऐसे में हताशा की गोद में बैठकर, दिन-रात झूला नहीं झूलूँगी, तो और क्या करूँगी, बताओ? स्वीडन में बैठकर, लिखने के अलावा और कुछ करने को भी तो नहीं है। सामाजिकता को मचान पर रखकर, स्वीडन जैसे देश में रहना पड़ता है, यह तो तुम देख ही चुकी हो। लेकिन, तुमने बिल्कुल निर्मम हालत ही देखी थी। यह मानो किसी अन्य ग्रह में रहने जैसा है। यहाँ इन्सानों से कोई रिश्ता-नाता नहीं होता। घर में किसी का आना-जाना नहीं है। भूतों की तरह सिर्फ जहाँ बैठे हो, बैठे रहो। पेरिस में मेरे पास, देश-विदेशों से, मेरे बन्धु-बान्धव दौड़े चले आते। हाँ, मुझे देखने के नाम पर, वे लोग पेरिस ही देखते थे। लेकिन यहाँ स्वीडन में रहते हुए, कोई भी मुझसे मिलने नहीं आना चाहता। ऐसे अँधेरे देश में भला कौन आयेगा, बताओ? अँधेरा भी कैसा घोर अँधेरा, यह तो तुमने देखा ही है। लेकिन गर्मी के मौसम में, दिन-रात झक्-झक् उजाला रहता है; पेरिस से विदा लेकर, इस आधी रात के सूरज के देश में लौटकर, मैंने अपना घर-द्वार खूब सजा लिया और लिखने में डूब जाने की कोशिश की। वैसे घर सजाकर, मेरा कोई फ़ायदा नहीं होने वाला, अभी भले मेरी समझ में न आये, लेकिन कुछ दिनों बाद मुझे बखूबी अहसास होगा कि इसमें अपना तन-मन और अपना पैसा उँडेलकर, कोई लाभ नहीं हुआ। मेरी इस विदेश-भूमि में रहने की मेरी कोई इच्छा भी नहीं है। इसके अलावा परायों का घर सजाने से, परायों को ही फ़ायदा होता है, खुद को नहीं, ख़ासकर उस पराये के साथ अगर मन का कोई रिश्ता न हो। ये सब फालतू काम

हैं। ले-देकर अच्छा काम यह किया कि मैंने चार-चार किताबें लिख डालीं—'फ्रांसीसी प्रेमी' नामक उपन्यास, 'खाली-खाली लगता है'—एक काव्य-संग्रह; 'उत्ताल हवा' और 'द्विखंडित'—आत्मकथा का दूसरा और तीसरा खण्ड!

मन में भरे हुए मान से मैं गुड़ी-मुड़ी हो आयी थी। मैंने तो जब देश छोड़ा, तभी परिवार के सभी लोगों को छोड़ दिया। भाईजान, छोटे भइया, को कभी फोन नहीं किया। यहाँ तक कि यास्मीन के साथ भी बातचीत, पूरी तरह बन्द कर दी है। मैं किसी के भी स्वार्थी मनोभावों को, कभी माफ़ नहीं कर सकी। भाईजान मेरी ख़रीदी हुई गाड़ी के मालिक बन बैठे! जिस मालिक ने तुम्हारी बीमारी की हालत में भी तुम्हें वह गाड़ी इस्तेमाल नहीं करने दी, उसके बीवी-बेटे मिलकर, तुम्हें सताते रहे, वे लोग आराम से मशहरी तले, नरम बिस्तर पर सोते रहे और तुम बरामदे की फर्श पर, मच्छरों का डंक सहते-सहते, रातें गुज़ारती रहीं। 'अवकाश' में लगे पेड़ों के डाब बेचकर, तुम्हें जो रुपये मिल जाते थे और जो रुपये तुम्हारा सहारा थे, वे डाब भी हसीना, तुम्हारी अनुपस्थिति में बेचकर, सारे रुपये खुद हथिया लेती थी। शुभ भी जान गया था कि तुम इस घर में सबसे अधिक उपेक्षित, अनादरित, अति तुच्छ औरत हो। लाड़-दुलार से पल-बढ़कर लाट साहब बना, नवाबज़ादा शुभ भी तुम्हें इन्सान नहीं समझता था। ग्लानि मुझे खोद-खोदकर निगलती जा रही है। जिन लोगों ने तुम्हारी अवज्ञा की, उन लोगों से रिश्ता रखकर, अपनी ग्लानि का भार नहीं बढ़ाना चाहती। तुम अगर बूँद भर भी प्यार पाती थीं, तो अपने को उजाड़कर दे डालती थीं। लेकिन सच तो यह था कि तुम्हारे पास रुपये-पैसे नहीं थे, इसलिए तुम्हें प्यार भी नहीं मिला। आजकल तो प्यार के साथ रुपये-पैसों का अच्छा-खासा रिश्ता जुड़ा होता है। तुम थीं कि जितना तुमसे सम्भव था, जैसे भी सम्भव था, तुम लोगों का भला किया करती थीं। जो लोग तुम्हें घर की मालकिन मानकर, तुम्हारे दरवाज़े पर भीख माँगने आते थे, यह समझते थे कि तुम भी धनी औरत हो। तुम उन्हें अपने करीब बुलाकर बताती थीं कि तुम धनिक के घर में रहती हो, लेकिन घरवालों की तरह अमीर नहीं हो, बल्कि उन भिखारियों की तरह ही दरिद्र हो, बल्कि उनसे भी बदतर दरिद्र। वे लोग तो भीख माँगकर, कुछ तो कमाई-धमाई की क्षमता रखते हैं, वे लोग किसी नज़रिये से, कुछ तो आज़ाद हैं, लेकिन तुम्हारी उतनी भी क्षमता नहीं है। मुझे याद है, किसी एक समय, जब तुम्हें किसी ने भी पढ़ने-लिखने नहीं दिया; जब तुम्हें कोई नौकरी-चाकरी करने का भी अधिकार नहीं दिया गया, तब तुम कहा करती थीं कि तुम्हारा मन होता है कि तुम लोगों के घर-घर जाकर काम करो और अपना जीवन निर्वाह करो। लोगों के घर काम करते हुए, आहार भी जुटता है और महीने-महीने तनखाह भी जुटती है। तुम आत्मनिर्भर बनना चाहती थीं। दारिद्र्य में तुम्हें कोई आपत्ति नहीं थी, लेकिन तुम ऐसे फूहड़ ढंग से अपमानित नहीं होना चाहती थीं। हाँ, हम सभी तुम्हारा अपमान करते रहे,

तुम्हें कभी इन्सान नहीं समझा! हम सबने शायद अब्बू से ही यह सीखा था। लेकिन अब्बू की तो ढेरों बातें मैंने नहीं मानी, सिर्फ तुम्हें अपमानित करना ही सीखा। बाकी और कुछ भले माना या न माना हो, अब्बू के साथ, जब कभी तुम्हारा कोई तकरार होता था, मैं हमेशा ही अब्बू का पक्ष लेती थी। विदेश से भी मैं अब्बू को ही रुपये भेजती रही। अब्बू ने मुझे अपना एकाउण्ट नम्बर कभी नहीं दिया। ऐसे में रुपये मैंने तुम्हारे एकाउण्ट में भेजे और यह भी कहा कि ये सारे रुपये अपने एकाउण्ट से निकालकर, वे अब्बू के एकाउण्ट में जमा कर दें। हाँ, तुमने वही किया। मैं अब्बू को रुपये क्यों भेजती थी? अब्बू को क्या रुपयों की कमी थी? नहीं, कोई कमी नहीं थी। अब्बू अच्छे कपड़े-लत्ते नहीं खरीदते थे, अच्छे जूते नहीं ख़रीदते थे, अच्छा शेविंग-किट्स नहीं खरीदते थे, वह अभाव की वजह से नहीं, स्वभाव की वजह से! तमाम ज़िन्दगी यह जानते-बूझते हुए भी, मैंने नहीं जानी! अब्बू के प्रति अपना प्यार दर्शाने का शायद और कोई राह, मैं नहीं जानती थी। जिसे अब्बू कहते हैं, जिसे 'तुम' कहकर मैं कभी सम्बोधित नहीं कर पायी, उससे प्यार की बातें कैसे कर पाती? एक समय, मैंने तुम्हें भी 'तुम' कहकर सम्बोधित करना छोड दिया था। तुमसे मैं भाववाच्य में बातें करती थी। भाववाच्य में मैंने शायद कई-कई साल गुज़ार दिये थे। स्वीडन आने पर मैंने फिर 'तुम' तुम्हें सम्बोधित करना शुरू कर दिया। वही तुम्हारे लिए शायद सबसे सुखद घटना थी। मैंने सिर्फ एक दिन ही बाथ-टब में झाग बनाकर, उस झाग में डूबकर तुम्हें नहाने दिया था। तुम बच्ची की तरह खुश हो गयी थीं। तुम कितने कम में खुश हो जाती थीं, माँ! लेकिन हममें से किसी ने भी तुम्हें बूँद भर भी खुश करने की मामूली-सी भी कोशिश नहीं की। मैं कितनी क्रूर थी, माँ! तुम जैसी माटी के इन्सान की, तुम जैसे विराट मन की प्राणी की, मैं कोख-जायी सन्तान थी। लेकिन स्वार्थ, हीनता, नीचता ही हमारा सम्बल था। तुमने मेरी ज़िन्दगी बदल दी है, माँ! अब, मेरे लिए रुपये-पैसे अति तुच्छ चीज़ हैं! तुम्हारे चले जाने, तुम्हारे खो जाने ने मेरे जीवन को नया अर्थ दिया है, साथ ही अर्थहीनता भी! मैं अगर जीवन में किसी चीज़ को मोल देती हूँ, तो वह है—प्यार! इसके अलावा, मैं और किसी चीज़ की कद्र नहीं करती। मेरे लिए परिवार-परिजन, यार-दोस्त, स्वजन, नाम-यश-ख्याति— यह सब नितान्त अर्थहीन हैं। जहाँ भी प्यार मिलता है, वहीं दौड़ जाती हूँ। जिसे प्यार करती हूँ, उसे अपने को उजाड़कर दे डालती हूँ। सिर्फ उसे ही अहसास देती हूँ कि मैं उसे प्यार करती हूँ। प्यार के लिए मीलों-मील की यात्रा पर निकल पड़ती हूँ।

जिन लोगों को तथा जिस घर को छोड़कर, मैं एक बार निकल जाती हूँ, वहाँ उसके पास दुबारा वापस लौटना, कैसा होता है, तुम ज़रूर समझती हो। तुम समझोगी क्यों नहीं? तुम सारा कुछ समझती थीं। मेरा ख़याल था कि तुम शायद कुछ भी नहीं समझतीं। लेकिन असल में तुम कितनी संवेदनशील इन्सान थीं,

अतिशय सहज और सरल, सहृदय और सहनशील! तुम्हारे इर्द-गिर्द का कोई भी प्राणी, ऐसा नहीं था। अन्दर ही अन्दर तुम इस क़दर समझदार थीं, जगत और जीवन को इतनी समझदार आँखों से देखती थीं...कितनी गहरी-गहरी दृष्टि से, इसका अन्दाज़ा लगाने की क्षमता, मुझमें तो क्या, किसी में भी नहीं थी। तुम्हें मैंने, तुम्हारी बीमारी के बाद से पहचानना शुरू किया। तुम जैसे अपने इन्सान को खोने का क्षत और क्षति जो हुई है, वह अब, अपना जीवन देकर, महसूस करती हूँ।

माँ, 'खाली-खाली लगता है' नामक काव्य-संग्रह मैंने तुम्हें ही उत्सर्ग की है। उत्सर्ग के पन्ने पर मैंने लिखा है–'उसे, जिसे प्यार करना चाहिए था, फिर भी नहीं किया।' इस किताब में भी मैंने तुम्हें याद करते हुए, कुछेक कविताएँ लिखी हैं। 'कुछ पल साथ रहो' नामक काव्य-संग्रह की कविताएँ बाद में लिखी हैं। उस संग्रह में भी तुम्हें लेकर लिखी गयी कुछेक कविताएँ शामिल हैं। तुम्हें तो कविताएँ पढ़ना बेहद पसन्द था, माँ! पता नहीं, अब तुम्हारा समय कैसे कटता होगा। तुम अगर पत्र न पढ़ना चाहो, तो मत पढ़ना। अगर मुमकिन हो, तो सिर्फ ये कविताएँ पढ़ लेना–

काश, ऐसा होता...

काश, ऐसा होता कि तुम कहीं हो; तुम हो कहीं न कहीं,
भेंट होगी, किसी न किसी दिन!
किसी दिन चाँद की रोशनी में नहाते हुए ढेरों बातें होंगी,
जो बातें नहीं हुईं, वह सब होंगी।
कभी, किसी दिन मिलेंगे, जो स्पर्श नहीं हुआ, होगा!
भले आज हो या परसों या बीस बरस बाद;
जो चुम्बन नहीं लिया, लोगी!

या फिर शायद मिलना न हो, बीस वर्ष तो गुज़र गये,
दोहरा बीस भी!
तुम कहीं हो–काश, यह सोच सकती–
तुम टहल रही हो बगिया में; ले रही हो गन्धराज की खुशबू!
सींच रही हो गुलाबों की जड़ें;
इत्मीनान से हटा रही हो माधवी की लतर, कामिनी की पौध से!
या नहा रही हो, जूड़ा बाँध रही हो, गुनगुना रही हो, गीत की दो-एक कड़ी,
या फिर लेटी हुई हो!
दक्खिनी खिड़की पर बैठी है ललमुनिया पाखी, बयार का झोंका लिये,
या तुम सोच रही हो, मेरे बारे में,

छू-छूकर देख रही हो पुरानी चिट्ठियाँ! तस्वीरें!
बदन झुलसा देने वाली धूप और कहीं के घनेरे बादल झर रहे हैं, तुम्हारी आँखों से!
काश, यही सोच पाती कि मैं थी कभी, किसी दिन,
यह तुम भूल गयी हो!
फिर भी ऐसा, सोचा तो जा ही सकता है।

जीना...

किसी ताबूत के अन्दर, मैं गुज़ार रही हूँ जीवन,
मेरे साथ रहते हैं, सैकड़ों छोटे-छोटे कॉक्रोच
और कुछेक केंचुए!

गुज़ार रही हूँ जीवन,
चूँकि गुज़ारने के अलावा कोई मुक्ति नहीं।
चूँकि गुज़ारना होगा छोटे-छोटे कॉक्रोचों और केंचुओं को भी,
चूँकि साँस लेती हूँ मैं,
चूँकि साँस छोड़ती हूँ, जीती हूँ,
चूँकि जीना है, अस्तु जी रही हूँ!

एक ताबूत के अन्दर कई-कई प्राणी,
बेहद करुण निगाहों से घूरते रहते हैं परस्पर,
हम एक-दूसरे को खाते हैं, निगलते हैं,
और खुद से पूछते हैं, जीने से फायदा?
नहीं, न मैं, न कॉक्रोच, न केंचुए, जानते हैं इसका उत्तर!

यादें सेंकती हैं धूप...

अब कोई रजाई-कथरी, बिछावन को नहीं दिखाता धूप,
कीड़े-लगे चावल-दाल, आम का अचार!
अब, डोर पर नहीं झूलती किसी की भींगी साड़ी-साया,
एक सफ़ेद बिल्ली, बादामी कुत्ते की बगल में लेटी हुई,
नहीं देखती मोजे पहने कबूतरों का उड़ना, पंख फड़फड़ाना!
अब, कोई किशोरी चटखारे लेती हुई नहीं खाती, नमक-मिर्च मिलाकर तेंतुल,
चूल्हे के सामने बैठी, अब नहीं फूँकती फुंकनी,

टगबग आवाज़ें करता हुआ, विरुई चावल का भात, अब नहीं खदबदाता,
अब, कोई मिर्चदार पीठा खाने की, नहीं करता फर्माइश किसी से,
बस, आँगन में दोनों टाँगें फैलाये, यादें सेंकती हैं धूप!

घास बढ़ते-बढ़ते छूने लगी हैं सीढ़ियों की छोर,
न एक भी अमरूद, न अनार! झर चुके हैं नारियल के सूखे फूल!
काले-काले फैले साँपों का नींबू तले बसेरा,
कहीं, कोई नहीं,
बस, यादें सेंकती हैं धूप!

तुम्हारी देह, तुम नहीं...

जरा खिसककर लेटो, बगल में थोड़ी-सी दो जगह, मेरे सोने के लिए,
जमी हैं कितनी-कितनी बातें,
कितने स्पर्श,
कितनी-कितनी मौनता! निस्तब्धता!
वह अब सुनायेगी सुदूर पार के किस्से तुम्हें,
तुम सुनते-सुनते छोड़ोगी उसाँसें
तुम्हारी युगल आँखों में आ बैठेंगी कष्ट की चन्द बूँदें,
सुनते-सुनते तुम हँसोगी, हँसते-हँसते आयेंगे आँखों में आँसू!
सोचा था, बदली भरी धूप में, हंस-पोखर में तैरूँगी,
भींगूँगी पूनो में, नाचूँगी-गाऊँगी!
सोचा था जो बातें कभी कही नहीं किसी दिन, कहूँगी!

अब तो पुकारने पर भी आँखें नहीं खोलती,
स्पर्श करने पर भी नहीं कँपकँपाती,
अब तो इस पार-उस पार, किसी भी पार के किस्से, तुम्हें लौटा नहीं पातीं,
तुम्हारी देह, मेरे करीब, मगर तुम नहीं!

खाली-खाली लागे...

वह जो तुम गयीं, चली गयीं जन्मभर के लिए
घर-द्वारा पीछे फेंककर, सदा के लिए!

मुझे अकेली छोड़कर, दिया विजन-बनवास!
अब कौन करे प्यार,
तुम नहीं, कोई नहीं पास!
अब कौन देख-रेख करे, बगिया तुम्हारी,
भूमिहीन कौन तापती है धूप
कौन गाती गीत पूनो की सारी रात!
बीत रहा जीवन, बीतता ही जाये,
मैं जाऊँ जिधर या ठिठकूँ जिस मोड़ पर,
जाऊँ जिस घाट या हाट पर, बड़ा खाली-खाली लगे!

ठीक वही-वही चाहिए...

मुझे बेहद शौक था, खूबसूरत-सा बाग समेत बँगला हो,
अपनी निजी गाड़ी हो, यहाँ तक कि जहाज भी! जो पानी में बहे, हवा में उड़े!
किसी का प्यार हो, प्यारी-सी गिरस्ती हो!
हालाँकि अब है, सब कुछ मेरी क्षमता में,
अब, मेरी क्षमता में–सुखी होना!

लेकिन अब, सुख से मुझे सख़्त नफ़रत है,
अब मुझे अपने लिए, ऐसा कुछ भी नहीं चाहिए,
जिसे देखकर तुम्हें होता हो आनन्द!
अब मेरा मन नहीं होता, समुन्दर के सामने खड़ी होऊँ,
थी तुम्हारी ही चाह, कभी खड़ी हो समुन्दर के रू-ब-रू!

तुमने कुछ भी नहीं खोया, ये देखो ज़ख़्म-ज़ख़्म मेरा पूरा बदन,
यादों के अतल से उठा लायी हूँ, मुट्ठी-मुट्ठी अचेत मन,
फेरे रहती हूँ आँखें, अमल बरसात से! इन्द्रधनुषी रंग से!
बैठे-बैठे इस कमरे की सीलन में,
बिल्कुल वही-वही चाहूँ, जिन्हें देखकर,
तुम दुःखी होती!
साँस-साँस जीते हुए, काल नागिन की फूत्कार
मैं बीमार रहना चाहती हूँ, हर दिन!

हरसिंगार बिछी राह

हर दिन भोर-भोर, हरसिंगार बिछी राह पर चलते हुए,

याद आती हो तुम!
किस कदर प्यारा था तुम्हें हरसिंगार!
अब मैं एक भी फूल, नहीं लेती हथेली में! भयंकर दुर्गन्ध भरा यह फूल!
मैं चलती हूँ, चलती ही जाती हूँ। लेकिन चलते-चलते कहीं पहुँचती नहीं!
कहाँ पहुँचना है, इस ख़याल से मैं नहीं चलती राह,
कोई भी गंतव्य, जैसे पहले था, अब नहीं रहा।
पगलायी-सी चलती हूँ–उत्तर-दक्षिण-पूरब-पश्चिम,
चलते-चलते, अन्त में, कहीं वापस भी नहीं लौटती मैं!
अब, कहीं, किसी को नहीं, मेरा इन्तज़ार!
अब तो ऐसी कोई कुंडी भी नहीं, जिसे मैं खटखटाऊँ
और तुम...अन्दर से खोल दोगी द्वार!
अब, मुझे कोई भी नहीं लगायेगा छाती से, चाहे मैं लौटूँ जहाँ से!

हर दिन भोर-भोर, हरसिंगार बिछी राह पर चलते हुए,
याद आती हो तुम!
किस क़दर प्रिय था तुम्हें हरसिंगार!
अब मैं चलती हूँ फूलों को कुचलते हुए!
फूल...जो तुम्हें बेहद प्रिय था!
कहीं भी देखती हूँ, ऐसा कुछ खिला हुआ,
मुझे हद गुस्सा आता है!
भले हो गुलाब या रजनीगन्धा या दोलन चम्पा या मैं!
इन्हें मैं नोंच डालती हूँ, अपने दसों नाखूनों से
काटती हूँ दाँत से, झोंक देती हूँ आग में!
जब तुम ही नहीं, तो इनके होने की क्या ज़रूरत?
तुम थीं, इसीलिए गुलाबों में थी सुगन्ध,
तुम थीं, इसीलिए होता था सूर्योदय,
सूर्योदय से बिखरते थे सपने!
तुम थीं, इसीलिए बारिश भरी शामों में,
प्रकृति की उँगलियाँ बजाती थीं मोहक सितार!
तुम नहीं हो, इसलिए वृष्टि अपने पाँवों में नहीं पहनती नूपुर!
नहा-धोकर, रुपहली चादर में बदन लपेटे, आकाश में बाल लहराते,
पहले की तरह चाँद भी अब नहीं सुनाता अफसाने!

तुम नहीं हो, अस्तु, अब नहीं मेरा कोई गन्तव्य!

न कोई कुंडी, न दरवाज़ा!
बस, चलते-चलते ही पार करती हूँ जीवन!
कन्धे पर लदा है, विशाल पहाड़ जैसा तुम्हारा न होना!
समूचे बदन पर लिपटा है, बलखाता अजगर-सा मुँह बाये, तुम्हारा न होना,
पाँव तले, तुम्हारे न होने की ज़मीन!
मैं चलती रहती हूँ, पूरब-पश्चिम-उत्तर-दक्षिण,
मेरे साथ-साथ होता है, तुम्हारा निकट 'न होना'

जितना-जितना मैं चलती हूँ, नज़र आती है हरसिंगार बिछी राह!
तुम्हें, जिसे प्यारा था हरसिंगार!
क्या ज़रूरत है कि खिले हरसिंगार, जब तुम ही नहीं?
क्या ज़रूरत अब, महके फूलों की सुगन्ध, जब तुम ही नहीं।

ईदुल आरा...

ईदुल आरा की किताब-कॉपी फाड़कर फेंक दिया नाले में! उसके पति ने!
ईदुल आरा अब खाना पकायेगी-परोसेगी, जनेगी सन्तानें!

ईदुल आरा पकाती-परोसती, जनती रही सन्तानें
लेकिन ईदुल आरा का मन पड़ा रहा किताबों में!
ईदुल आरा की उसाँसें उड़ती रहीं हवा में
किसी ने नहीं देखा!

उड़ती उसाँसें कोई देखने की चीज़ नहीं!
ईदुल आरा का पति देखता रहा उसाँसें भी, तीसरे नयन से!
चिन्दी-चिन्दी करके नाले में उछाल दीं उसाँसें भी!
ईदुल आरा अब सन्तानों को खिलायेगी, गुसल करायेगी, थपककर सुलायेगी।

ईदुल आरा सन्तानों को खिलाती, गुसल कराती, थपककर सुलाती,
लेकिन ईदुल आरा का मन पड़ा रहा उसाँसों में!
ईदुल आरा उड़ती रही दुःखों की बयार में
किसी ने नहीं देखा।

दुःख कोई देखने की चीज़ नहीं!
ईदुल आरा का पति नहीं देख पाया दुःख, तीसरे नयन से,
औरत का दुःख, ईदुल आरा के पति की आँखों में ही क्यों,
नहीं आता देवताओं की नज़र में!

मेरी इन्सानियत

अपनी माँ से मैंने कभी नहीं कहा, तुम्हें करती हूँ प्यार–
कहा है, परायों की माँ से!
कभी नहीं निरोग किया, अपनी माँ का रोग,
निरोग किया है, परायों की माँ को!
कभी नहीं रोयी अपनी माँ के लिए,
रोयी हूँ, परायी माँ के दुःख में!
यही करते-करते बन गयी उदार, दुनिया की नज़र में!
कभी नहीं बैठी उसके पास, जब वह देती आवाज़,
कभी भूले से भी नहीं रखा उसके हाथ पर हाथ,
कभी मिलायी नहीं, उसकी आँख से आँख!

जो सबसे ज़्यादा करती थी प्यार, उसे ही नहीं किया प्यार,
जिसने नहीं किया प्यार, अपना सब उस पर ही दिया वार,
यही करते-करते बनी हूँ महान्!
इन्सान की नज़र में बन गयी इन्सान!

तुम सोयी हो कब्र में...

माँ काँप रही है ठण्ड से, कोई उसे नहीं पहुँचाता रजाई!
माँ को भूख लगी है, कोई उसे नहीं देता खाना!
अँधेरे गड्ढे में माँ का दम घुटता है,
बूँद भर की रोशनी के लिए, हवा-वाताश के लिए, सूखी जुबान पर बूँद भर पानी के लिए
तड़फड़ाती है माँ! ऊपर आना चाहती है माँ,
कोई उसे आने नहीं देता।
माँ तो माटी की बनी थी,
जीते-जागते इन्सान तो पत्थर के थे!

सुनो माँ, तुम कोई पंछी बनकर, पथरीली धरती छोड़कर,
क्यों नहीं चली जाती, किसी दूसरे ग्रह में, पंछी-पखेरू के देश में?
तुमसे मेरी भेंट नहीं होगी, न सही,
फिर भी जानूँगी मैं–तुम ठीकठाक हो!

पूरब-पश्चिम...

मारगट की बगिया देखकर, मुझे अपनी माँ की बगिया याद आती है!

मेरी माँ की बगिया भी ऐसी ही थी–
खुशबूदार फूलों के पौधे, स्वादिष्ट फल-सब्ज़ियाँ!
जैसे मेरी माँ सींचती थी, पेड़-पौधे, मारगट भी सींचती है!
मारगट की बगिया में खड़े, सेब के चार पेड़,
छोटी-सी पोखर, जिसमें खिलते हैं कमल,
एक और चीज़ नहीं थी, मेरी माँ की बगिया में–
सूर्यघड़ी!
माँ ने कभी समय नहीं देखा, माँ का समय उड़ गया हवा में!
इसी तरह गुज़रते रहे, माँ के दिन! वर्ष पर वर्ष!

मारगट करती है बागवानी, मारगट के लिए,
मेरी माँ करती थी बागवानी, दूसरों के लिए!
नहीं सूँघती थी एक भी फूल, नहीं चखती थी एक भी फल!
एकाध सब्ज़ी भी अपनी जुबान पर नहीं रखती थी।
मेरी माँ गुज़ारती थी अपना जीवन, अपने लिए नहीं, दूसरों के लिए
मारगट ने सजायी है गिरस्ती, बगिया अपने लिए,
खिलाती है कमल, अपने लिए!
मारगट के भी पति-सन्तान सब हैं, जैसे माँ के थे!
मारगट जीती है अपने लिए,
माँ नहीं जी पायी अपने लिए!

माँ को ख़त...

कैसी हो तुम, माँ? कितने दिन, कितने हज़ार-हज़ार दिनों से तुम्हें देखा नहीं, माँ! कितने हज़ार-हज़ार दिनों से तुम्हारी आवाज़ नहीं सुनी, माँ! कितने सहस्र दिनों से तुम्हारा स्पर्श नहीं जाना, माँ!

तुम थीं, मगर मुझे अहसास ही नहीं था कि तुम हो!
मानो तुम रहोगी ही, उतने दिनों, जितने दिनों रहूँगी मैं–
मानो ऐसा ही तय था।

तुम किसी जादूगर की तरह पूरी कर देती थीं, मेरी हर चाह! कब मुझे भूख लगी है, कब प्यास; क्या पढ़ना चाहती हूँ, क्या पहनना; कब खेलना चाहती हूँ, क्या फेंकना चाहती हूँ; कहाँ खोलना चाहती हूँ हृदय–! मेरे समझने से पहले ही, तुम समझ जाती थीं!

तुम सब कुछ लाकर रख देती थीं, मेरे हाथ पर, मेरे पाँवों पर, मेरी जुबान पर! खुद आड़ में रहती थीं!

तुम्हें नज़रों की, मन की ओट में रखकर, जितना सब सुख था, मैंने समेट लिया, अपने लिए!

तुम्हें किसी ने कुछ नहीं दिया, प्यार नहीं किया। मैंने भी नहीं दिया, नहीं किया।

तुम ठहरी नेपथ्य की प्राणी! तुम क्या इन्सान थीं? तुम्हें इन्सान तो मैंने कभी समझा ही नहीं।

तुम थीं दासी! बांदी! बांदी की तरह तुम मेरे लिए सुख जुटाती रहीं।

मुझे जब भी, जो भी चाहिए था, जादूगर की तरह तुम हाथों पर, पाँवों के सामने रख देती थीं, मुँह में डाल देती थीं। माँगे बिना ही तुम हाज़िर कर देती थीं।

बदले में तुम्हें एक मीठी हँसी तक नसीब नहीं हुई। तुम नेपथ्य में रहती थीं। तुम धूमधाम से जारी उत्सव के बाहर, हमेशा नीम के पेड़ तले, अँधेरे में सिमटी रहती थीं। तुम क्या अकेली, सिर्फ इन्सान थीं? तुम गृहस्थी की खूँटा थीं, भाईजान की गुट्टी थीं, इन्सान नहीं थीं।

तुम थीं फुंकनी फूँकने वाली औरत! धुएँ की आड़ में रहती थीं। अपनी पीड़ा का बोझ अकेले ही वहन करती थीं; अपनी तकलीफ में तुम अकेली ही रोती रहीं। तुम्हें स्पर्श करने वाला कोई नहीं था! मैं भी नहीं!

जादूगर की तरह, तुम दूसरों की रोग-बीमारी ठीक कर देती थीं, लेकिन तुम्हारा रोग-शोक किसी ने भी ठीक नहीं किया। मैंने तो ख़ैर, नहीं ही किया, बल्कि तुम कुछ समझ सको, इससे पहले, मैंने ही तुम्हारी हत्या कर दी।

तुम नहीं हो। अचानक मैं पोर-पोर महसूस कर रही हूँ कि तुम नहीं हो। जब तुम थीं, मुझे अहसास ही नहीं हुआ कि तुम हो। जब तुम थीं, मैंने कभी यह जानना नहीं चाहा कि तुम कैसी हो! अब, तुम्हारे 'न होने' की भारी-भरकम चट्टान तले, मेरा दम्भ दबा पड़ा है।

मैंने जो-जो तकलीफें तुम्हें दीं, मैंने वे तकलीफें अपने को भी देनी चाही है, लेकिन दे नहीं पायी। कैसे देती, तुम ही बताओ? मैं तो तुम्हारी तरह उतनी निःस्वार्थी नहीं हूँ। तुम्हारी तरह उतनी महान् जो नहीं हूँ।

वह थी, वह नहीं है...

वह इन्सान साँस लेती थी, अब नहीं लेती,
वह इन्सान बातें करती थी, अब नहीं बोलती,
वह इन्सान हँसती थी, अब नहीं हँसती,
वह इन्सान रोती थी, अब नहीं रोती,
वह इन्सान जागती थी, अब नहीं जागती,
वह इन्सान नहाती थी, अब नहीं नहाती,
वह इन्सान खाती थी, अब नहीं खाती,

वह इन्सान चलती थी, अब नहीं चलती,
वह इन्सान दौड़ती थी, अब नहीं दौड़ती,
वह इन्सान बैठती थी, अब नहीं बैठती,
वह इन्सान प्यार करती थी, अब नहीं करती,
वह इन्सान गुस्सा होती थी, अब नहीं होती,
वह इन्सान उसाँस छोड़ती थी, अब नहीं छोड़ती,
वह इन्सान थी, वह इन्सान नहीं है।

दिन गुज़रते रहे, वह इन्सान नहीं लौटी
रात बीतती रही, वह इन्सान नहीं लौटी
वह इन्सान, अब कभी इन्सानों में नहीं लौटेगी
इन्सान धीरे-धीरे भूलते गये कि वह इन्सान अब नहीं है
इन्सान धीरे-धीरे भूलते गये कि वह इन्सान कभी थी।

वह इन्सान अब कभी भी इन्सानों में नहीं लौटेगी
वह इन्सान अब कभी भी नहीं देखेगी आसमान, नहीं होगी उदार,
वह इन्सान अब, कभी नहीं पढ़ेगी कविता, नहीं गायेगी गीत,
वह इन्सान अब कभी भी नहीं सूँघेगी, फूलों की खुशबू,
वह इन्सान अब कभी भी नहीं देखेगी सपने!

वह इन्सान अब नहीं रही!
वह इन्सान अब रुलमिल गयी माटी में, वह इन्सान हो गयी ख़ाक़,
वह इन्सान हो गयी जल!
कोई कहता है, वह इन्सान आसमान में नक्षत्र बन गयी,
कोई कुछ भी कहे, वह इन्सान अब नहीं रही
कहीं नहीं, न किसी वन-जंगल में, न किसी सागर में!
न किसी मरुभूमि में, न लोकालय में!
दूर...बहुत दूर, अकेले किसी द्वीप में, वह इन्सान वहाँ भी नहीं!
धरती के इस छोर से उस छोर तक चप्पा-चप्पा ढूँढने पर भी,
अब उस इन्सान को नहीं पाया जा सकता,
वह इन्सान अब नहीं रही!

वह इन्सान जब थी, तब थी इन्सान!
उस इन्सान को ढेर-ढेर दुःख देते थे,

वह इन्सान जब थी, तब थी।
इन्सान, उस इन्सान के प्रति उछालते थे घृणा
वह इन्सान जब थी, तब थी!
इन्सानों को कभी ख़याल नहीं आया, उसे करें–प्यार।
वह इन्सान, जिन इन्सानों का लालन-पालन करती थी,
वे सारे इन्सान मौजूद हैं, वह नहीं है।
खड़े हैं, वे सारे पेड़, जिन्हें उसने रोपा था, सिर्फ वही इन्सान नहीं है।
जिस घर में उसका हुआ था जन्म, वह घर भी है
जिस घर में बीता था उसका शैशव, वह घर भी है
जिस घर में बीता था उसका कैशोर्य, वह घर भी है
जिस घर में उसने गुज़ारा था यौवन, वह घर भी है
जिस मैदान में वह खेली, वह मैदान भी मौजूद है
जिस पोखर में वह नहायी, वह पोखर भी है
जिस गली में वह चली, वह गली भी है
जिस सड़क पर वह चली, वह सड़क भी है,
जिस पेड़ का वह फल तोड़ती थी, वह पेड़ भी है
जिस बिस्तर पर वह सोती थी, वह बिस्तर भी है
जिस तकिये पर वह सिर रखती, वह तकिया भी है,
जो कथरी वह ओढ़ती, वह कथरी भी है
जिस गिलास में वह पानी पीती थी, वह गिलास भी है
जो चप्पल वह पैरों में डालती थी, वह चप्पल भी है
जो कपड़े वह पहनती थी, वे कपड़े भी हैं,
जो खुशबू वह लगाती थी, वह खुशबू भी है
सिर्फ वही नहीं है!
टकटोरती थी जिस आकाश को, वह आकाश भी है
सिर्फ वही नहीं है!
देखा करती थी जो घर-द्वार, मैदान, पेड़, घासफूल की ओर,
सब मौजूद हैं,
सिर्फ वही नहीं है!

वह इन्सान तब थी, अब नहीं है।

न होना

एक भीषण 'न होने' को साथ लिये, सोने जाती हूँ, हर रात!

सो जाती हूँ, नींद से जागती हूँ, बाथरूम जाती हूँ... 'न होना' होता है साथ-साथ!

दिन की शुरुआत में ही शुरू हो जाती है, दिन की हलचल,
सैकड़ों लोगों के साथ उठना-बैठना–
इसके बाद, शुरू होगी दौड़-धूप,
लिखना-पढ़ना–
कहीं, कोई कागज गुम, कोई कागज गया कहाँ?
हाट-बाज़ार, खाना-आहार, सब कुछ के बीच मौजूद 'न होना'
शाम को थियेटर में,
रेस्तरां या कैफे के अड्डे में हो-हुल्लड़ या हँसी-ठहाकों में,
इस-उस घर के अभिनन्दन में, आनन्द में,
छत पर बैठे रहने में, चाँद को निहारने में,
निभृत में मौजूद, 'न होना' साथ रहता है।

जब टूटने लगती हूँ,
किताबें लुढ़की हुईं, चश्मा भी–
शिथिल पड़ी देह को हौले से छूकर,
आधी रात बालों में उँगलियाँ फेरते हुए, 'न होना' कहता है–
'बेहद थक गयी हो, बिट्टी, अब सो जाओ।'

मत जाओ

मत जाओ! हम सबको छोड़कर, कहीं मत बढ़ो और एक पाँव!
तुम जा चुकी हो, जानती हूँ! अब उठ आओ वहाँ से,
जहाँ तुम्हें सुला दिया गया है!
लक्ष्मी-बेटी-सी उठ आओ वहाँ से!
रहो मेरे पास, मत जाओ। फिर मत जाना, कभी, किसी दिन!
कोई ले जाना चाहे, तब भी नहीं!
रंग-बिरंगे लोभ दिखाकर, कहेंगे कितने ही लोग–चलो!
तुम सीधे-सीधे मना कर देना!
हर पल थामे रहना, मेरी दो हथेलियाँ,
हर पल छुए रहना मेरी देह,
करीब रहो! आँखों के सामने रहो,
साँस-प्रश्वास के साथ रहो
घुलीमिली रहो!

कभी, किसी दिन कोई आवाज़ दे, तो भी मत जाना,
कोई डराये-धमकाये, तो भी नहीं,
कोई झटका देकर खींचे, तो भी नहीं!
बस, मत जाना!
जहाँ मैं रहती हूँ, वहीं रहो, हर पल रहो,
फिर से जीओ जीवन,
वैसा ही जीवन जीओ, जैसा तुम चाहती थीं!
चलो, मेरा हाथ थामो, हाथ से चुन लो ढेर-ढेर सुख,
मुझे छाती से लगाये रहो, मुझे छुए रहो, कहीं मत जाओ!
मैं तुम्हें करूँगी प्यार, मत जाओ
दूँगी तुम्हें ढेर-ढेर प्यार, मत जाओ
तुम्हें कभी सताऊँगी नहीं, मत जाओ
किसी दिन भी नहीं करूँगी, नज़रों की ओट, मत जाओ
आओ, तुम ऊपर आ जाओ,
जहाँ तुम्हें उन लोगों ने सुला दिया है,
अब, तुम वहाँ मत सोयी रहो
तुम आ जाओ, मैं इन्तज़ार में हूँ, आ जाओ!
तुम्हारे चेहरे पर दबायी गयी माटी, हटाकर तुम निकल आओ,
सिर्फ एक बार निकल आओ। सिर्फ एक बार!
अब, तुम्हें जाने नहीं दूँगी अकेले-अकेले, कभी, किसी दिन!
मैं वादा करती हूँ, नहीं जाने दूँगी।
तुम निकल आओ,
तुम्हें करूँगी प्यार, बस, आ जाओ!

तुम थीं...

अभी ज़रा देर पहले, तुम थीं, अतिशय अनिवार्य ढंग से थीं, नदी की तरह!
नदी तो मौजूद है! पोखर भी! नहर भी!
इस शहर की तरह! इस गाँव की तरह! घास की तरह! पेड़ों की तरह!
तुम थीं, हँसती थीं, बातें करती थीं, मान लें कि रोती भी थीं।
ख़ैर, रोती तो थीं, कुछ करती तो रहीं!
जो भी करती रहीं, मौजूद तो थीं!
तुम थीं तो सही, ज़रा देर पहले तक थीं!

लेकिन घटा नहीं कहीं कुछ! नहीं हुआ कुछ भी!
अब अचानक अगर यह कहो कि तुम नहीं हो?
कोई आये और मुझे नींद से जगाकर कहे, तुम नहीं हो!
बैठी थी या कुछ लिख रही थी, रसोई में लवंग है या नहीं, खोज रही थी,
तुम नहीं रहीं! तुम नहीं हो! कहीं भी नहीं!
सुना कि तुम बिल्कुल 'नहीं' हो गयी हो,
अब, महज चाहने भर से तुम्हें कभी नहीं देख सकूँगी
अब, तुम नहीं बोलोगी किसी दिन! न हँसोगी, न रोओगी,
न खाओगी-पीओगी!
न सोओगी, न जागोगी, अब तुम कुछ नहीं करोगी।
चलो, जितना भी चाहो, कहते रहो कि तुम नहीं हो,
जो जितनी खुशी, कहता रहे,
मुझे कोई एतराज नहीं! एतराज क्यों हो भला? मुझे क्या?
तुम लोगों के बोलने-न बोलने से मुझे क्या फ़र्क़ पड़ता है?
मेरा बस, एक ही आग्रह है,
करती हूँ अनुरोध हाथ जोड़कर,
मुझे यह भरोसा करने को मत कहो कि 'तुम नहीं हो!'

लौट आओ

किसी दिन लौट आओ, जिस किसी भी दिन, जिस दिन चाहो,
मैं कोई दिन तय नहीं कर रही, कोई वक्त नहीं दे रही, जिस किसी भी वक्त!
तुम्हारे न लौटने से, मैं कैसे गुज़ारती हूँ दिन,
क्या जो-सो किये जाती हूँ,
कहाँ-कहाँ गयी, क्या-क्या देखा,
क्या अच्छा लगा, क्या नहीं—किससे कहूँ?
तुम जब लौटोगी, तब बताऊँगी,
इसी इरादे से जमा करती जा रही हूँ सारे किस्से-कहानियाँ!
सींच-सींचकर खाली किये दे रही हूँ, आँखों की तलैय्या,
ताकि तुम लौट आओ, दुनिया-जहान में न रहे, कहीं, कोई दुःख!
तुम लौट आओगी, इसीलिए जी रही हूँ!
जीते हुए, जहाँ जो भी देखती हूँ सुन्दर, देख रखती हूँ,
ताकि तुम्हारे आते ही, तुम्हें सब कुछ दिखा सकूँ!
लौट आओ, जिस किसी भी दिन, भर दुपहरिया हो या आधी रात—

तुम्हारे लौट आने से ज़्यादा सुन्दर, दुनिया में कुछ भी नहीं।
विश्व-ब्रह्माण्ड की तमाम सुन्दर चीज़ें इकट्ठी करें, फिर भी
तुम्हारे लौट आने जैसी खूबसूरत बात की बराबरी नहीं कर सकती
लौट आओ
जब चाहो!
अगर आने का मन न भी करे,
तब भी आ जाओ किसी दिन, न हो मेरे लिए ही लौट आओ!
मैं चाहती हूँ, इसीलिए लौट आओ;
मैं बहुत-बहुत चाहती हूँ, इसलिए आ जाओ!
मैं जब, जो चाहती थी, तुम दिये बिना नहीं रह पाती थीं!

माँ, विश्वास करो, एक भी कविता मैंने मनगढ़न्त नहीं लिखी। हर कविता लिखते-लिखते, मेरी आँखों से आँसू झरते रहे हैं। तुमने नहीं देखा, पछतावे की भीषण आग में, मैं बेभाव जल रही हूँ, इस वक्त भी जल रही हूँ। तुम्हारे बारे में मैं कहीं भी, किसी आत्मीय-स्वजन से या दोस्तों के सामने ज़िक्र नहीं छोड़ती। तुम मेरे अन्तस में रहती हो। पश्चिम के मेरे बहुतेरे मित्रों का कहना है कि मुझे इस अपराध-बोध से मुक्त हो जाना चाहिए, क्योंकि यह बोध बेहद नुकसानदेह है। तुम्हें नहीं पता कि तुम्हारे लिए मेरी आँखों में कितने-कितने आँसू थे। अब यह दुनिया बेहद सूनी-सूनी लगती है। काश, तुम कहीं से भी देख पातीं। तुम्हें थोड़ा-सा भी अच्छा लगता। अगर तुम्हें बूँद भर भी शान्ति मिलती, जो शान्ति तुम्हें ज़िन्दगी में कभी नहीं मिली। अपने लिए मेरी आँखों में तुमने कभी भी तो आँसू नहीं देखे। नहीं, एक बार या दो बार मेरे आँसू देखे थे तुमने। लेकिन अब तो आँखों में ढेर-ढेर आँसू हैं, तुम क्या देख पाती हो?

इतनी सारी कविताओं के बाद, क्या मैंने तुम पर और भी कविताएँ लिखी हैं? नये काव्य-संग्रह में कुल एक कविता शामिल है। लगता है, धीरे-धीरे मैं तुम्हें भूलती जा रही हूँ, माँ! अब, शायद पहले से कम-कम याद आती हो तुम! अब तो आँसू भी पहले से कम झरते हैं। पहले तो हर रात तुम्हें सपने में देखती थी! सपना भी बस, एक ही देखती थी। बहुत दिन हो गये, वह सपना नहीं देखती। नयी किताब में शामिल कविता भी तुम्हें लिख रही हूँ। पढ़ लेना—

राह चलते-चलते अचानक एक अद्भुत पेड़ पर नज़र पड़ी!
उस पेड़ पर पूरे-पूरे साल फूलते हैं हरसिंगार!
उस पेड़ पर नज़रें टिकाये-टिकाये, आँखें भर आयीं।
टपकते हुए हरसिंगार से मैदान रहता है, श्वेत-शुभ्र
शीत-ग्रीष्म-वर्षा में!

आती है उसकी याद,
जो हरसिंगार की माला गूँथ-गूँथकर, अंजुरी में भरे-भरे
ठण्ड की सुबहों में,
लाकर रख देती थी मेरे पढ़ने की मेज़ पर!
जब ठण्ड विदा लेती, वह छोड़ती थी उसाँसें,
वह याद आती है!
काश, दुनिया में एक बार ऐसा होता,
कि जो नहीं है, वह है, दरअसल मौजूद है!
काश, एक बार वह मुझे कहीं, किसी जगह मिल जाती,
मैं थामे रहती वे हाथ!
चेहरा दुबकाये रखती उन हाथों में,
जिन हाथों में लगी रहती थी हरसिंगार की खुशबू, उस पल भी!
वे हाथ पकड़कर मैं ले जाती, नये पेड़ तले,
गूँथ-गूँथकर मालाएँ, उसे पहनाती!
जितने भी फूल हैं, चुनकर, बरसात की तरह बिखेरती उसके बदन पर!

काश, दुनिया ऐसी होती कि दरअसल वह मौजूद हो,
जब भी आता हरसिंगार का मौसम, वह पहुँच जाती किसी दरख़्त तले,
माला गूँथकर, वह मन ही मन किसी को पहनाती,
हरसिंगार से भर-भरकर हथेली,
चुपचाप रख आती किसी के पढ़ने की मेज़ पर,
तो मैं भी जिस राह से जाते-जाते देखती हूँ वह पेड़,
उससे टिककर मैं खड़ी रहती,
जितने दिन फूल खिलते, उतने दिन!

तुम्हें हरसिंगार बेहद प्रिय था, माँ! इसलिए जब कभी हरसिंगार पर नज़र पड़ जाती है, तुम याद आने लगती हो। मेरी छाती फटने लगती है। इस गूँगी तकलीफ का कोई नाम नहीं है, माँ! इस तकलीफ से मैं अपने को बचा नहीं पाती। मैं आत्मा में विश्वास नहीं करती, तुम तो जानती हो। मैं परकाल में भी विश्वास नहीं करती। जिस हश्र के मैदान का ख़याल आते ही, तुम सिहर उठती थीं, उस हश्र के मैदान में भी मेरा विश्वास नहीं है। लेकिन अब, मैं जी-जान से उन सब पर भरोसा करना चाहती हूँ। मेरे जितना सुखी और कोई नहीं होगा, अगर मुझे नज़र आ जाये कि अल्लाह नामक कहीं, कोई है। मुझ जैसी खुश और कोई नहीं होगा, अगर मैं देखूँ

कि आख़िरत, पुलसेरात नामक कुछ होता है। हालाँकि मैं जानती हूँ कि उन सबका कोई अस्तित्व नहीं है, हालाँकि मैं बेहद दृढ़ता से विवर्तन, विज्ञान में विश्वास करती हूँ, फिर भी मैं चाहती हूँ कि विज्ञान झूठ पड़ जाये, धर्म सच साबित हो। मैं समूचे जीवन, समूचे दिलोजान से चाहती हूँ कि मेरा तमाम लेखन, मेरा तमाम विश्वास, मेरा दर्शन ध्वस्त हो जाये, जैसे भूकम्प में इमारत ढह जाती है। मैं चाहती हूँ, तुम सुखी होओ, तुम बहिश्तवासी बनो, मैं चाहती हूँ तुम सुख भोग करो।

यह कामना ही, अब मेरे जीवन का सबसे बड़ा सच है। मैं शिद्दत से चाहती हूँ कि मैं झूठ पड़ जाऊँ, इतने दिनों की तुम्हारी इबादत सच हो जाये, तुम्हें चैन मिले। मैं चाहती हूँ तुम अनन्त काल तक खुशियाँ मनाओ!

माँ

बहुतेरी औरतों ने मेरी माँ बनना चाहा,
बहुतेरे लोग मेरे अब्बू!
बहुतेरे मामा, काका, खालू, फूफा,
बहुतेरे मेरे वे मित्र, जिन्हें मैंने खो दिया।
कोशिश-तदबीर से बहुतेरे लोग अब्बू बन भी गये,
काफी हद तक!
काफी कष्ट-तकलीफ से मामा, काका, खालू, फूफा भी!
बहुतेरे पलक झपकते मित्र बन भी गये,
काफी कष्ट या तकलीफ से नहीं!
बहुतेरी औरतों ने माँ बनने की कोशिश तो की,
बहुतेरी औरतों के बाद, और भी बहुतेरी, कोशिश करती रहीं माँ बनने की।
उन बहुतेरी के बाद, और भी बहुतेरी!
दिन-पर-दिन अकथ्य मेहनत की थी माँ बनने की,
लेकिन माँ नहीं बन पायीं कोई भी!
नाममात्र को भी माँ बन नहीं पायी कोई भी!
बूँद भर भी नहीं बन पायीं माँ!
एकाध बूँद भी माँ नहीं बन पायीं!

माँ, तुम शेफाली को 'अवकाश' में रखकर चली गयीं। मैं भी उसे 'अवकाश' में ही रख आयी हूँ। शेफाली की सौतेली माँ की गृहस्थी में अपना कहने को एकमात्र भाई है। वह भाई भी जाने किस जुर्म की वजह से, आजकल जेल में है। शेफाली

अपनी तनख्वाह के रुपये जमा-जमाकर, हर दो-तीन महीने बाद अपने भाई को थमा आती थी। शेफाली का बस, एक ही सपना था—किसी दिन भाई जेल से रिहा होगा, ब्याह-शादी करके अपनी गृहस्थी शुरू करेगा। उसके किसी और सपने के बारे में मुझे नहीं पता। हाँ, उन्नीस-बीस की उम्र में शायद कोई सपना रहा होगा, सम्भव है, तुम्हें उस सपने की जानकारी हो। एक शेफाली के अलावा, और कोई तुम पर निर्भर नहीं था। तुम जब उसे वहाँ अकेली छोड़कर चली गयीं, अब्बू की देखभाल की जिम्मेदारी शेफ़ाली ने खुद अपने ऊपर ले लिया। यह उसका अतिरिक्त काम था। घर के सभी लोगों के लिए मेहनत-मशक्कत करने के बाद, वह अब्बू का कमरा सुव्यवस्थित रखती, अब्बू को खाना सजाकर देती। शेफाली को मैं अक्सर फोन करती हूँ और उसे आगाह करती रहती हूँ कि वह अब्बू की पूरी देखभाल करे, अब्बू कभी उदास न हों। वही हँसमुख शेफाली, दौड़-दौड़कर घर का सारा कामकाज करने वाली शेफाली, एक दिन सुना कि वह मर गयी। सुबह वह नल पर कपड़े धोने गयी थी, नल के पाइप को हाथ लगाते ही, बिजली का शॉक खाकर, खड़ी की खड़ी रह गयी। वह ज़ोर-ज़ोर से चींखती रही। उसकी चींख सुनकर घरवाले दौड़कर पहुँचे ज़रूर, लेकिन उसे बचाने की कोशिश करने का साहस किसी में भी नहीं हुआ। माँ, जो लड़की सालों तक तुम्हारे आस-पास रही, तुम्हारी मौत पर जो लड़की सबसे ज़्यादा रोयी, जो लड़की घर के सभी लोगों के सुख-आराम के लिए दिन-रात मेहनत किया करती थी, उसे अगर चाहते, तो बचाया जा सकता था, लेकिन सभी लोग दूर खड़े-खड़े उसे मरते हुए देखते रहे। शेफाली के भाई ने एक मोटी रकम का दावा किया था, वर्ना उसने धमकी दी थी कि वह मुकदमा दायर करेगा। भाईजान ने तरह-तरह के पैंतरे कसे कि उसे बिना कोई रकम दिये, कोई निपटारा कर लिया जाये या अगर रुपये देने ही पड़े, तो उनके दिमाग़ में यह चक्कर चल रहा था कि जितने कम रुपयों में मामला निपट जाये। मैंने भाईजान से बार-बार कहा कि वे रुपये की रकम बढ़ा दें। लेकिन मेरे कहने से क्या होता है, बताओ? उन सबके लिए मैं तुम्हारी तरह ही मर चुकी हूँ। मेरे कण्ठ स्वर को वे लोग कुछ समझते ही नहीं। कण्ठ स्वर के पार, एक जीती-जागती इन्सान हूँ मैं, यह उनके बर्ताव से कभी ज़ाहिर नहीं हुआ। यह रुपया चीज़ ही ऐसी है कि चारों तरफ के लोगों को बेहद प्रिय है! शेफाली का चला जाना, सबसे ज़्यादा तकलीफदेह रहा, अब्बू के लिए! उसका न होना, सबसे ज़्यादा अब्बू ने झेला। अब, न तुम हो, न मैं, न यास्मीन न शेफाली! अब उस, गृहस्थी में ऐसा कोई नहीं रहा, जो अब्बू को निःस्वार्थ भाव से प्यार करता हो। अब, अब्बू को भाईजान और हसीना की इच्छाओं की मुट्ठी में क़ैद हो जाना पड़ा!

अब्बू कैसे हैं, क्या कर रहे हैं, यह खोज-ख़बर लेने को मैं अक्सर फोन करती हूँ। अब्बू आश्वस्त तो करते थे कि वे ठीकठाक हैं, लेकिन उनकी आवाज़ से मुझे

आभास हो जाता है कि वे ठीकठाक नहीं हैं। अब्बू अपनी बीमारी कभी, किसी को नहीं बताते। एक दिन भाईजान ने ही बेहद सहज, शान्त लहजे में बताया कि अब्बू की किड्नी नष्ट होती जा रही है। यह सुनकर, पता नहीं क्या तो नाम है उसका, एक बर्फीला अहसास, सीने में जगा और समूचे तन-बदन में फैल गया। किड्नी कब से नष्ट हो रही है? भाईजान का वक्तव्य था कि यह सब तो मुझे ही पता होनी चाहिए थी। अब्बू जब कलकत्ता आये थे, तभी डॉक्टरों ने उन्हें बता दिया था कि उनकी किड्नी नष्ट होती जा रही है। मुझे इन सबकी बिल्कुल जानकारी नहीं थी। किसी भी डॉक्टर ने मुझे अब्बू की किड्नी नष्ट होने के बारे में, कोई जानकारी नहीं दी थी। दिन भर मैं मारे बेचैनी और घबड़ाहट के कमरे और बरामदे में चहलकदमी करती रही, अन्दर ही अन्दर बुद्बुद की तरह देश लौटने की व्याकुलता! अब्बू के इस दुःसमय में ही अगर मैं उनके करीब नहीं रह सकी, तो मेरे जीने का क्या मतलब है? आशंका से मैं गुड़ीमुड़ी हो आयी। अंधेरे कमरे के किसी कोने में अपने को लपेटे पड़ी रही। किसी वक्त जब फोन की घण्टी घनघना उठती थी, तो दिल की धड़कन इस हद तक बढ़ जाती थी कि मन होता था कि कहीं दौड़कर भाग जाऊँ। एक दिन अपने अभिमान पर चट्टान रखकर, मैंने यास्मीन से ही कातर अनुनय किया कि जितनी जल्दी सम्भव हो, वह देश चली जाये। यास्मीन की निजी समस्याओं का कहीं, कोई अन्त नहीं था। वह कह सकती थी कि वह नहीं जा सकती। लेकिन तुम्हारी मौत, उसकी नसों में, घर-द्वार उजाड़ डालने वाले भूकम्प की तरह, यह जता गयी थी कि मौत आखिर चीज़ क्या है। जब तक किसी की मौत न हो, हम शायद यह जान ही नहीं पाते कि मौत का असली चेहरा कैसा होता है। यास्मीन अब्बू के लिए खाना-पीना, कपड़े-लत्ते और तरह-तरह के उपहार ख़रीदकर, फटाफट देश के लिए रवाना हो गयी।

भाईजान की शिकायतें शुरू हो गयीं कि उनकी तरह-तरह की सैकड़ों सहेलियाँ हैं। वे सहेलियाँ अब्बू से मिलने के लिए, अब घर के अन्दर भी घुसना चाहती हैं। वे हर रोज़ उन लोगों को धकियाकर घर से बाहर दफा कर देते हैं। उन लोगों को धकियाकर निकालने का दृश्य भाईजान काफी बहादुरी से बताते हैं। उनकी यह बहादुरी मुझे ज़रा भी पुलकित नहीं करती। मैंने उन्हें हिदायत दी है कि अब्बू जो चाहें, जैसा चाहें, उन्हें करने दें। वे अगर अपने घर में बैठे-बैठे, अपनी सहेलियों से गपशप करते हैं, तो उन्हें करने दिया जाये। उन औरतों के साथ सोना चाहें, तो सोने दिया जाये। मैं भाईजान को बार-बार आगाह किया है कि वे अब्बू का चरित्र सुधारने की जिम्मेदारी हरगिज न लें। ज़िन्दगी ले-देकर, एक ही तो मिली है और इसे अपनी मनमर्जी से गुज़ारने का हक़, जैसे सबको है, वैसे ही अब्बू को भी है। सारी ज़िन्दगी आज़ादी से जीने वाले व्यक्ति को, बीमारी की दुहाई देकर, किसी को

खींच-घसीटकर किसी कमरे में क़ैद कर रखने से, तो वह इन्सान अन्दर-बाहर से किस क़दर बेचैन हो उठता है, यह बात पिता न होने के बावजूद, मैं बखूबी समझती हूँ। अब्बू का दिल टूटता जा रहा है, यह सेहत टूटने से कहीं ज़्यादा नुकसानदेह होता है। सेहत तो जब जानी है, जाये। मन को नहीं मारना चाहिए। तुम अब नहीं हो, माँ, अब अब्बू को उनकी सहेलियों से ज़ोर-ज़बर्दस्ती दूर हटाकर, भाईजान कौन-सा भला कर रहे हैं? जब तुम थीं, तब यह काम कभी, किसी ने नहीं किया, फिर तुम्हारे न होने के दौरान क्यों? अब्बू को तो इस क़िस्म का आश्वासन भी नहीं दिया जा सकता कि किसी दिन वे अपनी खोयी हुई गृहस्थी वापस पा लेंगे। 'अवकाश' में क़ैद करके, अब्बू जैसे काम-पागल इन्सान को यह समझा दिया गया है कि अब, मौत का इन्तज़ार करने के अलावा, अब्बू के लिए अब कोई काम नहीं बचा। यह कैसा भयंकर और क्रूर बर्ताव था! अब्बू के चेम्बर में अन्दर से ताला लगा देने की योजना भाईजान की ही थी! अब्बू को धीरे-धीरे अपनी मुट्ठी में करके, भाईजान क्या खेल खेल रहे थे, कौन जाने! अब्बू किसी के हुक्म पर उठते-बैठते हैं, यह दृश्य बेहद अचीन्हा लगता है। पता नहीं कैसे तो अब्बू जैसे भयंकर अक्खड़ इन्सान भाईजान के हाथ का खिलौना बन गये थे। शायद किड्नी नष्ट हो जाने की ख़बर ने अब्बू को सिर से पाँव तक बदल दिया था। मुझे याद है कि 'अवकाश' के एक कमरे में मौत के साथ हर रोज़ उनकी ज़बर्दस्त जंग चल रही थी। अब्बू जब भी घर से बाहर निकलना चाहते, मैं घर के काले गेट पर ताला जड़ देती थी, क्योंकि मैं चाहती थी कि अब्बू घर पर ही रहें। मृत्यु से जंग करते हुए, तुम दिनोंदिन हारती जा रही हो। मृत्यु तुम्हारी देह के अंग-अंग पर नंगा नाच कर रही थी। ऐसे में मैं बिल्कुल नहीं चाहती थी कि अब्बू घर छोड़कर और कहीं जायें। लेकिन अब्बू पर ज़ोर डालकर, अन्त में, मैं जीत नहीं सकी। चाहे जैसे भी हो, अब्बू बाहर निकल जाते थे। चाहे रो-धोकर, अनशन करके, मान ठानकर, गुस्सा होकर, चींख-चिल्लाकर, अब्बू निकल ही जाते थे। तुम मर रही थीं, तो क्या? अब्बू तो ज़िन्दा थे। ज़िन्दा रहने के लिए, सबसे पहले, उन्हें अपनी दुनिया में लौटना ही होता था। वह दुनिया, हम सबकी दुनिया से बिल्कुल अलग थी। वहाँ मरीज़ थे, मरीज़ाएँ थीं। वहाँ रोग-शोक, चिकित्सा, बन्धु-बान्धव, अड्डा, गपशप, चनाचूर, मूँगफली वगैरह थी। अर्से से अब्बू की यह रची-गढ़ी दुनिया थी। कोई भी कोशिश-तदबीर, उन्हें उस दुनिया से अलग नहीं कर सकी! तुम्हारी मौत भी नहीं! अब्बू की यह दुनिया उनसे अचानक छीन ली गयी। अर्से पहले, अब्बू ने अपनी इच्छा ज़ाहिर करते हुए कहा था—वे चाहते हैं कि उनकी मौत, उनके चेम्बर में, उनकी कुर्सी पर, मरीज़ों के लिए नुस्ख़ा लिखते-लिखते, अचानक आये। जो अब्बू कभी, एक पल के लिए भी 'रिटायर होने' पर विश्वास नहीं करते थे, उन्हें यह भयंकर 'रिटायरमेंट' भला क्यों अच्छा लगता? अब्बू जितने

बीमार थे, उससे कहीं ज़्यादा बीमार होते गये। उनकी बेचैनी चरम पर पहुँच गयी और उनका सर्वनाश करने लगी। ज़िन्दगी में पहली बार उन्हें क़ैदी जीवन झेलना पड़ा है, पहली बार वे यह समझने को लाचार हुए हैं कि उनकी इच्छाओं का कहीं, कोई मोल नहीं है। अब्बू को पुरुषों से मिलने का अधिकार था, महिलाओं से नहीं। यह 'नहीं' भाईजान का हुक्म था, शुरू-शुरू में वे सिर्फ सलाह ही देते थे, वह सलाह धीरे-धीरे आदेश में बदल गयी। उन दिनों अब्बू की मानसिक-शारीरिक हालत समझने की फुर्सत शायद किसी को भी नहीं थी! भाईजान और छोटे भइया शायद अपरोक्ष रूप से अब्बू को मौत के लिए तैयार कर रहे थे। मेरे मन में तीखी चाह जागती थी कि मैं वहाँ दौड़कर पहुँच जाऊँ और अब्बू के बचे-खुचे दिनों में, उन्हें अब्बू की तरह ही जीने दूँ। लेकिन मैं तो अब्बू से कहीं ज़्यादा भयंकर रूप से क़ैद थी। अब्बू को ऐसा परिवेश देना चाहिए, जिसमें वे खुश रहें, आनन्दमय रहें। मैंने यह बात बारी-बारी से अपने भाइयों, नाते रिश्तेदारों, सबसे कहा। लेकिन इतनी दूर बसे इन्सान की उसाँस या सलाह, किसी ने भी ग्राह्य नहीं किया। मैं अब यह बात बखूबी समझ गयी कि अब्बू, अब पहले वाले अब्बू नहीं रहे। उनकी आवाज़ में अवसाद उतर आया था। उनकी उम्मीदों का आँगन आशंकाओं से ढँक चुका था। भाईजान पहले अब्बू के कान में फुसफुसाकर बातें करते थे। मामा-खाला के विरुद्ध, जो नहीं था, वह सब कह-कहकर, अब्बू का कान भरते थे। अब, भाईजान कानों-कानों में बात नहीं करते थे। अब वे छोटे भइया के कान में फुसफुसाते थे। कैसे अब्बू को ज़ंज़ीरों में जकड़ा जाये, दोनों में इस बारे में जल्पना-कल्पना चलती थी। उनका कहना था कि अब्बू उनकी बात नहीं सुनते, फट्-फट् बाहर निकल जाते थे। अब्बू को शायद ज़ंज़ीरों में ही कस देने की तैयारी चल रही थी। वे दोनों उन्हें ज़ंज़ीरों में बाँध पाये या नहीं, नहीं जानती, मगर उन्हें कमरे में धकेलकर, बाहर से ज़ंज़ीर चढ़ा देने की ख़बर मुझे मिली थी। क्यों? इसलिए कि वे अन्दर से बाहर जाने के लिए तरह-तरह का पागलपन किया करते हैं। बाहर निकलकर, कहीं ऐसा न हो कि वे उन महिलाओं के घर जा धमकें! दो-एक महिलाओं के बारे में तो भाईजान का दिमाग़ खराब हो गया था।

ख़ैर, यह अब्बू का व्यक्तिगत मामला था। लेकिन वे महिलाओं के घर क्यों जाते हैं? जब तुम हाय-हाय मचाती रहती थीं, अब्बू की सहेलियों या औरतों को लेकर जब तुम साल-दर-साल बेतरह रोती-धोती रहती थी, तब तो भाईजान ने अब्बू के सहेली-नशे को मिटाने की कोई कोशिश नहीं की। अब, अचानक क्यों?

इस क्यों की वजह का क्या तुम्हें अन्दाज़ा नहीं है, माँ? उन दिनों भाईजान को बस, एक ही दुश्चिन्ता सता रही थी। इन औरतों में से किसी के साथ, अब्बू ने कभी, ब्याह तो नहीं रचा लिया है? तब तो अब्बू की अगाध सम्पत्ति का कोई न कोई हिस्सा उनमें से ही किसी और के पास चला जायेगा।

मैंने सुना था कि तुम्हारी गैर-मौजूदगी में किसी मुसलमान महिला के साथ यह सोचकर शादी जैसी कुछ करा दी गयी थी कि उस विधवा महिला के साथ, अब्बू क़ानूनी तौर पर मिल-जुल सकें। 'अवकाश' में भाईजान वगैरह ने घर में ही इसका इन्तज़ाम किया था। सुना है कि वह महिला अक्सर ही 'अवकाश' में आया-जाया करती थी। अब्बू भी उनके घर आते-जाते थे। ढाका में बैठे-बैठे, अब्बू फोन पर जिससे बातें कर रहे थे और तुम उनकी बातें सुनकर रोयी थीं, उनके साथ ही ऐसी व्यवस्था की गयी थी। मिलने-जुलने के लिए और कोई क़ानून है या नहीं, मुझे जानकारी नहीं है। लेकिन मुसलमानी क़ानून का मामला है न, मर्द की बहुगामिता की सुयोग-सुविधा के लम्बे-चौड़े मौके हैं! मैं तो ठहरी दूर की इन्सान! अब किसी दिन भी देश न लौटने वाली इन्सान! मुझे ज़्यादा जानकारी दी भी नहीं जाती। खुद फोन कर-करके, बार-बार पूछने पर अगर कोई जानकारी मिल जाती है, तो मिल जाती है!

बहरहाल, अब्बू ने चाहे जो कुछ भी किया हो, तुम्हारी बीमारी के समय, अब्बू पर मेरा जितना गुस्सा था, तुम्हारे न होने के बाद, जाने कैसे तो पानी हो गया। मन ही मन मैं उन्हें ही थामे-थामे, तुम्हारे बिना उनके खालीपन को मैं ढँकने की कोशिश करती थी। यह सब मैं मन ही मन करती थी, माँ! तुम्हारे साथ, तुम्हारे जीवन के अधिकांश हिस्से में ही, अब्बू ने अन्याय के अलावा और कोई बर्ताव नहीं किया, जानती हूँ, माँ! इसके बावजूद मैं अब्बू की श्रद्धा किये बिना, रह नहीं पाती, माँ! तुम भी तो नहीं चाहती थीं कि अब्बू के प्रति, मैं कोई बेअदबी करूँ, चिरकाल मैं डर के मारे सिमटी-सिकुड़ी रही। अब्बू हमें पीटते थे, डराते-धमकाते थे, लेकिन प्यार भी तो करते थे। उनका प्यार कभी भी दूसरे पिताओं के प्यार जैसा नहीं था। वैसे अब्बू की डाँट-फटकार से, बच्चे किस हद तक इन्सान बने हैं? भाईजान ने तो हमेशा ही अब्बू पर निर्भर रहकर, अपनी ज़िन्दगी गुज़ार दी! काफी हद तक छोटे भइया ने भी! अब्बू के सपने तो एकमात्र मैंने ही पूरे किये थे। जब मैंने खट् से ढाका मेडिकल कॉलेज की नौकरी छोड़ दी, तब अब्बू सिर पीटकर रह गये। लेकिन मेरा फैसला, मेरा निजी फैसला था। मैं शायद अपने अब्बू जैसी थी! मैंने यह मनोबल, अब्बू से ही पाया है। मुसीबत के आँधी-तूफान के सामने अडिग-अटल खड़े रहने वाले अब्बू! किसी से न डरने वाले, डटकर खड़े रहने वाले, विरोध करने वाले अब्बू! अपने पैरों पर खड़े, सिर ऊँचा किये, जीने वाले अब्बू! गर्वोन्नत, आत्मविश्वासी अब्बू! और तुम हो! मेरे अन्दर जो अविश्वसनीय एक नरम-कोमल मन है, इन्सानों के लिए रोने वाला, रो-रोकर अपने को बहा देने वाला हृदय है, यह, वही ताकत! अपने को लुटा देना, प्यार में अपने को दरियादिली से दे डालना—वह तुम हो! बीच-बीच में जब मैं तीखी हताशा में डूब जाती हूँ, जब मुझे

यह लगता है कि दुनिया में मुझे शायद कोई प्यार नहीं करता, मैं अकेली हूँ, किसी बूँद की तरह निचाट अकेली, जब मुझे यह अहसास होने लगता है कि ऐसे जीने की भला क्या ज़रूरत है—वह तुम हो! तुम्हारे बच्चों में, किसी में भी इतने तीखे ढंग से, तुम दोनों की उपस्थिति नहीं है! किसी ज़माने में यास्मीन बेहद दुर्विनीत और दूरन्त लड़की थी। लेकिन धीरे-धीरे उम्र बढ़ने के साथ-साथ, उसमें अब्बू के सारे लक्षण ग़ायब हो गये और उनकी जगह तुम बस गयीं। बिल्कुल तुम्हारी तरह ही वह अपनी अशान्त गृहस्थी चलाये जा रही है। वह अक्सर ही पति को छोड़ देने की बात करती है, मगर सन्तान की वजह से ऐसा नहीं कर पाती। उसमें आत्मविश्वास का बूँद भर भी नाम नहीं है। अपने को निहायत बदसूरत समझती है, हालाँकि वह कहीं से भी बदसूरत नहीं है। तुममें आत्मविश्वास था, मगर तुम्हारे लिए कोई राह नहीं थी। यास्मीन के पास राह है, मगर उसमें साहस नहीं है। सच तो यह है कि तुम्हारे ही गुण उसमें दोष के रूप में परिणत हो गये हैं। गुण भी अगर अतिशयता का रूप ले लें, तो वे सब गुण नहीं रह जाते। फ़र्ज़ करो, अपनी जान लुटा डालने का गुण, अगर मुझमें और ज़्यादा मात्रा में होता, तो मुझे शायद आत्महत्या ही कर लेनी पड़े। फ़र्ज़ करो, अब्बू की खूबियाँ—शक्ति, साहस, संकल्प, दृढ़ता, ऋजुता वगैरह अगर अतिरिक्त मात्रा में होती, तो पता नहीं मैं क्या करती। मुमकिन है कट्टरवादियों के सशस्त्र जुलूस के सामने मैं सीना तानकर खड़ी हो जाऊँ और कहूँ—'सावधान! अगर एक क़दम भी आगे बढ़ाया!' वैसे भाईजान और छोटे भइया में तुम्हारी झलक मैं नहीं देखती। अब्बू की यह औरतबाज़ी दुगुना-तिगुना होकर छोटे भइया में आ समायी है। एक ही साथ कई-कई हसीन औरतों के साथ रिश्ता रखने में वह पारदर्शी है। इस दृष्टि से अब्बू की क़िस्मत अच्छी नहीं थी। विवाहिता, असुखी, असुन्दरी, निर्गुण—ऐसी ही दो-एक औरतें उनकी किस्मत में जुटी थीं। लेकिन कोई भी ऐसी नहीं थी, जो शक्ल-सूरत में तुमसे भली हो या तुमसे ज़्यादा विदुषी या कमउम्र हो, कम से कम मैंने जिन दो औरतों के बारे में सुना है। भाईजान में भी सिर से पाँव तक अब्बू की एक ही खूबी, दोष की शक्ल में नज़र आती है। अब्बू की मितव्ययिता, भाईजान के अन्दर प्रबल परिमाण में जा समायी है और कंजूसी की शक्ल ले चुकी है। बाकी गुण या दोष ख़ास ज़ाहिर नहीं है। वैसे अपने बीवी-बच्चों के मामले में उतने कंजूस नहीं हैं, जितना बाकी दुनिया के लिए!

पता है, माँ, कभी-कभी मुझे लगता है कि बहुगामिता, मनुष्य नामक प्रजाति की स्वाभाविक प्रवृत्ति है। हम सब समाज के विधि-निषेध, अपने भीतर धारण करके, अपनी स्वभावगत बहुगामिता को शरीर की न सही, मन की ताकत से रोध करते हैं। ऐसे में प्यार नामक एक दीवार हमारे सामने अडिग बनकर आ खड़ी होती है। उस दीवार को लाँघकर हम सब तथाकथित परायी औरत या पराये मर्द

के करीब नहीं जा पाते। अचानक-अचानक जब अब्बू के साथ तुम्हारी घनिष्टता होती, दोनों मुझे कितना प्रफुल्ल नज़र आते थे। काश, यह सिलसिला हर वक्त चलता रहता, तुम हमेशा उसी रूप में रह पातीं। मुझे मालूम है, तुम्हारी कोशिश से कोई काम नहीं बनता था। अब्बू जब आगे बढ़ आते थे, तभी रिश्ते में मिठास आना, सम्भव हो पाता था। तुम तो ज़िन्दगी भर ही, अब्बू का थोड़ा-बहुत प्यार पाने के लिए, एक पैर पर खड़ी रहती थी। तुम्हारे रोग का पता चलने के बाद, अब्बू ने जो आज्ञाकारी पति की तरह, अपना घर-द्वार, रोगी देखना, सहेलियाँ, सब कुछ फेंककर, सब भूलकर, तुम्हारा आदर-जतन करना शुरू किया, पता नहीं इसके पीछे कौन-सी भावना काम कर रही थी। क्या अपराध-बोध? हाँ, यही लगता है! दो लोगों ने ही, तुम्हारी बीमारी के दौरान, सबसे अधिक निःस्वार्थ भाव से, तुम्हारी सेवा की है, वे हैं, अब्बू और मैं! अब्बू और मुझमें और ज़्यादा अहम मेल, शायद यह भी है।

अब्बू को क्या मैं कभी समझा पायी कि मैं उन्हें प्यार करती हूँ? तुम्हारी ज़िन्दगी के आखिरी चन्द दिनों में, तुम्हारे करीब रहकर, भले झूठ हो या सच, मैं यह ज़ाहिर कर पायी थी कि मैं तुम्हें प्यार करती हूँ। अब्बू की सेवा करना, मेरे लिए सम्भव नहीं हो पाया, माँ! स्वीडन के बांग्लादेश दूतावास में जाकर, मैंने अपने पासपोर्ट की मियाद बढ़ाने के लिए आवेदन किया, शेख हसीना को भी ख़त लिखा कि मुझे कुछ दिनों के लिए देश वापस लौटने की अनुमति दी जाये। मैंने उन्हें जानकारी दी कि अब्बू भयंकर बीमार हैं, उनके दर्शन करना, मेरे लिए बेहद ज़रूरी है। इसके बावजूद कोई जवाब नहीं मिला।

इस मामले की अहमियत समझाते हुए, खुद राजदूत ने, गृह-मन्त्रालय को कई-कई ख़त लिखे, लेकिन उनके ख़तों का भी कोई जवाब नहीं मिला। नहीं, उत्तर नहीं मिला, यह नहीं कहूँगी, उत्तर था—नहीं! वैसे देखो, शेख हसीना उठते-बैठते, अपने पिता के लिए कितना बेभाव रोती रहीं! लेकिन, मुझे अपने अब्बू को देखने की अनुमति देने में, उन्हें सख़्त एतराज था। उधर अब्बू जो मुझसे कहते रहे, पहले कभी मुझसे नहीं कहा उन्होंने। वे बार-बार आग्रह करते रहे कि मैं स्वदेश लौटने की कोशिश करूँ। अब्बू शायद मुझे देखने के लिए बेचैन थे! मेरा आर्तनाद, मेरी व्याकुलता, कुछ भी बांग्लादेश सरकार को स्पर्श नहीं कर पायी। जिस अब्बू ने अपनी बेटी को डॉक्टर बनाया, उसी अब्बू की बीमारी में, बाकी सभी लोग उनके करीब थे, सिर्फ उनकी डॉक्टर बेटी ही नहीं थी। डॉक्टरी का एक अक्षर भी न जानने वाले, दो-दो सुपुत्र अब्बू के करीब थे, जो काफी हद तक अब्बू के डॉक्टर की भूमिका निभा रहे थे, ख़ासकर भाईजान! भाईजान अपने को लगभग डॉक्टर ही समझते हैं। खुद तो डॉक्टरी की पढ़ाई की नहीं, किसी दवा-कम्पनी में नौकरी करते रहे, गाँव-गंज में दवाएँ पहुँचाते रहे। गाँव के अशिक्षित लोग उन्हें डॉक्टर बुलाते

थे! उसके बाद, नौकरी छोड़-छाड़कर, अब्बू की फार्मेसी में अड्डा गाड़कर बैठ गये। चूँकि वे दवाओं का कारोबार करते थे, इसलिए बाज़ार में मछली वाले, सब्ज़ी वाले समझते थे कि डॉक्टर का बेटा शायद डॉक्टर ही बन गया। वे लोग भी भाईजान को डॉक्टर ही समझते थे। इस वजह से भी भाईजान के मन में यह धारण घर कर गयी, कि वे शायद सचमुच डॉक्टर ही हैं। अब अब्बू के इलाज की जिम्मेदारी भाईजान ने खुद अपने हाथों में ले ली है। अब्बू को कब अस्पताल जाना है या कब डॉक्टर दिखाना है, ये सारे फैसले अब वे खुद लेने लगे थे। पता नहीं, क्यों तो अब्बू अपनी बीमारी के बारे में किसी बड़े डॉक्टर की सलाह नहीं लेते थे। वे अपना इलाज खुद करते थे। मानती हूँ कि वे इलाज जानते थे, मगर कभी तो उन्हें बड़े और अभिज्ञ डॉक्टर के पास जाना चाहिए था। शहर में, नये-नये विलायतयाफ़्ता डॉक्टर आये हैं। उनमें से बहुतेरे अब्बू के छात्र रह चुके हैं। वैसे अब्बू का ज्ञान और तजुर्बा इतना अधिक था कि विलायतयाफ़्ता एफआरसीएस पास किये हुए डॉक्टरों के हाथों, रोगी जब मृतप्राय हो उठता था, तो अब्बू की शरण में ही आकर दुबारा जी उठता था। मैं अब्बू से बार-बार कहती थी कि वे किसी बड़े डॉक्टर दिखायें, मगर वे कभी राज़ी नहीं हुए। कलकत्ते में डॉक्टर ने जो दवाएँ दी थीं, वे सब कब, कितनी लेनी हैं, मैंने एक बड़े-से कागज पर लिख दिया था, ताकि अब्बू दवा लेना भूल न जायें, ज़रूरत हो तो उसे कमरे की दीवार पर टाँग रखें। देश लौटकर अब्बू ने वह कागज फेंक-फाँक दिया और डॉक्टर की दी हुई दवाएँ भी नहीं लीं। बस, वे अपनी मनमर्ज़ी की दवाएँ लेते रहे। वैसे अपनी दवाओं से भी वे अच्छे-ख़ासे थे, माँ! उन्हें दिल की कोई बीमारी नहीं झेलनी पड़ी। रक्तचाप भी उन्होंने अपनी दवाएँ ले-लेकर कम कर रखी है! गड़बड़ हुई डायबिटीज़ को लेकर! यह भी ठीक रहती, अगर अब्बू का खाना-पीना ठीकठाक होता। लेकिन अब्बू को वही खाना पड़ता है, जो सभी घरवालों के लिए पकाया जाता है। अब्बू ने न कभी शराब पी, न सिगरेट! साग-सब्ज़ी भी वे खाते थे। वे घर में स्वास्थ्यप्रद और पौष्टिक खाना लाते थे। जब घर के सभी मामलों की जिम्मेदारी भाईजान या हसीना ने ले ली, तब गृहस्थी के ख़र्च के लिए रुपये-पैसे भी उन लोगों के हाथों में आ गये। अब, वे लोग ही फैसला लेते हैं कि घर में क्या पकेगा। बाज़ार से मांस-मछली भी प्रचुर आता है। दही-मिठाइयाँ भी आती हैं। अब्बू के खाने के लिए कुछ मँगाने का चलन नहीं है। लगता है, अब, भूख लगने पर अब्बू जो भी सामने पाते हैं, खा लेते हैं। जब वे कलकत्ता आये थे, मैंने भी ख़याल नहीं किया अब्बू को चीनी-मुक्त खाना खिलाना चाहिए। अब्बू की डायबिटीज़ का पता चलने के बाद, जितने दिनों तुम 'अवकाश' में रहीं, उन्हें साग-सब्ज़ी ही खिलाती थीं। तुम अब्बू खिलानेवाला को बिल्कुल सही-सही खाना खिलाती थीं। तुम नहीं हो, अब, उन्हें कोई नहीं है। अब्बू का सारा कुछ उलट-पलट गया। अब, न तो चेम्बर है, न रोगी

देखने का काम! जब वे घर में बैठ गये, तब भी दो-तीन मरीज़ आते-जाते थे। लेकिन घर कोई चेम्बर तो है नहीं, इतने दिनों चेम्बर में उन्हें जो आज़ादी मिलती थी, वह घर पर नहीं मिलती थी। अब, वह आनन्द ही नहीं रहा। अब्बू कभी भी, किसी पर निर्भरशील नहीं रहे। अपनी बीमारी को लेकर, दूसरों का सिर-दर्द भी वे नहीं झेल पाते थे।

कुछ दिनों बाद, सुनने में आया कि अब्बू को ढाका लाया गया है। अब्बू ढाका तक आये कैसे? पता चला, जो गाड़ी उनके लिए, ख़रीदी गयी थी, उसमें बैठकर नहीं आये। वे बस में आये। मेरी दी हुई गाड़ी की ज़रूरत हसीना को, इधर-उधर जाने और सैर-सपाटे के लिए पड़ती है। बीमार अब्बू को वह गाड़ी कैसे दी जा सकती थी? बीमार अब्बू को गाड़ी देकर घर का काम कैसे चलता? बहरहाल, भाईजान, अब्बू को ढाका के अस्पताल में ले गये। मैं फोन पर पल-पल ख़बर लेती रही, अब्बू को तसल्ली देती रही। इतने लम्बे समय तक उस प्रतापी इन्सान की ऐसी कमज़ोर-हताश आवाज़! अब्बू जैसे इन्सान को डरपोक होना शोभा नहीं देता। मुझे यह जानकारी देने में भीषण तकलीफ हुई कि सरकार मुझे देश जाने की अनुमति नहीं दे रही है। अब्बू अपने को किस क़दर लाचार महसूस कर रहे हैं, मैं समझती हूँ। अब्बू को तो मैं जन्म से ही पहचानती हूँ। मैं जितनी उनकी ताकत जानती हूँ, उतनी ही उनकी कमज़ोरियाँ भी जानती हूँ। अब्बू चिरकाल ही सबके सामने शक्तिमान ही बने रहे, अन्दर कहीं कमज़ोर भी रहे, तो उसे कभी, किसी दिन ज़ाहिर नहीं किया उन्होंने! लेकिन जो प्यार करता है, उसे पता चल जाता है! पता चल जाता है न, माँ? शक्तिमान के पास भी एक दिल होता है और वह कभी टूटता भी है। अब्बू कितने स्वाभिमानी थे, वह मैं पहले नहीं भी समझ पायी होऊँ, मगर अब समझती हूँ। अब्बू काफी कुछ निरे शिशु जैसे थे। याद है, न्यूयार्क के अस्पताल में मैंने जब अब्बू को धर-बाँधकर भर्ती कराया था, एक बार डॉक्टर ने आकर पूछा था, 'आपकी जन्म-तारीख क्या है?' अब्बू ने पूछा, 'कौन-सी तारीख बताऊँ? पासपोर्ट की, सर्टिफिकेट की या सही-सही?' मैं हँसूँ या रोऊँ, मुझे समझ में नहीं आया। अब्बू की बात सुनकर, डॉक्टर मुँह दबाकर हँसे थे—'सही-सही ही बतायें।'

बारडेम अस्पताल में डायलिसिस की मशीनें बिल्कुल आधुनिक हैं। डॉक्टरों ने बड़े जतन से अब्बू की जाँच की। वहाँ के बहुतेरे विशेषज्ञ, कभी अब्बू के छात्र रह चुके थे। भाईजान से यह ख़बर पाकर, थोड़ी राहत मिली। लेकिन हर दूसरे दिन शरीर का खून बदलने, नया खून भरने से अब्बू को क्या सच ही आराम आयेगा? मुझे समझ में नहीं आ रहा था कि मैं क्या करूँ। बेकाम किड्नी की जगह नयी किड्नी लगाने का इन्तज़ाम, चाहे जैसे भी हो, करना ही होगा। मैंने अब्बू को विश्वास दिलाया कि दूसरी किड्नी मिल जायेगी। बहुतेरे लोग किड्नी दान कर देते हैं, बेचते हैं, इसलिए कोई न कोई किड्नी मिल ही जायेगी। अब्बू ज़रा भी न

घबड़ायें। हर रोज़ ही लोगों की किड्नी ट्रांसप्लांट होती हैं। ट्रांसप्लांट के लिए, मैं उन्हें विदेश ले आऊँगी, यूरोप के किसी देश में या फिर भारत में! वहाँ किड्नी बेचने के लिए प्रचुर गरीब लोग बैठे रहते हैं। पैसा-कौड़ी फेंकते ही, किड्नी खरीदी जा सकती है। मेरा आश्वासन सुनकर, अब्बू को ज़रा धीरज बँधा। लेकिन कितना भीषण कष्टदायी होता है, अनिश्चयता में रहना, यह मैं समझती थी। मैंने अब्बू से रुपये-पैसों की फिक्र छोड़ देने को कहा। किड्नी को लेकर कोई मोल-भाव करने की ज़रूरत नहीं थी। किड्नी ट्रांसप्लांट के लिए जितने भी रुपयों की ज़रूरत पड़ेगी, मैं दूँगी। अब्बू ने ही एक दिन ख़बर दी कि नन्दाइल का कोई आदमी रुपयों के बदले किड्नी देने को तैयार है। फिर क्या फिक्र? उस आदमी को लेकर ट्रांसप्लांट के लिए विदेश जाना होगा। मैं भी यहाँ बैठी नहीं रही। विभिन्न देशों के अस्पताल और डॉक्टरों से बात करके, किड्नी के मामले में पक्का इन्तज़ाम करने में लगी रही। अब्बू की डायलिसिस और अस्पताल-खर्च के रुपये, मैंने बैंक के ज़रिये भाईजान के एकाउण्ट में भेज दिया। अब्बू के पास क्या रुपये नहीं हैं, माँ? फिर मुझे क्यों भेजना पड़ता है? यह सवाल मैं खुद नहीं करती। रुपये किसी ने नहीं माँगे, मगर मैंने भेज दिये। रुपये मैंने इसलिए भेजे, क्योंकि अब्बू के रुपये-पैसों की निगरानी, अब भाईजान करते हैं। मैं तो इसी आशंका से रुपये भेज देती हूँ कि भाईजान जैसे महाकंजूस आदमी, अगर कहीं रुपये ख़र्च होने के डर से, इलाज में कोई ग़फ़लत न करे। वे मेरे रुपये पाकर, कम से कम कंजूसी नहीं करेंगे, यह विश्वास मुझे है। लेकिन रुपये भले और किसी के हों, जब उनकी ज़ेब में आ गये तब वे रुपये उनके हो गये। मेरे भेजे हुए रुपये उस वक्त भाईजान के हाथों में थे, वे रुपये तब उनके हो गये, अस्तु उनके स्वभाव मुताबिक, उन्होंने कंजूसी शुरू कर दी। दूसरे दिन जब अब्बू डायलिसिस कराने के लिए बारडेम अस्पताल गये, डॉक्टर ने बताया कि सेलाइन के साथ एंटीबायोटिक देना होगा। लेकिन भाईजान अब्बू को अस्पताल में रखने को तैयार नहीं हुए। वे तैयार इसलिए नहीं हुए, क्योंकि इसमें ख़ामख़ाह रुपये ख़र्च होते। डॉक्टर ने अब्बू के गले में छेद करके, पाइप घुसाया। खून में सीधे-सीधे कड़ी एंटीबायोटिक देने की ज़रूरत थी, क्योंकि ओरल दवा से काम नहीं चलने वाला था। अस्पताल में डॉक्टरों को उन पर कड़ी नज़र रखनी होगी। लेकिन डॉक्टरों की बात, भाईजान भला क्यों सुनने लगे? अब्बू में क्या अपनी राय देने की क्षमता थी? भाईजान जो बेहतर समझें, करें। अब्बू अब भाईजान की सम्पत्ति थे। मैं बार-बार फोन पर यही कहती रही कि डॉक्टर जो कहे, वही करना, अपनी तरफ से कोई फैसला वह न ले। मुझे शान्त करने के लिए भाईजान ने कहा—'डॉक्टर ने खुद ही घर ले जाने को कहा। ओरल दवा दे दी है।' ऐसा कच्चा ज़ख़्म लेकर अब्बू घर जायेंगे, मेरा मन किसी हाल भी यह मानने को तैयार नहीं था। लेकिन इतनी दूर से मैं कितना-सा कर सकती थी! अब्बू से क्या बात करती? उनके शरीर की जो हालत थी, उसमें

शारीरिक तौर पर जितना नहीं, मानसिक तौर पर कहीं ज़्यादा कमज़ोर हो चुके थे। उधर डॉक्टर ने जब देखा कि भाईजान, अब्बू को घर ले जाने पर अड़े हुए हैं, तो उन्होंने कहा कि घर जाकर सेलाइन में कड़ी एंटीबायोटिक देने का इन्तज़ाम ज़रूर करें। लेकिन, नहीं, इंजेक्शन देना सम्भव नहीं है। अन्त में भाईजान मुँह के ज़रिये लेने वाली कड़ी ओरल दवा लिखा लाये। लेकिन उन्हें पता चला कि दवा के एक-एक टैबलेट की क़ीमत पाँच रुपये है, तो उन्होंने यह सोच लिया कि दवा कम्पनियों का शायद दिमाग ख़राब हो गया है। ये लोग, मरीज़ों को ठगने के कारोबार में उतरे हैं। वे ज़रूर किसी देशी कम्पनी की एंटीबायोटिक ख़रीद लायेंगे, जिसकी क़ीमत पचास पैसे हो। भाईजान ने यही किया। वाकई ज़बर्दस्त बुद्धिमानी! का काम किया उन्होंने। अपनी इस अति-बुद्धि के लिए, भाईजान काफी गर्वित भी थे। आम लोगों की तुलना में उनमें ज़्यादा बुद्धि है, तत्काल फैसले लेने में भाईजान जैसा और कोई नहीं!

उसके बाद क्या हुआ? घर पहुँचकर अब्बू तेज़ बुखार की चपेट में आ गये। बुखार में काफी हद तक बेहोश! आखिरकार उन्हें अस्पताल ले जाया गया। डॉक्टर ने जानकारी दी, सेप्टिसेमिया! उस समय तक, उनके पूरे बदन में, खून की बूँद-बूँद में बैक्टीरिया फैल चुकी थी। इसने अब्बू का दिमाग़ भी बेकाम कर दिया। अब्बू सेप्टिक शॉक में चले गये, मानो पल भर में यह सारा कुछ हो गया। इसके बाद, अब्बू की हालत ऐसी हो गयी कि अब्बू न कुछ समझ सकते थे, न कुछ बोल सकते थे, मुँह से केवल गों-गों की आवाज़ निकल रही थी। मैंने सोचा था कि अब्बू अगर बच गये, तो किसी न किसी दिन उन्हें 'अब्बू' कहकर बुलाऊँगी; सोचा था अब्बू को 'तुम' कहकर सम्बोधित करूँगी। मैंने अब्बू को आवाज़ दी। अब्बू के कान में फोन लगा दिया गया। उस समय अब्बू तो गूँगे-बहरे हो चुके थे। मैं अब्बू को 'अब्बू' कह-कहकर आवाज़ें देती रही। मैं उनसे कहती रही–'अब्बू, तुम जाग जाओ।' हाँ, जब मैंने उन्हें सचमुच पुकारा, अब्बू मेरी आवाज़ सुन नहीं पाये। बहुत देर हो गयी थी, माँ!

बड़े मामा, झूनू खाला–सभी लोग उन्हें देखने गये। वे सब उस गूँगे अब्बू को देखकर विमूढ़ हो आये। दूर–विदेश में मैं स्तब्ध थी। मेरा समूचा बदन आशंका से काँप उठा। अगर मुझे देश लौटने दिया जाता, तो अब्बू की ऐसी हालत नहीं होती, माँ! तुम भले भाग्य पर विश्वास करो, मैं नहीं करती। मुझे नहीं लगता कि कहीं, कोई है, जो इन्सान के जन्म-मृत्यु की तारीख लिख रखता है और सब कुछ उसी तारीख मुताबिक घटता है। अब्बू आज भी ज़िन्दा रहते, विदेश में उनका किड्नी-ट्रांसप्लांट हो सकता था। वे आराम से पहले की तरह ज़िन्दगी जीते। ज़िन्दगी तो इन्सान को कुल एक ही मिली है। चाहे जैसे भी हो, हम सब इस ज़िन्दगी को बचाये रखना चाहते हैं। लेकिन तुम अगर जीवन का मोल ही नहीं समझते, तो तुम रुपये-पैसों का हिसाब करोगे, बीमार इन्सान को अस्पताल में

रखकर इलाज कराने के बजाय, तुम उसे घर ले आओगे, क्योंकि यह सुविधाजनक है; दौड़-धूप कम होती है।

अब्बू दुबारा बातचीत कर सकेंगे, मैं इसी उम्मीद में बैठी रही। बार-बार यही सुनती रही कि हालत में कोई हेर-फेर नहीं हुआ है। मैंने भाईजान, छोटे भइया, झूनू खाला, बड़े मामा, फ़ख़रुल मामा, सबसे फोन पर बात की! सभी अवसाद में डूबे थे। अब्बू नहीं लौटे। वे चारों तरफ देखते थे, मगर उनकी दृष्टि अर्थहीन थी। उनकी ज़ुबान की बुदबुदाहट को कोई-कोई अनुवाद करने की कोशिश करता था, लेकिन वह ज़रूर ग़लत अनुवाद होता था।

सिर्फ झूनू खाला ने कहा, 'दूल्हा भाई कुछ कहना चाहते हैं, कह नहीं पा रहे हैं।' अब्बू क्या कहना चाहते थे, माँ?

एक समय मुझे सूचना दे दी गयी कि अब्बू अब, साँस भी नहीं ले रहे हैं। झूनू खाला फोन पर विलाप करके रो पड़ीं। इसके बाद क्या हुआ, यह जानने का मेरा मन नहीं हुआ। अब्बू को लेकर वे लोग कैसा मृत्यु-उत्सव मना रहे हैं, मैंने जानने की कोशिश नहीं की। मेरा आग्रह, आवेग, तभी तक था, जब तक वे ज़िन्दा थे। मृत्यु के बाद, मैं किसी भी बात पर विश्वास नहीं करती। मेरी दुनिया पूरी तरह सूनी हो गयी, माँ! आखिरी आश्रय जिसे कहते हैं, अब्बू मेरे लिए वही थे। अब्बू मेरे पथ-प्रदर्शक थे, मेरे साहस और शक्ति के उत्स थे। अब्बू थे, इसलिए मैं आज मैं हूँ। अब्बू मेरे गौरव थे, मेरे जीवन के सबसे बड़े अहंकार! यह जो मैं शान से सिर उठाये दुनिया के देश-देश में जाती हूँ, वह इसलिए कि अब्बू ने ही मुझे ऐसा रच-गढ़ दिया था। अगर मेरे अब्बू कोई और होते, तो आज मैं भी कोई और होती। ज़िन्दगी में मेरा जितना-सा भी कृतित्व है, अब्बू न होते, तो यह सम्भव नहीं होता। संघर्षशील अब्बू को देख-देखकर ही, मैंने भी संघर्ष करना सीखा है। सिर पर मुसीबत आ पड़ती थी, तो अब्बू जैसे उससे जूझते थे, मुश्किल वक्त से उबरते थे, मैंने भी उसी तरह जूझना और उबरना सीखा है। आदर्श के लिए अपनी जान देते हुए, मैंने अपनी आँखों के सामने अब्बू के अलावा और किसे देखा है?

'अवकाश' में भाईजान और उनकी बीवी जैसे तुम पर अत्याचार करते थे, बिल्कुल उसी तरह उन दोनों ने अब्बू पर भी अत्याचार शुरू कर दिया था। यह सब अब्बू ही मुझे बताते थे और रोते थे। एक समय ऐसा भी आया, जब उन्होंने 'अवकाश' में खाना बन्द कर दिया। अपना मकान! अपना रुपया-पैसा! सब कुछ अपना था, फिर भी वहाँ उनको खाना नहीं जुटता था। अब्बू डायबिटीज़ की वजह से, जिसकी किड्नी नष्ट होती जा रही थी, उसी अब्बू ने मारे अभिमान के, छटकू के रेस्तरां में जाकर खाना शुरू किया। उन्हें मांस-मछली खाना मना था, वे वही सब खाते थे। वे क्या करते, बताओ? उनके लिए प्यार से साग-सब्ज़ी उबालकर कौन खिलाता?

हसीना हरगिज नहीं देती थी। हसीना पर नाराज़ होकर या मारे अभिमान के, वे हसीना से बातचीत बन्द कर देते, तो फ़ायदा हसीना को ही होता। मेरा ख़याल है कि हसीना मना रही थी कि अब्बू जल्द से जल्द मर जायें। जैसे वह चाहती थी कि तुम मर जाओ। तुम तकलीफ झेलते-झेलते, दुर्भोग सहते-सहते मरो। तुमने इतने प्यार से बेटे की बहू को अपने घर में उतारा था। अपने हाथों से उसे खिलाती थी। किसी के लिए पकाना तो दूर की बात, जिसे किसी दिन रसोई की छाया तक में पैर नहीं रखना पड़ा। इसके बजाय अब्बू ने उसे कॉलेज में भर्ती करा दिया, ताकि वह बी एड-एम एड पास कर ले। बहू जब कॉलेज से लौटती थी, तब तुम उसे सामने बिठाकर, प्यार से खिलाती थीं, जैसे तुम अपनी सन्तानों को खिलाती थीं। जो बहू हम दोनों बहनों की इतनी-इतनी बेइज़्ज़ती करती थी, अवज्ञा करती थी, हमेशा नीचा दिखाती थी, यहाँ तक कि उसने हम पर हाथ भी उठा दिया। मैंने सोचा, चलो, कोई बात नहीं, यह सब वह सिर्फ हम दोनों बहनों के साथ करती है। लेकिन, नहीं, तुम जैसी माटी के इन्सान को, जो इन्सान अपने बेटे-बेटियों, बेटे के बहू के लिए जान तक दे सकती थी, उसे भी वह बेभाव रुलाने से बाज़ नहीं आती थी। तुम्हारे पास रुपये-पैसे, धन-दौलत कुछ भी नहीं था। हाँ, महान-उदार दिल ज़रूर था। उसने तुम्हें ही जलाकर ख़ाक कर दिया। वह अब्बू को भला क्यों नहीं सताती? आजीवन अब्बू का प्रताप प्रतिष्ठित रहा, वही अब्बू जब कमज़ोर हो गये, तो उन्हें गाली-गलौज करने का दुःसाहस, जहाँ हम में से किसी को भी नहीं हुआ, हसीना का हुआ था। हसीना दिन-रात अकथ्य भाषा में अब्बू को गालियाँ सुनाया करती थी। उठते-बैठते अपमानित करती थी। अब्बू का वह रोष भी अब नहीं रहा। भाईजान ने ही उनका वह रोष तोड़ दिया था। अब्बू को कमरे में क़ैद करके, उनका सारा रौब-दाब तोड़ दिया था। अब्बू का चेम्बर बेचकर, उन्होंने उनकी सारी आज़ादी चूर-चूर कर दी थी। बेचारे पराधीन अब्बू सिर झुकाये, भाईजान और उनकी बीवी के सारे अत्याचार सहते थे। प्रतिदिन! जिन मामा लोगों के खिलाफ, बोल-बोलकर, अब्बू, भाईजान के साथ अपना वक्त गुज़ारते थे, अब्बू उन्हीं को अब भाईजान की बीवी के अत्याचार से बचने के लिए, उन्हीं मामा लोगों के पास जाकर, आश्रय लेना पड़ता था। अब्बू छटकू को गृहस्थी की दुःख गाथा सुनाते थे। सारा किस्सा सुनकर, घटकू मुझे फोन करता था। वह आग्रह करता था कि मैं अब्बू की समस्याओं का समाधान करूँ, अब्बू की आँसूभरी कहानी सुनूँ। अब्बू सच-सच ही रोते थे। सिर ऊँचा करके खड़े रहने वाले अब्बू, जिसे कोई भी विपत्ति या दुःसमय न तोड़ पाती थी, न लचका पाती थी, वही दुर्दम, प्रतापी अब्बू, यूँ असहाय-लाचार कैसे हो गये? उन्हें इस हद तक निहत्था किसने कर दिया? उस उम्र में तो इन्सान हुंकारता फिरता है! बीमारी? बीमारी तो किसी दिन भी अब्बू पर काबू नहीं कर पायी। अब्बू को बीमारी ही कौन-सी थी? किड्नी धीरे-धीरे

नष्ट हो रही थी! नष्ट हो रही थी, हो तो नहीं गयी थी। मैंने कितने ही किड्नी-नष्ट लोगों को देखा है, वे लोग अपना खून बदलते रहे हैं और ठाठ से जी रहे हैं। आत्मीय-स्वजन और दोस्त-यार आस-पास हों, तो शरीर भले बीमार हो, मन से सुखी रहते हैं। लेकिन अब्बू की शारीरिक तकलीफ के मुक़ाबले, मानसिक तकलीफ ही असहनीय हो उठी थी! अब्बू की ही दौलत पर, भाईजान अपने बीवी-बच्चों के साथ, उन्हीं के घर में अड्डा जमाये हुए थे, ठाठ से खा-पी रहे थे। वही अब्बू अब घर में जड़-लाचार-से बैठे रहते थे। शुभ, उनका पोता, उनके पीछे छुरा लिये टूट पड़ता है, अब्बू छुरे के डर से दौड़ते फिरते थे। नहीं, दादा-पोते में कोई खेल नहीं चलता, अब्बू सच-सच ही डर के मारे भागते फिरते थे। उन्होंने रो-रोकर मुझे बताया था।

मौका मिलते ही हसीना कहती थी, 'दुनिया में कितने-कितने लोग मरते हैं, इस बुड्ढे को ही मौत क्यों नहीं आती?'

अब्बू के अभी तक बाल नहीं पके। उम्र भी सत्तर की नहीं हुई; दिमाग़ में भी कोई गड़बड़ी शुरू नहीं हुई; ठाठ से सख़्त-समर्थ इन्सान हैं, उसी अब्बू को बूढ़े, कमज़ोर, अपाहिज़ की तरह घर में बिठा दिया और घर मैं क़ैद करके, अब्बू जैसे कर्मठ, काम-पागल इन्सान को जीते-जी मार डाला। हाँ, माँ, अब्बू अब पहले वाले अब्बू नहीं थे। भाईजान अब्बू की दौलत, ज़मीन-जायदाद हथियाने के लिए, पागलों की तरह दौड़ रहे थे। घर में भाईजान की बीवी उनकी जान के पीछे हाथ धोकर पड़ी थी। उनकी बीमारी की वजह से जो-जो खाना, अब्बू के लिए मना था, अब्बू की किस्मत में उन सबके अलावा और कुछ नहीं जुटता था। भूख लगने पर अब्बू आखिर क्या करते? उनके अपने ही घर का रसोइया, उनकी बात नहीं सुनता था! भाईजान भी नहीं सुनते थे। यह हसीना और उसके बेटों का हुक्म जो था। मुझे दिन-पर-दिन अब्बू का रुदन सुनना पड़ता था।

मैंने भाईजान से दरयाफ़्त किया, 'अब्बू घर पर क्यों नहीं खाते?'

भाईजान ने सर्द-सा जवाब सुना दिया, 'अब्बू कहना नहीं मानते। बाहर निकल जाते हैं। घर में खाना बन्द कर दिया है।' खाना अब्बू ने बन्द किया था, इससे भाईजान को क्या फ़र्क़ पड़ता है? उन्हें कोई फ़िक्र या परेशानी नहीं थी। भाईजान में तो किसी और बात की बेचैनी थी। अब्बू अगर चोरी-छिपे कोई शादी-ब्याह रचा लें, तो जायदाद में कोई और भी हिस्सेदार हो जायेगा, जायदाद का कुछ हिस्सा, किसी और को चला जायेगा। सचमुच के बाघ या सिंह की तरह, भाईजान ने अब्बू को दबोचकर आखिर पता लगा ही लिया कि उन्होंने इधर-उधर दो-एक ब्याह कर भी रखा है। तुम्हें यह सब सुनने में क्या तकलीफ हो रही है, माँ? या तुम दुःख-कष्ट के पार चली गयी हो? अब्बू के किसी स्खलन में अब तुम्हें शायद कोई तकलीफ नहीं होती। तुम कितना कुछ जानती भी तो नहीं थीं। जब तुम बीमार हुईं, जब तुम्हारी बीमारी का पता चला, सिर्फ पता ही नहीं, जब

डॉक्टर ने सारा कुछ बता दिया—तुम कब मर जाओगी—यह सब जानने के बाद भी तो अब्बू तुम्हें रुलाते रहे। हाँ, माँ, तुम ज़िन्दगी में बहुत-बहुत रोयी हो। भाईजान ने तो अब्बू के व्यक्तिगत जीवन के बारे में कभी सिर नहीं खपाया, लेकिन अचानक इतने बेअदब-असभ्य की तरह उन्होंने सिर खपाना शुरू किया कि तुम अगर देखतीं, तो शायद तुम्हें भला लगता। लेकिन, क्या सच ही भला लगता? तुम्हें यह भी ज़रूर पता होता कि यह सिर खपाना, असल में अब्बू की ज़ायदाद का कोई हिस्सा, कहीं बाहर न चला जाये, इसकी बौखलाहट थी।

मेरे लिए बांग्लादेश के दरवाज़े बन्द हैं। मैंने अब्बू के साथ रहने के लिए यास्मीन को भेजा था। वहाँ जाकर, हसीना की धौंस की उपेक्षा करते हुए, यास्मीन ने कुछ हद तक अब्बू की सेवा-जतन की। लेकिन उसके लौट आने के फौरन बाद से ही, अब्बू की बदहाली दुबारा लौट आयी। जो काम भाईजान खुद करते थे, उन्होंने यास्मीन से भी कराया। अब्बू की सहेलियाँ, जब भी उनसे मिलने आती थीं, वे उन लोगों को बेइज़्ज़त करके, फाटक से ही दुरदुराकर भगा देते थे। पता नहीं, उन लोगों ने शायद यही समझा कि सबने अब्बू का कोई महा-उपकार किया है। कौन जाने, कैसा उपकार! अब्बू के आखिरी दिनों में आकर शायद वे लोग उन्हें चरित्रवान पुरुष बनाना चाहते थे। अब्बू अकेले-अकेले चरम हताशा में डूबे रहते थे। दवा वगैरह भी शायद नहीं लेते थे। भाईजान उन्हें दवा खिलाने की जिम्मेदारी लेते, उन्हें इतनी फुर्सत कहाँ थी? मुझे ज़ाने क्यों तो ऐसा लगता है कि हसीना अब्बू के सिर्फ मौत की ही कामना नहीं करती थी, बल्कि वे मर जायें, इसके लिए जो-जो ज़रूरी था, वह सब करने में भी वह जी-जान से जुटी हुई थी। भाईजान भी फटाफट सारा इन्तज़ाम पूरा कर लेने में जुटे हुए थे, ताकि अब्बू की मौत हो जाये, तो उनके लिए कोई परेशानी न खड़ी हो। उन्होंने खोद-खोदकर अब्बू से यह पता कर लिया कि उन्होंने किससे-किससे शादी रचा रखी है। अब्बू का दस्तख़त किया हुआ तलाकनामा, उन्होंने सबको भेज दिया। उन्होंने इस बात की भी पाई-पैसे हिसाब ले लिया कि अब्बू का कहाँ, कितना धन-दौलत मौजूद है। कहाँ, किस अंचल में कितनी धरती छिपी पड़ी है। देश से वापस लौटकर, यास्मीन ने ख़बर दी कि अब्बू अब घर में ही वकील को बुलाकर, भाईजान को अपने पास बिठाकर, ज़मीन-जायदाद के बारे में सलाह-मशविरा कर रहे हैं। अब्बू विशाल सम्पत्ति के मालिक हैं, यह तो हमें पता था। लेकिन वह सम्पत्ति कितनी विशाल है, यह शायद नहीं पता था। अब्बू जब भाईजान के साथ अपने जमीं-जमा के बारे में बातें करते थे, यास्मीन के कमरे में दाखिल होते ही दोनों चुप हो जाते थे। वकील जब घर आकर बातचीत करता था, तब कमरे में सिर्फ अब्बू और भाईजान होते थे। कोई नहीं चाहता था कि यास्मीन कमरे में रहे। यास्मीन भी समझ गयी कि उसकी उपस्थिति अनाकांक्षित है। लेकिन अब्बू की सन्तान के तौर पर जितना हक़ भाईजान का था, उतना ही यास्मीन का भी तो था। अब्बू अगर अपनी ज़मीन-जायदाद

का हिसाब-किताब करने बैठे हों, तो वहाँ उनकी सभी सन्तान की उपस्थिति तो स्वाभाविक भी है। बातचीत में यास्मीन को क्यों छाँट दिया जाता है? ख़ैर, इसका रहस्य, उस वक्त भले समझ में नहीं आया हो, लेकिन बाद में ज़रूर समझ में आ गया।

अब्बू ऐसे इन्सान थे, जिन्होंने ज़िन्दगी भर पैंट-शर्ट-कोट के अलावा और कुछ नहीं पहनी। पायजामा-कुर्ता तो वे सिर्फ ईद के दिन पहनते थे। काफी हद तक सामाजिक कारण से पहनते थे। इसकी कोई धार्मिक वजह तो थी नहीं। वैसे कुर्ता-पायजामा-टोपीधारी, दाढ़ी वाले, पाँचों वक्त नमाज़ पढ़ने वाले, अतिशय अमीर, एम ए काहहार और उनके भाई, मोमेन की अब्बू बेहद श्रद्धा करते थे। लेकिन उनकी धार्मिक पोशाक से वे कतई प्रभावित नहीं थे। एम ए काहहार ने अपने मुहल्ले में एक मदरसा और एक मस्जिद बनवा दी थी। अब्बू ने किसी दिन भी मस्जिद में क़दम नहीं रखा, मदरसे में भी कभी नहीं गये, ऐसा कुछ बनवाना तो दूर की बात है। उन्होंने मस्जिद के लिए कभी चन्दा भी दिया हो, याद नहीं पड़ता। सिर्फ क्या वे लोग ही? अब्बू के आस-पास जितने भी लोग थे, उन सभी लोगों में धर्म-दोष था। कम से कम इस आस्था के मामले में, अब्बू अपने आस-पास के लोगों से प्रभावित क्यों नहीं हुए? अन्यान्य कितने ही मामलों में प्रभावित हुए थे। जीवन में सब कुछ तो अब्बू की निजी उद्भावना का विषय नहीं था। स्वयं घोषित-नास्तिक न होने के बावजूद, कितने आराम से धर्म से कोसों दूर रहे। साल में सिर्फ दो बार वे नमाज़ पढ़ने के लिए खड़े होते थे। वह भी ईद के मैदान में! सामाजिकता क़ायम रखने के मामले में उनका बोध ख़ासा चुस्त था। यह न करते, तो उनका नहीं चलता। लेकिन अब्बू नमाज़ पढ़ना नहीं जानते थे। उन्हें किसी सूरा की जानकारी नहीं थी। लोग जब सिर झुकाते थे, वे भी झुकाते थे; जब उठाते थे, तब वे भी उठाते थे। इसके अलावा और क्या? मुझे याद है, सूरा सीखने के लिए, एक बार उन्होंने कोई आदमी भी नियुक्त किया, मुझे नहीं पता कि किसके पल्ले पड़कर, उन्होंने ऐसा किया था। लेकिन दो ही दिनों बाद, उन्होंने उस आदमी को विदा भी कर दिया। अब्बू को यह रास नहीं आया।

इन्सान तो ऐसा है कि जैसे ही उम्र बढ़ी, वह झट् से टोपी-दाढ़ी शुरू कर देता है; पायजामा-कुर्ता चढ़ा लेता है; पाँचों वक्त का नमाज़ शुरू हो जाता है। लेकिन अब्बू ने कभी, किसी दिन, अपने में मामूली-सा भी बदलाव नहीं करना चाहा। उनमें बूँद भर भी धर्म-चिन्तन नहीं आया। अब्बू में औरतों के प्रति दिलफेंक होने के दोष के अलावा और तुम्हारी उपेक्षा करने के अलावा और कोई ऐब नहीं था। बाकी सब तो उनमें गुण ही गुण थे। इसके बावजूद वे औरतों से जो हेल-मेल करते थे, वह सब घर के बाहर करते थे। हम पर उन्होंने कभी ज़ाहिर नहीं होने

दिया कि घर के बाहर भी उनका किसी के साथ कोई रिश्ता है। हमने केवल सुना है, कोई प्रमाण नहीं मिला। अपना कुछ भी बच्चों पर ज़ाहिर न करने की मानसिकता भी, अब्बू में कहाँ से आयी, जबकि दूसरे-दूसरे लोग, शान से दूसरा विवाह करते थे और दूसरी बीवी को भी अपने घर ला बिठाते थे। अब्बू ने अपना व्यक्तिगत जीवन किसी दूसरी औरत से विवाह या रिश्तों को, हमारे जीवन और रोजमर्रा के जीवनयापन से पूरी तरह अलग-थलग रखा। हम सब एक ही शहर में निवास करते थे, लेकिन हमें यह जानकारी नहीं थी कि घर के बाहर, अब्बू का कहाँ, किस औरत से रिश्ता है। ऐसी कोई रात नहीं गुज़री, जो उन्होंने अपने घर, 'अवकाश' में न गुज़ारी हो। हाँ, जब वे किसी मेडिकल कॉलेज में परीक्षा लेने या नौकरी के सिलसिले में शहर से बाहर जाते थे, तभी वे 'अवकाश' में नहीं होते थे। मैंने देखा, स्कूल की पढ़ाई ख़त्म होते-न होते, लड़कियों की शादी हो जाती थी। लड़कियों को लिखते-पढ़ते बड़े होना चाहिए या लड़कियों को अपने पाँव पर खड़ा होना ज़रूरी है—ये बातें, शहर के अन्य पिताओं के कभी ख़याल में नहीं आया। लेकिन अब्बू उन लोगों जैसे नहीं थे। यहाँ तक कि उनके मित्र काहहार या मोमिन ने भी, स्कूल की दहलीज पार होते-न होते, अपनी बेटियों का निकाह कर दिया। हाँ, सिर्फ बेटों के लिए जो करना चाहिए, सब किया। अब्बू ने उन लोगों से यह सामाजिक नियम नहीं सीखा। उनके पास उनकी बेटियों के लिए रिश्ता लेकर, सुपात्र लड़कों की ख़बर लेकर, ढेरों लोग आते थे। अब्बू ने कुल एक वाक्य में, सबको 'ना' कर दिया। आखिर अब्बू भी तो उसी समाज में वास करते थे, जहाँ लड़कियों को जल्द से जल्द ब्याह देना ही संगत समझा जाता था। अब्बू तो अपने घोर देहात, नन्दाइल से, बेटियों को डॉक्टर-इंजीनियर बनाने का सोच-विचार लेकर नहीं आये थे। अब्बू ने दूसरों से अगर कुछ सीखा भी, अगर यह सोच-विचार अपना निजी आविष्कार था, तो भी देखो न, शहर के जो लोग अमीर और पढ़े-लिखे थे, जिनकी बेटियाँ लिखाई-पढ़ाई करती हुई बड़ी हुईं, उन घरों से अब्बू का ज़्यादा मेलजोल हो या न हो, अब्बू ने उन्हीं लोगों के नियम को पसन्द क्यों किया, समाज के अधिकांश लोगों के नियम को पसन्द क्यों नहीं किया?

मुझे याद है, उन दिनों मैं अब्बू पर भयंकर गुस्सा थी। जब तुम्हारे उस छात्रवृत्ति का बैनर दिखा-दिखाकर मैंने घोषणा की थी कि—'हाँ, माँ के नाम स्कूल बनेगा। माँ के नाम छात्रवृत्ति तो घोषित हो ही गयी, लेकिन अब्बू जैसे चरित्र के इन्सान के लिए कुछ नहीं होगा। कोई स्कूल वगैरह नहीं बनवायेगा, कोई छात्रवृत्ति नहीं देगा।' अब्बू तुम्हारे पास बैठे सुनते रहे। अब्बू का अपमान करने के लिए मैंने अपनी बात ज़ोर-ज़ोर से ही कही थी! मेरा इरादा तुम्हें खुश करने का था, तुम्हें तृप्ति देने का था और अब्बू को केंचुए की तरह गुड़ामुड़ा बना देने का था। ज़िन्दगी में जो शख़्स कभी नहीं टूटा था, मैं उसे तोड़ना चाहती थी। जिसने

ज़िन्दगी में कभी, कोई कष्ट नहीं देखा, मैं उसे कष्ट देना चाहती थी। इतने अर्से तक अब्बू जिस हद तक तुम्हारा अपमान करते रहे, मैं उस अपमानों का बदला ले रही थी, माँ! उन दिनों मैं किस कदर लापरवाह और बेअदब हो उठी थी। जिस अब्बू से कभी आँख मिलाकर कुछ कहने की हिम्मत नहीं पड़ी, उसे मिट्टी में मिला देने के लिए, जितना आयोजन सम्भव था, मैंने किया था। शायद तुम्हारी आँखों को भी मेरा यह बर्ताव कड़वा और तीखा लगा था।

तुमने शायद कहा भी था, 'नहीं, ऐसी बातें नहीं कहते! उनकी भी तबीयत ठीक नहीं चल रही है। बाद में अपने बर्ताव के लिए, तुम्हें भी तकलीफ होगी।' तुम्हारा अन्दाज़ा सही था, माँ कि बाद में मुझे तकलीफ होगी।

अब्बू ने शिशु की तरह सिर्फ इतना ही कहा था, 'नहीं, मेरे लिए भी स्कूल बनेगा।'

मैंने अब्बू को किसी दिन भी रोते हुए नहीं देखा। किसी दिन, किसी भी वजह से आँखों में आँसू आते हुए नहीं देखा। लेकिन जब उन्होंने कहा कि 'मेरे नाम से भी, नन्दाइल में स्कूल होगा।' अब्बू के होठ अभिमान और अपमान से थरथरा उठे थे। शायद आँसू भी छलछला आये थे। अब्बू ने सबसे छिपकर, अपने आँसू भी पोंछे थे, माँ! ज़िन्दगी भर तुम्हें अब्बू की तरफ से जितनी-जितनी तकलीफें मिलीं, मैं उनका बदला लेना चाहती थी। लेकिन बदला लेने के चक्कर में मैंने उन्हें जितनी तकलीफें दीं, वे सब भी क्या अब मुझे कम तकलीफ देते हैं?

नन्दाइल में अब्बू के नाम का स्कूल तो होना ही चाहिए था, माँ! अब्बू धूल-माटी के इन्सान। वहाँ से खुद उठकर, अपनी कोशिश-तदबीर से उन्होंने लिखाई-पढ़ाई की और डॉक्टर बने। उनके पास पढ़ाई के लिए किताबें नहीं थीं, ख़रीदने के लिए पैसा नहीं था। मेडिकल कॉलेज के किसी छात्र की आरज़ू-मिन्नत करके, उसे किसी तरह राज़ी कराया कि रात को जब वह सोने जाये, तो अब्बू उसकी एनाटॅमी या फिजियोलॉजी की किताब ले आयेंगे। रात भर जाग-जागकर वे वह किताब पढ़ेंगे, भोर उस सहपाठी के घर जाकर, वे किताब लौटा आयेंगे। हाँ, माँ, अब्बू रात को अपने सहपाठी के घर के सामने खड़े रहते कि कब उनका सहपाठी सोने जायेगा और उसकी किताब उन्हें मिलेगी। उधार में किताब लाकर, अब्बू रात-रात भर पढ़ाई करते थे। भोर-भोर सहपाठी की किताब वापस लौटकर, वे कॉलेज जाते थे। इसी तरह पढ़-पढ़कर अब्बू क्लास में सबसे अच्छे नम्बर लाते थे। ऐसे अब्बू के नाम स्कूल क्यों नहीं होगा, माँ? अपने बेटे-बेटियों को तो उन्होंने पढ़ाया ही, यहाँ तक कि काका लोगों, उनके बेटे-बेटियों, फूफी के बच्चों को भी पढ़ाया-लिखाया। यहाँ तक कि बहुतों को 'अवकाश' में रखकर लिखने-पढ़ने का मौका दिया। उनके जितने नाते-रिश्तेदार, दूर के रिश्तेदार थे, उन सबको लिखाया-पढ़ाया। उन लोगों को स्कूल-कॉलेज पास कराया। गाँव के कितने ही

ग़रीबों को पढ़ने-लिखने के लिए स्कूल में भर्ती करा दिया, उन लोगों के पढ़ने का ख़र्च जुटाया। घर की बहुओं को भी उन्होंने पीछे नहीं छोड़ा। बहुत-सी औरतों को, घर-गृहस्थी के कामकाज छुड़ाकर, उन्होंने उन लोगों को कॉलेज-यूनिवर्सिटी भेजा। उनके नाम स्कूल क्यों नहीं बनेगा? लड़के-लड़कियों में कोई फ़र्क़ न करते हुए, उन्होंने सबको 'पढ़-लिखकर, अपने पैरों पर खड़े होने' का सिर्फ सूखा-सूखा उपदेश ही नहीं दिया, बल्कि उन्हीं लोगों के पीछे अपना पैसा और समय भी ख़र्च किया। मुझे अगर मौका मिलता, तो मैं उसी गाँव में अब्बू के नाम का स्कूल खोल देती। इस गाँव में अब्बू जैसे इन्सान कितने-से हैं, जिसने लिखाई-पढ़ाई को इतना मूल्य दिया? स्कूल मुझे क्यों खोलना होगा, वहाँ के लोग में ही अगर विवेक-बोध है, तो वे लोग ही अब्बू के नाम स्कूल खोल देंगे।

अब्बू को जमीं-जमा ख़रीदने में दिलचस्पी थी। वह अपनी सन्तानों के भविष्य के बारे में सोचकर या अपनी जड़ों के खिंचाव में, ज़मीन-जायदाद ख़रीदते रहे। इसके अलावा अन्य किसी भी भौतिक चीज़ के प्रति, उन्हें कोई लोभ नहीं था। किसी का दिया हुआ उपहार, उन्होंने कभी छूकर भी नहीं देखा। भाईजान, छोटे भइया, मैंने, यास्मीन ने उन्हें कितने ही उपहार दिये। वे सारा कुछ सहेजकर आलमारी में रख देते। तुम्हारी बीमारी के समय, तुम्हारे लेटने-सोने के लिए, जब मैं अब्बू के कमरे की साफ़-सफाई कर रही थी, तो अब्बू की आलमारी भी खोली। मैंने देखा, मेरी दी हुई लोशन, परफ्यूम, मूडी टॉयलेट, मूडी कोलन, शेविंग किट्स, शर्ट-जूतों के अलावा तरह-तरह के उपहार खूबसूरती से सजाकर रखे हुए थे। इतने सारे वर्षों में अब्बू ने उनमें से कुछ भी इस्तेमाल नहीं किया। हाँ, हर दिन आलमारी खोलकर, एक बार वह सब निहार लेते थे। वह आलमारी नहीं, अब्बू का विचित्र जादूघर था। आलमारी की चाबी, वे बड़े जतन से अपनी ज़ेब में रखे रहते थे। वह चाबी वे किसी को नहीं देते थे। जब तक उनके कपड़े-जूते फट नहीं जाते थे, वे नया नहीं खरीदते थे। वही सब बार-बार सिलाई करके पहने रहते थे। यहाँ तक टूथब्रश बिल्कुल रेशा-रेशा हो जाता था, तभी वे नया ब्रश ख़रीदते थे। अगर मैं ख़रीद लाती थी, तो वह सब वे जतन से सँजोकर रख देते थे। दाढ़ी बनाने का रेज़र तक, जाने किस बाबा आदम के ज़माने में खरीदा गया था, अब भोथरा हो चुका था। वे उसी रेज़र से दाढ़ी बनाते थे और बार-बार उनके गाल कट जाते थे। फोम, आफ्टर-शेव? वह सब अलमारी में ही ज्यों के त्यों पड़े रहते थे। अब्बू यह कभी नहीं भूले थे कि वे गाँव-देहात के ग़रीब घर से तरक्की करके, ऊपर उठे हैं। झकमक-झलमल चीज़ें उनके लिए नहीं हैं। न्यूयार्क से मैं एक गाउन लायी थी। जब वे घर पर होते, उन्हें ज़बर्दस्ती पहनाये रखती थी। उन्हें यह सब अच्छा भी लगता था, लेकिन जाने क्यों तो वे बाद में उतार देते थे।

जब वे कलकत्ता आये थे, होटल के कमरे में मेरी एक किताब, 'मेरे बचपन

के दिन' उनके हाथ लगी। उन दिनों मैं तो सैकड़ों कामों में व्यस्त रहती थी। अचानक एक दिन मेरी नज़र पड़ी, अब्बू बड़े ध्यान से वह किताब पढ़ रहे थे। मैंने वह किताब छीन ली। मेरा मन नहीं हुआ कि अब्बू वह किताब पढ़ें। मुझे मालूम था कि उस किताब के जिस हिस्से में अब्बू के दुष्कर्मों की दास्तान लिखी थी, आधी रात को घर की नौकरानी के साथ, एक रात उन्हें सोये हुए देखा था, वह सब पढ़कर अब्बू को तकलीफ होगी। नहीं, माँ, मैं अब्बू को बचाकर या किसी के भी दोष छिपाकर, आत्मकथा नहीं लिख पायी। एक रात अचानक मेरी नींद टूट गयी। मैंने देखा कि अब्बू मेरी किताब पढ़ रहे हैं। मुझसे छिपाकर, उन्होंने अधिकांश किताब पढ़ भी डाली। जब वे स्वदेश वापस जा रहे थे, तो उस किताब की एक प्रति भी साथ ले जाना चाहते थे। जाने क्या सोचकर मैंने उन्हें मना नहीं किया। भाईजान से सुना कि अब्बू ने 'मेरे बचपन के दिन' किताब, बड़े जतन से, अपने तकिये के नीचे रखे रहते थे। हर रात, सोने जाने से पहले, वह किताब पढ़ा करते थे। उन्होंने 'उत्ताल हवा' भी कहीं से उपलब्ध कर लिया। वह किताब भी उनके तकिये के नीचे ही दबी रहती थी। हर दिन, चेम्बर जाने से पहले, चेम्बर से लौटकर, उस किताब में डूब जाते थे। अब्बू को मेरा लेखन पसन्द था, इसीलिए वे पढ़ते थे। लेकिन उन्होंने किसी दिन भी मुझसे यह सवाल नहीं किया कि मैंने उनके बारे में ऐसा क्यों लिखा? मैंने क्यों उनकी इज़्ज़त यूँ धूल में मिला दी? कभी, किसी दिन भी नहीं। उनका कुछ न बोलना, उनकी तरफ से डाँट-फटकार न लगाना, कोई शिकायत न करना, इस किताब की निन्दा-आलोचना न करना, मुझे और-और सताता रहा। एक बार मैंने भाईजान से कहा था कि 'मेरे बचपन के दिन' और 'उत्ताल हवा' की एक-एक प्रति, मेरी तरफ से जतीन सरकार को दे आयें। लेकिन, अब्बू ने वे किताबें जतीन सरकार को नहीं देनी चाही। उन्होंने क्यों नहीं चाहा, मैं समझ सकती हूँ। शर्म के मारे! वे नहीं चाहते थे कि उनका अहंकार, उनकी इज़्ज़त, किसी दूसरे के सामने मिट्टी में मिल जाये। लेकिन दुनिया तो ये किताबें पढ़ ही रही थी। एक तरह से यह अच्छा ही हुआ कि वे दोनों किताबें, प्रकाशित होने के साथ-साथ या प्रकाशित होने से पहले ही, बांग्लादेश में निषिद्ध हो गयीं। मैंने मन मन ही मन राहत की साँस ली है, माँ! वर्ना जाने कितने ही लोग वह किताब पढ़ते और अब्बू को ताना मारते, 'क्या बात है? बेटी ने तो अपने दुश्चरित्र बाप की कीर्ति-कथा लिख मारी है!' वैसे अब्बू हर रोज़ मेरी किताब का पाठ करते थे। जाने कौन-सा हिस्सा पढ़ते थे—अब्बू के बारे में मैंने जो तारीफ की थी या वह हिस्सा, जिसमें मैंने उनकी निन्दा की थी। अब्बू वे किताबें हर रोज़ क्यों पढ़ा करते थे? उन किताबों में अब्बू को क्या मिलता था? अतीत? गुमशुदा अतीत? वह अतीत चाहे जितना भी निष्ठुर हो, मधुर भी तो था, माँ!

भाईजान को 'मेरे बचपन के दिन' बेहद पसन्द आया था। भाईजान का

कहना था, वह किताब, कविता जैसी है। एक दिन फोन पर मैंने अब्बू से, डरते-डरते पूछ भी लिया, मानो मैं भूल ही गयी होऊँ कि मैंने उन किताबों में अब्बू की बुराई ही बुराई लिखी थी।

'किताब कैसी लगी?' मैंने अब्बू से पूछा।

'बहोत अच्छी!' अब्बू ने जवाब दिया।

'अच्छी लगी?' मैंने फ़िर पूछा।

'हाँ, बहुत अच्छी लगी–' अब्बू ने भी दुबारा कहा, 'तुम्हारा लेखन बहुत प्यारा है! भाषा बेहद खूबसूरत है। तुम बहुत अच्छा लिख लेती हो।'

मैंने उनके बारे में जो कुछ भी लिखा था, उस बारे में अब्बू ने कोई ज़िक्र नहीं किया। मैंने भी उन्हें नहीं छेड़ा। अब्बू के मुँह से तारीफ सुनकर, मेरी आँखें छलछला आयीं। अब्बू के सामने मुझसे और कुछ बोला ही नहीं गया। मेरी आवाज़ रुँध आयी। उस किताब के बारे में अब्बू की जुबान से प्रशंसा सुनकर, उनके सामने मैं जैसे छोटी हो आयी। मेरा मन हुआ कि बचपन की तरह ही, एक बार फिर मैं उनके बाल सहला दूँ। अब्बू के बालों में अब तो कोई हाथ भी नहीं फेरता।

अब तो न तुम हो, न अब्बू! अब देश में किसी से सम्पर्क करने का, मेरा मन भी नहीं होता। हाँ, हर साल एकाध बार सम्पर्क करना पड़ता है। तुम्हारे नाम जो छात्रवृत्ति देती हूँ, वह हर साल ज़ारी रहे, इस बारे में आगाह करने के लिए! बांग्लादेश के बैंक में, मेरा जो फिक्स्ड डिपॉजिट है, उसके ब्याज की रकम छात्रवृत्ति के एकाउण्ट में चली जाती है। लेकिन उतनी-सी रकम से छात्रवृत्ति सम्भव नहीं है। मैंने फिर कुछ रुपये भेज दिये, ताकि छात्रवृत्ति में कोई रुकावट न आये। छात्रवृत्ति बाँट दी गयी। लेकिन भाईजान ने उस कार्यक्रम की जो तस्वीर भेजी, वह देखकर मैं अवाक् रह गयी। छात्रवृत्ति कार्यक्रम में हसीना को सामने बिठाया गया था। जो औरत तुमसे दुर्व्यवहार करती थी, मैं नहीं चाहती थी कि उस छात्रवृत्ति कार्यक्रम में वह भी मौजूद रहे। जिस औरत ने मुझे कभी प्यार नहीं किया, वह तुम्हारे किसी पवित्र कार्यक्रम में, अपना कुत्सित मन लिये, इतनी शान से, यूँ डंके की चोट पर क्यों उपस्थित रहे? सिर्फ उपस्थित ही नहीं, बाक़ायदा किसी अच्छे काम में अगुआ बन जाये! लेकिन इतनी दूर से मैं कर भी क्या सकती हूँ। सिर्फ तकलीफ पाते रहने के अलावा, मेरे लिए कुछ करने का और कोई उपाय नहीं है।

मुझे ख़बर मिली, पूरे 'अवकाश' को भाईजान ने बिल्कुल बदल डाला है। आदमी के पास कितने-कितने करोड़ रुपये हों, तो उस मकान को, किसी बहुत बड़े अमीर की कोठी बनायी जा सकती है, वह उस कोठी को देखे बिना, समझना नामुमकिन है। घर के अन्दर मोज़ैक का फर्श था, उसे उखाड़कर, भाईजान ने संगमरमर का

फर्श बिछा दिया है। हरे रंग के विशाल-विशाल दरवाज़े तोड़कर, उनकी जगह कत्थई रंग के छोटे-छोटे दरवाज़े जड़ दिये गये हैं। अब्बू का कमरा अब शुभ का कमरा बना दिया गया है। सारा कुछ बेहद झकमक-चकमक! पहले वहाँ जो रंग-बिरंगे काँच की खिड़कियाँ हुआ करती थीं, अब वह भी नहीं हैं। 'अवकाश' के स्थापत्य शिल्प ने मुझे हमेशा ही मुग्ध किया है। पता नहीं, लोग कैसे तो पुराने स्थापत्य को तोड़कर, कमरों को माचिस की डिबिया बना पाते हैं! कैसे तो ऊँची-ऊँची सीलिंग ध्वंस करके, कुण्डे-धरण उखाड़कर, कमरे की छत को हाथ भर नीचे उतार पाते हैं। कैसे तो दीवारों या काठ की नक्काशी उखाड़ पाते हैं। पश्चिमी देशों में, मैंने देखा है कि लोग हर मोल पर पुराने घर-मकानों की रक्षा करते हैं। पुराना स्थापत्य तो अमूल्य सम्पदा होती है। भाईजान को स्पेन में दक्षिणी हिस्से में स्थित, अन्दालूसिया घुमाने ले गयी थी। वहाँ उन्होंने देखा था कि कैसे वहाँ पुराने स्थापत्य की हज़ारों-हज़ार सालों तक रक्षा की जाती है। यहाँ तक कि घोर दुश्मनों द्वारा बनाये हुए घर-मकान या मस्जिद भी, स्पेनवासियों ने फेंक नहीं दिया। भाईजान ने वहाँ से भी कुछ नहीं सीखा। मुझे जाने क्यों तो लगता है, माँ, कि घर तोड़कर, नया मकान-कोठी बनाने की फर्माइश, हसीना ने ही की होगी। भाईजान अब अपने मुताबिक नहीं उठते-बैठते। आँगन में दोनों टिन की कोठरी भी उन्होंने तोड़ डाली है। बाहर का काला फाटक भी उन लोगों ने बदल डाला है। फाटक के दोनों छोरों पर खिली-खिली कामिनी और माधवी की लतर भी अब नहीं रही। नारियल पेड़ों के पाँवों में उन लोगों ने सफेद मोज़े पहना दिये हैं। बाथरूम तोड़कर नया बनाया गया है, कमोड लगाये गये हैं। शुभ के लिए अलग संलग्न बाथरूम! मकान के सामने का वह चबूतरा और सीढ़ी! सारा कुछ तोड़-ताड़कर, मुग़लिया शैली के खम्भे बिठाकर, उस पर बड़े-बड़े अक्षरों में 'अवकाश' नाम का पत्थर बिठाया गया है। उस मकान की अब जो हालत है, 'अवकाश' नाम बचा हुआ है, शायद यही काफी है। मुमकिन है, वे लोग 'अवकाश' नाम भी छाँट देते और ब्लू हेवन या ईडन गार्डेन रख लेते। बैठक कमरा और मेरे कमरे के बीच, जो असाधारण-सा तीन-तीन सलाखों वाला दरवाज़ा था, वह भी अब नहीं रहा। वहाँ दीवाल खड़ी करके, समूचे कमरे में, राजा-बादशाहों के महल की तरह भारी-भरकम असबाब-पत्तर बिठा दिये गये हैं। हमारा वह 'अवकाश' अचानक ही दौलतमन्द की आधुनिक कोठी में रूपान्तरित हो गया है। अब वहाँ अमरूद, जामुन, कटहल वगैरह कुछ भी नहीं है। जो पेड़ तुमने सबसे आखिर में लगाया था, वह कमरख का पेड़, अब वह विशाल पेड़ बनकर, सैकड़ों हरे-हरे कमरख फलों से भरा-भरा झुक आया है। तुम अगर देखतीं, तो तुम्हें ज़रूर बेहद अच्छा लगता। तुमने शायद सोचा होगा कि ये फल तुम्हारे बच्चे खायेंगे। तुम्हारे बेटे-पोते शायद खाते भी हों, मगर तुम्हें कोई याद नहीं करता। उस कोठी में मामू-खाला वग़ैरह का आना-जाना

नहीं है। अब, वहाँ सिर्फ हसीना के नाते-रिश्तेदार आते-जाते हैं। वहाँ हसीना रानी की तरह राज करती है। उसके दोनों बेटे मानो राजमहल के राजपुत्र हों। 'अवकाश' में हमारा कोई नामोनिशान तक नहीं रखा गया। हममें से किसी का भी नहीं! सारा का सारा 'अवकाश' अब हसीना की कोठी है। मानो जन्म से हसीना ही उस मकान में रहती-सहती आयी हो। वह मकान मानो हसीना के ही बाप-दादों ने ही बनवाया हो। उसे यह मकान विरासत में मिला हो। उसे देखकर यही लगता है कि इसी किस्म का संगमरमरी कोठी बनवाकर, उसमें ऐसे महँगे-महँगे असबाब से सजावट करेगी, यह मंसूबा उसके मन में शुरू से ही था और वह इसके इन्तज़ार में थी कि कब तुम वहाँ से दफा होगी, कब अब्बू हमेशा-हमेशा के लिए विदा लेंगे। कब वह मकान खाली होगा। उस घर में कदम रखने के बाद से ही, वह तुम लोगों को निश्चिह्न करने की कोशिश में जुट गयी थी। यह लोभ, राज-पाट का लोभ कितना भयंकर और किस क़दर वीभत्स था। हसीना के समूचे तन-मन में अब, अद्भुत परितृप्ति का भाव है। उफ! कितना भीषण कष्ट देती थी वह तुम्हें! कैसा भयंकर अपमान करती थी वह तुम्हारा! वैसे तुम जैसी निरीह, भले मानस को खुश करने के लिए ज़्यादा कुछ की ज़रूरत नहीं थी। इसके बावजूद, उसने तुम्हारी ही गृहस्थी में तुम्हें ज़रख़रीद बांदी बनाकर रखा। उसी तरह अब्बू को भी, उन्हीं के घर में, उन्हीं का खा-पहनकर, उन्हें ही ज़रख़रीद ग़ुलाम बना लिया। उसने किसी को भी नहीं छोड़ा। यह जो अब्बू ने अपनी दोनों बेटियों को वंचित करके, सारी ज़र-ज़मीन, धन-दौलत-जायदाद अपने दोनों बेटों के नाम लिख दिया, हसीना यही तो चाहती थी। इतनी अथाह सम्पत्ति अकेले-अकेले ही भोग करने की वासना, उसके दिल में हमेशा से ही थी। विराट प्रासाद की रानी बनने का अपना सपना, उसने पूरा किया। भाईजान भी रोग झेल रहे हैं। किसी दिन वे भी दम तोड़ देंगे। इस बीच छोटे भइया ने भी किस तरह अपने हिस्से पर कब्ज़ा जमा लिया है। अब्बू का विशाल साम्राज्य, अब मुख्यतः हसीना और उसके दोनों बेटे तथा उसके नाते-रिश्तेदार ही उपभोग कर रहे हैं। अब्बू ने क्या उसके लिए अपना खून-पसीना एक करके, इतना विशाल साम्राज्य खड़ा किया था? करोड़ों-करोड़ों नक़द रुपये क्या अब्बू हसीना के ऐशो-आराम के लिए छोड़ गये थे?

अब्बू के इन्तकाल के दो वर्षों बाद, मैंने भाईजान से जानना चाहा कि अब्बू की जमीं-जमा, रुपये-पैसे, घर-द्वार का क्या किया जाये? हिस्सा-बाँट कब होगा? चूँकि बांग्लादेश सरकार मुझे स्वदेश नहीं लौटने दे रही है, तो बँटवारे के समय, अगर यास्मीन को जाने की ज़रूरत हो, तो वह पहुँच जायेगी। भाईजान का जवाब था, अब्बू अपना सारा कुछ, वसीयत कर गये हैं और अपने चारों बेटे-बेटियों के नाम कर गये हैं। वसीयत की एक प्रति उन्होंने अमेरिका भी भेज दी। जमीं-जमा के

बँटवारे का ख़याल मेरे दिमाग़ में भी नहीं आता, अगर मैंने यास्मीन की आर्थिक विपन्नता न देखी होती। वसीयत देखकर मैं मानो आसमान से गिरी। नन्दाइल की हज़ारों-हज़ार एकड़ ज़मीन, शहर के चौबीस मकान, 'अवकाश' ढाका के सबसे महँगे इलाके, वारिधारा में विशाल प्लाट—सब कुछ सिर्फ भाईजान और छोटे भइया में बाँट दिया गया था। अब्बू की बीमारी में ही, उन्हें ढाका तक घसीट लाया गया और छोटे भइया ने वारिधारा की ज़मीन अपने नाम लिखा ली थी। ढाका के वारिधारा की ज़मीन, जाने दस करोड़ की थी या बीस करोड़ की, अब छोटे भइया की थी। नन्दाइल की विशाल जमींदारी, अब भाईजान की थी। शहर के सारे घर-मकान भी भाईजान और छोटे भइया के थे। मुझे और यास्मीन को सिर्फ उन मकानों से जो किराया आता है, उसका पन्द्रह प्रतिशत मिलना था। अब हमें उन मकानों की मिल्कियत कभी नहीं मिलेगी। 'अवकाश' भी भाईजान का था। 'अवकाश' के पिछवाड़े जो खाली ज़मीन है, उसमें भी, मुझे और यास्मीन को पन्द्रह प्रतिशत मिलना था। अब्बू को यह वसीयत बनाने की क्या ज़रूरत थी? वसीयत पर अब्बू के दस्तख़त थे। वह दस्तख़त असली हैं या नहीं, मैंने बार-बार जाँचा-परखा। हाँ, दस्तख़त अब्बू के ही थे। लेकिन मुझे विश्वास नहीं हुआ कि अब्बू ने यह वसीयत स्वस्थ दिमाग़ से लिखी होगी। अब्बू अगर वसीयत लिखकर नहीं जाते, तो सारी जायदाद, धन-दौलत हम चारों भाई-बहनों में सही ढंग से बँट जाती। बांग्लादेश में जो नारी-विरोधी, इस्लामी उत्तराधिकार क़ानून प्रचलित है, अगर उस क़ानून मुताबिक भी बँटवारा होता, तो मेरी और यास्मीन की आर्थिक बदहाली हमेशा-हमेशा के लिए मिट जाती। अच्छा, माँ, क्या तुम जानती थीं कि अब्बू इतने सम्पदशाली, इतने दौलतमन्द थे? मैं नहीं जानती थी। वसीयत में अब्बू के रुपयों का कहीं, कोई ज़िक्र नहीं था। बाज़ार में अब्बू का जो चेम्बर था, आरोग्य वितान और कई-कई दुकानें थीं, सब बेचकर, अब्बू ने सारे रुपये बैंक में जमा कर दिये थे। वे रुपये उन्होंने भाईजान और छोटे भइया को पहले ही दे डाले थे। वसीयत में सिर्फ स्थावर सम्पत्ति के बारे में ही लिखा था। मुझे यह सोच-सोचकर तकलीफ होती है कि अब्बू ने अपनी दोनों बेटियों को कभी प्यार नहीं किया। अब्बू और उनके दोनों लायक बेटों ने अगर यह सोच लिया हो कि मैं महा-दौलतमन्द हूँ, अब्बू की कोई जायदाद या सम्पत्ति मुझे न भी मिले, तो चलेगा, तो भी किसी ने यास्मीन के बारे में क्यों नहीं सोचा? यास्मीन तो अभाव में रहती है, किसी छोटे-से मोदीख़ाने में नौकरी करती है। अब्बू और तुम ख़ुद अपनी आँखों से देख गये हो कि यास्मीन कैसी कड़की में दिन गुज़ारती है। यानी कौन समर्थ है और कौन नहीं, इस आधार पर वसीयत नहीं तैयार की गयी। वसीयत लिखी गयी है, लिंग के आधार पर! पुंल्लिग अधिक पायेंगे, स्त्रीलिंग कम पायेंगी या बिल्कुल ही नहीं पायेंगी। मुझे तो यह समझ में नहीं आता कि अब्बू ने इस चरम असमानता का

समर्थन कैसे किया। दोनों बेटियों को उनकी सम्पत्ति में कोई हिस्सा न मिले, इस इरादे से यह वसीयत उनकी मृत्यु के ठीक पहले बनायी गयी थी। अब्बू तो कहा करते थे कि उन्हें मेरा लेखन बेहद पसन्द है। मैं तो ज़िन्दगी भर नारी-पुरुष के समानाधिकार के बारे में ही लिखती रही हूँ। असल में क्या सच ही अब्बू को मेरा लेखन प्रिय था? यह वसीयत तो ऐसा नहीं कहती, माँ! मुझे और एक वजह से यह भरोसा नहीं होता कि यह वसीयत अब्बू ने बिना किसी दबाव के तैयार की है। चलो, मान लेती हूँ कि अब्बू ने अपनी पूरी इच्छा से, खुद ही यह वसीयत तैयार की। अब्बू पर भाईजान का कोई दबाव नहीं था। लेकिन भाइयों की भी अगर बहनों के अधिकार पर आस्था होती, तो अब्बू की लिखी हुई यह वसीयत, वे दोनों हरगिज़ नहीं मानते। उनके मान लेने की कुल एक ही वजह है। वे लोग औरतों के अधिकार पर विश्वास नहीं करते। सम्पत्ति के बँटवारे का तकादा मैं सैकड़ों बार कर चुकी हूँ, लेकिन इसके बावजूद, जब वे बराबरी के बँटवारे या देश के उत्तराधिकार क़ानून मुताबिक हिस्सा-बाँट के लिए तैयार नहीं हैं, इससे यह बात और दृढ़ता से प्रमाणित होती है कि भाईजान और छोटे भइया ने ऐसी वसीयत बनाने के लिए अब्बू को विवश किया था। हम चारों भाई-बहनों में, यास्मीन ही सर्वाधिक आर्थिक मोहताज़ी में ही नहीं, सर्वाधिक मानसिक कष्ट में है। आज, अगर उसे अब्बू की सम्पत्ति में हिस्सा मिल जाता, तो वह अशान्ति की गृहस्थी छोड़कर, अकेले-अकेले चैन से रहने का मनोबल पा लेती। दोनों ही भाई उसके बारे में नहीं सोचते। अगर सोचते तो अब्बू की इतनी विशाल सम्पत्ति सिर्फ आपस में ही बाँट लेते? मैंने दोनों भाइयों को बहुत-बहुत समझाने की कोशिश की है। 'अब्बू ने जिस ढंग से अपनी जायदाद का बँटवारा किया है, वह ग़लत है। अब्बू ने ग़लती की है, भारी भूल की है, तुम दोनों ने इसे क्यों मान लिया है? तुम लोग तो कहते हो कि मेरी लिखी हुई किताबें तुम्हें अच्छी लगती हैं। मैं काफी सच्ची बातें कहती हूँ। तुम लोग मेरे आदर्श का सम्मान करते हो। अपनी किताबों में, मैंने औरतों के अधिकार की वकालत की है। अब्बू की जायदाद भाई-बहनों में बराबर-बराबर बँटनी चाहिए। अब्बू ने ग़लती की है, यह तो तुम लोग जानते हो न? तब तुम उनकी ग़लती का संशोधन क्यों नहीं करते? तुम लोग अब्बू का अन्याय क्यों स्वीकार करते हो?' मैंने उन लोगों को ढेरों ख़त भेजे।

मैंने उन लोगों से यह भी कहा, 'अब्बू की जायदाद का अगर बराबर-बराबर बँटवारे का मन न करे, तो देश के प्रचलित क़ानून के मुताबिक ही बँटवारा क्यों नहीं कर लेते? जिसके मुताबिक तुम दोनों को ज़्यादा हिस्सा मिलेगा और हमें कम! लेकिन, नहीं, वे दोनों, हम दोनों बहनों को उत्तराधिकार से वंचित करके ही मानेंगे। मैंने देश लौटने की ढेरों कोशिशें कीं। लेकिन चाहे खालिदा का नाम लें या सत्ताधारी सरकार का ज़िक्र करें या हसीना का नाम लें–कोई भी मुझे देश नहीं

लौटने देता। अगर ये लोग मेरे लौटने के सारे दरवाज़े बन्द कर दें, तो मैं कैसे, क्या करूँ, बताओ? मैं कैसे भाइयों के अन्याय का प्रतिवाद करूँ? यास्मीन को पक्का विश्वास है कि अब्बू ने यह वसीयत अपनी मर्ज़ी से, ठण्डे दिमाग़ से तैयार की थी। यास्मीन को इसका भी पक्का विश्वास है कि अब्बू पुरुषतान्त्रिक मानसिकता के इन्सान थे। उनके लिए उनके बेटे ही उनके खानदान में शामिल थे, बेटियाँ नहीं। लेकिन अब्बू अगर इसी मानसिकता के व्यक्ति होते तो बेटियों को पढ़ाने के लिए यूँ जी-जान से न जुटे होते। बेटियाँ पन्द्रह साल की हुईं नहीं कि उन्हें धर-पकड़कर ब्याह क्यों नहीं दिया? उन्होंने बेटों को स्कूल-कॉलेज तक पहुँचाने के लिए जितना किया, बेटियों को भी वहाँ तक ले जाने के लिए, कुछ कम तो नहीं किया। फिर मैं कैसे विश्वास करूँ कि अब्बू पुरुषतान्त्रिकता में विश्वास करते थे? सबसे मज़ेदार बात तो यह है कि वसीयत में जो तिल बराबर उत्तराधिकार मुझे और यास्मीन को मिला, उतना-सा भी हमें कभी नहीं मिला। घर-मकानों के किराये में से जो मामूली-सी रकम, हमें मिलनी चाहिए, वह भी नहीं आती और 'अवकाश' के पिछवाड़े के खाली हिस्से का भी बँटवारा नहीं किया गया। सब कुछ पर भाईजान और छोटे भइया ही आराम से राज कर रहे हैं। दोनों भाइयों में पहले इतना सखा-भाव नहीं था, लेकिन अब्बू की बीमारी के दौरान और उनके इन्तकाल के बाद, वे दोनों दोस्ती और भ्रातृत्व-बोध के बेजोड़ मिसाल बन गये हैं। चारों भाई-बहन में आर्थिक हालत, सबसे ज़्यादा यास्मीन की बुरी है और सबसे ज़्यादा अनिश्चित जीवन मेरा है। आज खाने-पीने का गुज़ारा चल जाता है, कल यह सब सम्भव होगा या नहीं, पता नहीं! लिखना हीं मेरी कमाई का ज़रिया है। इसके अलावा मैं बंगला में किताबें लिखती हूँ, किसी भी विदेशी भाषा में नहीं। बांग्लादेश से मुझे अपनी किताबों की कोई रॉयल्टी नहीं मिलती। अन्यान्य देशों में ये किताबें चल रही हैं, मुमकिन है, कल न चलें। भारत या बांग्लादेश में, जहाँ जीवन-निर्वाह इतना खर्चीला नहीं है, वहाँ मुझे रहने का कोई अधिकार नहीं है। आज पश्चिम में मेरे लिए सिर छुपाने की जगह तो है, कल क्या होगा, मुझे नहीं पता। संचित रुपये ख़त्म हो जाने में ज़्यादा देर नहीं लगती। मेरे भाई लोगों को हम दोनों बहनों की अनिश्चयता की जानकारी नहीं है, ऐसा नहीं है। वे लोग बख़ूबी जानते हैं। लेकिन उन लोगों ने निर्लिप्त रहकर भी साबित किया है कि इस ढंग से हमारे अ-सुखी होने से उन लोगों को कोई फ़र्क़ नहीं पड़ता।

तुमने कैसे पुत्रधन अपनी कोख में धारण किये थे, माँ! तुम्हारी सच्चाई, तुम्हारा विवेक, तुम्हारी माया-ममता का एक बूँद भी उनमें क्यों नहीं आया, माँ? अब्बू की उदारता-विलक्षणता, अब्बू का आदर्श-मनोबल भी उन्हें नहीं मिला। हाँ, अब्बू के बुरे पक्ष ने ही उन दोनों को विकट और कुत्सित रूप में रचा-गढ़ा है। उन लोगों में सिर्फ धन का लालच, कंजूसी और खुदगर्ज़ी ही आयी है। अब्बू भी इतने

पत्थर कभी भी नहीं थे। अब्बू ने तो सिर्फ तुमसे ही निष्ठुरता की, अन्य किसी से कभी नहीं की। आखिरी उम्र में अपनी इन दोनों बेटियों के प्रति सच ही जो निष्ठुरता दिखायी, वह वाकई सच है या नहीं, यह जानने का मौका अब, कभी नहीं मिलेगा। लेकिन कम से कम इस बोधोदय का मौका ज़रूर मिला है कि अपने दोनों सगे भाइयों का बूँद भर भी प्यार, अपनी दोनों बहनों के लिए नहीं है। यह सोच-सोचकर अफसोस होता है कि वे दोनों मेरे भाई हैं। पता नहीं, बहनों को ठगकर, उन लोगों को क्या सुख मिलता है? कुल दो ही तो बहनें हैं। ऐसा तो नहीं है कि सम्पत्ति बेहद मामूली है और ऐसा भी नहीं है कि बारह-तेरह बहनें अपना-अपना हिस्सा माँग ले जायें, तो भाइयों को कम पड़ जायेगा। ज़िन्दा रहने के लिए कितने रुपयों की ज़रूरत होती है, माँ? कितनी ज़मीन-जायदाद की ज़रूरत पड़ती है? जानती हूँ, तुम यह अन्याय क़बूल नहीं कर पातीं। अब्बू क्या यह अन्याय जानबूझकर कर गये या उन्हें डरा-धमकाकर, ग़लत-सलत समझा-बुझाकर यह अन्याय करने को विवश किया गया था? हम दोनों भी तो अब्बू की ही सन्तानें थीं। हमें ही वंचित करने के लिए अब्बू इतना क्यों बेचैन थे? इस रहस्य का समाधान अब कभी भी सम्भव नहीं है, क्योंकि भाईजान और छोटे भइया के अलावा यह रहस्य कोई नहीं जानता कि असल में घटा क्या था। वे दोनों हमें कोई जानकारी देने को तैयार नहीं हैं, सिर्फ इतना ही बताते हैं कि अब्बू यह वसीयत खुद लिख गये हैं। अब्बू जो कर गये, अगर सच ही, यह उनका अकेले का फैसला था, तो मेरा अन्दाज़ा है कि भाइयों ने अब्बू के कानों में धीरे-धीरे यही मन्त्र फूँका होगा कि मुझे और यास्मीन को जो धन-दौलत, ज़मीन-जायदाद दी जायेगी, वह सब निश्चित रूप से मामा लोगों के हत्थे चढ़ जायेगी। हम दोनों बहनों ने माँ जैसा ही मन पाया है। हम दोनों में सहानुभूति, संवेदना वगैरह इतना अधिक है कि मामा लोगों को अभाव में देखकर, हम दोनों बहनों के पास जो कुछ भी होगा, हम सब उँडेल देंगी। ख़ासकर मैं! मामा लोगों का दुःख-दुर्दशा मिटाने की मैंने कसम खा रखी है। उन लोगों को दिये बिना, मैं मानूँगी नहीं। यह तो अच्छा हुआ, माँ, कि तुम ज़िन्दा नहीं हो। यह सब तुम्हें देखना नहीं पड़ा, वर्ना तुम और दुःखी होतीं; माँ! तुम्हारे माँ-बाप का संचय, तुम्हारे भाई-बहनों में देश के उत्तराधिकार क़ानून के मुताबिक ही बाँट दिया गया था। भाइयों को सम्पत्ति में दो-दो हिस्सा मिला और तुम बहनों को एक-एक! तुम्हारे हिस्से में शराफ मामा एक कमरा बनाकर रहते-सहते हैं। उन्हें जो हिस्सा मिला था, वह उन्होंने बेच दिया। ख़ैर, तुम्हारे हिस्से में कौन रहता-सहता है, यह लेकर तुमने कभी सिर नहीं खपाया। शराफ मामा के नाम अपनी ज़मीन लिख देने में तुम्हें कोई एतराज नहीं था; तुम्हारे वारिस के तौर पर मुझे और यास्मीन को भी कोई आपत्ति नहीं थी तुम्हारा हिस्सा, तुम्हारे भाई ले लें। आपत्ति आज भी नहीं है। लेकिन, सुना है कि तुम्हारी उस

छोटी-सी ज़मीन पर भी भाईजान ने दावा ठोंक दिया है। चूँकि तुमने देते समय, अपनी तरफ से कुछ लिख-पढ़कर नहीं दिया, इसलिए भाईजान ने वह भी नहीं छोड़ा। जो हिस्सा तुमने खुद नहीं लेना चाहा, आज तुम्हारी ही कोख की सन्तान, जिसने तुम्हारे प्रति भले प्यार न जताया हो, मगर तुम्हारी ज़मीन के प्रति वह अपना प्यार दिखा रहा है। तुम्हें छोड़ते हुए, उसके मन में कोई ममता नहीं जागी, तुम्हारी वह छोटी-सी ज़मीन के टुकड़े को छोड़ते हुए उन्हें माया होती है। तुम क्या यह सब देख रही हो, माँ? आसमान में बैठी-बैठी कहीं से देख रही हो? यह सब देखकर, तुम शर्म नहीं महसूस करतीं, माँ?

जुबान से चाहे जितना भी कहूँ कि अब्बू अपनी ज़िन्दगी के आखिरी समय में, अपनी दोनों बेटियों के साथ चरम क्रूरता कर गये; उन्होंने दोनों बेटियों का असम्भव अपमान किया है, फिर भी अब्बू के लिए मुझे दुःख होता है। इसके बावजूद अब्बू का न होना, मुझे रुलाता है। अब्बू कब से 'नहीं' हो गये? याद नहीं! शायद सन् दो हज़ार एक या दो होगा। तुम्हारे और अब्बू के मामले में 'मर गये' शब्दों का मैं कभी इस्तेमाल नहीं करती। मैं ऐसा कर ही नहीं पाती। इस बीच एक दिन बांग्लादेश के किसी पुराने परिचित से बात हुई। बातों ही बातों में, हम भाई-बहनों में कौन किस हाल में है, यह चर्चा छिड़ गयी।

मैंने कहा, 'अब्बू तो अपनी सारी दौलत-सम्पत्ति बेटों के नाम वसीयत कर गये हैं।'

मैं जिससे बातें कर रही थी, वह तो मानो आसमान से गिरा।

उसने कहा, 'बांग्लादेश में इस्लामी क़ानून के मुताबिक वसीयत नहीं चलती।'

'नहीं चलती?'

'ना, नहीं चलती। समूची सम्पत्ति के तीन हिस्से में से एक हिस्सा, कोई वसीयत में लिख सकता है, वह भी वारिसों की अनुमति लेकर। इसके अलावा जायदाद किसी के नाम लिख देने या वसीयत कर देने का ही नियम नहीं है।'

एक दिन मैंने छोटे भइया से भी पूछा था, 'तुम क्या जानते हो, बांग्लादेश में वसीयत नहीं चलती?'

'जानता हूँ।'

'तब तो अब्बू की वसीयत गैरक़ानूनी है।'

'तुम लोग मान लो, तो क़ानूनी है, न मानो तो गैर-क़ानूनी है।'

'हमने तो वह वसीयत मानी नहीं। तब तुम लोग सम्पत्ति के बँटवारे का इन्तज़ाम करो।'

'सम्पत्ति का बँटवारा हम हरगिज़ नहीं करेंगे। अब्बू जो हमें दे गये हैं, वह हम ही लेंगे।'

'अगर हम अदालत की शरण लें?'

'ले न! देखता हूँ, तुम लोग कैसे ले सकती हो!'

असल में भाईजान और छोटे भइया जानते हैं कि मेरा अब स्वदेश लौटना सम्भव नहीं है और यास्मीन में वह मनोबल या पुख़्तगी नहीं है कि वह भाइयों के खिलाफ खड़ी हो। अस्तु, बांग्लादेश में अन्यान्य बदनसीब लड़कियाँ-औरतें जैसे वंचित होती हैं, हमें भी उसी तरह वंचित होना पड़ेगा। लेकिन मैं, जो इतने लम्बे अर्से से समानाधिकार के लिए जंग कर रही हूँ, समाज और क़ानून का जो अत्याचार औरतों पर बरसता है, उसका विरोध करती आयी हूँ—वही अन्याय जब अपने ही परिवार में, अपने ही जीवन में बरसे, तो मैं क्या समझौता करूँगी? अगर मैं समझौता कर लूँ, तो मैं अपने विश्वासों को खुद ही धोखा दूँगी। नहीं, माँ, मुझे सम्पत्ति का लोभ नहीं है। मैंने अपनी कमाई का भी सिंह भाग, अपने परिवार पर ही ख़र्च किया है। मैं अपनी इच्छा से ही, अपने प्यार की वजह से ही ख़र्च करती आयी हूँ। मैंने कुछ पाने की उम्मीद में खर्च नहीं किया। लेकिन जिन लोगों के लिए जीवन दे डाला, वही लोग जब पीछे से छुरा भोंकने की योजना बनाते हैं और छुरा भोंक भी देते हैं, तो मैं बौखला उठती हूँ। इस निष्ठुर वास्तविकता पर विश्वास नहीं होता।

छोटे भइया से कुछ और बातें करने के बाद, मुझे जो समझ में आया है, वह और भी भयंकर है। उसका ख़याल है मेरे रुपये-पैसों पर उसका सौ प्रतिशत हक़ है, क्योंकि मेरा कोई पति नहीं है, कोई बाल-बच्चा नहीं है। मतलब मेरी अपनी कोई घर-गृहस्थी नहीं है और चूँकि मैं मर्द नहीं हूँ, बल्कि औरत हूँ, इसलिए अपने धन-दौलत पर जितना हक़ मेरा है, मेरे भाइयों या नाते-रिश्तेदारों का हक़, उससे कहीं ज़्यादा है। अस्तु, जो कुछ भी मेरा है, असल में छोटे भइया का है। मेरे मरने के बाद, सारा कुछ उसे मिल जायेगा। वैसे भी स्वामी—सन्तानहीन, घर-गृहस्थीहीन प्राणी के ज़िन्दा रहने का मतलब, ठीक ज़िन्दा रहना नहीं होता, इसलिए मैं जीते हुए भी मृत हूँ। जिस देश में मेरी ज़मीन-जायदाद अभी भी मौजूद है, वहाँ चूँकि अपने जीते-जी मौजूद नहीं रह सकती, इसलिए विदेश के बर्फ में डूबे रहने और मृत रहना, एक जैसी बात है। मैं अब्बू की सुयोग्य वारिस होने लायक कतई नहीं हूँ।

अगर तुम इस निष्ठुर पृथ्वी पर होतीं, तो यह अन्याय तुम सह सकती थीं? नहीं सह सकती थीं। अपने पति और पुत्रों के इस अनाचार-अविचार के खिलाफ तुम मुखर होतीं। ज़रूर मुखर होतीं। तुममें लड़ने की क्षमता भी कितनी-सी थी? मुझे मालूम है, तुम दुःखी होतीं, बाकी ज़िन्दगी भर आँसू बहाती रहतीं। वैसे रो-रोकर तो तुम जीवन में कुछ भी अर्जित नहीं कर पायीं। तुम्हारी चींख-पुकार 'अवकाश' की चहारदीवारी के अन्दर ही टकरा-टकराकर, तुम्हारे पास लौट-लौट

आती थी। तुम्हारी आँखों के आँसू, नदी बन गयी और तुम ही उसमें बहती-उतराती डूबती रहीं।

बताओ न, माँ, असल में अपना सगा किसे कहूँ? ये भाई क्या मेरे अपने हैं? जो बहन स्वदेश नहीं लौट पा रही है, छोटे भइया, उसी के घर में रहते हुए, उसका सर्वनाश कैसे कर सका? जितने दिनों तुम ज़िन्दा थीं, मेरा सारा कुछ बड़े जतन से सहेजे रहीं। छोटे भइया को तुम खूब-खूब प्यार करती थीं। बताओ न, करती थीं न? मेरे घर में तुम दोनों साथ रहते थे। किस हैसियत से रहती थीं, माँ? छोटे भइया की दासी के तौर पर! उसे खिलाती-पिलाती तो थीं ही, उसके कपड़े-लत्ते धोना, इस्त्री करना; फ्लाइट में जाने से पहले उसका सूटकेस तैयार करना, उसका कमरा, उसका बिस्तर व्यवस्थित रखना, उसका इन्तज़ार करना! वह कब लौटेगा, इसका इन्तज़ार! अय्याश छोटे भइया इश्क के चक्कर में बाहर रहता था। वह यार-दोस्तों के साथ अड्डेबाज़ी करता, शराब पीकर, नशे में टुन्न होकर घर लौटता या घर में ही बैठे-बैठे दारू चढ़ाता। तुम उसे शराब नहीं कहती थीं, लाइनकेन बियर को तुम हरे रंग का कोकोकोला का कैन समझती थीं। लेकिन वह हरी कोक पीकर तुम्हारा बेटा यूँ नशेड़ी क्यों नज़र आता था? ज़िन्दगी में तुमने कभी कोई नशेबाज़ नहीं देखा था, तुम किस कदर दुःखी होती थीं, वह मैं बखूबी समझती थी, माँ! तुम्हारे इस दुलारे बेटे ने इतनी कम उम्र में शादी रचा डाली और गीता-गीता की रट लगाते हुए, ज़िन्दगी गुज़ार दी। गीता की मुट्ठी से फिसलकर लौट आने वाले अपने बेटे को तुमने दुबारा पा लिया। लेकिन तुम्हारा यह कैसा पाना था? मुझे नहीं लगता कि छोटे भइया के मन में तुम्हारे लिए कोई प्यार था।

एक बेटे का तुम ढाका में सेवा-जतन करोगी और अब्बू मयमनसिंह में दूसरे बेटे की सेवा-जतन करेंगे, यही तो अलिखित नियम था, माँ! तुम लोगों की सेवा-जतन करने वाला, तुम लोगों की चिन्ता-फ्रिक्र करने वाला कोई नहीं था, माँ! सभी अपने-अपने जीवन में व्यस्त थे। तुम्हारे दोनों दुलरुआ पुत्रधन! तुम्हें शायद उम्मीद थी कि तुम्हारे आफत-विपद, बीमारी-आरामी में, तुम्हारे बेटे, तुम्हारे पास रहेंगे। लेकिन ऐसा कहाँ हुआ, माँ? तुम्हें कोई भी तो नहीं मिला। मेरे जिस घर को तुम व्यवस्थित रखती थीं, प्यार से पहरेदारी करती थीं, घर से तुम्हारे विदा लेने के बाद, उस गृहस्थी में कोई नहीं रहा। तुम जो कुछ करती थीं, उसका बूँद भर भी करने वाला, अब, कोई नहीं रहा। देश से मेरे निकलने के बाद ही, छोटे भइया ने मेरी सारी आलमारियाँ खोल डालीं। इतने दिनों से मेरा सहेजा हुआ सारा कुछ, मेरे ज़रूरी-अति ज़रूरी कागज़-पत्तर, ख़त, अप्रकाशित कहानियाँ, उपन्यास, निबन्ध, कविताएँ—छोटे भइया ने सबके लिए खोल दिया। कोई आये, मेरे ज़रूरी कागजात, सामानों से मनमानी छेड़छाड़ करे। सारा कुछ तोड़-फोड़ सकता था, कूड़े की टोकरी में फेंक सकता था, बेहिचक अपने साथ ले जा सकता था, फाड़-फूड़कर छितरा

सकता था। हाँ, माँ, अब तुम विश्वास करो या न करो, मेरा अनमोल ख़ज़ाना, छोटे भइया ने जिस-तिस को लुटा दिया। छोटे भइया ने जिस, किसी को भी, अपनी मनमानी करने का हक़ दे दिया। मेरा कुछ भी अपना नहीं रहा। छोटे भइया ने ऐसी हरकत क्यों की, मैं आज भी अक्सर सोचती रहती हूँ। उसे अगर रुपये-पैसों की ज़रूरत थी, तो सभी आलमारियों का ताला तोड़कर रुपये-पैसे टटोलता, उसे जिन चीज़ों की ज़रूरत थी, ले लेता। उसके बाद, जो चीज़ जैसे रखी हुई थी, जैसे मैंने सहेजकर रखी थी, वैसे ही रख देता। एक अदद लड़की स्वदेश नहीं लौट पा रही है, निर्वासन की असहनीय पीड़ा झेलते हुए दिन गुज़ार रही है, उसने अपने आप जो कुछ रचा-गढ़ा था, सब कुछ छोड़ आने को लाचार हो गयी, उसी के घर में रहते हुए, कोई इतना कृतघ्न हो सकता है, माँ? लेकिन हो सकता है, छोटे भइया हो सकता है। अब उस घर में जाने कौन-कौन रहते हैं, क्या-क्या करते हैं, कौन जाने! तुम्हारी आलमारी में, मैं तुम्हारे सारे सामान, जैसे तुम रखा करती थीं, उसी तरह सहेजकर रख आयी थी। तुम्हारी चिट्ठियाँ, तुम्हारी किताब-कॉपी, तुम्हारे इस्तेमाल की चीज़ें, तुम्हारी दुनिया—सब कुछ उसमें सँजोकर, मैं उस आलमारी में ताला जड़ आयी थी। मैंने आस्मीन से कहा था, 'जब तू देश जाना, तो ढाका और मयमनसिंह में रखी हुई माँ की दोनों आलमारियाँ खोलकर, माँ की यादों को छू-छूकर देखना।' यास्मीन देश तो गयी, लेकिन मयमनसिंह में तुम्हारी आलमारी खोलकर, तुम्हारी चीज़ों को छूकर देखने की, उसके पास न वक्त था, न इच्छा! ढाका में तुम्हारी जो आलमारी रखी हुई थी, यास्मीन ने बताया कि वह खुली हुई थी। इन दिनों ढाका में शुभ रहता है। तुम्हारी आलमारी में अब वह अपने कपड़े-लत्ते रखता है, यह सुनकर मैं वाक्रुद्ध बैठी रही। शुभ के कपड़े-लत्ते रखने के लिए, छोटे भइया को माँ की ही आलमारी खोल देनी पड़ी? शुभ के कपड़ों के लिए क्या कोई नयी आलमारी नहीं ख़रीदी जा सकती थी। छोटे भइया किस मिट्टी के बने हुए हैं, मुझे नहीं मालूम! छोटे भइया तुम्हारी ही कोख से जन्मे हैं न, माँ? तुम्हारी उमड़ती-उफनती माया-ममता का तिल मात्र भी छोटे भइया को नहीं मिला। लेकिन, नहीं, माया-ममता उन्हें मिली है, जिसे वे सिर्फ गीता या जुही के मामले में इस्तेमाल करते हैं। तुम्हारी सारी यादें फूँक में उड़ाते हुए, उन्हें कोई झिझक नहीं होती। मेरी समूची दुनिया को अपने पैरों तले कुचल देने में, उन्हें कोई तकलीफ नहीं होती। वह तुम्हें, मुझे—सबको, बेहिचक सरे हाट-बाज़ार में बेच सकता है। बिक्री के उन रुपयों को डॉलर बनाकर, गीता के चरणों में अर्पित कर सकता है। लेकिन गीता से तो अपने सारे शारीरिक और सामाजिक रिश्ते ख़त्म करके, जुही से ब्याह रचाकर, वह उसी के साथ ज़िन्दगी बसर कर रहा है। फिर अभी भी गीता के प्रति उसका यह प्यार क्यों? आज भी वह गीता जैसी दुष्ट-चरित्र की औरत के खिलाफ, एक शब्द भी नहीं कहता। क्यों? इसकी वजह? छोटे भइया यह बखूबी

जानता है कि गीता ने हमारे घर के सभी लोगों को खूब-खूब सताया है। उसने अब्बू को, तुम्हें, मुझे, यास्मीन को अकथ्य भाषा में गाली-गलौज करते हुए, हद बेइज़्ज़ती की है। छोटे भइया ने गीता को किसी दिन भी इस वजह से दोष नहीं दिया। छोटे भइया को प्यार करना नहीं आता, ऐसा भी नहीं, वह प्यार भी कर सकता है। उसने अपनी ज़िन्दगी में ही यह बात साबित भी की है। वैसे बहुगामिता उसके खून में घुला-मिला है। इसे दमन करने की, उसकी कतई कोई इच्छा नहीं है। मुझसे ऐसा नहीं होता। भाईजान, मैं, तुम, यास्मीन—सभी लोग दुर्भाग्यजनक तरीके से एकगामी हैं। हमारे परिवार में सबसे ज़्यादा सुखी और भरा-पूरा इन्सान छोटे भइया ही है। दुःख उसके आस-पास भी नहीं फटक सकता। वह मुझसे उम्र में आठ साल बड़ा है, मगर देखने-सुनने में मुझसे भी ज़्यादा कमउम्र लगता है। हँसी-खुशी से रहने की यही खूबी है, जैसे मन की उम्र नहीं बढ़ती, वैसे ही शरीर की उम्र भी किसी अदृश्य गुफा में छिपी रहती है। तुम फिक्र न करो, इतने सबके बाद भी मैं छोटे भइया को कोई सख़्त या आपत्तिजनक बात नहीं कहती हूँ। मिलने पर, पहले की तरह ही, मैं खुशी और उत्साह से फट पड़ती हूँ। उसके कुछेक बाल सफेद नज़र आने लगे हैं, इसके लिए मैं काफी दुःखी भी हुई। मैंने उसे बाल रँगने तक की सलाह दे डाली। छोटे भइया ने कहा 'लड़कियों का कहना है कि इन चन्द सफेद बालों में, मैं बेहद सेक्सी लगता हूँ।' अभी, उसी दिन छोटे भइया ने एक किस्सा बयान किया कि उनके इश्क में लड़कियाँ किस क़दर दीवानी हो जाती हैं। उसके हाई स्कूल की स्वीटहार्ट, नसरीन, इतने सालों बाद भी, अपने शौहर-बच्चों को छोड़कर, छोटे भइया के पास दौड़ी चली आती है। छोटे भइया का मन खुश है, इस ख़याल से मुझे भी अच्छा-अच्छा लगता है। छोटे भइया को जो-जो खाना पसन्द है, मैं उसे बड़े दुलार से खिलाती हूँ। उसे वाइन बेहद प्रिय है, इसलिए सबसे अच्छी वाइन ख़रीदकर रखती हूँ उसके लिए। अभी उसी दिन छोटे भइया को उसके दो-दो बच्चों समेत लासवेगास और ग्रैंड केनियन की सैर कराने ले गयी; सबसे अच्छे होटल में ठहरी; अच्छे-अच्छे रेस्तराओं में खाना खाया। सारे-सारे दिन-रात, सिर्फ हो-हुल्लड़ मचाया और गपशप में गुज़ार दिया ताकि छोटे भइया को अच्छा लगे। छोटे भइया खाली हाथ ही आता है, मगर मैं उसे कभी खाली हाथ विदा नहीं करती। न्यूयार्क में मैं जोर-ज़बर्दस्ती ही अपने घर में रोक लेती हूँ, उसके सोने के लिए अपना बिस्तर छोड़ देती हूँ और खुद उस बिस्तर पर रात गुज़ार देती हूँ, जिस पर मुझे ठीक तरह नींद भी नहीं आती। मेरी यही कोशिश होती है कि छोटे भइया को आराम मिले, उसे अच्छी-सी नींद आये। यास्मीन तो मुझसे भी एक कदम आगे है। छोटे भइया के मामले में वह पगला जाती है। छोटे भइया आ रहा है, यह ख़बर पाते ही वह घर की सफ़ाई अभियान में उतर पड़ती है। दिन भर पन्द्रह-सोलह किस्म के व्यंजन पकाती है। मैं भी भाईजान

के लिए यही करती हूँ। भाईजान मुझे देखने कलकत्ता आते थे। वे भी खाली हाथ ही आते थे। हाँ, एक बार वे मुक्तगाछा का मंडा और गाय के गोश्त की टोकरी लेकर आये थे, लेकिन लाते हुए भीषण गर्मी की वजह से गोश्त नष्ट हो गये थे। वह सड़ी-गली चीज़ ही काफी दिनों तक मैंने फ्रिज में रख छोड़ी थी। मैं वह सब खा नहीं सकी, मगर यह देख-देखकर अच्छा लग रहा था कि भाईजान मेरे लिए कुछ लाये थे। मैं अपने दोस्तों से भी कहती फिरी कि भाईजान मेरे लिए कितना कुछ लाये हैं। भाईजान के खून में शुगर की मात्रा ज़्यादा हो गयी थी, मैं उनका शुगर कम करने में दिन-रात जुट गयी। उन्हें डॉक्टर के पास ले गयी। उन्हें कितनी इन्सुलिन लेनी है, साथ में कौन-कौन-सी दवाएँ लेनी हैं, मैंने इन सबकी जानकारी ही नहीं ली, बल्कि आधुनिकतम इन्सुलिन के आविष्कार का पता लगाकर, उस इन्सुलिन के इस्तेमाल के ज़रिये, उन्हें उपयुक्त आहार-पथ्य खिलाकर, उनका शुगर कम कराया। उनकी हताशा-दुर्दशा वगैरह मिटाने के बाद ही मैंने चैन की साँस ली। भाईजान को नाटक देखना बेहद प्रिय है। उन्हें मैं प्रायः हर शाम नाटक दिखाने ले जाती थी। उन्हें गाना सुनना पसन्द है, मैंने उन्हें सैकड़ों सी डी खरीद दी। उन्हें शिल्पकार वरुण मजुमदार की फ़िल्में बेहद पसन्द थीं। मैंने चाहे जैसे भी हो, खुद उन्हीं से जान-पहचान करा दी। भाईजान को ताजमहल देखने की चाह थी, मैं उनको ताजमहल भी दिखा लायी। रेड फोर्ट, आगरा फोर्ट—सब कुछ दिखा लायी। मैं जैसे तुम्हारी सेवा करती थी, उनकी भी कम सेवा नहीं की, माँ! अब्बू की सम्पत्ति के बारे में उन्होंने जो भी, जितनी भी कारस्तानी की, इसके बावजूद भाईजान को पाकर, दुनिया-जहान को छोड़कर, मैं उनका तन-मन खुश करने में जुट जाती हूँ। भाईजान जब चले जाते हैं, तो रो-रोकर बेहाल हो जाती हूँ। प्यार किसी चट्टान की तरह मेरी छाती पर जमा बैठा रहता है, सम्पत्ति या रुपये-पैसे जैसे तुच्छ कारण, उस चट्टान को हिला भी नहीं सकते।

ज़िन्दगी में काफी कुछ बदल चुका है, माँ! तुम्हारा सपना अन्त में सफल नहीं हुआ। बांग्लादेश वापस लौटने का मेरे लिए अब, कोई उपाय नहीं रहा। मेरे पासपोर्ट की मियाद बढ़ायी नहीं जाती। विदेश के बांग्लादेश दूतावासों में धरना दे-देकर, एक ही जुमला बार-बार सुनना पड़ता है कि वे लोग मेरे पासपोर्ट की मियाद नहीं बढ़ायेंगे। उन लोगों ने ऐसे तमाम क़ायदे-क़ानून बना रखे हैं, जिनके मुताबिक मैं अपने देश की धरती पर कदम नहीं रख सकती। मेरे हाथ में स्वीडन का पासपोर्ट है। वहाँ से भी मैंने वीजा के लिए आवेदन किया। वही एक ही जवाब मिलता है, माँ! बांग्लादेश में चाहे कोई भी सरकार आये, उनमें आपस में विविध विषयों पर भले मत-विरोध हो, मेरे मामले में वे लोग एकमत हैं—मुझे देश की मिट्टी पर कदम नहीं रखने दिया जायेगा। आखिर हारकर, सुयेनसन के घर को ही

अपना घर मानकर, मैंने उसे सजा-सँवार लिया। जो कुछ मैं ढाका में छोड़ आयी हूँ, उन्हें मैं भूल तो नहीं सकती, लेकिन ज़िन्दगी आखिर कितने दिनों तक सिर्फ जड़-मूलहीन हाहाकार दिये जायेगी, मानो इस रूढ़ वास्तविकता के खिलाफ ही मैं जमकर खड़ी हो गयी। जीवन की धूसर-ऊसर, ऊबड़-खाबड़, ज़मीन पर मैंने फ़िर सपनों के बीज छितराना शुरू किया। लेकिन कितने दिन? पराये देश के पराये इन्सान के साथ तुम चल-फिर तो सकते हो, लेकिन जाने कहाँ तो एक फाँक या फाँकी रह जाती है। अलक्ष में अस्तित्व की जंग शुरू हो चुकी है।

सुयेनसन के घर में कम से कम आँख, कान, नाक, मुँह बन्द किये, एक काम तो आराम से किया जा सकता है, वह है लिखना! पेरिस से लौटकर, 'फ्रांसीसी प्रेमी' नामक उपन्यास लिख डाला। वैसे उपन्यास लिखना मुझसे नहीं होता। यह विधा मैंने एक तरह से छोड़ ही दी थी। 'मेरे बचपन के दिन' के बारे में तो तुम जानती ही हो। वह किताब, बांग्लादेश की तत्कालीन प्रधानमन्त्री, शेख हसीना ने, प्रकाशित होने से पहले ही निषिद्ध कर दिया था। कलकत्ता में मेरी यह किताब प्रकाशित होने के साथ-साथ बांग्लादेश दूतावास के लोग आये और ख़रीद ले गये। उन लोगों को शायद ऐसा ही हुक्म था। वह किताब वे लोग खुद पढ़कर अपनी राय जाहिर करते हैं या सीधे-सीधे प्रधानमन्त्री दफ़्तर को भेज देते हैं। प्रधानमन्त्री वह किताब पढ़कर या बिना पढ़े ही, उस पर पाबन्दी लगा देती हैं। क्यों? क्या सोच-समझकर, कौन जाने। यह सब चरित्र देखकर अचरज होता है। चारों ओर इस किताब को लेकर भयंकर हलचल है! भयंकर प्रतिक्रिया! इस किताब में जिस देश की कहानी बयान की गयी है, उसी देश में वह निषिद्ध हो गयी। हसीना जाने किस वजह से फ्रांस आयी थीं। उन्हें देखकर, तमाम फ्रांसीसी पत्रकार उन पर टूट पड़े थे।

उन सभी लोगों ने उनसे सिर्फ एक ही सवाल किया, 'आपने तसलीमा के 'मेरे बचपन के दिन' पर पाबन्दी क्यों लगायी?'

हसीना ने होठ बिदोरकर जवाब दिया, 'वह किताब 'वल्गर' यानी अश्लील थी, ख़ालिस पोर्नोग्राफी।'

उन्होंने सोचा होगा काफी विज्ञ मन्तव्य दिया है। फ्रांसीसी लोगों ने वह किताब पढ़ी है। हसीना का मन्तव्य सुनकर, उन लोगों ने 'गाय', 'गधी' कहकर गालियाँ दीं। 'लेमॅन्ड' पत्रिका के पत्रकार ब्रूनो ने मुझसे कहा, 'यह महिला तो सिर से लेकर पाँव तक मूर्ख है।' वह किताब किस बारे में है, उसमें कोई अश्लीलता है या नहीं, फ्रांसीसी लोग बखूबी जानते हैं। उन लोगों को मूर्ख नहीं बनाया जा सकता था, बल्कि ऐसा मंतव्य देकर, इन्सान को खुद ही बुद्धू बन जाना पड़ता है। सरकार ने किताब निषिद्ध की, यह सरकार का दोष है। मैं अपने लेखन, अपनी राय को क्यों अस्वीकार करूँ, मैं क्यों निषिद्ध करूँ? अपना लिखा हुआ, खुद ही

निषिद्ध करने जैसा भयंकर और कुछ भी नहीं होता। तुम ही बताओ, मैं क्या किसी को खुश करने के लिए किताबें लिखती हूँ? मैं जो विश्वास करती हूँ, वही लिखती हूँ। 'मेरे बचपन के दिन' सिर्फ फ्रेंच में ही नहीं, जर्मनी के एक बड़े प्रकाशक ने इसका जर्मन अनुवाद भी प्रकाशित किया है। यह किताब अमेरिका में भी प्रकाशित हुई है। उस पर से मुझे बुक-टूर पर अमेरिका जाना पड़ा। अमेरिका के उत्तर-दक्षिण, पूरब-पश्चिम—सभी अंचलों के विश्वविद्यालयों में, बड़े-बड़े मंच पर, किताब के विमोचन के उपलक्ष में, मेरा व्याख्यान हुआ। अमेरिका की प्रायः सभी पत्रिकाओं में उस पुस्तक की समालोचना प्रकाशित हुई। सभी लोगों ने इस किताब की, मुक्त कण्ठ से प्रशंसा की। 'लॉसएंजल्स टाइम्स' और 'ग्लोब ऐण्ड मेल' नामक दो-दो पत्रिकाओं ने इसे सन् 2002 का श्रेष्ठ नॉन-फिक्शन की सूची में दर्ज़ किया। लेकिन रॉयल्टी की रकम के बारे में पूछो? यही कह सकती हूँ कि रॉयल्टी मुझे नहीं मिली। अमेरिका के उस प्रकाशक ने एक बार एक मुश्त रुपये देकर फ्रेंच प्रकाशक से पुस्तक का कॉपीराइट अधिकार ख़रीद लिया है। अमेरिका में इस किताब की अच्छी बिक्री हुई है। हॉलीवुड से एक फिल्म कम्पनी ने भी सम्पर्क किया था। अपना साहित्यिक एजेंट हो, तो ये सब समस्याएँ नहीं होतीं। लेकिन एजेंट-वेजेंट रखना मुझे अच्छा नहीं लगता। लिखना मेरा पेशा है, लेकिन अन्दर ही अन्दर मैं वही बिखरी-बिखरी लेखिका हूँ, जिसके लिए लिखना एक नशा है। पेशा होते हुए भी मुझमें पेशेवर मानसिकता नहीं है। भारत में भी विभिन्न भाषाओं में यह किताब छापी गयी है। कहाँ क्या छप रहा है, कौन छाप रहा है, इसका हिसाब भी मुझसे नहीं रखा जाता। महेश भट्ट ने बहुत पहले ही कहा था कि वे मेरे जीवन पर फ़िल्म बनायेंगे। लेकिन वह बात, सिर्फ बातों तक ही सीमित रह गयी। 'उत्ताल हवा' नाम से मेरी आत्मकथा का दूसरा खण्ड भी पूरा हो गया। बंगला के अलावा अन्यान्य भाषाओं में भी इसका अनुवाद हुआ। फ्रांसीसी प्रकाशक ने 'उत्ताल हवा' लपककर ले लिया। इस तरह लिखना ही मेरा आश्रय हो उठा। अब, तुम नहीं रहीं, अब्बू भी नहीं रहे। जब सारे आश्रय ख़त्म हो चुके हैं, मैंने शायद अन्यत्र अन्य कुछ में आश्रय खोज लिया है। 'फ्रांसीसी प्रेमी' बांग्लादेश में प्रकाशित हुई थी। बांग्लादेश के प्रकाशक को इस पुस्तक में जहाँ कहीं 'यौनता' यानी सेक्स नज़र आया, उसने काट-छाँट दिया। कलकत्ता के प्रकाशक ने कुछ भी नहीं काटा। उसने विशाल रूप में वह किताब प्रकाशित की और पेंगुइन इण्डिया ने इसका अंग्रेजी अनुवाद प्रकाशित किया है। इतना सब लिखने के बाद भी क्या मैं तुम्हें एक दिन भी भूल सकी, माँ? नहीं, माँ, मैं भूल नहीं पाती। 'उत्ताल हवा' में, मैंने तुम लोगों के बारे में ही लिखा है—तुम्हारे बारे में, अब्बू के बारे में! लिखते-लिखते मैं रो पड़ती हूँ; फिर आँसू पोंछ लेती हूँ। फिर लिखती हूँ। मेरे शब्दों में, मेरी यादों में तुम जीवन्त हो उठती हो। गुज़रे हुए पुराने दिनों में लौटने के

लिए, पीछे सँजोकर रखे हुए कितने कुछ की ज़रूरत पड़ती है। भाईजान से कहा कि कम से कम रुद्र की चिट्ठियाँ तो मुझे भेज दें। शान्तिनगर वाले घर में, मेरे लिखने के कमरे में जाने कितनी-कितनी चिट्ठियाँ पड़ी हुई हैं, कितनी ही डायरी, कितनी किताबें! वहाँ स्मृतियों का पहाड़ जमा है। पहाड़ से तुम एकाध टुकड़ा भेज सकते हो, लेकिन कितना भेज सकते हो? मैंने वह टुकड़ा ही अपनी किताब में शामिल कर लिया। रुद्र को लिखे गये अपने ही ख़त मुझे मिले हैं। उससे अलग होते हुए, मैं खुद ही अपने ख़त उठा लायी थी। मुझे लिखे हुए, रुद्र के कुछेक ख़त के अलावा, भाईजान ने और कुछ नहीं भेजा। उनका कहना है कि बाकी ख़त उन्हें मिले ही नहीं। वे सारे ख़त कहाँ गये, पता नहीं। सिर्फ क्या रुद्र के ख़त? ख़तों से बक्से-बक्से भरे पड़े थे। पाठकों के ख़त, देश-विदेशों के कलाकार-साहित्यकारों के ख़त। अपने जीवन के सबसे अहम समय के बारे में, जब मैं अपनी आत्मकथा का तीसरा खण्ड लिख रही थी, तब तथ्यों की ज़रूरत पड़ी। हाथ में अगर तथ्य मौजूद न हों, तो यादों के सहारे कितना लिखा जा सकता है, बताओ? मेरा लेखन-जीवन कैसे शुरू हुआ, उन दिनों की लोकप्रियता, साथ ही समाज के तमाम बाधा-विघ्नों के विरुद्ध मेरा दृढ़ता से खड़े होना, अस्पताल जीवन की व्यस्तता, सरकार का विरोध, मेरा पासपोर्ट रोके रखना, फतवा जारी होना, जुलूसें निकालना, पुस्तक मेले में मुझ पर हमला, पुस्तक मेले में मेरी उपस्थिति पर पाबन्दी लगाना, किताब ज़ब्त होना, देश में राजनीतिक परिवर्तन, मेरे व्यक्तिगत जीवन में भयावह अस्थिरता और इन सबको तोड़-फोड़कर, अपने पैरों पर खड़े होने का प्रबल मनोबल तथा ताकत के साथ, इस कुत्सित पुरुषतान्त्रिक समाज में, एक लड़की का सिर उठाकर, अकेले रहना—इतने सब पर आधारित कोई विशाल किताब लिखना, सिर्फ यादों पर ही निर्भर रहा।

शान्तिनगर में मेरा जो घर है, वह छोटे भइया और भाईजान, दोनों ही इस्तेमाल करते हैं। वह घर अगर किराये पर चढ़ा देती या बेच देती, तो मुझे मोटी रकम मिल जाती। लेकिन मैंने ऐसा कुछ नहीं किया। वह घर मेरे सगे भाइयों के काम आ रहा है, यही बेहतर है। मुझे ईंट-काठ-कंकरीट से कोई मोह नहीं है। मेरा मन तो उन किताबों में, उन आधे-अधूरे स्क्रिप्ट में, मेरे उन हज़ारों तरह के लाल खातों में लिखे हुए आड़े-तिरछे भावों में पड़ा रहता है। जाने कितनी-कितनी अप्रकाशित रचनाएँ, मेरे कम्प्यूटर के अन्दर या बाहर जमा थीं। अब, किसके पास इतना समय या चाह है कि उन सबको सँजोकर रखे या मुझे भेज दे। छोटे भइया अमेरिका आते रहते हैं। गीता के लिए भर-भर सूटकेस सामान लाते हैं लेकिन उनकी सूटकेस में मेरी ज़रूरी चीज़ों के लिए कोई जगह नहीं होती। असल में जगह कोई बड़ी चीज़ नहीं होती, माँ, इच्छा की कमी होती है। उन लोगों के लिए अब, मैं कहीं से भी मूल्यवान नहीं हूँ। वहाँ छोड़ आयी मेरी तमाम चीज़ें, उनके

लिए काफी हद तक कूड़ा-करकट हैं। उन लोगों ने शायद वे चीज़ें बुहारकर फेंक दी हों या किसी को दे डाली हों। इन सबके प्रति उन लोगों के मन में कोई मोह-ममता नहीं है, माँ! तुम जब थीं, नौकरानी जब मेरे कमरे में झाड़ू लगाने आती थी, तुम बार-बार आगाह करती थीं कि कमरे का कोई कागज बाहर न जाये। इसीलिए फर्श पर पड़े हुए मुड़े-तुड़े, फिजूल कागज भी तुम फेंकने नहीं देती थीं। कूड़े की टोकरी से भी तुम सारे कागज निकाल लाती थीं। लेकिन छोटे भइया, कितने-कितने क़ीमती कागज भी फेंक देते हैं, क्योंकि उन्हें इन सबकी ज़रूरत नहीं है। मैं अपने जीते-जी, उस देश में लौट नहीं सकती इसलिए वे सब पुरानी-धुरानी चीज़ें अगर घर में भरी रहें, यह उन्हें कैसे बर्दाश्त हो? जब मैं कलकत्ता में थी, मैंने भाईजान से कहा भी था कि जब मेरा देश वापस लौटना कभी सम्भव नहीं है, तो शान्तिनगर में मेरी जितनी सब चीज़ें पड़ी हैं, वह मुझे भेज दें। चूँकि अकेले भाईजान के लिए यह सम्भव नहीं है इसलिए मैंने मिलन को टिकट भेजा कि वह अमेरिका से देश चला जाये। वहाँ से बयालीस बड़े-बड़े कार्टून में सारा सामान भरकर, उन लोगों ने मेरे नाम कोरियर कर दिया। लेकिन कलकत्ता तक सिर्फ कुछेक किताबें ही पहुँचीं। कोरियर वाले ने बताया कि बाकी सारा सामान, वहाँ कस्टम वालों ने रोक लिया। उसे छुड़ा लाने की किसी ने भी कोशिश नहीं की। मेरे माल-असबाब घर से निकालकर, अब घर-द्वार काफी हल्का हो गया है। अब, सबके लिए वहाँ काफी सारी जगह निकल आयी है। मैं तुम्हें क्या बताऊँ, माँ, मैं शोक से पथराकर रह गयी। मैं ज़ोर-ज़ोर से रोना चाहती थी, मगर रो भी नहीं पायी। मेरी ज़िन्दगी तहस-नहस हो गयी है। इस जीवन में सिर्फ यादों के सिवा, जीने को और कुछ नहीं बचा, मैं समझती हूँ।

इधर सुयेनसन के घर में जितना मैं अपनी जड़ें जमाने की कोशिश कर रही थी, जैसे-जैसे मैं उसके बिखरे हुए घर को सजा रही थी, सुयेनसन का बर्ताव उतना ही रूखा होता जा रहा था। उसका 'ऑटिजम' रोग कुछ भी नया बर्दाश्त नहीं कर पाता। जो चीज़ जहाँ है, वहीं रहे, तो वह चैन महसूस करता है। मेरा एक रूट कैमेल का दाँत था, तुम्हें याद है? उस दाँत पर छोटा-सा एक मुकुट पहना दिया गया था। उस मुकुट का एक हिस्सा, एक दिन टूट गया। दाँत के अस्पताल के इमरजेंसी विभाग में दिखाने पर, बताया गया कि एक नया मुकुट बना लेना होगा। मैंने यह भी तय कर लिया कि परसलिन का मुकुट बनवा लूँ। लेकिन दाँत का अस्पताल, घर से काफी दूर था। वैसे दूर भी कितना, कुल पन्द्रह मिनट का फासला! सुयेनसन ने सलाह दी कि ऐसी किसी नजदीकी क्लिनिक में जायें, जहाँ तक पहुँचने में कुल पाँच मिनट लगता हो और जिस क्लिनिक में अन्यान्य रोगों की चिकित्सा के साथ-साथ दाँत का इलाज होता हो। सुयेनसन ने फुर्सत निकालकर

यही किया। मुझे घर के किसी करीबी क्लिनिक में ले गया। वहाँ थेरेस नामक एक बौनी लड़की नज़र आयी, जो कहीं से भी दाँत की डॉक्टर नहीं लगती थी, नर्स भी नहीं लगती थी। मेरे रूट कैमेल के दाँत पर लगा मुकुट, ज़रा चिटख गया है, वहाँ वह नया मुकुट लगा दे। यह कहते ही, उसने मेरे मुँह में जड़े हर दाँत का अलग-अलग एक्स-रे लिया! जितना ज़्यादा एक्स-रे, उतना ही ज़्यादा कैंसर की सम्भावना, जानती हो न? तुम्हें कोलन कैंसर हुआ था, इसलिए तुम्हारे बेटे-बेटियों में भी कोलन कैंसर होने की आशंका काफी बढ़ जाती है। इसी बीच मुझे भी एक कोलनोस्कोपी करानी पड़ी है। हाशिम मामा को कैंसर था, तुम्हें भी कैंसर था। हमारे शरीर में भी कैंसर की आशंका होती है। जिन परिवारों में कैंसर नहीं हुआ, उनसे कहीं ज्यादा, कैंसर-पीड़ित परिवार में सम्भावना बढ़ जाती है। विज्ञान यही कहता है, माँ!

मैंने दाँत की डॉक्टर से दरयाफ्त भी किया, 'आप हर दाँत का अलग-अलग एक्स-रे क्यों ले रही हैं? दोनों तरफ के दाँतों का एक ही एक्स-रे काफी है।'

उस लड़की ने दाँत निपोरकर जवाब दिया, 'हमारी क्लिनिक में वह सुविधा नहीं है।'

सच तो यह है कि मुझे उस वक्त उठकर चले आना चाहिए था। मुझे अभी तक पछतावा है कि मैं उस दिन उठकर चली क्यों नहीं आयी। दाँत के अस्पताल ने मुझे नया मुकुट लगाने की एक तारीख दी थी। इधर एक्स-रे करने के बाद मुझे थेरेस का फोन आया। उसका दावा था कि मेरे रूट कैमेल के दाँत की ऊपरी हड्डी में बैक्टीरिया जमी है, इसलिए मैं तुरन्त वह दाँत उखाड़ फेंकूँ। अरे, यह क्या बात हुई? दाँत क्यों उखाड़ूँ? उस वक्त मुझे चाहिए था कि दाँत के अस्पताल जाकर, दाँत के बड़े डॉक्टर से पूछना, 'आप लोग तो दाँत पर नया मुकुट लगाने की बात कर रहे हैं, उधर मुझे दाँत उखाड़ फेंकने के लिए बुला रहे हैं। यह मामला क्या है?'

वे लोग सारा मामला समझा देते, 'थेरेस दाँत का विज्ञान, ठेंगा जानती है! दाँत की ऊपरी हड्डी पर ज़रा-सी छाया पड़ रही है। वह कोई इन्फेक्शन नहीं है।'

लेकिन दाँत के अस्पताल न जाकर, मैं थेरेस के बुलावे पर, घर के करीबी क्लिनिक में हाजिर हो गयी।

वैसे दाँत उखड़वाने से पहले मैंने उससे यह ज़रूर पूछा, 'मैं क्या उस जगह पर नया दाँत लगवा सकती हूँ? इम्प्लांट कर पाऊँगी?'

थेरेस ने छूटते ही जवाब दिया, 'बे-शक! बेशक!'

उसके बाद, जो घटा, वह कैसा भयावह दृश्य था, तुम बिना देखे, भरोसा नहीं कर पाओगी। थेरेस ने मसूड़ों को सुन्न करके अपना प्रयोग शुरू कर दिया। तरह-तरह की सँड़सी का इस्तेमाल करने के बावजूद वह किसी हाल भी मेरा सख्त-पुख़्ता दाँत नहीं उखाड़ पायी। आखिरकार हार मानकर उसने उम्मीद छोड़ दी

और अपनी ही तरह की जब्बर-मार्का, किसी बज्र-मूर्खता के पिंड को बुला लायी। वह पिंड भी काफी छुरी-कैंची चलाकर, मसूड़े काटकर जब नाकाम हो गयी, तो जाने कहाँ से कुल्हाड़ी, कुदाल, आरी ले आयी और दाँत की ऊपरी हड्डी काटने लगी। हड्डी को ज़रा काटकर, उसने दाँत को खींचकर उखाड़ने की कोशिश की, लेकिन इसमें भी असफल रही। उसने हड्डी दुबारा काटना शुरू की जब वह हड्डी रेत रही थी, मेरी आँखों से झर-झर आँसू झर रहे थे, माँ! कुदाल और आरी की हर चोट के साथ मेरी खोपड़ी में स्थित दिमाग़ भी हिल उठता था। अवश किया गया कुछ भी अब अवश नहीं रहा। उन प्रबल आघात से मेरी हड्डी-हड्डी चरमरा उठी। मुझे समझ में भी आ रहा था। मैंने उन्हें भी बताने की कोशिश की। मैंने उन्हें रोक देना चाहा।

मैंने उनसे कहने की कोशिश की, 'अब, रुक जाओ। तुम लोग भूल कर रही हो, कहीं ग़लती हो रही है तुमसे। तुम दोनों ने तो मेरे दाँत की हड्डी तक काट डाली है—'

लेकिन कौन, किसकी सुनता? श्वेतांग मूर्ख साँवले रंग की बुद्धि को बर्दाश्त नहीं करते। उन दोनों ने मुझे डपट दिया। जब मैं उन दोनों की मुट्ठी में थी, वे लोग मनमानी करने को आज़ाद थीं। दोनों क्रुद्ध कसाई, मुझ पर टूट पड़ीं। मुझे लग रहा था, मेरी खोपड़ी फट जायेगी और दिमाग़ छिटक जायेगा। काश, मैं उस वक्त भी उठकर चली आती। काश, उस वक्त मुझे सूझ जाता कि स्वीडन के इन्हीं डॉक्टरों ने तुम्हारा भी भूल इलाज करके मारा था। मुझे भी मारना चाहते हैं। काश, मेरी बुद्धि जाग जाती कि इन लोगों के हाथों मरने का मेरा कोई इरादा नहीं। लेकिन उन दोनों ने मुझे यूँ ज़ोर-ज़बर्दस्ती दबोचे रखा कि मेरा साँस लेना तक मुहाल हो गया। मैं असहाय निगाहों से सुयेनसन की ओर देखती रही, अगर वही मुझे इन वर्णवादी मूर्खों से बचा ले। लेकिन सुयेनसन मन्द-मन्द मुस्कराता रहा। वह शायद समझ ही नहीं पा रहा था कि क्या घट रहा है या समझकर भी विरोध करने जैसा, उसका चरित्र नहीं था। सुयेनसन भी उन दोनों से अलग तो नहीं था। उसे भी यही भरोसा था कि साँवले रंग के मुक़ाबले श्वेतांग ज़्यादा जानते-समझते हैं। इसलिए मैं अगर वहाँ मरकर पड़ी भी होती, तो सुयेनसन यही समझता कि मृत्यु ही मेरा प्राप्य थी। पता नहीं क्यों तो यह जानते-बूझते हुए भी कि इसी देश ने तुम्हें मारा है, मैंने अपने को भी इसी देश के मूर्खों के हाथ सौंप दिया है। मुझे चाहिए था कि मैं उन हाड़-काटू डाकुओं के शिकंजे से दौड़कर भाग आती। उन दोनों ने मेरी हड्डी काटने और मेरा सर्वनाश करने में, पूरे चार घण्टे लिये। मूर्खता की वह पिंड चली गयी। बाद में भी मैंने थेरेस से पूछा, 'मेरा दाँत इम्प्लांट तो हो जायेगा न?' उसने ज़ोर-ज़ोर से हामी भरते हुए सिर हिलाया। बहरहाल, कटे मसूड़े, कटी हड्डी लिये, मैं वापस लौट आयी। मेरे साथ था तृप्त-सन्तुष्ट सुयेनसन! उसे

कोई दिमाग़ी रोग है, इसका अहसास मुझे ग्रीस-यात्रा के दौरान ही हो गया था। एथेन्स में जब एक टैक्सी-ड्राइवर, किसी अँधेरी गली में गाड़ी रोककर, मुझसे हज़ारों डॉलर लूट ले गया, बगल में बैठे सुयेनसन को समझ में ही नहीं आया कि क्या घट गया है। बाद में उस गली से निकलकर, एथेन्स के ही एक कैफे में बैठकर, मैंने उसे सारा किस्सा बयान किया, तो वह इस कदर काँपने लगा कि हाथ में थामा हुआ गिलास भी काँप उठा और उसमें भरा पेय भी छलक उठा। दाँत की डॉक्टर ने मसूड़े की हड्डी काटकर गलती की है, यह बात जब मैंने सुयेनसन को बतायी तो भी उसकी अक्ल में कुछ नहीं घुसा। अगले दिन मैं दाँत के अस्पताल पहुँची और डॉक्टर से नया दाँत इम्प्लांट करने को कहा। एक्स-रे देखने के बाद, डॉक्टरों ने मुझसे कहा, 'तुम्हारी हड्डी इतनी ज़्यादा काट दी गयी है कि अब इम्प्लांट करना सम्भव नहीं है।' मैंने उन्हें बताया कि हड्डी में कैसा तो इन्फेक्शन हो गया था। बड़े डॉक्टर ने सीधे-सीधे समझाया, 'दाँत उखाड़ने की कोई ज़रूरत ही नहीं थी। वह सब इन्फेक्शन नहीं था। रूट कैमेल किये गये दाँत की हड्डी पर पड़ती हुई काली छाया स्वाभाविक होती है।' 'वह हड्डी क्या दुबारा उग आयेगी?' मेरे सवाल के जवाब में विशेषज्ञ डॉक्टरों ने बताया, 'हड्डी उग भी सकती है। लेकिन तुम्हारी हड्डी बहुत ज़्यादा काट दी गयी है। नयी हड्डी आयी भी, तो इतनी ज़्यादा नहीं उगेगी, कि वहाँ नया दाँत लगाया जाये। नये दाँत के लिए हड्डी चाहिए।' उस वक्त मेरा क्या मन हुआ, बता सकती हो? मेरा मन हुआ कि उस थेरेस और उस मूर्ख के पिंड का गला दबाकर मार डालूँ। जैसे मेरा मन हुआ था कि छुरा घोंपकर उस मूर्ख डॉक्टर को कुट्टी-कुट्टी कर डालूँ, जिसने तुम्हारी जाँच की थी। लेकिन सिर्फ मन ही होता है, कभी क़ानून का आश्रय लेना या अन्याय का बदला लेना, मेरे द्वारा कभी सम्भव नहीं होता! मैं असहाय, अकेली पड़ी रहती हूँ। मेरी बगल में सुयेनसन भी नहीं होता, जो मुझसे तसल्ली के दो शब्द कहे। पहले की तरह, अब मेरे चेहरे से हँसी के मोती नहीं झरते। चलो, यह बात छोड़ भी दूँ, तो भी खूबसूरती के बारह बज गये हैं, सामने के चौथे नम्बर दाँत की अनुपस्थिति में सुन्दरता में भी ग्रहण लग गया, अगर यह बात भी भूल भी जाऊँ, मेरा दिमाग़ तो यह सोच-सोचकर चकराता रहा कि उस दाँत के अगर फिर कोई समस्या खड़ी हो, कटी हुई हड्डी में अगर धीरे-धीरे घाव हो जाये, अगर दाँत में कैंसर हो जाये, तो? इन सबकी वजह से मुझे जितना गुस्सा उन दोनों मूर्ख डॉक्टरों पर नहीं आया, उससे कहीं ज़्यादा अपने पर आया। मैं चली क्यों नहीं आयी? जब मेरे साथ यह सब हो रहा था, तभी मैंने विरोध क्यों नहीं किया? मैंने अपने को किसी बड़े डॉक्टर को क्यों नहीं दिखाया? इस वजह से अपने पर जितना गुस्सा आ रहा था, उन दंतियल डाकुओं के हाथों से अपने को बचाया क्यों नहीं, इस ख़याल से मेरा

गुस्सा और तेज़ हो रहा था। सुयेनसन तो एक आवेगहीन नाकारा इन्सान था। अगर इस देश में और कुछ दिन रह गयी, तो मुझे मुफ्त में अपनी जान दे देनी होगी। इसके बाद, मैंने अपने को बचाने की कोशिश की। उस देश को मैंने हमेशा के लिए अलविदा कह दिया। मेरी किताब-कॉपियाँ, मेरा सारा सामान, सुयेनसन के घर में ही पड़ा रहा। चरम हताशा और शून्यता के पंजों से अपने को बचाने के लिए, मैंने वह देश छोड़ दिया। कई-कई बार मुझे यह भी ख़याल आया कि यह ताकत, मेरा प्राप्य थी। तुम्हारे अच्छे-भले दाँत जब उखाड़ दिये गये थे, तब तो मैंने प्रतिवाद नहीं किया। तुम भी जानती थीं कि उन लोगों ने जो तुम्हारे दाँत निकाल फेंकने का फैसला लिया है, वह ग़लत है। वे लोग कहीं भूल कर रहे हैं। तुमने असहाय निगाहों से मेरी तरफ देखा था। तुम उन लोगों के हाथों से बचना चाहती थी। लेकिन, तुम मेरे हाथों से नहीं बच सकी, माँ। मैंने तो डॉक्टरों पर भरोसा किया था। उन मूर्ख, अनपढ़ डॉक्टरों के अन्याय के खिलाफ मैंने कोई बदला भी नहीं लिया, कोई प्रतिवाद भी नहीं किया। लेकिन अब खुद मेरे जीवन में बिल्कुल इसी तरह की दुर्घटना हुई, ग़लत इलाज, ग़लत फैसले की वजह से जब मैं खुद उसी ढंग से असहाय हुई, जब दूसरों की बेवकूफी की वजह से खुद तकलीफ में पड़ी, तभी मैंने सच्ची-सच्ची तुम्हें महसूस किया। जब तक खुद अपनी ज़िन्दगी में तजुर्बा न हो, तो शायद कोई भी तजुर्बा, इतना तीखा नहीं होता।

अमेरिका के हारवर्ड विश्वविद्यालय में व्याख्यान देने गयी थी! हारवर्ड के ही एक प्रोफेसर ने मेरे बारे में पूछताछ की। उन्होंने मुझे अपने घर में आमन्त्रित किया। सुयानी हंट! मशहूर महिला! उन्होंने ही दोपहर का लंच खिलाते हुए मुझसे दरयाफ़्त किया कि मुझे हारवर्ड विश्वविद्यालय में फेलोशिप करने में दिलचस्पी है या नहीं! मैंने वह प्रस्ताव लपककर मंजूर कर लिया। कई दिनों बाद, जब हारवर्ड से पत्र मिला, मैं जाने-न-जाने के असमंजस में झूलने लगी। विश्वविद्यालय में अगर मुझे कुछ पढ़ाने की जिम्मेदारी सौंप दी गयी, तो मेरा लिखना तबाह हो जायेगा। लेकिन मेरे मन में स्वीडन छोड़ने की इच्छा ज़ोर पकड़ चुकी थी, इसलिए मैंने उन लोगों को सूचित कर दिया कि मैं राज़ी हूँ। जे वन वीजा, जो स्कॉलर या प्रोफेसरों के लिए होता है, मैंने लिया और बोस्टन शहर के करीब, केम्ब्रिज शहर के लिए रवाना हो गयी। वहाँ दो दिनों तक मैं प्रोफेसर डॉक्टर जो गारस्टेन के घर पर रही और उसके बाद, एक घर भी किराये पर ले लिया। प्रोफेसर जो गारस्टेन ने, कमरा लेने में, मेरी काफी मदद की। वे मैसाचुसेट्स के मानववादी दल की सदस्य थीं। वे स्वयं मानववादी थीं, इसलिए दुनिया में चारों तरफ बसे मानववादी लोगों के साथ उनकी जान-पहचान थी। नारीवादी के साथ भी। मनुष्य के मंगल और सच के लिए जंग करने में, मेरा अटूट विश्वास रहा है। इस संग्राम और इस त्याग में

शायद ख्याति तो नसीब होती है, यश नहीं! सम्मान तो जुट जाता है, प्राचुर्य नहीं जुटता। मैं जैसी साधारण, सीधी-सादी, सरल-सहज इन्सान थी, वैसी ही रह गयी। रुपये-पैसे पहले की तरह ही मेरी नज़र में अनाकर्षक बने पड़े रहे। हारवर्ड में बैठे-बैठे, 'वे सब अँधेरे...' आत्मकथा का चौथा खण्ड लिखती रही। बीच-बीच में यास्मीन को देखने, उससे मिलने, न्यूयार्क चली जाती थी। मेरे लगभग साल भर के हारवर्ड जीवन में, यास्मीन एक बार मेरे पास आयी थी, वह भी सिर्फ एक दिन के लिए! मेरे लिए वह काफी सारी शर्ट-पैंट ख़रीदकर दे गयी। सुहृद, मिलन और छोटे भइया भी आये थे। सुहृद को मैंने हारवर्ड की विशाल लाइब्रेरी दिखाकर कहा कि बड़ा होकर वह इसी विश्वविद्यालय में पढ़ने आये। इस लाइब्रेरी में बैठकर वह ढेरों दुर्लभ किताबें भी पढ़ सकता है। दूर-दूर से चन्द दोस्त-बन्धु भी आये थे। मेरा एक अंग्रेज मानववादी मित्र, मैटचेरी, जिसने एक अमेरिकी लड़की से विवाह किया है, अपनी बीवी के साथ मेरे यहाँ दो दिन रहकर चला गया। हारवर्ड का मकान काफी बड़ा था, इसलिए मेहमानों को कोई परेशानी नहीं होती थी। टांगाइल का वह रतन भी आया था, बचपन में जो 'अवकाश' में आया करता था। जर्मनी में वह राजनीतिक आश्रय चाहता था। इसमें उसने मेरी मदद माँगी थी। मैंने सच बात ही लिख दी थी कि रतन को मैं जानती ज़रूर हूँ, लेकिन वह मेरा अनुयायी नहीं था, न ही उसे मैंने अपने लिए जुलूस निकालते देखा है। उस पत्र के बाद, उसे जर्मनी में राजनीतिक आश्रय नहीं मिला। अब वह घूम-फिरकर कनाडा में रहने लगा है। अर्से बाद, उससे सम्पर्क हुआ। रतन मुझसे बोस्टन में मिलने आया। बोस्टन से मैं उसे न्यूयार्क ले गयी। यास्मीन के घर पर दो दिन रहकर, वह दुबारा कनाडा लौट गया। मुझे उसके प्रति काफी ममता हुई थी। अब, वह ठीकठाक है, यह देखकर मुझे अच्छा लगा। पूरबी बसु को तो तुम पहचानती हो। साहित्यकार थी वह! मेरे शान्तिनगर वाले घर में वह आया-जाया करनी थी। वे भी अपने पति, ज्योतिप्रकाश दत्त और अपने मित्र, 'संवाद' अखबार के सम्पादक, बजलूर रहमान के साथ यहाँ आयी थीं। उस घर में वे लोग भी रहे थे। मैंने उनसे भी विनती की कि वे मुझे स्वदेश वापस बुला लें। लेकिन किसी ने भी मेरे देश वापस आने के बारे में जुबान नहीं खोली। उन लोगों का ख़याल है कि मैं विदेश में ही मज़े में हूँ। जो भी देखता है, सोचता है, मैं मज़े में हूँ। लेकिन सचमुच मैं किस हाल में हूँ, यह मैं किसी को भी समझा नहीं पाती। सभी लोगों को यह डर है कि मेरे देश लौटने पर कट्टरवादी मुझे जान से मार डालेंगे या वे लोग फिर, मेरे विरुद्ध अपना कुत्सित आन्दोलन शुरू कर देंगे। मुझे इन सबका कोई डर नहीं है। इन्सानों के खौफ के ख़याल से मुझे उबकाई आती है। हारवर्ड में मेरा जीवन बिल्कुल और तरह का था। मेरे खून में शुगर लगभग सीमा पार कर गया था, इसलिए अपनी सेहत के प्रति इतनी सजग हो उठी कि अपना बढ़ा हुआ विकट वजन भी मैंने काफी कम कर लिया। इस वजह से मेरा शुगर भी बाप-बाप करके भाग खड़ा हुआ। ब्लडप्रेशर इतना नीचे

उतर गया कि डॉक्टर के पास जाना पड़ा। डॉक्टर ने ई सी जी करके बताया कि मुझे दिल का दौरा पड़ा है। यह बुरी ख़बर सुनते ही मेरी तो जैसे साँस ही रुक गयी। उन लोगों ने मुझे एम्बुलेंस में बोस्टन वीमेन ऐण्ड ब्रिधम अस्पताल भेज दिया। वहाँ हृदय-रोग के किसी बड़े विशेषज्ञ ने मेरा सैकड़ों तरह का जाँच-परीक्षण किया।

रिपोर्ट देखकर उन्होंने छूटते ही कहा, 'तुम्हें कुछ नहीं हुआ! तुम्हारा दिल तो किसी भी स्वस्थ-सबल इन्सान के दिल से भी कहीं ज़्यादा स्वस्थ और सबल है।' उन्होंने मुझे आश्वस्त किया, 'सुनो, ब्लडप्रेशर कम करने की दवा लेने की ज़रूरत नहीं है।'

मैंने दरयाफ्त किया, 'लेकिन हारवर्ड हेल्थ सेंटर के लोगों ने तो कहा कि हार्ट अटैक हुआ है?'

'उन लोगों द्वारा ई सी जी जाँच में कोई गड़बड़ी हुई है।'

लेकिन मुझे रुख़्सत करने से पहले, उन्होंने सवाल किया, 'तुम्हारे परिवार में क्या किसी को भी उच्च ब्लडप्रेशर है?'

'जी-हाँ, मेरे अब्बू का ब्लडप्रेशर हाई था।'

'डायबिटीज़ था?'

'माँ और अब्बू, दोनों को ही था।'

'उन दोनों का इन्तकाल कब हुआ?'

मैंने बताया।

आजकल डॉक्टरों के लिए यह जानना बेहद ज़रूरी होता है कि माता-पिता की मौत किस उम्र में हुई। जिस उम्र में माँ-बाप की मौत हुई हो, इसी उम्र में सन्तान की भी मौत की सम्भावना बनी रहती है।

'सिगरेट पीती हो?' डॉक्टर ने पूछा।

मैंने कबूल किया।

'जीना चाहती हो?' उन्होंने फिर पूछा।

'चाहती हूँ।'

'जीना चाहती हो, तो सिगरेट पीना बन्द कर दो।'

अस्पताल पहुँचते ही, मैंने यास्मीन को ख़बर कर दी। यास्मीन ने उसी रात न्यूयार्क से मिलन और सुहृद को बोस्टन रवाना कर दिया। उन दोनों का आना, मुझे बेहद भला लगा। उस वक्त मुझे लगा कि मैं अकेली नहीं हूँ। ज़िन्दगी में ये लोग भले न हों, कम से कम मौत के समय तो रहेंगे, मेरा यह विश्वास और पुख़्ता हुआ। लेकिन मौत के बारे में मुझमें कोई विलासिता नहीं है। वैसे मेरे साथ कोई न भी हो, तो चलेगा। मैं चाहती हूँ, मेरे जीवन में वे लोग मेरे आस-पास रहें। खासकर यास्मीन और सुहृद! उन दोनों के लिए, मेरे मन में अथाह प्यार है। बोस्टन से निकलने के बाद, मैंने दुबारा सिगरेट नहीं पी, माँ! तुम मुझे कितना

कहती थी कि मैं सिगरेट न पीऊँ! सिगरेट छोड़ दूँ। मैंने तुम्हारी बात नहीं मानी। तुमने बार-बार कहा कि सिगरेट की तलब लगे, तो मैं मुँह में इलायची रख लूँ या चुइंगम चबाऊँ। मैंने तुम्हारी वे बातें फूँक में उड़ा दीं। लेकिन जैसे ही डॉक्टर ने मेरी मौत के बारे में मुझे आगाह किया, मैंने फट् सिगरेट छोड़ दी। यह मौत जैसी चीज़ मेरे बर्दाश्त-बाहर है। स्टेम सेल रिसर्च विज्ञान का आधुनिकतम आविष्कार है। मैंने तुम्हें इस आविष्कार के बारे में बताया था। बच्चों की नाभि में काफी सारे सेल होते हैं। एक-एक सेल से शरीर के अंग-प्रत्यंग तैयार होते हैं। अतिरिक्त सेल बेकाम पड़े रहते हैं। उन्हीं सारे सेल से नये-नये अंग निर्मित होते हैं। फ़र्ज़ करो, तुम्हारा लिवर जब नष्ट हो गया, तब अगर एक स्टेम सेल घुसा दिया जाता, तो तुम्हारे शरीर में एक नया लिवर तैयार हो जाता। तुहारे शरीर में जो पैनक्रियाज़ नामक चीज़ थी, वह पर्याप्त मात्रा में इन्सुलिन नहीं बना पा रही थी, इसीलिए तुम डायबिटीज़ की शिकार हो गयी थीं। उस पुराने, बेकाम पैनक्रियाज़ को निकालकर पैनक्रियाज़ का एक नया सेल लगा देने भर से नया पैनक्रियाज़ तैयार किया जा सकता था। तुम मज़े से रोग-शोक के झमेले से मुक्त हो सकती थीं। बच्चा जब माँ की कोख में होता है, तब भी इन कोशों से बच्चे के अंग-प्रत्यंग तैयार होते रहते हैं। लेकिन हरेक अंग के लिए सिर्फ एक ही कोश इन्तज़ार में नहीं होता, ढेर सारे कोश होते हैं, उनमें से सिर्फ एक ही काम आता है। बाकी सारे कोश, जो उपयोग नहीं होते, वे सब इन्सान के रोग-बीमारी में नष्ट हुए या घिसते हुए अंग-प्रत्यंगों को रच-गढ़ सकते हैं। विज्ञान का यह आश्चर्यजनक आविष्कार मानव जीवन को अनन्तकाल तक ज़िन्दा रखेगा। डारविन के विवर्तन के सबूत पर अगर इनसान को भरोसा न हो, तो इस स्टेम सेल की घटना से ही, धर्म का ताश के पत्तों की तरह ढह जाना अवश्यम्भावी है। लेकिन, माँ, इन मूर्खों ने जैसे प्रतिज्ञा कर रखी है कि वे लोग धर्म को बचाये रखेंगे। जितने दिनों इस धरती पर बुद्धिहीन रहेंगे, उतने दिनों धर्म भी क़ायम रहेगा। मेरा मर जाने को मन नहीं करता। इस धरती पर हज़ारों वर्ष जीते रहकर मैं देखना चाहती हूँ कि दुनिया का क्या होता है; इन्सान और पूरे ब्रह्माण्ड का क्या होता है। लेकिन मेरी चाह भर से क्या मैं ज़िन्दा रह सकती हूँ, माँ? तुम्हारी तरह, मेरी तरह, किसी दिन मुझे भी चल देना होगा। जो लोग धर्म पर विश्वास करते हैं, उन्हें किसी की मौत पर कोई तकलीफ नहीं होती। अल्लाह की चीज़ अल्लाह ने ले ली, उन्हें इसमें दुःखी होने की कोई वजह नज़र नहीं आती। परलोक में किसी दिन उन लोगों से फिर भेंट होगी, यह सोचकर, वे लोग एक क़िस्म की तसल्ली पाते हैं। अच्छा, तुम ही बताओ, माँ, तुम क्या अल्लाह के पास पहुँची हो? अल्लाह की शक्ल-सूरत कैसी है, मुझे बताओ न, माँ! वहाँ से धरती के किसी बन्दे से सम्पर्क करने का शायद कोई इन्तज़ाम नहीं है। तुम्हारा क्या मन करता है कि अपने प्यार-दुलार के लोगों से बात करो? ख़ैर, तुम चाहती तो ज़रूर होगी, मगर ऐसा कर नहीं पाती होगी। तो

क्या परलोक में इन्सान के मन में साध-आह्लाद का कोई मोल नहीं होता, सब कुछ अल्लाह की मर्जी से घटता है? तब तो निश्चय ही वहाँ एक-नायकतन्त्र यानी तानाशाही चलती है। धरती पर एक-नायकतन्त्र हम लोग पसन्द नहीं करते, जानती हो न? डिक्टेटर-तानाशाहों के खिलाफ लोग कैसा आन्दोलन छेड़ देते हैं, देखा है न? परलोक में भी देखना, इन्सान इस एक-नायकत्व के खिलाफ डटकर खड़े हो जायेंगे। नहीं, माँ, मेरे लिए परलोक में विश्वास करने की कोई वजह नहीं है। किसी की भी मौत हो, मुझे तकलीफ होती है। जब कोई चला जाता है, मुझे पता है कि वह किसी भी दिन लौटकर नहीं आयेगा। किसी भी दिन उसके प्रिय लोगों से उसकी भेंट-मुलाकात या बात नहीं होगी। यह बात मुझे तकलीफ क्यों न दे, माँ? अनास्थावादियों को तकलीफ बहुत ज़्यादा होती है। हारवर्ड में रहने के दौरान मुझे स्टीव लेसी की मौत देखनी पड़ी। वे बहुत बड़े जाजवादक थे। अपनी जवानी में वे थेलोनियस मॉन्क नामक मशहूर जाज-मण्डली में बजाते थे। स्टीव शुरू से ही सप्रानो बजाते थे। अमेरिका में जन्म! यहूदी! कई साल यूरोप में रहे। मेरी मुलाक़ात तब हुई थी, जब मैं जर्मनी में थी। मेरी ढेरों कविताएँ अंग्रेजी में अनूदित हुई हैं, उन्हें सुर में पिरोकर सात जाजवादकों को साथ लेकर, वे दुनिया भर में टूर करते रहे। स्टीव द्वारा सुर दिये गये गीतों को स्विट्ज़रलैण्ड की गायिका ईरेन एडी ने गाया है। स्टीव और ईरेन ने काफी बड़ी उम्र में विवाह किया। जर्मनी में ही उन दोनों से दोस्ती हुई थी। उसके बाद, वे दोनों पेरिस चले गये। दो वर्ष बाद, मैं भी पेरिस में रहने लगी। उन दोनों से अक्सर भेंट होती रहती थी। पेरिस से वे दोनों बोस्टन जा बसे। उसके फौरन बाद ही मैंनें भी बोस्टन के करीब, केम्ब्रिज में अपना डेरा बाँधा। कैसा अद्‌भुत संयोग था! हारवर्ड से मैं अक्सर ही उन लोगों के घर चली जाती थी। स्टीव उन दिनों न्यू इंग्लैण्ड कन्ज़रवेटरी में संगीत-शिक्षक के तौर पर नौकरी कर रहे थे। उन्हीं दिनों पता चला कि स्टीव को लिवर कैंसर है। स्टीव मुझसे बेहद स्नेह करते थे। मैक आर्थर जीनियस पुरस्कार प्राप्तकर्ता, इतने बड़े संगीत-कलाकार, मुझे जैसी मामूली कवयित्री की इतनी सारी कविताएँ, यूरोप-अमेरिका के कार्यक्रमों में गाते रहे। कभी-कभी ये तमाम घटनाएँ बिल्कुल सपने जैसी लगती हैं। यह भरोसा ही नहीं होता कि ऐसी-ऐसी घटनाएँ सचमुच घटी हैं। कैंसर का पता चलने के बाद भी स्टीव मज़े में जी रहे थे। वे सप्रानो बजाते, किताबें पढ़ते, फ़िल्में देखते और लोगों के साथ अड्डेबाज़ी करते थे। जब उनसे पूछती, वे फट् जवाब देते, 'बिल्कुल ठीकठाक हूँ।' पता नहीं कैसे तो उन्होंने मौत जैसी वीभत्स कुछ को मान लिया था। स्टीव किसी धर्म में विश्वास नहीं करते थे। वे असाधारण दार्शनिक थे। मुझे जब भी फुर्सत मिलती थी, मैं स्टीव से गपशप के लिए पहुँच जाती थी। उन्हें ज़्यादा दिनों तक तकलीफ नहीं सहनी पड़ी। तबीयत कैसी-कैसी तो कर रही है—यह कहते हुए, वे अस्पताल गये और

फिर नहीं लौटे। मुझे लगा था कि तुम्हारी मौत के बाद, अन्य किसी की भी मौत पर मुझे तकलीफ नहीं होगी। लेकिन स्टीव के लिए मैं दुःखी हुई। कभी जो इन्सान मेरे बेहद करीब था, वही निखिल सरकार, सुना है कि उन्हें भी फुसफुस का कैंसर हुआ है। अब, फुसफुस से दिमाग में चढ़ गया है। मौत के आमने-सामने खड़े होते ही, इन्सान योद्धा बन जाता है। मैंने निखिल सरकार को भी कभी रोते हुए या हाहाकार करते हुए, कभी नहीं देखा। इसके बजाय उन्होंने अपनी अप्रकाशित कृतियों के प्रकाशन का इन्तज़ाम किया। जीवन में जो-जो काम करने के उनके सपने थे, अफरातफरी में सारे सपने तो नहीं, मगर थोड़ा-बहुत तो पूरा कर ही लिया। सारा कुछ इत्मीनान से व्यवस्थित कर डाला। तुम्हारे पास किसी को देने को कुछ नहीं था, वर्ना तुम भी दे जातीं। तुम्हारे लिए समेटने को भी कुछ नहीं था, वर्ना तुम भी समेट-सँवार लेतीं। तुम ज़िन्दगी भर खाली हाथ रहीं, खाली हाथ ही चली गयीं। तुम्हारी मौत ने, तमाम भौतिक सामानों, चीज़ों के प्रति मेरा मोह, जन्मभर के लिए मिटा दिया, माँ! अब, अगर मेरे ढेरों रुपये खो भी जायें या मेरा मामूली-सा अर्जन-उपार्जन अगर हवा भी हो जायें, तो मुझे तकलीफ नहीं होगी। मैं अमरत्व में विश्वास नहीं करती। मैं अपनी कृतियों के ज़रिये या अपनी सन्तानों के ज़रिये या किसी और ज़रिये से ज़िन्दा रहूँगी, यह सोचकर मुझे कोई सुख नहीं होता। जितने दिनों ज़िन्दगी है, उतने दिनों जो पाना है, पाऊँगी। मेरे लिए प्यार के अलावा अन्य किसी चीज़ की अहमियत नहीं है। आम इन्सानों का प्यार, जो मुझे नसीब होता है, उतने में ही मेरा मन भर उठता है। निखिल सरकार की मौत, मुझे रुला गया है, माँ! मेरे करीबी लोग एक-एक करके विदा लेते जा रहे हैं। अन्नदाशंकर नहीं रहे। शिवनारायण राय नहीं रहे। यह दुनिया बेहद खाली-खाली, सूनी-सूनी लगती है, माँ! मैंने सोचा था कि तुम्हारी मौत के बाद, किसी की भी मौत मुझे तकलीफ नहीं देगी। लेकिन, मैंने ग़लत सोचा था, माँ! सभी की मौत मुझे दुःखी करती है।

हारवर्ड से जिस वर्ष मैं कलकत्ता पुस्तक मेला में गयी, उस वर्ष मेरी आत्मकथा के तीसरे खण्ड, 'द्विखंडित' पर, पश्चिम बंगाल सरकार ने पाबन्दी लगा दी। काफी दिनों पहले, वही किताब 'क' के नाम से बांग्लादेश में प्रकाशित हुई थी, वह भी 'निषिद्ध' कर दी गयी। कलकत्ता पुस्तक मेला में आत्मकथा का चौथा खण्ड, 'वे सब अँधेरे' का विमोचन हुआ। यह किताब भी बांग्लादेश में प्रकाशित होते ही निषिद्ध कर दी गयी। तुम्हें दुनिया भर में कहीं भी ऐसा कोई लेखक नहीं मिलेगा, जिसकी इतनी सारी किताबें निषिद्ध हुई हों। बांग्लादेश को छोड़कर तुम्हें कहीं भी ऐसा कोई देश नहीं मिलेगा, जहाँ किताब निषिद्ध करने के खिलाफ आन्दोलन नहीं हुआ हो। दुनिया में तुम्हें कहीं भी ऐसी असम्भव घटना नज़र नहीं आयेगी,

जहाँ लेखक-बुद्धिजीवी लोगों ने ही किताब निषिद्ध करने के लिए सरकार से अनुरोध किया हो या मत-प्रकाश के विरुद्ध खड़े हों। पश्चिम बंगाल में निषिद्ध 'द्विखंडित' का नकली संस्करण भी निकल गया है। पश्चिम बंगाल के मुख्यमन्त्री ने कहा कि वह किताब ज़ब्त करने की बुद्धि उन्हें पच्चीस लेखक-बुद्धिजीवी लोगों ने दी है। 'द्विखंडित' लिखने के खिलाफ, बांग्लादेश में, सैयद शमसुल हक़ ने मुझ पर एक करोड़ रुपयों की मानहानि का दावा ठोंक दिया है। उन्हें गुस्सा इस बात पर है कि उनकी साली के साथ उनके गुप्त रिश्ते का भण्डाफोड़ हो गया है। कलकत्ता में छुटपुट-से एक कवि ने भी यही करतूत की है। उसने भी मुझ पर एक करोड़ की मानहानि का मुकदमा दायर किया है। मानहानि के वकील ने मुझे बताया कि उस कवि ने मेरे खिलाफ मामला इसलिए नहीं ठोंका कि उसके साथ मेरा दो दिनों के आकस्मिक रिश्ते का भेद खुल गया है, बल्कि इसलिए कि उसकी हिन्दू-विरोधी मानसिकता का पर्दाफाश हो गया है।

मौका मिलते ही मैं कलकत्ता चली जाती हूँ। झूनू खाला कलकत्ता में मुझसे मिलने चली आती हैं। झूनू खाला को पाकर मुझे लगता है, मानो मैंने तुम्हें पा लिया हो। वे मुझे छाती से लगाकर ज़ार-ज़ार रोती हैं, झर-झर आँसू बहाती हैं। पता नहीं, वे मेरे लिए रोती हैं, या तुम्हारे लिए। मैं कलकत्ता के एक होटल में काफी दिनों तक रही थी। वहाँ झूनू खाला भी मेरे साथ थीं। रूनू ख़ाला का र्यूमाटयेड आर्थ्राइटिस का इलाज कराने के लिए मैंने एक बड़े डॉक्टर को दिखाया और दवा वगैरह का इन्तज़ाम किया। वे शारीरिक और मानसिक तौर पर स्वस्थ रहें, इसके लिए जो कुछ भी ज़रूरी था, मैंने किया। मैं जहाँ भी जाती थी, झूनू खाला को अपने साथ ले जाती थी। भारत के सिक्किम नामक पहाड़ी इलाके की, उन्हें सैर भी करा लायी। मैंने गौर किया कि झूनू खाला तुम्हारी बहन होने के बावजूद, तुममें और उनमें पहाड़ जितना फर्क़ है। प्रियजन की मौत कुछेक इन्सानों को पत्थर बना देती है, जबकि कुछेक जैसे पहले थे, वैसे ही रह जाते हैं। झूनू खाला पहले की तरह हैं, हँसी-खुशी, उत्साही, चंचल! उन्हें अपनी आर्थ्राइटिस की भी कोई चिन्ता-फिक्र नहीं है। झूनू खाला से भी मैं तुम्हारे बारे में बात नहीं करती। कभी-कभार वे ही तुम्हारा ज़िक्र छेड़ देती हैं, मैं बीच में ही रोक देती हूँ। तुम्हारे न होने के दुःख को, किसी के भी आगे उजागर करके, मैं अपना दुःख हल्का करना नहीं चाहती। मेरा दुःख जैसा है, मेरे अन्दर रहे। यह दुःख मुझ अकेली का है। अन्यान्य सुख-दुःख भले मैं दूसरों से बाँट लूँ, मगर यह दुःख मैं किसी से भी नहीं बाँटती। फक़रुल मामा अपनी बेटी के रोग की जाँच कराने के लिए कुछ दिनों अस्पताल में थे। काफी दिनों पहले, उन्होंने मुझसे लाख रुपये उधार माँगे थे। उस दिन, उन रुपयों का ज़िक्र छिड़ते ही, मेरे पास जो पाँच सौ डॉलर मौजूद थे, मैंने उन्हें दे दिया। नहीं,

उधार नहीं, बस, यूँ ही। सबसे ज़्यादा इस वजह से दिया, क्योंकि जब तुम बीमार थीं और ढाका में थीं, तब वे रोज़ नियमित रूप से तुम्हें देखने आते थे। तुम्हें यह सुनकर शायद बुरा लगे कि फक़रुल मामा ने मुझसे रुपये उधार माँगे। लेकिन, माँ, तुम जैसे कितने लोग हैं, जो सिर्फ देना जानते हैं, लेना नहीं? छटकू भी आया था। वह अपनी बीवी के लिए काफी कुछ खरीदकर ले जाता है। मैंने उसे नानी के लिए साड़ी खरीद देने को पैसे दिये। गरीबों में बाँटने के लिए मैंने अपनी कुछेक पुरानी साड़ियाँ भी भेज दीं। तुम्हारी तरह ही मुझे देना अच्छा लगता है। मुझे किसी से कुछ माँगना नहीं है। 'कुछ न-मिलना' मैं जानती हूँ। जैसे तुम न-मिलना जानती थीं। इसके दो साल बाद, एक बार फिर जब मैं कलकत्ता आयी, भाईजान, झूनू खाला, बड़े मामा, बड़े मामा के दोनों बेटे—विक्रम और रुद्र, छटकू, सभी लोग मुझसे मिलने आये थे। मुझे कितना भला लगा था! मानो झुण्ड भर तुम आयी हो। तुम उस भरी महफिल में मौजूद नहीं थीं, माँ, फिर भी तुम मौजूद थीं। तुम्हारी तरफ से मैं थी।

एक दिन बड़े मामा की नज़रें काफी देर तक मुझ पर गड़ी रहीं। उन्होंने कहा, 'तू बिल्कुल ईदुन जैसी लगती है।'

मैंने सुनकर भी जैसे नहीं सुना। मैं बाथरूम में चली गयी। आईने के सामने खड़ी होकर, मैं अपना चेहरा निहारती रही। निहारते-निहारते मुझे अपनी आँखों में छलछलाये हुए आँसू भी दिख गये। मैं काफी देर तक अपने को देखती रही। मुझे नहीं मालूम कि मैं डॉक्टर हूँ, इसलिए या अब्बू और तुम्हारी मौत ने मुझे इस क़दर डरा दिया है कि मैं नहीं चाहती कि कोई बीमार हो या मर जाये। जिन्हें भी मैं प्यार करती हूँ, उनकी हल्की-सी भी बीमारी की ख़बर सुनकर, मैं बेचैन हो उठती हूँ। बड़े मामा को मैं डॉक्टर दिखाया। खून में शुगर कम करने के लिए, मैं दिन-रात उन्हें सलाह देती रही। असल में जिस किसी को भी डायबिटीज़ होती है, उनका नियम-क़ानून मानने का जी नहीं चाहता। वैसे सभी लोग ऐसे नहीं होते! तुम नियम-क़ानून मानती थीं। और तो कोई नियम-क़ानून मानकर चलता हुआ, मुझे नज़र नहीं आता! तुममें जीने की जो प्रचण्ड इच्छा थी, वह इच्छा सभी लोगों में नहीं होती। तुम ज़िन्दगी में इतना कुछ झेलती थीं, फिर भी तुम जीना चाहती थीं। तुम क्या खूब धार्मिक थीं? धर्म तो तुमसे कहता है कि मरकर ही तुम सीधे अल्लाह के पास पहुँच जाओगी, तुम्हें कोई दुश्चिन्ता नहीं रहेगी। लेकिन मौत के बारे में तुम्हें दुश्चिन्ता थी। तुम्हारे सभी भाई-बहनों में, मैं बड़े मामा की अधिक श्रद्धा करती हूँ। उस शख़्स के युक्ति-तर्क, उसके आदर्श, बचपन से ही मेरी प्रेरणा रहे हैं। कुछ दिन कलकत्ता में गुज़ारकर, कलकत्ता से साड़ी-कपड़े, शॉल वगैरह ख़रीदकर, सभी लोग देश लौट गये। छोटी-मोटी चीज़ों से इन्सान का दिल उचटना, कोई आसान बात नहीं है, माँ! मैं उस जगह आ पहुँची हूँ, जहाँ दुनियाबी चीज़ों या सामानों से

कोई मोह नहीं रह जाता। अपने चारों तरफ नज़र दौड़ाती हूँ, अन्य किसी को भी मोह-मुक्त होते नहीं देखती। मैं सबमें अपना प्यार लुटा देती हूँ। मैं जो चाहती हूँ, बस, नितान्त प्यार ही चाहती हूँ, और कुछ नहीं। लेकिन बीच-बीच में तकलीफ भी होती है। जब मैं दूर विदेश में पड़ी रहती हूँ, इन मामा-खाला में से कोई भी फ़ोन करके, मेरी खैरियत नहीं पूछता, कोई नहीं पूछता कि मैं कैसी हूँ। देश से मेरे लिए किसी का फोन नहीं आता। भाई लोग भी खोज-ख़बर नहीं लेते। मैं ज़िन्दा हूँ या मर गयी, कोई भी यह पूछने की ज़रूरत महसूस नहीं करता। ये लोग क्या सच ही मेरे रिश्तेदार हैं? हर कोई अपने जीवन में इत्मीनान से जी रहा है। अगर मैं भी ख़ुदगर्ज़ होती, तो मैं भी आराम से अपना जीवन जी रही होती। लेकिन मुझसे ऐसा नहीं होता, माँ! मेरे अंग-अंग में तुम्हारा खून बह रहा है। आराम से, मज़े में जीना, मेरे लिए नहीं है। लेकिन, माँ, क्या असल में वे लोग मज़े में जी रहे हैं? या जैसे मैं नदी के इस पार रहकर यह विश्वास करती हूँ कि उस पार ही सारा सुख है, वे लोग भी शायद यही सोचते हैं कि मैं उन लोगों को भूल गयी हूँ। वे लोग भी शायद यही सोचते हैं कि मैं अपनी चकाचौंध भरे जीवन में, उन लोगों जैसे मामूली गँवई लोगों से बातें करके, अपना वक्त बर्बाद नहीं करना चाहती। अभिमान मुझे है या उन्हें, पता नहीं।

मेरा बेहद मन होता है कि मैं मामा-खाला के सारे अभाव दूर कर दूँ। वे लोग आखिर तुम्हारे ही भाई-बहन हैं। वे लोग कम-सा ही सही, प्यार तो करते थे। लेकिन मैं...? मैं उन लोगों को सिर्फ इसलिए प्यार नहीं करती कि वे लोग तुम्हारे भाई-बहन हैं। काका-बुआ लोगों से कहीं ज़्यादा, मामा-खाला से स्वभावतः ही मेरी घनिष्टता ज़्यादा है। मैं उन लोगों के घर में पैदा हुई थी। मेरा शैशव भी उन लोगों की गोद-काँख में दुबके हुए गुज़रा है। उन्हीं लोगों के साथ मैं सारी-सारी शामें खेत-मैदानों में खेली हूँ, एक जैसा भोजन-पानी करती रही, भूतों के किस्से सुनती रही, एक ही स्कूल में पढ़ी-लिखी! उनमें से अगर किसी की तकलीफ देखकर, मैं भला क्यों न रोऊँ, माँ? कमाल की बात क्या है, जानती हो, माँ? उन लोगों से भेंट होने पर ऐसा बिल्कुल नहीं लगता कि हम वर्षों से नहीं मिले हैं। बिल्कुल पहले जैसे ही मैं गपशप करती हूँ, अपने शैशव और किशोर उम्र की तरह। वैसे उन लोगों का उम्रदार चेहरा देखकर मैं अचकचा जाती हूँ। छटकू के पके बाल, शराफ मामा की मरगिल्ली देह, फेलू मामा की हताशा देखकर मेरा दिल हाहाकार कर उठा था। उन लोगों का अभाव मैं चाहकर भी नहीं मिटा सकती। मेरा मन तो करता है कि सिर्फ तुम्हारे भाई-बहनों का ही नहीं, तुम्हारे उन दुलारे भिखारियों की भी मोहताजी मिटा दूँ। लेकिन इतनी दूर से मैं कर भी क्या सकती हूँ, माँ, उन लोगों तक पहुँचने की क्षमता मुझमें नहीं है। जब कलकत्ता जाती हूँ, तो दोनों हाथ भर-भरकर दान करती हूँ। वहाँ भी तुम चारों तरफ गरीब ही गरीब देख पाओगी।

दुनिया के हर देश में ही गरीब बसते हैं। दुनिया के सभी देशों में गरीबों का जीवन एक जैसा ही होता है। तुम मेरे भविष्य के बारे में सोचा करती थीं। मेरा उस बारे में सोचने का मन नहीं करता। भविष्य? इसमें अब मेरा भरोसा नहीं रहा। मेरा एक अतीत था और एक वर्तमान है। अतीत ही मेरी दौलत है। वर्तमान मैं सिर्फ गुज़ार रही हूँ। तुम्हारी मृत्यु ने मुझे पार्थिव जीवन से कितना दूर कर दिया है, कितना निर्मोही बना दिया है, तुम अपनी आँखों से देखे बिना, विश्वास नहीं कर पाओगी। मुझे ज़िन्दगी से और कुछ नहीं चाहिए। मैं सिर्फ अपने देश लौटना चाहती हूँ, इसलिए कि तुम मुझे अपने देश लौटा लाना चाहती थी। तुम नहीं हो, इसलिए अब देश लौटने की चाह भी काफी कुछ ख़त्म हो चुकी है। लेकिन चूँकि तुम चाहती थी कि मैं लौट आऊँ, घर की बेटी, घर लौट आये। घर की वही बेटी अपने घर लौटकर, तुम्हारा सपना पूरा करना चाहती है। देश का दरवाज़ा चूँकि बन्द है, मैंने कलकत्ता में रहना-सहना शुरू कर दिया था, लेकिन बहुत बाद के वर्षों में! भाईजान अपना बहुत बड़ा रोग लेकर कलकत्ता आये थे। वे चल-फिर भी नहीं सकते थे, ठीक तरह बोल भी नहीं सकते थे। कलकत्ता में जितने भी बड़े-बड़े डॉक्टर थे, सबको दिखाकर, उनके इलाज का इन्तज़ाम किया। हाँ, माँ, बण्डल-बण्डल रुपये खर्च करके, मैंने महँगा से महँगा इलाज कराया। इन भाईजान के लिए मैंने अपनी ज़िन्दगी उँड़ेल दी, जिन भाईजान ने तुम्हारे इलाज के लिए, एक क़दम भी हिलना नहीं चाहा, जो भाईजान अब्बू की मौत के लिए जिम्मेदार हैं। इन सबके बावजूद पता नहीं क्यों तो, भाईजान को बीमार देखकर, मैं चैन से नहीं बैठ सकती। मैं समझती हूँ, यह भी तुम्हारी वजह से ही है। तुम्हारा चरित्र मेरे अन्दर स्थायी आसन गाड़कर जो बैठा हुआ है और वहाँ उदारता के अलावा, क्षमा, माया-ममता के अलावा, निःशर्त प्यार के अलावा और कुछ भी नहीं है। तुम भी तो उसी भाईजान को प्यार करती थीं, जिसने तुम्हें कभी प्यार नहीं किया। तुम भी तो उन्हीं लोगों को अपने करीब खींच लेती थीं, जिन लोगों ने तुम्हारा दिन पर दिन अपमान किया। तुम्हारे उस चरित्र की मैं निन्दा ज़रूर करती हूँ, मगर अन्दर ही अन्दर मैं समझती हूँ कि वही चरित्र मेरा भी है। जिन कट्टरवादियों ने मेरे सिर की माँग करते हुए, जुलूसें निकालीं, अगर उन लोगों में से भी किसी को मुसीबत में पड़ा देखूँ, तो मैं उन्हें भी बचाने के लिए, सबसे पहले, आगे बढ़ आऊँगी। मुसलमानों में अगर नास्तिक, बेहद प्रगतिशील, समानाधिकार और मानववाद में आस्था न हो, तो वे लोग मेरे मत के साथ एकमत तो हरगिज़ नहीं होंगे, बल्कि घोर और तीखी निन्दा ही करेंगे। एक समूचे के समूचे समाज के लोगों की मानसिकता का यह हाल देखकर, निश्चय ही उदास हो जाना चाहिए। इसके बावजूद जब मैंने देखा कि हिन्दू कट्टरवादियों के हाथों भारत के गुजरात में मुसलमान भी आक्रान्त हो रहे हैं, हज़ारों-हज़ार गरीब मुसलमान उजड़कर, बेघर हो

गये, तो मैं उठ खड़ी हुई। मैं तो मीटिंग-जुलूस शुरू कर देने में पारदर्शी नहीं हूँ। कलकत्ता में बैठे-बैठे, कवि शंख घोष, गुजरात के उन हमलों के शिकार मुसलमानों की मदद के लिए चन्दा संग्रह कर रहे थे। मैं शंख घोष को दस हज़ार रुपये थमा आयी। मैंने यह भी कह दिया कि इसका प्रचार न किया जाये। जैसे तुम इन्सानों की मदद करती थीं, लोग तुम्हें भली कहते या वाहवाही देते, तुम उस वजह से नहीं देती थी। इन्सानों के लिए तुम्हारा दिल रोता था, इसलिए तुम देती थी। इन्सान अगर कष्ट में हो, तो चाहे वह हिन्दू हो या बौद्ध या ईसाई या मुसलमान, मैं उसके साथ खड़ी हो जाती हूँ। उनके धर्म-परिचय को मैंने किसी दिन भी मूल्य नहीं दिया। मैं इन्सानी परिचय को मोल देती हूँ। मुझमें बहुत अधिक क्षमता नहीं है। मेरा जितना सामर्थ्य है उसके अन्दर या उनसे बाहर भी मैं मदद करती हूँ या मदद करने की कोशिश करती हूँ। इन्सान के लिए जो सबसे बड़ा काम, मैं करती हूँ, वह मुख्यतः लेखन के जरिये! कोई समझता है, कोई नहीं समझता। लेकिन ज़िन्दगी पर चाहे जितना भी आँधी-तूफान-झंझा उतर आये, उसमें भी मैं अपना लिखना बन्द नहीं करती। तुम्हें भी तो मेरा लेखन प्रिय था। तुम मुझे सिर्फ धर्म पर आक्रमण करते हुए लिखने को मना करती थी। लेकिन, माँ, औरतों की आज़ादी के बारे में लिखते हुए, जो सबसे बड़ी रुकावट है, वह है धर्म और पुरुषतन्त्र! इन दोनों के खिलाफ अगर बात न की जाये, तो कैसे चलेगा? बीच में रुकावट क़ायम रखकर क्या आज़ादी या अधिकार वसूल किया जा सकता है? बड़ी-बड़ी बाधाओं के अलावा छोटी-छोटी बाधाएँ भी तो हैं, उन सबको भी लाँघना आसान बात नहीं है। छोटी-छोटी बाधाओं के खिलाफ कुछ कहने से लोग ज़्यादा एतराज नहीं करते। बड़ी-बड़ी बाधाओं का ज़िक्र छेड़ते ही, बड़े-बड़े लोग, मेरे लेखन में बाधा डालना शुरू कर देते हैं। मेरा जीवन तहस-नहस करने में उन लोगों को कोई हिचक नहीं होती। धर्म की समालोचना न करने से ही, धर्मान्ध, धार्मिक या धर्म के धन्धेबाज़ लोग, मुझे मुक्ति दे देंगे, ऐसा नहीं होने वाला। अपना स्वार्थ वसूल करने के लिए, अपनी शक्ति प्रदर्शन करते हुए, किसी एक समाज को पीछे खींच लेने के लिए, पूरी की पूरी दुनिया में धर्म का क़ानून कायम करने के लिए, वे लोग मेरी हत्या करना तो चाहेंगे ही या मेरा सिर तराश लेने के लिए या मुझे फाँसी पर चढ़ा देने के लिए, सड़क पर उतरेंगे। ना, इस मामले में तुम निश्चिन्त रह सकती हो। मेरा खून करके, कोई भी मूर्ख, धर्मान्ध, बहिश्त जाना ही चाहेगा। समूची दुनिया में यही घट रहा है। भारत हो या बांग्लादेश, इससे अलग कोई घटना नहीं घट रही है। अमेरिका के जुड़वाँ टावर के पतन की कथा तुम नहीं जानतीं। मुसलमान कट्टरवादियों ने अल्लाह के नाम पर, सैकड़ों-सैकड़ों निरपराध इन्सानों को उस ट्विन टावर के भग्नावशेष में उछालकर मार डाला। मैं जानती हूँ कि उन लोगों के कुकर्मों की दास्तान सुनकर, तुम काँप उठतीं। तुम उन मृत लोगों के

लिए दुःखी होतीं। तुम्हारी नज़र में भी तो इन्सान सबसे बड़ा था। वह चाहे जिसे भी धर्म या लिंग का क्यों न हो। तुम्हारी पीर कोठी से तुम्हें हिन्दुओं और काफिरों से नफरत करने की सीख मिली थी। लेकिन तुम मन से उन लोगों से कभी नफरत नहीं कर पायीं। पड़ोस की डॉली पाल को बुलाकर, तुम गपशप किया करती थीं। उसकी कड़की के दिनों में, तुमने उनकी मदद भी की थी। यह सब मैंने अपनी आँखों से देखा है। तुम सचमुच इन्सान थीं, माँ! तुम तमाम धर्मों के ऊपर थीं। तुम खुद भी नहीं जानती थीं कि तुम धर्म के ऊपर थीं। तुम अगर कुरान का सही-सही मतलब जान पातीं, तो शायद उस धर्म को त्यागकर, योद्धा की तरह निकल पड़तीं। तुम कोई मूर्ख तो थीं नहीं, माँ! बुद्धिमती थीं। लेकिन तुम्हें समाज के नारी-विरोधी संस्कारों की बेड़ियों में क़ैद हो जाना पड़ा और जिस बन्दी जीवन से तुम किसी हाल भी मुक्त नहीं हो पायीं।

मेरी ज़िन्दगी, पूर्णतः अकेले की ज़िन्दगी है, माँ! राजनीतिक, सामाजिक, वैषयिक, वैयक्तिक, शारीरिक, मानसिक, पारिपार्श्विक—सभी प्रलय मुझे अकेले ही सँभालने पड़ते हैं। बहुतेरे लोग दिलासा देते हैं कि वे मेरे साथ हैं। लेकिन उसे ठीक साथ होना नहीं कहते। यह सच है कि वे मेरा समर्थन करते हैं, मुझे प्यार करते हैं। यह बात मन को कहीं थोड़ी-सी खुशी तो देती है, लेकिन जब मैं दुर्दशा से आक्रान्त होती हूँ, तब कोई भी असल में मेरे साथ नहीं होता। मेरा मनोबल अगर ज़रा भी कम होता, तो मैं बहुत पहले ही दम तोड़ देती, माँ! या जिस ढंग से जी रही होती, वैसे जीने का कोई मतलब नहीं होता। तुम लोगों को मैं पुरातनपंथी, दकियानूस कहकर, जाने कितनी-कितनी गालियाँ देती थी, लेकिन देखो, मैंने ब्याह किया, छोड़ भी दिया। मेरे विवाह से तुम शायद सहमत नहीं थीं, लेकिन विच्छेद या तलाक़ के बारे में तुम लोगों में कहीं, कोई भिन्न-मत नहीं था। आमतौर पर जिस किसी भी परिवार में, पति चाहे जैसा भी हो, चाहे कितना भी अयोग्य और पाखण्डी हो, कोई नहीं चाहता कि विच्छेद या तलाक़ हो। कैसर के साथ विवाहेतर रिश्तों को मान लेने में तुम्हें कभी, कोई परेशानी नहीं हुई। तुम तो चिरकाल ही सती-साध्वी, धर्म-कर्म के नीति आदर्शों वाली इन्सान थीं। तुमने कभी एक दिन भी कोई आपत्ति क्यों नहीं की? मेरा यश, मेरी ख्याति थी, इसलिए क्या तुम मुझसे डरती थीं? नहीं, माँ, मुझे ऐसा नहीं लगता। मेरी धारणा है कि तुम्हारी नज़र में हमारा यह सेक्स-सम्बन्ध कहीं से भी असंगत, असुन्दर या अवैध नहीं लगा। तुम बुरका ओढ़ती थीं, पता नहीं, क्यों ओढ़ती थीं, शायद अभ्यासवश। वैसे आखिरी दौर में तुमने बुरका ओढ़ना छोड़ दिया था—स्वीडन में, अमेरिका में, देश में भी बाहर निकलते हुए, बुरके का कोई अता-पता नहीं होता था। माँ, तुम अत्यधिक आधुनिक इन्सान थीं। अब्बू शायद तुमसे ज़्यादा विज्ञान-मनस्क प्राणी थे। क्षुद्रता, हीनमन्यता, कूपमंडूकता—इन सबसे तुम काफी ऊपर उठ चुकी थीं। बाहर से भले

समझ न आता हो, अन्दर तुममें असम्भव मनोबल था। लेकिन उस मनोबल से तुम पति की गृहस्थी नहीं छोड़ पायीं। मेरे पास मन के ज़ोर के साथ-साथ दौलत का भी ज़ोर था। इसलिए मैं कामयाब हो गयी, वर्ना पति-परमेश्वर के आदेश-निर्देश मानकर, दो-तीन बेटे-बेटियों की माँ बन चुकी होती और गृहस्थी की घानी खींचते हुए कहीं, बांग्लादेश के किसी उजाड़-गाँव-बस्ती में या शहर-बन्दर में कहीं पड़ी होती। हाँ, यह तो सच है कि तब सांसारिक अशान्ति भले होती, मगर कोई राजनी तिक अशान्ति नहीं होती।

तुम नहीं हो, फिर भी यह दुनिया चल रही है। तुम्हारे आत्मीय-स्वजन, जाने-पहचाने लोग, सभी पहले की तरह ही अपना-अपना जीवन जी रहे हैं। तुम नहीं हो, इसलिए किसी की ज़िन्दगी कहीं थम नहीं गयी। यास्मीन की मानसिक हालत दिनोदिन बदतर होती जा रही है। वह हताशा के खड्ड में डूबती-उतराती रहती है। मैंने हर तरह से उसे जीवन की ओर वापस लौटा लाने की कोशिश की। लेकिन वह घर के अस्वस्थ चींख-चिल्लाहट भरे परिवेश की ही अभ्यस्त हो चुकी है। फ्लासिंग नामक इस इलाके में वह साल-दर-साल रहती आयी है। एक ही घर में, कॉक्रोच, खटमल और चूहों के साथ, अ-सुखी और हताशाग्रस्त लोगों के साथ ज़िन्दगी गुज़ार रही है। घूमने-फिरने या सैर करने के नाम पर, जैक्सन हाइट्स में उसका बाज़ार करने जाना या दूसरी किसी दुकान में खरीदारी करने जाना भर ही होता है। आजकल तो उसे ज़ोर-ज़बर्दस्ती भी कहीं ले जाना मुश्किल है। उसे मैं फ़िल्म-थियेटर, किसी लेक्चर या कन्सर्ट में अपने साथ ले जाने में नाकाम रही हूँ। यह, वही यास्मीन है, जो मयमनसिंह शहर में डाँव-डाँव घूमती रहती थी। उसके कितने दोस्त, कितनी सहेलियाँ थीं। अब, उसका कोई दोस्त नहीं है। वह लड़की, कभी कविता-अवृत्ति किया करती थी। कितना अपूर्व रवीन्द्र संगीत गाती थी। अब कविता, गीत, किताबें—सारा कुछ उसके जीवन से कोसों-कोसों दूर हो चुकी हैं। अमेरिका में उसने किसी अच्छी नौकरी के लिए कोशिश ही नहीं की। भालोबाशा, अपनी बेटी के लिए, एक तरह से उसने अपना जीवन उत्सर्ग कर दिया। अपनी ज़िन्दगी तबाह करके, बेटी को पाल-पोसकर इन्सान बनाते-बनाते उसकी अपनी ज़िन्दगी भी बर्बाद हो गयी और बेटी भी इन्सान नहीं बन सकी। बेटी दिन भर अंग्रेजी में अपनी माँ को गाली-गलौज सुनाती रहती है। यास्मीन को लगता है कि यह मामला वंशगत है। भालोबाशा को मिलन का स्वभाव-चरित्र मिला है, सूरत-शक्ल से भी, वह मिलन जैसी ही है। उसका स्वभाव-चरित्र, आचार-व्यवहार, सब कुछ मिलन जैसा है। सुबुद्धि-कुबुद्धि, चतुरता, हीनमन्यता—सब-सब, वही का वही। भालोबाशा, किन्हीं दिनों खूबसूरत कविताएँ लिखा करती थी। मैंने उसे साहित्य की ढेरों किताबें खरीद दी थीं। उसने उन किताबों का एक पन्ना भी पलटकर नहीं देखा। सुहृद भी अच्छा लिखता था। कविता लिखने में भी उसका हाथ अच्छा था।

उसे तस्वीरें आँकना पसन्द था। मैंने उसे तस्वीरें बनाने-रँगने के ढेरों सरंजाम ख़रीद दिये। लेकिन, नहीं, ज़्यादा दिनों तक उसने कुछ भी नहीं किया। मैं उसे वर्ष पर वर्ष प्रोत्साहन देती रही। अन्त में मैंने देखा कि उनमें से किसी में भी कलाकार-चित्रकार या साहित्यकार बनने की सम्भावना नहीं है। उनमें से किसी में भी साहित्य-संस्कृति के प्रति कोई आकर्षण या दिलचस्पी नहीं है। उनके परिवार में ही एक अदद लेखिका है। इस बारे में उन्हें कोई गौरव-बोध नहीं है। मेरी कृतियाँ किसी ने पढ़कर भी नहीं देखीं। मुझे लेकर, किसी में कोई उत्साह नहीं है। छोटे भइया और गीता का खून, सुहृद में दौड़ रहा है। सिर्फ खून ही तो सब कुछ नहीं होता, माँ, परिपार्श्व, समाज, संस्कृति–किसी के सृजन और निर्माण के पीछे, इन सबकी भी काफी बड़ी भूमिका होती है। लेकिन, मुझे लगता है कि परिपार्श्व को लाँघकर, खून ही हमारे ख़ानदान के सभी लोगों में मानो अधिक काम करता है। सुहृद को अपने माँ-बाप का चरित्र ही मिला है। उसका कोई अलग चरित्र नहीं है। आजकल यास्मीन जैसी ज़िन्दगी गुज़ार रही है, वह लगभग शत-प्रतिशत तुम्हारी ज़िन्दगी जैसी है। यास्मीन देश वापस लौटने के सपने देखती है। उसने काफी कोशिश भी कि भालोबाशा देश लौट चले, मगर वह लौटने को राज़ी नहीं है। चूँकि वह लौटने को तैयार नहीं है, इसलिए यास्मीन का भी लौटना नहीं हो पाता। भालोबाशा ज़रा और सयानी हो जाये और कॉलेज के हॉस्टल में चली जाये, तो यास्मीन ने सोचा है कि वह देश लौट जायेगी। लेकिन मैं जानती हूँ कि वह कहीं भी नहीं लौट पायेगी। भालोबाशा के खिंचाव में, उसे विदेश–भूमि में ही रह जाना पड़ेगा। देश तो असल में शैशव और किशोर उम्र की स्मृतियों के अलावा और कुछ भी नहीं है। लेकिन देश लौटकर क्या वही देश उसे मिलेगा? जिस देश में माँ ही न हो, वह देश भला कैसा देश, माँ? यास्मीन लौटी थी, हताशा की गहरी खाई से निकलकर भाग आयी थी, अपने पुराने मित्रों के पास, अपने आत्मीय लोगों के पास। खासी खुश और मजे में थी। कलकत्ता में भी मैंने उसे लेकर ख़ासा जश्न मनाया। लेकिन सारे उत्सव, आनन्द छोड़कर, वह भालोबाशा के खिंचाव में दुबारा अमेरिका दौड़ गयी। लेकिन जैसे ही वह मिलन के दुर्व्यवहार की शिकार होती है, निस्संगता मुँह बाये उसे निगल जाने को आतुर हो उठती है। मिलन के बिना उसका नहीं चलता, लेकिन मिलन के साथ भी उसका नहीं चलता। देश-विदेशों में जाने कितनी-कितनी लड़कियाँ-औरतें मेरी प्रेरणा से उठ खड़ी होती हैं, अपने ढंग से जी उठती हैं। लेकिन जन्म से ही जो मेरे साथ छाया जैसी लगी रही, वही मेरी बहना, कुछ भी नहीं कर पायी।

माँ, यास्मीन बिल्कुल तुम्हारी तरह मेरा लाड़-दुलार करती है। बीच-बीच में, मैं यह भूल ही जाती हूँ कि वह मेरी छोटी बहन है। मानो वह मेरी माँ हो। बिल्कुल

तुम्हारी ही तरह वह हर रोज़ दुःख-कष्टों से दो-चार होती है। उसका पति, उसकी सन्तान उसका हाड़-मांस जलाये डाल रहे हैं। इसके बावजूद वह उन्हीं लोगों को जकड़कर जी रही है। कभी-कभी मुझे लगता है कि तुम्हारे और उसके जीवन में कहीं, कोई फर्क़ नहीं है। जाने कितनी ही बार मैंने उसे उस घर से निकाल लाना चाहा है। मैंने उससे बार-बार कहा है, 'सबको लेकर, चल, कहीं दूर पहाड़ों पर चलते हैं या सागर तट की सैर करने चलते हैं। तेरे मन को अच्छा लगेगा।' लेकिन, उस बन्द कालकोठरी से उसे तिल भर भी हिला-डुला नहीं पाती। वह बिल्कुल तुम्हारी तरह ही सोचती है। मेरे रुपये-पैसे ख़ामख़ाह ख़र्च न हों, ठीक तुम्हारी तरह ही वह मुझे बचाये रखना चाहती है। मैं जहाँ भी रहूँ, जिस देश में डेरा डाले रहूँ, उससे हर साल मिलने जाती हूँ। यास्मीन को सिर्फ एक बार ही, प्रायः ज़ोर-ज़बर्दस्ती खींच-घसीटकर घर से बाहर निकाल पायी। मैंने एक गाड़ी किराये पर ली और उसे लेकर अतलांतिक के तट पर जा पहुँची। उस सागर-तट पर जितने सारे शहर हैं, पहाड़-पर्वत हैं, उन सबको करीब से देखा-दिखाया। उसे नियाग्रा प्रपात भी ले गयी। जलप्रपात के उस धुएँ में वह किस क़दर खुशी से किलक उठी थी। अब, तुम चाहे विश्वास करो या न करो, उसे खुशी देकर, मुझे लगता है, जैसे मैं तुम्हें खुश कर रही हूँ। न्यूयार्क शहर के ब्रॉडवे के संगीत कार्यक्रमों में, मैं उसे ज़ोर-ज़बर्दस्ती खींच ले गयी हूँ। उस दमघोंटू परिवेश से निकलकर उसे मानो ज़िन्दगी की खुशबू मिलती है, सुन्दर का स्वाद मिलता है। यास्मीन के घर में ही एक बार ठोकर खाकर, मेरे पैर में मोच आ गयी। उसने ठीक तुम्हारी तरह ही मेरी सेवा-सुश्रूषा की। वह खाना भी बिल्कुल तुम्हारी तरह पकाती है। तुम्हारी तरह प्यार से, एक-एक निवाला मेरे मुँह में डालती है, खिलाती है। हम दोनों में से कभी कोई तुम्हारा ज़िक्र नहीं छेड़ता। काफी सतर्क रहकर, हम दोनों तुम्हारी बात नहीं करते। तुम नहीं हो, यह बात हम सोचना भी नहीं चाहते, इसलिए नहीं करते। मानो तुम कहीं हो, कहीं दूर हो, मगर मौजूद हो। भाईजान और छोटे भइया, दोनों ही अपनी किड्नी के बारे में अतिशय सजग रहते हैं। हालाँकि उन्हें किड्नी की कोई शिकायत नहीं है, मगर चूँकि अब्बू की किड्नी नष्ट हो गयी थी, इसलिए उनमें भयंकर दहशत भर गयी है। किड्नी नष्ट होने लगे, तो जो-जो खाना मना है, किड्नी सही-सलामत होने के बावजूद, वे दोनों वे सब आहार मुँह में नहीं डालते। तुम्हारी मौत के बाद भी, मुझे और यास्मीन को आशंका होने लगी थी कि हमें भी कोलन-कैंसर हो गया है। लगता था, जैसे कैंसर समूचे शरीर में फैल गया है। हम दौड़-दौड़कर यह जाँच करवाते रहे कि कहीं हमारे स्तन, कोख या कोलन में किसी तरह का कैंसर तो जाल नहीं फैलाने लगा है।

नानी अभी ज़िन्दा हैं। लेकिन नानी को अपने घर से निकल जाना पड़ा है। फेलू मामा की गृहस्थी में और ज़्यादा जगह चाहिए। उन्हें अपने घर में सोफा

सजाना है, पलँग लगाना है, इसलिए बड़ा घर बनाने के लिए, नानी को एक तरह से घर से निकाल ही दिया है। नानी–कोठी से सटा हुआ जो आँगन है, वहाँ एक छोटी-सी कोठरी में, जहाँ हम सब बचपन में कभी रहा करते थे, उस टिन की कोठरी में ही नानी का रैन-बसेरा है। उस कोठरी में ही वे दिन भर लेटी रहती हैं और अपने लिए मौत माँगा करती हैं। अब ज़िन्दा रहना, नानी के लिए शर्म की बात बन गयी है। हाशिम मामा नहीं रहे, तुम भी नहीं रहीं, टूटू मामा भी एक दिन अचानक पट् से चल बसे। तीन-तीन बेटे-बेटी नहीं रहे, उनकी माँ, इतनी अधिक उम्र में भी ज़िन्दा हैं, यह नानी के लिए शर्म की बात तो है ही। दूसरों को राहत देने के लिए, बीमार न होने के बावजूद, उन्हें बीमारी का बहाना करना पड़ता है। वह इतनी बूढ़ी होने के बावजूद ज़िन्दा हैं और उनके कमउम्र बच्चे चल बसे, यह सुनकर लोग नाक-भौंह तो सिकोड़ेंगे ही। नानी की देखभाल का दायित्व छटकू पर है। बीच-बीच में नानी के लिए थोड़े-बहुत रुपये-पैसे, मैं भेजना तो चाहती हूँ, मगर भेज नहीं पाती, माँ! अब तक जो भेजा है, वह बेहद मामूली-सा ही था। नहीं, माँ, नानी ने मुझसे कभी रुपये-पैसे नहीं माँगे। फोन पर मैं नानी से बार-बार कहती हूँ कि वे उठकर ज़रा चलें-फिरें, पड़ोस के घरों तक घूम आया करें। मैंने छटकू से भी कहा है कि नानी जो अब तक जी रही हैं, यह हम सबके लिए बेहद गर्व की बात है। वह नानी की उपेक्षा न करे, नानी की मौत न मनाये। मैं तो अपनी तरफ से कहती ही हूँ। लेकिन उनके घरवाले ही अगर उनके ज़िन्दा रहने को अतिरिक्त बोझ मान लें, तो मैं उन लोगों के इस दृढ़ विश्वास को आखिर कितना-सा बदल सकती हूँ? फिर भी कहती रहती हूँ। हालाँकि कोई भी मेरी बातों को मोल नहीं देता। नानी जैसी साहसी औरत भी कैसी तो हताशा में डूबी रहती है। किसी भी सभ्य समाज में इन्सान का इतने लम्बे समय तक ज़िन्दा रहना, बाक़ायदा उत्सव जैसा होता है। लेकिन जिस किसी असभ्य समाज में, जब किसी की ज़रूरत ख़त्म हो जाती है, उसे तत्काल सूखे तिनके की तरह फेंक दिया जाता है। असल में अभाव कोई कारण नहीं होता। अभावबोध ही कारण बन जाता है। इन्सान अभाव की वजह से क्रूर-निष्ठुर नहीं होता, अभावबोध की वजह से होता है। यह अभावबोध दौलतमन्द लोगों में भी हो सकता है और दरिद्र लोगों में नहीं भी हो सकता है। दरिद्रों में जितना अभावबोध देखा है, उससे कहीं ज़्यादा उनमें नज़र आया है, जिन्हें अभाव नहीं है। अभावबोध उन्हीं लोगों में होता है। तुम्हें अभाव था, मगर तुममें अभावबोध नहीं था। लेकिन मैं तुमसे ही कहती हूँ, माँ, नानी की मदद मैं कर सकती थी, लेकिन ऐसा हो नहीं पाया। तुम्हारी ही तरह, नानी भी कहती है, मैं देश लौट आऊँ। उनकी भी बातें सुनकर, मेरी आँखें नम हो जाती हैं। मेरा बेहद मन करता है कि नानी के पास बैठकर, पुराने दिनों के किस्से-कहानियाँ सुनूँ, खूब-खूब बातें करूँ। नानी से गपशप करने की फुर्सत

किसी को भी नहीं है। उस घर का भी अब, बँटवारा हो गया है। सबने अपने-अपने हिस्से की तरफ दीवार खड़ी कर ली है। समूचा घर पोते-पोतियों से गुलज़ार रहता है। किसी के पास भी इतना समय नहीं है कि वह पल-दो पल नानी के पास भी आकर बैठे। बिल्कुल भुला दी गयी, एक अतिरिक्त इन्सान, आँगन के एक कोने में, टूटी हुई टिन की कोठरी में पड़ी रहती है। वह टिन गर्मी के मौसम में तपकर आग बन जाती है और सर्दी में टिन की हज़ारों सूराखों से बर्फीली हवा अन्दर घुस आती है। नानी को बीमारी का नाटक करना पड़ता है; पल-पल मौत की दुहाई देनी पड़ती है। नानी पर छटकू का मामूली-सा ही ख़र्च आता है। नानी की सेहत ठीकठाक है, माँ, मन ही ठीक नहीं है। लोगों को भारमुक्त करने के लिए, उतनी हुई भौंहें ढीली करने के लिए, उन्हें बीमार होने का नाटक करना पड़ता है। नानी के लिए मुझे बेहद दुःख होता है। नानी ने मुझसे विनती की थी कि मैं हर दो हफ़्ते बाद, फोन पर उनसे बातें कर लिया करूँ। दो साल गुज़र गये, मैं नानी को फोन नहीं कर पायी। क्यों नहीं कर पायी, पता नहीं। ज़िन्दगी शायद ऐसी ही होती है, माँ, दूरत्व इन्सान को और दूर धकेल देता है।

फ़जली ख़ाला किस हाल में हैं, मुझे नहीं मालूम! फ़जली खाला को उस वक्त, जो घर से निकाल बाहर कर दिया था, उसके बाद, उनसे कभी भेंट नहीं हुई। लगता है, ज़िन्दगी में अब, कभी भी उनसे भेंट नहीं होगी। मैंने गुस्से में आकर उन्हें घर से खदेड़ दिया था, जब भी यह ख़याल आता है, मैं सच कहती हूँ, मेरा मन विषाद से भर उठता है। फ़जली खाला क्या मुझे कभी माफ़ करेंगी? किसी दिन अगर उनसे भेंट हो गयी, तो मैं उनके दोनों हाथ थामकर, उनसे माफ़ी माँगूँगी, माँ! उनकी हथेली छूकर मुझे लगेगा कि मैं तुम्हारी हथेलियाँ छू रही हूँ। रूनू खाला आजकल किस हाल में हैं, मुझे नहीं पता। अभी हाल में ही सुना कि रासू खालू का इन्तकाल हो गया। आजकल किसी आत्मीय-स्वजन की मौत की ख़बर, कोई मुझे नहीं देता। हादसा होने के अर्से बाद चलते-चलाते किसी के मुँह से ख़बर सुन लेती हूँ। सुनने के बाद, दिन भर मन उदास रहता है। हडसन नदी, हडसन नहीं लगती, वह ब्रह्मपुत्र का किनारा बन जाती है, जहाँ, रासू खाला, रूनू खाला, तुम और मैं बैठी-बैठी मसालेदार मुरमुरे खाते-खाते, गर्मागरम चाय पीते-पीते ढेरों गपशप किया करते थे, पुराने दिनों की बातें किया करते थे। सन् इकहत्तर की जंग के दौरान, जब हम शहर छोड़कर रासू खाला के गाँव जा पहुँचे थे, उनके घर ठहरे थे। उन दिनों रासू खाला के सभी घरवाले, हमें खाना खिलाते थे, रंगीन फूलदार गिलास में पानी पिलाते थे। अपनी तोशक-तकिया-रजाई से हमारा बिस्तर सजा देते थे, और खुद चटाई पर सो जाते थे—उन तमाम दिनों को हम सब याद करते थे।

रूनू खाला, पहले की तरह ही निखारुन्निसा स्कूल में पढ़ाती है। मैंने छोटे भइया

से कई बार कहा कि अब से रूनू खाला को मेरे घर में रहने दे। मेरा घर तो खाली पड़ा है, रूनू खाला अगर उस घर में रहने लगे, तो उनका कम से कम, घर-किराया तो बचेगा। लेकिन छोटे भइया किसी हाल में भी नहीं चाहते कि वे मेरे घर में रहें। असल में शान्तिनगर का वह मकान, छोटे भइया अपना समझते हैं। छोटे भइया ही फैसला करते हैं कि उस घर में कौन रहेगा, कौन नहीं रहेगा, मैं ठहरी दूर की मानस! मृत! छोटे भइया ने एक तरह से मुझे सुना दिया है, समझा भी दिया है कि वह घर उनका है। चूँकि मैं औरत हूँ, उस देश में मेरी उपस्थिति न हो, तो एक तरह से मैं मृत ही हूँ। उत्तराधिकार सूत्र से उसे वह घर मिल चुका है या ज़ोर-ज़बर्दस्ती उसने दख़ल कर लिया है। जब यह सब मैं सुनती हूँ या देखती हूँ, तो मुझे लगता है कि इस दुनिया से विदा होकर, तुमने अच्छा ही किया। तुम होतीं, तो तुम्हें और ज़्यादा रोना पड़ता। ख़ैर, रोना तो मुझे भी पड़ता है, माँ! जितने दिनों, औरतों को, औरत होने के गुनाह में, दुःख-तकलीफ झेलते हुए देखती रहूँगी, मैं रोये बिना रह नहीं सकती। झूनू खाला पर मुझे बेहद ममता उमड़ती है। जब तुम थीं, ढाका शहर में उनका एक आश्रय था। अब, तुम भी नहीं हो, मैं भी नहीं हूँ। झूनू खाला ज़रूर अपने को बेहद अकेली महसूस करती होगी।

माँ, मेरी ज़िन्दगी अब पहले से भी ज़्यादा तहस-नहस हो चुकी है। हारवर्ड विश्वविद्यालय का दौर ख़त्म हुआ। चूँकि बांग्लादेश के दरवाज़े मेरे लिए बन्द हैं, मैंने कलकत्ता में रहना-सहना शुरू कर दिया। जिस भाषा में मैं लिखती हूँ, जिस भाषा में मैं बातें करती हूँ, वह मेरी मातृभाषा है, वह तुम्हारी भाषा है, माँ! यह भाषा ही मुझे कलकत्ता खींच ले गयी थी। चार वर्ष रहने के बाद, पश्चिम बंगाल भी बांग्लादेश हो उठा। सिर्फ कलकत्ता से ही नहीं, मुझे भारत से ही खदेड़ दिया गया है। चन्द जंगी कट्टरवादियों ने मेरे विरुद्ध चीख-हुंकार मचायी, इसलिए कोई भी सरकार, अब, मुझे उस देश में रहने देना नहीं चाहती। बंगाल की बेटी के लिए ही बंगाल में आश्रय नहीं है। अब मेरी ज़िन्दगी, शरणार्थी जैसी ज़िन्दगी है, दुनिया की राह-राह, मैं अनाथ की तरह चलती रहती हूँ। घूम-फिरकर तुम्हारा ही सपना, मैं भी देखती हूँ, घर की बेटी क्या किसी दिन भी अपने घर नहीं लौटेगी? कभी-कभी यह सपना भी काफी धुआँ-धुआँ हो आता है। मुझे क्या चाहिए, मेरी समझ में नहीं आता, माटी या मानस?

माँ, हम लोगों के भी जाने का समय हो आया है। जिस किसी भी समय, जिस किसी भी दिन, खट् से मैं चली जाऊँगी। कहाँ जाऊँगी, बताओ तो? अगर ऐसा होता कि तुमसे कहीं मेरी दुबारा भेंट हो जायेगी, तुम्हारे साथ मैं बाकी ज़िन्दगी गुज़ार सकूँगी, तो मैं पृथ्वी की माया तुच्छ करके फौरन चल देती। असल में जब तुमने संसार से विदा ली, संसार के लिए मेरे मन में जो माया-मोह था, काफी कुछ

तुम काटकर ही गयी थीं। अब मुझे भी चल देने में कोई आपत्ति नहीं है। तुम्हारे बिना, तुम-हीन यह दुनिया बेहद सूनी-सूनी स्नेहहीन, बेहद प्यारहीन, बेहद निष्ठुर, बेहद कठिन और बेहद ख़ुदगर्ज़ है। लेकिन मन ही मन मैं बख़ूबी जानती हूँ कि किसी बहिश्त या दोज़ख़ में तुम या मैं नहीं जाऊँगी। तुमसे भेंट होने या तुम्हारे साथ इकट्ठे रहने की कोई भी सम्भावना नहीं है। मौत आने के ख़याल से आजकल मुझे अचरज भी नहीं होता। अब, मुझे यह कोई असम्भव घटना भी नहीं लगती। जिसको जाना होता है, वह चला जाता है। लेकिन मैं, चाहे जैसे भी जाऊँ, माँ, तुम्हारी तरह इतने लम्बे रोग-भोग झेलते हुए नहीं जाना चाहती। मौत के समय, मैं ख़ुदगर्ज़ लोगों के आस-पास भी नहीं रहना चाहती। किसी दिन अचानक दिल की धड़कन बन्द हो जायेगी और मैं मर जाऊँगी; किसी दिन विमान में अचानक विस्फोट होगा, मैं राख बनकर उड़ जाऊँगी या किसी महासागर के अतल में विलीन हो जाऊँगी। बस, कोई तकलीफ न हो! तुम्हारी तरह लेटे-लेटे, मेरी द्रुत मौत के लिए प्रतीक्षारत स्वजनों की आँखों की व्यग्रता, मुझे न पढ़नी पड़े, तत्काल-मृत्यु हो जाये। मुझे यह न देखना पड़े कि कोई हाथ में फावड़ा, कुदाल और कफ़न का कपड़ा लिये, खड़ा-खड़ा मेरी मौत का इन्तज़ार कर रहा है। तुम तो ज़िन्दगी भर प्रार्थना करती रहीं, दुआएँ माँगती रहीं, मेरे लिए ज़्यादा-ज़्यादा माँगती रहीं, ताकि तुम्हारा अल्लाहताला मुझे माफ़ कर दे, मुझे दोज़ख़ में न फेंके, दोज़ख़ के अंगारों से मेरी रक्षा करे। चलो, वैसे ही प्रार्थना करती रहो, दुआएँ माँगती रहो, इस निष्ठुर पृथ्वी और इस प्रकृति से प्रार्थना करो—जब मेरी मौत हो, द्रुत हो! मुझे वह देखना न पड़े, जो दोज़ख़ से भी ज़्यादा भयंकर है—वह आग! जिन लोगों को मैं प्यार करती हूँ, उन लोगों की तटस्थता की आग! उन लोगों की प्यारहीनता की आग!

मुझे पता नहीं, तुम कहाँ हो, कैसी हो! पता नहीं, तुम कहीं हो भी या नहीं। यह ख़त तुम चाहे पढ़ो या न पढ़ो, तुम्हारे लिए ही लिखा है। तुम्हें लिखा हुआ यह ख़त, दुनिया देखती है, तो देखे। दुनिया मुझे माफ़ नहीं करेगी, न करे। मैं कोई माफ़ी माँग भी नहीं रही हूँ। मैं तो चाहती हूँ, जो ग्लानि मैं भुगत रही हूँ, जो अपराध-बोध, मुझे निरन्तर कष्ट भोगने को विवश करता रहा है, इसी तरह मैं बाकी ज़िन्दगी भी कष्ट झेलूँ। मैं जितने दिनों भी जीऊँ, मेरी मुक्ति न हो। यह प्रायश्चित नहीं है, माँ, मेरी स्वीकारोक्ति है। मैं जितनी-सी भी भली हूँ, वह तुम्हारी वजह से! जितनी-सी बुरी हूँ मैं, वह अपनी वजह से! मेरे बुरे होने की जिम्मेदारी मुझे ही लेने दो!

तुम्हारी दुलारी
नसरीन

□□